盐城佛教通志

史义银　仁　风 编著

宗教文化出版社

图书在版编目（CIP）数据

盐城佛教通志 / 史义银编著 . -- 北京 : 宗教文化出版社 , 2023.11

ISBN 978-7-5188-1471-8

Ⅰ . ①盐… Ⅱ . ①史… Ⅲ . ①佛教史－盐城 Ⅳ . ① B949.2

中国国家版本馆 CIP 数据核字 (2023) 第 228824 号

盐城佛教通志

史义银　仁风　编著

出版发行：宗教文化出版社

地　　址：北京市西城区后海北沿 44 号　（100009）

电　　话：64095215（发行部）　64095358（编辑部）

责任编辑：袁　珂

版式设计：武俊东

印　　刷：中国电影出版社印刷厂

版本记录：787 毫米 ×1092 毫米　16 开　55 印张　900 千字

　　　　　2023 年 12 月第 1 版　2023 年 12 月第 1 次印刷

书　　号：ISBN 978-7-5188-1471-8

定　　价：598.00 元

《盐城佛教通志》编辑委员会

盐城市地图

图 例

比例尺 1:580 000

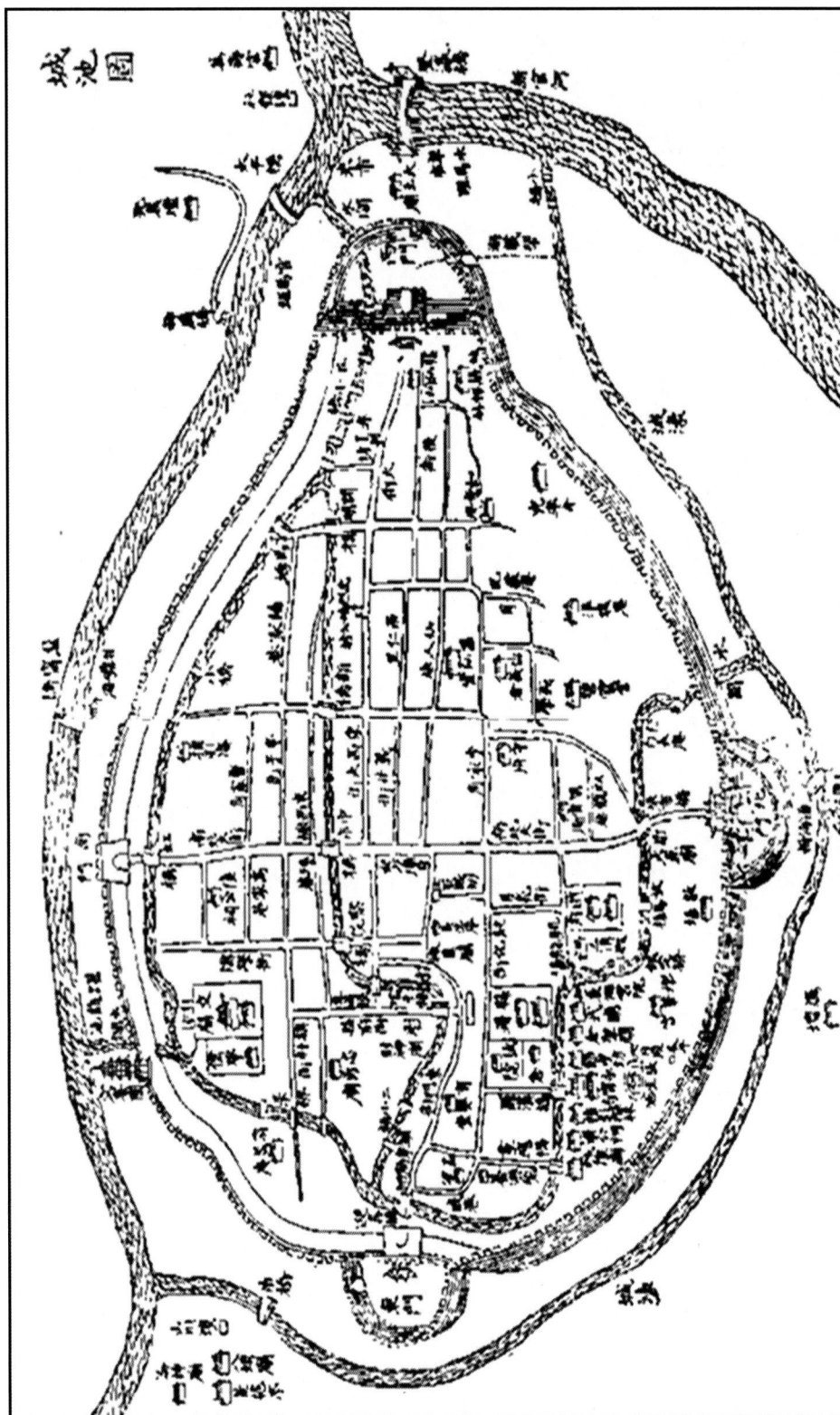

盐城县城池图［（清）刘崇照修、陈玉树纂：（光绪）《盐城县志》］

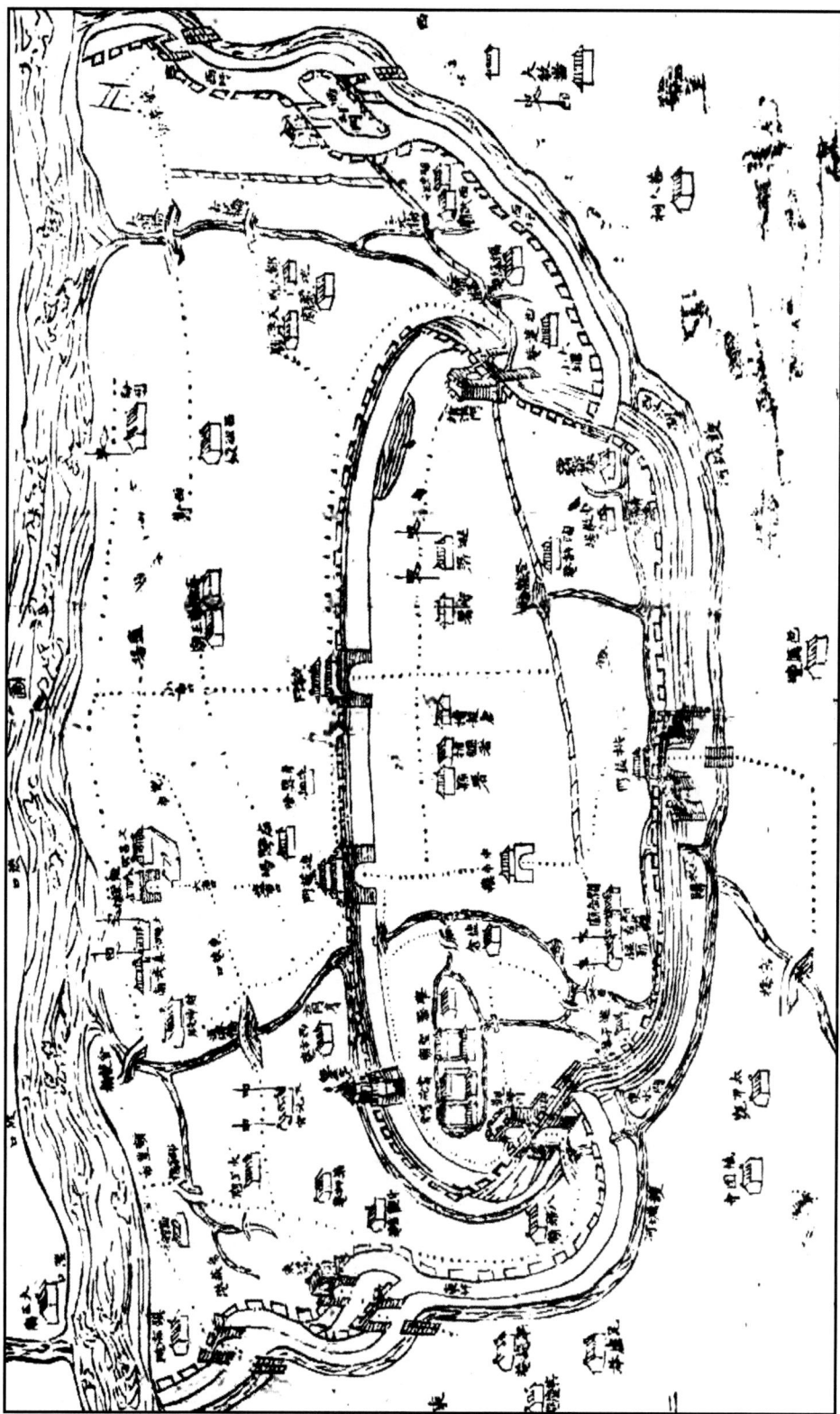

阜宁县城全图 [（清）阮本焱修，江启珍纂：（光绪）《阜宁县志》]

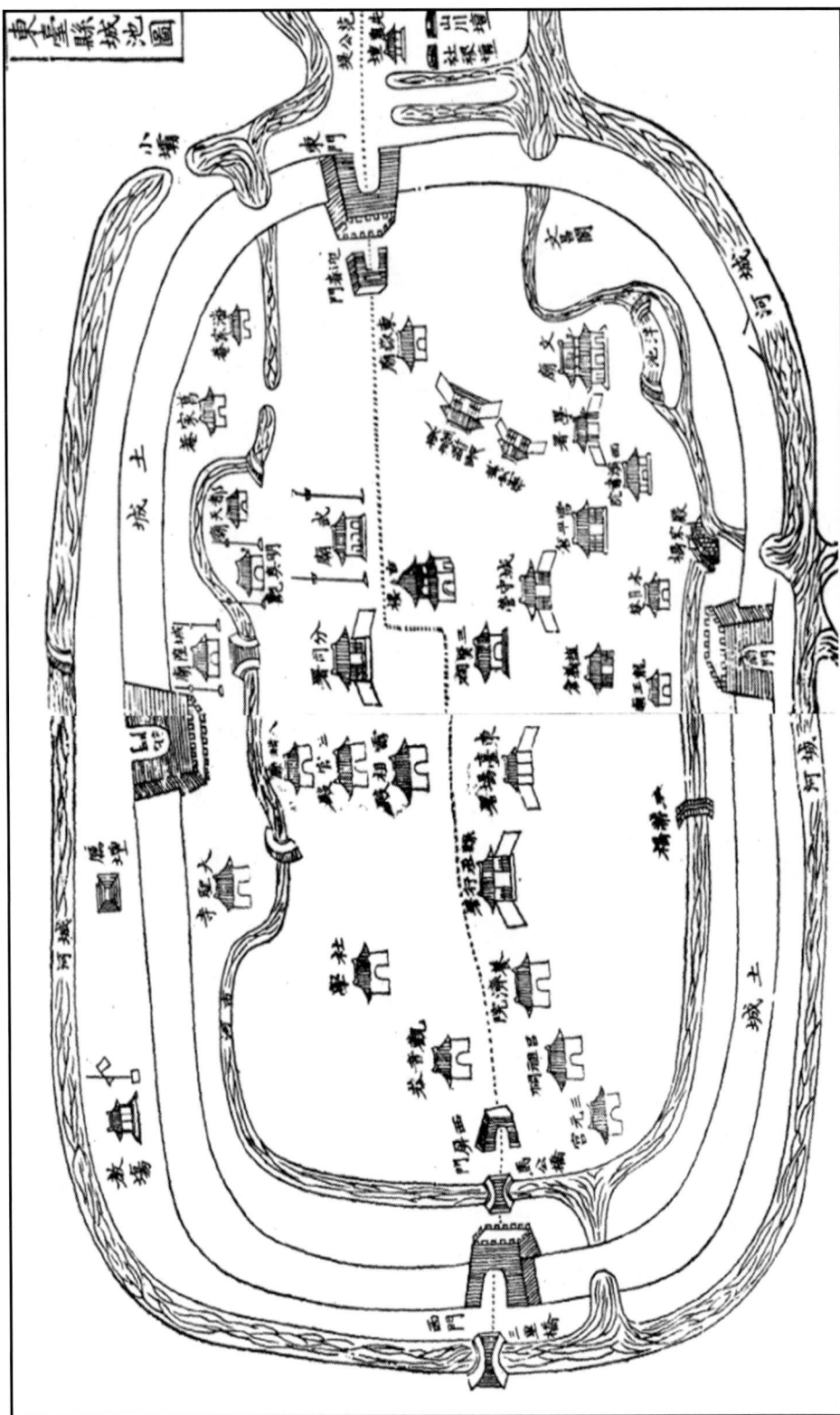

东台县城池图【（清）周右修、蔡复午等纂：（嘉庆）《东台县志》】

亭湖护国永宁禅寺

亭湖护国永宁禅寺

东台泰山护国禅寺

东台龙王古寺佛母宝殿

大丰义阡禅寺

大丰净土院

盐都雁渔古寺

盐都塔院禅寺

建湖罗汉院

阜宁盘龙古寺

阜宁兴国寺

滨海大佛禅寺

射阳息心寺

射阳天福寺

盐南高新区永兴寺

响水禹王寺

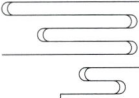

东台海春轩塔

建湖朦胧塔

亭湖护国永宁禅寺碑

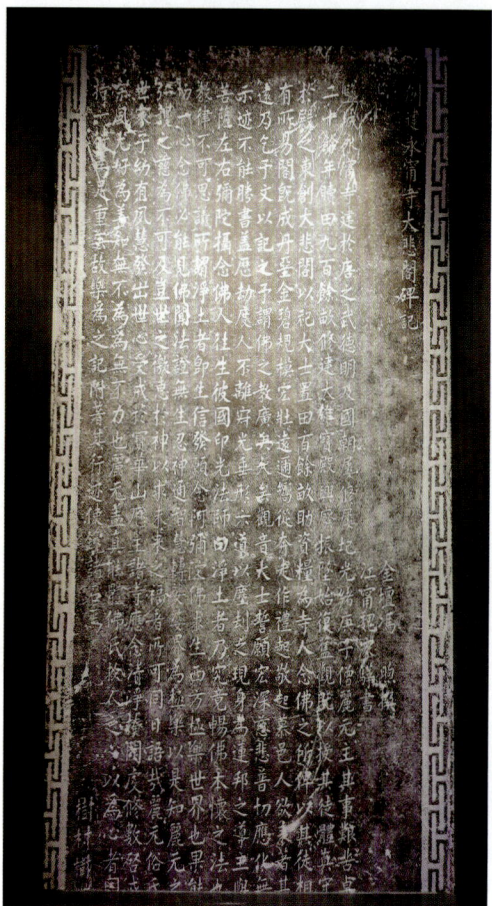

亭湖护国永宁禅寺大悲阁碑

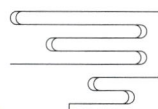

亭湖护国永宁禅寺旧址内瓜井亭

亭湖护国永宁禅寺收藏"永宁教寺"钵

东台佛教居士林收藏三昧寺碑

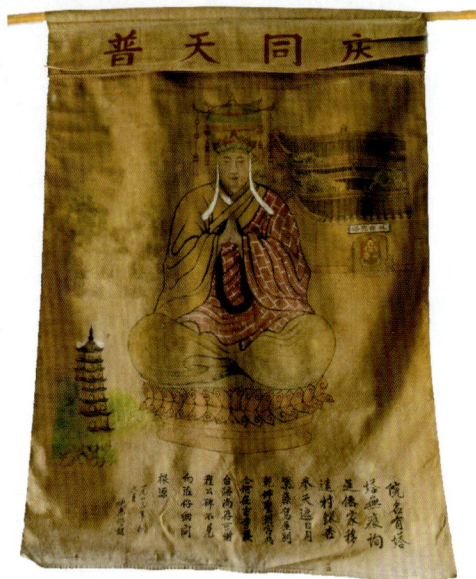

盐都塔院寺收藏民国初年诗书画合
一礼佛用品

大丰义阡寺"古义阡寺"碑

阜宁兴国寺原真武庙古井

阜宁马躲寺收藏光绪年间金砖

建湖罗汉院收藏旧址道光年间碑
（现收藏于建湖县九龙口博物馆）

滨海大佛禅寺李济深书"大佛禅寺"碑

响水禹王寺收藏"古云梯关"碑

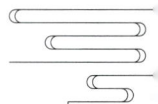

盐都雁渔古寺收藏道光年间"雁渔古寺"碑

东台龙王古寺香樟卧佛

阜宁盘龙古寺汉白玉舍利宝塔

盐都龙兴寺水月观音佛像

射阳海王禅寺黄海观音像

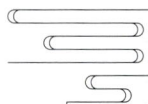

雪松法师书法：花好月圆人寿

茗山法师书法：悲智双运

雪松法师　　　　　　　　　　　　茗山法师

茗山法师、慈舟法师在亭湖护国永宁禅寺为雪松长老祝寿

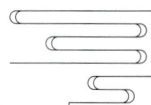

达禅法师　　　　　　　　　　　乘愿法师

江苏佛学院启慧学院2020届毕业典礼暨2020年开学典礼

仁风法师在第二届江苏佛教论坛闭幕式致辞

盐城市佛教协会第七次代表会议合影（2022）

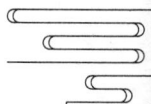

凡　例

一、编纂本志，旨在整理传统佛教文化，弘扬佛教界爱国爱教的优良传统，使佛教与中国社会相适应。

二、本志按照实事求是的原则，据事直书，系统记述本市佛教的历史与现状，一般不作评说。

三、本志所记地域范围，包括今盐城市所辖亭湖区、盐都区、大丰区、东台市、建湖县、射阳县、阜宁县、滨海县、响水县、盐城市经济开发区和盐城市盐南高新技术产业开发区（简称盐南新区）。

四、本志按详今略古原则记述历史，上溯佛教传入盐城之始，下限断至2021年。

五、本志采用述、记、传、录、图等体裁，以志为主。

六、本志分为五卷，为卷章节体，正文设寺院、人物、法务、艺文、时论五卷，卷下设章，章下设节、目、子目，"时论"卷以作者排序，下不设章节。志前以概述开篇，次以各卷，其后列附录若干，参考文献及盐城佛教大事记置于卷末。

七、本志采用语体文，记述体、简化字，个别人名、地名为避免歧义，仍用繁体字。

八、本志采用通行纪年方法，民国时期及民国以前沿用中国历史纪年法，括注公元纪年，1949年10月1日后统一用公元纪年。

九、本志所用历史地名、寺院名称、僧尼法号、计量单位及其他称谓，均按传统习惯使用，必要时加注予以说明。

十、本志所列寺院庵舍，均本地方志及其他古籍所载，尽可能充实现有实物资料，详略不求统一。由于部分资料系影印本或碑文，辨识不清者以□代之。

十一、本志遵照"生不列传"原则，分设僧、尼、居士和名人四节。人物以今盐城籍为主，寓居盐城寺院而又业绩显著者一并入录。"名人"仅限与佛教关系密切者。其他人物按以事系人记述。然今盐城佛教昌隆，杰出僧尼甚众，若拘泥生不入传之旧志传统，难免遗珠之憾，且令后之修志者无迹可循，故以附录形式附后。诸高僧除首次述及曰"大和尚""长老""法师"，其余均以法号记述。

十二、本志对佛教宗派的记述，以在本地流传情况为限，适当交待背景，未见流传者不作记录。

十三、本志所述法务，包括今盐城历史上的佛教宗派、近代以来的盐城佛学教育、法务活动及盐城市佛教协会等，因受资料所限，仅作择要记述。

十四、本志收录佛教艺文，多数录自各种古籍、文集及报刊，少数从现存实物资料抄录所得，为便于阅读，多加标点并注明出处。

十五、本志资料主要采自正史、旧志、僧传、专著、档案、文物、实物和其他资料，尽量注清出处，必要时作注释说明。

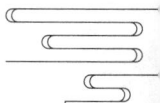

序

盐城，古称盐渎，因其地产盐，又有运盐水道，故有此名。晋安帝义熙九年（413），以其"环城皆盐场"的地形地貌，更名为盐城。盐城之名肇称于斯，并沿用至今。佛教源自天竺，汉代传入中土，与盐城结缘，盐城佛教自此代代相传，以至于今。

盐城佛教自古佛寺林立，暮鼓晨钟，越千古而不绝；高僧辈出，传法弘道，历百代而赓续。汉魏两晋南北朝时期，佛教进入盐城，并在此地落地生根，遂有其后千百年间盐城佛教的绵延繁盛。隋唐两代是中国佛学大发展大繁荣的时代，盐城佛教概莫能外。李唐治下，盐城境内萧寺颇多，僧侣不下三千，信众亦不在少数。佛门香火极盛，烧香拜佛蔚然成风，盐城永宁寺跻身唐代三十六大寺之列。寺院殿宇高耸金碧，虽远隔百里望之可见，泛海者以此为指南车，足见永宁寺规模之盛大宏伟，亦可见佛教在此地深得人心。据史料所载，仅在唐高祖李渊武德三年至七年（620-624）的短短五年间，盐城城内先后开建的寺院就有五所之多，永宁寺与永福院始建于武德三年，慈氏院、南弥勒院与湛沟院分别兴建于武德五年、武德六年与武德七年。建湖净慧寺朦胧塔，东台海春轩塔等佛教建筑相传也建于唐朝，朦胧塔与海春轩塔据称均为尉迟恭所建。有唐一代盐城佛教发展之迅猛可见一斑。

宋元明清数朝，盐城境内寺院有修有建，东台泰山寺、大丰草堰义阡寺兴于赵宋一朝，大丰丁溪东义阡寺建自元代，明清两朝盐城境内新建伽蓝与修复寺院较多。及至清末民初，盐城境内寺、庙、庵、院1400余座，僧尼五六千人。其时，东台县就有十四大丛林，801座寺院，仅安丰镇上寺庙就达72所。全县僧尼3864人，其中僧3441人，尼423人。

十一届三中全会以来，随着宗教信仰自由政策的落实与推行，盐城佛教得到迅速恢复与发展，以建湖县为例，建湖县政府在1987年批准设立的宗教（特指佛教）活动点就有十处之多。这些活动点大小不一，三间五间平房就是一个活动地点，正堂供奉佛像，附近出家的僧人相聚其间从事佛事活动。如今盐城市有佛教道场104所，出家僧人五六百人，登记在册的教职人员二百多人，信众十万人以上。

佛教自汉晋输入盐城以来，即在这里弘扬传播，隋唐两朝发展迅速，其后数代势头不减，清末民初达到鼎盛阶段。十一届三中全会之后，特别是随着中国特色社会主义新时代的到来，盐城佛教乘此东风，走进全面复兴繁荣的新时代。而盐城佛教的历史每前进一步，都离不开置身其中、参与其间的僧侣、居士们的努力与付出。

隋唐时期，宗派佛学盛极一时，天台、三论、华严、唯识、净土、禅、律、密八宗各有传承，受此影响，盐城境内的佛教也呈现出诸宗并弘的态势，禅、律、净三家对盐城的影响既深且广。盐城永宁寺、千佛院、兜率寺、伍佑广利院、大冈香佛寺、大云山等寺庙初奉律宗，后因禅宗异军突起，强势介入，律宗寺院由律改禅，成为禅门道场。慧能大师禅宗一花开五叶，五叶之中又以临济、曹洞为盛，弘传在盐城地界的便是临济与曹洞二系，二系之中又以临济宗更胜一筹。由于孤云行鉴禅师的努力及其影响，临济宗在盐城遍地开花，"城乡寺刹四百余所，十之九皆临济宗"。当然，也有不少僧人宗奉曹洞宗，比如龙冈海会庵、便仓正觉庵、上冈之净居寺和西乾庵等兰若便属洞山良介禅师与曹山本寂禅师门庭。

就在禅风正劲、大行其道之时，净土宗亦不遑多让，成为此地部分信众尤其是女众的主要信奉对象。清乾隆年间作为"溱潼八景"之一的北村莲社本为净土宗道场，后改为禅院。民国时期印光法师力弘念佛法门，原阜宁县息心寺延请印光住持此间，息心寺自为净土宗道场。在印光法师等净土宗僧人的弘扬与助推下，盐城境内涌现出诸多莲社，皆以行修西方作为一生之归趣，如阜宁合兴镇净念莲社、东台大中莲社、东台大赉莲社、东台拼茶莲社，等等，不一而足。千百年来，盐城佛教诸宗并弘，不同寺院在佛法信仰、承续以及弘扬上各有侧重，精彩纷呈。

盐城佛教在诸宗并弘、各有侧重之际，践行三教并存、和谐共生的理念，此为盐城佛教的一大特色。作为来自异国他乡的外来文明，佛教自传入盐城以来，即与以儒、道为主流的本土文化并存共生，和谐相处，甚至出现了儒、释、道三教交融并崇的现象，比如，建湖县湖垛镇的三教庵就是"三教并祀"，虽然道光皇帝颁旨严禁"聚徒立说，以和同三教为帜志"，然而，儒、释、道三教并存共生，"授受不绝"，非一纸文书所能禁绝。盐城地区民众的佛教信仰是多元包容的，他们不仅儒、释、道三教并崇，还信仰诸如龙王、海神娘娘等一切与海有关的神祇，并且这些神祇与佛、菩萨等佛教塑像一起供奉在庙堂之中。盐城地处黄海之滨，靠山吃山、靠水吃水的百姓对变幻莫测的大海有种天然的敬畏之情，这种敬畏之情和佛教信仰糅合在一起，使得盐城佛教在信仰上丰富多元，颇具地域色彩。东台龙王古寺，阜宁盘龙古寺，射阳海王禅寺、海慧禅寺，建湖龙王庙，大丰龙王庙、镇海寺等寺庙便是佛教圣贤与民间神祇一并供奉的佛教道场。

盐城佛教的信仰多元与盐城僧人的慈悲圆融紧密相关。古往今来，盐城佛教界僧才辈出，如缕不绝。他们或是潜心修道，化度一方有情；或是护持佛门，回报四重恩情。前者如孤云行鉴、元日青崖、雪松、茗山、应慈等人。行鉴禅师七坐道场，说法二十余年，他"词锋迅利，音节爽朗，每挥尘谈禅，令远迹倾耳会心，似东风之嘘冻，不自知其涣然神解也"。元日禅师两次应诏入京，雍正、乾隆父子礼遇有加，前者见赐紫衣，后者亲为题诗，又敕令住持浙江天童寺、京都普觉寺。永宁寺方丈雪松长老深入经藏之际，禅净兼修，是功底深厚的佛学理论家、宗教实践家。茗山法师为使众生能够"受持读诵，如说修行"，他编写诸经提要，撰写经文讲义。应慈法师笔耕不辍，以《心经浅说》《正法眼藏》《八识规矩颂略解》等文字般若接引有情，化导无明。从古至今，盐城佛教界大德高僧辐辏云集，法门龙象代有其人，他们与时俱进，继往开来，为盐城佛教乃至中华佛教的丰富繁荣增光添彩。

护持佛门、回报四重恩情者在盐城佛教的历史上比比皆是，不胜枚举。自佛教传布以来，每逢国家危急之际，盐城佛教界从不袖手旁观，置身事外，而是以大慈大悲之心积极入世，拯济众生于水火之中，报效国家于危难之秋。盐城佛教界古有云隐法师大开方便之门，将方外之地永宁寺变为抗金将领韩世忠、梁红玉的中军帐，又于寺内四晤岳飞，僧俗携手共议抗金大计。近有"革命和尚"雪松法师投身抗日民族统一战线，于参政议政之际组织僧侣救护队，为民族存亡尽一己之力量。抗日战争时期，盐城还有许多籍籍无名的僧人在为国家不受侵犯、为民众不受蹂躏抛洒热血乃至舍弃生命。

1938年4月26日，日军进犯盐城，纵火屠城，永宁寺未能幸免。火起之时，寺中七位僧人挺身而出，舍身护寺，捐躯报国。

佛门以慈悲济世为本怀，盐城佛教界自然也不乏乐善好施、热心公益之举动。其表现多种多样，或以茶庵利益行路渴乏之人，或以义阡掩埋贫死不葬之辈，或以捐施方式济贫救困。茶庵多在路边，或为寺院之一隅，或为独建之草棚，为过路之人开方便之门。盐城境内义阡寺也多，仅东台一县就有七座。义阡实为义冢，是为死而不得葬之流提供收尸、掩埋、超度等服务的场所。茶庵与义阡寺应时而生，因地而建，是佛门热心公益、悲天悯人的自然显发。秉持悲天悯人的菩萨情怀，盐城佛教界热心公益者不惟佛门二众，更有檀越居士的活跃身影。1930年春，盐城地界青黄不接，灾民无粮果腹，高鹤年居士先是抵押贷款建粥厂救助灾民，再向简玉阶等同道筹措资金增设粥厂，又向各慈善团体劝募善款，以"舍我一命才能救数十万人生命"的大无畏情怀与舍身救苦的慈悲精神挽救了数万生命。

盐城佛教自古就以僧多庙密称名于世，自李唐王朝以来，盐城境内的寺院似雨后春笋，屡屡见诸史册；盐城籍僧人以及游徙驻锡此地的方外之士如过江之鲫，不绝如缕。之能如此，首先得益于盐城民众浓郁而深厚的佛教信仰，这种信仰自古及今不变。其次扬州盐商经济文化圈的熏染、洪武赶散事件的影响以及替僧现象的流行等历史因素也在一定程度上造就了盐城佛教的兴旺繁荣。而盐城僧人出尘不忘乡梓，自度亦度乡人的传统为登瀛之地深埋下佛教种子，成就了盐城佛教根深叶茂、僧多庙密的格局。

时至当下，昔日萧寺林立、香火旺盛的繁荣景象再现江淮平原，佛教在盐城大地上落地生根，叶茂枝繁。盐城佛教承续过往，多种多样的佛事活动有序井然地展开；盐城佛教也着眼未来，建立启慧佛学院，通过僧才的培养，实现续佛慧命的价值理想。民国时期，盐城佛教界开风气之先，曾先后创办启慧佛学院、贤首宗佛学院、沙沟僧学院以培养僧才。数十年后，启慧佛学院的恢复办学是盐城佛教发展史上里程碑式的重要事件，更是盐城佛教承前启后、再创辉煌的新起点。

古人云："以人为鉴，可以知得失；以史为鉴，可以知兴替"；"史者，所以明治天下之道也"。《盐城佛教通志》的策划编撰、付梓印刷正是要以盐城佛教史志的书写继往开来，启发指引盐城佛教的当下作为与未来走向，从而在新的历史际遇下荷负起绍隆佛法、利济群生的担当与使命。

《盐城佛教通志》的编写出版得到了社会各界的大力支持，使此《志》得以成就圆满。此乃国家宁定、众人合力之所成，亦是三宝加被、龙天护佑之故。在此向为《盐城佛教通志》付出努力与辛劳的每一个人表示感谢与祝福，并以此功德回向于一切有情，回向于国家人民。是为序。

仁　风

江苏省佛教协会副会长

盐城市佛教协会会长

目 录

第二卷　人　物

第三卷 艺 文

第四卷 法 务

第五卷 时 论

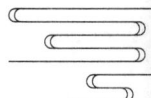

目 录

概　述

盐城，古称"盐渎"。汉高帝六年（公元前201），置盐渎县于今盐城市城区区境，"以其地产盐，复有运盐之水道，故名。盐渎县隶属约同时所置的东阳郡"①。东晋安帝义熙九年（413），"更盐渎县名为盐城县"②，始有"盐城"之名。明永乐、万历年间筑盐城城池，"城形椭长，东阔西狭长如瓢"③，所以盐城又称"瓢城"④。

盐城的行政建置屡有变化，辖区范围大小不定，本志所涉及的地域范围主要是现在的盐城市域范围，即一市（东台市）五区（盐都区、亭湖区、大丰区、盐城市经济开发区、盐南高新区）五县（射阳县、建湖县、阜宁县、滨海县、响水县）。因建制沿革等原因，间或涉及历史上曾隶属盐城的一些市县区。⑤

---

① 关于盐城建置的传统观点多据《光绪盐城县志》，认为汉武帝元狩六年（公元前117），置临淮郡，辖县二十九，盐渎、射阳为其中二县，"射阳为今盐城西境，盐渎为今盐城本境，是为立县之始"。见刘崇照修，陈玉樹、龙继栋纂：《光绪盐城县志》（影印本），《中国地方志集成》，南京：江苏古籍出版社，1991年，第28-29页。然据江苏省地方志编纂委员会编《江苏建置志》（南京：江苏人民出版社，2013年，第486页），盐城建置之始当为汉高帝六年（公元前201），相较汉武帝元狩六年（公元前117）的传统观点，盐城建县的历史向前推进了84年。

② 江苏省地方志编纂委员会：《江苏建置志》，南京：江苏人民出版社，2013年，第487页。关于盐渎县改为盐城县的时间，《光绪盐城县志》记载为东晋安帝义熙七年（411），本志据《江苏建置志》，取安帝义熙九年（413）更名说。

③（清）刘崇照主修，陈玉樹、龙继栋纂：《光绪盐城县志》（影印本），《中国地方志集成》，南京：江苏古籍出版社，1991年，第37页。

④（明）杨瑞云撰《盐城县志·沿革》："盐城本为汉盐渎县，俗名'瓢城'。"又杨瑞云《盐城望海》诗云："瓢城东望水漫漫"（《盐城县志·艺文》）。

⑤ 因盐城行政区划多有变更，原属盐城今归它辖或原属它辖今归盐城之地较多，围绕相关地方的归属之争屡见不鲜。如清末民初争执较大的"刘白草"案就曾在东台、兴化间各执一词，参见袁承业手稿《江苏省宁属谘议局筹办处道　札饬事照该县与兴化因丁溪等七场互相争执一案》，据袁承业后人东台安丰人徐建收藏原件。

一、盐城的自然地理与建置沿革

1、海陆变迁与自然地理的形成

盐城市位于江苏省中部，地处江淮平原东部，东临黄海，西接扬州、淮安，北边连云港，南邻南通、泰州。介于北纬32°34′–34°2′和东经119°27′–120°54′之间。全市总面积1.7万平方公里，列全省第一；总人口820万，列全省第二。

盐城自然地理环境的形成，深受海陆、水系、水道变迁影响，辖境经陆地–海洋–陆地之变迁，沧海桑田，境域、河湖、平原逐渐形成。后因黄淮水系变化，自然地理受黄河改道影响较大，主要体现在以下几个方面。

第一，海岸线的形成与稳定。距今2万年左右的晚更新世末期，黄海大陆架形成高差13–20米的两阶梯式陆地，范公堤一线和堤东区域为第二阶梯。[1]考古成果表明距今约1–2万年前后，市境已成陆，[2]原始先民在这片古砂堤上栖居生活了。[3]

距今7500年前后，海岸线在今高邮、洪泽湖西岸一带。距今7000年左右，苏北沿海堆积作用十分活跃，形成纵贯苏北东部的西冈、中冈和东冈。其中西冈规模最大，也是成陆最早的一条。明万历《盐城县志》云："境内无山，惟沙冈一带，南入大冈，由冈门镇东北接庙湾，递起递伏，迤百三四十里"[4]。潮间海岸线基本稳定在今天的范公堤遗址一线。距今约4000–3000年前的中全新世末，随着大海潮起潮落，自商周–隋朝，沿海海域形成了低冈沙带。至唐宋，唐代李承和北宋范仲淹相继构筑常丰堰和范公堤。"唐宋之世，范堤本为海岸。"[5]

第二，海岸线全面东移。南宋建炎二年（1128），黄河掠泗入淮；清咸

①关于苏北海岸线演变的研究，陈吉余、郭瑞祥、凌申、俞洪顺等学者成果较多。陈吉余：《历史时期的海岸变迁》，《中国自然地理·历史地理分册》，北京：科学出版社，1982年，第227-248页；张忍顺：《历史时期江苏海岸线的变迁》，《中国第四纪海岸线学术讨论会文集》，北京：海洋出版社，1985年，第132-144页；郭瑞祥：《海岸历史变迁》，《江苏水利科技》，1980年第1期，第12-14页；凌申：《全新世苏北沿海岸线冲淤动态研究》，《黄渤海海洋》，2002年第2期，第37-46页。
②凌申：《全新世以来苏北平原古地理环境演变》，《黄渤海海洋》，1990年第4期，第20-27页。
③凌申：《地名与历史时期江苏海岸变迁的相关研究》，《海洋科学》，2002年第2期，第26-29页。
④[明]杨瑞云：《盐城县志》卷一，盐城市图书馆藏。
⑤陈中凡、胡应庚纂，李直夫 林懿夫修：《民国续修盐城县志稿》卷一。

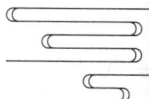

丰五年（1855），经铜瓦厢改道入渤海湾，历时700余年，使境域自然生态和海陆演变发生了重大变化。自秦汉至北宋，盐城自然环境比较优越，盐城一直为重要的海盐产区和农业经济区，但宋元之后，盐城经济渐呈衰退之势而绵延至近代，其巨大反转固然是众多因素共同构成，但1128–1855年间黄河水道夺淮入海，是盐城生态环境严重恶化的重要动因。

由于黄河多次决口，影响改变了里下河区域面貌，射阳湖大规模缩小并脱离盐城市境。据民国《盐城县志》记载，"唐时盐城去海不过一里"①"元明以来，黄淮合流，滩涨益远，唐宋之世，范堤本为海岸，至明宣宗时，逾堤而东已三十余里，明末更为五十里。"②清乾隆六十年（1795），盐城城厢距海已经100多里。③黄河口原在云梯关（今响水县黄圩镇境内），逐步向东推进到今滨海县大淤尖以东，东移90公里，平均每年向海延伸118米。里下河地区由于黄河大量泥沙淤积，众多湖泊逐渐消亡，原有水环境系统抵御自然灾害冲击、恢复自身稳定的能力也大为下降，并且还衍生出了一些新的致灾因素。

第三，海岸线南涨北蚀。清咸丰五年（1855），黄河北徙入渤海湾，境内海陆消长又发生新的变化。主要表现为岸线南进北退，以射阳县大喇叭口为界，其北，海岸线以蚀退为主，其南，海岸线淤长不停。清光绪二十一年《阜宁县志》记载："海滩日塌，昔之青红沙、丝网滨均踏入海。"④民国二十一年（1932）《阜宁县志》记载："咸丰五年铜瓦厢河决，北徙不复，海滩始见坍塌者，广大平原由桑田又沦为沧海。"⑤大喇叭口以南直至东台地区的海岸，自黄河北归后仍继续淤长，尤其是南部淤长更甚。射阳境以南、东台琼港以北的海岸线，淤积速度非常快，大丰、东台海岸每年向外扩展200–300米，滩涂宽至10–15公里。⑥

濒临大海的独特地理优势，为海盐的生产提供了便利的条件；海陆变迁沧海桑田的变化，促成了黄淮平原、滨海平原和里下河平原的形成。广阔的

---

①陈中凡、胡应庚纂，李直夫 林懿夫修：《民国续修盐城县志稿》卷一。

②《民国续修盐城县志稿》卷一，《中国地方志集成》，南京：江苏古籍出版社，1991年，第370-371页。

③孟尔君：《历史时期黄河泛淮对江苏海岸线变迁的影响》《中国历史地理论丛》，2000年第4期。

④阜宁县志编纂委员会重印：《阜宁县志》合订本，1987年，第68页。

⑤阜宁县志编纂委员会重印：《阜宁县志》合订本，1987年，第288页。

⑥孟尔君：《历史时期黄河泛淮对江苏海岸线变迁的影响》《中国历史地理论丛》，2000年第4期。

大海，广袤的平原，肥力较好的土壤，既有利于盐业和渔业的发展，又利于稻、麦、棉等农作物的生长，盐城先民在这片土地上的代相繁衍。

2、建置沿革与行政区划的变迁

盐城，古代为我国东方民族"淮夷"之地。夏代为禹贡九州之一扬州之北境，商代为徐州之南境，周代属青州。春秋战国时期，境内先为吴国所有，越并吴地后属越，楚并越后属楚国。

公元前221年，秦始皇置郡县，将全国分为三十六郡。境域淮水以南属于九江郡，淮水以北属于泗水郡。楚汉之际，境内属于东阳郡。

汉高帝六年（公元前201），今境属荆国（都吴县，今苏州市区）。约同年置盐渎县于今区境，这是盐城城区最初的前身。以其地产盐，复有运盐之道，故名。盐渎县隶属东阳郡（治广陵县，今扬州市广陵区西北蜀冈）。[1]

汉高祖十二年（公元前195），封刘濞为吴王，都广陵，境内属吴国东阳郡，其北境为射阳候封地。惠帝三年（公元前192）立射阳县。武帝元狩六年（公元前117），析射阳东部建盐渎县，与射阳县同属临淮郡。东汉灵帝熹平元年（172），孙坚（孙权之父）任盐渎县丞，是境内见之于史书的第一任县丞。三国时，废县制，沦为魏、吴弃地。

晋太康二年（281），复置射阳、盐渎、海陵三县。境内均属徐州广陵郡。境内东台、大丰境属海陵县，今市区（盐都、亭湖）、建湖、阜宁、滨海境属射阳、盐渎二县，境内响水境属于淮浦县。东晋安帝义熙九年（413），更盐渎县名为盐城县[2]，隶属山阳郡。

南北朝时，北齐天保元年（550），立射阳郡于盐城，领2县。南陈太建五年（573），改射阳郡为盐城郡，隶属南兖州。

隋开皇三年（583），海安、山阳、盐城、海陵4郡俱废，由郡降为县。境内属吴州。开皇九年（589），改吴州为扬州，境内属于扬州。开皇十二年（592），置楚州，境内东台、大丰境属于扬州的海陵县，今市区、建湖、阜宁、滨海、响水分属楚州的盐城、山阳、涟水3县。大业末年，韦彻据盐城自立射州，下设新安（县治在建湖县境新安墩一带）、安乐（县治在

①江苏省地方志编纂委员会：《江苏建置志》，南京：江苏人民出版社，2013年，第486页。
②江苏省地方志编纂委员会：《江苏建置志》，南京：江苏人民出版社，2013年，第487页。

今亭湖）、射阳（县治在今盐都楼王镇一带）三县。

唐武德三年（620），改江都郡为兖州。武德四年（621），韦彻归唐。武德七年（624），废射州，盐城县仍隶属楚州。天宝元年（742），楚州改为淮阴郡，扬州改为广陵郡，泗州改为临淮郡。乾元元年（758），广陵、淮阴、临淮3郡分别恢复为扬州、楚州、泗州。其时，盐城设置盐城监，以管楚州境内盐务，境内分属3州4县。今东台大丰属扬州的海陵县，今市区、建湖、阜宁、滨海境分数楚州的盐城、山阳2县，今响水境属泗州的涟水县。

五代十国时期，吴睿帝天祚三年（937）十月，徐诰代吴，建立大齐。盐城县改属泰州（治海陵县，今泰州市海陵区）。后周世宗显德五年（958），南唐割让江北诸州与后周，盐城县随泰州入周。

宋初沿袭唐制，分全国为十三道，境内属淮南道的泰州、楚州、泗州。今东台、大丰境属泰州海陵县，今市区、建湖（一部分）、射阳（时成陆部分）属泰州的盐城县，今建湖（一部分）、阜宁、滨海境属楚州的山阳县，今响水境属泗州的涟水县，境内东台等盐场属泰州的海陵监，丁溪、竹溪、南北游、北八游、紫庄、伍佑、新兴、七惠、四安（亦称四海）九场属于楚州盐城监。

元至元十三年（1276），盐城县随淮安入元。是年，淮安州升为淮安路。元至正十四年年底，盐城县为张士诚攻取。境内，今东台、大丰境为扬州路海陵地，属泰州；今市区、建湖、射阳、阜宁、滨海境属淮东总管府的盐城、山阳2县，今响水境属安东州，隶属江淮行省。至正二十三年（1363），盐民张士诚起义后占据平江（苏州），自立为吴王。至正二十六年（1366）四月，朱元璋军攻占盐城县；同月，朱氏占领淮安路，并改淮安路为淮安府，盐城县属之。

明洪武元年（1368），朱元璋建立明朝。终明一代，盐城县均隶属淮安府。洪武二十三年（1390），扬州府领高邮、泰州、通州3州和宝应、兴化、如皋、海门等7县，今东台大丰境为泰州地域，属扬州府，今市区、建湖、阜宁、射阳、滨海、响水（中、南部）境属淮安府的盐城、山阳、安东3县，今响水境北部为海州灶地。万历四十七年（1619），将白驹、刘庄（紫庄）二盐场地域从泰州划归淮安府盐城县，不久又从盐城县划归扬州府兴化县。

清康熙六年（1667），分江南省为江苏、安徽二省，境内属江苏省扬州、淮安二府。今东台、大丰为泰州地，属扬州府，今市区、建湖、阜宁、射阳、滨海、响水（中南部）境属淮安府的盐城和山阳、安东三县，今响水境北部为海州灶地。雍正九年（1731）设阜宁县，属淮安府。乾隆三十三年（1768），设东台县，属扬州府。宣统三年（1911）11月，盐城县脱离清朝统治。

1912年，境内东台、盐城、阜宁3县直属江苏省。1913-1914年，盐城县隶淮扬道。1927年，国民革命军占领盐城。同年，道制废除，盐城县直属于江苏省。1933年4月，江苏省在盐城设第十行政督察区，1934年，改盐城第十行政督察区为盐城行政督察区，1936年6月，改盐城行政督察区为第六行政督察区。此后至1945年6月，盐城县属特别行政区与淮南行署区。1946年，为纪念新四军军长叶挺，将盐城县改名叶挺县。1948年，第六行政督察区辖内盐城、东台、阜宁解放。

1949年，苏北人民行政公署成立，下辖5个行政区。4月22日，叶挺县复名盐城县。时东台、大丰属泰州行政区，盐城、盐东、建阳、阜宁、阜东、射阳、滨海、淮安、涟东9县属盐城行政区。1949年11月，盐东、阜东县分别并入射阳、滨海县，盐城行政区下辖7个县。1950年1月，原属泰州行政区的东台、台北两县划属盐城行政区。1951年7月，改建阳县为建湖县；8月，改台北县为大丰县。1966年，将滨海县中山河以北地区新置响水县，隶盐城专区。1971年5月，盐城专区改为盐城地区。1983年3月，根据国务院批复，盐城撤县设市，为省直辖，将原盐城地区的东台、大丰、射阳、建湖、阜宁、滨海、响水7县，划归盐城市管辖。1987年12月，撤东台县，设立东台市（县级市）。1996年9月，撤销大丰县，设立大丰市（县级市）。2015年8月，撤销大丰市，设立大丰区。盐城市现辖东台市、射阳县、建湖县、阜宁县、滨海县、响水县、盐都区、亭湖区、大丰区、城南新区、盐城市经济开发区1市5区5县。

从盐城建置沿革和行政区划变迁可见，盐城隶属区域代有变化，管辖区域的分合、增减主要体现在南北两端，多因分封、战乱、域内分治与盐产运销，与扬州、泰州、南通、淮安、连云港的联系较为密切，这些区域的文化对盐城文化的生成和发展影响尤为深广。

二、盐城佛教的传入与发展

1、盐城佛教的传入

佛教传入中土的时间和路线在佛学界尚有争议，关于传入时间，有学者认为"佛教传入中土的准确时间，已经难以确定"，但"佛教传入汉地的时间确实要早于'正史'记载以及现今史学界依据'科学'标准所能确认的时间"，而且"佛教传入途径的多元化以及最初依靠民间通道和商业管道"可以通过佛教初传的故事得到体现。关于传入的路线则认为："佛教传入内地的路线不止一条，而是三条。三条线路中，从现有证据看，应该是陆上丝绸之路为先，海路稍后，第三条路线（川滇缅道）则可能次之。"①

佛教传入今盐城境内的时间和路线有待考证，清代嘉庆朝《东台县志》所载"东广福寺在西溪镇东，相传建自汉武时，名承福寺院"，显系谬传。因佛学界一般把东汉明帝时期"楚王英奉佛"和"永平求法"作为佛教在中土得到传播较为明确的史实，而汉明帝在位时间为公元57–75年，今盐城境内显然不太可能早于此时传入佛教。然该志所记西广福寺"相传建自汉章帝永和中，名'奉孝寺'"②，结合东台当地诸多董永传说，似较为可信，但东汉章帝并无"永和"年号，疑将章帝"元和"误作"永和"，"元和"年间为公元84–86年，"元和中"当为公元85年，可视为盐城佛教寺庙兴建史志记载之始。③有僧未必有寺庙，有寺庙则有寺僧焉，然盐城、东台及阜宁三县史志对汉魏时期则鲜有寺僧记录，最早有法号记录的寺僧当为民国《阜宁县新志》所载的康义，"晋康帝建元二年，僧康义在阜宁马逻乡建天王寺"④，晋康帝二年，即公元343年，龙兴寺僧康义于马逻建天王寺，马逻今为淮安市淮安区苏嘴镇马逻村，但历史上属于阜宁县，当为阜宁境内建寺较早记录，马逻紧邻今阜宁，康义可视为盐城境内有明确法号载于史志的僧人。

佛教传入盐城的路线有陆路传入说和海路传入说，从盐城自然地理变迁和当时海上交通条件等来看，海路传入说不太可信。至于陆上传入说，汉末丹阳人笮融在彭城和广陵之间建造浮屠是中国有佛塔之始，支谦南下和康僧会北上，南北佛教在东吴汇合，因此，盐城境内佛教有可能存在多路传入的可能，即今盐城境内南部的东台、大丰可能系由扬州传入，今境内偏北的阜宁、建湖、盐都、射阳、滨海、响水等地则可能由淮安传入。

① 赖永海：《中国佛教通史》（第一卷），南京：江苏人民出版社，2010年，第78、101页。
②（清）周右修、蔡复午等纂：（嘉庆）《东台县志》卷三十五《寺观·仙释》，《中国方志丛书·华中地方》第二七号，台北：成文出版社，1970年，第1312页。
③ 盐城佛教寺庙之始可参考"第一编 寺庙卷"中东、西广福寺条相关考证。
④ 吴宝瑜修、庞友兰纂：（民国）《阜宁县新志》卷十六《宗教志·佛教》，《中国方志丛书·华中地方》第一六六号，台北：成文出版社，1975年，第675页。

2、盐城佛教的发展

佛教传入盐城后，至唐宋僧尼记录渐多，至明清及民国时期则更多，高僧大德不乏其人。

唐代，盐城境内寺庙林立，香火旺盛，僧众不下三千，烧香拜佛成了一种民风，盐城的永宁寺已属当时全国的三十六大寺之一，建湖净慧寺等相传建于唐代，东台海春轩塔和建湖朦胧塔相传系唐尉迟恭所建。东台泰山寺、大丰草堰义阡寺等多建于宋代。今大丰丁溪东义阡寺建于元代，然元代新建寺庙不多，多为修复。明清时期在唐宋时期的基础上，盐城佛教得到更大发展，境内新建及修复寺庙较多。到清末民初，境内共有大小寺、庙、庵、院1400多座，僧尼达5000余人。东台县有寺院801座，十四大丛林，东台县城有"九庙十三寺七十二庵"，安丰镇亦有"72间半寺庙"的说法，全县有僧尼3864人（其中僧3441，尼423）；盐城县有寺庙400余座，10座丛林，永宁寺为诸寺之首，全县有僧尼1000余人；阜宁县亦有寺庙201座，僧尼627人。但由于外患内乱频发，处百年未有之大变局，且受清末民初"庙产助学"风潮影响，佛家丛林多为战火毁坏，或改易学校，幸存寺庙仅有10余处，僧尼多离境投奔他乡寺庙或还俗就业。但即使如此，盐城境内僧尼在建国初尚有1751人，及至"文革"，寺庙多遭冲击破坏，僧尼亦多还俗。

改革开放后，党和政府积极落实宗教政策，盐城许多寺庙纷纷重建复建，原还俗僧尼亦被礼请参与寺庙重建复建，这些老法师不仅延续了盐城佛教法脉，更重要的是培养了大量盐城佛教僧才，现今盐城籍僧人遍布海内外佛教道场，其中尤以东台籍僧人居多，建湖、大丰籍僧人也较多，以至佛教界有"福如东海"[1]之说。

3、盐城佛教宗派及其分布

佛教传入中国之初，并无宗派之分。及至隋唐，方形成诸多佛教宗派，演绎流传至今的主要有八宗。一是三论宗，又名法性宗；二是法相宗，又名唯识宗、慈恩宗、瑜伽宗；三是天台宗，又名法华宗；四是华严宗，又名贤首宗；五是禅宗；六是净土宗；七是律宗；八是密宗，又名真言宗。这就是通常所说的性、相、台、贤、禅、净、律、密八大宗派。佛教八大宗派以一偈概之：密富禅贫方便净，唯识耐烦嘉祥空。传统华严修身律，义理组织天

---

[1] "福如东海"一说，指在全国有福建、江苏如皋、东台、海安四地佛教兴盛，僧才众多。

台宗。

　　盐城境内佛教宗派主要有律宗、禅宗和净土宗几派。律宗讲大乘，立戒坛，强调以戒律扬教，主要分布在盐城、东台境内较大的寺庙。盐城永宁寺、千佛院、兜率寺、伍佑广利院、大冈香佛寺、大云山等最初均为律宗，后来随着禅宗的发展，出现了"由律改禅"的情况，如永宁寺。禅宗以临济、曹洞两宗为主，临济宗由于孤云行鉴的影响更是居于主要地位，散布盐城各地寺庙，尤以农村寺庙为多。民国《续修盐城县志》载："城乡寺刹四百余所，十之九皆临济宗。"①曹洞宗在盐城分布也较多，如龙冈海会庵、便仓正觉庵、上冈之净居寺和西乾庵等即为曹洞宗。净土宗起初主要分布在阜宁境内的寺庙，尤以比丘尼寺庙居多。另外如时属东台县、现属泰州市姜堰区溱潼镇的北禅院，即北村禅院，在清代乾隆年间"溱潼八景"为北村莲社，显系净土宗，辛亥后新"溱潼八景"中"北村莲社"已改为"北村禅院"，故当在清代中后期"由净改禅"。民国时期由于印光大师倡导"诸宗归净"，净土宗在盐城也得到较大发展，如时属阜宁县、今属射阳县的息心寺，当时即延请印光为住持，系净土宗。特别是民国时期盐城境内出现了许多莲社，如阜宁合兴镇净念莲社、东台大中莲社、东台大赉莲社、东台栟茶信愿念佛莲社等，皆宗净土。今阜宁县羊寨镇北沙居委会小关村的金轮寺、今滨海县正红镇东大尖村的华严庵当为华严宗。特别是时属东台县、今属兴化市戴南镇的景德寺，则是"由道入禅改贤再改禅"的典型，原为三茅道观，宋景德年间初为禅宗，清同治后，朗月在茅山倡导华严宗，景德寺成为近代华严中兴祖庭，而现重建之寺庙则为景德禅寺。

　　盐城佛教虽以禅净为主，但也不排斥其他宗派，茗山法师虽以禅宗为主，但也旁涉诸宗经论。

　　盐城佛教道场的分布与盐城自然地理变迁和行政区划调整紧密相关，且与盐城盐文化密不可分，同时也和盐城历史上政治、经济重大事件相联系。从地域方位上看，在东台、大丰等地呈向东向南的趋向，在阜宁、盐城等地则表现为向东向北的变化。从城乡结构上看，则有由城市到乡镇再到村庄的情况。从僧众人员比例相对而言，则有僧多尼少、普通民众多、绅商少的特征。从道场分布位置看，无论城乡多集中紧邻行政中心或集市作坊附近，由

---

①林懿均修：（民国）《续修盐城县志稿》卷三《民俗》，《中国地方志集成·江苏府县志辑（59）》，南京：江苏古籍出版社，1991年，第394-397页。

于盐城地处里下河地区，寺庙往往又集中在河湖溪沟或道路之旁，原本专奉海神、河神的祭祀场所后来也多演化为佛教道场。

三、盐城佛教的特点

盐城佛教自汉晋产生以来，经过了唐宋时期的发展阶段，明清至民国时期的鼎盛阶段，抗战时期至"文革"的受挫阶段，再到改革开放时期，特别是进入中国特色社会主义新时代以来的复兴繁荣阶段，与家国命运同呼吸，与时代发展共进步。

在盐城佛教长期的发展历程中，盐城佛教呈现出其显著的特点。

第一，坚持爱国爱教。佛教在盐城传布以来，每逢家国危难之际，必以大慈悲心、大智慧、大勇气入世，如韩世忠、梁红玉将中军帐设于永宁寺，云隐法师为其疗伤，并在永宁寺四晤抗金名将岳飞，共商抗金大计，并建有"三义堂"以资纪念。抗战时期，永宁寺住持雪松法师坚定拥护中国共产党的抗日民族统一战线，积极组织僧侣救护，踊跃参加盐城参议会参政议政，被刘少奇、陈毅称赞为"革命和尚"。盐城多地寺僧除参加僧侣救护外，捐庙产寺田支持抗战，购枪捐钱支援新四军，更有年轻僧侣直接报名参军，加入新四军对日作战，谱写了盐城大地全民抗战的感人篇章。

第二，盐城自古多高僧。盐城境内萧寺林立，高僧辈出，其原因何在？江苏省佛教协会副会长、盐城永宁寺方丈仁风在其《萧寺有路行者不绝——登瀛地频出佛门人原因探析》[1]专文中，分别从信仰原因、历史原因、传承原因三方面进行了归纳，认为盐城地区频出僧人与盐城民众的佛教信仰分不开；盐城地区频出僧人与扬州盐商经济文化圈的熏染、洪武赶散事件的影响以及替僧现象的流行有关；盐城地区频现出家人还与这里独特的师徒传承理念有关。

第三，精研佛教教义，注重宣教弘法。孤云行鉴禅师七坐道场说法，20多年，学侣云集。据《孤云禅师碑铭》（东明孤云禅师塔铭）记载：他"词锋迅利，音节爽朗，每挥尘谭禅，令远迹倾耳会心，似东风之嘘冻，不自知其涣然神解也"。禅宗临济下第三十三世，盐城籍清代僧人元日青崖，曾两次应诏，雍正帝见赐紫衣，乾隆皇帝题诗《香山示青崖和尚》，奉旨住浙江

---

①仁风：《萧寺有路 行者不绝——登瀛地频出佛门人原因探析》，详见"附录六"。

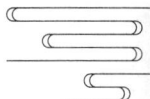

天童寺、京都普觉寺，著有语录数卷。又如禅宗临济下第四十六世，永宁寺方丈雪松深入研究佛学经典，净、禅、唯兼修，是功底深厚的佛学理论家。茗山法师编写《法华经》《地藏经》《仁王般若经》《心经》《阿弥陀经》等诸经提要，供自己和他人"受持读诵，如说修行"之用，著有《华严经普贤行愿品讲义》《弥勒上生经讲义》等。应慈法师一生笔耕不辍，著有《心经浅说》《正法眼藏》《八识规矩颂略解》等。另有如孤云、青崖、雪松、茗山、应慈等精研佛理，注重宣教弘法的高僧尚有许多，特别是涌现出许多佛学修养精深的中青年法师。

　　第四，倡导包容开放，儒佛道并处共生。盐城佛教传入和发展过程中，与原有道教并未势同水火，而是在各自发展中相互包容，并处共生。民国《盐城县志》记载："县境旧有寺观，如伍佑之佑圣观、新兴之上真观、冈门之三茅观、集仙堂、沙沟之三官殿、大冈唐家湾之大云山、安丰大冈秦南仓之真武庙、北龙冈新阳村之东岳庙以及水府庙、碧霞院等，论其名义应属道教范围，乃晚近多为僧徒所居，或改崇佛像，惟城内之城隍庙、三清殿、关帝庙道士居之。"①今盐城市伍佑镇三元宫，原为道教道场，宝华山第十四代律祖海然法师即在此依继信和尚出家。盐城佛教除了与道教"和平共处"外，与儒教也不冲突，甚至出现了三教交融的特有现象，如建湖县湖垛镇之三教庵"三教并祀"，虽道光年间有旨严禁，仍"聚徒立说，以和同三教为帜志，授受不绝"，民国后改为悟善社、同善社、道院，盐城同善社特盛，市野相驱，坛宇林立，国民政府成立后多改入红十字会。

　　第五，乐善好施，热心公共事业。今盐城市境内之旧盐城、东台、阜宁三县，茶庵甚多，有以茶庵直接命名者，亦有以方位区分者，如东茶庵、西茶庵、南茶庵、北茶庵等。茶庵系旧时建于路旁施茶或作供茶用的佛寺或草棚，佛寺的茶庵以比丘尼寺庙居多，亦有供周围居民朔望献茶敬神者，多数用于暑日备茶供路人歇脚解渴。盐城境内过去茶庵之多，既反映了盐城因盐业发达的传统交通的需要，也体现了佛家慈悲为怀的善念。

　　盐城境内以"义阡"名寺者甚多，旧东台县境内义阡寺有七。"义阡"即义冢，一般指掩埋无主尸体的公墓，过去"贫者死不葬，辄焚其尸。敦为

---

①林懿均修：（民国）《续修盐城县志稿》卷三《民俗》，《中国地方志集成·江苏府县志辑（59）》，南京：江苏古籍出版社，1991年，第394-397页。

厉禁，且立义阡，俗遂革"，诸多义阡寺的兴建，一方面固然说明盐城人民地处苏北沿海的生活艰辛，另一方面也体现了佛教敬重死者的悲天悯人情怀。

盐城佛教热心慈善，地方志中有关寺庙僧尼"捐施"记载甚多，如刚崖捐资三百金于邑之宋石庄弥陀寺，设局施棺等。此外由于盐城地处苏北里下河地区，水灾频繁，盐城佛教界踊跃参与赈灾，以高鹤年、郭介梅为代表的居士在苏北赈灾活动中登高疾呼，亲力亲为，不仅获得政府嘉奖，而且得到广大民众拥戴。

始于清末民初的"庙产助学"运动对佛教发展有着重要影响，盐城佛教界也难免受到波及。为此，广岫、云莲、祥瑞等法师等利用庙产创办佛学院，发展佛学教育，为盐阜地区培养了一大批出色的僧才，推动了本地佛教的传播与发展。部分开明绅民利用庙产创办中小学校，将寺庙改建为学堂及变卖"庙产"新建学堂，发展近代教育，提升青年文化水平，尽管"庙产助学"兴建的学校大多为小学，且规模较小，但对盐阜地区近代教育事业却产生了深远影响。根据"中央研究院"近代史研究所王树槐先生的研究，仅晚清十年间（1901–1911），阜宁县新建学堂所占用寺庙为本地所有寺庙的71%。

据2023年相关统计，盐城市现有佛教道场105座，出家僧人数371人，登记备案教职人员数171人，信众当在10万[1]以上。

盐城佛教目前正处于发展的黄金机遇期，佛教界和社会各界要求新建、扩建、重建佛教寺庙的越来越多。如何顺应社会的进步发展，转变发展理念，由外延式发展成功转型到内涵式发展道路，是盐城佛教界面临的重要问题，在盐城市民族宗教事务局的指导下，在盐城市佛教协会历任会长特别是现会长仁风法师的引领下，盐城佛教界上下一心，在潜心弘法的同时，注重提高僧众修养，着力加强道风建设，积极参与社会慈善公益事业，获得了很好的社会反响。

---

[1]据盐城市民族宗教事务局2013年数据，当时佛教信教群众约为10万人。参见马登军、李卫东：《变迁与建构：盐城宗教生态的历史演进与当代格局》，《江苏省社会主义学院学报》，2015年第1期。

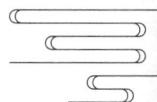

第一卷

寺庙

SI MIAO

自东汉至魏晋为佛教传入盐城阶段，唐宋时期是其发展阶段，明清至民国时期是其发展的鼎盛阶段，改革开放后，国家恢复宗教信仰自由政策，盐城佛教进入了重建和繁荣的新时代。

"寺庙卷"所列寺庙、居士林等佛教道场，主要录自中国历代正史、盐城及周边历代地方志、历代高僧传、中国佛学人名辞典及《大藏经》《宗统编年》《五灯》系列等。

第一章 盐城历史上的寺庙

由于今盐城辖境在历史上多为盐城县、阜宁县和东台县三县所属，故历史上盐城境内寺庙多见载于该三县县志及其他档案史料之中，盐城县主要有：（明）杨瑞云于万历十一年所修《盐城县志》卷之二"建置志"中的"庙宇"和"寺观"篇；（清）黄垣、沈俨等于乾隆十二年所修《盐城县志》卷十《祀典·寺观》篇；（清）刘崇照、陈玉树、龙继栋等于光绪二十一年纂修《盐城县志》卷十七"杂类"中的"寺观"篇；民国二十五年（1936）林懿均、李直夫修，胡应庚、陈钟凡纂《续修盐城县志稿》卷三"民俗"中的"宗教"篇；胡应庚纂《民国盐城续志补校》卷一（1951年铅印本）。阜宁县主要有：（清）冯观民于乾隆十一年所修《阜宁县志》卷之七"古迹志"，（清）阮本焱于光绪十一年主纂《阜宁县志》卷二十四"丛志"中的"寺观"篇，民国二十一年（1932）庞友兰总纂《阜宁县志》（《阜宁县新志》）卷十六"宗教志"中的"佛教（附佛寺）"篇。东台县主要有：（清）周右于嘉庆年间所修《东台县志》卷之三十五"寺观（仙释）"卷，东台市地方志编纂委员会办公室编《东台旧志九种》[①]，另有东台市徐健先生收藏的先人袁承业（时东台县修志局分纂）之县志残稿（民国十年版）。同时，间以诸方志中人物、艺文等卷中涉及

---

① 王素云主编《东台旧志九种》（计8册）包括周右修嘉庆《东台县志》、清王璋《光绪东台县志稿》、明佚名《西溪镇志》、清佚名《西溪泰山寺志》等九种东台旧志，2020年凤凰出版社出版。

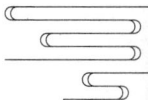

佛教相关内容。

因盐城县、阜宁县和东台县三县历史上多属扬州府、淮安府所辖，故又参考《扬州府志》和《淮安府志》中相关内容。且今盐城辖境在历史上行政区划屡有变更，尤其周边乡镇与邻境多有归属变化，因此本卷寺庙另又参考邻境如南通市、泰州市以及淮安市下辖市县区等地旧志。

是故，本章"盐城历史上的寺庙"以旧盐城县、阜宁县和东台县三县分列，间有涉及今盐城下辖其他市县区者，其在历史上仍属旧三县境内者会予以说明。

盐城境内最早的寺庙是哪一座？建于何时？民国时期林懿均等纂修《续修盐城县志稿》时云："程沈二志，时代益后，所述弥难征信，大抵诸寺创自宋明，于理为近。唐代而上，夸前门远，十九诬张也。"[1]

第一节　盐城县[2]

汉高帝六年（公元前201），置盐渎县。东晋安帝义熙九年（413），改盐渎县名为盐城县。明永乐、万历年间筑东阔西狭椭长如瓢城池，盐城又称"瓢城"。其后因历代行政区划变更，盐城县所属亦多有变化，及至清代，盐城县属淮安府。民国时期，盐城县先后属淮扬道、江苏省第十行政督察区、盐城行政督察区、第六行政督察区、特别行政区与淮南行署区等。

旧志对庙宇寺观多系笼统记载，或有未明示佛道之别，民国时期庞友兰修《阜宁县新志》时即感慨："按县境道观或改为僧侣之居，佛寺亦有改居道士者，名实不符，相沿已久，兹仍以信教之人分类焉。"[3]四年后，林懿

---

[1]林懿均修：（民国）《续修盐城县志稿》卷三《民俗》，《中国地方志集成·江苏府县志辑（59）》，南京：江苏古籍出版社，1991年，第396页。

[2]本节盐城寺庙顺序暂以（清）刘崇照等所修光绪《盐城县志》所载为序，参以（明）杨瑞云修万历《盐城县志》、（清）黄垣、沈俨等修乾隆《盐城县志》、民国时期林懿均等纂修《续修盐城县志稿》及胡应庚纂《民国盐城续志校补》卷一（1951年铅印本）相关内容考述，从而知各寺庙之兴废。为行文方便计，本节中引用到上述诸志统一简称为万历杨志、乾隆黄志、光绪刘志、民国林志及胡校续志。

[3]吴宝瑜修、庞友兰纂：（民国）《阜宁县新志》卷十六《宗教志·佛教》，《中国方志丛书·华中地方》第一六六号，台北：成文出版社，1975年，第1013页。

均等修《续修盐城县志稿》时亦作如是感叹："县境旧有寺观，如伍佑之佑圣观、新兴之上真观、冈门之三茅观、集仙堂、沙沟之三官殿、大冈唐家湾之大云山、安丰大冈秦南仓之真武庙、北龙冈新阳村之东岳庙以及水府庙、碧霞院等，论其名义应属道教范围，乃晚近多为僧徒所居，或改崇佛像，惟城内之城隍庙、三清殿、关帝庙道士居之。"①因此，本志"寺庙卷"中，除旧志中有确证可断为道观者不录，其余不能明断者，皆录之存疑。

①林懿均修：（民国）《续修盐城县志稿》卷三《民俗》，《中国地方志集成·江苏府县志辑（59）》，南京：江苏古籍出版社，1991年，第396页。

盐城县历史寺庙表①

寺庙	地点	始建	重建（重修）
永宁寺	县治北	唐武德三年（620）	明洪武、隆庆、万历年间
永福院（吴葛寺）	县治西南四十里，大葛庄北		清顺治、康熙、乾隆、嘉庆年间
慈氏院（何界寺）	县治西三十五里，华判庄北	唐武德五年（622）	
南弥勒院（口儿荡寺）	县治南六十里，湛沟河内	唐武德六年（623）	
湛沟寺	县治西南六十五里，湛沟河内	唐武德七年（624）	
安方庙	县治西	唐贞观元年（627）	
法兴院	常盈庄东	唐麟德二年（665）	
罗汉院	收成庄东	唐建中四年（783）	
弥陀西寺	冈门镇	宋开宝元年（968）	明洪武四年（1371）
净居寺	北任庄北	宋宣和六年（1124）	明洪武二十四年（1391）
利济院	伍佑场南陈家巷	明洪武三年（1370）	
集仙堂	县治西	明弘治九年（1496）	
广长院	城北隅	嘉靖四十四年（1565）	
祖师院	抬头角	万历十五年（1587）	
上真观	新兴场	明万历二十年（1592）	
张仙洞	县治西门内	明万历四十年（1612）	
千佛庵	北门外	万历四十三年（1615）	
观音阁	伍祐场	明万历间	
龙兴寺	北宋庄	明天启四年（1624）	
华严庵	新河庙东北萧家庄	明天启五年（1625）	
真武庙	一安丰镇	明天启五年（1625）	

①盐城县历史寺庙简表主要根据地方史志，以寺庙所在地为序，其始建、重建及今天所在地可详参后附文字介绍。本章阜宁县和东台县历史寺庙亦依此例。

寺庙	地点	始建	重建（重修）
放生庵	冈门镇	明天启间	
龙兴庵	冈门镇		
华严庵	冈门镇		
观音院	上冈北夏家桥	明崇祯三年（1630）	
五柳院	古殿堡	明崇祯年间	
甘露庵	伍祐场	崇祯间	清康熙四十一年（1702）
观音院	夏家桥	明崇祯间	
水月庵	永宁寺北		
五柳院			
广福庵	大陆庄	明末	
普惠庵	灶仇庄	清初	
永兴庵	孙英庄		
药师庵	蒋家庄		
极乐庵	大李庄		
如来庵	伍祐场	清康熙元年（1662）	
兜率寺	县署西北	清康熙四年（1665）	
兴隆庵	流均沟	清康熙十二年（1673）	
地藏庵	城西隅	清康熙十八年（1679）	
古基寺	东塘河西岸		康熙二十四年（1685）
张仙洞	建阳镇	清雍正八年（1730）	
观音院	新兴场		
真武庙	一大冈镇		
	一秦南仓		
义阡寺	新兴场		
长生庵	县署西		
槐真君庙	县署西南		
碧霞院	县署西北		
祥晖观	县署北		
祥晖观	西门内		
消灾庵	城东南隅		
广利院	伍祐场		

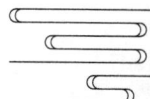

寺庙	地点	始建	重建（重修）
佑圣观（祐圣观）	伍祐场		
西来寺	伍祐场西		
弥陀庵	丁家垛		
报恩地藏院香佛寺	大冈		
大云山	大冈北		
小地藏院	马沟河东		
弥陀南寺	冈门镇		
三茅观（济幽观）	冈门镇		
塔院寺（大乘塔院）	楼王庄西北		
斋佛院	沙沟镇		
三官殿	沙沟镇		
日照庵	沙沟镇		
醇化院	沙沟北		
福兴庵	乔家庄		
夺基庙	射阳村西北		
大云院	县治西百一十里，九里荀家庄北		
招携院	县治西百一十里，安丰镇西。		
极乐庵	安丰镇		
	大潭湾		
海会庵	丁家河		
	三旺庄		
新河庙	县治西北四十里，新河镇		
芦沟寺	芦沟河南		
桑台寺	县治西北七十里，楼夏庄东北		
水月庵	唐桥		

寺庙	地点	始建	重建（重修）
地藏庵	湖垛镇		
三教庵			
观音庵			
魁星阁			
太平院	湖垛镇南		
仁元庵（神台庙）	县治西北六十里		
孤峰庵	戛梁河东		
高姥寺	古基寺西五里		
祇园庵	陈家堡北		
	马家楼		
广福院（高作寺）	高作庄		
庆善院	新安厂		
毗卢庵	梁垛		
永福庵	荡杨庄		
福慧院	杨家碾南		
福缘庵	高马庄		
慈云庵	晏荡沟		
北极院	花垛庄东		
茶庵	沙沟营		
	七里桥		
	上冈镇		
舍利寺	上冈西北仓家冈		
三元宫	伍佑场陶家港		
西乾庵	吴家桥		

永宁寺

1.在县治北，唐武德三年创建，洪武十七年重建，隆庆三年重修，万历十年知县杨瑞云重修正殿，西南建更衣亭三间，为本县祝厘之所。

2.永宁寺田四十二亩三分，座落董家桥南商家庄。……以上寺院田，知县杨瑞云买给僧修达、道韩、应祥等为永业。

3.县署北，旧志云唐武德三年建，洪武、隆庆、万历间，国朝顺治、康熙、乾隆、嘉庆间屡修。

4.永宁寺：县治北，唐武德三年建，明洪武隆废，万历年间俱修。国朝顺治九年修，康熙年间邑人薛表重修殿宇，高耸金碧，涌现于百里之外，昔人泛海者望此为指南车，题曰"淮寺第一"，盖不虚云。

5.杨志载永宁寺唐武德三年建，明洪武十七年重建，沈志："殿宇高耸，金碧涌现于百里之外，昔人泛海者望此为指南车，题曰'淮寺第一'，盖不虚云。"

……

今案明《一统志》，言永宁寺在盐城县治东北，宋隆兴中建，本朝洪武初重建，是杨志所云出于后起，显不足据。程沈二志，时代益后，所述弥难征信，大抵诸寺创自宋明，于理为近。唐代而上，夸前门远，十九诬张也。县境十方丛林推永宁寺……永宁寺、香佛寺、大云山并天童下平阳派……

永宁旧称教寺，清顺治八年，住持孤云鉴始改十方（见僧体真《永宁寺法派源流序》），岁辛丑，鉴示寂（塔在杭州东明寺，见《正源略集》）。时素行严渊隐居盐之贺村草堂。邑人孙一致、薛鼎臣羡仰高踪，亲往延至永宁阐法十四年。康熙丁未，渡江寻嗣龙池法席，己未春示寂，著有《永宁万寿龙池语录》。

孤云素严并天童三世……曹洞宗宗镜七世，盐城永宁式衡权及清江檀度天根本并于康熙中叶主永宁寺……天童下平阳二世薪传澜……嗣超涵字予怀，康熙中叶，历主苏州尹山蒙福寺暨淮安龙兴寺、放生池、净名寺，五十九年来盐城主永宁寺，有语录二卷（《永宁寺法派源流序》）。平阳五世慧真缘嗣知先通，嘉庆三年，主永宁寺规范谨严，号为中兴后嗣，流传至今。

按：1、2分别为万历杨志卷二"建置志·庙宇"、卷三"民事志·田赋"所载，称"永宁教寺"；3为光绪刘志卷十七"杂类·寺观"所记；4见于乾隆黄志卷十《寺观》，5为民国林志卷三中的"民俗·宗教·佛教"所录。三志所记永宁寺建寺、重建、重修情况大致相同，唯建寺时间民国林志存疑。永宁寺原名"护国永宁禅寺"，始建于唐武德三年（620）①，为唐代三十六大寺之一，原址在盐城县署北，即今江苏省盐城市中学北校区（老盐城中学）南操场。民国林志中"殿宇高耸"是否系杨瑞云当年重修正殿，今已不可考，但从将其金壁辉煌之殿宇当作航海指示标志，可以想象永宁寺当年香火兴旺道场庄严之盛况。今述永宁寺者，多将"题曰淮寺第一"一并引用，实为句读之误，应为"题曰'淮寺第一'"，当系有人为永宁寺题写"淮寺第一"，因当时盐城属于淮安府，意为永宁寺列淮安府寺庙之首。

永宁寺自唐代建寺以来，历经沧海桑田，见证王朝更替，更经内乱国难。永宁寺高僧辈出，既有出家人的悲天悯人慈悲为怀，又有爱国爱教的精神担当，如宋代云隐法师和岳飞、韩世忠、梁红玉等共商抗金大计，雪松法师投身抗日，组织僧侣救护队，被陈毅等誉为"革命和尚"。永宁寺僧事迹详见"人物"卷、"艺文"卷及"法务"卷等，此处从略。

永宁寺宗派法脉及历代住持僧侣情况因资料有限，结合方志所载，参以历代《高僧传》及《五灯全书》，特别是近年盐城市政协学习文史委所编《永宁寺志》②，将永宁寺宗派法脉及历代住持僧侣选录如下，间以考订：

1、永宁寺宗派法脉

据《永宁寺志》云："盐城永宁寺建寺之初，其寺以律以戒，律僧主持寺院，所属宗派虽无明确典籍记载，实为律宗承祖法脉。"律宗有南山宗、相部宗和东塔宗，后两宗传世较短，道宣门下秀律师③为南山律宗二祖，法脉不绝，至古林如磐三昧寂光千华一系。相传永宁寺开山第一代祖僧为寂庵，似与寂光一系同。《淮安河下志·河下园林记》载：淮之山阳朱氏印

---

① 永宁寺始建时间说法不一，有唐武德三年、武德七年、创自宋明诸说，万历杨志、光绪刘志及明正德、天启《淮安府志》多从武德三年说，《永宁寺志》参考诸志，兼采盐城本地文史专家及方志办专业人士意见，取武德三年（620年）为永宁寺始建时间，武德七年说亦录之存疑。至于民国林志中谓"大抵诸寺创自宋明，于理为近"亦属推论，诸志中惟此一说以为建于宋明，遵孤证不信及无征不信之原则，暂录之备考。
② 盐城市政协学习文史委编：《永宁寺志》，北京：中国文史出版社，2020年。
③ 秀律师为南山律宗道宣弟子，或云秀周，或云秀律师、周律师，以为二人，《大唐西域求法记》、宋《高僧传》虽载，然事迹不甚详明。

江，受衣钵于彻朗律师（盐城永宁寺），改名实镫，后为福初和尚师。参以千华一系宝华山隆昌寺传承56字首句：如寂读德真常实，福性圆明定慧昌。是则实镫、福初与千华一系宝华寺传承第六、七世相符，据此逆推，则彻朗当为千华一系第五世，永宁寺开山第一代祖寂庵至彻朗之间的传承已经无从考证，但永宁寺在明末清初时仍由律僧主持则可确定。

永宁寺初为律寺，然万历杨志及乾隆朝《淮安府志》皆以永宁寺为教寺，至于永宁寺何时由律寺转为教寺，现无明确史料，但大致可推为元、明时期，因元世祖忽必烈和明太祖朱元璋均重教寺以巩固政权，盐城为淮南盐场主要产地和集散地，盐民众多，张世诚即率盐民起事，且"洪武赶散"后大量苏州民众迁盐，如何配合官府加强对盐民和移民管理，被誉为"淮寺第一"的永宁寺自然承担了教寺世俗教化职能。

永宁寺何时由何人传承禅宗法脉今已无从考证，然考之唐代百丈怀海设禅堂、推行教规改革，各地寺院纷纷仿效之情，永宁寺于当时设立禅堂极有可能。顺治八年（1651），禅宗临济宗第三十二世孤云行鉴禅师应请入住永宁寺，此为永宁寺继承禅宗临济法脉的明确记载，其后延续不绝，及今仁风润性续主法席，已为永宁寺临济正宗第四十八世。

由是观之，永宁寺初为律寺，元、明时为教寺，其间或由律改禅，清初则已确为禅寺，故该寺"以戒为律，以禅为心，以教为言"。

2、永宁寺住持及僧侣

永宁寺自寂庵开山以来，迭经重修重建，然法脉长存。由律改禅后，初为子孙丛林，自孤云行鉴禅师始改十方，因史料缺失，早期住持寺僧法号事迹多已难考，至明清及民国时期则稍显，兹将历代住持及寺僧略历如下。

寂庵　唐僧。盐城永宁寺开山祖师。

智顺　唐僧。广德元年（763）住持永宁寺。

道全　唐僧。南岳第十六世，天宁梦庵普信禅师法嗣，住持永宁寺。

云隐　宋僧。南宋绍兴年间住持永宁寺。

彻朗　明僧。千华第五世，住持永宁寺。

实镫　明僧。千华第六世，受衣钵于永宁寺彻朗律师。

福初　明僧。实镫法师之徒。

绍凯、海月　明僧。洪武十七年（1384）重建永宁寺。

广全　明僧。景泰年间（1450-1456）住持永宁寺。

修达　明僧。万历年间住持永宁寺。

费隐通容　清僧。福建人，曾于永宁寺传法。

孤云行鉴　清僧。禅宗临济下第三十二世，顺治八年（1651）住持永宁寺。

来云行崖　清僧。顺治十年（1653）住持永宁寺。

自觉超元　清僧。孤云禅师法嗣，永宁寺首座。

玉山超博　清僧。禅宗临济下第三十三世，孤云禅师入室弟子。顺治年间住持永宁寺，并先后住持龙冈弥陀寺、东台三昧寺、富安大圣寺。

乳峰超卓　清僧。永宁寺首座。

温成大机　清僧。顺治十三年（1656）前后任永宁寺首座，建水香林寺、指林寺，并任住持。

素崖行渊　清僧。顺治十八年（1661），孤云行鉴示寂后为邑人迎请至永宁寺阐法五年。

古门明裕　清僧。永宁寺玉山超博法嗣。

式衡智权　清僧。盐城人，康熙中叶住持永宁寺。

天根传本　清僧。盐城周氏，康熙中叶住持永宁寺。

侣石万清　清僧。康熙五十年（1711）住持永宁寺三年。

此宗本溟　清僧。康熙年间住持永宁寺。

严深忍　清僧。永宁寺僧，为青崖元日禅师剃度师。

青崖元日　清僧。盐城丁氏，幼从永宁寺严深得度。

中贤元旨　清僧。康熙年间住持永宁寺。

予怀超涵　清僧。康熙五十九年（1720）住持永宁寺。

云德超宝　清僧。永宁寺素崖行渊法嗣。

慧真佛缘　清僧。乾嘉年间曾住持永宁寺。

知先祖通　清僧。慧真缘法嗣，嘉庆二年（1797）住持永宁寺。

戒净　清僧。道光九年（1829）由龙冈退院住持永宁寺。

云峰丽元　民国僧。临济下第四十二世，光绪年间"主丈席于永宁寺"。

体真中纯　民国僧。盐城人，临济下第四十三世，继云峰禅师为永宁寺住持。

香谷天赐　民国僧。永宁寺住持，1929年因病辞住持，继以源涛。

源涛天朗　民国僧。临济下第四十四世，1929年继香谷任永宁寺住持。

德厚灵璧　民国僧。临济下第四十五世，任永宁寺方丈，1937年传方丈位于雪松源远禅师。

雪松源远　近现代僧　禅宗临济下第四十六世，1937年任永宁寺方丈，1993年禅让方丈位于法门兄弟茗山法师。

茗山源悟　近现代僧，禅宗临济下第四十六世，1993年任永宁寺方丈。

乘愿广智　现代僧　永宁寺雪松源远和茗山源悟嗣法弟子，2004年于永宁寺升座，成为该寺第八十七代方丈。

仁风润性　当代僧　1997年于扬州大明寺依能修法师出家，2005年乘愿法师传临济宗第四十八世于仁风，晋院永宁寺任住持。

兜率寺

1.县署西北。

2.兜率寺，康熙四年建，见前志。

……

南岳退翁，名弘储，字继起，三峰汉月法藏嗣也（见《正源略集》《吴县志》。《兴化县志》"南岳退翁和尚名弘绪"，案绪字为储之误，字继起，兴化人，居吴中，筑报恩堂于尧峰，以祀其父，为人排大难，尝被人株连，弗恤也。熊开自蛮中归代为执，宣城沈寿岳死难，子麟生依之，晚主南岳福严寺，吴人迎归，卒于灵严，著有《灵严树泉集孝经笺说》）。康熙四年，邑人李友兰创建兜率（旧志）。延退翁开法未果（《王之桢代李友兰与南岳老和尚书》云：夏间荷老和尚慈照，停国清之命，俯就鄙愿，兰等敢不竭蹶心力，务底于成，以仰副老和尚命名之意哉，不意会昌余风，应海天墨浪，猝尔齐至。兜率和尚，当传闻泾之日，惟系念山头，时时垂涕，兼与兰等相对唏嘘而已。继得邸报云：知宽仁出自中旨，推广见于廷议，诸当道以金汤盛心，播为惠谕，传来海滨，读之神悚，一切狼嗥魅护，欲乘机而鼓害者，始开舌蕚，手不敢复，如近日云云，然而法门所损，已不为多矣。近荷垂慈殷存问，是兰等宿孽，允宜与蜎蛤为伍，得老和尚悲悯，遥及立拔置金绳福地也，遥瞻顶礼又当何。既兜率和尚万望曲赐，宽解为法，委蛇一切，随缘妙用，望将兜率片地一体视之，兰不胜剩骨焚戴之至）。其徒式谦来住三载（吴县志：式谦字卑牧，生缘广陵沙氏，脱自射州，嗣灵严弘储，顺治十八年，储迁金粟，命谦主虎丘，厌喧阗，将投杖衡湘楚，盐缁素迎归，开山兜率寺，谦德气凝厚远近，尊为古佛。《王之桢与卑牧和尚书》，总时三载，成就非常。案今兜率祖堂，称南堂谦。）康熙十一年，谦往灵严继退翁席（王之桢灵严万斤法华钟殿碑文:壬子冬，退翁示寂，立卑牧和尚继席。吴县志:康熙十一年，式谦应藩使慕天颜请，继席灵严）。凡九年再至兜率（孙一致《世耕堂集》《喜卑牧和尚重来兜率院诗》：归自吴山忽九年，重过海上旧栖禅）。旋示寂武林（吴县志：康熙二十年，式谦应绍与大能仁之请，过武林，督关使者慕见苍留供巢云堂问道，八月二十四日，坐脱，奉□还吴，建塔夫椒）。今兜率祖堂尊藏储为开法祖师，称三峰宗派焉（清世祖制《拣魔辨异录》，力辟法藏及其徒弘忍之说，严禁僧徒传习，勒令削去支派，改嗣他宗，而吾盐兜率祖堂仍奉藏储为祖，相承至今不改）。

3.又南岳退翁下式谦来住三载，"住三载"三字删，改增"是为兜率一世"六字。

……

兜率二世纪荫，字宙亭，后主泰兴建安及吴中诸寺。康熙帝南巡召见，赐书"水月禅心"额，因故改建安为水月寺（通州志）。今兜率亦有"水月禅心"额，盖当时仿建安为之。纪荫著有《宗统编年》《宙亭诗集》（宋恭贻《宙亭诗集序》，案《宗统编年》现在《续藏经》内）。

按：1见于光绪刘志卷十七"杂类·寺观"，2出于民国林志"宗教·佛教"。3见于胡校续志卷一。

光绪刘志对寺院介绍较简，多仅列其所在位置，如永宁寺者亦仅介绍其兴建重修等情况，但对兜率寺却在"寺观"结束处着墨颇多，借以抒发其对寺观之态度也。首先驳斥了兜率寺所谓"敕建"说，认为"盐邑寺观无敕建者，唯兜率寺谬称敕建"。考程志、沈志皆云，兜率寺，康熙四年，邑人李友兰建。沈志又云乾隆十一年，知县黄垣改为十方丛林。康熙三十九年，圣祖南巡，寺僧纪荫召见，钦赐"水月禅心"兜率寺匾额，是建寺在前，赐额在后，其非敕建甚明"；其次指出盐城"濒海堵壤，梵宇太多，无裨民生，徒耗物力"，特别是"其富者往往拥腴田，饰精舍，逸居无教习，为不法事。贫而黠者又或披其发，跣其足，引类强索，扰害商民，质诸释迦亦非彼教之初指也"，晚清律法有禁建庵院规定，故在其所编县志中将佛教"抑置杂类"，认为"今纵不能人其人，火其书，庐其居，而或详载其创载年月及作者姓名，无乃以楮墨扬其波乎。今抑置杂类，略而不详，以符于国朝禁建庵院之律意，所以裕民财正民俗也。杨衔之《洛阳伽蓝记》、吴之鲸《武林梵志》，彼皆专录寺刹之书，不妨详志始末。州县志乘不必援以为例矣"。

兜率寺今已不存，旧址在现盐城市亭湖区毓龙路与剧场路交汇处西南，即盐城市北三院处，民国时期亦为盐城名刹，祥瑞法师住持期间创贤首学院，颇有影响，然兜率寺在民国时期发生了恶僧印云投毒害师谋夺住持案，后印云又诬告祥瑞等，后由江苏省府着江宁地方法院审理。

兹据盐城方志及民国佛教期刊所载，对兜率寺法脉及历代住持僧人梳理如下：

兜率寺　康熙四年（1665），邑人李友兰建。禅宗临济宗，受嗣三峰汉月法藏。初为子孙丛林，乾隆十一年（1746），知县黄垣改为十方丛林；太平天国运动期间，又复为子孙丛林；民国十五年（1926），地方士绅公请省县，恢复十方丛林，公请祥瑞法师住持。

灵严弘储：即南岳退翁，兴化人，字继起，兜率寺初建时延请开法未果，其后派徒式谦来盐主持兜率寺，兜率寺"兜率祖堂尊藏储为开法祖师，称三峰宗派"，"奉藏储为祖"。

式谦卑牧：兜率一世，"兜率祖堂，称南堂谦。"广陵沙氏，脱自射州。康熙四年来盐住持兜率寺，历时三年。康熙十一年（1672），继席灵严弘储。康熙二十年（1681），再至盐城兜率寺。

纪荫：兜率二世。纪荫字湘雨、损园，自号宙亭。常州武进人。著作有《宗统编年》《宙亭别录》等。康熙三十年（1691），康熙南巡召见钦赐兜率寺"水月禅心"匾额。纪荫先后住持泰兴建安寺及吴中诸寺，并将建安寺改名为水月寺，胡应庚认为盐城兜率寺有"水月禅心"兜率寺匾额，系仿建安寺，故尊纪荫为兜率二世。至于纪荫是否住持兜率寺，或与兜率寺有无交接，今已不可考。

圆融：兜率寺住持。民国十三年（1924），兜率寺逐僧印云与之争住持。

祥瑞：兜率寺住持。民国十五年—十六年（1926-1927）住持该寺，是时"寺田有一千八百余亩，稻麦千八百担"①，祥瑞创办贤首学院。1927年，因拒时任盐城知事勒索被抓进看守所。

念持、戒明：贤首学院学僧。

满池：亦作满慈，兜率寺住持。

慧悟：兜率寺住持。民国二十年（1931）住持该寺，逐僧印云勾结地

---

①祥瑞，《十年办学之前因后果》，《正信》第三卷第二十四期，黄夏年主编《民国佛教期刊文献集成》第61卷，北京：全国图书馆文献缩微复制中心，2006年，第208页。

方，侵吞寺产办学，慧悟会同该寺监院慧海，发起盐城县教育局处分寺产事件行政诉讼案。①

慧海：兜率寺监院。

了性：兜率寺住持。

集仙堂

1.县署西，旧志云明宏治九年建。考集仙堂建于陶德纯殁后，德纯殁年八十九，旧志所载甚明。射州文存宋恭诒重修集仙堂，引以德纯为弘治中，文学陶镶跋谓，德纯生于弘治五年，殁年八十有九，计之则集仙堂当建于万历年间。旧志所载寺观创造之年不可凭信多此类。

2.在县治西三百四十武。

3.集仙堂：县治西，明弘治九年建。

4.县境旧有寺观，如……集仙堂……等，论其名义应属道教范围，乃晚近多为僧徒所居，或改崇佛像……

按：1为光绪刘志卷十七"杂类·寺观"所载，2为万历杨志卷之二"建置志·庙宇"所记，3见于乾隆黄志卷十《寺观》，4见于为民国林志卷三"风俗·道教"所载。集仙堂"在县治西三百四十武"，古代一"武"为半步，一步等于旧制五尺，是则集仙堂在县署西近200米处。光绪刘志驳旧志"明弘治九年建"，考后谓当为万历年间建，不知所云旧志为何，然显非万历杨志，因万历杨志记集仙堂仅有"在县治西三百四十武"一句。但从万历杨志"集仙堂"后列"三官堂"，记有万历十年建，则集仙堂建于万历年间当可大致确定。集仙堂原系道教，但从民国林志看，后已成佛教道场。

地藏庵

1.城西隅。

2.地藏庵 康熙十八年建，僧水鉴、戒光建，今称地藏院。

按：1见于光绪刘志卷十七"杂类·寺观"，2见于民国林志"宗教·佛教"，胡校续志卷一中提及"僧水鉴"中"水"或作"永"，参之乾隆沈志

---

①圆瑛等：《本会呈内政部为盐城县兜率寺被教育局擅提寺产办学请批驳不准立案文》，《中国佛教会月刊》1931年第23、24、25期合刊。黄夏年：《民国佛教期刊文献集成补编》（28卷），北京：中国书店出版社，2008年，第24页。

影印本，似应作"永"字，故该地藏庵应系清僧永鉴、戒光建于康熙十八年（1679），原址位于今盐城市盐都区潘黄镇境内，今已不存。

水月庵

1.永宁寺北。

2.观音院（夏家桥）、水月庵（永宁寺北）、五柳院并崇祯间建。

按：1见于光绪刘志卷十七"杂类·寺观"，2见于民国林志"宗教·佛教"卷，万历杨志和乾隆沈志均未载，由民国林志记载可知水月庵系明崇祯年间兴建，今已不存。

广长院

1.城北隅。

2.嘉靖四十四年建。

按：1见于光绪刘志卷十七"杂类·寺观"，2见于民国林志"宗教·佛教"卷。今已不存。

长生庵

县署西。

按：该条见于光绪刘志，万历杨志和民国林志均未见载，长生庵当系建于明万历至光绪年间，清末民初或废或毁。

安方庙

1.县署西。

2.在县治西一百四十武。

3.安方庙：县治西，唐贞观元年建。

4.沈志又载安方庙，唐贞观元年建。

按：1见于光绪刘志卷十七"杂类·寺观"，2见于万历杨志卷之二"建置志·庙宇"，3见于乾隆黄志卷十《寺观》，4见于民国林志《宗教·佛教》。安方庙在县治西一百四十武，约七十步。按古代佛寺道观命名传统，安方庙疑为道观，但如前庞友兰云佛寺道观"名实不符，相沿已久"，姑录之，后之宫观庙祠类同。

槐真君庙

1.县署西南。

2.在县治西南八十武。

按：1见于光绪刘志卷十七"杂类·寺观"，2见于万历杨志卷之二"建置志·庙宇"，民国林志未载，当系清末民初或废或毁。槐真君庙在县治西南八十武，约四十步。由庙名可知显系道观，但如前庞氏所云，姑录之。

碧霞院

县署西北。

按：该条见于光绪刘志卷十七"杂类"中"寺观"，万历杨志和民国林志均未见载，当属明万历后建，清末民初或废或毁。碧霞一词源于碧霞元君，系尊奉道教泰山老母，该院似属道观，然道观多缀以宫、观、庙、祠，此处后缀以院，又似佛寺命名，如庞氏所云，姑录之。

祥晖观

县署北，一名三清观。

按：此系道观无疑。

张仙祠

西门内。

按：此亦应系道观。

千佛庵

1. 北门外。

2. 万历四十三年建。

按：1见于光绪刘志卷十七"杂类"中"寺观"，2见于民国林志"宗教·佛教"卷。据盐城市民族宗教事务工作者徐频研究，千佛庵上世纪末仍在，规模小于兜率寺，约有70-80间房，住持为昙开法师。

消灾庵

城东南隅。

按：该条见于光绪刘志卷十七"杂类"中"寺观"，万历杨志和民国林

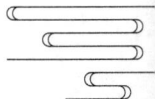

志均未见载，当属明万历后建，清末民初或废或毁。

广利院、祐圣观、观音阁、如来庵、甘露庵

1.皆在伍佑场。

2.广利院：去县治南三十里。

祐圣观：在伍祐场。

3.观音阁：明万历间建，伍佑场。

甘露庵：崇祯间建，伍佑场西十五里新运河南。清康熙四十一年，僧道圆重修。

如来庵：清康熙元年建，伍佑场。

按：1见于光绪刘志卷十七"杂类"中"寺观"，2出于万历杨志卷之二"建置志·寺观"，3出于民国林志"宗教·佛教"卷。由三志记载可知，上述五院观阁庵均在今盐城市亭湖区伍佑镇境内，"广利院"和"祐圣观"（即"佑圣观"）应在明万历前即建，"观音阁"应建于万历十一年杨瑞云修志之后，"甘露庵"建于崇祯年间，道圆于康熙四十一年（1702）重建，"如来庵"则建于康熙元年（1662）。

西来寺

在伍佑场西。

按：该条见于光绪刘志卷十七"杂类"中"寺观"，万历杨志和民国林志均未见载，当属明万历后建，清末民初或废或毁。

利济院

1.伍佑场南。

2.利济院：去县治南三十五里。

3.利济院：伍佑场南陈家巷明洪武三年建，以上县东南境。

4.利济院：明洪武三年建。

按：1见于光绪刘志卷十七"杂类·寺观"，2见于万历杨志卷之二"建置志·庙宇"，3见于乾隆黄志卷十《寺观》，4见于民国林志《宗教·佛教》。另万历杨志又云："利济院县治西北八十里"，是则为两利济院也，一在今伍佑南，一疑在今阜宁县境内，然阜宁诸县志无利济院记载，姑录此存疑。

弥陀庵

丁家垛。

按：该条见于光绪刘志卷十七"杂类"中"寺观"，万历杨志和民国林志均未见载，当属明万历后建，清末民初或废或毁。丁家垛在今盐城市盐都区大冈镇境内。

地藏院

1.地藏院：大冈。

2.报恩地藏院：去县治西南六十里。

3.报恩地藏院：大冈。按：香佛寺（旧名报恩地藏院）

按：1见于光绪刘志卷十七"杂类·寺观"，2见于万历杨志卷之二"建置志·庙宇"，3见于乾隆黄志卷十《寺观》。地藏院在大冈，为今盐都区大冈镇境内。

大云山

大冈北，唐家湾亦有大云山。

按：该条见于光绪刘志卷十七"杂类"中"寺观"，万历杨志和民国林志均未见载。大云山在今盐都区大冈镇北，相传建于唐代武周时期，清初毁于火后获重建。1942年，毁于日伪战火。2001年获批重建。

祖师院

1.抬头角。

2.万历十五年建。

按：1见于光绪刘志卷十七"杂类"中"寺观"，2见于民国林志卷三"宗教"卷，万历杨志系万历十一年修成，故万历十五年所建"祖师院"实属正常。"抬头角"应为今盐城市盐都区大冈镇抬头村。

小地藏院

1.马沟河东。

2.去县治西南十里。

按：1见于光绪刘志卷十七"杂类"中"寺观"，2见于万历杨志卷之二

"建置志"中"寺观",民国林志未载,当系清末民初或废或毁。

弥陀南寺、弥陀西寺、放生庵、三茅观

1.（三茅观）一名济幽观,内有井甚甘,大旱不竭。以上四庵皆在冈门。

2.弥陀西寺:在冈门镇,开宝元年创建,洪武四年重建;

弥陀南寺:在冈门镇。

3.弥陀南寺:冈门。

弥陀西寺:冈门,宋开宝元年建。

4.弥陀西寺 宋开宝元年建,明洪武四年重建。

……

放生庵、龙兴庵、华严庵并天启间建。

按:1见于光绪刘志卷十七"杂类"中"寺观",2见于万历杨志卷之二《建置志·庙宇》,3见于乾隆黄志卷十《寺观》,4见于民国林志卷三"宗教"卷。由三志记载可知,"弥陀西寺"建于宋太祖赵匡胤开宝元年（968）,明洪武四年（1371）重建;"放生庵"系明熹宗天启年间（1621-1627）建,民国林志记载两寺可证民国时期仍存,而"弥陀南寺"民国林志不见记载,当于清末民初或废或毁。"三茅观"则显为道观矣,兹不详考。另,"冈门"即今盐城市盐都县龙冈镇,民国时仍用"冈门"镇名。

慈氏院

1.华判庄北,俗名何界寺。

2.去县治西三十五里。

3.唐武德五年建。

按:1见于光绪刘志卷十七"杂类"中"寺观",2见于万历杨志卷之二《建置志·庙宇》,3见于民国林志卷三"宗教"卷。由三志观之,慈氏院建于唐高祖武德五年（622）,在盐城县治西三十五里,俗名何界寺,约在今盐都区龙冈镇境内。

塔院寺

1.楼王庄西北。

2.大乘塔院：去县治西南八十里。

3.大乘塔院：楼王庄东。

按：1见于光绪刘志卷十七"杂类"中"寺观"，2见于万历杨志卷之二《建置志·庙宇》，3见于乾隆黄志卷十《寺观》，民国林志未载。考三志记载，明代该寺名为"大乘塔院"，"去县治西南八十里"正在今盐都区楼王镇境内，楼王镇西北有村名塔院村。该寺相传始建于盛唐时期，因先有塔后建寺而得名，当地传说程咬金曾来此检工立碑，传说寺庙西南的宝塔后来被叫张邈遢的仙人，背到通洲狼山去了，清光绪十二年重修。

净居寺

1.北任庄北。

2.宣和六年建，洪武二十四年重修，程志、沈志并载。

按：1见于光绪刘志卷十七"杂类"中"寺观"，2见于民国林志卷三"宗教"卷。北任庄现属盐城市盐都区大纵湖镇迎阳居委会，当地有北任庄和南任庄。宣和为宋徽宗时年号，宣和六年为1124年，次年徽宗即禅位于钦宗。

龙兴寺

1.北宋庄。

2.北宋庄，明天启四年建。

3.放生庵、龙兴庵、华严庵，并天启间建。

按：1见于光绪刘志卷十七"杂类"中"寺观"，2见于乾隆黄志卷十"寺观"，3见于见于民国林志卷三"宗教"卷。该寺建于明天启四年，即1624年。北宋庄现属盐都区大纵湖镇北宋庄村，南临今盐城市第二个国家湿地生态基地——大纵湖旅游度假区。明清时的"龙兴寺"显系一寺，民国时期无"龙兴寺"而有"龙兴庵"，当为"龙兴寺"改名"龙兴庵"。1995年，盐都区在大纵湖重建龙兴庵，并更名为"龙兴寺"。

斋佛院、三官殿、日照庵

斋佛院、三官殿、日照庵，皆在沙沟镇。

按：该条见于光绪刘志卷十七"杂类"中"寺观"，沙沟镇在民国时期仍属盐城县，后改属今泰州市兴化市。

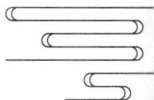

醇化院

沙沟北

按：该条出自光绪刘志卷十七"杂类"中"寺观"，万历杨志、乾隆黄志及民国林志均未见载，该寺显系建于乾隆至光绪年间，民国时已废。寺院疑在今泰州市兴化市沙沟镇沙北村。

永福院

1、大葛庄，俗名吴葛寺。

2、去县治西南四十里。

3、大葛庄北，俗名吴葛寺，县治西南四十里，唐武德三年建。

4、唐武德三年建。

按：1见于光绪刘志卷十七"杂类"中"寺观"，2见于万历杨志卷之二《建置志·庙宇》，3见于乾隆黄志卷十"寺观"，4见于民国林志卷三"宗教"卷。考上四志可知，永福院建于唐武德三年无疑，即620年，地点在时盐城县治西南四十里，应在今盐都区郭猛镇境内，原址在大葛庄以北一里处，今李庄村一组境内。1941年，为了反"扫荡"拆除该寺。《郭猛志》亦有载。[①]

普惠庵

普惠庵，清初建于灶仇庄，今民乐村三组境内。有南殿、北殿。东厢、西厢，四合头共十二间。1943年拆除，观已无迹。见《郭猛志》。

永兴庵

永兴庵，清初建于孙英庄东南角，有南、北殿，东、西厢共十八间，1942年为防敌伪军侵占而拆除。见《郭猛志》。

广福庵

广福庵，明末建于大陆庄，今孙庄村八组。有南、北殿，东、西厢共十

[①]《郭猛志》记其镇域内有寺庵数座，除永福院盐城诸志均有载，其余普惠庵、永兴庵、广福庵、药师庵、极乐庵、福兴庵等六座寺庵，盐城诸志均未见载，或有同名者亦不在郭猛境内，姑录之。

二间。民国十六年（1927），该庵主持僧性海募修一次，1944年由地方拆除。见《郭猛志》。

药师庵

药师庵，清初建于蒋家庄，有南、北殿，东、西厢共十二间，1946年因形势需要拆除。见《郭猛志》。

极乐庵

极乐庵，清初建于大李庄，有南、北殿，东、西厢共十二间。1943年拆除，现已无迹。见《郭猛志》。

福兴庵

福兴庵。原址在乔家庄，创建时间不明。有南、北殿，东、西厢共十二间。1944年拆除，现已无迹。见《郭猛志》。

夺基庙

射阳村西北。

按：该条见于光绪刘志卷十七"杂类"中"寺观"，地点当在扬州市宝应县射阳湖镇境内，时属盐城县。寺庙建废等不详。

大云院

1.九里庄北。

2.去县治西百一十里。

3.九里荀家庄北。

按：1见于光绪刘志卷十七"杂类"中"寺观"，2见于万历杨志卷之二《建置志·庙宇》，3见于乾隆黄志卷十"寺观"。该院始建于何时不详，当在明万历前，民国林志已不见载，显系已废。九里庄，现为建湖县恒济镇九里村，亦无恢复重建。

招携院

1.安丰镇西。

2.去县治西百一十里。

按：1见于光绪刘志卷十七"杂类"中"寺观"，2见于万历杨志卷之二《建置志·庙宇》。此处安丰镇系今泰州市兴化市安丰镇，兹不详述。

南弥勒院

1.皆近湛沟河。

2.在县治南六十里。

3.在湛沟河内，俗名□儿荡寺，唐武德六年建。

4.武德六年建。

按：1见于光绪刘志卷十七"杂类"中"寺观"，2见于万历杨志卷之二《建置志·庙宇》，3见于乾隆黄志卷十"寺观"，4见于民国林志卷三"宗教"卷。湛沟河在今盐都区大纵湖镇，该寺建于唐武德六年，即623年。

湛沟寺

1.皆近湛沟河。

2.在湛沟河内，县治西南六十五里，唐武德七年建。

按：1见于光绪刘志卷十七"杂类"中"寺观"，2见于乾隆黄志卷十"寺观"，万历杨志和民国林志未载，民国时或废。

五柳院

1.古殿堡。

2.古殿堡，明崇祯年间建，以上县西南境。

3.崇祯间建。

按：1见于光绪刘志卷十七"杂类"中"寺观"，2见于乾隆黄志卷十"寺观"，3见于民国林志卷三"宗教"卷。该寺建于明崇祯年间，寺名不知何解。古殿堡现为盐城市盐都区尚庄镇古殿村。

华严庵

1.萧家庄。

2.新河庙东北萧家庄，明天启五年建。

按：1见于光绪刘志卷十七"杂类"中"寺观"，2见于乾隆黄志卷十"寺观"。该寺建于明熹宗天启五年，即1625年。新河庙位于江苏省盐城市盐都区龙冈镇、鞍湖社区、中兴社区和建湖县芦沟镇交界处，该地现已无萧家庄地名。

法兴院

1.常盈庄东。

2.常盈庄东，唐麟德三年建。

3.麟德三年建。

按：1见于光绪刘志卷十七"杂类"中"寺观"，2见于乾隆黄志卷十"寺观"，3见于民国林志卷三"宗教"卷。乾隆黄志及民国林志皆云该寺建于唐高宗麟德三年，然唐高宗麟德年号仅使用两年（664-665），无"麟德三年"一说，以麟德三年似应为乾封元年，即666年，疑"麟德三年"为"麟德二年"之误，即法兴院建于唐高宗麟德二年，即665年。常盈庄即今盐城市建湖县九龙口镇，元末明初，常遇春手下大将蒋忠东征张士诚，奉命在此扎营，遂称蒋营。又因蒋忠系常遇春麾下，万历盐城县志中记为常盈庄，取常遇春常姓，"营"改为"盈"，"常盈"音通"常赢"，寓常遇春所部常胜；盈意为满，"常赢"又有"常满"之意，寓年年丰收。民国初年曾名常盈市，然现在已无常盈庄一说，唯存蒋营地名，2009年蒋营镇经批准改名为九龙口镇。

极乐庵

一在安丰镇，一在大潭湾。

按：该庵见于光绪刘志卷十七"杂类"中"寺观"，万历杨志、乾隆黄志及民国林志均未见载。一在安丰镇即今泰州市兴化市安丰镇，兹不详述。大潭湾现属盐城市盐都区楼王镇，位于楼王镇西南近扬州市宝应县境。盐都现重建之极乐庵不在大潭湾极乐庵原址，而在楼王镇东之学富镇，一东一西，相去近三十余里。

真武庙

1.安丰镇，大冈镇，秦南仓，凡三处。

2.在大冈镇。

3.一安丰镇，明天启五年建。一大冈镇，一秦南仓。

4.县境旧有寺观，如……安丰、大冈、秦南仓之真武庙……等，论其名义应属道教范围，乃晚近多为僧徒所居，或改崇佛像……

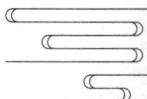

按：1见于光绪刘志卷十七"杂类"中"寺观"，2见于万历杨志卷之二《建置志·庙宇》，3见于乾隆黄志卷十"寺观"，4见于民国林志卷三"宗教"卷。真武庙原属道观，但从民国林志可以看出，许多道观"多为僧徒所居，或改崇佛像"，已属佛教道场。安丰镇真武庙现属泰州市兴化市安丰镇，兹不详述。大冈镇之真武庙及今秦南镇之真武庙，始建于何时不详，然大冈镇之真武庙应比安丰镇真武庙更早，因安丰镇真武庙系明天启五年即1625年建，而万历杨志系明万历十一年即1583年编撰，该志惟记大冈镇真武庙，该真武庙始建时间当在此之前。秦南镇之真武庙始建不详，当在明末清初时期。

海会庵

1.丁家河。

2.惟……海会庵（三旺庄），诸家为曹洞宗。

按：1见于光绪刘志卷十七"杂类"中"寺观"，2见于民国林志卷三"宗教"卷。丁家河现属盐城市建湖县九龙口镇，三旺庄现属盐城市盐都区龙冈镇，两地相去甚远，显系不属一庵，且建于何时已不可考，今龙冈镇之海会庵，民国林志以其为禅宗曹洞宗。

新河庙

1.县治西，镇以庙得名。

2.县治西北四十里，今废。

按：1见于光绪刘志卷十七"杂类"中"寺观"，2见于乾隆黄志卷十"寺观"，万历杨志及民国林志未载。新河庙始建于何时今不可考，应在清乾隆朝前，且在清乾隆时已废，此后不晚于光绪时重建，且当地以庙名命名新河镇地名，今镇名不存，在今盐都区龙冈镇、鞍湖社区、中兴社区和建湖县芦沟镇交界处。

芦沟寺

芦沟河南。

按：乾隆黄志卷十"寺观"和光绪刘志卷十七"杂类"中"寺观"均载为：芦沟寺芦沟河南。《方舆纪要》云：县西有东塘河，又西有西塘河，俱自大纵湖分流至此合为芦沟河。又西北二十里，合于张歧塘。芦沟寺原址在今盐城市建湖县芦沟镇北夏庄东南侧，始建于何时，史志无考，地方相传唐初建寺。抗战时僧众为免寺庙为日伪利用，毁庙纾难。2010年，筹建庙宇。

桑台寺

1.楼夏庄东北。

2.去县治西北七十里。

3.楼夏庄东岸。

按：1见于光绪刘志卷十七"杂类"中"寺观"，2见于万历杨志卷之二《建置志·庙宇》，3见于乾隆黄志卷十"寺观"，民国林志未见载。楼夏庄位于盐城市建湖县颜单镇，明代夏雷、夏应星曾先后任长沙知府，"父子长沙"成一时美谈。桑台寺据云创建于唐贞观年间（627-649），为唐王李世民敕建的一百零八寺之一。今复建之桑台寺位于该县沿河镇沿港村王家舍东端。

水月庵

唐桥。

按：该条见于光绪刘志卷十七"杂类"中"寺观"。该庵始建于何时已不可考，唐桥在今盐城市建湖县西塘河西近湖街道唐桥。

另：今盐城境内历史上有水月庵有三：一在永宁寺北，建于崇祯年间；一在建湖唐桥；一在原东台县城南门内，乾隆年修，文人骚客留诗多首，如刘懋赟《秋杪同张湛游水月庵诗》、仲素《舟泊水月奄诗》、 郑燮《过水月庵诗》等。

地藏庵、三教庵、观音庵、魁星阁

1.皆在湖垛镇，案三教并祀，道光十六年有旨严禁，见庞钟璐《文庙祀典》考，湖垛之三教庵虽古刹，然究不可为训。

2.湖垛旧有三教庵，不知起于何时（程志云，初建无考）。陶宗仪《辍耕录》载三教一源图，其后明世有太仓王焘贞、莆田林龙光、新安程云庄，清初有汉阳朱方旦，嘉道间有双江刘沅、石埭周星垣，并聚徒立说，以和同三教为帜志，授受不绝，其传浸广。改国后，乃有所谓悟善社、同善社、道院者踵出，风靡一时。而盐城同善社特盛，市野相驱，坛宇林立。习其说者，以静息却病为功，利济布施为用，于世亦非无补，而流弊

所届，多有丧赀失业。国民政府成立，取缔迷信，其徒多改入红十字会，其焰乃熄焉。

按：1见于光绪刘志卷十七"杂类"中"寺观"，2见于民国林志卷三"宗教·道教"。该四处道场均在今盐城市建湖县湖垛镇，始建无考。其中"三教庵"尤为特殊，依民国林志所云，"陶宗仪《辍耕录》载三教一源图"，其后至明清，多有"聚徒立说，以和同三教为帜志，授受不绝，其传浸广"，且"习其说者，以静息却病为功，利济布施为用，于世亦非无补，而流弊所届，多有丧赀失业"。民国后多改入红十字会。据此，三教庵似应建于元末明初，因陶宗仪为元末明初文学家、史学家。陶宗仪（1329-约1412），字九成，号南村，浙江黄岩（清陶乡）人。其《辍耕录》亦称《南村辍耕录》，为其元末避乱松江华亭时门生整理其札记所得。

太平院

湖垛镇南。

按：见于光绪刘志卷十七"杂类"中"寺观"，始建无考，万历杨志、乾隆黄志及民国林志均未见载，似应建于清乾隆至光绪年间，民国时期或毁或废。其址应在今盐城市建湖县湖垛镇南。

仁元庵（神台庙）

1.旧志曰神台庙。

2.神台庙，县治西北六十里。

按：1见于光绪刘志卷十七"杂类"中"寺观"，2见于乾隆黄志卷十"寺观"。始建无考，万历杨志及民国林志均未见载，似应建于明末清初，民国时期或毁或废。乾隆黄志云该庙位于"县治西北六十里"，且光绪刘志云及该庵前后寺庵均在今盐城市建湖县境内，仁元庵（神台庙）当在今建湖县境内。

张仙洞

1.建阳镇。

2.建阳镇，国朝雍正八年邑监生杨景奎重建。

3.县治西门内，明万历四十年民人司姓建。

按：1见于光绪刘志卷十七"杂类"中"寺观"，2、3见于乾隆黄志卷十"寺观"。张仙洞以其名义应为道教道场，但盐城境内佛道杂处者甚多，现一并列出。盐城境内张仙洞有二：1、2为位于今盐城市建湖县建阳镇的张仙洞，始建无考，清雍正八年由当地监生杨景奎重建。3张仙洞应在旧盐城县城西门内，今在盐城市亭湖区内，明万历四十年由一司姓民人所建。民国林志均未记及两处张仙洞，似已或毁或废。

孤峰庵

1.戛梁河东。

2.孤峰庵、隆昌庵，三峰派。

按：1见于光绪刘志卷十七"杂类"中"寺观"，2见于民国林志卷三"宗教"。戛梁河在建湖县建阳镇，今作戛粮，有戛粮社区，孤峰庵当在戛梁河东。据民国林志，孤峰庵应为临济宗天童下三峰派。万历杨志及乾隆黄志未载，该庵当建于清乾隆至光绪年间。

古基寺

1.东塘河西岸，村以寺名。

2.初建无考，国朝康熙二十四年重建，今地以寺名。

3.康熙二十四年重建，初建无考。

按：1见于光绪刘志卷十七"杂类"中"寺观"，2见于乾隆黄志卷十"寺观"，3见于民国林志卷三"宗教"卷。"古基寺"初建无考，万历杨志未载，当建于明末清初，考诸史志，该寺应位于建湖县城东约5公里处东塘河西岸近湖镇境内，抗战时为日伪占据并毁。

高姥寺

1.古基寺西。

2.古基寺西五里，今废。

按：1见于光绪刘志卷十七"杂类"中"寺观"，2见于乾隆黄志卷十"寺观"。万历杨志卷二《建置志·庙宇》云："高姥院在县治北六十里。"疑"高姥院"即"高姥寺"前身，万历杨志可能将"县治西北六十里"误为"县治北六十里"。乾隆黄志云废。东塘河又名高姥塘，高姥塘因高姥寺而得名，《张氏宗谱》记张庄八景中有"高姥夕照"，该寺原址应在今盐城市建湖县近湖镇境内。

祇园庵

一在陈家堡北，一在马家楼。

按：该条见于光绪刘志卷十七"杂类"中"寺观"，万历杨志、乾隆黄志及民国林志均未见载，始建无考。陈家堡在今盐城市建湖县近湖街道陈堡村，当地有东、西陈家堡。马家楼为今盐城市建湖县高作镇北马楼村，抗日名将马玉仁即马家楼人。

广福院

高作庄，即郡国利病书之"高作寺"也。

按：该条见于光绪刘志卷十七"杂类"中"寺观"，万历杨志、乾隆黄志及民国林志均未见载，始建无考。高作庄即今盐城市建湖县高作镇所在之高作村，清初高僧硕揆原志禅师即为高作人。

庆善院

新安厂。

按：该条见于光绪刘志卷十七"杂类"中"寺观"，万历杨志、乾隆黄志及民国林志均未见载，始建无考。光绪刘志云及该院前后寺庵均在今盐城市建湖县境内，庆善院当在今建湖县境内。

毗卢庵

梁垛。

按：该条见于光绪刘志卷十七"杂类"中"寺观"，万历杨志、乾隆黄志及民国林志均未见载，始建无考。此处"梁垛"非盐城市东台市梁垛镇，应为盐城市建湖县原钟庄镇现钟庄街道境内之梁垛河附近。

永福庵

荡杨庄

按：该条见于光绪刘志卷十七"杂类"中"寺观"，万历杨志、乾隆黄志及民国林志均未见载，始建无考。荡杨庄地名今已无考，应在西塘河一带。

福慧院

杨家碾南。

按：该条见于光绪刘志卷十七"杂类"中"寺观"，万历杨志、乾隆黄志及民国林志均未见载，始建无考。杨家碾地名今已无考，应在盐城市建湖县西塘河一带，疑在今近湖街道境内。

福缘庵

高马庄。

按：该条见于光绪刘志卷十七"杂类"中"寺观"，万历杨志、乾隆黄志及民国林志均未见载，始建无考。高马庄应在盐城市建湖县近湖街道，当地有高马新村，且有单位名称多冠以"高马"。

慈云庵

晏荡沟。

按：该条见于光绪刘志卷十七"杂类"中"寺观"，万历杨志、乾隆黄志及民国林志均未见载，始建无考。晏荡沟为河名，在盐城市建湖县近湖街道。

罗汉院

1.收成庄东。

2.去县治西北一百□十里。

3.收成庄东，唐建中四年建。

4.建中四年建。

按：1见于光绪刘志卷十七"杂类"中"寺观"，2见于万历杨志卷之二《建置志·庙宇》，3见于乾隆黄志卷十"寺观"，4见于民国林志卷三"宗教"卷。罗汉院原址在今九龙口镇"收成小街"东首，始建于唐建中四年（783），为盐阜地区"九寺十八院"之一，有"苏北净土丛林"之称，1942年毁于日军炮火。民国时期，罗汉院住持宏台老和尚，专志净土，一时宗风大振，当代高僧茗山由此披剃出家。1991年，罗汉院重建于建湖县近湖街道镇南村中左组。

北极院

花垛庄东。

按：该条见于光绪刘志卷十七"杂类"中"寺观"，万历杨志、乾隆黄志及民国林志均未见载，始建无考。民国林志未载，可能该院清末民初时或毁或废。然乾隆黄志述及"新河庙"、"兴隆庵"时有云："以上县西北境"，此处县系指当时的盐城县，北极院应在今建湖县西部，花垛庄疑为今建湖县恒济镇花垛村。

兴隆庵

1.流均沟。

2.流均沟，国朝康熙十二年建。以上县西北境。

按：1见于光绪刘志卷十七"杂类"中"寺观"，2见于乾隆黄志卷十"寺观"，流均本名流均沟，历史上原属盐城县，后改隶淮安前身山阳县，现为淮安市淮安区境内最东的一个乡镇，东北与阜宁县交界，东边是建湖县，南边是宝应县。清康熙年间曾负责救济淮安、扬州、徐州三府灾荒的江苏巡抚张伯行（1652－1725）在其《居济一得》卷七云："流均沟所以泄运河之水入马家荡者，又自马家荡由虾须沟之庙湾入海。此河一开，则淮安运河之水由此而减，不至甚大，则淮安可以安枕而卧矣。"

义阡寺、上真观

1.皆在新兴场。

2.上真观 新兴场，明万历二十年，道人李训修。

3.县境旧有寺观，如伍佑之佑圣观、新兴之上真观、……论其名义应属道教范围，乃晚近多为僧徒所居，或改崇佛像，……

按：1见于光绪刘志卷十七"杂类"中"寺观"，2见于乾隆黄志卷十"寺观"，3见于民国林志卷三"宗教·道教"卷。义阡寺始建无考，万历杨志、乾隆黄志及民国林志未载，当建于清乾隆至光绪朝期间，清末民初或毁或废。上真观初为道教道场，明万历二十年道士李训修建，民国林志云已成佛教道场。义阡寺和上真观所在之新兴场，宋时即为淮南重要盐场，现为盐城市亭湖区新兴镇。

观音院

1.一在新兴场，一在上冈北。

2.在新兴场。

3.一新兴场，一上冈北夏家桥，明崇祯三年建。

4.观音院（夏家桥），崇祯间建。

按：1见于光绪刘志卷十七"杂类"中"寺观"，2见于万历杨志卷之二《建置志·庙宇》，3见于乾隆黄志卷十"寺观"，4见于民国林志卷三"宗教"卷。观音院有两处：新兴场之观音院在今盐城市亭湖区新兴镇境内，始建无考，但应建于明万历前，因万历杨志已明载"观音院 在新兴场"，今已不存。上冈北夏家桥之观音院在今盐城市建湖县上冈镇镇政府附近，始建于明崇祯三年，今已不存。

茶庵

一在沙沟营，一在七里桥，一在上冈镇。

按：该条见于光绪刘志卷十七"杂类"中"寺观"，万历杨志、乾隆黄志及民国林志均未见载，始建无考。茶庵系旧时建于路旁施茶或作供茶用的佛寺或草棚，佛寺的茶庵以比丘尼寺庙居多，亦有建供周围居民朔望献茶敬神者，多数用于暑日备茶供路人歇脚解渴。沙沟营当在今泰州市兴化市沙沟镇境内，七里桥当在今盐城市盐都区盐龙街道境内，上冈镇现为盐城市建湖县上冈镇。

另：在今盐城市境内之旧盐城、东台、阜宁三县，茶庵甚多，有以茶庵直接命名者，亦有以方位区分者，如东茶庵、西茶庵、南茶庵、北茶庵等。盐城境内过去茶庵之多，既反映了盐城因盐业发达的传统交通的需要，也体现了佛家悲天悯人慈悲为怀的善念。

舍利寺

上冈西北仓家冈。

按：该条见于光绪刘志卷十七"杂类"中"寺观"，万历杨志、乾隆黄志及民国林志均未见载，始建无考，今已不存。上冈民间有三道冈的说法，范公堤叫东冈，沙汪头叫中冈，仓家冈叫西冈。据地方文化人李世安等研究，上冈的仓家冈等多处寺庙在民国时期经当地人孙大鹏动员，多将庙产捐

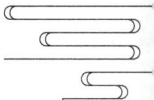

办学校，成为民国时期盐城废庙兴学的重要组成部分。

三元宫

1.陶家港。

2.僧海然，号敏通，嗣席宝华第十四代，盐城季氏子，九岁出家于本邑伍佑场三元宫，依继信和尚剃度。二十岁至宝华山乞受大戒，后朝礼峨眉清凉诸山，参遍归来，住持本邑之广利院，时道光十八年也，本年冬开堂传戒。……

按：1见于光绪刘志卷十七"杂类"中"寺观"，2见于胡校续志卷一，万历杨志、乾隆黄志及民国林志均未载，始建无考。三元宫依名应为道教，然前曾述及盐城境内佛、道并处现象较为普遍，胡应庚《民国盐城续志补校》云，清僧海然幼时出家于"本邑伍佑场三元宫，依继信和尚剃度"，是伍佑有三元宫无疑，然光绪刘志记三元宫时前后皆在今建湖县上冈镇一带，经查似无陶家港地名，然有陶家庄旧地名，民国林志"教育"卷曾提及上冈时有小学多所，其中就有陶家庄小学，疑陶家港即陶家庄。如此，则旧盐城县有三元宫两处：一在今建湖县上冈镇，似应建于乾隆至光绪朝期间；一在今亭湖区伍佑镇，似应建于乾隆至道光朝期间。

西乾庵

1.吴家桥。

2.惟净居寺、西乾庵……诸家为曹洞宗。

按：1见于光绪刘志卷十七"杂类"中"寺观"，2见于民国林志卷三"宗教"卷，万历杨志及乾隆黄志未载，始建无考，疑建于清乾至光绪朝期间，据民国林志云应为曹洞宗。吴家桥在今建湖县上冈镇草堰口社区永丰村一带，今已不存。

第二节 阜宁县①

阜宁境域在春秋时相继成陆，先后属吴、越、楚。西汉时属古射阳、盐渎县，晋属山阳、左乡、盐城县。后历属山阳、盐城县。古称黄浦，宋称庙湾，明初设庙湾场。清雍正九年（1731），析山阳县东境马逻、羊寨等图，盐城北境仁义、长乐诸里，合场灶及海滩新涨之地，置阜宁县，属淮安府。东临黄海，西以苏嘴与山阳相连，南至草堰河与盐城接壤，北以云梯关与安东毗邻。

民国初年，隶江苏省淮扬道，民国二十一年（1932）隶江苏省第十督察北部分地区。

民国二十九年（1940）建立抗日民主政权，隶淮海区，民国三十年（1941）隶盐阜区。是年析县境东北部分地区，建立阜东县。民国三十一年（1942）析东南部分地区建射阳县。民国三十四年（1945）隶盐阜分区，是年12月，隶苏皖边区第五行政区。1949年属盐城专区，1970年属盐城地区，1983年属盐城市。

旧阜宁县地域广阔，大致包括了今阜宁县和现盐城市下辖的射阳县、滨海县、响水县、建湖县等部分境域。县境内佛教传入较早，寺庵较多，僧尼亦众，据《阜宁县新志》统计，当时阜宁县境内有僧尼586人，其中僧518人、尼68人。②

本节所列寺庙主要依据原阜宁县历代县志，如（清）冯观民等修：（乾隆）《阜宁县志》、（清）阮本焱修、江启珍纂：（光绪）《阜宁县

---

①本节阜宁县系指自1731年阜宁置县至民国时期。

②吴宝瑜修、庞友兰纂：（民国）《阜宁县新志》卷三《内政志》（一）《户口》附表三：宗教，《中国方志丛书·华中地方》第一六六号，台北：成文出版社，1975年，第222-223页。

志》、吴宝瑜修、庞友兰纂：（民国）《阜宁县新志》①，同时参考历代《淮安府志》及阜宁地方方志部门、民间所修地方史志如《庙湾镇志》等。

阜宁县历史寺庙表

寺庙	地点	始建	重建
天王寺	马逻乡	晋康帝二年（343）	
净慧寺（朦胧院）	小街乡朦胧里	唐武德三年（620）	清同治六年（1867）
尚贞院（尚贞观、观海庙、铁菩萨庙）	沟墩观头里	唐贞观八年（634）	
寿安院	马逻乡		
青莲院	马逻乡		
寿安寺（崇福寿安院）[马躲（垛）寺]（乌垛崇福院）	县治西南四十五里马垛庄孔家荡东南	唐代	光绪二十年（1894）
北沙寺（兜率院、北沙大寺）	县治北四十里北沙镇		
芦浦寺（芦浦寿安寺）	县治西北七十里芦蒲		清康熙八年（1669）
观音阁（潮音阁）	在城东关帝庙左		民国二十年（1931）
毗卢院	在后沙岗		

①阜宁县县志编纂委员会曾于1987年整理重印三志合订本，然部分难以辨识，本志所参考的阜宁历代县志主要有：（清）冯观民等修：（乾隆）《阜宁县志》，南京图书馆藏。（清）阮本焱修、江启珍纂：（光绪）《阜宁县志》，中国国家图书馆数字方志库电子本。吴宝瑜修、庞友兰纂：（民国）《阜宁县新志》，《中国方志丛书·华中地方》第一六六号，台北：成文出版社，1975年。为行文方便计，本节述及历代阜宁县志时统一注为阜宁县志"乾隆冯志""光绪阮志""民国吴志"。需要说明的是"民国吴志"多有标为"庞友兰纂《阜宁县新志》"，固然不悖，然本志述及地方史志，概以主修者简称，撰者不列，以使前后格式一致。

宝云院 （宝云禅院、 玄君殿）	在县治西南九十五里清沟镇地方		清顺治、嘉庆、同治年间、民国十七年（1928）
寿安寺 （本草庵）	县城小南门外	宋代	明景泰二年（1451）
岳齐庙	在羊寨北	北宋初	
真武庙	县治上马头	宋景德年间	
东岳行宫 （洪武庙）	在南羊寨	明初	
万寿庵	在清沟镇	明万历间	清雍正间
卓锡庵	在潘家冈	明天启二年（1622）	
太平庵	在县城北门外盐河东岸	明崇祯十六年（1643）	
大佛殿 （古大佛寺）	在县治东北六十里东坎后集		
八卦庵 （祇园寺、 八合庵）	在城北东北隅	明末	
三元宫 （三官殿）	在县城外通济桥左		光绪十一年（1885）
茶庵	在天赐场	明代	
观音庵	在天赐场		
刘朝殿 （本草庵、 泰山院）	在马逻乡		明代
华严庵	在徐大尖	清初	
慈云寺	在板沟口	清顺治初年	乾隆年间 （1781-1789）
栖凤院 （普济禅林、 三官殿）	东沟镇玉弘桥东	清顺治十八年（1661）	
报恩院 （嵩乳庵）	在东沟镇北里许古蔡家墩	清顺治间	
复兴庵 （常奶奶庵）	在智四图东朱杂姓庄	康熙初年	
东岳庙	在大许庄	康熙十年（1671）	
禹王庙 （崇福寺）	在县治东北黄河西岸八十里云梯关地方	康熙三十九年（1700）	乾隆二十九年（1764）
西莲庵	在城西地藏庵北首	清康熙四十二年（1703）	

甘露寺	在板湖镇	清康熙年间	
先农坛	在县治东门外董家庄	乾隆初年	
兴隆庵	在硕家集	清乾隆初年	
躬行阁	在县治大南门城头		乾隆三年（1738）
八蜡庙（茶庵）	在东门外胡家庄	乾隆七年（1742）	乾隆四十年（1775）、嘉庆元年（1796）、咸丰五年（1855）、光绪六年（1880）
太平庵	在前三灶	乾隆三十二年（1767）	嘉庆九年（1804）
大慈院	在北桥镇	乾隆四十四年（1779）	道光二十七年（1847）
延寿庵（大王庙）	在东沟镇东里许	清乾隆四十九年（1784）	同治十一年（1872）
鹫林寺	在陶老舍	清乾隆年间	
毘卢院	在西天赐沟	嘉庆三年（1798）	
东岳庙（西来佛寺）	在仁让乡		清道光二年（1822）
财神殿（十方庵）	在县治上马头	道光十六年（1836）	
兴隆庵	在王家集	清道光二十五年（1845）	
准提庵（准提院、火星庵）	在东沟镇南聚福桥东		清道光二十八年（1848）
西来寺	在喻口镇	道光三十年（1850）	
观音禅林	在永兴集	清光绪十八年（1892）	民国十三年（1924）
痘神庙（于公祠、陶许庵）	在城内登文桥右	光绪年间	民国时期
善庆庵	在东园外	民国初	
净觉禅林	在许湾		民国二十年（1931）
三圣宫（观音寺）	在新沟镇		民国时期

郭墅寺 （寿安寺）	县治西北三十里郭墅地方		
茶庵	在县治射阳湖南岸范公堤东		
	在东坎镇镇华桥南		
毗卢院	在双套		
岳齐庙	在县治北三十里高家庄地方		
真武庙	孤儿山		
	裴家桥		
观音庵	在条区乡		
	在东沟镇南桥东		
	在角巷镇		
	在侉周庄		
	在鲍家墩		
	在耦耕堂		
	在苏家嘴		
	在韦家庄		
	在小尹庄		
	在龚家集		
	在泗汾港		
太平庵	太平庵在东沟镇北桥东		
	在益林镇		
	在陈家集		
	在永兴集		
	在仁寿桥		
东岳庙	在南羊寨		
	在板湖镇		
	在陈家集		
	在沟墩镇		
	在通洋港		
	在窈子港		
兴隆庵	在买饭曹		
毗卢庵	在小街乡		
善庆庵	在乔罗计东南		
善庆庵	在何家村		
	七甲高		

寿安寺 （青莲院、空寺）	智九图左家庄		
三官殿	刘园浦		
	在县治西北六十里周门地方		
	在县治东北四十五里窈子港地方		
中云台山 （三官殿）	在草堰镇北		
三官殿	在裴家桥		
	在青沟镇北围内		
三官殿 （大佛殿）	在小街乡		
火星庙 （火神庙）	原在西门外，后移通济桥东		
城隍庙	在县治城内礼字坊		
	在青沟镇		
东观音庵	在县城东堰之北糜家堰北		
西观音庵	县城西门内		
观音庵 （塌沟庵）	在塌沟		
东关帝庙	在县治城内礼字坊		
西关帝庙	在县治西门外仁字坊		
天医宫	在县治城内礼字坊		
东岳庙	在县治西门外仁字坊，城西都天庙侧		
东岳庙	在县治东坎		
东岳庙 （昙华寺、 东洋村庵、 淮东古寺）	在马家荡		
玉皇阁 （刘公祠）	县城西门外射阳桥左仁字坊		
邑厉坛	在县治北门外陈八舍村		

东林院	在县治西南九十里凤谷村		
地藏庵	在凤谷村		
	在东岳庙北		
	在邱家桥		
	在史西村		
	在大乐庄		
	在青沟镇渔滨河南岸		
泰山殿	在县治西北四十里刘泉沟地方		
大悲庵	在县治西北四十里南羊寨地方		
大悲院	在县治西南四十里板沟地方		
大悲庵	在东尖		
大悲院	在东坎镇东街		
千华院	在县治西南五十里板湖地方		
大王庙	在县治西北八十里苏家嘴地方		
	在县治西北九十里童营地方		
西方庵	在县治北四十里天赐场地方		
净土庵（东庵）	在县治北四十里天赐场地方		
大佛殿	在五案		
大佛殿	在窈子港		
大士殿	在县治东北八十五里薛套地方		
三贤祠	在县治城外		
却金寺	在县治西南角		
中市楼	在县署左		
镇海院	县城东园头下渡口		
镇海院（套梢庵）	在套梢		
极乐庵	在县城北门外八合庵右		
极乐庵	在单家庄		
极乐禅林	在单家港		

紫阳庵 （濮公祠）	在旧阜宁县城北小堰		
太平庵 （南庵）	在天赐场		
吉祥寺 （丁状元寺）	在大余庄		
吉祥庵	在六套镇		
	在刘家锅		
准提庵	在县城东园门外		
	在左家庄		
昭恤院	在义二图和尚庄		
赐福院	在智一图罗家桥		
三元宫	在智五图钟桥侧		
	在喻门镇		
	在杨家集		
	在周门		
	在振兴乡大曹庄		
	在大邓宠		
	羊寨镇		
	在沙淤王		
	在钟桥		
	在六套镇		
	在窈子港		
	在曹家滩		
善缘庵	在獐沟河口南岸		
送子庵	在城北		
清净庵	在城内小校场		
药师庵	在县城东南隅		
	在灶户陈		
药师庵 （西茶庵）	在东沟镇西园门外		
宏通庵	北羊寨		
	在县城东园门外		
盘龙庵	在县城东蛤蜊港		
善庆律院	在解港		
兴隆禅院	在草泽		
三圣宫	在鄡家荡		
茶庵 （菩提禅林）	在九灶		

白云庵	在沙冈南		
东茶庵	在喻口镇		
圆通庵	在姜湾		
	在硕家集		
天祥庵	在小关口		
福兴庵	在树根套		
十方庵（西庵）	在天赐场		
北极庵（北庵）	在天赐场		
福缘庵	在县城西园门外		
	在天赐场东南，亦名"程庵"		
	在南荡		
	在高扬庄		
	在四汛港		
	在五套		
	在义安镇		
	在张施沟		
七里庵	在东坎镇南七里		
慈济院 天仙院 清明庵	不详		
三弘庵	在三泓子		
草庵	在头巨		
	在陈袁舍		
	在大曹里		
王驼庵	在小王庄		
如来禅林	在管计沟		
如来庵	在复兴镇		
福星庵	在角巷镇		
侯家庵			
老舍庵			
双庵	在杨家集		
于家庵			
南庵			
北庵			

邱家庵	在邱家集		
喻兴寺	在虾须口		
	在潮戛乡		
延寿庵	在裴家桥		
	在王家庄		
	在仲家庄		
郭氏家庵	在板湖镇		
福慧院	在郭李庄		
崔家庵	在南崔庄		
天齐院	在卦杨庄		
王氏家庵	在王油坊		
光慈寺 （朱氏家庵）	在停翅港		
赵家庵	在竹园赵		
海神庙	在射河口		
风神庙	在五垛		
古沟安寺	在沟墩镇		
痘神庙	在沟墩镇北		
安基寺 （凤凰寺）	在古安基里		
普济庵	在小邓灶		
龙兴古寺	在隆旺乡范公堤旁		
金轮寺	在小关		
栖霞庵			
吉冈庵	在吉家冈		
能仁院	在小高庄		
仁寿庵	在东唐城		
奶奶庙	在流泉沟		
福寿庵	在何家坞		
郭奶奶庵	在东郭庄		
常奶奶庵	在杂姓庄		
法华院	在淦浦		
万云庵	在黄荡沟		
碧霞宫	在泗汾港		

寿安寺（院）

1.在县治城外仁字坊。

2.在定海门外，宋时建，其大雄宝殿为王铎书。寺初本草庵，明景泰二年，邑人陈伯让改建而增拓之。

3.空寺：在智九图左家庄，一名寿安寺，疑即青莲院也。

4.马逻乡寿安院宝鉴建，青莲院慈照建。

5.在县城小南门外，宋时建，初本草庵。明景泰二年，居民陈伯让改建而拓之，殿宇宏敞，佛像庄严，为古今丛林之一，其大雄宝殿匾额为明大学士王铎之手笔。

6.在马逻乡，唐僧宝鉴建，为龙兴寺僧谷隐奉诏创立十子院之一，清光绪中，里人集资重修。

7.青莲寿安院：在马逻乡，唐僧慈照建，亦当时十子院之一，今毁。

8.在芦浦，清康熙八年，里人裴振仪兴，僧照晓募缘重修。

9.左家庄，古名青莲院，俗称空寺。

10.在郭墅。

11.马躲寺：在孔家荡东南，亦称乌垛崇福院，俗传唐王征辽，马躲于此。语涉不经，今考明淮安知府陈文烛龙兴寺碑，阴记崇福寿安院在添差乡，唐代乌垛寺僧宝素建，为当时十子院之一，是寺本名崇福寿安院，后人以乌垛寺僧所建，故称为乌垛崇福院，乌垛、马躲，形声讹传既久，遂失其真。

按：1见于乾隆冯志卷之七《古迹志》，2、3、4见于光绪阮志卷二十四《丛志·寺观》，5-11见于民国吴志卷十六《宗教志》。

阜宁县境内名寿安寺（院）者甚多，考诸三志，当有六处：1、2、5三志所云寿安寺当为一处，城外仁字坊、定海门外、县城小南门外当为清乾隆、光绪朝及民国时期对此处的不同地名表述，其旧址当在阜宁县城原糖烟酒公司一带。该寺建于宋时，然究系北宋、南宋，现已无考。初名本草庵，后改名寿安寺。明景泰二年（1451）邑人陈伯让改建增拓，使其成为当时著名的十方丛林。光绪阮志云"在定海门外，宋时建，其大雄宝殿为王铎书"易使人误解，该寺固然宋时建，但王铎为之书"大雄宝殿"却在明末清初。王铎（1592-1652），字觉斯、觉之，号十樵、嵩樵、痴庵、痴仙道人，别署烟潭渔叟，河南孟津人，明末清初书画家，其书法与董其昌齐名，有"南董北王"之称，历仕明清两朝。然考其一生行迹，似无阜宁之行，当为寺僧因缘而求得其字。1942年9月，著名作家阿英在阜宁寻访反映明代阜宁军民抗击倭寇的《平倭碑》时曾经过寿安寺，据《阿英日记》记载，寿安寺虽遭日伪炮火袭击，但佛像还在。

3、9分别出于光绪阮志和民国吴志，实指同一寿安寺。结合二志所载可知，该寿安寺在智九图左家庄，古名青莲院，俗称空寺。智九图意即智九里，"图"是明清时期地方区划名，顾炎武《日知录》引《萧山县志》云："改乡为都，改里为图。"智九图左家庄地名今已不存，疑在今阜宁县陈集镇，该镇有一村，名为"空寺村"。

4、6、7分别出于光绪阮志和民国吴志，系指在马逻乡的两座寿安院，据相关史料考证，这两处寿安院是淮安龙兴寺下院十子院中的两座寺庙。正德《淮安府志》卷十一云："晋大兴二年创建，砌浮屠二座。"大兴是与东晋对峙的十六国中"前赵"政权的年号，大兴二年也称"晋在兴二年"，即319年。是年，龙兴寺建寺，龙兴寺前后有28座下院，唐中宗复位前建成21座，宋、元时期后建7座。唐僧谷隐奉诏创设龙兴寺下属十子院[①]，马逻乡时建两寺皆属十子院：寿安院、青莲院（青莲寿安院），前者宝鉴建，后者慈照建。马逻为淮安及阜宁古镇，明清时期曾设马逻巡检司、马逻镇检司于此，阜宁置县后属阜宁，今为淮安市淮安区苏嘴镇马逻村，地处淮安、涟水、阜宁三县区交界。

8出于民国吴志，该寿安寺在芦浦（今芦蒲），清康熙八年（1669），里人裴振仪兴，僧照晓募缘重修。芦蒲寿安寺废于何时未知，1943年春，盐阜区行政公署决定为牺牲的抗日将士建造纪念塔，组成了由张爱萍主持会议的建塔委员会，建塔委员会决定把江苏盐城市阜宁县芦蒲镇的芦蒲寿安寺订为塔址。1947年9月，国民革命军五十一师一三三旅攻进芦蒲镇，强拆纪念塔未果，炮轰纪念塔，毁坏烈士墓群。1959年7月，江苏省人民政府拨款修复纪念塔，并由刘少奇在塔身正面题字"浩气长存"。陈毅、黄克诚、张爱

---

① 十子院为唐僧谷隐奉诏创设的淮安龙兴寺28下院之一，据光绪阮志引《淮壖小记》载陈文烛龙兴寺碑云，十子院应包括：内郡东南羊寨兜率院月舟建，毗庐院慧海建，马逻乡寿安院宝鉴建，青莲院慈照建，郡东南添差乡乌垛院宝素建，……马逻乡天王寺，郡人刘克庄施地，晋康帝二年（343）康义建，……兜率院在北沙镇，土人谓之北沙大寺。马躲寺即乌垛崇福院，空寺在智九图左家庄，一名寿安寺，疑即青莲院也。尚贞院原名尚贞观，今名观通庙，在观头里，唐贞观八年建，明隆庆间大水，观前浮来观音。关帝二像，居民请而祀之，土人名为铁菩萨庙。

萍等领导同志的题词，分别刻在塔的两侧和背面。

陈毅题词：国民革命军陆军新编第四军盐阜区抗日阵亡将士纪念塔

黄克诚题词：为国为民，奋不顾身，精神不死，浩气长存。

张爱萍题词：

为民为国，转战南北，杀敌致果，虽死犹荣。

壮志未成，后继有人，建塔立碑，永表忠烈。

1981年，中国共产党江苏省委员会和江苏省人民政府批准了《关于芦蒲纪念塔上恢复中央领导同志题词的请示报告》。1983年4月，江苏工艺美术厂协助修复纪念塔，恢复受破坏的题词，并在纪念塔四周植树。2019年10月7日，新四军盐阜区抗日阵亡将士纪念塔入选第八批全国重点文物保护单位名单。

10见于民国吴志，该寿安寺在郭墅，始建无考，它亦无闻。

11见于民国吴志，该寺在乌垜即今马躲，原名崇福寿安院，十子院之一，即今马躲寺，唐僧宝素建。

马躲（垜）寺

1. 马垜寺：在县治西南四十五里马垜庄。

2. 马躲寺：即乌垜崇福院，俗传唐王征辽，马躲于此。殿后楼下有小塔五层，寺前有大石二，上有圆孔，疑前朝曾于此立闸云，寺旁边砖井二，今皆淤塞。

3. 马躲寺：在孔家荡东南，亦称乌垜崇福院，俗传唐王征辽，马躲于此。语涉不经，今考明淮安知府陈文烛龙兴寺碑，阴记崇福寿安院在添差乡，唐代乌垜寺僧宝素建，为当时十子院之一，是寺本名崇福寿安院，后人以乌垜寺僧所建，故称为乌垜崇福院，乌垜、马躲，形声讹传既久，遂失其真。

按：1见于乾隆冯志卷之七《古迹志》，2见于光绪阮志卷二十四《丛志·寺观》，3见于民国吴志卷十六《宗教志》。马躲寺原为崇福寿安院，系龙兴寺下院十子院之一，唐僧宝素建。相传为李世民东征时"马躲于此"，后世多以为"语涉不经"。该地原为乌垜，后改为马躲，民国吴志云："乌垜、马躲，形声讹传既久，遂失其真。"民国吴志卷十九《金石志·石刻》收有"重建马躲寿安寺碑"，碑文系邑人常春锦撰文，事在光绪二十年（1894）。该寺原址应在现阜宁县硕集镇马躲村，1997年8月重建。

北沙寺

1.在县治北四十里北沙镇。

2.兜率院在北沙镇，土人谓之北沙大寺。

3.兜率院在北沙镇，唐僧月舟建，为十子院之一，今通称北沙大寺。

按：1见于乾隆冯志卷之七《古迹志》，2见于光绪阮志卷二十四《丛志·寺观》，3见于民国吴志卷十六《宗教志》。据二志所云，北沙寺应即十子院之一的兜率院，当地人称北沙大寺，据陈文烛龙兴寺碑文，该寺为唐僧月舟建，在北沙镇，属今阜宁县羊寨镇北沙社区。

天王寺

1.在县治西南九十里马逻地方。

2.又马逻乡天王寺，郡人刘克庄施地，晋康帝二年，康义建，则晋时龙兴寺僧可谓古矣。今按马逻天王寺有大佛二尊，一铜一铁。

3.晋康帝建元二年，僧康义在阜宁马逻乡建天王寺，郡人刘克庄施地，今殿中供钢铁大佛像各一尊，居民以为古刹。

按：1见于乾隆冯志卷之七《古迹志》，2见于光绪阮志卷二十四《丛志·寺观》，3见于民国吴志卷十六《宗教志》。据二志所云，天王寺应即十子院之一的马逻乡天王寺，该寺建于晋康帝二年，即公元343年，郡人刘克庄施地，龙兴寺僧康义建，此为阜宁境内建寺较早记录，康义事已不可考。马逻今为淮安市淮安区苏嘴镇马逻村。

芦蒲寺

1.在县治西北七十里芦蒲地方。

2.芦浦寿安寺基广十亩，归高二丈余，有累累小冈十余，相为环抱，前有二土峰相为映对，近为沙淤，渐与堤平。庵内古柏一株，围八尺许，干霄蔽日，浓阴满院。寺外有罗汉井（《湖乡分志》），互见建置。

3.寿安寺在芦浦，清康熙八年，里人裴振仪兴，僧照晓募缘重修。

按：1见于乾隆冯志卷之七《古迹志》，2见于光绪阮志卷二十四《丛志·寺观》，3见于民国吴志卷十六《宗教志》。考三志所载，芦浦寺疑即芦浦寿安寺，唐时十子院之一，后废，康熙八年，"里人裴振仪兴，僧照晓募缘重修"。芦浦即今阜宁县芦蒲镇，寺址现为新四军盐阜区抗日阵亡将士纪念塔。

郭墅寺

1.在县治西北三十里郭墅地方。

2.在县治西北三十里。

3.寿安寺 在郭墅。

按：1、2见于乾隆冯志卷之二《建置志》、卷之七《古迹志》，3见于民国吴志卷十六《宗教志》，光绪阮志未见载。郭墅寺疑即民国吴志所云在郭墅之寿安寺，初以该寺所处地方名之，后易名寿安寺，郭墅为今阜宁县郭墅镇。

净慧寺（朦胧院）

1.朦胧院去县治北一百里。

2.在县治西南六十里朦胧地方，内有宝塔一座，唐武德三年建。

3.在朦胧里，武德三年建，寺前塔即朦胧塔。

4.在小街乡，唐武德三年建，清同治六年，长江水师提督黄翼升捐资重修。

按：1见于盐城万历杨志卷之二《建置志·庙宇》，2见于乾隆冯志卷之七《古迹志》，3见于光绪阮志卷二十四《丛志·寺观》，4见于民国吴志卷十六《宗教志》。净慧寺原名朦胧院，建于唐武德三年（620），相传系唐王李世民东征避追兵于井中，追兵见井上有蜘蛛网，不疑有人匿于井中，唐王脱身后感念于此，乃建"蒙龙院"及宝塔，"蒙龙"意为庇护真龙，后渐传为"朦胧"，寺为朦胧院，塔为朦胧塔，当地还有朦胧镇、朦胧里、朦胧弄等地名，其中朦胧塔民间流传蜘蛛神救真龙、嘎娘砻糠搓绳、张邋遢拉宝塔、宝塔镇河妖等传说，语涉不经，多系衍生故事传说。清康熙三十六年（1697），曾在净慧寺出家的硕揆原志和尚被赐为"净慧禅师"，"朦胧院"易名"净慧寺"。寺、塔历史上屡遭毁坏，清同治六年（1867），长江水师提督黄翼升捐资重修，抗战时亦遭日伪炮火损坏，改革开放后重建净慧寺，朦胧塔亦加修复巩固，据云今朦胧塔主体乃宋代修复遗留，该塔现为江苏省文物保护单位。净慧寺（朦胧院）、朦胧塔原属旧盐城县，阜宁置县后隶阜宁县，现属建湖县宝塔镇。

真武庙

1.在县治上马头。

2.在孤儿山。

3.在裴家桥。

按：1见于乾隆冯志卷之七《古迹志》，2、3见于民国吴志卷十六《宗教志》。真武庙原为道教道场，然阜宁境内道教、佛教道场区分并不明显，三教寺即为一例。此三处真武庙一位于县治上马（码）头，一在孤儿山，一在裴家桥。上码头即射阳河在此左转东折北湾处，阜宁昔日亦因此处有真武庙而名"庙湾"，此庙即真武庙，现则为阜宁名刹之一兴国寺。孤儿山今不知为何地，裴家桥即今建湖县宝塔镇裴东村。三处真武庙始建无考，今兴国寺所在之真武庙据云建于宋景德年间，明代时佛道同拜，清乾隆时成为佛寺。1993年，该寺复建时，茗山法师亲题"兴国寺"匾额。

三官殿（三元宫、栖凤院、中云台山）

1.在县治城外信字坊。

2.在县治南四十里刘园浦地方。

3.在县治西北六十里周门地方。

4.在县治东北四十五里窈子港地方。

5.栖凤院在县治西南六十里轧东沟地方。

6.栖凤院在东沟镇，院内紫藤一株，绿荫满院，数百年物也。

7.在通济桥左，明维扬朱维藩有记。光绪乙酉僧普文与其徒通铸重建旗杆，又浚东西两泉，见建置。

8.三元宫在县城外通济桥左，亦称三官殿，安东教授李承衔楹，《胜话》云：明季山东贾客某寓庙多年，祈神得子，重新其寺。光绪十一年，住持僧普文与其徒通铸重立寺前旗杆。

9.栖凤院在东沟镇玉弘桥东，清顺治十八年，镇人常大勋施买顾姓地十三亩，于常家圩建庵。寺住持僧晓庵移建今处，亦称普济禅林，俗名三官殿。

10.中云台山在草堰镇北，俗称三官殿。

11.三官殿在裴家桥。

12.三官殿在青沟镇北围内，今仅存遗址。

13. 三官殿在小街乡，亦名大佛殿，殿内佛座雕像绝精。

按：1、2、3、4、5 见于乾隆冯志卷之七《古迹志》，6、7 见于光绪阮志卷二十四《丛志·寺观》，8、9、10、11、12、13 见于民国吴志卷十六《宗教志》。三官殿本为道教道场，供奉天官、地官、水官，旧阜宁县境内名三官殿者甚多。1、7、8 所云"三官殿"或"三元宫"实为一处，在县城外通济桥桥东60米处。通济桥又称"三官殿桥"，在阜宁城老街的东巷口东首，东西向架于盐河（又称沿冈河）之上。为明代糜杲建，项桂春修，民国八年（1919）袁秦氏重新修缮。三官殿井原在阜宁县医药公司仓库下，后因建房填埋。三官殿桥，拆于2000年前后，拟移处重建，后无果而终。该三官殿始建无考，然至迟在明代万历前后已建，因淮安人朱维藩曾为三官殿作记。朱维藩，生卒年不详，万历十六年曾任浙江上虞（今浙江省绍兴市上虞区）知县，约明神宗万历中前后在世。尝编《谐史集》四卷，《四库总目》传于世。清李承衔曾为三官殿作楹联，李承衔（1823-1886），字云浦，自号支离之叟，人称矍铄之翁，清江苏丹徒人。李承衔仕途不顺，任安东教谕四十余年，安东即今涟水县，与阜宁皆属淮安府。李承衔工于楹联，有《卮言》《自怡轩楹联胜话》，其《胜话》中云明末山东客商居庙多年，求子后重新加以修葺。光绪十一年（1885），三官殿时任住持僧普文与其徒通铸重立寺前旗杆，说明三官殿已非道教道场而应为佛寺了，而据李承衔《自怡轩楹联胜话》中求子故事，求子多为佛教法务，可能三官殿在明末就已成佛教道场了。

2 刘园浦之三官殿，始建无考，刘园浦今亦不知当为何处，约应在阜宁县城南40里某处。

3 "在县治西北六十里周门地方"之三官殿，始建无考，周门似应在今阜宁县芦蒲镇周门村。

4 "在县治东北四十五里窈子港地方"之三官殿，始建无考，窈子港地名今已不存，民国时期在阜宁县第十二区，在阜宁城东北45里某处，疑为今滨海县通榆镇舀港村，"窈""舀"同音，"窈子港"可能逐渐被传为"舀港"了。

5、6、9 之三官殿在阜宁县东沟镇，亦名栖凤院、普济禅林，俗称三官殿。清顺治十八年（1661），东沟镇人常大勳（勋）施买顾姓地十三亩，于常家圩建庵。寺住持僧晓庵移建今处，亦称普济禅林，俗名三官殿。

10 "中云台山在草堰镇北，俗称三官殿"之三官殿，始建无考，当在建湖县草堰镇北处，现已撤并归上冈镇。

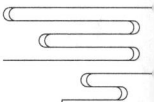

11 "三官殿在裴家桥"之三官殿，始建无考，裴家桥即今之建湖县宝塔镇裴东村。另阜宁县东沟镇亦有裴桥村，据阜宁县裴姓人云，裴家桥为今之建湖县宝塔镇裴东村，宝塔镇西现阜宁县东沟镇有裴桥村，即原裴西村，裴东村、裴西村当为原属阜宁县之裴家桥，今因行政区划变更，已分属两县。

12 "三官殿在青沟镇北围内，今仅存遗址"之三官殿，始建无考，青沟镇当属今阜宁县罗桥镇之青沟村。

13 "三官殿在小街乡，亦名大佛殿，殿内佛座雕像绝精"之三官殿，始建无考，小街乡当属今建湖县宝塔镇。

火星庙

1.在县治城外信字坊。

2.亦称火神庙，原在西门外，后移通济桥东。

按：1见于乾隆冯志卷之七《建置志》，2见于民国吴志卷十六《宗教志》。两志中的火神庙当为一处，原在旧阜宁县城西门外信字坊，后迁通济桥①东，通济桥又称"三官殿桥"，在阜宁城老街的东巷口东首，该火神庙始建无考。中国民间信仰和传说中的火神为祝融，也有人认为初民对大火星（即心宿）的崇拜是民间火神信仰的源头，各种记载和传说中的火神形象、来历、行事差异甚大，相关的信仰民俗也有不少区别。阜宁境内火星庙（火神庙）疑为道观，应供奉火神真君，其后是否改作僧寺未知。

城隍庙

1.在县治城内礼字坊。

2.在青沟镇。

按：1见于乾隆冯志卷之七《建置志》，2见于民国吴志卷十六《宗教志》。此两处城隍庙系道观，旧盐城县城隍庙皆为道士所居，兹不细考。青沟镇兴于明嘉靖年间，原名辛家码头，现为阜宁县罗桥镇青沟村。

观音寺（观音庵、观音阁、观音禅林）

1.观音阁在县治城内信字坊，内有平倭牌。

---

①通济桥参见前"三官殿"条中解释。

2.观音庵一在东园内糜家堰北，一在西门内。知县徐崇焵有《诸友集》“东观音庵看牡丹诗”。

3.观音寺在南羊寨，唐贞观时建，有系马石二。

4.观音阁在城东关帝庙左，原名潮音阁，唐代建，中有大魁楼，明季假此课士，民国二十年，邑人集资重修。

5.东观音庵在县治东堰之北，今改为国内糜家国民小学校舍。

6.西观音庵在县城西门内。

7.观音庵在天赐场，明代建。

8.观音庵在塌沟俗名塌沟庵。

9.观音庵在条区乡。

10.观音庵在东沟镇南桥东。

11.观音庵在角巷镇。

12.观音庵在侉周庄。

13.观音庵在鲍家墩。

14.观音寺在羊寨镇。

15.观音寺在南羊寨，唐贞观间建。

16.观音庵在耦耕堂，系公司佃农新建。

17.观音庵在苏家嘴。

18.观音庵在韦家庄。

19.观音庵在小尹庄。

20.观音庵在龚家集。

21.观音庵在泗汾港。

22.观音禅林在永兴集，清光绪十八年，僧觉通募修，民国十三年，盐城孙洪氏同子旭初集资，重修西厢房。

按：1见于乾隆冯志卷之七《古迹志》，2、3见于光绪阮志卷二十四《丛志·寺观》，4–22见于民国吴志卷十六《宗教志》。

1、4之观音阁疑为一处，据民国吴志载，观音阁原名潮音阁，建于唐代，在城东关帝庙左，中有大魁楼，明末成为读书人读书场所。民国二十年（1931），邑人集资重修。该观音阁内有大魁楼，大魁意为科举时期状元，说明该观音阁更多系为读书人祈福。乾隆冯志云该观音阁内有“平倭牌”，“平倭牌”疑为“平倭碑”，乾隆冯志将“碑”误为“牌”，且误将“平倭碑”记在观音阁内，实应在关帝庙，当然也因为关帝庙和观音阁本就相邻。

"平倭碑"系为纪念明嘉靖三十六年（1557）阜宁军民大败倭寇的蛤蜊港歼倭战而立。是年春三月，倭寇四千余人自南通金沙登岸，侵犯南通、泰州、淮安等地，占据庙湾（今阜宁县城），恣意杀掠，燔毁民居。六月，兵备副使于德昌、参将刘显等率军民追杀倭寇，在庙湾东十八里处的蛤蜊港海口大败倭寇。蛤蜊港今为阜宁县合利镇，"合利"即为"蛤蜊"，系当地人谐音误传而来。

为纪念蛤蜊港歼倭战的胜利，喻口巡检司、盐城等处海防把总、庙湾巡检司、庙湾盐课司等，在治城东武庙内特勒"平倭碑"一方，武庙即关帝庙。其文曰：

嘉靖丁巳夏五月，有大洋倭寇四千余众，突犯江北通泰滨海地方，内外警动。彼该协守浙直副总兵卢镗，奉总督浙直福建等处军务、右都御史兼兵部右侍郎胡宗宪钧牌，及该总督漕运兼巡抚凤扬等处右都御史王浩，提督操江右金都御史高捷，总督漕粮巡抚应天等府地方右都御史赵忻、巡按直隶监察御史马斯臧、苏松常镇淮徐等处兵备副史于德昌、监军主事叶可成、淮扬等府知府姚□、刘崇文等，同知唐维、山阳等县知县田孔阳等，计议济助兵船粮饷器械，随统游击史符，指挥彭鹤年、杨伯乔、周官、土官彭志显、张志宪、伍维统，定海卫义民李武、张达及钦依海防把总贾勇等，率汉土等兵三千余名应援。杀至湾头杨子桥、王家庄，三战三胜，贼皆挫败而走。六月十五日，追至淮安庙湾地方。十七、十八等日，于蛤蜊港海口，与贼鏖战。用鸟嘴铳打沉贼船二十余只，伤死倭贼无数，俘斩首从，夺获兵器及被掠妇女解报。残倭大败，负伤坠胆，逃遁开洋，地方遂宁，军民安堵。是役也，固由将士之用命。督抚按道府县勤劳，皆赖国祚之威灵，神圣之显赫，此所以南都运道、俱保无虞。理合捐修关帝庙宇，立石建碑以识之，庶垂永久。

喻口巡检尹民安、钟信，司使王宪、徐天爵、许公言、李芳，庙湾巡检王廷标，盐大使白景时，盐城等处海防把总贾勇。

"平倭碑"原在关帝庙内，抗战时期为免日寇劫掠，当地民众将"平倭碑"转移它处掩埋。1942年，进步诗人阿英曾在阜宁境内两度寻访"平倭碑"而不得，引为憾事。该"平倭碑"现仍不知所在，它日重出，必为阜宁历史文化之盛事。

2、5、6之"观音庵"实为两处：东观音庵和西观音庵。东观音庵在县城东堰之北糜家堰北，清乾隆甘泉（今属扬州市江都区）知县徐崇焖《诸友集》中记有"东观音庵看牡丹诗"，该庵民国时期改为国内糜家国民小学校舍。徐崇焵，字宝光，号西河①，又号莲湖，西安人。乾隆辛卯即乾隆三十六年（1771）举人，乾隆中叶后曾任阜宁知县，后转任甘泉知县、署泰州知州，著有《莲湖诗草》，采入《两浙輶轩续录》。西观音庵在县城西门内。

7、8、9、10、11、12、13、16、17、18、19、20、21之"观音庵"均见于民国吴志卷十六《宗教志》。

7之观音庵在天赐场，即今滨海县县城以西之天场镇，建于明代。

8之观音庵在塌沟，即今滨海县天场镇徐丹村塌沟庄，该庵因在塌沟，俗称塌沟庵。

9之观音庵在条区乡，条区乡为今滨海县八巨镇一带，民国四年（1915），在西李庄成立的条区乡立初小，后改名八巨初级小学。

10之观音庵在东沟镇南桥东，即今阜宁县东沟镇。

11之观音庵在角巷镇，即今阜宁县益林镇角巷村，原属杨集镇，后杨集镇并入益林镇。

12之观音庵在侉周庄，即今阜宁县板湖镇侉周村。

13之观音庵在鲍家墩，即今射阳县千秋镇西北鲍墩社区。1916年始，张謇在今射阳创办华成、合德等多家盐垦公司。1920年4月6日，张謇从东台经盐城到时属阜宁县的鲍家墩华成盐垦公司，视察华成北闸（今临海镇双洋闸前身）建成时情况，亲笔题写了"华成北闸"，归来时写《初夏》诗一首："初夏去北闸，归时日正午。车汉衣襟湿，烈日胜炉熏。风吹旱魃过，满目皆碱土。野旷牛羊少，荒昊穷丐多。仆痛余亦渴，沟水皆咸卤。何年获收成，尚待天公许。"

16之观音庵在耦耕堂，当系合德公司或华成公司佃农新建。"耦耕堂"现为射阳县合德镇耦耕堂村。"耦耕堂"之名，始见于清乾隆年间两淮漕督都转运司使卢见曾所作的淮六属《盐实录》，"（射）阳河南一无名处，林丰草茂，间有垦植人家，夫犁田，妻执牛绳引于前，合力而耕。异哉，比比皆是。余问地方吏，此地何名，答曰，尚未有名。余视之良久，乐而定其名曰'耦而耕'，或谓'耦垦'可乎。吏诺而记之。"晚清阜宁县士绅庞友兰（今滨海县东坎镇庞庄人）陪同阜宁知县阮本焱一起视察"耦垦"，乡民笑指一较大的塘谓为"牛耕塘"，庞听后对阮本焱说："早年，卢公所定的

---

①阜宁光绪阮志卷八《仕迹》云徐崇焵字西河。且云其治阜"有惠政"、"于阜之士民意惓惓焉"，移任甘泉知县时曾有留别一章，收在光绪阮志艺文卷。

'耦而耕'地名出此，余以为，可去掉'而'字，就叫'耦耕'，可乎？！"阮许之。由此可见，"耦耕堂"初由卢见曾命名"耦而耕"，后经庞友兰建议阮本焱改作"耦耕"。1919年，南通人蒋煆堂联合秦亮夫、王立五及地方商绅开垦阜宁民滩，正式创立了"耦耕堂"，合作开办垦植股份有限公司，公司总部就设在耦耕庄上，遂成今之"耦耕堂"。抗战时期，"耦耕堂"成为新四军三师和地方武装的可靠后方。解放战争开始后，中共华中工作委员会（简称"华中工委"）于1947年底在耦耕堂成立，1948年2月至4月，在耦耕堂召开了华中工委扩大会议暨土地工作会议。2006年，中共华中工委纪念馆在射阳县城嫦娥路后羿公园建成开馆。

17之观音庵在苏家嘴，苏家嘴即今淮安市淮安区苏嘴镇苏家嘴社区。

18之观音庵在韦家庄，韦家庄疑为今阜宁县陈集镇韦岳村，韦岳村系由原韦庄和岳庄合并而成，韦庄即韦家庄。

19之观音庵在小尹庄，小尹庄在今阜宁县古河镇吴庄村西北处。

20之观音庵在龚家集，清代庙湾（今阜宁县）北沙龚姓迁此，村名小龚庄。清雍正年间，沿淮河边形成集市，称顺河集。后以集主龚姓改称龚家集，亦名龚集，现为响水县运河镇龚集村，系运河镇镇政府所在地。

21之观音庵在泗汾港，泗汾港在今响水县运河镇六套附近。民国吴志卷十九《金石志·石刻》记有"永禁变卖庵产碑"立于庵中，系住持僧祖忏呈请时任知县沈国翰而立，事在清同治十年。①

22之观音禅林在永兴集，永兴集原为永兴镇，后并入东沟镇，为现阜宁县东沟镇永兴社区。清光绪十八年（1892），僧觉通募资修建。民国十三年（1924），盐城孙洪氏和儿子孙旭初集资，重修西厢房。

东关帝庙、西关帝庙

东关帝庙在县治城内礼字坊。

西关帝庙在县治西门外仁字坊。

按：东西关帝庙皆见于乾隆冯志卷之二《建置志》，关帝庙为纪念武圣关羽的武庙，与纪念文圣孔子的文庙相应，多为地方官府或绅商兴建，兹不细考。

---

①吴宝瑜修、庞友兰纂：（民国）《阜宁县新志》卷十九《金石志·石刻》，《中国方志丛书·华中地方》第一六六号，台北：成文出版社，1975年，第1192页。

天医宫

在县治城内礼字坊。

按：该条见于乾隆冯志卷之二《建置志》。天医即天道之医，是掌管疾病之事的星神，佛、道相糅，兼及气功、中医，源于古代民间对远古的星辰自然崇拜，是神话和天文学结合的产物。宋范成大《问天医赋》："我瞻而思，是其天医者邪？"《协纪辨方书·义例二·成》："天医者，天之巫医，其日宜请药避病，寻巫祷祀。"阜宁县城内之天医宫相关史料无多，然晚清阜宁知县周景涛却为一代名医，曾为光绪帝诊治并敬献方药，可视为阜宁医学史上一段佳话。《清实录》光绪三十四年戊申冬十月癸酉（1908年10月21日）载："皇上胃不和，畏饮食，大便积八日，步履益艰，上疾增剧……谕令各省将军、督抚，保荐良医。旋据直隶、两江、湖广、江苏、浙江各督抚，先后保送陈秉钧、曹元恒、吕用宾、周景涛、杜钟骏、施焕、张鹏年等来京诊视"，"独江督所保御医周景涛，所开药方与陈、曹各医所开者不甚相同。据内监云，近两月来，各医所开药方，皇上辄不愿饮，十剂之中仅服一二剂，独周医之药，颇得圣上欢心，故四日之中已诊三次。"周景涛，晚清翰林，字松孙，号洵生，福建侯官人。光绪十八年（1892）壬辰科二甲第六名进士。散馆改主事，又改江苏阜宁县知县。世医出身，尤善肠胃病，光绪死后，被革职居于乡下，赋诗作画，自制"景涛肠胃永康液"为乡里医病，名噪江浙。

东岳庙（东岳行宫、昙华寺）

1.东岳庙在县治西门外仁字坊。

2.东岳庙在县治东坎。

3.东岳庙在都天庙侧，东岳地只载在祀典，然非阜邑之所得祀也，庙湾志讯其潜，故附入寺观。

4.东岳行宫在南羊寨，相传元末土贼羊城（诚）故宅，明太祖改为庙，土人至今呼为洪武庙。前有井上有石栏，又东西系马石二，高五尺许，镌至正元年羊城立。

5.昙华寺：在马家荡，一名东洋村庵，庵有飞来钟，相传有双钟斗于空际，弋武者以枪击之，得其一边为枪缺，今悬庵内。钟而能飞，其亦左氏所谓有物凭焉者与？

6.东岳庙在城西镇，由佛教会改为学校。

7.东岳庙在仁让乡。

8.东岳庙在东坎镇，今区公所、公安局、区党部、小学校均设其中。

9.东岳庙在板湖镇。

10.东岳庙在陈家集。

11.东岳庙在沟墩镇。

12.东岳行宫在南羊寨，为元末土寇羊城故宅，后明太祖行经其处，以为行宫，旋改为东庆行宫，今居民均称为洪武庙。

13.东岳庙在通洋港，庙宇凡十八间。

14.东岳庙在大许庄，康熙十年建。

15.昙华寺在马家荡中大孙庄，原名东岳庙，以大孙庄古名东洋村，故亦称东洋村庵，寺门题额则为"淮东古寺"。清乾隆四十八年，居民蒯文焕施盐城境内地四顷九十八亩为香火田，同治间东厢房日渐倾圮，邑绅孙台重修。

16.东岳庙在窈子港。

按：1、2见于乾隆冯志卷之二《建置志》，3、4、5见于光绪阮志卷二十四《丛志·寺观》，6、7、8、9、10、11、12、13、14、15、16见于民国吴志卷十六《宗教志》。

东岳庙初为道教道场，后多佛道杂处，甚至直接改为佛教寺庵，故"东岳庙"条仅对与佛教相关的略作考证，余不多述。

1、3、6之东岳庙疑为一处，在旧阜宁县城西都天庙侧，光绪阮志云该东岳庙"载在祀典，然非阜邑之所得祀"，《庙湾志》将其附入寺观。民国时期"庙产兴学"风行，由佛教会改为学校。

2、8之东岳庙在东坎，即今滨海县政府所在地东坎镇，民国时期区公所、公安局、区党部、小学校均设其中。

4、12之东岳庙为一处，在南羊寨，即今阜宁县羊寨镇南。羊寨之名相传最早追溯到李世民东征盖苏文所设二营寨，语涉不经，旧志已有辩驳，前"净慧寺"条"朦胧塔"亦有略解。考诸史志并当地传说，羊寨之名与元末张士诚旧部羊城（诚）有关，云羊诚扎营于李唐时二旧营寨，时名南羊寨、北羊寨。东岳庙相传为羊城（诚）故宅，所谓明太祖"行经其处，以为行宫"及改羊城故宅为庙等，多系附会，至于当地人称其为洪武庙，当与明初"洪武赶散"相关。至于所谓羊城故宅"前有井上有石栏，又东西系马石二，高五尺许，镌'至正元年羊城立'"云云，亦属不经。至正元年为公元1341年，张士诚起兵为至正十三年，即公元1353年，所谓张士诚派羊城父子驻扎南北羊寨则无从谈起。

5、15之东岳庙在马家荡，后又称东洋村庵、昙华寺、淮东古寺。因该东岳庙在马家荡大孙庄，大孙庄古名东洋村，故亦称东洋村庵，相传有飞来钟悬于庵内，旧阜宁属淮安府，故东洋村庵寺门题额则为"淮东古寺"。清乾隆四十八年，居民蒯文焕施盐城境内地四顷九十八亩为香火田，同治间东厢房日渐倾圮，邑绅孙台重修。至于为何称"昙华寺"，史志未载，疑内有玉兰花，时人或误以为或径认为佛教中传说的优昙婆罗树、优昙钵树、优昙花。《无量清净平等觉经》云："阿难曰：世间有优昙钵树，但有实无华，天下有佛，乃华出耳。"《法华经》上曰："优昙花者，此言灵瑞。三千年一现，现则金轮王出。"优昙钵树、优昙花被誉为佛树佛花，就树创寺，取名昙华寺，云南省昆明市之昙华寺即属此类。马家荡即今阜宁县杨集镇马家荡居委会所在。1998年复建淮东古寺。

7、9、10、11、13、14、16之东岳庙分别在：

7之东岳庙在仁让乡，"仁让乡"地名今已不存，疑为民国时期第一区城厢市下辖喻口镇仁让乡。阜宁喻口古镇相传有建于唐代的西来佛寺，其实原应为东岳庙，喻口人文馆内陈列一口1992年出土的清代铁钟，铸于清道光二年（1822），钟身铭文依稀可辨："大清国江南淮安府阜宁县喻口镇东岳庙改建西来佛寺……"西来佛寺相传始建于唐末，清道光年间重修，曾是江淮地区最大的净土道场之一。喻口镇为阜宁著名古镇，民国时期属阜宁第一区，后由镇为村，为阜宁县施庄镇喻口村，今属阜宁县金沙湖管委会。

9之东岳庙在板湖镇，即今阜宁县板湖镇，古名湖心镇。

10之东岳庙在陈家集，即今阜宁县陈集镇，陈集镇为革命老区，陈毅、刘少奇等率新四军曾驻扎于此，现存有停翅港新四军军部旧址、汪朱刘少奇旧居、陈集战斗阵亡将士纪念塔、盐阜银行、抗大华中分校等红色遗址17处。

11之东岳庙在沟墩镇，即今阜宁县沟墩镇，沟墩古名沟安墩、沟湾墩。

13之东岳庙在通洋港，通洋港现为射阳县通洋镇通洋港居委会。

14之东岳庙在大许庄，康熙十年建，大许庄地名今已不存，民国时期在阜宁县第十一区，疑在今响水境内。

16之东岳庙在窈子港，窈子港疑为今滨海县通榆镇舀港村。

玉皇阁

1.在县治西门外仁字坊。

2.在射阳桥左，昔为刘公祠，互见坛庙。

按：1见于乾隆冯志卷之七《建置志》，2见于光绪阮志卷二十四《丛志·寺观》，民国吴志未见载。玉皇阁原为刘公祠，后改为玉皇阁，在旧阜宁县城西门外射阳桥左，考其玉皇阁名，似为道教道场，兹不细考。

八蜡庙

1.在县治东门外胡家庄，乾隆七年，原任知阜宁县陈鐈捐建。

2.八蜡庙在东门外胡家庄，乾隆七年，知县陈鐈就茶庵故址建。四十年，邑人戴廷瓒改正殿为楼，并建戏楼。嘉庆元年，知县徐崇焖捐建两厢楼。邑人项泰和为文记之，襄事者僧致善。咸丰五年，知县顾思尧督同邑人丁如荗重建正殿，丁复以己资修建戏楼，光绪六年，知县蓝采锦重修。

3.茶庵在县城东门外，清乾隆十年，改为八蜡庙。

按：1见于乾隆冯志卷之《建置志》，2见于光绪阮志卷二《建置志·坛庙》，3见于民国吴志卷十六《宗教志》。考诸三志，八蜡庙乃乾隆七年知县陈鐈在茶庵故址修建。据光绪阮志《职官志》载，陈鐈，浙江海宁人，监生，乾隆五年任阜宁知县，其后任为修乾隆冯志之冯观民。八蜡庙，乃古时祭祀之名，旧时又写作"麚蜡庙""叭蜡庙"。夏时称谓嘉平，殷代称作清祀，周时称为大蜡。旧时于每年建亥之月（十二月）农事完毕后，祭祀诸神，以祈祷来年丰收。所谓八蜡，即为八种神：一为先啬，即神农；二为司啬，即后稷；三为农，即古之田畯；四为邮表畷，邮为田间庐舍，表为田间道路，畷是田土疆界相连缀；五为猫虎；六为坊，即堤防；七为水庸，即水沟；八为昆虫，即蝗螟之属。八蜡庙虽系官府主导民众之祈福祭祀，然徐崇焖嘉庆元年修八蜡庙时，就有僧致善襄与其事，足证八蜡庙此时已为佛教道场。咸丰五年、光绪六年，时阜宁知县顾思尧、蓝采锦重修。

先农坛

在县治东门外董家庄，乾隆初年建正房三间，厢房二间。

按：该条见于乾隆冯志卷之《建置志》。先农坛在旧阜宁县城东门外董家庄。先农，远古称帝社、王社，至汉时始称先农。春时东耕于藉田，引诗先农坛。先农，则神农也，"坛于田，以祀先农"。魏时，先农为国"六神"（风伯、雨师、灵星、先农、社、稷）之一。藉天祭先农，唐前为帝社，祭坛曰藉田坛，唐睿宗李旦垂拱年后改为先农坛，至此祭祀先农正式定为封建社会的一种礼制，每年开春，皇帝亲领文武百官行藉田礼于先农坛，地方上亦仿此例，建坛献祭。

邑厉坛

1.在县治北门外陈八舍村。

2.在县城北门外。

按：1见于乾隆冯志卷之二《建置志》，2见于民国吴志卷十六《宗教志》。邑厉坛在县治北门外陈八舍村，陈八舍据云系当地有陈姓兄弟八人，遂以陈八舍为地名，为今阜宁县阜城镇城北村一带。"邑厉"旧时谓县邑设坛祭祀本境内无人祭祀的鬼神。《清史稿·礼志三》："顺治初，直省、府、州、县设坛城北郊，岁以清明日、七月十五日、十月朔日，用羊三、豕三、米饭三石、香烛、酒醴、楮帛祭本境无祀鬼神。府曰郡厉，县曰邑厉。"邑厉坛为官府致祭，佛道或亦有参与其事者，姑录之。

尚贞院

1.在县治沟墩三十五里观头地方。

2.原名尚贞观，今名观海庙，在观头里，唐贞观八年建，明隆庆间大水，观前浮来观音、关帝二像，居民请而祀之，土人名为铁菩萨庙。

3.在观头，原名尚贞观，贞观八年建，后人亦称观海庙。明隆庆间，淮水横溢，观前浮来神像，居民群集，以为灵异，因祷而祀之，今称铁菩萨庙。

按：1见于乾隆冯志卷之二《建置志》，2见于光绪阮志卷二十四《丛志·寺观》，3见于民国吴志卷十六《宗教志》。考诸三志，尚贞院原名尚贞观，唐贞观八年（634）建，初为道观，后人称观海庙、尚贞院，显系已改为佛寺，李唐和武周时期或崇道或尊佛，观庙易名，或亦折射唐代佛道之争历史。明穆宗隆庆年间当地人称铁菩萨庙，清代称观海庙。尚贞院为唐龙兴寺下院十子院之一，尚贞院在沟墩观头，即今阜宁县沟墩镇，观头地名今已不存。

东林院

1.在县治西南九十里凤谷村地方。

2.在凤谷村，乾隆间青崖和尚卓锡处，互见人物。

3.在凤谷村，青崖和尚卓锡时，布置极为精严，今西部改为学校，东部改为公安分局，寺僧则赁寺前之民房。

按：1见于乾隆冯志卷之二《建置志》，2见于光绪阮志卷二十四《丛志·寺观》，3见于民国吴志卷十六《宗教志》。东林院在县治西南九十里凤谷村地方，现为阜宁县罗桥镇凤谷村，东林院始建无考，后因清代名僧青崖和尚主讲凤谷村东林院法席而著名，青崖和尚蒙雍正皇帝召至京师，获赐紫衣四袭及宝盂如意等物，乾隆十一年圆寂，其自题小像云："文章佛法漫些些，惭愧禅林说作家。只合深山埋迹去，如何来着紫袈裟。"东林院今已不存，然凤谷村2013年申请复建了始于唐代贞观年间的能仁寺，亦可视为凤谷村之一幸事。

地藏庵

1.地藏庵在县治西南九十里凤谷村地方。

2.地藏庵在东岳庙北首道光时有僧善画。

3.地藏庵在邱家桥。

4.地藏庵在史西村。

5.地藏庵在大乐庄。

6.地藏庵在青沟镇渔滨河南岸，同治元年捻乱毁于火。

按：1见于乾隆冯志卷之二《建置志》，2见于光绪阮志卷二十四《丛志·寺观》，3、4、5、6见于民国吴志卷十六《宗教志》。

1之地藏庵在凤谷村，即今阜宁县罗桥镇凤谷村。

2之地藏庵在东岳庙北，在旧阜宁县城城西。

3之地藏庵在邱家桥，民国吴志云其在第一区，邱家桥在今阜宁县城西南，疑为今阜宁县新沟镇杨陆村一带。

4之地藏庵在史西村，民国吴志云其在第八区，约在今阜宁县羊寨镇一带。

5之地藏庵在大乐庄，民国吴志云其在第十区，约在今阜宁县罗桥镇一带。

6之地藏庵在青沟镇渔滨河南岸，同治元年捻乱毁于火。民国吴志云其在第十区，约在今阜宁县罗桥镇青沟村一带。

宝云院（宝云禅院）

1.在县治西南九十五里清沟镇地方。

2.宝云禅院：在青沟镇，古名玄君殿，创于唐代，清顺治四年、嘉庆十六年、同治三年，叠经修葺，民国十七年，住僧嘉惠募资重修。

按：1见于乾隆冯志卷之二《建置志》，2见于民国吴志卷十六《宗教志》。宝云院即宝云禅院，古名玄君殿，始建于唐代，清顺治、嘉庆、同治年间多次修葺，民国十七年（1928），宝云禅院住僧嘉惠募资重修。该院在今阜宁县罗桥镇青沟村。

报恩院（嵩乳庵）

1.在县治西南六十里轧东沟地方。

2.嵩乳庵 在东沟镇北，即报恩院，嵩乳者，行僧名也。

3.报恩院在东沟镇北里许古蔡家墩。清顺治间，戒僧嵩乳建，后人因以嵩乳名庵。

按：1见于乾隆冯志卷之七《古迹志》，2见于光绪阮志卷二十四《丛志·寺观》，3见于民国吴志卷十六《宗教志》。报恩院，因建院戒僧法号嵩乳，又名嵩乳庵，建于清顺治年间，在东沟镇北里许古蔡家墩，即今阜宁县东沟镇嵩乳村。民国吴志《宗教志·方外传》云："僧道蜜，字嵩乳，清顺治间苦治梵修，历建五刹，东沟报恩寺其一也。有嘱语勒石，今嵌殿壁。时人服其道行，因以嵩乳名庵。"嵩乳事详见《人物卷》"嵩乳"条。关于"嵩乳庵"名称的由来，光绪阮志和民国吴志均认为系因建院僧名而来，《阜宁日报》2020年4月17日刊彭玉清文《嵩乳恩情》，作者采访该村孙姓老人，提出另说。该地有一尼姑庵，有老尼静心。某孙姓大户千金，年十七八，因抗拒父母包办婚姻而避入该庵，出家为尼，法号静慧，静心老尼圆寂后，静慧住持该庵。某日凌晨，闻庵外婴儿啼哭，遂不顾流言蜚语，将弃婴收养于庵内，从己孙姓，取名天赐。孙天赐参加科考中举人，后进京赶考前，静慧将其身世相告。孙天赐中进士后返乡，为养母静慧新建庵堂，认为静慧对其"恩高如山"，自己愿效"羔羊跪乳"报答，遂取庵名"嵩乳庵"。彭文此说可能系村民讹传，因阜宁光绪阮志和民国吴志均明言嵩乳庵建于清顺治年间，而彭文所言孙天赐事在清嘉庆年间，前后相距甚为久远，民国吴志《方外传》有嵩乳传略记载甚明，彭文所说估计为当地孙姓村民追念远祖之善意传闻，口耳之传当以史志记载正之。

泰山殿

在县治西北四十里刘泉沟地方。

按：该条见于乾隆冯志卷之二《建置志》，刘泉沟位于县治西北四十里，应为今阜宁县羊寨流泉村，当地仍有流泉沟之名，当系"刘"后演为"流"之故。泰山殿初为道观，兹不细考。

刘朝殿（本草庵、泰山院）

1. 初本草庵，明兴化李春芳计偕北上，舟行马逻港，泊殿前，祈梦于碧霞元君，后成殿撰，购香楠改建，名为泰山院（据湖乡分志）。

2. 在马逻乡，明兴化李春芳计偕北上，舟经马逻港，泊殿前，祈梦报捷，后购香楠重新其寺，今称为泰山院。

按：1见于光绪阮志卷二十四《丛志·寺观》，2见于民国吴志卷十六《宗教志》。刘朝殿原名本草庵，疑该庵僧尼或精通药理，故名本草庵。后改名刘朝殿，供奉碧霞元君，是以成道教道场。明代兴化李春芳经马逻港，舟泊殿前，"祈梦报捷，后成殿撰，购香楠改建，名为泰山院"，此后或为道观，或为佛寺，至民国时仍名为"泰山院"。李春芳（1510-1584），字子实，号石麓，今江苏兴化人。明世宗嘉靖朝状元，明穆宗隆庆年间任内阁首辅，有"青词宰相"①之称，著有《贻安堂集》十卷。该殿（庵、院）在马逻，即今淮安市淮安区苏嘴镇马逻村。

---

① "青词宰相"指明世宗嘉靖年间以"青词"见宠获重任的内阁大员。"青词"始于唐代，亦作"青辞"，又称"绿章""绿素"，本为道士上奏天庭或征召神将的符箓，是道教举行斋醮时献给上天的奏章祝文，后逐渐演变为一种骈俪文体，用红色颜料写在青藤纸上，要求形式工整和文字华丽。明世宗朱厚熜信奉道教，好长生术，宫中每有斋醮，就命词臣起草祭祀文章，嘉靖十七年后，内阁14个辅臣中，有9人是通过撰写青词起家的，李春芳、严讷、郭朴、袁炜等词臣均以"青词"邀宠，步步高升，官居宰相（大学士），故称"青词宰相"。《明史·顾鼎臣传》云："词臣以青词结主知，由鼎臣倡也。"后来，"青词宰相"讽刺那些升官阶梯并非正路的人。

大悲庵（大悲院）

1.大悲庵在县治西北四十里南羊寨地方。

2.大悲院在县治西南四十里板沟地方。

3.大悲院在板沟口，顺治间，有心崇和尚住此，善知识也，山阳陆求可为作颂。

4.大悲庵在篆河北岸徐家东尖，为前明古寺，有牡丹数株，围巨三尺许，每春开千百朵。其侧柿树已合抱矣，因防花去之明日根上流血，忽旁边出小枝，不数年，仍续旧本，特枝皆远扬，若为花留余地者。

5.大悲院在东坎镇东街。

6.大悲庵在东尖，为明代古寺。清光绪三十三年，邑绅顾恩溥呈请学宪改为明达学堂，寺僧遂于东鱼皆舍，自营草屋数椽，仍名曰大悲庵。

7.大悲院在板沟口。

按：1、2见于乾隆冯志卷之二《建置志》，3、4见于光绪阮志卷二十四《丛志·寺观》，5、6、7见于民国吴志卷十六《宗教志》。

1之大悲庵在南羊寨，即今阜宁县羊寨镇。

2、3、7之大悲院在板沟口，疑为今阜宁县板湖镇一带。光绪阮志记顺治年间，有善知识之心崇和尚住此，山阳陆求可为作颂。民国吴志卷十六《宗教志·方外传》记："僧心崇，清顺治间住持板沟口大悲院，精通内典，律己甚严，山阳陆求可为以美之。"心崇详见人物卷"心崇"条。陆求可（1617-1679），字咸一，又字月湄，号密庵，江苏山阳（淮安）人，陆秀夫之裔[1]。幼孤，事祖母与母孝。笃志好学，贯通经史。顺治十二年（1655）进士，先后任河南裕州知州、刑部员外郎、布政司参议等职，著有《密庵文集》二十卷，诗集八卷，语录四卷，及《月湄词》四卷。

4、6之大悲庵在东尖，光绪阮志云大悲庵在篆河北岸徐家东尖，民国吴志亦云在东尖，东尖地名今已不存，民国时期有篆河乡，为烈士顾正红故乡，为纪念顾正红烈士，改为正红乡，现合并正红、獐沟、陈铸三镇为正红镇，正红镇有篆河村，现该镇有大尖、小尖、南尖，东尖当在附近。二志均云大悲庵为明代古寺，光绪阮志载庵内有牡丹数株，围巨三尺许，每春开千

---

[1]钱仪吉《碑传集》卷七十九《参议陆公求可墓碑》："公讳求可，字咸一，别号密庵，姓陆氏，宋丞相忠贞之裔。"

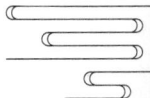

百朵。其侧合抱柿树在牡丹花谢次日，旁边伸出小枝防牡丹花根流血，多年后小枝仍续柿树旧本，只是树枝都远离牡丹，似为牡丹留余地，成为庵内奇景。民国吴志载光绪三十三年，当地士绅顾恩溥响应"庙产兴学"，呈请地方学宪将大悲庵改为明达学堂，寺僧遂于大悲庵附近建草屋数椽，仍名曰"大悲庵"。

5之大悲院在东坎镇东街，即今滨海县县城所在之东坎镇。

千华院

1.在县治西南五十里板湖地方。

2.在板湖镇。

按：1见于乾隆冯志卷之二《建置志》，2见于民国吴志卷十六《宗教志》。千华院始建无考，在今阜宁县板湖镇。

岳齐庙

1.在县治北三十里高家庄地方。

2.在羊寨北，清代每年三月二十八日，阖邑民妇争来礼拜，商贾负贩获利逾恒。

按：1见于乾隆冯志卷之二《建置志》，2见于民国吴志卷十六《宗教志》。阜宁县境内岳齐庙疑为两处，始建无考。一在城北高家庄，查阜宁城北无高家庄地名，今阜宁县陈良镇有高家庄地名，然陈良镇在阜宁县城南，乾隆冯志会否将"南"误作"北"，姑录此存疑；一在羊寨北，疑为今阜宁县羊寨镇阜羊村，2010年夏，当地修建高架桥时曾从岳齐庙旧址取土，从中发现大量宋代古钱币，其中最早的为咸平元宝，为宋真宗赵恒咸平年间（998-1003）所铸，因此，该岳齐庙可能至迟始建于北宋初年。民国吴志记载，每年三月二十八日，民众齐聚岳齐庙，商贩闻风而动，获利颇丰，这种庙会形式的集市贸易形式在当地赶集习俗中仍有留存。

大王庙（延寿庵）

1.在县治西北八十里苏家嘴地方。

2.在县治西北九十里童营地方。

3.延寿庵在东沟镇东里许，清乾隆四十九年，士绅公建。同治十一年，居民魏锡九重修，俗称为大王庙。

按：1、2见于乾隆冯志卷之二《建置志》，3见于民国吴志卷十六《宗教志》。乾隆冯志所记两处大王庙，一在苏家嘴，即今淮安市淮安区苏嘴镇；一在童营，即今阜宁县芦蒲镇童营村，但乾隆冯志将两处大王庙方位误为县治西北，实为县治西南。延寿庵，在阜宁县东沟镇，清乾隆四十九年（1784），由地方士绅公建。同治十一年（1872），居民魏锡九重修，俗称为大王庙。

西方庵

1.在县治北四十里天赐场地方。

2.今改为农场。

按：1见于乾隆冯志卷之二《建置志》，2见于民国吴志卷十六《宗教志》。西方庵始建无考，民国时期改为农场。天赐场，即今滨海县县城以西之天场镇。

净土庵

1.在县治北四十里天赐场地方。

2.在天赐场，亦名东庵。

按：1见于乾隆冯志卷之二《建置志》，2见于民国吴志卷十六《宗教志》。净土庵始建无考，因其与同在天赐场之十方庵各处东西，净土庵又名东庵，十方庵则为西庵。

大佛殿（寺）

1.在县治东北六十里东坎地方。

2.古大佛寺在东坎镇后集。

3.大佛殿在五案。

4.大佛殿在窈子港。

按：1见于乾隆冯志卷之二《建置志》，2、3、4见于民国吴志卷十六《宗教志》。1、2之大佛殿、古大佛寺实为一处道场，相传建于明末，有四百余年历史，在东坎镇后集，原寺历经毁弃，后选址重建，为今滨海县东坎镇之大佛禅寺。

3之大佛殿在五案，查民国吴志，云其在阜宁县第六区，包括五汛镇、鲍墩镇、千秋镇三镇，下辖有五案乡，五案地名今已不存，疑为今射阳县临海镇五岸村，在千秋镇北，“案”“岸”同音，“五案”可能逐渐传为“五岸”了。

4之大佛殿在窈子港，窈子港疑为今滨海县通榆镇舀港村。

禹王庙

1.在县治东北黄河西岸八十里云梯关地方。

2.在云梯关左平成台侧，康熙三十九年，总河张鹏翮因崇福寺旧址改建，有“法海津梁”匾，系总河于成龙手书。乾隆二十九年江督高晋增建后殿，专祀禹王，以傍隄柳田三百余亩作为香火院田，奏奉钦颁“利导东渐”四字。姚孔金、僧润寂各有碑记。

3.《出家人抗日》（滨海讯）一区双套乡禹王庙僧人了逵，痛恨敌伪暴行，商得伊师父政杞同意，变卖庙产，买最好钢枪一支，自动参加游击小组，保卫家乡。按我区僧人武装抗日如了逵者，尚不多。

按：1见于乾隆冯志卷之七《古迹志》，2见于光绪阮志卷二《建置·坛庙》，3见于《盐阜报》（1943年6月9日）。禹王庙在旧阜宁县东北八十里处云梯关，今属江苏省响水县黄圩镇云梯村境内，系由清康熙朝河道总督张鹏翮在崇福寺旧址改建而成，其前任河督于成龙手书“法海津梁”匾。乾隆朝两江总督高晋增建后殿，专祀禹王，钦赐“利导东渐”御书。云梯关，自唐代到清代的一千多年间，是历代海防重镇、交通要道，险要河防、宗教圣地和商贸集散地，有“东南沿海第一关”“江淮平原第一关”之美誉。云梯关原是古淮河的入海口，在明代它曾是苏北海防重地，乾隆《淮安府志·兵戎》：“嘉靖三十六年六月，兵备副使于德昌及参将刘显夹击倭，追至庙湾蛤蜊港海口，杀获无算，余党开洋逸去，其走云梯关者，亦自刀门港遁。”此战另参前“观音阁”条“平倭碑”解。清嘉庆十五年（1810）立一石碑于此，石碑高245厘米，宽110厘米，碑心阴刻隶书“古云梯关”四字，字长47厘米，宽45厘米。上款正楷阴刻“嘉庆十五年十月谷旦”，落款亦楷书阴刻“三韩马慧裕书”，另一行阴刻小楷“江苏淮安府山安河务同知师兆龙勒石”。1943年日寇侵华，云梯关周边建筑旧址悉遭毁坏，“古云梯关”石碑幸存。1987年，当地政府修建了护碑亭，将“古云梯关”石碑重新树立起来。1990年“古云梯关”遗址被列入市级文物保护单位，2005年申报省级文物保护单位，2007年在云梯关复建禹王寺。

禹王庙因其所处边防河务重镇云梯，获御书名臣题字作诗颇多，然其中所涉诸多名臣亦有易混淆及讹误之处，特择其要者略考。

为禹王庙手书"法海津梁"的于成龙并非广为人知的廉吏于成龙，清代有两位名臣皆作于成龙，康熙朝同朝为官，且相互提携敬重，被称为"于青菜"的廉吏于成龙（1617-1684），字北溟，号于山，清代山西永宁州（今山西省吕梁市方山县）人。而被称为"小于成龙"的于成龙则是清朝治河名臣，此于成龙（1638-1700）字振甲，号如山，汉军镶黄旗人，今河北省固安县人，先后任直隶乐亭知县、署滦州知州、通州知州、江宁知府、安徽按察使、直隶巡抚、左都御史、以总督衔管直隶巡抚、河道总督。因此，为禹王庙手书"法海津梁"的于成龙是治河名臣"小于成龙"，而非大家熟知的廉吏"于青菜"于成龙。

康熙三十九年（1700），总河张鹏翮因崇福寺旧址改建禹王庙。张鹏翮（1649-1725），字运青，号宽宇、信阳子，清四川潼川州遂宁县黑柏沟（今属四川省蓬溪县）人，清代治河名臣、理学名臣。清康熙九年（1670）进士，身仕康熙、雍正二朝。历任刑部主事、苏州知府、浙江巡抚、刑部尚书、两江总督、河道总督、户部尚书等职，官至文华殿大学士兼吏部尚书。张鹏翮工诗善文，著有《冰雪堂稿》《如意堂稿》《信阳子卓录》《治镜录》《奉使俄罗斯行程纪略》《兖州府志》《遂宁县志》《治河全书》《关夫子志》《三国蜀诸葛忠武侯亮年表》《诸葛忠武志》等书，后人为之辑有《遂宁张文端公全集》。《治河全书》24卷，是其任南河河道总督时纂辑。全书包括康熙阅视河工之上谕，对河道事宜之决策及历任河道总督之治河章奏等，是研究清代初期治河工程的重要参考资料，对当前治河水利工程和水利史的研究以及准备修浚大运河，都颇有借鉴参考价值。胡传淮编选有《张鹏翮诗选》《张鹏翮研究》《清代蜀中第一家：蓬溪黑柏沟张氏家族》《张鹏翮简谱》等。

乾隆二十九年（1764），两江总督高晋增建禹王庙后殿，专祀禹王，并奏奉钦颁"利导东渐"四字。高晋（1707-1778），字昭德，高佳氏，满洲镶黄旗人，自知县累官至文华殿大学士兼吏部尚书和漕运总督。高晋与叔父高斌同列乾隆朝"五督臣"，作为治河名臣，乾隆四十三年十二月病逝于治河工地。姚孔金、僧润寂各有碑记，姚孔金、僧润寂二人事不可考。

清嘉庆十五年（1810）立"古云梯关"石碑，四字隶书为三韩马慧裕所书。马慧裕，清汉军正黄旗人。乾隆三十六年进士，历史部主事，镇江、苏州、扬州知府，河南开归陈许道。嘉庆间历陕西、河南等省按察使、布政

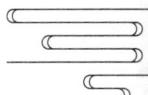

使、河南巡抚、漕运总督,官至礼部尚书。有廉能名,卒谥"清恪"。

"古云梯关"石碑落款楷书阴刻"三韩马慧裕书",另一行阴刻小楷"江苏淮安府山安河务同知师兆龙勒石",然有碑文辨识不清者将石碑下款误读,将"同"误作"周",将时任淮安府山安河务同知师兆龙误作为淮安知府周兆龙,其实"山安河务同知"为职官名,意为山阳(即原淮安县,今淮安市淮安区)、安东(即今淮安市涟水县)负责河务官员,同知为正五品。师兆龙(1768-?),即师亮采,原名师兆龙,字承祖、芷塘,号禹门,陕西韩城人,嘉庆朝举人,先后任安东知县、山安河务同知、江阴知县、兼署海州直隶州知州。民国《韩城县续志·卷二·义行》云:"师亮采……,任江苏同知,历署州县,多惠政,尝路出商雒,赈济商旅,匾其门曰'义周商雒'。"

另,云梯关外有"平成台",光绪阮志卷二十三《丛志·古迹》载为南河总督完颜伟建,其裔孙南河总督麟庆于道光十一年撰文立石,事见民国吴志卷十九《金石志·石刻》。又,民国吴志卷十九《金石志·石刻》载《重建云梯关海神庙碑》,谓"嘉庆二十三年,河督黎世序撰文,河务兵备道张文法立石",是则说明云梯关非独有禹王庙,且有海神庙,多为河务官员祭祀"禹王""海神"所建,兹不细考。

值得一提的是,禹王庙在明代曾是苏北海防重镇及抗倭要地,1557年蛤蜊港抗倭大捷,倭寇败走云梯关。三百多年后,禹王庙僧人在新四军感召下,僧人了逵征得师父政杞同意,变卖庙产,自己买枪参加游击队,投身抗战。政杞和了逵师徒的爱国举动正是禹王庙几百年传承的爱国精神的体现。

大士殿

在县治东北八十五里薛套地方。

按:该条见于乾隆冯志卷之二《建置志》,余志未载,该大士殿似应供奉观音菩萨,"菩萨"一词,有"大士""开士""始士""超士""圣士""大圣""无双""法臣""法王子"等多种译法。薛套地名今已不存,疑在今响水县黄圩镇一带。

三贤祠

在县治城外,年久倾圮。

按:该条见于乾隆冯志卷之二《建置志》,属于祠宇之列,非佛教道场，姑录之，兹不细考。

却金寺

在县治西南角，年久倾圮。

按：该条见于乾隆冯志卷之二《建置志》，乾隆冯志列于祠宇之属，非佛教道场，姑录之，兹不细考。

躬行阁

在县治大南门城头，乾隆三年重修，内供文昌圣像。

按：该条见于乾隆冯志卷之二《建置志》，乾隆冯志列于祠宇之属，非佛教道场，姑录之，兹不细考。内供文昌圣像，文昌帝君即俗称文曲星，科举时代读书人祈求功名祭拜之地。

中市楼

在县署左。

按：该条见于乾隆冯志卷之二《建置志》，乾隆冯志列于祠宇之属，非佛教道场，姑录之，兹不细考。

镇海院

1.在东园头下渡口。（按紫阳书院基地八亩，自书院移建后拨归镇海院，以充百姓祠堂施食纸锞之费。）

2.在县城下渡口。

3.在套梢，亦称套梢庵。

按：1见于光绪阮志卷二十四《丛志·寺观》，2、3见于民国吴志卷十六《宗教志》。1、2之镇海院始建无考，疑在今阜宁县阜城镇下码头路附近。民国吴志《宗教志·方外传》云："僧复文，字聚用，淮安闻思寺住持，主县治镇海院讲席……"

3之镇海院在套梢，又称套梢庵，套梢地名今不详，疑在今响水县大有镇七套社区一带。

陶许庵（痘神庙）

1.在城内登文桥右，昔为于公祠，见《建置·坛庙》。（又相传为江西会馆，其地属仁字一下图，粮册犹载江西会馆完粮。）

2.在城内登文桥右，原位于公祠改建，后江西人假为会馆，今名痘神庙。

按：1见于光绪阮志卷二十四《丛志·寺观》，2见于民国吴志卷十六《宗教志》。据光绪阮志《建置·坛庙》下"于公祠"条，亦曰"于名无考"，登文桥在旧阜宁县城西门内，于公祠至迟在光绪年间前已改名为陶许庵，民国时改名为痘神庙。痘昔为天花，是一种传染性极强的疾病。痘神，俗传为主司麻豆之神，又为护佑儿童的司命之神，人们对它敬惧如神，各地多建有痘神庙。

八卦庵（祇园寺、八合庵）

1.八卦庵在城北东北隅，一名祇园寺，旧景"祇园夜月"是也。（按八卦庵旧为八合庵，明季袁遂江、蒋耀宇、毛铉锡偕查卑俞徐张凡八家避乱庙湾，甚义，因建八合庵，称八卦者，俗相传耳。蒋孙来宣见方技，毛曾孙华乾隆初增生，善书）。

2.八合庵在县城北门外盐河东岸，一名祇园寺。明末遗民袁遂江、蒋耀宇、毛铉锡偕查、卑、俞、徐、张凡八家合资建此，因名八合庵，延高僧编通住持，气象聿新，俗讹为八卦，今仅存三间。

按：1见于光绪阮志卷二十四《丛志·寺观》，2见于民国吴志卷十六《宗教志》。八合庵又名"祇园寺"位于旧阜宁县城北盐河东岸，系明末遗民袁、蒋、毛、查、卑、俞、徐、张八家避乱庙湾，相处甚义，合建八合庵，意为八姓合一，礼请编通法师住持，相传既久，失八合本意，误以为八卦，乃讹传八卦庵。

如果说"八合庵"叙说的是明末清初袁氏等八姓的团结，"祇园寺"则更体现了阜宁城市历史文化的绚烂，"祇园夜月"是"阜宁县八景"或"射湖八景"之一。陈一舜《庙湾镇志》所谓"湖湾八景"①选景均位于庙湾附近，尚无"祇园夜月"。明末清初兴化名儒李长科的"庙湾八景"另不以原庙湾一地为限，范围已扩大到古射阳湖及大海景物。乾隆年间阜

---

① 陈一舜《庙湾镇志》"湖湾八景"为：海市晴云、沙堤烟雨、湖天帆影、关月潮声、南浦秋葭、西营霁雪、烽墩夕照、曲港回澜。

宁知县冯观民修《阜宁县志》时，以《庙湾镇志》为基础，而将陈氏所编之"湖湾八景"改为"阜宁县八景"，八景诗亦由五言律诗改为七言律诗。光绪年间，阮本焱修《阜宁县志》，孙懋昭绘有"八景图"，于图前书为"射湖八景"①。

李长科八景诗前小序及诗如下：

祇园夜月

城北郭祇园寺，即八卦庵旧址也。编通和尚卓锡于此，启山建宇，气象聿新。寺据地敞洁，一望野旷天空。每当午夜月明，清光无际，洵足触发禅机。

带郭精晶玉魄涵，空明非复旧茅庵。

偶依天竺先生社，来供维摩古佛龛。

白水澄光城外湿，青昊泻影梦中探。

老僧见月休寻指，且瞩平林一镜含。

极乐庵（极乐禅林）

1.极乐庵训导黄达诗，见艺文。

2.极乐庵在县城北门外八合庵右，今仅存正殿三间，殿前菜圃，昔时莳花处也。

3.极乐禅林在单家港。

4.极乐庵在单家庄。

按：1见于光绪阮志卷二十四《丛志·寺观》，2、3、4见于民国吴志卷十六《宗教志》。1、2之极乐庵为一处，在城北八合庵右；3之极乐禅林在单家港，即今阜宁县羊寨镇单家港村；4之极乐庵在单家庄，单家庄疑非单家港，民国吴志云单家庄在第十三区，当地已无单家庄地名，疑为今阜宁县硕集镇张单村一带。

毗卢庵（毗卢院）

1.毗卢庵在城东园外，旧圮，光绪间僧友堂修建。

---

①李长科"射湖八景"为：长湖烟艇、大海风帆、旧河苇色、新丰酒帘、文峰春柳、祇园夜月、东望奇云、西营夕照。

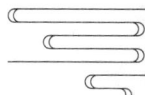

2.毘卢庵在县城东园门外。

3.毘卢院在西天赐沟，嘉庆三年建。

4.毘卢院在后沙岗，唐僧慧海建，为当时十子院之一。

5.毘卢院在双套。

6.毘卢庵在小街乡。

按：1见于光绪阮志卷二十四《丛志·寺观》，2、3、4、5、6见于民国吴志卷十六《宗教志》。毘卢庵（院）多供奉毗卢遮那佛，即大日如来。1、2、之毘卢庵为一处，在旧阜宁县城东园门外，光绪年间僧友堂修建。据民国吴志卷十六《宗教志·方外传》载："僧友堂，江苏盐城人，字墨庄。住持东园外毘卢庵，博通经典，兼读儒书，能画大幅人物，知县卢维雍书"亦墨亦庄"四字，颜其禅室，享世寿七十余。"3之毘卢院在西天赐沟，即今滨海县天场镇一带，建于嘉庆三年（1798）。4之毘卢院在后沙岗，后沙岗为今阜宁县羊寨镇后沙岗村，唐僧慧海建，为十子院之一。5之毘卢院在双套，为今响水县黄圩镇境内。6之毘卢庵在小街乡，小街乡当属今建湖县宝塔镇。

另，今建湖县沿河镇蒿仑村境内麋王寺，亦名毗卢禅寺。

紫阳庵

1.在小堰，原系濮公祠，嗣又改为紫阳书院，自书院移建，并废。

2.在县城北小堰，原系濮公祠改建，后又改为紫阳书院，自书院改建后庵亦荒废。

按：1见于光绪阮志卷二十四《丛志·寺观》，2见于民国吴志卷十六《宗教志》。紫阳庵在旧阜宁县城北小堰，系由濮公祠改建，后又改建为紫阳书院，祠庵并废。

西莲庵

1.在地藏庵北首。（庵系陈氏基地前后隙地二段，施为香火资，时在康熙四十二年，庵前有碑记。）

2.在城西地藏庵北首，清康熙四十二年，陈姓以住宅前后隙地二段施为香火田，今毁。

按：1见于光绪阮志卷二十四《丛志·寺观》，2见于民国吴志卷十六《宗教志》。西莲庵在旧阜宁县城城西地藏庵北，系陈姓施以住宅前后隙地二段为香火田，建于康熙四十二年（1703），民国时已毁。

太平庵

1.在城北盐河东，明崇祯十六年，邑人霍贤、陈周氏建庵，有碑记。

2.在县城北门外盐河东岸，明崇祯十六年，居民霍贤、陈周氏建，今殿宇倾圮。

3.在前三灶，清乾隆三十二年建，嘉庆九年重修。

4.在天赐场，亦名南庵。

5.在东沟镇北桥东，女尼住持。

6.在益林镇。

7.在陈家集。

8.在永兴集，原为钱姓所建，清光绪十五年、民国四年钱姓阖族捐修。

9.在仁寿桥。

按：1见于光绪阮志卷二十四《丛志·寺观》，2、3、4、5、6、7、8、9见于民国吴志卷十六《宗教志》。1、2之太平庵为一处，在县城北门外盐河东岸，建于明崇祯十六年，由居民霍贤、陈周氏捐建，有碑记，民国时殿宇倾圮。3之太平庵在前三灶，为今阜宁县三灶镇前三灶村，建于乾隆三十二年（1767），嘉庆九年（1804）重修。4之太平庵在天赐场，即今滨海县天场镇，亦名南庵。5之太平庵在东沟镇北桥东，民国吴志卷十六《宗教志·方外传》云："安东某氏女，欲削发为尼，父母莫之许。清乾隆间，女潜至东沟镇，募孙氏地，结芦薄为屋，诵经其中，昼夜不息。见者怜之，乐为施助，因为之建太平庵焉。"今阜宁县东沟镇有重建之新太平庵。6之太平庵在益林镇，始建无考。7之太平庵在陈家集，即今阜宁县陈集镇。8之太平庵在永兴集，永兴集原为永兴镇，后并入东沟镇，为现阜宁县东沟镇永兴社区。9之太平庵在仁寿桥，民国吴志云其在第十三区，疑在今阜宁县硕集镇一带。

万寿庵

1.在清沟镇，明万历间即清沟司署改建。

2.在青沟镇，清雍正间即青沟司署改建。

按：1见于光绪阮志卷二十四《丛志·寺观》，2见于民国吴志卷十六

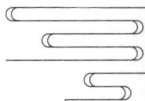

《宗教志》。青沟镇为今阜宁县罗桥镇青沟村，系由清沟司署改建而成，然光绪阮志和民国吴志于改建时间说法各异，一云明万历年间，一云清雍正年间，疑为万历年间改建，雍正年间重修。

海口庙

1.在筛子营东，唐时建。相传黄巢驻兵于此。

2.在张家集后古筛子营。

按：1见于光绪阮志卷二十四《丛志·寺观》，2见于民国吴志卷十六《宗教志》。海口庙在张家集筛子营东，光绪阮志云唐代建，并传黄巢曾驻后于此。民国吴志云其在第五区，张家集疑为今阜宁县陈集镇张集社区。庙名海口庙，盖因当时盐城这一带以东为海。另，张集南为陈集镇海口村，不知村名是否由海口庙而来，姑记此存疑。

吉祥寺（庵）

1.吉祥寺在东沟镇西大余庄南，土名丁状寺，前明清河丁士美微时读书于此。

2.吉祥寺在大余庄，俗称丁状元寺。

3.吉祥庵在六套镇。

4.吉祥庵在刘家锅，久失修葺，住持僧习纯以庵产被人侵占，呈准捐充射阳中学校为永久基金。

按：1见于光绪阮志卷二十四《丛志·寺观》，2见于民国吴志卷十六《宗教志》。1、2之吉祥寺为同一处，在东沟镇西大余庄，疑属今益林镇大余村，因明代状元丁士美寒微时曾在该寺读书，丁士美中状元后，当地人将吉祥寺称作"丁状寺"。丁士美（1521-1577），字邦彦，号后溪，淮安府清河县（今属淮安市清河区）人，嘉靖三十八年（1559）己未科状元。据云殿试毕，考官呈卷时，第一名已有拟定。但世宗阅过不满意，及至丁士美卷，见其策对首起便言："帝王之致治，是必君臣交儆，而后可以底德业之成；必人臣自靖，而后可以尽代理之责。"并提出"去三浮，汰三盈，审三计"。"三浮"指：官浮于冗员，禄浮于冗食，用浮于冗费。"三盈"指：赏盈于太滥，俗盈于太侈，利盈于太趋。"三计"指：不终岁之计，数岁之计，万世之计。世宗遂擢丁士美第一甲第一名，时年39岁。历任翰林院修撰、侍读学士、掌翰林院事兼教习庶吉士、太常寺卿、国子监祭酒、礼部右侍郎、吏部左侍郎，曾主持纂修国史、实录及重录《永乐大典》，著有《经筵四书直解》一部，《御选明诗》收有其诗六首，《中国历代状元诗·明朝卷》收录其诗《春光游宝光寺》。

3之吉祥庵在六套，始建无考，在今响水县运河镇六套社区。

4之吉祥庵在刘家锅，始建无考，刘家锅今不知何地，民国吴志云其在第十二区，疑为今滨海县正红镇獐沟或其临近射阳一带。民国吴志云住持僧习纯以庵产被人侵占，呈准捐充射阳中学校为永久基金。清末民初，盐城、阜宁、东台等地受"庙产兴学"运动影响，寺庙多有或主动或被动捐办学校者，亦有寺庙为培养僧才兼自保计，开办佛学院，如东台三昧寺办启慧学院、盐城兜率寺办贤首宗学院、沙沟僧学院等。

甘露寺

1.在板湖镇，康熙间朱秉乾建，冬施姜汤，夏施茶水。

2.在板湖镇，康熙间居民朱秉乾建。

按：1见于光绪阮志卷二十四《丛志·寺观》，2见于民国吴志卷十六《宗教志》。甘露寺在今阜宁县板湖镇，清康熙年间由当地人朱秉乾建，冬施姜汤，夏施茶水，故名甘露寺，有类前述茶庵，朱秉乾事无考。

慈云寺

1.在板沟口，顺治初，单氏童养媳王氏礼佛，自焚，众感之，为建草庵。乾隆时，有邵媪善医术，为总督李奉翰眷属治疾愈，重新其寺。

2.在板沟口，清顺治初年，单姓童养媳王氏礼佛甚虔，忽自焚死，居民为建此庵。乾隆间，有邵媪善医，为河督李奉翰眷属治疾获愈，奉翰重新其寺。

按：1见于光绪阮志卷二十四《丛志·寺观》，2见于民国吴志卷十六《宗教志》。慈云寺建于清顺治初年，系村民感念当地单姓童养媳王氏礼佛自焚所建草庵，后乾隆年间有善医术之邵姓老妇治愈河督李奉翰眷属，李奉翰修新慈云寺。善医之邵媪事不详，李奉翰（？-1799），汉军正蓝旗人，清朝大臣，李宏之子。初捐贽授县丞，历官江苏苏松太道、江南河道总督、河东河道总督、两江总督兼领南河事。李奉翰重新慈云寺当在其任南河总督期间，因其获授两江总督兼领南河总督时已在嘉庆二年，与二志所载乾隆年间不符，考其任南河总督时在乾隆四十六年（1781），调任河东总督时在乾

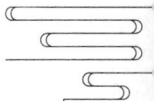

隆五十四年（1789），故李奉斡重修慈云寺当在1781—1789年期间。

准提庵（准提院）

1.准提院 在东沟镇，道光间住持僧性濂有戒行。

2.准提庵 在东沟镇南聚福桥东，旧名火星庵，山地为周姓所施，清道光二十八年，住持僧性濂广募十方，又得盐城知事周墀力为倡助，重新殿宇，克成名刹。

3.准提庵 在县城东园门外。

4.准提庵 在左家庄。

按：1见于光绪阮志卷二十四《丛志·寺观》，2、3、4见于民国吴志卷十六《宗教志》。准提菩萨，又称准提观音、准胝菩萨、准提佛母、尊那佛母，禅宗将准提菩萨视为观音部之一尊，深加尊崇。准提菩萨与千手千眼观世音菩萨造形有异，准提菩萨造形是一头三目十八臂坐姿，且头戴五佛冠；而千手观音则立姿与坐姿皆有，十一面，或四十手或二十四手或十八手，左右二手手执杖向上，手执日月且有一只手是执化佛。

1、2之准提庵（院）为同一处，在阜宁县东沟镇南聚福桥东，旧名火星庵，山地为周姓所施，清道光二十八年（1848），性濂住持准提庵（院），广募十方，得盐城知事周墀倡助，重新殿宇，终成名刹。盐城知事周墀何以介倡助阜宁准提庵不知何因，然准提庵住持性濂民国吴志卷十六《宗教志·方外传》有其传云："性濂，清代僧，江苏盐城人，字石潭。清道光末年，性濂住持阜宁东沙镇准提院，仪观修伟，戒行谨严，究心内典，不堕色相。盐城知县周墀（案前志职官表，无墀名，待考），尤推重之。先是道光中叶，院宇仅存正殿三间，榛莽荒秽。自性濂卓锡后，广募十方，重新创造，开坛说戒，庵赖以兴。年七十八，作偈自题像轴，圆寂院中。"

3之准提庵在县城东园门外。

4之准提庵在左家庄。左家庄地名今已不存，疑在今阜宁县陈集镇，该镇有一村，名为"空寺村"。

昭恤院

在义二图和尚庄，本淮郡院田分祀。

按：昭恤院见于光绪阮志卷二十四《丛志·寺观》，乾隆冯志和民国林志未载，义二图和尚庄今不知何处，观阮志所云，似应为淮安某寺下院，兹不细考。

赐福院

1.在智一图罗家桥，庵后有银杏一株，围可丈许。

2.在罗家桥。

按：1见于光绪阮志卷二十四《丛志·寺观》，2见于民国吴志卷十六《宗教志》。赐福院在智一图罗家桥，即今阜宁县罗桥镇。

复兴庵（常奶奶庵）

1.在智四图杂姓庄，相传康熙初，张氏女许字常氏子，未嫁而常氏子随粮艘行，失足急流，求其尸不获，女闻凶问，衰纸哭诸其室，服将除，从父求隙地结茅屋三间，中祀大士，旁祀常木主，茹素诵经以终其身。张卒，里人肖张像，设以女尼侍香火，名为常奶奶庵，今迁庵庄之东，仍祀张之像，设而以道士住持，毋乃亵与。方女殁，以另椟敛常木主，合葬于所居杂姓庄南，置祭田十余亩，张氏犹世守之，为修墓资。

2.在东朱杂姓庄。

按：1见于光绪阮志卷二十四《丛志·寺观》，2见于民国吴志卷十六《宗教志》。复兴庵在智四图东朱杂姓庄，疑在今阜宁东沟镇和益林镇一带。复兴庵又名常奶奶庵，相传康熙初年，当地一张姓女子许配给常氏子，未嫁而常氏子随粮船出事，张姓女丧事毕求父觅地结茅屋，中祀大士，旁祀常木主，茹素诵经以终其身。张姓女去世后，有女尼常住，因该庵系张姓女追念常氏子而设，当地人称"常奶奶庵"。该庵后迁庄东，然由道士住持，与设常奶奶庵初衷虽不符，但也说明旧阜宁县佛道杂处的事实。

三元宫

1.在智五图钟桥侧，互见建置津梁。

2.在喻门镇。

3.在杨家集。

4.在周门。

5.在振兴乡大曹庄。

6.在大邓宠。

7.羊寨镇。

8.在沙淤王。

9.在钟桥。

10.在六套镇。

11.在窈子港。

12.在曹家滩。

按：1见于光绪阮志卷二十四《丛志·寺观》，2—12见于民国吴志卷十六《宗教志》。三元宫系道教道场，主礼三元大帝，三元大帝又称"三官大帝"，包括天官、地官和水官。民国吴志多将其收入佛教篇，系因旧阜宁县佛道杂处现象普遍，姑录于此，不加细考，前述"三官殿"条亦如此。11在窈子港之三元宫曾为名僧素堂新修，民国吴志《宗教志·方外传》云："僧素堂，俗姓祁，年二十八，为酒家佣。……福溥知故大惊，怜其诚，许为披剃，名曰素堂。……后为獐沟善缘庵住持，旋住窈子港三元宫大佛殿，先后重新其寺，享世寿五十有九。"

善缘庵

1.在獐沟河口南岸，为东坎来往舟楫停泊之所。

2.獐沟镇河南。

按：1见于光绪阮志卷二十四《丛志·寺观》，2见于民国吴志卷十六《宗教志》。僧素堂曾为獐沟善缘庵住持。

送子庵

在城北，女尼住持。

按：该条见于民国吴志卷十六《宗教志》，送子庵在旧阜宁城北，女尼住持，系民众祈福求子道场。

清净庵

在城内小校场，女尼住持。

按：该条见于民国吴志卷十六《宗教志》，在旧阜宁城内小校场，由女尼住持。

药师庵

1.在县城东南隅，女尼住持。

2.在东沟镇西园门外，亦名西茶庵，内供痘神像，居民于每年四月八日奉以出巡，仪仗极盛。

3.在灶户陈。

按：1、2、3见于民国吴志卷十六《宗教志》。1之药师庵在旧阜宁县城东南角，由女尼住持。2之药师庵在东沟镇西，又名西茶庵，内供痘神像，每年农历四月初八，当地居民请出痘神像巡游。民国吴志《宗教志·方外传》云僧永宏曾"住永兴集河东之茶庵"，永宏所住之茶庵即为该药师庵。3之药师庵在灶户陈，疑在今阜宁县羊寨镇一带。药师庵供奉主佛多为药师佛，信徒称其为消灾延寿药师佛，然东沟镇药师庵内供痘神，亦说明佛教流传已久，许多佛教道场已属多神崇拜，如前述禹王庙主供禹王兼及供佛，又如今建湖县境内前药师庵主供观音。

财神殿（十方庵）

在县治上马头，清道光十六年，郁大恒妻项氏与孀妻马氏，以无嗣将住房及东园外园田舍为财神殿、十方庵，经知县钱兆麟批准立案。民国九年，郁氏呈请改建为郁氏宗祠，嗣经城厢士绅力争，今仍为地方共有。

按：该条见于民国吴志卷十六《宗教志》。据民国吴志云，财神殿（十方庵）在旧阜宁县城上码头一带，系郁大恒妻项氏与一寡妇马氏因无子嗣舍田宅为庵，知县钱兆麟批准立案，事在道光十六年（1836）。民国九年（1920），郁氏后人欲将其改建为郁氏宗祠，因地方士绅力争未果。《宗教志》记财神殿事有不详，与《宗教志·方外传》中女尼"昌言"条相印证，财神殿（十方庵）创建缘由就清晰了。民国吴志《宗教志·方外传》云："昌言，清代尼，俗姓马氏，笄年适本城郁志泰，志泰早亡，以继承无人请于官，舍住宅为财神殿，事孀姑以孝闻，逮姑殁，其所生女适周亦寡，且无嗣。遂于咸丰三年，母女禀官准其祝发为尼。马氏法名昌言，即以生女为徒，名曰隆光，相依讽经，恒终夜不辍。同治八年，昌言殁。光绪九年，隆光疾笃，嘱其徒能惠谨守清规，勤奉香火，端坐而逝。"[1]综上两条，道光十六年（1836），郁大恒妻项氏和郁志泰妻马氏因无子嗣，呈请官准，舍宅为财神殿。马氏事孀姑至孝，孀姑去世后，马氏女儿出嫁一周后也不幸成为

①吴宝瑜修、庞友兰纂：（民国）《阜宁县新志》卷十六《宗教志·佛教》，《中国方志丛书·华中地方》第一六六号，台北：成文出版社，1975年，第678页。

寡妇，亦无子嗣，母女命运皆惨，遂于咸丰三年（1853）呈请削发为尼，母女乃成师徒，马氏法号晶言，女儿法号隆光，财神殿当从此时改名十方庵，隆光圆寂于光绪九年（1883），其徒能惠住持十方庵。

宏通庵

1.北羊寨宏通庵，明汤道姑家贫不字，牧豕于野，诵佛经不辍，里人使居宏通庵，后云之句容求雨自焚死。

2.羊寨镇。

3.在县城东园门外。

按：1、2见于光绪阮志卷二十四《丛志·寺观》，3见于民国吴志卷十六《宗教志》。1、2之宏通庵为一处，在今阜宁县羊寨镇。相传与明代汤道姑有关，光绪阮志和民国吴志所云细节均有误，光绪阮志云汤道姑诵佛经显系讹误，其后赴茅山亦可证明汤道姑笃信道教，民国吴志《宗教志·方外传》"汤道姑"条云：汤道姑，羊寨镇人，家贫不字，牧豕于野，日诵道经不懈。镇人嘉其行，建宏通庵（后改为佛寺）使居之，持戒甚严。后往朝茅山，为句容人祈雨自焚死。镇人为其建宏通庵似亦有误，综二志所载，似应为汤道姑在野外养猪时亦口诵道经不止，当地人乃让她住进宏通庵，后赴句容求雨自焚。

3之宏通庵在旧阜宁县城东园门外，始建无考。

善庆庵（善庆律院）

1.在东园外，久毁，民国初，尼僧道裕募修。

2.善庆律院在解港。

3.在乔罗计东南。

4.在何家村。

5.七甲高。

按：善庆庵（善庆律院）均见于民国吴志卷十六《宗教志》。1之善庆庵在阜宁县城东园，始建无考，民国初年，尼僧道裕募修。2之善庆律院在解港，解港疑在今县板湖镇一带。3之善庆庵在乔罗计东南，疑在今阜宁县陈集、芦蒲一带。4、5之善庆庵在何家村、七甲高，疑在今阜宁羊寨镇一带。

兴隆庵（兴隆禅院）

1、在王家集，清道光二十五年建，居民王文乔捐产为香火田。

2、兴隆庵在买饭曹。

3、兴隆禅院在草泽。

4、兴隆庵在硕家集，亦名丁氏家庵，清乾隆初年建。

按：兴隆庵（兴隆禅院）均见于民国吴志卷十六《宗教志》。1之兴隆庵在王家集，疑为今阜宁县三灶镇王集村一带，道光二十五年（1845）建，居民王文乔捐产为香火田。2之兴隆庵在买饭曹，疑在今阜宁县陈集镇老曹村。买饭曹后又称卖饭曹，系苏州曹氏迁至此处，因地处庙湾镇与淮安府往来官道必经之处，曹氏经营饭铺生意兴隆。1942年，后陈毅率新四军在此创建"卖饭曹文化村"，成为进步知识分子工作、交流、生活的专门场所，3之兴隆禅院在草泽，疑在今阜宁县羊寨镇一带。4之兴隆庵在硕家集，即今阜宁县硕集镇，建于清乾隆初年，原系丁氏家庵。

三圣宫

1、在新沟镇，今改称观音寺。

2、在酆家荡。

按：三圣宫均见于民国吴志卷十六《宗教志》。1之三圣宫在今阜宁县新沟镇，民国时改称观音寺。2之三圣宫在酆家荡，疑在今阜宁县板湖镇。

茶庵

1、在县治射阳湖南岸范公堤东，监生刘挺捐建。

2、在九灶，亦名菩提禅林。

3、在东坎镇镇华桥南。

4、在天赐场，明代建。

按：1见于乾隆冯志卷之二《建置志》，2-4均见于民国吴志卷十六《宗教志》。茶庵见前本卷第一章第一节 盐城县"茶庵"条。1之茶庵在县治射阳湖南岸范公堤东，监生刘挺捐建。该庵方位过于模糊，难以考其今之位置。2之茶庵又名菩提禅林，在九灶，即今阜宁县三灶镇九灶村。3之茶庵在今滨海县县城所在东坎镇镇华桥南。4之茶庵在天赐场，建于明代，在今滨海县天场镇。

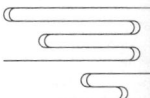

白云庵

在沙冈南。

按：该条见于民国吴志卷十六《宗教志》，白云庵在沙冈南，即今阜宁县金沙湖西北沙岗村，旧称沙冈，有西冈、东冈之分，金沙湖处于沙冈之西冈位置。

东茶庵

在喻口镇。

按：该条见于民国吴志卷十六《宗教志》，东茶庵在喻口镇，喻口镇为阜宁县施庄镇喻口村，今属阜宁县金沙湖管委会，前述在东沟镇西之药师庵又称西茶庵，与此处东茶庵东西相望。

西来寺

在喻口镇，清道光三十年，僧福来建。

按：该条见于民国吴志卷十六《宗教志》，西来寺在喻口镇，今属阜宁县金沙湖管委会。该寺由僧福来建于道光三十年（1850）。

圆通庵

1、在姜湾。

2、在硕家集。

按：圆通庵均见于民国吴志卷十六《宗教志》，1之圆通庵在姜湾，即今阜宁县新沟镇姜湾村；2之圆通庵在硕家集，即今阜宁县硕集镇。

天祥庵

在小关口。

按：该条见于民国吴志卷十六《宗教志》，天祥庵在小关口，小关口疑为今阜宁县阜城街道小关口。

福兴庵

在树根套，明万历间"大明滩田碑"，今嵌壁间。

按：该条见于民国吴志卷十六《宗教志》，福兴庵在树根套，原为滨海县大套乡树根套村，大套乡已撤，部分并入该县天场镇，部分划归滨海县现代农业产业园，树根套村现属滨海县现代农业产业园。据民国吴志云，福兴庵墙壁嵌有明代万历年间的"大明滩田碑"，民国吴志卷十九《金石志·石刻》记有"大明北荡滩田碑记"，系由朱维藩撰文，王承荫镌石。福兴庵今已不存，"大明滩田碑"亦不知存否或流落何处。

十方庵

在天赐场，亦名"西庵"。

按：该条见于民国吴志卷十六《宗教志》，十方庵又名"西庵"，在天赐场，即今滨海县天场镇。另，同在今滨海县东坎镇之都天庙，亦称"西庵"，其实非为一处道场。

北极庵

在天赐场，亦名"北庵"。

按：该条见于民国吴志卷十六《宗教志》，北极庵又名"北庵"，在天赐场，即今滨海县天场镇。

福缘庵

1.在县城西园门外。

2.在天赐场东南，亦名"程庵"。

3.在南荡。

4.在高扬庄。

5.在四汛港，施主姜姓改为德元小学校，别于村后建草庵数椽，使僧居之。

6.在五套。

7.在义安镇。

8.在张施沟。

按：1—8条均见于民国吴志卷十六《宗教志》。1之福缘庵在旧阜宁县城西园门外；2之福缘庵在天赐场东南，即今滨海县天场镇一带，又名"程庵"；3之福缘庵在南荡，南荡为今阜宁县东沟镇南荡村；4之福缘庵在高杨庄，高杨庄为今阜宁县芦蒲镇高杨村；5之福缘庵在四汛港，四汛港为今滨海县五汛镇四汛村，该庵后被姜姓施主改为德元小学，在村后另建草庵供僧居住；6之福缘庵在五套，五套为今响水县运河镇五套村；7之福缘庵在义安镇，义安镇疑在今滨海县通榆镇一带；8之福缘庵在张施沟，张施沟疑在今阜宁硕集一带。

七里庵

在东坎镇南七里。

按：该条见于民国吴志卷十六《宗教志》，七里庵在东坎镇南七里处，为今滨海县东坎镇三友村七里组，七里组原为坎南乡七里村，后与洪套村、贺沟村三村合并为三友村，有三村友好共为一体之意。

慈济院、天仙院、清明庵

按：该条见于民国吴志卷十六《宗教志》，未明载地点，但在阜宁第二区，应在今滨海县境内。

三弘庵

在三泓子。

按：该条见于民国吴志卷十六《宗教志》，三泓子为黄河夺淮河北岸地名，疑在今滨海县八巨镇一带。

草庵

1.在头巨。

2.在陈袁舍。

3.在大曹里。

按：1—3条均见于民国吴志卷十六《宗教志》。1之草庵在头巨，头巨在今滨海县界牌镇陆集村，向东依次有二巨、三巨……八巨等，相传清康熙年间，沿淮居民将南岸蒲荡久淤成沃壤之垦地，按"七里为区"报入粮册，后谐音将"区"写作"巨"，该处为第八地段，故名八巨。头巨今已不复为村，而八巨则成滨海县辖镇。1之草庵在陈袁舍，陈袁舍为今阜宁县东沟镇陈袁村。3之草庵在大曹里，大曹里为今阜宁县沟墩镇大曹庄村。

王驼庵

在小王庄。

按：该条见于民国吴志卷十六《宗教志》，庵名王驼，不知何解，小王庄地名今已不存，疑为今阜宁县东沟镇中心小学一带。小王庄是著名的"红色堡垒村"，1942年冬，新四军三师七旅二十一团为准备反"扫荡"，要锯小王庄几棵长了几百年的大树，老百姓舍不得锯，到板湖三师师部驻地找黄克诚师长反映情况。黄克诚立即给团长王良太打电话，要部队另想办法，不要锯这几棵古树。他说："你要告诉干部战士，筑地堡的材料可以用别的材料代替。古树一棵也不能锯，要和乡亲们一道加以保护。要知道，如果违背民意，伤害群众感情，损害群众利益，这个损失是难以弥补的！"由于黄克诚的关心和支持，小王庄的几棵古树终于得以保留，军民关系也更紧密。

如来禅林

在管计沟。

按：该条见于民国吴志卷十六《宗教志》，管计沟为今阜宁县益林镇管计村。

如来庵

在复兴镇。

按：该条见于民国吴志卷十六《宗教志》，复兴镇为今滨海县正红镇复兴村。

福星庵

在角巷镇。

按：该条见于民国吴志卷十六《宗教志》，角巷镇为今阜宁县益林镇角巷村。

侯家庵

在角巷镇。

按：该条见于民国吴志卷十六《宗教志》，角巷镇为今阜宁县益林镇角巷村，侯家庵似应为家庵类。

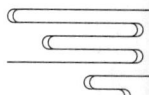

老舍庵

在角巷镇。

按：该条见于民国吴志卷十六《宗教志》，角巷镇为今阜宁县益林镇角巷村。

双庵

在杨家集西北三里，两庵毗连，僧尼分住，因名"双庵"。

按：该条见于民国吴志卷十六《宗教志》，杨家集为今阜宁县杨集镇，杨集镇素有"阜邑西南第一镇""苏中—苏北沙家浜"之美誉。"双庵"因为"僧尼分住"，一僧庵、一尼庵毗连而得名。

于家庵

在杨家集南三里，民国初拆毁，以其材料建凤谷村小学校。

按：该条见于民国吴志卷十六《宗教志》，于家庵在杨集南三里处，民国初年拆除，材料用于建凤谷村小学，于家庵似亦为家庵类。

南庵、北庵

在杨家集。

按：该条见于民国吴志卷十六《宗教志》，南庵、北庵均在杨家集，即今阜宁县杨集镇，应为两庵分处南北而名之。

邱家庵

在邱家庄。

按：该条见于民国吴志卷十六《宗教志》，邱家庵在邱家集，邱家集疑为今阜宁县杨集镇周邱村，邱家庵似亦为家庵类。

鹜林寺

在陶老舍，清乾隆间建，民国初，居民以无僧住持，改为小学校舍。

按：该条见于民国吴志卷十六《宗教志》，鹜林寺在陶老舍，建于清乾隆年间，民国初年，因无僧住持而改为小学校舍，陶老舍今名不存，疑为今阜宁县益林镇赵陶村。

喻兴寺

1.在虾须口羊公墓后。

2.在潮戛乡。

按：1、2条见于民国吴志卷十六《宗教志》，1之喻兴寺在虾须口，疑在今阜宁县东沟镇；2之喻兴寺在潮戛乡，疑在今阜宁县硕集镇。

延寿庵

1.在裴家桥上。

2.在王家庄。

3.在仲家庄。

按：1-3条见于民国吴志卷十六《宗教志》，1之延寿庵在裴家桥，裴家桥为今之建湖县宝塔镇裴东村和阜宁县东沟镇裴桥村（即原裴西村）；2之延寿庵在王家庄，王家庄为今阜宁县益林镇王家庄村；3之延寿庵在仲家庄，仲家庄今名不存，疑为前俗称"大王庙"的延寿庵，参见前"大王庙"条，在今阜宁县东沟镇一带。

郭氏家庵

在板湖镇。

按：该条见于民国吴志卷十六《宗教志》，郭氏家庵在板湖镇，郭氏家庵似亦为家庵类。

福慧院

在郭李庄。

按：该条见于民国吴志卷十六《宗教志》，福慧院在郭李庄，郭李庄为今阜宁县陈集镇郭李村。

崔家庵

在南崔庄。

按：该条见于民国吴志卷十六《宗教志》，崔庄地名在今天阜宁县和建湖县较多，今阜宁县硕集镇有东崔村，板湖镇有西崔村，今建湖县上冈镇有崔庄村，芦沟镇有大崔庄，然无南崔庄地名，民国吴志云南崔庄在第五区，因地方行政区划变更频繁，南崔庄疑为今阜宁县东沟镇崔庄村，崔家庵似亦为家庵类。

天齐院

在卦杨庄。

按：该条见于民国吴志卷十六《宗教志》，天齐院在卦杨庄，卦杨庄今名不存，疑为今阜宁县芦蒲镇杨庄一带。

王氏家庵

在王油坊。

按：该条见于民国吴志卷十六《宗教志》，王氏家庵在王油坊，亦应为家庵类。王油坊今名不存，应在今滨海县陈涛镇郭集村一带。陈涛镇是今盐城市唯一用女烈士之名命名的一个乡镇，陈涛（1921-1941）原名余素芳，又名陈素芳，字冰梅，女，安徽省霍邱城关人。1939年初，年仅19岁的陈涛加入到安徽省抗战总动员委员会，投身抗战。1940年下半年，陈涛奉命到阜东县（即老阜宁县）东北行署二区担任工委书记。她分工驻今陈涛镇的郭集王油坊一带，发动群众开展抗日活动。1941年9月4日，陈涛同志在战斗中壮烈牺牲，年仅21岁。1959年上级政府将陈涛烈士牺牲地命名为陈涛村，将乡命名为陈涛乡，2011年改为陈涛镇。

光慈寺

在停翅港，亦名朱氏家庵。

按：该条见于民国吴志卷十六《宗教志》，光慈寺又名朱氏家庵，在停翅港，即今阜宁县陈集镇停翅港村，与汪朱村相邻，疑为当地朱姓家庵。

赵家庵

在竹园赵。

按：该条见于民国吴志卷十六《宗教志》，赵家庵在竹园赵，亦家庵类，在今阜宁县东沟镇。东沟镇有较多抗倭遗迹，如倭子坟、竹园赵等。据载东沟镇镇西有竹园，明代时有一赵姓为避倭寇，"仓猝匿竹园，得免于难，乃挈家小卜筑于斯。十亩贫笃，四周寒碧，居然胜境"，此地遂名竹园赵，该名今已不存。

海神庙

在射河口。

按：该条见于民国吴志卷十六《宗教志》，海神庙在射河口，射河口疑为今射阳县海通镇射北村或黄沙港镇射阳河口一带，因民国吴志以射河口在旧阜宁县第六区，第六区当时主要包括五汛镇、鲍墩镇和千秋镇，在今滨海县和射阳县境内，以后者可能性为大。海神庙多由地方官府或治河官员修建，明清时期在原东台县、盐城县、阜宁县均建有海神庙，反映了盐城乃至苏北地区相传已久的水神信仰文化。

风神庙

在五垛。

按：该条见于民国吴志卷十六《宗教志》，风神庙在五垛，五垛在今射阳县临海镇六垛社区。风神即风伯，也称风师、飞廉、箕伯等，神话中蚩尤的师弟，掌八风消息，通五运之气候，风神崇拜作为民众信仰，初为道教所重，然旧阜宁县境内佛道杂处现象普遍。

古沟安寺

在沟墩镇。

按：该条见于民国吴志卷十六《宗教志》，古沟安寺在沟墩镇，即今阜宁县沟墩镇。沟墩古称"沟湾墩"，亦称"沟安墩"，民国初简称"沟墩"，沟墩历史上有两墩、三庙、两寺、一庵、七桥、一闸、五渡口。两墩为南北街两头大土墩各一，立于范公堤上。三庙为痘神庙、东岳庙、铁菩萨庙。两寺为古沟安寺和旦善寺。一庵即太平庵。七桥：阜康桥，在街北头，现名工农桥；利生桥，在街西侧，现名跃进桥；广福桥，在街西侧；景云桥，在街中，现名沟墩东桥；小圩桥，在街西侧向石灰湾；旦善桥，现名食品桥；长真桥，在街南头。一闸即戴沟闸，后称沟墩闸。五渡口为：北墩渡、南墩渡、鸡嘴渡、戴庄渡、流深渡。清宣统二年（1910），在旧址上创办沟墩小学堂，次年九月停办。

痘神庙

在沟墩镇北，民国七年，改为小学校。

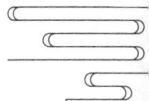

按：该条见于民国吴志卷十六《宗教志》，痘神庙在沟墩镇北，民国七年（1918）6月，开办县立第四高小，校址在痘神庙。民国十六年（1927）改名沟墩小学。另，旧阜宁之陶许庵也称痘神庙。

安基寺

在古安基里，亦称凤凰寺。清光绪四年，改为小学校，旋废。

按：该条见于民国吴志卷十六《宗教志》，安基寺又称凤凰寺，在古安基里，古安基里今不知何处，民国吴志云其在旧阜宁县第七区，时为沟墩南、北二镇，兼考之阜宁本地传说，疑为原阜宁县施庄镇砚台村，现施庄镇已撤并入阜城镇。据当地民众相传，民国时期砚台村有一"黄道士庵"，"黄道士庵"的前身系一座寺院。传说寺院外有一石头人，吸日月之精华，幻化人形，与村姑巧云相爱并生一子。巧云家人怒砸石头人的头颅，巧云也含恨而死。巧云之子后被节度使李克用收养，取名为李存孝，位列李克用十三个儿子之末，是晚唐的著名将领。李存孝功成名就后，回到故土重新为石头人安装了一个头颅，此寺院从此定名为"安颈寺"，当地民间艺人将这段故事编排成戏曲进行演出，多年前家喻户晓，"安颈寺"后来逐步讹传成"安基寺"。安基寺的传说未必可信，姑录此存疑。

普济庵

在小邓灶。

按：该条见于民国吴志卷十六《宗教志》，普济庵在小邓灶，小邓灶为原施庄镇邓灶村，现属阜宁县阜城镇。

龙兴古寺

在隆旺乡范公堤旁。

按：该条见于民国吴志卷十六《宗教志》，龙兴古寺在隆旺乡范公堤旁，隆旺乡地名今已不存，民国吴志云其在第七区，疑在今阜宁县沟墩镇一带。

金轮寺

在小关。

按：该条见于民国吴志卷十六《宗教志》，金轮寺在小关，小关为今阜宁县羊寨镇北沙居委会小关村。寺名金轮，该寺当为华严宗（贤首宗），《华严经》云：三千大千世界。依于水轮风轮空轮。不言金轮者。文略也。一金轮大地之下有金轮。……起世因本经云："水上有风。吹转此水。于上成金。如熟酥生膏。是名金轮。"

栖霞庵

在小关，女尼住持。

按：该条见于民国吴志卷十六《宗教志》，栖霞庵在小关，由女尼住持，小关为今阜宁县羊寨镇北沙居委会小关村。

吉冈庵

在吉家冈。

按：该条见于民国吴志卷十六《宗教志》，吉冈庵在吉家冈，吉家冈民国时属旧阜宁县第八区北沙镇，现为滨海县天场镇潘吉岗村。

卓锡庵

在潘家冈，明熹宗天启二年，儒童某削发为僧，法名"破岩"，募建此庵，清康熙初年圆寂，经居民潘敏生施香火田六顷余。光绪六年、民国四年，奸民先后勾僧变卖，经潘氏控争，仍为庵有。

按：该条见于民国吴志卷十六《宗教志》，卓锡庵建于明天启二年（1622），某儒童（即童生）削发为僧，法名"破岩"，募建此庵，潘敏生施香火田六顷余，破岩后于康熙初年圆寂。光绪六年、民国四年，奸民先后勾结寺僧欲变卖香火田，经潘氏后人控争，仍为卓锡庵所有。庵名"卓锡"，卓意植立，锡指锡杖，僧人外出所用，因谓僧人居留为"卓锡""住锡"，现在传戒法会中，新戒们轮流扶持锡杖，视锡杖为圣物。卓锡庵在潘家冈，地名当系因潘姓在此较为集中之故，潘家冈民国时为旧阜宁县第八区北沙镇，现现滨海县天场镇潘吉岗村。

能仁院

小高庄。

按：该条见于民国吴志卷十六《宗教志》，能仁院在小高庄，小高庄今名不存，民国吴志云其在旧阜宁县第八区，疑在今阜宁县羊寨镇一带。另，该能仁院与现"能仁寺"有别，后者在今阜宁县罗桥镇。

仁寿庵

在东唐城。

按：该条见于民国吴志卷十六《宗教志》，仁寿庵在东唐城，东唐城为今阜宁县郭墅镇唐城村附近之东唐。

奶奶庙

在流泉沟。

按：该条见于民国吴志卷十六《宗教志》，奶奶庙在流泉沟，流泉沟应为今阜宁县羊寨流泉村。据前述诸多某奶奶庵，该奶奶庵可能亦系家庵类。

福寿庵

在何家坞。

按：该条见于民国吴志卷十六《宗教志》，福寿庵在何家坞，何家坞为今阜宁县古河镇地名，位于今古河初级中学附近。相传古河张氏系"洪武赶散"时自苏州迁来，有的定居东庄梨园，有的定居西庄古河。东庄人习文，西庄人精武，东西庄张氏文武皆全，相辅相成。劫匪一般不敢到古河打家劫舍，淮安有个叫郭怀光的劫匪曾哀叹："郭怀光，一支枪，劫遍西边五里乡，不是何家坞来挡路，下河（益林）东沟一扫光。"何家坞原名盖天庄，意为古河人在这块地盘能一手遮天，大小事都能摆平。相传兴化李春芳进京赶考时，家人为其开挖途经古河的进京通道——运粮河，后来，地方兴办主要依靠水路的邮政，为便于邮船停靠，在一胡姓家家门口修建船坞，定名"胡家坞"，上报时因口音讹误，被登记为"何家坞"，何家坞之名遂沿用至今。

郭奶奶庵

在东郭庄。

按：该条见于民国吴志卷十六《宗教志》，郭奶奶庵在东郭庄，应系家庵类，东郭庄在今阜宁县新沟镇。

常奶奶庵

在杂姓庄，昔为女尼住持，后改为道院。

按：该条见于民国吴志卷十六《宗教志》，常奶奶庵在杂姓庄，当为家庵类，初为女尼住持，后改为道院，此亦旧阜宁佛道杂处之一证也。该杂姓庄今不知为何处，民国吴志云其在旧阜宁县第十区，查第十区为凤谷村镇、青沟镇和苏嘴镇，当在此范围内。

法华院

在淦浦。

按：该条见于民国吴志卷十六《宗教志》，法华院在淦浦，淦浦在今阜宁县罗桥镇一带。

万云庵

在黄荡沟。

按：该条见于民国吴志卷十六《宗教志》，万云庵在黄荡沟，黄荡沟应为今淮安市淮安区流均镇黄荡村。

碧霞宫

在泗汾港。

按：该条见于民国吴志卷十六《宗教志》，碧霞宫在泗汾港，泗汾港在今响水县运河镇六套附近，碧霞宫原应为道教道场，然民国吴志将其列入佛寺，显系成为佛教道场。

华严庵

在徐大尖，清初建。

按：该条见于民国吴志卷十六《宗教志》，华严庵在徐大尖，庵名华严，显系为华严宗（贤首宗），该庵建于清初。徐大尖为今滨海县正红镇东大尖村。

大慈院（寺）

1.在北桥镇，原为凤雨亭，昔人以间渡者露宿，河干建亭，以供小憩。

清乾隆四十四年，镇人改建为寺，道光二十七年，镇人周膺五劝捐重修。

2.僧慈云，俗姓周，名顺乾，字志广，中年忽舍身永兴集大慈院，以承分腴田四十余亩为香火资，亲自经纪，不许他僧侵蚀，今粮串尚仍俗名。

按：1见于民国吴志卷十六《宗教志》"佛寺"，2见于民国吴志卷十六《宗教志》"方外传"。大慈院在北桥镇，原名风雨亭，系为渡河露宿者小憩所建。乾隆四十四年（1779），改建为寺。道光二十七年（1847），当地人周膺五劝捐重修。北桥镇据民国吴志云在旧阜宁县第十三区，疑在今阜宁县硕集镇一带。慈云在大慈院时间不可考，然其经营寺产严谨，"粮串尚仍俗名"意为粮串上不署"慈云"法号，仍然署其俗名"周顺乾"，粮串为官府所发缴纳钱粮的收据。

净觉禅林

在许湾，亦名滕氏家庵，民国二十年，由滕氏改为宗祠。

按：该条见于民国吴志卷十六《宗教志》，净觉禅林在许湾，原系滕氏家庵，后于民国二十年（1931）改为滕氏宗祠。许湾为今阜宁县陈良镇许湾村。

第三节 东台县[①]

东台，位于江苏省中部，今盐城市最南端。东与黄海相连，南与南通市海安县接壤，西与泰州市兴化市毗邻，北与盐城市大丰区交界。东台在西周时期属吴国，春秋后期"吴亡入越"，战国时期"越灭入楚"，秦灭楚后，先后属泗水郡、东海郡。汉初为荆国东阳郡广陵县地，元狩六年（公元前117），西溪镇为海陵县属地，煎盐之区。南唐升元元年（937）设海陵监（与县同级）驻东台场，东台之名始见于史书。明正德十五年（1520）泰州盐运分司署移驻东台场，管理盐务，征收盐税。清雍正元年（1723）设泰州水利同知驻东台镇，管理串场各河道涵闸及盐场一切词讼事件。乾隆三十三年（1768）裁汰同知，分泰州东北角斜、栟茶、富安、安丰、梁垛、东台、

---

①本节东台县主要系指1768年东台置县至民国时期。

何垛、丁溪、草堰九个盐场和溱潼、时堰、南芗、西北四个乡设置东台县，与泰州同属扬州府。建县后，县以下基层建置，堤东为盐场灶境，堤西为都图民境，城镇为铺坊。民国元年（1912），东台县直属江苏省，全县划为27个市乡自治区，后市乡改设行政区，下辖乡镇、间邻（保甲）。民国二十九年（1940），东台县抗日民主政府建立，东台县先后隶属通如靖泰临时行政区、苏北临时行政区、苏中第二和第四行政区、苏皖边区第一行政区、苏北泰州行政区，抗日民主政府在根据地实行新乡制，实行村组制。1987年12月，国务院批准东台撤县建市（县级）。

旧东台县境域广阔，主要包括今盐城市东台市和大丰区的部分地区，另还包括今南通市海安市和如东县、今泰州市姜堰区和兴化市的部分境域。县境内佛教传入较早，寺庵较多，僧尼亦众，据相关统计，东台县清末民初时有寺院801座，十四大丛林，全县有僧尼3864人（其中僧3441，尼423）[1]。县治台城有"九庙十三寺七十二庵"，县境重埠安丰场亦有"七十二个半庙宇"[2]，梁垛场有三十六庙堂，富安场寺庙众多，现可考者有30余寺庵[3]。

本节所列寺庙主要依据原东台县历代县志，如（清）周右修、蔡复午等

---

[1] 此处数据盐城市民族宗教志编纂委员会2010年编《盐城市民族宗教志》（内部资料）第二章"宗教"。

[2] 东台县安丰场"七十二个半庙宇"是指从北宋至民国时期先后兴建的庙宇，其中僧庙三十七个、尼庵十八个、道士庙三个，另有十四个半庙宇无住持，至于半个庙宇的说法，相传清咸丰年间，洪水泛滥，冲倒高家堰，随水冲来浮石一块，后雕成石像，置于东寺巷口境内，名石将军。因有神无庙，算是半个庙，得名石将军庙。现据乐维国《东台古今拾遗》（刻印本），安丰场"七十二个半庙宇"为：普济庵、延生庵、福神庙、紫竹庵、福神庙、福神庙、东岳庙、武庙、碧霞宫、福神庙、财神庙、福神庙、真君庙、菩提社、福神庙、福神庙、文昌宫、东寺宫、财神殿、华陀庙、大圣寺、地藏庵、三官殿、藏经院、观音堂、崇宁观、三贤祠、福得祠、圣感寺、乐善庵、永兴庵、敬香庵、白龙祠、西寺庙、财神庙、法华庵、德润庵、九华庵、昌林庵、斋僧馆、古儿庵、北极殿、长生庵、龙王庙、育婴社、净业庵、西方庵、药市庵、极乐庵、法华庵、南火星庙、南都天庙、西方庵庙、白衣庵、北都天庙、北延生庵、古火星庙、北石桥土地庙、育婴堂土地庙、草禅堂、西照庵、放生庵、大悲庵、瓦禅堂、槲香庵、大雄庵、香台庵、法海庵、福神祠、正宗祠、福神祠、北火星庙、石将军庙。另据安丰场徐健先生收藏1964年《东台县庙宇调查表》手稿，除个别寺庙名称有别，基本一致，但该手稿较为可贵的是将寺庙地点、始建和毁损时间、现有无僧尼等情况一一细载，对研究安丰场佛教发展史有较高的参考价值。

[3] 周建生《东台佛缘》收录富安场等庵有：南准提庵、周善庵、何家庵、东大乘庵、西大乘庵、香佛庵、华佗庙、文昌宫、崇善庵、九里庙、九里庵、药师庵、华严庵、莲寿庵、净土庵、水月庵、营月庵、万寿庙、草庙、港庙、上团庙、工桑庙、积善庵、永盛庵、福禄庙、穆家庄庙、九龙港庙、佛堂等，计28寺庵。然尚有莲子庵、甘露庵、三官殿、化城庵等未收录。

篆：（嘉庆）《东台县志》卷之三十五《寺观·仙释》；东台市徐健先生收藏的先人袁承业（时东台县修志局分篆）之《东台县志》残稿（民国十年版）[1]。同时由于今东台辖境屡有变更，周边乡镇归属与邻境甚至发生较大争议，如延续至民国时期的"刘白草案"[2]，因此本卷寺庙另又参考历代《扬州府志》《泰州志》《通州志》《泰县志》《兴化县志》，以及今人所编涉东台邻县多种方志。

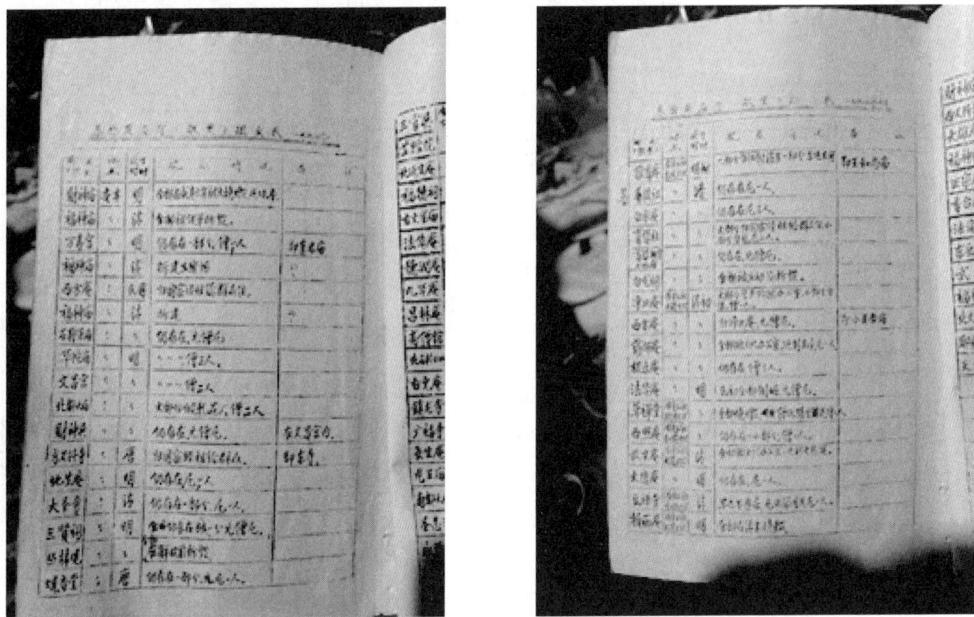

图1-1　徐健收藏东台县寺庙调查表（1964年）部分手稿

---

[1] 为便于行文计，本节所涉（清）周右修、蔡复午等篆（嘉庆）《东台县志》简称为"嘉庆周志"，徐健先生收藏的民国十年（1921）东台县修志局分篆袁承业等未完成之《东台县志稿》简称为"民国袁志残稿"。

[2] "刘白草案"系东台、兴化两县在清末民初关于今属盐城市大丰区之刘庄、白驹、草堰三镇归属发生的一桩纠纷，两县为三地归属争论不休，民国时期袁承业曾介入该案并力主三地应属东台县。

东台县历史寺庙表

寺庙	地点	始 建	重 建
西广福寺（奉孝寺、永安寺、圣寿寺）	在西溪镇西	汉章帝元和中（85）	
东广福寺（承福院、永安寺、圣寿寺）	在西溪镇东	东汉章帝时	唐武德年间
宝相寺（观音寺）	在西溪镇	东汉章帝时	
元明观（北观）	在梁垛场北	唐代	顺治六年（1649）、康熙三年（1664）
三昧寺（圣果院、慈济寺）	在东台场西溪		南唐、清康熙年间
北极殿	在梁垛场北		乾隆年
三官殿	富家滩		清乾隆四十五年（1780）
大圣寺	在北门内	南唐	顺治年间、乾隆年间
景德寺	在茅山庄	宋景德间（1004-1007）	
义阡寺	在草堰镇	北宋仁宗至和年间（1054-1056）	

旌忠寺	在北朱庄	宋建炎中	
泰山寺 （碧霞宫、 天妃庙、 泰山护国禅寺）	在西溪镇通圣桥南	南宋嘉定年间 （1208-1224）	明万历年间、清乾隆十八年（1753）、四十二年（1777）
寿圣寺	在秦潼镇	宋咸淳间	明成化间、清乾隆间
	在栟茶场		
三官殿	在县治西分司署右		明天顺四年（1460）、清嘉庆二十一年（1816）
宝珠寺	在蚌沿河侧		
佑圣观	在栟茶场		元至正中、清嘉庆六年（1801）
明真观 （华王庙）	在县治东北		明洪武十七年（1384）、明穆宗隆庆中、清嘉庆年间
宝珠寺	在蚌沿河侧	宋代	
青龙寺	在蚌沿河侧		
双缘寺	在大陆庄		
地藏寺	在蚌沿河侧		
弥陀寺	在宋石庄		乾隆三十三年（1768）、嘉庆元年（1796）
护国寺	在戴家泽		
罗汉寺	在蚌沿河侧		
静业庵	在时堰		民国新增
观音寺	在蚌沿河		
东义阡寺	在丁溪场	元至正年间	
	在小海	明洪武年	
西义阡寺 （西寺）	在安丰	明洪武年间	明万历朝、清顺治朝
崇宁观	在安丰场	明洪武年	万历年、清康熙二年（1663）
大圣寺	在富安场	明景泰七年（1456）	康熙间、嘉庆五年（1800）、道光十五年（1835）

罗汉寺	时堰范家庄	明宏治二年（1489）	
三官殿	在县治西门外大街	明神宗万历三年（1575）	明熹宗天启五年（1625）、清乾隆五十五年（1790）
紫云山	在刘庄	明万历二十五年（1597）	
东义阡寺（东寺）	在安丰场	明万历四十年（1612）	清康熙、嘉庆年间
北极殿	在安丰场北	明万历年	清乾隆、嘉庆年间
万寿寺	在西溪镇东	明万历年间	清乾隆五十二年（1787）
地藏庵	在梁垛场	明万历中	
藏经院	在安丰场	明天启二年（1622）	康熙元年（1661）、乾隆年间
三官殿	梁垛场	明天启六年（1626）	清康熙三年（1664）
观音庵	西门内	明崇祯中	清乾隆四十七年（1782）
祥兴庵	东门外		明崇祯末
圆通庵	在东门内	明崇祯年	
西方庵	在西门外	明崇祯年间	
延生庵	在彩衣街	明崇祯年间	
福兴庵	在栟茶太平圩吕家庄	明代	嘉庆十一年（1806）
榉香庵	在安丰场吴家桥西		乾隆年间
静业庵	在时堰梁家垛		民国新增
镇海寺	在车儿埠口		
永盛庵（兰田庵）	县北关帝庙后	清顺治三年（1646）	
福慧禅院	在西门外便民桥北	顺治中	乾隆十七年（1752）、嘉庆十七年（1812）
福慧庵	在东台县城西门外便民桥南	顺治年间	
普济庵南	在安丰场		康熙、乾隆年间

大圣寺	在李家堡	康熙间	
	在富家滩		
莲子庵	在富家滩		
甘露庵	在富家滩	雍正三年（1725）	
准提庵（公界庵）	在富家滩		
万缘庵	在西门外拱宸坊		雍正十二年（1734）、乾隆三十五年（1770）、嘉庆二十一年（1816）
古观音堂	在西门外金水坊		乾隆三十八年（1773）
地藏庵	在北门外	乾隆四十二年（1777）	
戴恩阁	在小海团	乾隆四十三年（1778）	
福兴庵	在东台何垛西红桥北		乾隆四十四年（1779）、嘉庆十六年（1811）
水月庵	在南门内	乾隆年间	
海藏庵	在角斜场		乾隆年间
上真殿	在角斜场		嘉庆三年（1798）
三官殿	在安丰场		清嘉庆十六年（1811）
西林禅寺（西寺）	在梁垛场		清嘉庆年间
海月庙	在五铺	清道光朝	
清贞庵	在时堰北舍庄	清光绪十五年（1889）	民国新增
永胜庵	在时堰罗磨庄	清光绪二十八年（1902）	民国新增
弥陀庵	在南门内玉带桥南		光绪朝
昆卢庵	在时堰罗顾庄	清代	民国新增
	在时堰千户庄		
	在时堰郭家堡		
祇园舍	在头铺	清末民初	

北宝寺	在白驹		民国五年（1916）
贞节净土院	刘庄	1925 年	
平远庵			民国后改为东台市立第五小学
莲子庵	富安西市		民国时废
甘露庵	富安西市		
准提庵（公界庵）	富安西市		
延生庵	梁垛	民国新增	
观音庵	安丰	民国新增	
	时堰		
	时堰赵家庄		
	戴家泽		
地藏庵	东台		
	时堰		
	栟茶		
（古）地藏禅寺（院）	梁垛		
茶庵	在时堰	民国新增	民国新增
药师庵	在栟茶姜家洼		
	在安丰		
草禅堂	在安丰		
西照庵			
瓦善庵			
德云庵			
九华庵			
长生庵			
火星庙			
长生庵	在梁垛		
火星庙			
净业庵			
楞严庵			
北土地祠			
南土地祠			
白衣庵			
福神庵			
五里庙			

观音山	梁垛		
观音阁			
万缘庵	栟茶		
福缘庵	在东陈庄		
准提庵	梁垛市宝善坊		
三元宫	梁垛		
三元庵	时堰		
太平庵	栟茶太平圩，张倪庄		
	梁垛		
	时堰		
净土庵	在栟茶市十五灶		
	一时堰市史家堡		
青莲庵	在时堰欧家庄		
乐善庵	在时堰范家庄		
	在时堰刘纪庄		
福田庵	在时堰雁周庄		
	在时堰蒋家舍		
功德庵	在时堰院子头		
复兴庵	在时堰暮云庄		
	在时堰喻家垛		
禅堂庙	在时堰戴家泽		
如意庵	在时堰南朱庄		
东岳庙	在安丰	民国新增	
	在梁垛		
西方庵	时堰		
观音寺	在刘庄场		
	在梁垛场		
	在草堰场		
晾网寺			
古南寺	在刘庄		
报恩寺			
资福院			
东岳庙	在刘庄		
祠山庙（上元会馆）	在刘庄		
万寿宫	在西门外		
	安丰		

镇海塔	在何垛场东三十里之大兴团		
地藏庵	在万寿宫侧		
延庆寺	在白驹		
白云山			
福缘庵	在栟茶场盐港口		
善庆庵	在盐港口		
三元宫	西门内		
水月庵	在刘庄		
大圣寺	安丰		
	梁垛		
广福禅院	红庙头		
古义阡禅寺	在张纪庄		
古义阡寺	在梅家灶		
宝福寺	在蚌沿河		
听香庵	西门外慈济寺对河，丁公桥南		
济世庵	在何垛朝拜巷外		
大悲庵	安丰场周家桥西		
莲华庵	不详		
北禅院（北村禅院）	在秦潼镇		
缘树院（西院）			
武当行宫	在西门外便民桥西		
玉皇阁			
北极院	在县东大团乡		
痘神庙	在县治西北		
八蜡庙			
刘猛将军庙	在智乐坊		
龙王庙	在西团		
都天庙（降福禅院、都天行宫）	梁垛		
都天庙	安丰		
	角斜		
潘家庵			
葛家庵			
延寿寺	在白驹场		
善利庙	在西溪镇		
辞郎庙			
孟家庵	在安丰场一仓河		
永兴庵	在小团		

三昧寺（慈济寺、圣果院）

1.邑有古寺，西溪之墉，易名慈济。宸翰昭焉，其余琐细，亦备游观，腴容宝相，琳宫岿然，餐霞越世，竖指通禅，间有杰者，均登诸篇志。寺观敕赐"慈济寺"，旧名"三昧寺"，在西门外太平坊前，临官河，基宇宏敞，乃一邑图刹之雄也。《中十场志》云：顺治初，僧印白建。印白，邑人，俗姓陈。前后楼殿廊庑塔院僧寮客堂方丈厨库井湢几百余楹，费将万金，皆出自已产及二十年辛苦之资，未募十方一椽一瓦，事载孙一致碑记中。康熙四十四年，僧超杰住金山，恭逢圣祖仁皇帝驻跸，奏请赐额"慈济"，御书"孤云自往心同远，皓月当空性本圆"，楹联并御书唐人诗绫幅悬于寺之大雄宝殿。嘉庆六年，藏经楼毁于火；十二年，分司色克精额、兴化县知县苏侣阿捐廉，倡其始，邑人夏昉①、僧达远、董其成捐建大楼十楹，西丈室六楹有碑记。（方一煌《三昧寺诗》："秋最宜高阁，登之倍爽神。疏钟清众虑，一雨净诸尘。客尽集无意，人俱幽可亲。云低檐欲接，虚牖自能晨。"）

按《舆地纪胜》载，圣果院在西溪，有唐三昧大圣性空真身。今慈济寺，地接西溪，旧名三昧者，其即唐之圣果院欤？

2.圣果院：在东台场，唐贞观时建。《名胜志》云：院有高丽鼓，伪唐保大中，随潮漂至者。宋范仲淹诗：千年人已化，三昧语空传。唐世碑犹在，高丽鼓半穿。

3.圣果院：或云即三昧寺。舆地纪胜载，院在西溪，有唐三昧大圣性空真身。名胜志云：院有高丽鼓，南唐保大中，随潮漂至者。宋范仲淹诗：千年人已化，三昧语空传。唐世碑犹在，高丽鼓半穿。

按：1见于嘉庆周志卷之三十五《寺观·仙释》，2见于（清）尹会、程梦星纂修：（雍正）《扬州府志》卷二十五《寺观·泰州》，3见于（清）阿克当阿等修、姚文田等纂：（嘉庆）《扬州府志》卷二十九《寺观》。

考雍正、嘉庆《扬州府志》及东台县嘉庆周志可知，三昧寺即圣果院、慈济寺，建于唐代贞观年间，初名"圣果院"，南唐时传为"三昧寺"，清康熙年间敕赐"慈济寺"。相传李世民征东失利，躲入荒庙佛龛得以避难，

---

①夏昉，字融山，何垛人，为东台监生，其人赈灾救济，乐善好施，事详周右修《东台县志》卷二十七传八《尚义·夏昉传》。

后建庙赐额"圣果院"，上节旧阜宁县亦多有寺庙与李世民东征相附和者，语涉牵强，不足为信，然东台旧八景中有"圣果晨钟"，亦可证明圣果院不尽为虚。另传南唐大保年间，有高丽国高僧性空出使中国，在海上遇险，随木制皮鼓漂至东台。性空号三昧大圣，性空圆寂后，肉身装金真身与皮鼓均供奉于圣果院内，圣果院由此得名"三昧寺"。宋范仲淹任西溪盐官时有诗："千年人已化，三昧语空传。唐世碑犹在，高丽鼓半穿。"《淮南中十场志》所录孙一致碑记云，顺治初年，僧印白（东台人，俗姓陈）捐银近万在台城西门太平坊内九龙港畔（三昧寺旧址向南近150米），重建三昧寺。康熙四十四年（1705），三昧寺僧超杰赴镇江金山寺，恭迎康熙帝南巡，奏请赐额，敕赐"慈济"，御书"孤云自往心同远，皓月当空性本园"，超杰将御书楹联挂在寺内大雄宝殿，"三昧寺"自此易名"慈济寺"。乾隆年间，三昧寺遭火，僧可达至镇江金山寺，乾隆帝南巡赐额"三昧禅寺"，"慈济寺"复改"三昧寺"，为东台十方丛林之首。嘉庆六年，藏经楼毁于火；十二年，分司色克精额、兴化县知县苏侣阿捐廉倡其始，邑人夏昉、僧达远董其成捐建大楼十楹，西丈室六楹，有碑记。自嘉庆十三年至十七年（1808-1812），三昧寺住持道峰及东台监生夏昉重修三昧寺，时任东台知县何廷煓特勒石"以彰善举"①，碑文另见《艺文卷》中《重修东台三昧寺功德碑铭》。清代诗人方一煌②有《三昧寺诗》："秋最宜高阁，登之倍爽神。疏钟清众虑，一雨净诸尘。客尽集无意，人俱幽可亲。云低檐欲接，虚牖自能晨。"

三昧寺西门太平坊内九龙港畔，山门前原有一石牌坊，上有康熙敕赐"慈济寺"。两边石柱联为："西溪塔影寒山月，东海钟声古寺风。"山门悬蓝底金字乾隆敕赐"三昧禅寺"匾额。清末民初，三昧寺为江淮名刹，居东台十四丛林之首，海霞、广岫等先后住持，1925年，广岫在三昧寺外听香

---

①道峰、夏昉等重修三昧寺，时东台知县何廷煓于嘉庆十八年二月二十六日勒石示谕"以彰善举"，即《重修东台三昧寺功德碑铭》，该碑现存于东台市佛教居士林，系三昧寺遗物，据该居士林唐林长介绍，该碑及居士林中另一碑均为东台一老干部令其抢救保管，遂免被毁。该碑碑文清晰可辨，右起大字"特授江南扬州府东台县正堂加十级纪录何为"，次第小字"陈明勒石以彰善举事，据监生夏昉呈称……"。此处东台知县何即指时任东台知县何廷煓，何廷煓，字涵川，浙江山阴县（今浙江绍兴）人，嘉庆十五年至十九年任东台知县。

②方一煌，生卒年不详，字丽祖，清歙（今安徽歙县）人，以诗古文自负，落落寡合。为文峭削，诗亦刻露清峻。早年客游四方，晚乃隐于东台安丰，闭门啸傲，不求人知。《方丽祖诗文集》集部别集类，佚。见嘉庆《东台县志》卷39。卷37收其文1篇。

庵创办启慧佛学院，招收僧徒五十余人，当代高僧瑞祥、真禅、无相等曾先后在此读书。1930年秋，广岫为其法师海霞长老六十寿庆传戒，礼请金山大观音阁仁山法师到三昧寺讲演戒律，兼戒期"说戒和尚"，为东台佛教前所未有之盛况，仁山法师撰有《东台慈济三昧寺传戒录序》。

三昧寺迭遭灾难，清初海潮冲击寺院石塔等，乾隆、嘉庆年间两度遭受火灾，虽重修后恢复荣光，但先后又遭抗战战火肆虐，以及"文革"破坏，三昧寺几乎荡然无存，唯一碑在今东台市佛教居士林内，另有《临济正宗第三十三世重开三昧自觉元禅师塔志》及《临济正宗第三十三世王山传禅师塔志》行世。

大圣寺

1.大圣寺一在北门内，俗传南唐时有铜佛乘海潮而至，僧了檀募建。顺治辛卯，分司朱之瑞重修。乾隆年间，汪瑶光重修后楼。一在富安场，明景泰七年修。太仆储巏有碑记。国朝康熙间重修，嘉庆五年邑人重建。一在李家堡，一在富家滩，康熙间建。【戴胜徽《由大圣寺登土城诗》："寺后寺前尽草茅，偷闲半日望城坳。怒涛挟海归河水，秃树撑秋出野郊。响碎簷（檐）铃乌鸟攫，补完书壁蔓藤梢。语人却自无人语，笔札年来且尽抛。"】

2.大圣寺数十楹。民国邑人张姓等募修，僧定普复建修，未竣。（东台市，详旧志）

3.大圣寺八楹。（安丰市新增）

4.大圣寺五十四楹。在智乐坊。（富安西市详旧志）

5.大圣寺八楹。（梁垛市新增）

6.大圣寺 一在富安场，一在东台场。

7.大圣寺有四，一在北门内，僧了檀建；一在富安场，明景德泰中修，太仆储巏有记；一在李家堡；一在富家滩。

按：1见于嘉庆周志卷之三十五《寺观·仙释》，2—5见于民国袁志残稿《东台县志稿·建置志·祠庙》，6见于（清）尹会、程梦星纂修（雍正）《扬州府志》卷二十五《寺观·泰州》，7见于（清）阿克当阿等修、姚文田等纂（嘉庆）《扬州府志》卷二十九《寺观》。

考之诸志，旧东台县境内大圣寺先后应有6处，南唐至清雍正年间有四处，分别在东台场、富安场、李家堡、富家滩；其后至民国时期新增两处，分别在安丰市和梁垛市。

东台大圣寺在县城北门内，相传南唐时有铜佛乘海潮而至，由僧了檀募建。顺治年间，分司朱之瑞重修。乾隆年间，汪瑶光重修后楼。安徽人戴胜徵《由大圣寺登土城诗》中大圣寺即为该寺，因东台分判马会早在1569年筑东台土城5余里。民国时期东台人张氏等募修，僧定普复建修，未竣。

富安大圣寺修于明景泰七年，在富安智乐坊，太仆储巏有碑记。清康熙间重修，清僧玉山超博曾在该寺住持。嘉庆五年，邑人重建。道光十八年五月，大圣寺毁于火，志宏率其徒定然募金重修大圣寺。见王璋《光绪东台县志稿》卷四"寺观"。真禅法师自启慧佛学院毕业后即前往富安大圣寺担任首领执事。

李家堡大圣寺建于康熙年间，李家堡为今南通市海安县李堡镇，系新增。

富家滩大圣寺建于康熙年间，系新增，富家滩原名费家滩，即海安市角斜镇富滩村，富滩村后与另两村合并为富港村。

镇海寺（镇海塔）

1.镇海寺 在车儿埠口，明魏国公徐宏基建。

2.镇海塔 在何垛场东三十里大兴团，遗址仅存。

3.镇海塔 何垛场。

按：1见于嘉庆周志卷之三十五《寺观·仙释》，2见于嘉庆周志卷之三十五《寺观·仙释》，亦见于《淮南中十场志》，3见于（清）阿克当阿等修、姚文田等纂（嘉庆）《扬州府志》卷二十九《寺观》。1之镇海寺在车儿埠口，车儿埠口今名不存，徐宏基为明魏国公徐达十世孙，本名"弘基"，后清代为避乾隆讳改作"宏基"，万历年间袭魏国公，甲申之变后在南京拥立福王登基，是则镇海寺当建于明万历至崇祯年间。2、3之镇海塔应为一处，在何垛场东三十里之大兴团，疑在今盐城市大丰区境内。

西广福寺

1.在西溪镇西，相传建自汉章帝永和中，名"奉孝寺"。唐乾元间废，后与东广福寺，同赐名"永安寺"。宋治平四年，同赐名"圣寿寺"。绍兴间更今名。据晏溪志：曹长者无子，舍宅为伽蓝，即董永所依之处也，今殿左右尚列六十四长者焉。

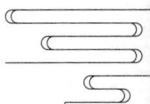

2.西溪镇，汉永和中建，赐名奉孝寺。唐乾元中与东广福寺同赐名"永安寺"。宋治平中，同赐名"圣寿寺"。绍兴中始更今名。

按：1见于嘉庆周志卷之三十五《寺观·仙释》，2见于（清）阿克当阿等修、姚文田等纂（嘉庆）《扬州府志》卷二十九《寺观》。西广福寺在西溪镇西，相传建于汉章帝永和中，然汉章帝在位期间并无"永和"年号，只有汉顺帝在位期间有"永和"年号（136-141），嘉庆周志中"永和"似应为汉章帝"元和"之误，汉章帝在位期间有"建初"（76-83）、"元和"（84-86）、"章和"（87-88）三个年号，故嘉庆周志所云西广福寺建于"汉章帝永和中"应为"汉章帝元和中"，应为公元85年。西广福寺初名"奉孝寺"，与董永[1]的传说有关，据《晏溪志》云，东台有曹长者无子，舍宅为寺，董永时依附曹长者。董永卖身葬父的传说被列入"二十四孝"，成为传统孝道文化的重要组成部分，民间也流传董永与七仙女的爱情传说，今东台市仍保存着董永墓、董永祠、老槐树、土地庙、辞郎河、送子头等遗迹，"董永与七仙女文化园"是东台市西溪古镇重要景点之一。唐肃宗乾元中与东广福寺同赐名"永安寺"，"乾元中"应为759年。宋治平四年（1067），同赐名"圣寿寺"。南宋高宗绍兴年间（1131-1162）更名"西广福寺"，沿用至今。建国前有寺僧了凡、果瀛师徒二人。

西广福寺应为旧东台最早之寺庙，其先后更名情况如下：

奉孝寺：东汉章帝元和中（85[2]）；

永安寺：唐肃宗乾元中（759）；

圣寿寺：北宋英宗治平四年（1067）；

西广福寺：南宋高宗绍兴中（1131-1162）。

东广福寺

1.西溪镇东，相传为汉武帝元年建，内有星居院十区。

2.在西溪镇东，相传建自汉武时，名"承福院"。唐武德中重建，名"永安寺"；宋改"圣寿寺"，绍兴间改今名。内有星居院十区，亦谓之

---

[1]关于董永的传说有不同说法，董永为东汉时人，《搜神记》记载董永是千乘（今山东博兴）人；《大清一统志》载为乐安县人；其卖身葬父故事在东台流传甚广，亦有传为在湖北孝感，今考各种记载及传说，其讹误及自相矛盾处甚多，姑录之存疑，不予细考。

[2]奉孝寺建于汉章帝元和中（85）系根据史志记载而考，然其与传说中董永生活的时间有较大差距，将奉孝寺的建立与董永联系起来亦属后人附会，借以宣教传统孝道文化，亦无需苛求。

"潜轩院"，旧有兴化县大洋周氏所建塔及"海不扬波"四字碑，见晏溪志。

按：1见于（清）阿克当阿等修、姚文田等纂（嘉庆）《扬州府志》卷二十九《寺观》，2见于嘉庆周志卷之三十五《寺观·仙释》。东广福寺在西溪镇东，初名"承福院"，相传建于汉武帝建元元年（公元前140），此说谬甚，自无需考辩，然建寺较早当无异议。嘉庆周志云"唐武德中重建，名'永安寺'"，与前西广福寺易名"永安寺"时间不一，似应为唐武德年间重建，后于唐肃宗乾元中（759）与西广福寺同赐名"永安寺"，其后寺名历代变更如前述西广福寺。据晏溪志云，寺内有星居院，亦称"潜轩院"，有旧兴化县大洋周氏所建塔及"海不扬波"四字碑。

东广福寺先后更名情况如下：

承福院：汉武帝建元元年（公元前140），谬传；

唐武德年间重建；①

永安寺：唐肃宗乾元中（759）；

圣寿寺：北宋英宗治平四年（1067）；

东广福寺：南宋高宗绍兴中（1131–1162）。

广福禅院

十二楹，红庙头。（梁垛市新增）

按：该广福禅院见于民国袁志残稿《东台县志稿·建置志·祠庙》，应在今东台市梁垛镇境内。

泰山护国禅寺（泰山寺）

即泰山碧霞宫，在西溪镇，宋嘉定间建。明万历间，西溪巡检诸某重建。国朝乾隆十八年，毁于火，旋建旋火者再。四十二年，分司杨廷俊倡捐重建，增式廓焉。前临溪河，门外石牌坊，门内为东岳殿，殿左右为两庑殿，后层级而上，琳宫巍然，中奉碧霞元君，为天妃山，俗名泰山也。（明

---

①东广福寺之最早前身承福院建于汉武帝时期固属谬传，然唐武德年间重建史有明载，既云重建，则承福院建当早于唐代，章帝时建奉孝寺系据曹长者及董永传说，后亦有宝相寺亦有曹长者之传说，承福院亦可能在东汉章帝时建，疑嘉庆周志修者误将东汉某帝误作汉武，姑记此存疑。

分司阎期寿《游碧霞寺诗》："一笑相逢定有期，偶来萧寺话移时。谈禅暂脱尘中网，遣兴闲寻壁上诗。旅思凄凄非中酒，人情落落似残棋。云涛眼底三生梦，鸥影秋汀又远离。"国朝戴胜徵《登碧霞寺》诗："凉飙击水波，夕景明殿角。君问碧霞寺，此地我过数。曦舟桥阴块，触履秋苔薄。幽探恣游衍，胜情宁引却。翳昔称县治，名贤渐零落。遗爱建生祠，凭吊如有托。山门敞清泠，径度红云阁。危磴郁盘纡，飞甍争荦确。女伴散炉熏，神幡秘扃钥。春去自年年，即今已非昨。其背转夐绝，路细类腠削。沙鸟何炯如，风帆何矫落。在今我浮家，身计苦束缚。幸因时一来，放眼极寥廓。"）

　　古之事神也，质不敢以人之称谓加于神，敬之至也。自屈平作九歌，有东皇、河伯、湘君、湘夫人之目；而巫山神女见于宋玉之赋、太白上公著于甘石之书。下逮东京，竞传图纬，张华、干宝之徒，又从而附会之，而神遂有姓氏有名号，且有妻、有子女、有族党矣。遁甲开山图云，亢父知生，梁父知死。魏晋之间，阎罗地狱之说未兴，故见于史传及歌诗者，皆谓人死魂归泰山。今东岳之祠遍天下，碧霞元君则宋真宗所封泰山之女也，渎礼典而亵神明，其此类也夫。

　　按：该条见于嘉庆周志卷之三十五《寺观·仙释》。泰山护国禅寺，当地俗称泰山寺，在西溪镇通圣桥南，寺庙为罕见的坐南朝北格局。其始建时间亦有多种说法①，《西溪镇志》记载在北宋真宗时建有东岳行宫，在仁宗嘉祐八年（1063年），垒土高四丈二，上建天妃庙，名碧霞宫，因碧霞元君为宋真宗所封"泰山之女"，又称"天妃"，故土山亦被称为泰山、天妃山，其后南宋嘉定年间（1208-1224）建泰山寺。史载泰山寺建筑宏伟，居中有天王、东岳、地藏三座正殿，两厢有关岳、太群、华佗、神农、鲁班诸庙，故有"一寺五庙"之说。明万历年间，西溪巡检诸某重建。清乾隆十八年（1753），毁于火，旋建旋火者再。四十二年（1777），泰州分司杨廷俊倡捐重建，主僧天朗和尚"竭力经营"，详见《重修泰山碑记》。

　　泰山寺抗战时期遭日伪毁掠，后又为国民党军队占据，成无僧空寺，建国后为地方征用。1985年，江苏省人民政府正式批复，同意西溪泰山寺对外

①泰山护国禅寺建寺时间说法不一，然诸说讹误矛盾者亦多，有云天妃庙或碧霞宫等似于北宋真宗、仁宗时建，此处据嘉庆周志，兼考清乾隆四十二年《重修泰山碑记》，采纳南宋嘉定年间建泰山寺一说，即1208-1224年间建泰山寺，至于有将建寺时间定为嘉定元年（1208）亦似有误，杨廷俊及周右等均云嘉定年间，未有明言嘉定元年者。

开放。1985-1997年夏，泰山寺重建工作全部建成。

泰山寺现任住持为本源法师。

泰山寺建寺、毁废及重修情况如下：

碧霞宫（天妃庙）：疑北宋仁宗嘉祐八年（1063）建；

泰山寺：南宋嘉定年间（1208-1224）建；

明万历年间，西溪巡检诸某重建；

清乾隆十八年（1753），毁于火，旋建旋火；

乾隆四十二年（1777），泰州分司杨廷俊、天朗和尚重建；

1985-1997年夏，泰山寺获批恢复重建。

泰山寺可考历代住持如下：

天朗

意诚

遐昌

莲航

闻开

学公

厂译

莲祖

本臻

志坚

慧峰

了垢

荫云

慈舟

达禅

贯澈

护国寺

1.护国寺 在戴家泽，宋时建。

2.护国寺 县西戴家泽。

3.护国寺二十二楹，戴家泽，宋建。（时堰市详旧志）

按：1见于嘉庆周志卷之三十五《寺观·仙释》，2见于（清）阿克当阿

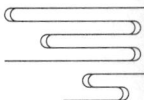

等修、姚文田等纂（嘉庆）《扬州府志》卷二十九《寺观》，3见于民国袁志残稿《东台县志稿·建置志·祠庙》。1、2、3之护国寺为同一寺庙，在东台县城西戴家泽，戴家泽为今泰州市兴化市戴南镇，乾隆三十三年，东台置县时，戴家泽从海陵划归东台。1926年，在戴家泽建镇，因戴家泽与南朱庄相邻，名为戴南镇。抗日战争时期，一度划归紫石县（今海安县）。1949年重新划归兴化。戴南镇内市级文物保护单位，护国寺相传是唐太宗李世民登基后，于贞观三年（629），特派大臣尉迟恭监造的，然涉东台诸志皆云建于宋代。另传康熙二十三年（1684），康熙南巡时御笔"敕封"，护国寺遂成"敕封护国寺"。

万寿寺

在西溪镇东，明万历年建，国朝乾隆五十二年重修，寺门之左临河，有万寿亭。

按：该条见于嘉庆周志卷之三十五《寺观·仙释》。万寿寺在西溪镇东，建于明万历年间，清乾隆五十二年（1787）重修，寺门之左有万寿亭。

万寿宫

1.万寿宫 在西门外。

2.万寿宫 十六楹。（安丰市新增）

按：1见于嘉庆周志卷之三十五《寺观·仙释》，2见于民国袁志残稿《东台县志稿·建置志·祠庙》。1之万寿宫在东台县城西门外，2之万寿宫在今东台市安丰镇境内，系民国时期新增。

宝相寺（观音寺）

1.宝相寺 在西溪镇。相传曹长者出家后，别以遗田建此庵，今亦名"观音寺"。

2.宝相寺 在西溪镇。

3.宝相寺 西溪镇。

按：1见于嘉庆周志卷之三十五《寺观·仙释》，2见于（清）尹会、程梦星纂修（雍正）《扬州府志》卷二十五《寺观·泰州》，3见于（清）阿克当阿等修、姚文田等纂（嘉庆）《扬州府志》卷二十九《寺观》。三志所记宝相寺为同一寺庙，在西溪镇。据嘉庆周志云，该寺系曹长者出家后以自已田产捐建，是则宝相寺亦应建于东汉章帝时期，可参考前述之西广福寺有关董永孝亲传说。[1]至清代嘉庆年间，宝相寺亦称观音寺。

西林禅寺

1.西林禅寺旧名西寺，在梁垛场。建时未考，嘉庆间邑人程兆杨修。方一煌《夜泊南梁寺》诗：数声清磬暮禽归，野老扁舟傍寺扉。烟外乱萤伤露泠，月残叶动风微。荒荒凉色围秋渚，寂寂幽辉濯客衣。咫尺敝庐偏缓棹，素心赢得一宵依。

2.西林禅寺　梁垛场，一名西寺。

3.西林禅寺亦名西寺，十楹，安仁坊。（梁垛市旧志）

按：1见于嘉庆周志卷之三十五《寺观·仙释》，2见于（清）阿克当阿等修、姚文田等纂（嘉庆）《扬州府志》卷二十九《寺观》，3见于民国袁志残稿《东台县志稿·建置志·祠庙》。三志所记西林禅寺为同一寺庙，在梁垛，又名西寺，始建无考，清嘉庆年间邑人程兆杨修，方一煌有《夜泊南梁寺》诗。

古义阡寺（古义阡禅寺、义阡寺、东义阡寺、西义阡寺）

1.义阡寺　一在安丰场，一在丁溪场。

2.东义阡寺　安丰场，明万历中建。

3.西义阡寺　亦在安丰场，明洪武中建。

4.东义阡寺一在丁溪场，元至正年建。一在小海，明洪武年建。一在安丰场，明万历四十年建，寺有古磬，为行僧文铭遗物。国朝康熙六年，季百之倡修。嘉庆二十一年，商人郑腾上重修。吴嘉纪《东寺磬诗》：我来吊高僧，古寺深蒿艾。人间留一磬，身后觉群昧。晖晖日坠渊，渐渐风生桧。清音送出林，适与幽人会。徐发英《东寺磬诗》：高僧在昔年，泠泠传清响。松涛迭有无，苁音齐下上。僧贫古寺荒，遗物谁能赏。风吹落叶多，虚堂自开朗。

5.西义阡寺　在安丰场。明洪武年建，万历四十五年，王珣重建。国朝顺治六年，吴全祥倡修。沈耽开《西寺夜集诗》：坐深人尽起，带醉开山房。

---

[1]综合西广福寺、东广福寺相关记载，宝相寺亦涉曹长者其人，则东汉章帝时西溪至少已建有该三寺。

共待地生月，不知身有霜。二三星下影，远近河上光。相送未能别，遥闻钟出墙。程学闓《西寺晚步诗》：落落何能已，微躯不受怜。故园知在否，游子意徒然。残照衰柳，寒钟流远天。苍茫芦荻外，烟火是渔船。

6.义阡寺 在草堰镇，宋至正年建。内塑五彩罗汉，为宋"圣手"郭河阳塑，迄今神采如生。

7.古义阡禅寺 十□楹，张纪庄。（时堰市详旧志）

8.古义阡寺 十二楹。梅家灶。（东台市新增，拼茶市详旧志。）

按：1见于（清）尹会、程梦星纂修（雍正）《扬州府志》卷二十五《寺观·泰州》，2、3见于（清）阿克当阿等修、姚文田等纂（嘉庆）《扬州府志》卷二十九《寺观》，4、5见于（清）阿克当阿等修、姚文田等纂（嘉庆）《扬州府志》卷二十九《寺观》，6见于（民国）李恭简修《兴化县续志》卷一《舆地志·祠庙》，兴化市图书馆本，7、8见于民国袁志残稿《东台县志稿·建置志·祠庙》。

"义阡"即义冢，一般指掩埋无主尸体的公墓。《明史》卷一五七《郭敦传》有云："衢俗，贫者死不葬，辄焚其尸。敦为厉禁，且立义阡，俗遂革。"其中"衢俗"系浙江省衢州旧俗。[1]考之诸志，旧东台县境内以"义阡"名寺者有七：原安丰场今东台市安丰镇有东义阡寺、西义阡寺；原丁溪场今大丰区草堰镇丁溪村有东义阡寺、义阡寺；原小海场今大丰区小海镇有东义阡寺；今东台市时堰镇有古义阡禅寺；原东台县今属南通市如东县拼茶镇有古义阡寺。

东义阡寺有三，分别在安丰、丁溪、小海。安丰之东义阡寺建于明万历四十年（1612），俗称"东寺"，寺里有行僧文铭遗物古磬。清康熙、嘉庆年间重修。吴嘉纪、徐发荚各有《东寺磬》诗一首。丁溪之东义阡寺建于元至正年间。小海之东义阡寺建于明洪武年间。

西义阡寺有一，在安丰，俗称"西寺"，建于明洪武年间，明万历朝、清顺治朝重修。沈耽开有《西寺夜集诗》，程学闓有《西寺晚步诗》。

草堰之义阡寺，（民国）李恭简修《兴化县续志》云其建于宋至正年间

---

[1]东台境内以"义阡"名寺者有七，其是否即为"义冢"之意未知，然佛教本秉悲天悯人之旨，东台历史上灾害频仍，出家人参与、捐助掩埋无主尸体实属正常。（清）周右修（嘉庆）《东台县志》卷二十七传八《尚义·捐施》即载有弥陀寺刚崖"设局施棺"之善举："嘉庆二年（1797年），释刚崖捐赀三百金于邑之宋石庄弥陀寺，设局施棺。"

有误，宋代并无"至正"年号，"至正"为元顺帝年号，为1341-1368年。李志中且云"内塑五彩罗汉，为宋'圣手'郭河阳塑"，宋"圣手"郭河阳系指北宋画家郭熙，郭熙（约1000-约1090），字淳夫，河阳温县（今河南孟县东）人，人称"郭河阳"。郭熙为义阡寺塑五彩罗汉，是则建寺当在郭熙所生活的北宋时期，考之北宋年号，首字为"至"之年号唯有宋仁宗"至和"（1054-1056），尾字亦无为"正"字之年号，故（民国）李恭简修《兴化县续志》中义阡寺的建寺时间当为手民之误，疑将"宋至和年"误作"宋至正年"，该寺当建于北宋仁宗至和年间，即1054-1056年间，"圣手"曾为义阡寺塑五彩罗汉。

古义阡禅寺在张纪庄，民国时属东台县时堰市。

古义阡寺在梅家灶，民国时属东台县栟茶市，在今南通市如东县栟茶镇。

观音寺（观音庵、古观音堂、观音山、观音阁）

1.观音寺 一在梁垛场，一在草堰场，一在蚌沿河。

2.观音寺 ⋯⋯一在梁垛场，一在草堰场，一在刘庄场。

3.观音寺 在蚌沿河侧，相传皆宋时建。

4.观音寺 （梁垛市旧志）

5.观音庵 在西门内，明崇祯年建。国朝乾隆四十七年，僧西铭建大悲楼。

6.观音庵西门内，明崇祯中建，国朝乾隆四十四年，僧西铭建大悲楼。

7.观音庵 十三楹。借设警察总所。（东台市，详旧志）

8.观音庵 十二楹。（安丰市新增）

9.观音庵 十九楹，赵家庄。（时堰市新增）

10.观音庵 九楹，俱戴家泽。（时堰市新增）

11.观音庵 十二楹。（时堰市新增）

12.古观音堂 在西门外金水坊，乾隆三十八年僧云浦重建。

13.古观音堂 西门外。

14.观音山 十二楹。（梁垛市新增）

15.观音阁 八楹（梁垛市新增）

按：1-4之观音寺分别见于嘉庆周志卷之三十五《寺观·仙释》、

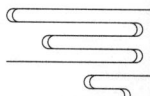

（清）尹会、程梦星纂修（雍正）《扬州府志》卷二十五《寺观·泰州》、（清）阿克当阿等修、姚文田等纂（嘉庆）《扬州府志》卷二十九《寺观》、民国袁志残稿《东台县志稿·建置志·祠庙》。考之诸志，东台县境内观音寺有四，分别在梁垛、草堰、刘庄、蚌沿河①，前三寺建寺时间无考，其中蚌沿河侧之观音寺相传建于宋代。

5、6之观音庵分别见于嘉庆周志卷之三十五《寺观·仙释》、（清）阿克当阿等修、姚文田等纂（嘉庆）《扬州府志》卷二十九《寺观》，7–11之观音庵皆见于民国袁志残稿《东台县志稿·建置志·祠庙》。考之诸志，东台县境内观音庵有五，原东台县城西门内有一，明崇祯年间建，乾隆四十七年（1782）②，僧西铭建大悲楼。另四处观音庵分别在安丰有一，时堰有二，戴家泽（即今兴化戴南）有一。

12、13之古观音堂分别见于嘉庆周志卷之三十五《寺观·仙释》、（清）阿克当阿等修、姚文田等纂（嘉庆）《扬州府志》卷二十九《寺观》，实为同一道场，在东台县城西门外金水坊，始建无考，乾隆三十八年（1773）僧云浦重建。清末民初，本慈于东台观音堂出家，师从清埃法师。

14、15之观音山、观音阁皆见于民国袁志残稿《东台县志稿·建置志·祠庙》，且皆在梁垛。

寿圣寺

1.寿圣寺　一在秦潼镇，一在栟茶场。宋咸淳间建，明成化间强以得倡修。国朝乾隆乙亥年，邑人徐元春、徐力春重修。

2.寿圣寺　……一在栟茶场。

3.寿圣寺有二：一在秦潼镇，一在栟茶场。

按：1见于嘉庆周志卷之三十五《寺观·仙释》，2见于（清）尹会、程梦星纂修（雍正）《扬州府志》卷二十五《寺观·泰州》，3见于（清）阿克当阿等修、姚文田等纂（嘉庆）《扬州府志》卷二十九《寺观》。原

---

① 蚌沿河又名蚌蜒河，明万历《兴化县志》载有该河位置，清乾隆、嘉庆时亦有挑浚。河道西起卤汀河老阁，东达东台镇西，与梓辛河会合后入串场河，长50公里，河道曲折多弯，沿河多寺庙。

② 东台嘉庆周志认为西门内之观音庵在乾隆四十七年由僧西铭建大悲楼，嘉庆《扬州府志》则记为乾隆四十四年，本志采用嘉庆周志乾隆四十七年说，嘉庆《扬州府志》乾隆四十四年说录之备考。

东台县境内寿圣寺有二，建于南宋咸淳年间（1265-1274），分别在秦潼镇和栟茶场，今分属泰州市姜堰区秦潼镇和南通市如东县栟茶镇，兹不细考。

弥陀寺

1.弥陀寺在宋石庄，宋时建。国朝乾隆三十三年，薛相重建罗汉堂。嘉庆元年，僧刚崖建念佛楼、观音殿，各四楹，别院八楹。

2.弥陀寺在宋石庄，宋时建。国朝乾隆三十三年，重建罗汉堂。嘉庆元年，僧刚崖又建念佛楼、观音殿。

按：1见于嘉庆周志卷之三十五《寺观·仙释》，2见于（清）阿克当阿等修、姚文田等纂（嘉庆）《扬州府志》卷二十九《寺观》。二志所记弥陀寺为一寺，在宋石庄，宋石庄时属东台县境内，似应在今泰州市兴化市荻垛镇宋石庄村，当地有"九寺十八堡"传说，称刘伯温告诉朱元璋，江淮间东北西南数百里间有帝王之气，朱元璋问计于刘伯温，刘伯温建议建"九寺十八堡"以镇龙脉。因唐太宗时于戴家泽已建护国寺，宋时于茅山已建景德寺，故只需另建七寺十八堡，事为刘伯温师傅知，惧天命不可违，乃将刘伯温所设建寺堡标志散布于戴家泽附近。"九寺十八堡"其中"九寺"为戴家泽护国寺、茅山景德寺、茅山北朱庄旌忠寺、茅山西冯庄青龙寺、兴泰三里泽宝福寺、戴南刁家小良两庄之间地藏寺、蚌蜒河畔罗汉寺、唐刘大陆庄双缘寺、荻垛宋石庄弥陀寺。其中除戴家泽护国寺始建于唐贞观年间（646），茅山景德寺始建于北宋真宗景德年间（1007），其余七寺皆始建于明洪武年间（1375）。"十八堡"为东台境内：裘家堡、朱家堡、吉家堡、孔家堡，湖家堡、梁家堡；兴化境内：陶庄柯家堡，张郭郭家堡，唐刘杭家堡，戴南史家堡、孙家堡，沈伦穆家堡，大垛卞家堡、许家堡、茅山蔡家堡，陈堡：陈家堡、东里家堡、西里家堡。

弥陀寺建于宋时，乾隆三十三年，薛相重建罗汉堂。嘉庆元年，僧刚崖建念佛楼、观音殿。嘉庆二年（1797），释刚崖捐赀三百金于邑之宋石庄弥陀寺，设局施棺。[①]

---

①可参见前述义阡寺所云"义阡"之意，原东台县以"义阡"名寺者有七，且史志中"捐施"记载亦多，说明灾害频仍，民生多艰，地方士绅及僧众施棺之善举当予褒扬。

弥陀庵

1.弥陀庵 在南门内玉带桥南。康熙间,有画僧云瓢居于此,四方名公,皆造门焉。

2.弥陀庵 南门内玉带桥南。国朝康熙中,有画僧云瓢居焉,有名于时。

3.弥陀庵六楹。同治朝毁于火,光绪朝重建。二铺。(东台市,详旧志)

按:1见于嘉庆周志卷之三十五《寺观·仙释》,2见于(清)阿克当阿等修、姚文田等纂(嘉庆)《扬州府志》卷二十九《寺观》,3见于民国袁志残稿《东台县志稿·建置志·祠庙》,三志所记弥陀庵为同一寺庙。弥陀庵在东台县城南门内玉带桥南,始建无考。清康熙年间,有画僧云瓢在弥陀庵,时人仰慕,纷纷造访。同治年间毁于火灾,光绪年间重建。

旌忠寺

1.旌忠寺 在北朱庄。宋建炎中建,寺名不知缘起。

2.旌忠寺 北宋庄。

按:1见于嘉庆周志卷之三十五《寺观·仙释》,2见于(清)阿克当阿等修、姚文田等纂(嘉庆)《扬州府志》卷二十九《寺观》。二志一云在北朱庄,一云在北宋庄,疑嘉庆《扬州府志》误,东台嘉庆周志所云北朱庄,似在今泰州市兴化市茅山镇境内;周志且云"寺名不知缘起",然建于宋建炎年间,似应为表彰抗金将士忠义而命寺名。

双缘寺

1.双缘寺 在大陆庄,宋时建。

2.双缘寺 大陆庄。

按:1见于嘉庆周志卷之三十五《寺观·仙释》,2见于(清)阿克当阿等修、姚文田等纂(嘉庆)《扬州府志》卷二十九《寺观》。双缘寺建于宋代,在大陆庄,大陆庄为今兴化市张郭镇(原唐刘镇)大陆村。

地藏寺(地藏庵)

1.地藏寺 在蚌沿河。

2.地藏寺　在蚌沿河侧，相传皆宋时建。

3.地藏庵　一在北门外，一在万寿宫侧。（金氏家祠）

4.地藏庵　有二，一在北门外，国朝乾隆四十二年建；一在梁垛场，明万历中建。

5.地藏庵　二十楹。（东台市，详旧志）

6.地藏庵　十二楹。（东台市新增，拼茶市详旧志）

7.地藏庵　十二楹。（时堰市新增）

8.（古）地藏禅寺（院）十二楹。（梁垛市新增）

按：1、2之地藏寺分别见于嘉庆周志卷之三十五《寺观·仙释》，（清）阿克当阿等修、姚文田等纂（嘉庆）《扬州府志》卷二十九《寺观》。相传建于宋代，在蚌沿河侧。

3、4之地藏庵分别见于嘉庆周志卷之三十五《寺观·仙释》，（清）阿克当阿等修、姚文田等纂（嘉庆）《扬州府志》卷二十九《寺观》。5、6、7之地藏庵皆见于民国袁志残稿《东台县志稿·建置志·祠庙》。考之诸志，东台县境内不同时期地藏庵有六：一在县城北门外，建于乾隆四十二年（1777）；一在万寿宫侧，即今东台市区万寿宫巷一带，为金氏家祠；一在梁垛，明万历年间建；另三庵分别在东台、时堰、拼茶，为民国时新增。

8之（古）地藏禅寺（院）见于民国袁志残稿《东台县志稿·建置志·祠庙》，在梁垛，为民国时新增。

罗汉寺

1.罗汉寺　在蚌沿河。

2.罗汉寺　在蚌沿河侧，相传皆宋时建。

3.罗汉寺　十八楹，范家庄，明宏治二年建。（时堰市详旧志）

按：1见于嘉庆周志卷之三十五《寺观·仙释》，2见于（清）阿克当阿等修、姚文田等纂（嘉庆）《扬州府志》卷二十九《寺观》，3见于民国袁志残稿《东台县志稿·建置志·祠庙》。1、2之罗汉寺为一寺，在蚌沿河侧，相传建于宋代。3之罗汉寺在时堰，建于明宏治二年（1489）。

宝福寺

宝福寺　在蚌沿河。

按：该条见于嘉庆周志卷之三十五《寺观·仙释》，宝福寺在蚌沿河，

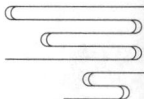

始建无考。

青龙寺

1.青龙寺　在蚌沿河。

2.青龙寺　在蚌沿河侧，相传皆宋时建。

按：1见于嘉庆周志卷之三十五《寺观·仙释》，2见于（清）阿克当阿等修、姚文田等纂（嘉庆）《扬州府志》卷二十九《寺观》。青龙寺在蚌沿河侧，相传建于宋代。

景德寺

1.景德寺　在茅山内，有宋富郑公读书堂，详古迹。

2.景德寺　在茅山庄，宋景德间建。

按：1见于嘉庆周志卷之三十五《寺观·仙释》，2见于（清）尹会、程梦星纂修（雍正）《扬州府志》卷二十五《寺观·泰州》。景德寺建于北宋真宗景德年间（1004-1007），在今兴化市茅山镇，原为三茅道观，开山祖师为德净禅师，以皇帝年号名曰"景德禅寺"。明洪武年间奉敕改为"景德至化禅寺"，后改为"北茅山古景德禅寺""古景德禅寺"。清同治以后，高僧朗月在茅山倡导华严宗，景德寺成为近代华严中兴祖庭，佛教圣地。有宋富郑公读书堂，富郑公即富弼，为北宋名相、文学家，曾与范仲淹共同推动北宋庆历新政。今兴华茅山仍有重建之景德禅寺，因已不属盐城境域，兹不细考。

祥兴庵

1.祥兴庵　在东门外。《中十场志》："旧结茅为屋。"明崇祯末，佛座下忽产灵芝，观者如堵。邑人曹一芳捐资，易以瓴甓重建。山门殿阁，东西寮舍，凡三十楹。

2.祥兴庵　东门外，本茅庵，明崇祯末，佛座下忽产一芝，观者竞至。邑人曹一芳因捐资为建殿阁。

3.祥兴庵　三十楹。五铺。（东台市，详旧志）

按：1见于嘉庆周志卷之三十五《寺观·仙释》，2见于（清）阿克当阿等修、姚文田等纂（嘉庆）《扬州府志》卷二十九《寺观》，3见于民国袁志残稿《东台县志稿·建置志·祠庙》。祥光庵在东台县城东门外，初为茅庵，明崇祯末年，因佛座下现灵芝祥瑞，当地人曹一芳捐资建殿阁。

万缘庵

1.万缘庵　在西门外拱宸坊，旧系茶庵。雍正十二年，分司林华封、僧可达重建。乾隆三十五年，邑人吴城重修。嘉庆二十一年，邑人公修。

2.万缘庵西门外拱宸坊，本茶庵也。国朝雍正十二年，僧可达重建。

3.万缘庵 十楹。（东台市新增，栟茶市详旧志）

按：1见于嘉庆周志卷之三十五《寺观·仙释》，2见于（清）阿克当阿等修、姚文田等纂（嘉庆）《扬州府志》卷二十九《寺观》，3见于民国袁志残稿《东台县志稿·建置志·祠庙》。1、2之万缘庵为同一寺庵，原为茶庵，始建无考。雍正十二年（1734），泰州分司林华封、僧可达重建。乾隆、嘉庆年间重修。

水月庵

1.水月庵 在南门内，乾隆年修。庵前为往来舟楫停泊之所，殿庑堂厨计屋二十六间。（刘懋赞《秋杪同张湛游水月庵诗》："零落吾侪只短蓑，故山风雨奈愁何？斜阳细雨浮钟磬，幽寺无人黯薜萝。双泪老垂雏菊尽，一生兴傍酒杯多，诸君不厌招提寂，佛火禅林足啸歌。"仲素《舟泊水月庵诗》："停舟依古刹，衰柳荫孤篷。溪月一轮白，村灯几处红。桄榔声渐减，鸿雁影初逢。久客思归去，连宵有梦通。"郑燮《过水月庵诗》："户外喧阗院宇闲，不图人境有禅关。夜寒水映香台月，春远梅舒老客颜。自是高僧多净业，却余古貌似深山。海边斥卤吾尤渴，日铸天泉供未悭。"）

2.水月庵　南门内。

3.水月庵　十二楹。借设第五小学校。三铺。（东台市，详旧志）

4.水月庵　在刘庄。

按：1见于嘉庆周志卷之三十五《寺观·仙释》，2见于（清）阿克当阿等修、姚文田等纂（嘉庆）《扬州府志》卷二十九《寺观》，3见于民国袁志残稿《东台县志稿·建置志·祠庙》，4见于李恭简修（民国）《兴化县续志·舆地志·祠庙》。1、2、3之水月庵疑为一庵，在东台县城南门内，乾隆年间修建，庵前为往来舟楫停泊之所，清代刘懋赞、仲素、郑燮等皆有游水月庵诗。刘懋赞事不详。仲素，南通海安西场镇人，著有《茗叟诗草》，其子仲鹤庆与郑板桥等友善。郑板桥与东台寺庙渊源颇深，与寺僧交往频繁，相关诗文亦多。4之水月庵在刘庄，刘庄一度属兴化县，后划入东台县，现属大丰区刘庄镇。

西方庵

1.西方庵 在西门外，明崇祯年，邑人曹一方捐建。

2.西方庵 西门外，明崇祯中，邑人曹一芳建。

3.西方庵 十一楹。（时堰市新增）

按：1见于嘉庆周志卷之三十五《寺观·仙释》，2见于（清）阿克当阿等修、姚文田等纂（嘉庆）《扬州府志》卷二十九《寺观》，3见于民国袁志残稿《东台县志稿·建置志·祠庙》。1、2之西方庵在东台县城西门外，崇祯年间由曹一芳捐建，前述祥兴庵亦由曹一芳捐建。3之西方庵在时堰，民国时新增。

圆通庵

1.圆通庵 在东门内，明崇祯年，邑人潘庠建。

2.圆通庵 东门内，明崇祯中，邑人潘庠建。

按：1见于嘉庆周志卷之三十五《寺观·仙释》，2见于（清）阿克当阿等修、姚文田等纂（嘉庆）《扬州府志》卷二十九《寺观》。圆通庵在东台县城东门内，邑人潘庠始建于明崇祯年间。

永盛庵（兰田庵）

1.永盛庵即兰田庵 在县治北，顺治三年，姜氏公建。

2.兰田庵 县北关帝庙后，国朝顺治三年建，今名永盛庵。

3.永盛庵 十二楹。俗称姜家宗祠。（东台市，详旧志）

按：1见于嘉庆周志卷之三十五《寺观·仙释》，2见于（清）阿克当阿等修、姚文田等纂（嘉庆）《扬州府志》卷二十九《寺观》，3见于民国袁志残稿《东台县志稿·建置志·祠庙》。永盛庵即兰田庵，姜氏公建于顺治三年（1646），故俗称姜氏家祠，在东台县城北关帝庙后。

延生庵

1.延生庵 在彩衣街，明崇祯年，何垛蒋氏建。

2.延生庵 十四楹。（梁垛市新增）

按：1见于嘉庆周志卷之三十五《寺观·仙释》，2见于民国袁志残稿《东台县志稿·建置志·祠庙》。1之延生庵在东台县城内彩衣街，由何垛蒋氏建于明崇祯年间。老东台城主街道号称七里长街，其中较为古老繁华的一段为彩衣街，从西边的土地堂到东边的马公桥，台城人又习惯称之为新坝大街，街道两旁店铺林立，整齐划一。2之延生庵在梁垛，前述东台诸志无载，当建于清末民初。

听香庵

1.听香庵　在西门外，丁公桥河南。

2.听香庵　西门外慈济寺对河。

按：1见于嘉庆周志卷之三十五《寺观·仙释》，2见于（清）阿克当阿等修、姚文田等纂（嘉庆）《扬州府志》卷二十九《寺观》。听香庵在东台县城西门外慈济寺对河，丁公桥南，始建无考。

济世庵

在何垛朝拜巷外。

按：该条见于嘉庆周志卷之三十五《寺观·仙释》，余志未载，济世庵在何垛朝拜巷外，始建无考。

福兴庵

1.福兴庵　在何垛西红桥北，建时未考。乾隆四十四年，建大殿、园楹。嘉庆十六年，邑人夏昉、吕俊等捐资倡修续建，东西配房各八楹，有碑记。

2.福兴庵　十九楹。太平圩吕家庄。明代建，清嘉庆十一年，僧通林重修。（东台市新增，栟茶市，详旧志）

按：1见于嘉庆周志卷之三十五《寺观·仙释》，2见于民国袁志残稿《东台县志稿·建置志·祠庙》。1之福兴庵在东台何垛西红桥北，始建无考。乾隆四十四年，建大殿、园楹。嘉庆十六年，邑人夏昉、吕俊等捐资倡修续建，东西配房各八楹，有碑记。2之福兴庵在太平圩吕家庄，明代建，嘉庆十一年，僧通林重修，在今如东县栟茶镇境内。

普济庵

1.普济庵　在安丰场南。康熙年重建，乾隆年修。

2、普济庵 安丰场南。

按：1见于嘉庆周志卷之三十五《寺观·仙释》，2见于（清）阿克当阿等修、姚文田等纂（嘉庆）《扬州府志》卷二十九《寺观》。普济庵在安丰场南，始建无考，清康熙年间重建，乾隆年间重修。

榉香庵

1.榉香庵 在安丰场吴家桥西，明时建，国朝乾隆年修，其榜为董其昌书，墨迹尚存。徐枢电《上巳谯集榉香庵》诗：客到兰亭总不凡，同来野寺坐松杉。伯今被禊偕子季，籍也流觞醉阿成。燕羽参差飞绮陌，桃花历乱扑征衫。归途况有如钩月，处处撩人饿眼馋。

2.榉香庵 安丰场吴家桥西，明董其昌额，墨迹犹在。

按：1见于嘉庆周志卷之三十五《寺观·仙释》，2见于（清）阿克当阿等修、姚文田等纂（嘉庆）《扬州府志》卷二十九《寺观》。榉香庵在安丰场吴家桥西，始建于明代，乾隆年间重修，其榜额为明末书画大家董其昌所书，清嘉庆年间其墨迹尚存。东台嘉庆同周志中收录徐枢电[1]《上巳谯集榉香庵》诗一首，上巳日多为夏历三月初三日，被禊为古代民俗，指每年于春季上巳日在水边举行祭礼，洗濯去垢，消除不祥。

大悲庵

1.大悲庵 在安丰场周家桥西。秦黉《过大悲庵》诗：为道禅居好，同来野寺阿。短墙双户闭，环水小桥过。华鸟迎人静，茶瓜饷客多。了无尘俗虑，美煞老维摩。仲鹤庆《过大悲庵赠僧禹平》诗：闻知老衲无相识，除是诗人只闭关。行过长溪桥一曲，来寻深树屋三间。纷纷败叶西风紧，黯黯黄花落照闲。题得数行出门去，空林鸦乱正归山。

2.大悲庵 安丰场周家桥西。

按：1见于嘉庆周志卷之三十五《寺观·仙释》，2见于（清）阿克当阿等修、姚文田等纂（嘉庆）《扬州府志》卷二十九《寺观》。大悲庵在安丰场周家桥西，始建虽无明载，但清代秦黉、仲鹤庆等皆有游大悲庵诗传世，足证大悲庵最迟应建于清乾隆朝以前，乾隆年间有僧禹平在庵。

---

[1]徐枢电，其人事不详，据周建生《东台佛缘》载，徐枢电，字宝孕，工诗，尤工画山水，然周所引诗文题目遗漏"上巳"二字，诗中"扑"误作"朴"。

海藏庵

1.海藏庵在角斜场，乾隆年修。戴胜徵《海藏庵》诗：茫茫野月来，微微石磬响。依响觅所憩，一迳果萧爽。入户如故乡，忘机须僻壤。抚心何错忤，低首愧龙象。

2.海藏庵　角斜场。

按：1见于嘉庆周志卷之三十五《寺观·仙释》，2见于（清）阿克当阿等修、姚文田等纂（嘉庆）《扬州府志》卷二十九《寺观》。海藏庵修于清乾隆年间，在角斜场，原属东台县，今属南通市海安市角斜镇。戴胜徵有《海藏庵》诗一首。

福缘庵

1.福缘庵　在盐港口。

2.福缘庵、善缘庵　并在盐港口。

3.福缘庵　十二楹。袋子团。（东台市新增，栟茶市，详旧志）

4.福缘庵　十楹，俱东陈庄。（时堰市新增）

按：1见于嘉庆周志卷之三十五《寺观·仙释》，2见于（清）阿克当阿等修、姚文田等纂（嘉庆）《扬州府志》卷二十九《寺观》，3、4见于民国袁志残稿《东台县志稿·建置志·祠庙》。1、2、3之福缘庵疑为一庵，在盐港口，盐港口在栟茶场，后划入角斜镇，疑为今海安市角斜镇沿口村。4之福缘庵在东陈庄，疑为今东台市时堰镇陈庄村。

善庆庵

在盐港口。

按：该条见于嘉庆周志卷之三十五《寺观·仙释》。善庆庵在盐港口，即今如东县栟茶镇境内。

莲子庵

1.莲子庵　在富家滩，雍正三年，缪殿受、张丽生建。

2.莲子庵、甘露庵　并在富家滩。

3.莲子庵洰。（富安西市，详旧志）

按：1见于嘉庆周志卷之三十五《寺观·仙释》，2见于（清）阿克当阿等修、姚文田等纂（嘉庆）《扬州府志》卷二十九《寺观》，3见于民国袁志残稿《东台县志稿·建置志·祠庙》。1、2之莲子庵在富家滩，即今海安市角斜镇富港村（原富滩村等合并）。雍正三年（1725），缪殿受、张丽生建，缪殿受事不详，张丽生系角斜人，因其捐施救济，嘉庆《扬州府志》在"人物笃行"中依例附书。①莲子庵、甘露庵、准提庵等皆缪、张二人所建。3之莲子庵在东台富安镇，民国时已废。

甘露庵

1.甘露庵　在富家滩，雍正三年缪殿受、张丽生建。

2.甘露庵　六楹。俱三灶。（东台市新增，栟茶市，详旧志）

3.甘露庵潭。（富安西市，详旧志）

按：1见于嘉庆周志卷之三十五《寺观·仙释》，2、3见于民国袁志残稿《东台县志稿·建置志·祠庙》。1、2之甘露庵疑为一庵，在富家滩，即今海安市角斜镇富港村，缪殿受、张丽生建。3之甘露庵在东台富安镇，民国时已废。

准提庵（公界庵）

1.准提庵　即公界庵，在富家滩，雍正三年缪殿受、张丽生建。

2.公界庵　即准提庵。

3.准提庵　十二楹。十灶。（东台市新增，栟茶市，详旧志）

4.准提庵即公界庵，潭。（富安西市，详旧志）

5.准提庵　十二楹，俱宝善坊。（梁垛市新增）

按：1见于嘉庆周志卷之三十五《寺观·仙释》，2见于（清）阿克当阿等修、姚文田等纂（嘉庆）《扬州府志》卷二十九《寺观》，3、4、5见于民国袁志残稿《东台县志稿·建置志·祠庙》。1、2、3之准提庵为一庵，即公界庵，在富家滩，即今海安市角斜镇富港村。4之准提庵袁志残稿云其即公界庵，然在富安西市，其位置似与诸志所记有误，姑录此存疑。5之准提庵在民国时期梁垛市宝善坊，系新增。

---

①原属东台县、今属海安市、如东市之寺庙及相关地名、人物，栟茶民间文史爱好者沈小洪先生考证甚多，其考证文章散见于网络及其公号，可资参考。

福慧禅院

福慧禅院　在西门外便民桥北，顺治中，邑人孙印略捐地起建，又施田以给常住，天都方一笼有记。乾隆十七年，僧昷峰修。嘉庆十七年，僧了智重修。闵琇《坐福慧庵圃中》诗：圃胜抱双林，秋容净俗襟。野泉间饮犊，高树密巢禽。元亮方农事，维摩自道心。兴来倚萝薜，彷佛碧山岑。

按：该条见于嘉庆周志卷之三十五《寺观·仙释》。福慧禅院在东台县城西门外便民桥北，顺治年间，邑人孙印略捐地起建，并施地供养常住寺僧，天都方一笼有记，天都即京师，方一笼事不详。乾隆十七年，僧昷峰修。嘉庆十七年，僧了智重修。昷峰及了智事另参《人物卷》古代寺僧相关内容。闵琇有《坐福慧庵圃中》诗一首，闵琇其人不详，然嘉庆周志将该诗附于福慧禅院之后，似不妥，因嘉庆《扬州府志》记有福慧庵，与福慧禅院似非同一道场，院在桥北，庵在桥南，故该诗宜置福慧庵后，但东台嘉庆周志却未收录福慧庵，此处存疑。

福慧庵

西门外便民桥南，国朝顺治中，居士孙印略捐地建，又施田以给常住。天都方一笼记，华宇讳印略，姓孙氏，何垛场人，少习驵僧业，犺直乡里，中年近四十，改业事佛秉戒，磬山沿场习未闻，折□亩□而创立禅院，大阐宗风，自福慧商老人始，商老人卓□慧，使缁素，知有最上一著，而丛林继兴，亦惟华宇为之倡焉，则华宇事佛之功不亚于□庸福慧，乃为场中建无尚菩提矣。华宇素不识丁，自戊子始，至福慧受商老人钳锤，痛不知凡几，几从此省悟，于千七百枯椿，出口成颂，诸山老宿欲藉为衣钵重者，皆辞不受。商老人书“心空及第”与之，逮商老人示寂，邗江□旋。福慧庚子秋将择地建塔，华宇鸣于众曰：形体幻化，历古皆然，当藉老人以不朽耳。乃彻居屋为塔基，立己塔于傍，越半载，年七十，于顺治辛丑四月四日，偶沾渴疾，说偈而去。无嗣，其姪及亲戚道友阇维之，藏其灵首于塔，从其志也。有颂古二卷行于世。

按：该条见于（清）阿克当阿等修、姚文田等纂（嘉庆）《扬州府志》卷二十九《寺观》，东台嘉庆周志未载。福慧庵在东台县城西门外便民桥南，顺治年间由居士孙印略捐地建，又施田以给常住。天都方一龙记孙印略事甚详，孙印略字号或为华宇，东台何垛场人，年轻时为寺庙买卖马匹，横

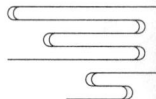

行乡里，年近四十改业事佛，并捐建福慧禅院。且受福慧禅院商老人影响，商老人手书"心空及第"四字赠与孙印略，后商老人示寂时，孙印略亦建己塔于商老人之塔旁，孙印略后亦于顺治辛丑四月四日说偈而去，顺治辛丑年为1661年。

福慧庵民国初年有霭晴老和尚，先后收苇乘和苇宗兄弟为徒。

莲华庵

莲华庵，始建无考，庵址不详，民国时在东台境内，莲华庵第二代为普济[①]尼僧，弟子守培尼师。

藏经院

1.在安丰场，明天启二年，魏国公徐宏基建，后圮。国朝康熙元年，王自琦倡修，乾隆年间僧修德重修。

2.安丰场。明天启中，魏国公徐宏基建。

按：1见于嘉庆周志卷之三十五《寺观·仙释》，2见于（清）阿克当阿等修、姚文田等纂（嘉庆）《扬州府志》卷二十九《寺观》。藏经院在东台安丰场，明熹宗天启二年（1622年），魏国公徐宏基建，后废。康熙元年，王自琦倡修藏经院，乾隆年间僧修德重修藏经院，王自琦及僧修德事不详。

北禅院、绿树院

1.并在秦潼镇，院有古槐一株，长枝委地数百年，旧植也，为秦潼八景之一。

2.并在秦潼镇，有古槐一株，长枝委地，数百年旧植也，为秦潼八景之一。

按：1见于嘉庆周志卷之三十五《寺观·仙释》，2见于（清）阿克当阿等修、姚文田等纂（嘉庆）《扬州府志》卷二十九《寺观》。北禅院、绿树院皆在秦潼镇，秦潼镇时属东台县，现属泰州市姜堰区溱潼镇。北禅院即北村禅院，绿树院即西院，绿树院有一数百年古槐，二院皆为溱潼八景之一，"溱潼八景"说法有二：一说清朝乾隆年间，苏州府教授、溱潼孙家庄进士

---

① 守培：《东台莲华庵尼僧印慈祭文（代撰）》见《妙法轮月刊》，1944年，第10期。黄夏年：《民国佛教期刊文献集成补编》（75卷），北京：中国书店出版社，2008年，第455页。

孙乔年，分别以八处自然景物为题材，题了七绝八首，景以诗传。其八景是：东观归渔、南楼读书，西湖返照、北村莲社、花影清皋、禅房修竹、石桥明月，绿院垂槐。辛亥革命前后，溱潼八景又出现了另一种说法。即：东观观渔、西院庭槐、北村禅院，板桥秋月、堤柳春莺，花影清潭，荒窑灵树。北禅院分别对应旧新"溱潼八景"中的"北村莲社""禅房修竹"和"北村禅院"，绿树院分别对应旧新"溱潼八景"中的"绿院垂槐"和"西院庭槐"。

孙乔年"溱潼八景"诗中涉及"北禅院"和"绿树院"的有三首：《北村莲社》《禅房修竹》和《绿院垂槐》。

三元宫（三元庵）

1、三元宫 在西门内。

2、三元宫 西门内。

3、三元宫 二十三楹。（东台市，详旧志）

4、三元宫 九楹。俱协和坊。（梁垛市新增）

5、三元庵 十八楹。（时堰市新增）

按：1见于嘉庆周志卷之三十五《寺观·仙释》，2见于（清）阿克当阿等修、姚文田等纂（嘉庆）《扬州府志》卷二十九《寺观》，3、4、5见于民国袁志残稿《东台县志稿·建置志·祠庙》。三元宫疑为道教道场，"三元"指所祀的天、地、水，道教亦称"三官"，然因佛道杂处，姑录之。1、2、3之三元宫为同一道场，在东台县城西门内，始建无考。4之三元宫民国时期属东台县下辖梁垛市，即今东台市梁垛镇。5之三元庵民国时期属东台县下辖时堰市，即今东台市时堰镇。

武当行宫

在西门外便民桥西。

按：该条见于嘉庆周志卷之三十五《寺观·仙释》。武当行宫在东台县城西门外便民桥西，始建无考，观其名当为道教道场，兹不细考。

玉皇阁

在西门便民桥西。

按：该条见于嘉庆周志卷之三十五《寺观·仙释》。同上条"武当行宫"，疑亦为道教道场，兹不细考。

戴恩阁

在小海团，旧有遗址。乾隆四十三年，里人朱又节等改建，夏光祖捐金置田以供香火。

按：该条见于嘉庆周志卷之三十五《寺观·仙释》。戴恩阁在小海团，原属东台县境内，今为盐城市大丰区小海镇。乾隆四十三年（1778），当地人朱又节等改建，夏光祖捐金置田以供香火，朱又节、夏光祖二人事不详。

三官殿

1、三官殿 一在县治西分司署右，宋时建，元毁于火，明天顺四年义官姜恭重修今圮，国朝嘉庆二十一年邑人公修。一在县治西门外大街，明万历三年建，天启五年，邑人金希辂捐二千金建千佛楼即千佛院于殿后，有碑记剥蚀不可辨，国朝乾隆五十五年，僧了真重修。黄云《同人集》"千佛楼"诗：故人邀避暑，尘气此中清，小院覆梧色，空堂闻雨声，寺贫饶妙趣，僧静有诗情，莫负终朝坐，秋帆又远征。一在梁垛场，明天启六年建，国朝康熙三年汪济之、叶旦重修。一在富家滩，唐时建后圮，国朝乾隆四十五年重修。一在安丰场，嘉庆十六年商人鲍致远重修。

2、三官殿有四。一在县西，元毁于火，明天顺中重建；一在西门外大街；一在梁垛场；一在富家滩，唐时建。

3、三官殿 四十楹。（东台市，详旧志）

4、三官殿 滢。（富安西市，详旧志）

5、三官殿 （梁垛市，详旧志）

按：1见于嘉庆周志卷之三十五《寺观·仙释》，2见于（清）阿克当阿等修、姚文田等纂（嘉庆）《扬州府志》卷二十九《寺观》，3、4、5见于民国袁志残稿《东台县志稿·建置志·祠庙》。东台嘉庆周志中计列三官殿有五[①]：

一在县治西分司署右，宋时建，元毁于火。明英宗天顺四年（1460）义

[①]东台嘉庆周志记三官殿有五，而嘉庆《扬州府志》记三官殿有四，无安丰场之三官殿，实因嘉庆《扬州府志》修于嘉庆十五年（1810年），而安丰场之三官殿修于嘉庆十六年（1811年），是嘉庆《扬州府志》编修在前，安丰场三官殿修在后。

官姜恭重修，清嘉庆二十一年（1816）邑人公修。义官为中国古代专设的一种编外官职，明朝时最为盛行，由官府直接任命或采用其他奖励形式向社会颁布。义官家境富裕，不拿俸禄，在社会上拥有一定的地位，能直接参与当地官府、域内的管理事宜。姜恭事不详。

一在县治西门外大街，明神宗万历三年（1575）建，明熹宗天启五年（1625），邑人金希辂捐二千金建千佛楼，即千佛院于殿后，有碑记，剥蚀不可辨，金希辂事不详。清乾隆五十五年（1790），僧了真重修。了真，江苏丹徒人，俗姓王，字湛如。出家后依佑圣寺智光禅师参学，后受戒于焦山铁夫律师，曾至东台三昧、镇海、千佛等处。黄云《同人集》"千佛楼"诗[1]：故人邀避暑，尘气此中清。小院覆梧色，空堂闻雨声。寺贫饶妙趣，僧静有诗情。莫负终朝坐，秋帆又远征。

一在梁垛场，明天启六年（1626）建，清康熙三年（1664），汪济之、叶旦重修，汪济之、叶旦二人事不详。3之三官殿疑即此殿。

一在富家滩，即今海安市角斜镇富港村。始建于唐代，清乾隆四十五年（1780）重修。

一在安丰场，即今东台市安丰镇。清嘉庆十六年（1811），商人鲍致远重修。鲍致远，安徽歙县棠樾人，为清两淮盐务总商鲍志道之堂弟，今东台市安丰镇鲍氏大楼即其所建，总面积3000多平方米，现保存完好的3进13间，建筑面积为411.2平方米。鲍氏大楼为徽式宅院，将古代徽派民间建筑和苏北地方文化融为一体，布局独特，雕饰典雅，1995年列为江苏省文物保护单位。鲍致远钱庄原址现建有东台市稠州村镇银行设立的仿古式钱庄——稠州钱庄，内有柜台、账房、银窖等专项设施。

北极殿

1.北极殿 一在安丰场北，明万历年建，后圮。国朝乾隆、嘉庆年间先后重修。一在梁垛场北，唐时建，后圮，国朝乾隆年修。

2.北极殿 安丰场。

3.北极殿（梁垛市旧志）

按：1见于嘉庆周志卷之三十五《寺观·仙释》，2见于（清）阿克当阿

---

①黄云《同人集》"千佛楼"诗，该黄云当非明代苏州昆山之黄云，其事不详。《同人集》为如皋人冒辟疆所辑与友朋觞咏酬答诗文，疑黄云《千佛楼》诗收录其中。

等修、姚文田等纂（嘉庆）《扬州府志》卷二十九《寺观》，3见于民国袁志残稿《东台县志稿·建置志·祠庙》。北极殿有二，一在安丰场北，即今东台市安丰镇，清嘉道年间有僧号一粒，收徒慧皓嗣席宝华山第十二代；一在梁垛场北，即今东台市梁垛镇。梁垛之北极殿建于唐代，清乾隆年间重修。安丰之北极殿建于明万历年间，清乾隆、嘉庆朝重修，今东台安丰镇有重修之北极殿。

北极院

在县东大团乡。

按：该条见于民国李恭简修《兴化县续志·舆地志·祠庙》。北极院始建无考，大团乡时属兴化县，今属盐城市大丰区新丰镇大团村。

上真殿

1.上真殿 在角斜场，嘉庆三年重修。

2.上真殿 角斜场。

按：1见于嘉庆周志卷之三十五《寺观·仙释》，2见于（清）阿克当阿等修、姚文田等纂（嘉庆）《扬州府志》卷二十九《寺观》。上真殿在角斜场，即今南通市海安市角斜镇，始建无考，嘉庆三年（1798）重修。上真殿一般为祭奉真武大帝的道观，如泰州之上真殿即为道观，然因盐城境内佛道杂处，姑录之。且因其所在之角斜今已不在盐城境内，兹不细考。

痘神庙

1.痘神庙 在县治西北。

2.痘神庙 十九楹。俱头铺。（东台市，详旧志）

按：1见于嘉庆周志卷之三十五《寺观·仙释》，2见于民国袁志残稿《东台县志稿·建置志·祠庙》。痘神庙在东台县城西北，始建无考，然东台老县城有痘神庙巷，即因庙取巷名。

明真观（华王庙）

1.在县治东北，宋时建，元末毁于火。明洪武十七年，邑人夏舜卿重建，后圮。隆庆中，复建于北门内傅家巷北，今道士奉华王像于正殿，改称华王庙。

2.明真观　县东北，宋时建，后毁于火。明初屡圮，隆庆中改建于北门内傅家巷，道士塑华王像于中，因称华王庙。

3.明真观　三十楹。中为真武殿，左为火神殿，右华王殿。邑人称为华佗庙。俱六铺。（东台市，详旧志）

按：1见于嘉庆周志卷之三十五《寺观·仙释》。2见于（清）阿克当阿等修、姚文田等纂（嘉庆）《扬州府志》卷二十九《寺观》，3见于民国袁志残稿《东台县志稿·建置志·祠庙》。明真观在东台县城东北，建于宋代，元末毁于火。明洪武十七年（1384），邑人夏舜卿重建，后圮，夏舜卿事不详。明穆宗隆庆中，复建于北门内傅家巷北。清嘉庆年间，道士奉华王像于正殿，敬奉神医华佗，改称华王庙。然民国袁志残稿《东台县志稿》认为"中为真武殿，左为火神殿，右华王殿"，与东台嘉庆周志及嘉庆《扬州府志》所云华王像居中不符，姑录此存疑。然明真观显系道观，即使后来改奉华佗，亦系道士主之，其后有无崇佛之事亦无考。

元明观

1.元明观　在梁垛场北，唐时建，一名北观。国朝顺治六年毁于火，大使朱斗璇、副使毛尚文重建。康熙三年，商人方鸿逵、道士李正伦重修。分司汪兆璋记略，北极真武为道家之所崇奉，其位法天之斗，故庙多在北。北方水，水色黑，故其号元，职主于镇魔伏邪，驱除荡涤，故有武之号。梁垛旧有庙，相传创始于唐宋，入明一修于宣德五年，再修于万历十年，皆有碑记。迄今百余年，兴废不常。康熙丁未予谒选得分运两淮之泰州，所隶十区，地滨海澨，每岁夏秋例行部各属至南梁场北，有庙就视其门垣殿庑，悉倾颓圮塌，询之土人，知为北极元明观。越明年，再过其地，焕然改观，问谁实举此，则徽商方名鸿逵所捐资建也。予尝接晤方君，其为人浑朴笃厚，平居力行善事，孳孳不怠，如施醅药，修桥梁，平衢路，一切济人利物之事，每岁无虚，又镂功过格广诸同志，以遂其与人为善之怀，今复有是举，费金钱千有百缗，工既竣，其里之人德方君，谓予实宦此地，言可以传信，乞余文为记，遂书以异之。

2.元明观　梁垛场，唐时建。国朝毁于火，大使朱斗璇等重建。

3.元明观　亦名北观，十楹，协和坊。（梁垛市，详旧志）

按：1见于嘉庆周志卷之三十五《寺观·仙释》，2见于（清）阿克当阿等修、姚文田等纂（嘉庆）《扬州府志》卷二十九《寺观》，3见于民国袁志残稿《东台县志稿·建置志·祠庙》。元明观，亦名"北观"①，在梁垛场，即今东台市梁垛镇，始建于唐代。清顺治六年（1649）毁于火，大使朱斗璇、副使毛尚文重建。康熙三年（1664），商人方鸿逵、道士李正伦重修，后邀两淮泰州分司汪兆璋为之作记。朱斗璇、毛尚文事不详。汪兆璋，字苇斯，安徽黟县宏村人，本为盐商子弟，康熙六年（1667），以明经选授两淮泰州分司，后历任沧州运判、广东盐课提举司等职。方鸿逵为徽商，在东台经商期间，"力行善事""济人利物"，元明观之重修即其捐施之功。道士李正伦事不详，是元明观为道观无疑，且清康熙年间应为道观。

崇宁观

1.崇宁观在安丰场，明洪武年建，万历年修，国朝康熙二年徐我选倡修。

2.崇宁观 安丰场，明洪武中建。

按：1见于嘉庆周志卷之三十五《寺观·仙释》，2见于（清）阿克当阿等修、姚文田等纂（嘉庆）《扬州府志》卷二十九《寺观》。崇宁观在安丰场，即今东台市安丰镇。明洪武年间建，万历年间修。清康熙二年（1663），徐我选倡修，徐我选事不详。据东台嘉庆周志《仙释》云："赵凌虚，安丰崇宁观道士，有道气多法术……晚年目失明，时与人斗象棋，耳听口授，指示局道，人不能胜。"赵凌虚事不详，然是时崇宁观当为道观则无疑。清代东台安丰盐民诗人吴嘉纪有《崇宁观钟》诗一首。

佑圣观

1.佑圣观 在栟茶场，宋时建，元至正中修，国朝嘉庆六年重修。

2.佑圣观 栟茶场。

3.佑圣观 在白驹。

按：1见于嘉庆周志卷之三十五《寺观·仙释》，2见于（清）阿克当阿等修、姚文田等纂（嘉庆）《扬州府志》卷二十九《寺观》，3见于民国李恭简修《兴化县续志·舆地志·祠庙》。1、2之佑圣观在栟茶场，即今南通市如东县栟茶镇，始建于宋代，元至正年间及清嘉庆六年（1801）重修。3

---

① 观汪兆璋所作之记，元明观又名"北极元明观"，似为前述在梁垛之北极殿，东台诸旧志中云其为"北观"，疑安丰之北极殿可能系与其相对应之"南观"。

之佑圣观在白驹，民国时曾属兴化县，后曾划归东台县，现属盐城市大丰区白驹镇，始建无考。

以上为东台嘉庆周志及嘉庆《扬州府志》主要收录之寺庙，另有民国袁志残稿《东台县志稿·建置志·祠庙》及民国李恭简修《兴化县续志·舆地志·祠庙》中所录而未为前两志收录者，特补辑如下，其中明确为道观及名宦乡贤公祠者不录。

八蜡庙

六楹。

按：该条见于民国袁志残稿《东台县志稿·建置志·祠庙》，东台嘉庆周志未收录八蜡庙，然其卷之三十五《寺观·仙释》收录人物"释隐贤"条云："释隐贤，住本城八蜡庙，有苦行，终日拜经，佛前立脚之石，迹深寸许。"是则东台县亦有八蜡庙，且有记其附于刘猛将军庙之说。

刘猛将军庙

十二楹。在智乐坊。（祠庙改入寺观）

按：该条见于民国袁志残稿《东台县志稿·建置志·祠庙》。刘猛将军并非姓刘名猛，而是指一位姓刘的猛将军，是元朝末年曾任江淮指挥使的刘承忠，当时江淮地区大旱，刘承忠指挥扑灭蝗虫，元亡后，承忠投河而死，江淮人民感念其功，尊他为"刘猛将军"，建庙祭祀。清雍正二年（1724），诏令各省、府、州、县建"刘猛将军庙"，每年春秋祭祀，故全国各地多建有刘猛将军庙，如安徽省合肥市原东市区人民政府机关大楼即为刘猛将军庙遗址。

祗园舍

十三楹。俱头铺。

按：该条见于民国袁志残稿《东台县志稿·建置志·祠庙》。祗园舍在头铺，头铺不知为今东台何地，然《东台县志》记养济院时云"在西门内头铺"，东台场有头铺—六铺之分，据东台相关史志，头铺应在今东台市东台镇境内，邑庙巷、文庙巷、痘神庙巷、观音庵巷等皆在其中。

龙王庙

1.十四楣。

2.在西团。

按：1见于民国袁志残稿《东台县志稿·建置志·祠庙》，2见于民国李恭简修《兴化县续志·舆地志·祠庙》。龙王庙在西团，民国时属兴化县，后改属东台县，现属盐城市大丰区西团镇。

平远庵

十六楣。借设东台市立第五小学校。

按：该条见于民国袁志残稿《东台县志稿·建置志·祠庙》。据民国袁志残稿所载，平远庵似应在民国时期庙产兴学背景下改设为东台市立第五小学。

海月庙

十六楣。清道光朝建修。五铺。

按：该条见于民国袁志残稿《东台县志稿·建置志·祠庙》。海月庙建于清道光朝，在五铺，五铺为东台场旧地名。

都天庙（降福禅院、都天行宫）

1.降福禅院即都天庙。（梁垛市新增）

2.都天行宫 十二楣。（梁垛市新增）

3.都天庙 祠废，入寺观。（安丰市详旧志）

4.都天庙 祠废，入寺观。（梁垛市详旧志）

按：都天庙、降福禅院、都天行宫见于民国袁志残稿《东台县志稿·建置志·祠庙》，都天庙似应在今东台市梁垛镇、安丰镇境内。其中梁垛之都天庙又称降福禅院、都天行宫。另时属东台之角斜亦有都天庙。

潘家庵

八楣。

按：该条见于民国袁志残稿《东台县志稿·建置志·祠庙》，潘家庵显系家庵。

葛家庵

三十七楹。

按：该条见于民国袁志残稿《东台县志稿·建置志·祠庙》，葛家庵显系家庵。

太平庵

1.太平庵 十二楹。太平圩，张倪庄。（东台市新增，栟茶市，详旧志）

2.太平庵 九楹。（梁垛市新增）

3.太平庵 十一楹。（时堰市新增）

按：1、2、3见于民国袁志残稿《东台县志稿·建置志·祠庙》，所录太平庵分别在民国时期东台县属之栟茶市、梁垛市、时堰市，即今如东县之栟茶镇、东台市之梁垛镇、时堰镇境内。

净土庵

1.净土庵 十二楹。十五灶。（东台市新增，栟茶市，详旧志）

2.净土庵 十余楹，俱史家堡。（时堰市新增）

按：1、2见于民国袁志残稿《东台县志稿·建置志·祠庙》，所录净土庵一在栟茶市十五灶，即今如东县栟茶镇境内；一在时堰市史家堡，即今东台市时堰镇境内。

贞节净土院

在刘庄。民国十年，邑人高鹤年游山归里，誓愿倡建。……定曰十方贞节净土院，简称今名。王震、程德全题额。……民十四全部落成……

按：该条见于民国李恭简修《兴化县续志·舆地志·祠庙》，刘庄贞节净土院，现简称刘庄净土院，系民国时期刘庄高鹤年居士倡建。

药师庵

1.药师庵 十二楹。姜家洼。（东台市新增，栟茶市，详旧志）

2.药师庵 十二楹。（安丰市新增）

按：1、2见于民国袁志残稿《东台县志稿·建置志·祠庙》。药师庵有二：一在栟茶姜家洼，一在安丰，兹不细考。

草禅堂

三十楹。（安丰市新增）

按：该条见于民国袁志残稿《东台县志稿·建置志·祠庙》，为民国时期东台县安丰市新增。

西照庵

十六楹。（安丰市新增）

按：同上。

瓦善庵

十二楹。（安丰市新增）

按：同上。

德云庵

十二楹。（安丰市新增）

按：同上。

九华庵

十六楹。（安丰市新增）

按：同上。

长生庵

1.长长（生）庵①十二楹。（安丰市新增）

2.长生庵　十二楹。（梁垛市新增）

按：1、2见于民国袁志残稿《东台县志稿·建置志·祠庙》。长生庵有二：一在安丰，一在梁垛，兹不细考。

---

①民国袁志残稿原稿为"长长庵"，当系"长生庵"之笔误，袁承业先生手书"生"字于第二个"长"之旁。

火星庙

1.火星庙 六楹。（安丰市新增）

2.火星庙 十二楹。（梁垛市新增）

按：1、2见于民国袁志残稿《东台县志稿·建置志·祠庙》。火星庙有二：一在安丰，一在梁垛，兹不细考。

净业庵①

十八楹。俱街西。（安丰市新增）

按：该条见于民国袁志残稿《东台县志稿·建置志·祠庙》，为民国时期东台县安丰市新增。

楞严庵②

六楹。（梁垛市新增）

按：该条见于民国袁志残稿《东台县志稿·建置志·祠庙》，为民国时期东台县梁垛市新增。

北土地祠

六楹。（梁垛市新增）

按：同上。

南土地祠

六楹，俱敦化坊。（梁垛市新增）

按：同上。

白衣庵

十三楹，俱安乐坊。（梁垛市新增）

按：同上。

①自净业庵始，下至清贞庵，皆为民国时期东台县时堰市新增寺庵。

②自楞严庵始，下至五里庙，皆为民国时期梁垛市新增寺庵。

福神庵

十二楹。（梁垛市新增）

按：同上。

五里庙

又名三里庙。（梁垛市新增）

按：同上。

静业庵

1、静业庵 二十二楹，宋建，借设警察分驻所。（时堰市新增）

2、静业庵 十二楹，梁家垛，俱明代建。（时堰市新增）

按：1、2见于民国袁志残稿《东台县志稿·建置志·祠庙》。民国时期时堰市静业庵有二：一建于宋代，后为警察分驻所借用；一在建于明代，在梁家垛。

茶庵

九楹，借驻警备队。（时堰市新增）

按：该条见于民国袁志残稿《东台县志稿·建置志·祠庙》，为警备队借用。

毗卢庵

1.毗卢庵 十二楹，罗顾庄。（时堰市新增）

2.毗卢庵 二十二楹，千户庄。（时堰市新增）

3.毗卢庵 十二楹，俱郭家堡，均清代建。（时堰市新增）

按：1、2、3见于民国袁志残稿《东台县志稿·建置志·祠庙》。民国时期时堰市毗卢庵有三：一在罗顾庄，一在千户庄，一在郭家堡，均为清代所建。

青莲庵

十五楹，欧家庄。（时堰市新增）

按：该条见于民国袁志残稿《东台县志稿·建置志·祠庙》，青莲庵在欧家庄。

乐善庵

1、乐善庵 十二楹，范家庄。（时堰市新增）

2、乐善庵 十五楹，刘纪庄。（时堰市新增）

按：1、2见于民国袁志残稿《东台县志稿·建置志·祠庙》。民国时期时堰市乐善庵有二：一在范家庄，一在刘纪庄。

福田庵

1、福田庵 十三楹，雁周庄。（时堰市新增）

2、福田庵 十三楹，蒋家舍。（时堰市新增）

按：1、2见于民国袁志残稿《东台县志稿·建置志·祠庙》。民国时期时堰市福田庵有二：一在雁周庄，一在蒋家舍。

功德庵

十二楹，院子头。（时堰市新增）

按：该条见于民国袁志残稿《东台县志稿·建置志·祠庙》，功德庵在院子头。

复兴庵

1、复兴庵 十五楹，暮云庄。（时堰市新增）

2、复兴庵 十二楹，喻家垛。（时堰市新增）

按：1、2见于民国袁志残稿《东台县志稿·建置志·祠庙》。民国时期时堰市复兴庵有二：一在暮云庄，一在喻家垛。

禅堂庙

十一楹，戴家泽。（时堰市新增）

按：该条见于民国袁志残稿《东台县志稿·建置志·祠庙》，禅堂庙在戴家泽，戴家泽即今泰州市兴化市戴南镇。

如意庵

十五楹，南朱庄。（时堰市新增）

按：该条见于民国袁志残稿《东台县志稿·建置志·祠庙》，如意庵在南朱庄。

永胜庵

二十余楹，罗磨庄，清光绪二十八年，僧朗月募修。（时堰市新增）

按：该条见于民国袁志残稿《东台县志稿·建置志·祠庙》，永胜庵在罗磨庄，清光绪二十八年（1902），僧朗月募修。

永宁庵

十二楹，东陈庄。（时堰市新增）

按：该条见于民国袁志残稿《东台县志稿·建置志·祠庙》，永宁庵在东陈庄。

兴隆庵

十二楹，赵万庄。（时堰市新增）

按：该条见于民国袁志残稿《东台县志稿·建置志·祠庙》，兴隆庵在赵万庄。

清贞庵

十余楹，北舍庄，清光绪十五年，贞妇传孙氏建。（时堰市新增）

按：该条见于民国袁志残稿《东台县志稿·建置志·祠庙》，清贞庵在北舍庄，清光绪十五年（1889），贞妇传孙氏建。

延寿寺

在白驹场。

按：该条见于（清）尹会、程梦星纂修（雍正）《扬州府志》卷二十五《寺观·泰州》，延寿寺在白驹场，时属泰州兴化境内，现为盐城市大丰区白驹镇，该寺嘉庆《扬州府志》及东台诸志未载。

善利庙、辞郎庙

并在西溪镇。

按：该条见于（清）尹会、程梦星纂修（雍正）《扬州府志》卷二十五《寺观·泰州》，善利庙、辞郎庙皆在西溪镇，善利庙民国袁志残稿云在西溪乡，"祀废入寺观"，辞郎庙则诸志未载，疑与东台董永和七仙女传说相关，今东台市西溪旅游文化景区民主街亦有心开尼师住持之缫丝井庵，然古泰州传说中的辞郎庙的缫丝井却在东台县丁溪（现为大丰区草堰镇丁溪村），姑录之存疑。

宝珠寺

在蚌沿河侧，相传皆宋时建。

按：该条见于（清）阿克当阿等修、姚文田等纂（嘉庆）《扬州府志》卷二十九《寺观》，宝珠寺东台诸志未载，相传建于宋代，在蚌沿河侧。与前述青龙寺、宝福寺、罗汉寺、地藏寺、观音寺俱在蚌沿河侧。

孟家庵

安丰场一仓河。

按：该条见于（清）阿克当阿等修、姚文田等纂（嘉庆）《扬州府志》卷二十九《寺观》，东台诸志未载。孟家庵在安丰场一仓河，显系家庵。

东岳庙

1.东岳庙二十楹。（安丰市新增）

2.东岳庙十六楹。（梁垛市新增）

3.东岳庙在刘庄。

按：1、2见于民国袁志残稿《东台县志稿·建置志·祠庙》，3见于民国李恭简修《兴化县续志·舆地志·祠庙》。东岳庙在盐城境内甚多，原应为道教道场，后亦有佛道杂处。1、2、3之东岳庙均见载于民国时期所编方志，1之东岳庙在安丰，今东台市安丰镇十字路口附近、原安时公路（安丰–时堰）北侧仍有东岳宫旧址，匾额尚存，然殿阁荒芜，需地方政府予以抢救保护，庶可成安丰古镇文化之一部分。2之东岳庙在梁垛，3之东岳庙在刘庄。

祠山庙

在刘庄场，上元县客商公建，即上元会馆。

按：该条见于（咸丰）梁园棣修《重修兴化县志》。祠山庙在刘庄，系上元县客商公建，故又名上元会馆。①上元县是南京自唐朝起下辖的一个县，上元也是唐朝时期南京的称呼之一。917年，分上元县另置江宁县，两县同属于升州管辖，并以秦淮河（今内秦淮河）为界，同城而治，河北为上元、河南为江宁。此后两县并存的历史维持了近千年，先后同属于江宁府（北宋）、建康府（南宋）、集庆路（元）、应天府（明）、江宁府（清）管辖。明清两代，上元县治设在今白下路101号。1912年，撤废上元县，并入江宁县。

紫云山

1. 紫云山 在刘庄场，祀三官之神。

2. 紫云山 在刘庄，祀三官之神，载前志，明万历中建……

按：1见于（咸丰）梁园棣修《重修兴化县志》，2见于民国李恭简修《兴化县续志·舆地志·祠庙》。紫云山在今大丰区刘庄镇，建于明万历二十五年（1597），初祀三官之神，应为道教道场。清乾隆年间改为佛寺，为紫云禅林，俗称紫云山。紫云山传至第九代住持法师时，一分为二。东侧是紫云禅寺，西侧是水月庵。清光绪年间，住持云峰法师又在庵前建了听秋阁。刘庄居士高鹤年"以重修山寺为己任，登山涉水，踏破芒鞋"，多方劝募，大加修建。至清末宣统年间，先后建成紫云正殿、紫云偏殿、藏经阁、阅经室、千华台，共有殿宇150余间，新塑佛像百余尊。从此，刘庄紫云山声名远扬。清人葛瀛澜形容是：遥望崇宫，云霞灿烂；拾级登临，曲折逶迤；近窥殿宇，金碧辉煌；苍松翠竹，环绕四周；晨钟暮鼓，声扬数里；凭楼远眺，可以望海隅之日出。抗战时期及解放战争期间屡遭战火被毁，建国后在其旧址建刘庄中学。

乾隆年间，兴化知县郭崇规有《赋紫云山》诗：鸣鸠声送片帆闲，蟹簖渔村卷画间。一夜雨晴春水活，菜花黄遍紫云山。

清末民初海盐朱彭寿亦有《赋紫云山》诗：紫云山寺依晴空，小市人烟一望中。如是夕阳西下候，这台楼阁半山红。

---

① 祠山庙（上元会馆）在刘庄的建立，说明至少在清代，江南客商在苏北的商业活动就已经比较活跃，并注重运用佛教信仰来维系和扩大自身的影响。

晾网寺

在西团。

按：该条见于（咸丰）梁园棣修《重修兴化县志》。西团晾网寺原址位于今大丰区西团镇西南，始建时间待考。寺中有一银杏树，树围可数人使抱，其枝叶茂盛，蔽日荫院，十分幽静。据《夜雨秋灯录》一书载，该寺藏有发绣佛像一幅，长两丈四尺，横八尺，幅头绣有蝇头小楷《金刚经》全卷。

北宝寺

在白驹。民国五年，住持胜操重修殿宇，大建道场。法徒济航参书画禅，徒孙善之，克荷成业。

按：该条见于民国李恭简修《兴化县续志·舆地志·祠庙》。北宝寺在白驹，住持胜操重建于民国五年（1916），其徒济航参书画禅。

古南寺

在刘庄。

按：该条见于民国李恭简修《兴化县续志·舆地志·祠庙》。古南寺在刘庄。

报恩寺

在刘庄。

按：该条见于民国李恭简修《兴化县续志·舆地志·祠庙》。报恩寺在刘庄。

资福院

在刘庄。

按：该条见于民国李恭简修《兴化县续志·舆地志·祠庙》。资福院在刘庄。

延庆寺

在白驹。

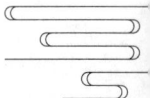

按：该条见于民国李恭简修《兴化县续志·舆地志·祠庙》。延庆寺在白驹。

白云山

在白驹。

按：该条见于民国李恭简修《兴化县续志·舆地志·祠庙》。白云山在白驹。

永兴庵

在县东小团西。

按：该条见于民国李恭简修《兴化县续志·舆地志·祠庙》。永兴庵在小团，小团为今大丰区新丰镇小团村。

三清观

在小团。

按：该条见于民国李恭简修《兴化县续志·舆地志·祠庙》。三清观亦在小团，应为道观。

化城庵

西竺和尚，幼业儒，既长以学道，弃家去为僧，住持金陵兰若，益勤学，淹贯经史，博通内典，得受付为讲师，每登座讲说，能令智者点头，愚者易虑，宗风大振。魏国公徐宏基师事之，尊礼供养如弟子，竟陵钟伯敬、谭友夏与为方外友，疑义相质证，不减苏黄之交。参寥佛印也，所著诗归大半脱稿于其室。年既老，其法嗣密正延住虎墩①化城庵，摆脱言铨，更自出一头地，有向之问道者，但示以意旨，不复从文字解索矣。凡数年，年八十五竟示寂于化城，所著有《楞严合辙》，精于禅理，释家奉为宝筏。

按：该条见于嘉庆周志卷之三十五《寺观·仙释》，化城庵在寺观中并未单列，东台其他诸志亦未见记载，然"西竺和尚"传却明确提及其年老后为弟子密正延请入住虎墩化城庵，最后亦圆寂于化城庵。虎墩为东台市富安镇老地名。

①虎墩即今东台市富安镇，东台未置县前向云"泰州虎墩"，后一度亦有海安虎墩之说。

以下为东台相关史志所附诸"塔"①

旧石塔

在西溪镇东，即唐太宗时东台圣果院三昧塔也，今为海潮所荡，塔基突出如卵，迹尚存。

按：该条见于东台嘉庆周志卷之三十五《寺观·仙释》。旧石塔位于西溪镇东，即唐太宗时圣果院之三昧塔，据崇祯《泰州志》载，明末时该塔已为海潮所毁，唯余塔基痕迹。

镇海塔

在何垛场东三十里大兴团，遗址仅存。

按：该条见于嘉庆周志卷之三十五《寺观·仙释》，亦见于《淮南中十场志》，（清）阿克当阿等修、姚文田等纂（嘉庆）《扬州府志》卷二十九《寺观》亦有载。详见前"镇海寺（镇海塔）"条。

海春轩塔

1.海春轩塔 在西溪镇南，广福寺侧，传为唐尉迟敬德监造，塔顶有题名。

2.海春轩塔 西溪南，唐尉迟敬德监造，塔顶有题名尚存。

按：1见于嘉庆周志卷之三十五《寺观·仙释》，2见于（清）阿克当阿等修、姚文田等纂（嘉庆）《扬州府志》卷二十九《寺观》。海春轩塔在西溪镇南，广福寺侧，相传为唐代尉迟敬德所建，故有"尉迟塔"之称，塔顶有题名。海春轩塔，江苏第一古塔，又称"广福寺塔""西溪塔""孝母塔""尉迟塔"。海春轩塔为七层八角砖结构密檐塔，塔高20.8米，底层直径7.2米，除底层外，每层均有8位佛像和佛龛，共48位，塔内为空，无楼梯可上。海春轩塔无地基，就建在泥地上，屡遭地震和水灾，仍巍然屹立如初，堪称建筑界的奇迹。塔的宝顶原是铜葫芦，用"烽火铜"铸成，随着日

①东台县诸塔，除圣果院三昧塔（旧石塔）及镇海寺镇海塔与佛教有直接渊源，其余海春轩塔及泽幽塔真实与佛教并无直接关联，但因塔与寺邻，佛教"浮屠"盛行，后人不加细分，遂致寺塔几为一体。

照光线不同，能变幻成七种色彩。海春轩塔因风雨侵蚀，年久失修，出现了一些残损情况，塔体有倾斜，塔身多处出现裂缝，地方文物保护部门采取了抢救巩固措施，现为全国重点文物保护单位。另，据传今建湖县宝塔镇之朦胧塔亦为唐尉迟敬德所建，南北二塔，相得益彰，可谓传奇。

泽幽塔（枯骨塔）

1.泽幽塔即枯骨塔 在北门外厉坛之西侧，邑人宣龙德、喻仁贵建，计地一亩五分，塔院一亭一前堂一外垣周之，其用白金一千五百两有奇，每年募夫拾暴露骸骨贮于塔，嘉庆十三年具呈申请勒石。

土而坛屋而庙，春秋祈报皆以为民耳，至伽蓝玉虚之记，儒者弗详，乃邑中梵宫道院是处有之，往往金碧烂然，而于古先哲人之灵宇或任其倾颓，莫有过而问焉，亦见其惑也。兹纪祠祀，仅四十而寺观至六十有余，尚有未尽载者，盛衰之间略可睹矣。然旧迹残碑亦考古所有取，聊述其废兴焉。

2.泽幽塔 西门外，即枯骨塔。国朝嘉庆中，邑人宣龙德、喻仁贵建，计地一亩五分。塔院一亭一前槛一墙垣，周共用白金一千五百两有奇。岁募夫检暴露骸骨贮于塔，嘉庆十一年，呈请勒石焉。

按：1见于嘉庆周志卷之三十五《寺观·仙释》，2见于（清）阿克当阿等修、姚文田等纂（嘉庆）《扬州府志》卷二十九《寺观》。泽幽塔即枯骨塔，主要是招募人夫捡拾暴露于外的无主骸骨收敛于塔中。关于其所在位置和呈请勒石时间①，（嘉庆）《扬州府志》和东台嘉庆周志说法不一，似宜以东台嘉庆周志为准，即县城北门外厉坛之西侧，呈请勒石时间为嘉庆十三年（1808）。至于邑人宣龙德、喻仁贵建，计地一亩五分，塔院一亭一前堂一外垣周之，其用白金一千五百两有奇，每年募夫拾暴露骸骨贮于塔等细节，二志所记大致相同。

---

① 泽幽塔（枯骨塔）所在位置和呈请勒石时间，（嘉庆）《扬州府志》以为在东台县城西门外，东台嘉庆周志认为在东台县城北门外厉坛之西侧；呈请勒石时间，（嘉庆）《扬州府志》认为是嘉庆十一年（1806），东台嘉庆周志认为是嘉庆十三年（1808）。笔者以为，嘉庆《扬州府志》修于嘉庆十五年（1810），东台嘉庆周志修于嘉庆二十二年（1817），从成书时间上看，修于后者可勘正修于前者之误，似更为准确。《扬州府志》总括扬州，难免于下辖各县有所讹误，《东台县志》则专注本县，士绅耆旧更加熟悉县情，似以后者为宜。

第二章　盐城历史上的佛教居士林和莲社

第一节　佛教居士林

居士林是佛教居士们学习教理、开发智慧、弘扬教义、净化身心的活动场所。1918年成立的上海佛教居士林是最早的佛教居士林，由居士王与楫（仙舟）、沈辉（心师）等发起组织，推举王与楫为第一任林长，林址位于海宁路锡金公所。1922年，上海佛教居士林一分为二，一为"上海佛教净业社"，王与楫、朱石僧等另组"世界佛教居士林"，迁回海宁路锡金公所。

北京佛教居士林成立于1926年，天津佛教居士林成立于1928年。

今盐城市境内成立最早之佛教居士林当推1927年成立的盐城佛教居士林，其后陆续成立的有东台佛教居士林（今盐城市东台市市区）、东台裕华居士林（今属盐城市大丰区裕华镇）、东台女居士林（高鹤年建于时东台县城）、东台南乡居士林（今属南通市如东县栟茶镇）、盐城佛教居士林（今盐城市亭湖区原兜率寺内）、盐城冈门佛教居士林（今盐城市盐都区龙冈镇）等。

另，印光大师永久纪念会阜宁分会虽未用佛教居士林名义，但从其筹备人来看，多为信佛居士，故将该会附于居士林后。

一、盐城佛教居士林

盐城佛教居士林成立于1927年初，林址设在时盐城县城兜率寺内。1927年4月发行的《世界佛教居士林林刊》第十七期刊有《盐城佛教居士林宣言书》和《盐城佛教居士林章程》。

《盐城佛教居士林宣言书》首先阐释了何谓佛、何谓居士等诸多问题，其次说明了为什么要建立盐城佛教居士林，最后强调了盐城佛教居士林应该专注的事业，后附发起人僧俗名单33人，多已辨识不清，依稀可辨者有：徐燮、李秉良、杨富夏、黎鸿年、朱廷柏、陈宗亮等。《盐城佛教居士林章程》包括名义、宗旨、地址、事业、职员、权限、规约、集会、经费、附则等10条。[①]

盐城佛教居士林成立不久，多有停废，且林址亦多迁。据《海潮音》第12期所载《盐城佛教居士林致满智比丘书》云："盐邑地区僻居海滨。其间居士者众尤可以千百计。……于是乎而有盐城佛教居士林之组织。宗旨以宏扬佛化。福利人类。其余一切。概照世界佛教居士林组织纲要办理。致其经过则始于民国十八年秋间。时由余士魁王正宏居士等开筹备会于冈门西弥陀寺内。议定聘请崔国麟先生为正林长。其余一切悉磋商完善。民十九年冬。正式成立。亦以西弥陀寺为暂借地。事甚不幸。旋因匪乱而停闭。然有愿必成。今春复由余士魁王峻山等提议另组林址于南弥陀寺。改请许荫甫为正林长。裔佐新副之。于古历六月廿二日开成立大会。一时善男信女颇称兴胜。踊跃加入为林员者。达百余人。"[②]

满智法师为武昌佛学院第一期学员，1931年，受太虚法师委托赴上海编辑《海潮音》。《盐城佛教居士林致满智比丘书》云盐城佛教居士林1929年于冈门西弥陀寺由余士魁、王正宏居士等筹备成立，议定聘请崔国麟先生为正林长。1930年冬，正式成立，以西弥陀寺为暂借地，"旋因匪乱而停闭"。1931年春，复由余士魁、王峻山等提议，另组林址于南弥陀寺，改请许荫甫为正林长，裔佐新为副林长，当年农历六月廿二日召开成立大会，林员达百余人。

二、东台佛教居士林

东台佛教居士林始建于1928年，林址设于宝华庵北面，内设佛堂，有大小房间20多间，居士信众100余人。第一任林长由民选县长杨恭甫兼任，后有杨清秋、潘纯青和朱爽斋相继四任，带领居士们学佛修持，进行正常的佛

---

① 《盐城佛教居士林宣言书》和《盐城佛教居士林章程》均见《世界佛教居士林林刊》，1927年，第17期。黄夏年主编《民国佛教期刊文献集成》第142卷，北京：全国图书馆文献缩微复制中心，2006年，第397-400页。

② 《盐城佛教居士林致满智比丘书》见《海潮音》，1931年，第12期。黄夏年主编《民国佛教期刊文献集成》第179卷，北京：全国图书馆文献缩微复制中心，2006年，第375页。

事活动，抗战时期，居士们捐钱捐物，做军鞋支持前线，每逢灾年，力行赈粥济贫等善举。在抗战后期，由于形势恶劣而被迫停办。

1995年底，东台佛教居士林恢复成立。1999年，迁址到东台市东亭南路广济桥南明清街内，江苏省佛协会长茗山法师特为题写林牌和大门对联。先后建起大雄宝殿300平方米，另有观音殿、地藏殿、念佛堂、讲堂、会议室、藏经阁、斋堂的综合楼，建筑面积1500平方米，还有三层的宿舍楼等1040平方米，办公楼和长廊，总占地面积2840平方米。

东台佛教居士林现任林长为唐琦。在市宗教局和市佛协的领导下，东台佛教居士林经常对居士进行爱国爱教教育和道风建设活动，居士林正常组织居士政治、法规学习，按照佛法要求进行法务活动，杜绝封建迷信和邪门歪道。曾获江苏省宗教局评定"两个文明建设先进集体"，多次获得东台市文明和谐场所称号。

三、东台裕华居士林

东台裕华居士林位于今盐城市大丰区裕华镇境内，据《东台县裕华镇佛教居士林正式成立及次第增办各项事业来函》和《复东台裕华镇佛教居士林函》可知，东台裕华镇佛教居士林成立于1934年，陶德乾为林长。该林"首办学校以育才，设演讲以通俗"，成立沁芳完全小学一所，设演讲部，并出版刊物，认识到"工艺为穷民生计根本要图"[1]，拟创办小工艺以惠民众。

《佛学半月刊》第80期刊载《东台裕华镇佛教居士林募捐》，内云"东台佛教居士林，谋建筑林宇，……拟设校以教化之"[2]，所设学校即为沁芳完全小学。

1940年《佛学半月刊》第217期所刊《东台裕华居士林近况》，东台裕华佛教居士林当由陶德乾、李元等居士组设，"屋舍宽敞，佛像庄严，请有藏经，供众参览，男女林友，达五六百人。"[3]且赴海门、启东各处。讲演法要。陶德乾为印光法师弟子，多有书信往来。

---

① 《东台县裕华镇佛教居士林正式成立及次第增办各项事业来函》《复东台裕华镇佛教居士林函》见《世界佛教居士林林刊》，1934年，第37期。黄夏年主编《民国佛教期刊文献集成》第16卷，北京：全国图书馆文献缩微复制中心，2006年，第92-93页。

② 《东台裕华镇佛教居士林募捐》见《佛学半月刊》，1934年，第80期。黄夏年主编《民国佛教期刊文献集成》第49卷，北京：全国图书馆文献缩微复制中心，2006年，第371页。

③ 《东台裕华居士林近况》见《佛学半月刊》，1940年，第217期。黄夏年：《民国佛教期刊文献集成补编》（65卷），北京：中国书店出版社，2008年，第106页。

另据1943年《弘化月刊》第22期所刊《东台居士林广征经像法器》，此为陶千乾等为裕华居士林劝募文，东台裕华佛教居士林似以东台居士林名义广征经像法器，然接收劝募地址则一为裕华镇一为上海，故东台裕华佛教居士林和东台居士林，实应为时东台县两个佛教居士林。[1]

四、东台女居士林

东台女居士林为1932年高鹤年筹建于东台县城，今址不详。参见1932年《现代佛教》（原名《现代僧伽》）第1期《东台筹办女居士林》，内云："兴化刘庄高鹤年居士自办妇女净土院以来，江北妇女的皈依三宝真实修行者颇众，现高氏因刘庄地处乡僻，往来加入修学之妇女颇多不便，已于东台县城，购买一大家住宅，拟筹办一女子居士林云。"[2]

五、盐城冈门佛教居士林

盐城冈门佛教居士林附设于盐城冈门镇南弥陀寺内，冈门镇为今盐城市盐都区龙冈镇。该林成立时间今已无考，据《佛学半月刊》所载《盐城冈门镇佛教居士林之百日长期佛七》，冈门镇佛教居士林在1936年农历十一月初十起，"举行第三次百日长期佛七，恭请月东法师主七，现每日参加男女居士数十百人不等。"1937年初，该林"拟迁移盐城城内，手续正进行中"[3]。

六、东台南乡居士林

东台南乡居士林成立于1933年冬，由居士王恪正发起成立万缘会，"延请邻近五县学佛居士，设道场于如来寺内"。如来寺位于今南通市如东县栟茶镇姚埭村，时属东台县。期间曾邀请如皋袁慧普居士，"宣讲因果报应，听者甚众"。后因当地有"指摘道场者"，袁子捷"出为维持，亲至东台，约胡天民居士，面陈县长，请给示保护，即定名为东台南乡居

---

① 《东台居士林广征经像法器》见《弘化月刊》，1943年，第22期。黄夏年：《民国佛教期刊文献集成补编》（69卷），北京：中国书店出版社，2008年，第128页。

② 《东台筹办女居士林》见《现代佛教》，1931年第1期。黄夏年主编《民国佛教期刊文献集成》第67卷，北京：全国图书馆文献缩微复制中心，2006年，第381页。

③ 《盐城冈门镇佛教居士林之百日长期佛七》见《佛学半月刊》，1937年，第145期。黄夏年主编《民国佛教期刊文献集成》第53卷，北京：全国图书馆文献缩微复制中心，2006年，第330页。

士林"①，推袁子捷为林长，王恪正为理事。

七、印光大师永久纪念会阜宁分会

印光大师永久纪念会阜宁分会筹备于1945年初，会址设在今射阳县合兴镇息心寺内，筹备人主要有陈一舟、季文才、施元亮、孙念修、管兆民、袁莲辉、虞叶献、姚宪民、陈道明、仇德恒等及寺僧，拟定《印光大师永久纪念会阜宁分会章程》，报经印光大师永久纪念会上海总会同意成立。②

第二节 莲 社

民国时期境内尚有一批专宗净土的莲社，如1935年由印光法师亲自作序的阜宁合兴镇净念莲社③，系由时寄居阜宁的海门施元亮居士倡建，属于今射阳县合德镇境内。1940年成立的大中莲社，属今大丰区大中街道境内，莲社负责人为蔡德净居士，每天"依据大师续编文钞，宣讲大师遗教"。另有东台大赍莲社、栟茶信愿念佛莲社皆在今南通市如东县栟茶镇境内，大赍莲社成立时间不详，发起人为黄志英居士，可以查找到的史料为江易园居士的《赠东台大赍莲社》刊发于1941年。栟茶信愿念佛莲社成立于1942年农历十一月十七日，由周松岑、管俭耕等居士发起，莲社依法慧庵内。④

又，今盐城市境内尚有一批佛教活动点，虽无寺庵和佛教居士林名义，但就其性质与佛教居士林无异，且多为居士负责管理，亦报宗教管理部门备案，多在亭湖区和东台市境内，故附其于佛教居士林之后。

---

① 《东台南乡居士林成立》见《佛学半月刊》，1934年，第75期。黄夏年主编《民国佛教期刊文献集成》第49卷，北京：全国图书馆文献缩微复制中心，2006年，第186页。

② 《印公纪念会阜宁分会筹备处函》《印光大师永久纪念会阜宁分会会章程》《复阜宁分会筹备处函》见《弘化月刊》，1945年，第44期。黄夏年：《民国佛教期刊文献集成补编》（69卷），北京：中国书店出版社，2008年，第382页。

③ 印光：《阜宁合兴镇净念莲社缘起序》，见《印光法师文钞续编》（下）。

④ 信西：《栟茶信愿念佛莲社成立记》，《佛学半月刊》，1943，第274期。黄夏年：《民国佛教期刊文献集成补编》（66卷），北京：中国书店出版社，2008年，第271页。

第三章　盐城现有主要寺庙① 选介

第一节 亭湖区

1.盐城护国永宁禅寺

永宁寺始建于唐高祖武德三年（620），并由李渊亲自赐寺名，为唐代三十六大寺之一。清代康熙年间御赐加封为"护国永宁禅寺"，乾隆朝时再次加封永宁寺。

据《续修盐城县志》记载"该寺殿宇高耸金碧，涌现于百里之外，昔人泛海者，以此为指南车"。八字红墙外有照壁，红墙中央为头殿，两侧供有泥塑哼哈二将，正中供奉装金弥勒佛。二殿有10丈见方的天井，中铺石板，天井正北为大雄宝殿，"题曰淮寺第一，盖不虚云"。建筑宏伟壮观，为苏北少见的大型斗拱结构。殿身为7间歇山双重檐，无梁无檩，集拱、飞吊、抖、平座、爵头、额、柱、铺作、伏缘于一体，设计之精巧，堪称一绝，殿顶有七七四十九格藻井天花，图案古朴别致。殿东西两侧有金装十八罗汉。殿中供奉3尊如来三世佛，高1丈余，佛身魁伟，贴金呈古铜色，背面有表饰白象及若干天神天将的立体雕塑，殿后天井为藏经楼，是2层古建筑，内有经柜若干，藏经万卷。

1993年，盐城市人民政府决定异地重建永宁寺，在雪松法师多次谦让下，推荐茗山法师为永宁寺重建委员会主任。在历任住持带领重建下，永宁寺基本上恢复了原有的规模，建成了牌楼、山门、天王殿、大雄宝殿、钟鼓

---

① 盐城境内宗教信仰呈"南佛北基"现象，现有寺庙（含佛教活动点）2022年105处，主要集中在市境内东台市、建湖县、阜宁县和亭湖区、盐都区、大丰区，本章选介寺庙主要考虑其历史传承明晰且至今仍有影响者。

楼、藏经楼、禅堂、念佛堂、讲经堂、素斋馆、厢房、寮房等建筑；并于2011年邀请海内外高僧大德举行了隆重的落成开光庆典。寺院始终坚持内抓管理，外树形象，积极践行"六字"方针，培养合格僧才，僧众和合，感恩社会，回报社会，热心社会公益慈善活动，为社会和谐作贡献。

永宁寺现址位于盐城市永宁路11号，占地50多亩，为江苏省二十一所重点寺院之一。

2.潮音寺

潮音寺原名龙王庙，位于盐城亭湖区青墩镇。始建于唐朝贞观元年（627），距今已有1300多年历史。寺内有白果树一株，其主干有三人合围之粗，高三十余米，年代久远。清雍正时，母后病故，曾诏全国名僧主持做斋，其中就有该寺原凡法师。

该寺毁于1941年秋，2000年，获准重建，定名"潮音寺"。近年来新建了龙王殿、念佛堂、会客厅及附属用房，拟分建山门、天王殿、大雄宝殿，大悲楼一另建农业观光区、荷池等一系列配套旅游文化景观。

3.极乐禅寺

极乐禅寺位于盐城市亭湖区便仓镇枯枝牡丹园内，沿"奇葩轩"东下，穿过围墙，后边是"极乐禅寺"，形成了"寺在园中，园寺一体"的风格。该寺庙名极乐庵，始建于宋代末，此后被毁。本世纪初，当地政府为恢复古迹决定重建，定名"极乐禅寺"，并从缅甸请回重达3吨玉佛安放寺中，牡丹、禅寺、玉佛三者相得益彰。

4.接引庵

接引庵始建于清朝康熙年间，原址位于盐城市区解放路小学和工商银行宿舍区域内。1938年，日机轰炸盐城，庵内建筑遭到严重破坏。1945年，日伪军赵云祥部队将庵中建筑拆除用于建炮楼碉堡，住持悟尘、悟顺冒着生命危险护住佛像，后在原址上建起三间简易草屋，将佛像请回供奉。1972年后，接引庵由常修师太住持，因年事已高，由其徒孙明慧负责。后因城市发展需要搬迁至盐马路，2000年，从盐马路搬迁至长坝六组，在长坝西路南侧兴建接引庵。2007-2009年，住持明慧重建一栋集大雄宝殿、念佛堂和藏经楼为一体的综合楼，建筑面积2000平方米。2015-2016年，兴建东西厢房、钟鼓楼、山门、斋堂等共计2100平方米。接引庵主体建筑以明清风格为主，秀美简练、庄严肃穆，是盐城地区著名的女众道场之一。

5.青龙庵

青龙庵位于盐城市亭湖区建新巷49号（原名城隍庙街），始建于唐代，毁于1946年。原有二进外包厢，前进韦驮殿、大雄宝殿，后进藏经楼，现仅存三间念佛堂。据已故住持龙印尼师生前回忆，拆大雄宝殿时，曾有一块小木板从屋梁上掉下来，上面记有建庙时代以及建庙人的姓名。据记载是唐代一位盐城县知事为女儿出家为尼而建造的，宗派为临济宗。开山祖师以及历代住持因"文革"期间庙寺被烧毁而无法考证。

6.天后宫

盐城天后宫坐落在盐城市亭湖区盐湾村三组，初建于北宋雍熙四年（984），范仲淹作盐官时与范公堤同时建造，时在范公堤西侧，为天妃宫西宫；东宫在盐青路向南皮革厂处，各占地几十亩，建筑宏大庄严，后毁于战争。天后宫所供奉的天后即妈祖，被人们尊为保佑海上平安的海神。但盐城天后宫千余年来，均为佛教道场。历代祖师奉行净土法门，承临济宗法脉。2000年，重建天后宫，建筑总面积1200平方米。

7.盐城泰山庙[①]

图1-2 盐城泰山庙

---

①盐城泰山庙历史上为佛教道场，1941年初，新四军在盐重建军部后迁入泰山庙，现已改建为盐城新四军重建军部旧址，为全国重点文物保护单位。泰山庙虽已无寺庙功能，但作为盐城历史上的著名寺庙，以及今天盐城影响较大的标志性场馆，故以附录形式附于此处。

　　泰山庙位于江苏省盐城市亭湖区建军西路126号,始建于何时已无法考证,明万历年间,盐城知县杨瑞云重修。泰山庙原为四进级院房,入口处有八字墙,城门式的墙上书有"泰山庙"三个隶体大字;第二进为两层楼房;第三进是一座雄伟的古式建筑物枣飞檐楼,两边建有厢房数间;第四进为藏经楼。

　　1941年1月25日,新四军于皖南事变后在盐城重建军部,同年2月27日军部迁驻庙内。当年7月,日伪军对盐阜区发动第一次大"扫荡",军部撤住阜宁县陈集镇停翅港,泰山庙遭到敌机轰炸破坏。至建国前夕,仅存遗址。1985年5月,盐城市人民政府根据中共中央宣传部和江苏省委决定,照原样重建,于次年10月建成并对外开放。

　　如今的泰山庙已改建为盐城新四军重建军部旧址,建有三殿两厢:前殿原为日军焚毁,已修复。正殿为新四军司令部作战室,军参谋长赖传珠在此办公,墙上依次悬挂着苏中、苏北、苏南、淮南、淮北、皖江和鄂豫边七块抗日根据地的作战地图(当时浙东尚未开辟),东侧为军部作战参谋日夜值班处,西侧是报务人员工作场所。后殿为藏经楼,刘少奇政委和王前夫妇、陈毅代军长和张茜夫妇分别住楼下东、西房内。当中为小会议室,刘少奇在这里主持召开过两次华中局高级干部会议,陈毅也在这里接待过外国友人汉斯·希伯和罗生特。东、西各两幢厢房,原为中共中央华中局饶漱石、曾山和机要、警卫人员住地。现东厢是"刘少奇、陈毅生平图片陈列"和"新四军烈士纪念馆"(陈列团职以上烈士生平图片),西厢为"黄克诚大将生平图片陈列"和"新四军纪念馆馆藏书画选展"。

　　泰山庙内有不少名人书画和题联题诗,藏经楼屏风上的"江淮英杰,卫国干城"的题联系江泽民1990年5月1日手书。

　　21世纪以来,盐城佛教界多次呼吁恢复重建泰山庙。市委市政府高度重视民意,要求相关部门与市佛教协会共同在老泰山庙右侧重建,现殿堂建筑已竣工,文殊阁大钟、塔刹由仁风法师监制并已安装到位。现为盐城博物馆。

第二节 盐都区

1.雁渔古寺

传说雁渔古寺始建于唐太宗贞观年间。扬州城东有一大雁寺，终年香火旺盛，然寺外庄户人家，每日清晨到寺前河边净桶，亵渎神明，很是不敬，住持、众僧商告再三，依然如故。住持许愿：必迁寺他处。一日，住持偶得一梦：立春日太宗祭耕，四方神牛必至。三更时分，南方神牛当路过扬州府，时焚香燃烛，虔诚祷告，可拖寺移址。住持即日依梦而施，香烛过半，天地摇晃，飘飘然似腾云驾雾。香尽烛暗，觉有坠落之感。待脚步平稳，出门查看，寺外轻雾缭绕，景色迥异，寺内陈设依旧，大小佛器，一切如常。众僧知是神牛功力，无不惊骇，诵经膜拜。雾霭散尽，忽闻人语："昨晚此地荒芜，今怎见庙宇？"住持出迎，见一老叟，鹤发童颜，白髯过胸，拄一龙拐，拐杖之上，草系两鲤。老叟入寺拜过诸神，外出寻杖，不见两鲤，见青砖两块系于拐，寻寺院外墙，东南墙角，独缺两砖，遂将安放，完缝合榫。时群雁盘旋，住持抬首之际，老叟无踪。住持顿悟：雁送古寺，失落寺砖，鱼身送至。遂将寺名更为"雁渔古寺"。晨钟暮鼓，声宏悦耳，几十村落可闻。

雁渔古寺抗战期间毁于日伪战火。2011年，重建雁渔古寺，再现古刹风采，由天王殿、大雄宝殿、圆通宝殿、藏经阁、观音殿、财神殿、经堂、斋堂以及东西厢房组成，占地面积8600多平方米。古寺主体建筑大雄宝殿，由三尊高3.6米的横三世佛坐像、十八罗汉贴金像、3.8米的海岛观音像和文殊普贤二协侍菩萨坐像组成。

雁渔古寺现负责人为脱清，现任盐都区佛教协会会长，盐都区政协常委。

2.大云山寺

大云山寺，又名三官殿，坐落在盐都区大冈镇北，相传该寺始建于唐朝武则天时期。据《新唐书》记载，唐天授元年（690），法明和尚编撰《大云经》一部献武则天，称武则天为西天弥勒佛下凡，当取代李唐王朝为天下主，武则天即下令将《大云经》颁布天下，并且吩咐在长安、洛阳及诸州各建大云寺一座。大冈大云山寺即建于此时，是江苏省内唯一以大云山命名的寺庙。

图1-3 大云山寺图

　　大云山寺在清初曾因火灾而毁,后由盐城佛教会派会长了性和能量法师遣香芬法师重建,又经昌照、俊心、普怀、慈云等历代大德高僧多方募化,续建大殿、禅堂、香厨、斋堂、厢房等穿堂四进计一百零八间,占地一百余亩。与盐城永宁寺、泰山庙、兜率寺法缘深厚,为歇马亭碧云山、刘庄紫云山"三山"之首,1942年秋,大云山寺毁于战乱。

　　2001年初,大云山寺在大冈镇获准重建,按唐宋建筑风格设计,适当运用现代建筑技术,以再现大云山寺的悠久历史和雄伟古姿。

　　2014年,大云山寺举行了大雄宝殿落成暨三世佛像开光仪式。

3.待旌庵

　　待旌庵位于盐都区秦南镇虹桥居委会,始建于明朝中叶,初名节孝祠。道光十年仲春,道光皇帝下旨,并赐"贞节碑"一块,石刻"圣旨"和"贞节碑"尚在。1984年,该庵新建大雄宝殿,2000年,新建天王殿,中国佛教协会副会长茗山法师先后两次到该庵并主持开光仪式。

4.大纵湖龙兴寺

图1-4 龙兴寺图

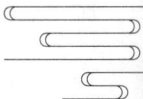

大纵湖龙兴寺，原名龙兴禅林、龙兴禅院、龙兴庵，始建于明天启四年（1625）。1940年，被国民党军队五十二师占为伤兵医院，庙内佛像毁坏殆尽。1941年，被日伪军拆除魁星楼、文昌阁等庙内主体建筑，用于构筑炮楼等防御工事，庙宇毁坏惨重。1944年，龙兴庵在战火中彻底被毁，最后一任方丈尔康法师，于1950年圆寂，世寿八十有余。

1995年，因大纵湖风景区开发，龙兴庵获准重建，并更名为"龙兴寺"，建成前殿、中殿、东西厢房，占地约5亩，建筑面积1500平方米，同时建成7层高的镇湖塔（后改名兴湖塔），并于同年举行佛像开光庆典仪式，茗山法师亲赐墨宝。2009年，龙兴寺新建25米高水月观音佛像一座，举办了盛大的水月观音开光法会，由时任中国佛教协会副会长、江苏省佛教协会会长明学法师主持开光盛典。

5.弥陀律寺

弥陀律寺原址位于盐都区龙冈镇北凤凰桥南侧，始建于明代初期，又名南寺。

据民间传说，明代初年，苏州市阊门有一对年迈夫妇无后，乐善好施，将家中所有金银珠宝及细软值钱等物，装满几大车，用牛拉向北进发，并发誓"等牛拉不动不走为止，牛车停在什么地方，就在什么地方建造一座庙宇"。结果牛车拖到龙冈南侧（现龙冈粮库），牛再也不肯走。老夫妇住下后，通过地方官府委派专人，建造庙宇，古寺占地一百一十余亩，官府命为弥陀律寺。鼎盛时期僧人达一百余人，民国时期最后一名住持方丈为融庆，该寺后毁于抗日战争初期。

2004年，上海传光法师在离原址3里处华都森林公园内重建弥陀律寺，继承了原南寺的风格，占地13亩，现建有玉佛殿、大雄宝殿、山门殿、天王殿、观音殿等建筑，并附属建设敬老院、孤儿院。

6.塔院寺

塔院寺位于盐城市楼王镇庆丰村，塔院寺始建于盛唐时期，为盐城地区著名寺院之一。

相传唐将程咬金来此巡视，并建塔立碑，后乡人慕资修建成寺。因先有塔，后建寺，故名为"塔院寺"。然塔院寺现在并无宝塔，宝塔哪里去了呢？民间纷传宋朝时一位叫"张邋遢"的仙人把宝塔背到南通狼山去了，至今寺西南五十米外仍有一块八亩见方的高田，有"塔田"之称，即宝塔遗址。清光绪十二年（1886），塔院寺扩建修饰一新，光绪三十四年，主要殿堂毁于火灾。后因抗战需要悉数拆毁，改作它用。

塔院寺历代高僧辈出，民国时期的慧海大师，参禅苦修，寂后坐缸，历经三年，面目如生，后经寺僧装金供奉于佛殿内，人称"肉身菩萨"，惜抗战期间随殿堂被焚毁。塔院寺历来为文人墨客所称道，留下众多诗书丹青、名篇佳作。民国十三年（1924）春，南通清代举人施滋培慕名来游，赋诗一首：

> 院名有塔塔无痕，询是仙家移远村。
> 银杏参天遮日月，紫藤驾屋别乾坤。
> 圣朝宫殿今何在，古寺楼台迹尚存。
> 可惜程公碑不见，向谁仔细问根源。

2002年，塔院寺获准重建，礼请盐城永宁寺慧忍法师主持修复工作，现建有天王殿、大雄宝殿、观音殿、地藏殿等殿舍，占地3400平方米。为使塔院寺名副其实，决定重建"千佛宝塔"，现尚在募建中。

7.净土寺

净土寺原名净土庵，始建于清康熙二十四年，扬州八怪之一的郑板桥年幼时曾在寺中读私塾，留下了"其人如碧梧翠竹，此志在流水高山"的不朽诗篇。1931年，毁于火灾。1935年重建，抗战期间陈毅驻守盐城，下令拆寺填河阻挡日军走水路，净土寺可谓经风历雨，饱含沧桑。

欣逢盛世、政通人和，2011年3月，在多方的呼吁和努力下，净土寺举行奠基仪式，正式开启重建工作。

在党委政府的关心下，在善男信女和社会贤达的护持下，目前净土寺已恢复建成大雄宝殿、天王殿、钟鼓楼、观音殿、地藏殿、藏经楼、禅堂、居士楼等寺院主体建筑，俨然成为盐阜大地上一方人间净土、佛门圣境。

第三节 大丰区

1.义阡禅寺

义阡禅寺，始建于公元7世纪末。元朝至正年间（1341—1368）重建，位于现在的草堰剧场西半边。古义阡禅寺不仅规模宏伟，而且藏有草堰镇最古老、最著名、最有价值的文物。寺院前有照壁，山门三间。中间佛龛朝南供一尊弥勒佛（俗称笑佛）泥塑全身坐像，朝北塑有一尊韦陀全身站像。中间大殿供有三尊高大的全身贴金佛像。

两旁佛柜供奉唐代彩塑十八罗汉。相传当时全国佛教圣地这样彩绘的十八罗汉像只有三堂半，为画圣"吴道子"所塑，草堰就占一堂。这些彩塑罗汉神态各异，栩栩如生，可与苏州西园五百罗汉堂罗汉媲美。它们有的慈眉善目，喜笑颜开；有的怒目圆睁，咬牙切齿，嫉恶如仇；有的愁眉不展，哀怜不幸……大殿东边正中壁柱上，一条青龙张牙舞爪，腾云凌空；降龙罗汉手捧宝珠，正对龙口。大殿西边有威风凛凛的伏虎罗汉，脚踏一只猛虎。大殿正中大梁上刻有"武则天敕建"字样。绕到三座大佛像背后，会看到朝北的佛龛，供有数不清的小佛，还有十殿阎君。这些佛像有木刻的、泥塑的，还有的佛像是用黄铜浇铸的。

大殿庭院中，长一棵有数百年树龄的、三人合抱都抱不拢的高大银杏树。大殿前院中，两旁有厢房40余间，是寺僧的寮房、厨房等。整个寺院内的建筑，雕梁画栋，飞檐翘角，玲珑剔透，工艺精湛。

义阡禅寺高僧辈出。镇江竹林寺方丈厚宽法师，又称大宇大师，即出自此寺。厚宽和尚擅长书法，笔法雄浑遒劲，享誉书法界。当代书法家黄飞霞先生曾拜于厚宽法师门下，研习书法。抗日战争初期，厚宽和尚避战乱从焦山回义阡寺住持，浩霖大师就在此时依厚宽法师出家，当时，寺内有僧人10多名。有田产400余亩。

古义阡禅寺一部分殿堂毁于战乱。1938年春，地方上的不肖之徒勾结外地的痞子流氓，趁日军侵华兵乱之际，一夜之间，将三座大佛像上贴的真金全部剥光。这真应了民间俗语"不装金还剥金"。1945年，日寇无条件投降后，草堰镇第一次解放，中共草堰区党委领导人民曾于此庙创办草堰小学。1946年停办。同年11月初，国民党政府军从东台继续北犯，进攻我解放区，草堰处于战略重点。华东野战军三十一旅（后改为七纵队）4个团、苏中军区特务团、东台团、台北团5000余人，展开了丁溪河阻击战。筑防御工事需大量的架顶木材，地方上的党政干部为了配合部队作战，拆毁了不少地主的房屋和庙宇，义阡寺也被拆毁。

二十世纪九十年代末，在各级政府领导的支持下、在八十高龄浩霖老和尚艰苦的募化下，义阡禅寺异地重建，古寺重光、钟声再响草堰、宗风重振黄海之滨，义阡法坛香火再熏九天。2009年，慧勤法师在浩霖和尚的委托之下来大丰管理义阡禅寺，义阡禅寺已初具规模。

2.太平禅寺

太平禅寺，原名太平庵，始建于清朝乾隆年间，原址位于大丰市沈灶镇境内，现移址大丰城区。太平禅寺历史上高僧辈出，先后有灿烂、增辉、海德、仰观等法师驻锡于此，大阐宗风、弘法利生。苏州包山寺法主、大观音寺方丈贯澈长老即在太平寺披剃。

新建的太平禅寺，位于盐城市大丰区大中镇朝荣村一组（高新区新村东路和锦海路交界处的中心公园内），占地面积68.6亩，总建筑面积两万一千多平方米。大雄宝殿内三世如来、海岛观音、二十四诸天等圣像已完成装金，法器、匾额、供桌、幢幡也已布置安妥，功德周隆。

3.刘庄净土院

图1-5 高鹤年故居图

刘庄净土院，又称刘庄贞节妇女安老院，位于今大丰区刘庄镇。1921年，由高鹤年居士在八方名人资助下，将家中房屋进行整修，建造专门接纳贫苦妇孺的贞节院。高鹤年为贞节院还制定了章程，请印光、谛闲两位法师核定，印光作《江苏兴化刘庄场贞节净土院碑记》，谛闲作《净土贞节院

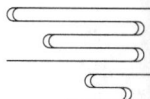

跋》，高鹤年居士作《兴化县刘庄市贞节院记》。该院占地8亩，四面环水，以九莲桥与外界相通，院内建有大殿、斋堂、客堂、祖堂、如意寮、涅槃堂、讲堂和厢楼、殿宇计110间，大殿供有西方三圣及大小佛像若干，规模宏大，佛像庄严，树木葱郁，环境清幽。

4.镇海禅寺

镇海禅寺位于大丰市小海镇镇海村三组境内，相传建于明末，某一日海水泛涨至烟墩，随潮漂来一尊木雕公侯像。潮退后群众见木像，以为神灵保佑，筹资在烟墩上建立一庙，名为公侯庙，并推举地方高僧高圊主持庙务。高圊圆寂后，定一、成章相继守业。清乾隆四十九年（1784），东台三昧寺主席脱颖法师退院回来住持，重新改建，更名为"镇海禅寺"，以示海不扬波。嘉庆元年（1796），住持志仁续建左右厢房和客寮、祖社。同治五年（1866）秋，秋潮与河水同时泛滥，寺宇沉沦，住持岫云在方来、学礼的相助下，修复庙宇，较前尤为增色。民国三年（1914），沙弥于佛前上晚香不慎，燃香侧在案帏上引起火灾，前殿遭焚，金碧涂炭，寺观萧条。住持学诗历经三年重修，因积劳成疾圆寂。其徒隆济从镇江金山寺赶回，以礼祭葬，民国八年（1919年），勒石立碑，历叙其事以资纪念。

隆济住持期间，镇海寺香火不断，僧徒20余人，前后殿房，僧舍20余间，占地500多平方公尺。抗日战争期间，该寺仍保持全貌，未有变更。住持张能开，率僧众20余人，仍接受万盈、竹港、通商等地的佛事。

在镇海寺门前东侧，有一黑色大理石碑，上面刻着"邹韬奋先生发表抗日救国演说纪念地"，为1990年3月大丰县人民政府所立，系纪念著名爱国民主人士邹韬奋先生1942年11月在小海镇海禅寺向各界人士发表慷慨激昂的抗日救国演说。

1989年，原在镇海寺出家、祖籍万盈墩的香港镇海寺莲舟法师，着侄孙法亮来小海，于原址重建镇海寺。9月30日，镇海寺举行落成仪式，江苏省佛教协会副会长雪烦法师和市、县各有关部门领导人以及各界人士参加了落成典礼。2001年，法亮法师对原寺庙进行扩建，现建有大雄宝殿、山门殿、僧舍等。

第四节 东台市

1.东台市泰山护国禅寺

东台泰山护国禅寺位于江苏省东台市国家4A旅游景区西溪旅游文化景区,始建于南宋嘉定年间（1208-1224），迄今已有800多年历史。泰山寺南北长199.9米，东西宽194米，占地38800平方米，殿房99.5间。泰山寺有"一寺五庙"之说，寺内建有天王殿、玉佛阁、大雄宝殿、东岳殿、碧霞宫、四大名山堂、梵韵堂、钟鼓楼、观音殿等建筑，两侧还建有关帝、太君、华陀、鲁班、神农五庙。各殿堂与院落之间布局严谨，对称和谐，庄重美观。地藏殿后有一座土山，为天妃山。该寺还藏有众多的文物古迹，如：汉代石刻佛像、唐代大刀、唐代方天画戟、古石狮、古山门石刻等。

自1985年开始，泰山寺分别对庙房进行了重修，天王殿进行了新建，新建后的天王殿楼下大殿两侧立四大天王，楼上为玉佛殿，供奉真禅法师于1989年赠送的释迦牟尼玉佛像一尊。

随着时代的变迁，泰山寺已成为中国佛教协会公布的江苏省名寺之一，是江苏省重点保护寺庙，2005年泰山护国禅寺被评为江苏省"模范宗教活动场所"。

2.东台广福讲寺

图1-6 东台广福讲寺图

东台西溪广福寺位于江苏省东台市国家4A旅游景区西溪旅游文化景区，是东台建立最早的寺庙，早年的广福寺包括东、西广福寺，东广福寺在西溪镇东，相传建于汉武帝建元元年（公元前140），又名"承福院"。西广福寺在西溪镇西，相传建于汉章帝元和中（85），据《晏溪志》，曹长者无子，舍宅为伽蓝，即董永所依之处，奉旨赐名奉孝寺。唐武德年间重行建造，更名"永安寺"。宋治平四年（1064）奉旨加赐寿圣寺，南宋绍兴年间（1132）更名"东广福寺"，沿用至今。西广福寺在西溪镇西，相传建自汉章帝年（76-88）间，永和（136）中名奉孝寺，唐乾元间废，后兴东广福寺，同赐名"永安寺"，绍兴间更名"西广福寺"。至清嘉庆二十二年（1817）寺内大殿左右仍列有六十四长者像。解放战争时期大部分被毁，至建国前尚存附房十多间，寺僧了凡、果瀛师徒二人。寺内现藏有元、明、清代古铜、铁、石、木佛像十多尊。

3.东台弥陀寺

图1-7 东台弥陀寺图

东台弥陀寺坐落于江苏省东台市安丰镇北首，始建于明万历二年（1575），当时名为北极殿，殿分东西两寺，东为镇龙寺，西为广福寺，全殿计有寺房58间，400年树龄银杏树3棵。清乾隆、嘉庆时曾重修，后因战火破坏，仅留银杏树一棵，古寺年久毁损，已不复存在。2007年，在原址重修古寺。

弥陀寺内建有大雄宝殿、天王殿、观音殿、地藏殿、钟鼓楼等，另有万佛讲经堂、千人念佛堂、止观念佛堂、六合楼等适合现代人修行弘法场所。寺院还常年举办佛七，以及短期出家、三皈五戒菩萨戒戒会等佛事活动。在长期助学、帮困扶贫、重疾救助等方面开展慈善救助工作，十余年来，资助近千名贫困学子及重病患者。

4.龙王古寺

黄海之滨，见积滩万亩，乃聚沙成洲，上古有之。或渔或盐，皆佳。东西两潮于此处交，曰两分水。潮至如万马奔腾，势不可挡，卷舟直没水底。潮汇似双龙相击，雷霆万钧，激浪竟上云霄。宋天圣二年，范仲淹发兵夫四万，兴筑海晏以挡潮势。然潮如猛龙难驯，死百余人而堰不成。四方发愿，祈佛救世，传天降神龟以定海疆，化身为岛，掌托沙洲。遂建二寺于龟掌以镇二龙，一曰龙王寺，一曰护国寺。民亦广塑佛像于水滨，弘法利生，庇荫万世。（《龙王寺溯源》）

龙王古寺位于黄海之滨美丽富绕的世遗小镇——弶港。二十世纪三十年代初，周边地区渔民为了祈求平安出海捕捞自发修建，在出海前渔民们都要来拜谒龙王菩萨。渐渐发展成当地民俗，龙王菩萨也成为国泰民安、风调雨顺的护法神。建成后常年香烟缭绕，朝拜者络绎不绝。

东台龙王古寺重建于2002年10月，占地400余亩。目前，龙王古寺已建成开放数年，年接待游客、香客达10万人次。

5.东台新街九莲寺

图1-8 东台新街九莲寺

新街九莲寺，坐落于黄海之滨方塘河畔东台市东南一隅的新街镇东北郊，与富有灵气的八仙岛隔河相望。该寺每年在农历二月十九日、六月十九日、九月十九日举行大型庙会活动，祈福天下，富惠苍生，大江南北游客信众慕名而来，游人如织。

九莲寺得名于一个古老的传说，佛陀率众菩萨巡视五台、峨眉、九华、普陀四大道场时，佛陀提议在南黄海边选一方净土作说法道场。佛陀托观音菩萨选址，观音菩萨请佛陀开示以何为鉴？佛陀云：以九为尊，以莲为座。

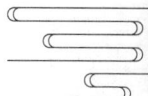

观音驾祥云巡至南黄海西岸，遥见九莲盛开，急从普陀山紫竹林中拔竹掷于此为记。此竹已衍生为一片竹海，后人循迹在此建寺，号为"九莲寺"。

新街九莲寺占地面积近24000平方米，建筑面积5500多平方米，寺院布局精巧玲珑，景致极美。已建成古朴典雅的牌楼、大雄宝殿、山门殿、天山殿、卧佛殿、观音殿、静心楼、明心楼、讲堂、斋堂、千手观音殿、延寿殿、地藏殿、念佛堂等殿宇和钟楼、鼓楼及附房，寺内供奉玉佛123尊，均为产自缅甸的优质汉白玉精工雕琢而成。寺内青松掩映，兰桂幽香，晨钟暮鼓，念佛诵经。寺外花木扶疏，竹影婆娑，鸟语花香。

第五节 建湖县

1.建湖罗汉院

建湖县罗汉院始建于唐建中四年（783），坐落于建湖县城湖阳南路1206号，距今已有1200多年历史。其原址位于建湖县蒋营镇收成村，规模较大，香火鼎盛，高僧倍出，佛法弘远，系盐阜地区"九寺十八院"之一，有"苏北净土丛林"之称，民国时期，罗汉院住持宏台老和尚，专志净土，一时宗风大振，当代高僧茗山长老19岁即由此披剃出家而传名。1942年，罗汉院毁于日军炮火。

改革开放后，茗山长老仍一直怀念他的恩师宏台老和尚和祖庭罗汉院，曾多次来建湖考察，为建湖佛教事业的发展倾注了心血。1991年，建湖县委、县政府落实宗教政策，决定在县城南郊盂兰河畔，镇南村中左组重建罗汉院，陆续建成了山门、钟鼓楼、大雄宝殿、观音殿、大悲阁、景水池、斋堂、东西厢房等，建筑面积达5000多平方米。茗山长老亲笔题写了"罗汉院""大雄宝殿"等字匾，并亲任罗汉院修建委员会主任和方丈，圣照法师、行禅法师先后任罗汉院住持，现任住持为妙慈法师。

1999年11月20日，茗山长老亲临建湖主持罗汉院大雄宝殿落成仪式，墨宝及生前日用品等珍品、建湖县蒋营镇收成村罗汉院原址出土清中期石碑简介、明晚期石墩现一并收藏于寺院之中。2001年，茗山长老舍利子回祖庭建塔安奉，在罗汉院修建宏台老和尚塔和茗山长老塔。

目前，建湖县罗汉院成为省内外具有较高知名度的佛教圣地。

2.新阳泰山寺

图1-9 新阳泰山寺图

新阳泰山寺，位于建阳镇新阳村戛粮河西（古为射阳湖新阳浦西隅），据《江苏省佛教寺院概览》记载，创建于唐代，初名"大王庙"。北宋乾德年间（964-968）重兴殿宇，易名"泰山寺"，又名"东岳庙"，俗称"西阳村"，为道教祭祀东岳大帝之观所。佛、道合一，改名为"泰山禅寺"。

据民国十五年（1926）重建的大雄宝殿碑刻云："唐时鸿基初奠，一世祖为永相公老和尚，二世祖三房，东房泗公老和尚，西房洰公老和尚，中房济公老和尚。"传至今当家师普正辈，已有四十一世，是一座具有千年历史的古刹。

泰山禅寺是禅宗临济宗在江北创建的"第一大寺"。自明代万历年间始，走向其历史鼎盛时期，全寺占地50多亩，建筑宏伟，分左、中、右三大部分，庙宇370多间，大小天井20多个，径数参差有别，多组殿阁，布局和谐，其主要建筑有山门、天王殿、三元宫、岳王殿、阎罗殿、东岳殿、无量殿（大雄宝殿）、罗汉堂、观音阁、文昌宫、大悲楼、藏经楼等，附属建筑有方丈室、禅房、和尚读书精舍及生活用房。下设六个分院，分布于大江南北，有山田2000亩（含下院），僧徒300余人。

2006年，普正法师被聘任住持后，启动寺院重建。

3.建阳南林寺

建阳南林寺，坐落在建阳镇陆秀夫纪念馆大院东侧，因位于盐邑之西，俗称"西方庵"。据《江苏省佛教寺院概览》记载，南林寺始建于北宋建隆年间（其中酺神殿建于唐初），南宋名相陆秀夫幼年曾在该寺酺神殿读书而传名，是盐城西北乡以经忏为主、沐佛恩光的圣地。寺北是小桥流水的古镇夹河，寺南过文曲渠便是景忠公园。

图1-10　建阳南林寺图

陆秀夫崖山殉国后，被明神宗追谥为"忠烈公"，乡亲们在当年陆秀夫读书处供奉"宋末三忠"，纪念陆秀夫、文天祥、张世杰，选择陆秀夫为国尽忠的二月初六为大祭日。每年五月十一至十三，还在寺内举行圣帝会，设坛摆祭，鼓乐喧天，祭后出会，玩龙舞狮。两项大祭，成为西北乡社火活动的一大特色。

辛亥革命前夕，驻镇江之江北提标十三协哗变，窜至建阳一带抢掠，临走时纵火焚毁南林寺内塑像，门前两根六、七丈高的大旗杆（会期升黄龙旗作标记）也被烧断一根，从此有了"南林寺的旗杆——独一根"的歇后语。自此，南林寺殿堂遗址和堂前的大天井便成了地方大戏场，盛极一时的淮剧早期演员李玉花、周二娘、粉菊花等名伶艺人曾在这里登台献艺。

1943年，日寇侵占建阳时，焚毁南林寺，原南林寺僧徒大都投奔镇江、上海等地寺院。该寺住持妙斋后在上海中心路地段重建了一座南林寺分院。

南林寺近代出高僧，民国时期任中华佛教会会长的静波法师，早年就在这里出家。抗战前，该寺妙斋、广瑞、绪开等法师，对西北乡佛教事业的发展都有一定影响。

新中国成立后，在南林寺的旧址上，办过学校，开过工厂，设过公益机构。2003年，乡人陈林华、周克华、李相龙等倡建南林寺，复建殿堂，茗山法师手书"南林寺"寺名。维礼、常智、季通、传文、宏宽等法师先后任住持，2008年12月，重新恢复佛教道场，全寺占地总面积达6000多平方米，建筑面积1470平方米。

4.宝塔净慧寺

净慧寺，位于今建湖县宝塔镇，坐落在射阳河与西塘河交汇处东北岸。净慧寺建于唐武德三年（620），与朦胧宝塔同时建成。

净慧寺原称"朦胧院"，缘于"蜘蛛蒙龙"的神话传说。相传唐王李世民东征，夜巡军营时，闯入敌军阵地，慌忙中马陷淤泥，千钧一发之际，李世民纵身跳入一口枯井中藏身。敌军追到井边，不见人影，又发现井口上结着一张完整的蜘蛛网，断定井里无人，便回营去了。李世民做了皇帝，为了感激蜘蛛结网救命，即派尉迟恭在井口上建了一座佛寺，因皇帝是龙，因此佛寺名"蒙龙院"，寺中塔取名为"蒙龙塔"。后来，"蒙龙"被误写为"朦胧"，水天一体，寺塔朦胧。

净慧寺出过高僧。清代原智法师青年时期于净慧寺学道参禅，后投海州佛陀寺元玺长老为师，先后被聘至淮扬、扬州、杭州名寺为住持，清康熙三十六年（1697），御赐"净慧禅师"。

清同治初，捻军李成部前锋与境内团练交锋，寺内部分殿堂被摧毁。同治六年（1867），长江水师提督黄翼升捐资督修，并有所扩建。抗战时期，主建筑全部毁于日军侵华炮火。

改革开放后，净慧寺得以复建，占地总面积20亩，主要建筑有天王殿、观音殿、念佛堂、"肉身"和尚殿、放生池，有朦胧塔、李世民石雕、张邈遏塑像，恢复了历史上每年三月二十八庙会活动。

净慧寺西南侧朦胧塔，地宫中存有舍利，塔为密檐楼阁式砖塔。据《阜宁县志》记载，该塔与净慧寺同时建，民国时期的《江苏宝塔志》刊有朦胧塔图影。南京出版社出版的《江苏名塔》一书，亦收录了朦胧塔。相传原为七级八面（亦说五级），后被龙卷风刮倒，仅存最下的三级，高约16.7米，故被俗称为"断塔"。

1984年，省文管会派专家来此勘探，在底层地坪向下42厘米处发现地宫。地宫为八角形，边长55厘米，深147厘米，南向开有羡道，长214厘米。地宫背面有弥座，高69厘米，长39厘米，其上置一石函，高34.4厘米，长65.7厘米，宽35.2厘米。盖顶端有阴刻正楷"葬舍利函"四字，函内葬（藏）有"太平通宝"铜钱百余枚和一黄绢裹着的银棺，银棺长9厘米，宽5.5厘米，高6.7厘米，上盖隐见"……元丰八年……"铭文。其内有舍利子、玛瑙（水晶）、赤珠（玉石）等，具有较高的历史研究价值。2003年被

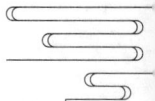

列为江苏省文物保护单位。

5.颜单延寿寺

颜单延寿寺,位于颜单镇南首,古为沙村荡北塘。相传唐代李世民为感谢救命"蒙龙"的蜘蛛和施舍他延寿面的老人之恩,派尉迟恭分别在两处兴建了朦胧院(净慧寺)和延寿寺。清乾隆十七年(1752)重建。

延寿寺原属曹洞宗,系南宗青原派系。清末一度为罗汉院下院,曹洞宗逐渐与净土、临济两宗融合,专志修净祈福,延年益寿。延寿寺在抗日战争时期,为免资敌,主建筑被拆除。

1983年,觉贤(俗名刘玉珍)担起擘划重建延寿寺重任,中国佛教协会原副会长、江苏省佛教协会原会长茗山法师和上海玉佛寺首座和尚乘义法师都给予亲切的关注,特派上海宝山净寺方丈从达法师前来任名誉方丈,协助觉贤主持教务。到1994年已完成第一阶段的主体建筑,全寺九进十八堂,双法角,主建筑有山门、天王殿、弥勒殿、韦陀殿、华藏殿、玉佛殿、佛观殿、大雄宝殿、藏经楼等,建筑面积25000平方米,寺庙占地面积110亩。

延寿寺从弘扬佛教文化入手,积极创新,努力实践适应、融入、服务社会的理念。用于赈灾、助学、救贫等慈善事业的资金达200万元,创建的"安养院"为盐城市首家养老性质佛教功德事业,延寿寺现为盐城市重点寺院。

6.恒济九华开山寺

九华开山寺,位于建湖恒济镇花垛村,俗称"花垛寺"。始建于明永乐十年(1412),原为道教玉贞观,清乾隆六年(1741),由临济宗僧人改为佛寺,称"北极禅院",后改为"九华开山寺"。

开山寺先后由乘济、海洲、耀宇几位法师主持。台湾弥勒内院住持宽裕法师青年时期在此常住,现已成为一代高僧。

1985年,恒济籍的昌净法师同皈依师真实老和尚一起来花垛中兴庙宇,因真实曾在安徽九华山修持过,"九华开山寺"由此而得名。2003年,真实法师升座方丈,明波长老特来送座,镇江绍隆禅寺觊云大和尚及周边诸山长老纷纷来寺恭贺。2010年,真实圆寂。

开山寺存有木板印刷及手抄珍贵经书数部,收藏清末遗物数件,其中法华经七轴系清光绪六年手抄。

第六节 射阳县

1.息心寺

息心寺位于盐城市射阳县海通镇射阳河闸南首，坐落于黄海之滨、射阳河畔的射阳河风景区内，既有汉传佛教寺院的格局，也有江淮建筑古朴典雅的特色，堪称"黄海福地"。

息心寺原名息心庵，始建于明末，盛于清朝，毁于清末。民国十八年（1929），由江易园等人在县城兴北街兴建，礼请印光法师为住持，建成大雄宝殿、三圣殿、韦驮殿，及寮房二十余间，印光法师与江易园等曾就息心寺多有书信交流，该寺后经战火被毁。

1993年，地方政府复建息心寺，礼请茗山法师为本寺方丈。至1995年，建成三圣殿、大雄宝殿、大悲楼、天王殿、佛教文物展览馆、观自在园、山门、客堂、寮房等。万佛塔9层高68米，是息心寺标志性建筑，座高2.5米的玉佛是寺院的镇寺之宝。

2.海王禅寺

射阳海王禅寺，位于射阳县黄沙港镇，原为海神庙，始建于清咸丰十年（1860）。曾一度香火鼎盛，远近闻名，不幸毁于战火。2010年，获准在黄沙港中心渔港核心区重建海王禅寺。寺院已拥有土地40余亩，正在兴建山门殿、大雄宝殿、藏经殿、寮房楼等殿堂。按照规划，寺院将建成佛教寺院区和龙文化展示区。在佛教寺院区内，礼塑三层58米高的三面观音菩萨像——黄海观音像，系现盐城境内获批的两尊佛像之一；另建供信众礼拜供养的万佛殿。

3.天福寺

天福寺位于射阳县千秋镇内千秋大桥北首射阳河边，原名菩提寺，又称菩提莲社。该寺依路傍水，桥寺一体，交通便捷，景色宜人，系盐城市著名旅游景点千秋罨影的姊妹景点之一。20世纪30年代初，闽南佛学院弘一大师来此弘法，又得苏州灵岩山寺妙真法师之援助，于1935年农历八月五日奠建道场，取名为菩提莲社，40年代毁于战火。1981年，明鉴法师率众僧于千秋镇滨东村境内陆续建成三圣殿、寮房20多间及围墙山门等。1995年，因建设陈李线公路，迁至射阳河边现址，更名为菩提寺。

4.海慧寺

海慧寺，原名海神庙，亦名海都庙、海慧庙，位于射阳县特庸镇东南方向万寿墩风景区中央。据当地传说，海神庙始建于清同治三年（1864），原庙址是一高墩子，有人在上面建了两间土墙茅草房子，后来供起一尊石像和一只香炉。由于地处黄海之滨，当地人又信奉海龙王，此处烧香敬神的地方开始供奉的是海都菩萨，故取名为"海都庙"，后来被人们称之为"海神庙"。关于石像和石香炉的来历传说不一，但石像与石香炉却一直置于庙中。

海神庙曾于民国十七年（1928）扩建，后又几经扩建，抗战期间海神庙一度被日伪破坏，新中国成立后海慧寺曾改为淮芬小学。

建庙初期，当家师罗平法师，此后，相继有星慧、觉海、志元、月航、明理为当家师，寺内有常住僧人十余人。

2009年5月，获批在特庸镇东南方向复建海神庙，并改名为海慧寺。

5.三里寺

三里寺，位于射阳县海河镇海关居委会（海河老街），地处射阳、建湖、阜宁三县交接处。相传始建于明英宗正统元年（1436），初名"龙王庵"，山门朝南，面临射阳河，占地一百五十余亩。龙王庵（三里寺）曾为苏北名刹，后因日军侵占海河，龙王庵在战火中毁去一半，新中国成立后寺庙改作青和小学。根据党的宗教政策和广大居士信众的请求，2006年农历三月十六日获批准复建，现已有殿堂，寮房十三间，十几尊佛像，土地十几亩。

2006年，经海河镇人民政府同意，戴金龙等海河信众礼请果星法师在海关居委会境内筹建三里寺。2007年2月，射阳县民族宗教事务局批准正式成立三里寺。

6.报国禅寺

报国禅寺，位于射阳县海河镇条海村。二十世纪六十年代，此地池塘边曾发现一尊地藏王菩萨像，一无（俗名张成球）将其供奉于屋内，开始学习佛法，并出家修行。此后，因缘俱足，参学修行后，发心回家乡建寺，弘扬佛法。

当时，本地信佛众颇多，礼佛敬香须到外地，或因路途遥远，或因雨天雪地，极不方便，时日一久，众信徒便产生了兴建寺院的想法，于是礼请了一无法师带领大众兴建道场；同时，众信众积极向属地佛教协会和政府部门打报告，2007年2月28日，射阳县民族宗教事务局批复同意设立报国禅寺，一无法师任该寺院负责人。

目前已建成天王殿、大雄宝殿、厢房、观音殿、文殊殿、普贤殿、地藏殿、三圣殿、藏经阁、千佛堂等殿堂，占地面积30多亩，建筑面积12000平方米。初具规模，声名远扬，江、浙、沪、广州、武汉等地以及德国、日本、新加坡、马来西亚等国的广大善信纷纷前来礼佛参禅，寺院日臻完善。

第七节 阜宁县

1.盘龙古寺

盘龙古寺位于阜宁县合利大街北首，始建于明朝万历二十六戊戌年（1598）。合利原名蛤蜊港，濒临黄海，相传这里常起海啸，致使生灵涂炭，民不聊生。一盛夏之夜，又见风起云涌，暴雨如注，惊涛拍岸，海啸肆虐，顿时渔民哭喊震天，哀号动地。一时天降祥龙，恶斗海魔，一番乌云滚滚，电闪雷鸣之后，海魔败遁。祥龙受伤后盘踞于蛤蜊港口一株大榆树下，歇息至天蒙蒙亮，随风向东南而去。此后，这里风平浪静，生民安乐，商贾云集，成为射阳河入海处著名渔港。时人为答谢祥龙，便在祥龙盘歇之处建盘龙庵，供出海渔民、烧盐民众、来往商贾、地方百姓烧香拜佛，以求平安如意，那株大榆树则被百姓称为"盘龙树"。

万历三十五戊申年春（1608），莲宗八祖莲池（袾宏）大师应信众之礼请从杭云栖振锡盘龙庵，开设弘扬净土法门，并更名为盘龙寺。清道光年间该寺仍占地150余亩，香火鼎盛，缁素云集，承训专弘念佛法门，八方灵气汇聚一寺。

2003年10月，复建盘龙古寺，经阜宁县人民政府批准，礼请香港大屿山宝林禅寺圣一长老弟子衍力卓锡。

盘龙古寺现已建成山门、围墙、天王殿、文殊殿、普贤殿、观音殿、地藏殿、大雄宝殿、三圣殿、五方文殊殿、玉佛殿、藏经楼、伽蓝殿、祖师殿、财神宝殿、法堂、念佛堂、斋堂、僧寮、钟楼、鼓楼、佛教书画展览馆、般若方丈院、接待综合楼、居士楼等仿古建筑工程，占地70亩，已具十方丛林规模。2010年，获赠稀世圣宝佛脑舍利三粒，作寺院镇寺之宝。2011年，四川甘孜县喇荣五明佛学院分赠供奉已久的镇院之宝天降舍利七粒，为寺院增光添彩。

48米高汉白玉舍利宝塔居亚洲汉白玉塔之首。塔身四方，供奉着汉白玉释迦牟尼佛站像，一层供奉汉白玉四大天王，二层供奉青石四大菩萨。一层内佛教四大名山圣境五百罗汉堂，二层内中国白陶瓷浮雕释迦牟尼佛一生壁画，世界第一，穹顶内供奉佛脑、诸圣舍利。

寺院殿宇宏伟，佛像庄严，和舍利宝塔相得益彰。百年雁来枣古树和盘龙枣树、牡丹百花苑，与百米佛教文化长廊诗画竞相媲美。中国佛教协会会长传印长老亲题"大雄宝殿""名蓝得主"和"莲宗八祖道场"；宝岛星云大师亲赐墨宝"衍生力道"；中国佛教协会会长演觉大和尚亲题大雄宝殿抱柱楹联："证宇宙人生真理唯佛陀圣教，演般若宝相妙谛启慈航普度"。江苏省佛教协会会长心澄大和尚亲题大雄宝殿抱柱楹联："教演三乘广摄万类登觉路，法传千古普渡众生成菩提"。

2.兴国寺

兴国寺（原名真武庙），地处阜宁县城射河北路南门街南首，始建于北宋景德年间。明朝中叶时，佛道同拜，至清乾隆年间已成为佛教寺院。阜城古名庙湾，亦称"红庙码头"，庙内供奉真武大帝铜像高约2米，有三脚龙爪紫铜香炉一座。1993年，礼请从达法师主持寺务，茗山亲题"兴国寺"。2010年，新建大雄宝殿、四菩萨殿、钟楼、鼓楼等，总面积近16亩。

3.淮东古寺

淮东古寺亦名昙华寺，位于阜宁县杨集镇马家荡居委会，始建于唐大中年间（847-859）。镇江金山寺名僧法慧大师因念"马良独修金山寺，不用江南一锹土"之德，云游水乡马家荡，在万顷泽国之中，发现有七岛依邻，俨然龟伏，遂于龟首之岛建昙华寺。至十四代方丈达禅大师主持寺务，撼建寺宇，更名淮东古寺，占地30余亩，分前、中、后殿，后大殿两侧各建配楼两间，东厢房30余间，诸殿供奉佛像一百余尊。"文革"期间屡遭浩劫，寺届破损严重。1998年复建，现已建成大雄宝殿、天王殿、念佛堂、厢房、山门等，占地15亩。

4.马躲寺

马躲寺原名崇福寿安禅院，始建于隋，李世明征辽不敌，被辽将盖苏文紧追，李世明躲马于寺院，蒙佛庇佑平安无恙，为感佛恩遂赐名马躲寺，近旁村庄因寺得名马躲村。

因缘流转、岁月更迭，马躲寺几经兴废，至清末民初盛极一时，殿堂厢房八十九间，寺田200亩。日军侵华炮火之下，寺毁僧散。

1997年，从达法师发心修复祖庭，已建成大雄宝殿、天王殿、观音殿、地藏殿、斋堂、寮房等附属工程，寺庙占地12亩。从达圆寂后，昌诚法师主持寺务，建从达老和尚纪念塔、纪念堂各一座。

5.宝林寺

宝林寺地处益林、东沟交界处，东益经济开发区内，原省道盐淮路北。前身为都天庙，始建于明朝万历年间。初为道教场所，香火旺盛，至清朝中期道教势衰，改为佛教寺庙，分前、后两院，前院为都天庙应酬佛事，后院为自修念佛堂。2002年经批准，移址复建，并礼请真实老法师驻锡。2010年，宝林寺初具规模，建有大雄宝殿、天王殿、山门、藏经楼、斋堂、寮房等工程，占地近10亩。

6.太平庵

据《淮安府志》《阜宁县志》和现存碑文记载，太平庵建于乾隆年间，位于东沟镇北桥东（今东沟中学内），占地20亩，有山门殿、天王殿、大雄宝殿、观音殿、地藏殿、寮房、斋堂等建筑。庵堂部分被毁，后由士静师太主持寺务到2012年。

2012年，选址重建，征地12亩，新建山门殿、放生池、延生堂和念佛堂综合楼等工程。新太平庵建筑布局合理、黄墙黛瓦、小桥流水、花卉树木点缀其间，小而精致，别具特色。

7.喻口西来佛寺

大教东渐，佛法西来，在阜宁县喻口古镇有一座千年名刹——西来佛寺。

西来佛寺，始建于唐代，曾是江淮地区最为著名的佛教道场。朗朗疏钟，在射阳河的波光中弥散；悠悠佛号，在金沙湖的帆影里宣流，西来佛寺在历史的长河中，细数着自己的静默过往。

几多烟云变幻，历经沧海桑田。西来佛寺几经毁坏，数度重建。清道光三十年，僧人来福集资修缮，西来佛寺成为当时弘化一方的伽蓝名刹福泽盐阜，绵延江淮。1938年，西来佛寺毁于日军炮火。

2014年，西来佛寺的恢复重建工作启动，一座寺院重新出现在阜宁县金沙湖喻口镇，成为金沙湖畔一道殊胜的风景，宛然唐风，庄严气度，中国佛教协会副会长、江苏省佛教协会会长心澄大和尚题"大雄宝殿""正法眼藏"。百岁高僧明道长老题写的"西来佛寺"匾额熠熠闪光。

8.能仁寺

能仁寺位于江苏省阜宁县罗桥镇凤谷村境内，因其址在凤谷最西边，民间古称"西庵"。2016年，经阜宁县民宗局和县佛教协会批准，为临时活动点，占地近11亩。

第八节　滨海县

1.大佛禅寺

大佛禅寺原名黄坡寺，在滨海县城西街红星桥头北侧东大河边上，原占地面积500余亩。1935年西北军吉鸿昌部新五师曾以大佛寺为营房。抗日战争时期遭严重破坏，仅存断墙残壁和一些佛像，遗迹有大佛禅寺百年石碑一块，七宝如来台一个。寺内据传有李济深所题"大佛禅寺"碑。

1995年，大佛禅寺获批迁址滨海县城人民北路615号重建，现占地13亩，总面积8580平方米。

2.天台古寺

滨海县蔡桥天台古寺，原名天台庵，位于射阳河北篆河支流纲要河南，正红镇红纲村（原名天台村）境内。当地相传1378年秋天某日傍晚，这里狂风大作，雷雨交加。第二天早晨，人们却惊奇地发现原来河东边的庵堂竟被抬到河西边来，原有的河不见了，全都被土填上，而在庵堂的西边发现一条新河，大家认为只有老天才能把庵堂抬到河西，故将此庵取名"天抬庵"。

"天抬庵"后来逐渐变为"天台庵"，1608年，莲宗八祖莲池大师专程从杭州来天台寺讲法数月。抗日战争期间，天台寺遭到日军的严重破坏。2008年春，居士张恒芝牵头，在天台寺遗址旁重建天台寺，现建有东西厢房、念佛堂、天王殿等。

第九节 响水县

禹王寺

禹王寺，亦称"禹王庙""禹王宫"，地处响水县黄圩镇云梯关村，是"古云梯关"重要组成部分，康熙三十九年（1700）河督张鹏翮奏请敕建。乾隆二十九年（1764），江督高晋增建后殿，专祀禹王。嘉庆十三年（1808），河决二套（俗称"倒大通口"），次年套口合龙，嘉庆帝御书"朝宗普庆"匾额。光绪十年（1884），左宗棠视察淮河时，专程到云梯关参谒禹王庙。

禹王寺正殿后，有望海楼一座，也称"平成台"，是道光初年南河总督完颜伟所建，以示水土平成之意。完颜伟之孙完颜麟庆复督南河时，曾为望海楼撰联："与水不争能，历尽八年唯注海；开堂思肯构，目穷千里更登台。"望海楼阿角三重，月青绮合，高约七八丈，画栋雕梁，备及壮丽，登阁远眺，碧海千顷，尽收眼帘。嘉庆年间，又在楼内塑供文昌帝君神像，故又名"文昌阁"。当时安东（今涟水县）、阜宁二县的中式士子皆来此楼题名，以示庆祝。

自黄河复归故道后，云梯关禹王庙，日渐冷落破败，仅存前后殿东西厢房九间，望海楼一座，1943年，日寇将庙宇亭台、树木全部夷为平地，仅"古云梯关"四字石碑。得以幸存。

2007年，禹王寺正式开工重建，至2014年底，已陆续完成山门、天王殿、大雄宝殿、望海楼、禹王殿、龙王殿、观音殿、文殊殿等，占地面积30亩。

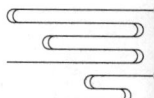

第十节 盐南高新区

永兴寺

永兴寺位于盐城市盐南高新区，坐落在盐镇水街北首，2015年由原水街盐政衙门改建而成。永兴寺，取"永世兴盛"之意，藉由佛教的传承和发展，祈愿国家昌盛，社会和谐、人民安康。2019年3月，永兴寺被省民宗委评定为"三星级宗教活动场所"，已经成为盐城地区著名的佛教活动场所之一。

永兴寺建有天王殿、大雄宝殿、文殊殿、药师殿、观音殿、地藏殿、念佛堂等建筑，建筑面积1740平方米，晨钟暮鼓、经声佛号，呈现出一派清净庄严的佛门气象。

永兴寺秉承"文化兴寺"的发展理念，定期组织居士学佛共修，以抄经、念佛等形式，进一步增强佛教四众的宗教素养和修行体验。

第十一节 盐城市经济开发区

毗卢禅寺

毗卢禅寺原名毗卢庵，坐落于盐城市经济开发区中舍村。相传始建于明崇祯四年（1635），为盐城知名佛教丛林之一，抗战时被毁。2002年重建。

第四章 历史上曾属盐城今属他辖的寺庵

因历史上行政区划变更，原属盐城县、东台县和阜宁县境内地域多有划归他市管辖，主要涉及今淮安市、泰州市、南通市下辖市县区，兹将历史上曾属盐城今属他辖的寺庵略列如下：

淮安市

万云庵

万云庵在黄荡沟，黄荡沟应为今淮安市淮安区流均镇黄荡村。

大王庙（延寿庵）

大王庙（延寿庵），一在苏家嘴，即今淮安市淮安区苏嘴镇。

刘朝殿（本草庵、泰山院）

刘朝殿（本草庵、泰山院）在马逻，即今淮安市淮安区苏嘴镇马逻村。

观音庵

观音庵在苏家嘴，苏家嘴即今淮安市淮安区苏嘴镇。

天王寺

天王寺应即十子院之一的马逻乡天王寺，龙兴寺僧康义建，马逻今为淮安市淮安区苏嘴镇马逻村。

寿安院、青莲院（青莲寿安院）

寿安院、青莲院（青莲寿安院）在马逻乡，前者宝鉴建，后者慈照建，今为淮安市淮安区苏嘴镇马逻村。

兴隆庵

兴隆庵在流均沟，流均本名流均沟，现为淮安市淮安区境内最东乡镇——流均镇。

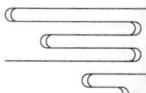

泰州市

斋佛院、三官殿、日照庵

斋佛院、三官殿、日照庵，皆在沙沟镇。沙沟镇在民国时期仍属盐城县，现为泰州市兴化市沙沟镇。

醇化院

醇化院在沙沟北，疑在今泰州市兴化市沙沟镇沙北村。

招携院

招携院在安丰镇西，系今泰州市兴化市安丰镇。

极乐庵

极乐庵一在安丰镇，即今泰州市兴化市安丰镇。

真武庙

真武庙一在安丰镇，安丰镇真武庙在今泰州市兴化市安丰镇。

茶庵

茶庵一在沙沟营，在今泰州市兴化市沙沟镇境内。

护国寺

护国寺在戴家泽，宋时建，戴家泽为今泰州市兴化市戴南镇。

寿圣寺

寿圣寺一在秦潼镇，宋咸淳间建，今属泰州市姜堰区秦潼镇。

弥陀寺

弥陀寺在宋石庄，宋时建，在今泰州市兴化市荻垛镇宋石庄村。

旌忠寺

旌忠寺在北朱庄，宋建炎中建，北朱庄似在今泰州市兴化市茅山镇境内。

景德寺

景德寺在茅山庄，宋景德间建，为今兴化市茅山镇景德禅寺。

北禅院、缘树院

北禅院、缘树院皆在秦潼镇，北禅院即北村禅院，缘树院即西院，现属泰州市姜堰区溱潼镇。

禅堂庙

禅堂庙在戴家泽，十一楹，戴家泽即今泰州市兴化市戴南镇。

南通市

寿圣寺

寿圣寺一在栟茶场，宋咸淳间建，今属南通市如东县栟茶镇。

万缘庵

万缘庵在栟茶，十楹。民国时期东台新增，今属南通市如东县栟茶镇。

大圣寺

大圣寺一在李家堡，一在富家滩，康熙间建。李家堡为今南通市海安县李堡镇，富家滩原名费家滩，即海安市角斜镇富滩村，富滩村后与另两村合并为今富港村。

古义阡寺

古义阡寺在梅家灶，民国时属东台县栟茶市，十二楹，在今南通市如东县栟茶镇。

海藏庵

海藏庵在角斜场，乾隆年间修，今属南通市海安市角斜镇。

如来寺

如来寺位于今南通市如东县栟茶镇姚埭村，1933年，东台南乡居士林设道场于如来寺内。

上真殿

上真殿在角斜场，嘉庆三年重修，今属南通市海安市角斜镇。

佑圣观

佑圣观在栟茶场，始建于宋代，元至正年间及清嘉庆六年（1801）重修。今属南通市如东县栟茶镇。

扬州市

夺基庙

夺基庙在射阳村西北，今属扬州市宝应县射阳湖镇。

第二卷

人物

RENG WU

　　"人物"卷因历代僧尼居士等人物众多，所处时代迥异，以时间先后或所处寺庙进行编排均显杂乱，故本卷拟将历史较悠久、法脉较完整的主要寺院僧人单独成章，其他寺院僧人则依时代先后排列，分古代、近代和现代①三章，另将历代比丘尼和名居士单独成章。遵循"生不入传"原则，当代僧尼以附录形式缀后。

第一章　主要寺院僧人

第一节　盐城永宁寺

寂庵

寂庵（？－？），唐代僧，盐城永宁寺开山祖师。

智顺

智顺（？－？），唐代僧，唐代宗广德元年（763），住持盐城永宁寺。

云隐

云隐（？－？），两宋之际僧，南宋初年住持盐城永宁寺。据《永宁寺志》载，1129年，粘罕率大军分两路包抄淮阴，韩世忠兵败后撤往盐城，中军帐就设在永宁寺内，云隐法师一方面为韩世忠疗伤，一方面筹集粮饷以援助宋军抗金。后韩世忠赴镇江，在黄天荡大败金兵。岳飞挥师进援楚州（淮安）时，也曾四次到永宁寺会晤云隐禅师。云隐法师后于永宁寺建"三义堂"，纪念岳飞、韩世宗和梁红玉三位抗金忠义。

彻朗

彻朗（？－？），明僧，千华第五世，曾住持永宁寺。

---

①古代、近代、现代的区分主要根据历史学对中国历史不同时期的划分标准，即1840年前圆寂者为古代僧，1840-1949年间圆寂者为近代僧，1949年后圆寂者为现代僧。需要说明的是，因为有些僧尼可能会出现跨时代的情况，则依据历史人物所处时代从后的标准进行处理，这主要体现在部分晚清和民国僧尼。另因史料问题，对僧尼之介绍据详今略古之原则处理。

实镫

实镫（？-？），明僧，千华第六世，受衣钵于永宁寺彻朗律师。

福初

福初（？-？），明僧，实镫法师之徒。

绍凯、海月

绍凯、海月（？-？），明僧。洪武十七年（1384），重建永宁寺。绍凯后任盐城永宁寺住持。

广全

广全（？-？），明僧，景泰年间（1450—1456）住持永宁寺，曾"庄严佛像"。

修达、道韩、应祥

修达、道韩、应祥（？-？），明僧，修达万历年间住持永宁寺，与知县杨瑞云有诗文往来。万历十年（1582），助盐城知县杨瑞云重修永宁寺，与寺僧道韩、应祥等受杨瑞云为永宁寺置办董家桥南商家庄四十二亩三分永业田，修达苦心经营，寺院香火兴盛，列淮安府之首。

费隐通容

费隐通容（1593-1661），清代僧。字费隐，俗姓何，福清（今属福建省）人。明末清初浙江余杭径山寺僧。少孤，年十四出家，久依云门，继参寿昌、博山、天童诸大师，受戒黄檗，并继主席。历主武原金粟、明州天童、语水福严、余杭径山等寺，并曾在盐城永宁传法，示寂于福严古寺。有诗《游鼓山喝水岩》。

孤云行鉴

孤云行鉴（1593-1661），明末清初僧，浙西嘉禾人，俗姓宋，字孤云，讳行鉴，示寂于清顺治十八年（1661）五月八日，为禅宗大鉴下第三十六世、临济下第三十二世，是盐城永宁禅寺重兴并趋向辉煌的一代高僧。

孤云行鉴幼年，常喜欢如痴独坐，邻里儿童追逐嬉戏，他却巍然不动。

19岁时出家，至能仁寺削发为僧。为了求得佛学真谛，他广参尊宿，遍访禅林。后得到费隐通容禅师的法嗣白山宗泰禅师的机锋指点，即委体皈依，并遵教赴金粟参谒密云圆悟和尚于武林报国院，后又参谒费隐通容老人，与隐元隆琦为同门法兄弟。

孤云行鉴因其精通佛理，知识渊博，而为密云圆悟、费隐通容二老禅师所赞许。费隐通容很器重他，明崇祯十三年，即庚辰岁（1640）命他为西堂主因得薪传，成为名门高徒。

孤云行鉴于崇祯十三年（1640）春，应杭城蔡联壁等请，前往钱塘安溪东明山主持东明寺。东明山距杭州府钱塘县县城北五十里。该寺系明代虚白慧�祖师鼎兴，已有二百多年历史，后经毁劫仅存数楹殿屋。孤云行鉴接任东明寺住持时，东明寺院呈现一种衰落景象。面对困难，他"餐藏饮涧，啸月啥风""铁耕芋食，极备劳勤者"。历经三年，重整山门，彻法源底，提宗领纲，使得日趋衰落的临济祖庭东明寺"灌莽既辟，形胜顿还。释纲重维，灵山生色""祖灯辉映，道风扬幡，缁素信向，请益者云集"。东明寺得以中兴，达到了历史上的第二个高峰。

孤云禅师实为明末清初重开佛寺、弘扬佛法的大德高僧，他长年孜孜不倦奔波于苏、浙、淮之间。明崇祯十六年（1643），他被阳羡绅士请往玉泉。清顺治年间，他在全国各地弘法利生，道风远扬。顺治二年（1645），溧阳毛公请他住法兴寺，"咸以道重望深，争相延致，师间游锡杖，四众围绕，机缘辐臻，净财云涌，法席之盛，亦云至矣"。

顺治四年（1647），他回到东明寺。顺治五年（1648），住持德清吉祥禅院。在他到达当天便登座说法，"观者如堵，墙堂庑为圮，师无遽色，疾言端严如故，共以为神异云"。

顺治六年（1649），他再赶法兴。年末，他又遵从吴公元玠邀请，前往住持万古禅寺。

顺治八年（1651）九月，孤云禅师应盐城县官徐鸣珮、儒学夏以牧、刘若审及众乡绅孙榘、王世噩等人的礼请，赴盐城住持永宁禅寺。在他到达盐城永宁寺的当天，就上堂说法。他驻永宁寺三年，亲自"向永宁搬砖弄瓦，运水担柴"，使"千年古殿今日重现，万古风规宛然如昨""花雨普施，摩尼四现，学者瞻风景从，康至鳞萃，尽山水为妙音，遍树林为宝纲。即五山十刹夙称选佛之场者，未或逾之"。

孤云行鉴在盐城永宁寺开法期间，其同法兄弟和嗣法弟子也纷至盐城。

经常驻锡永宁寺，其中就有孤云行鉴的同法兄弟隐元隆琦及其徒即非如一。这从他的《除夕》偈便可见其况："旧年除夕濑江边，袖子团圞聚半千。今夜古盐城角里，依然龙象列如椽。"正是他的这种法脉人缘，奠定了盐城永宁寺与海内外诸多寺院的友好关系，其中包括与即非如一开创的日本九州福聚寺的亲缘关系，并促成了此后的多次交往。

顺治十年（1653）冬十月，孤云又受海盐县官郭公等礼请住持金栗寺。"先此，四方贤士大夫、缁流、衲子焚香匍匐，望其一苇即是慈航。而师亦欲秉大愿船，济度一切。故所至或一年，或二三年，无留憩最久者。至是，自己及丑，始不离院者，几九载。设立科仪，起衰救敝，宗风丕振，坛宇聿新，军持漉囊，往来如织。一席袈裟地，不减毗耶化城矣。"

孤云行鉴于顺治十八年（1661）圆寂。孤云禅师的嗣法弟子众多，且多有建树。自乳峰超卓、愚山灵藏以下，有的弘扬佛法于苏北淮扬，有的建寺庙于江南吴越一带，有的远渡日本建寺弘法，开辟禅宗一脉新支，竞相显示出他们的智慧才能。如弟子乳峰超卓，曾住持富安大圣寺，自觉超元重开东台三昧禅林，玉山超博曾先后住持盐城永宁寺、冈门弥陀寺、东台三昧寺、富安大圣寺等，从而使得临济宗自明清以来在盐城长期居于主导地位。在他圆寂的当天，听到消息纷纷汇集前往吊唁祭拜的达千余人，他们建塔于大遮山之麓，并勒石铭文。碑铭由康熙元年（1662）赐进士出身，先后担任刑科右给事中、前礼科给事中、巡视十库监督禄米太平两仓、户部山东清史司主事，邑人张惟杰撰写。《东明孤云禅师鉴公塔铭》记载：孤云行鉴禅师七坐道场说法，学侣云集。他"词锋迅利，音节爽朗，每挥尘谭禅，令远迹倾耳会心，似东风之嘘冻，不自知其涣然神解也"。他在讲经说法之余，还常吟诗抒怀，其诗"皆理趣横逸，潇洒轶尘"。

孤云禅师存世墨宝稀少，《东明孤云禅师鉴公塔铭》中对其书法评价极高，"临池作行草，自出机轴，不一一规模古帖。正如禅家悟后，拆骨还父、拆肉还母，即智永见之，不无气摄。故海内名流隽士，莫不乐与倾倒，岂特刘遗民、雷次宗之于惠远称方外椒兰耶？"目前其手迹除孤云禅师写给其大师兄隐元隆琦禅师亲笔信函外，现新发现其手书扇面诗书法作品一幅，落款"金栗鑑"，应为孤云禅师顺治癸巳（1653）住锡江苏嘉兴府金栗广慧禅寺时所书，该诗未收入《孤云禅师语录》。

孤云所著有《全录》四卷、《诗偈》一卷、《东明志》三卷。清顺治十年（1654）间，其弟子超卓、超元、海博、超勤等编纂有《孤云神师语录》，被弟子传至日本。今为《东明山文化丛书》编委会张炳林先生主编重印，上海古籍出版社出版。

《孤云禅师语录》在《淮安府瓢城永宁禅寺语录》篇详细记载了孤云禅师住持盐城永宁寺的因缘过程和机缘偈语。孤云禅师赴永宁请过津渡庵与佛可法兄话旧诗"未入永宁院，先登津渡堂。无生漫拈弄，有话且商量。溪上云方淡，篱边菊正黄。相知无限意，尽在一炉香"。赠其弟子自觉超元前往东台住持三昧寺的《示自觉上座住山》诗，及《因闻三昧自觉首座回首因缘示偈》，这些珍贵史料，都再现了孤云禅师当年在盐城地区的弘法活动以及对光大盐城地区禅宗丛林所做的重大贡献。

来云行崖

来云行崖（？-？），清代僧，生年不详，字来云，徽州（今属安徽）潘氏。嗣法玉林通琇（1614-1675），为临济宗第三十二世，来云行崖先后主杭州大雄寺、崇福寺。继孤云行鉴后于顺治十年（1653）住持盐城永宁寺，圆寂后塔于大雄山南涧隖。①

自觉超元

超元（1608-1653）清代僧，祖籍江都，俗姓徐，字自觉。嗣法孤云行鉴，临济正宗第三十三世，曾任富安大圣寺首座，盐城永宁寺首座，清初于东台重开三昧寺，顺治十年（1653）九月二十一日申时圆寂，在世五十三年。顺治十二年（1655）七月十五日午时，其灵骨塔葬于东台三昧寺殿西。三昧寺拆除后，其碑铭为东台民间信士收藏。

玉山超博

玉山（1602-1654），清代僧，字超博，新安（今属河南）程氏子。40岁剃度出家受具足戒，为禅宗临济下第三十三世，先后参学于报恩、金粟。时孤云行鉴禅师住持玉泉，便受授记荙，为入室弟子，后相继住持盐城永宁寺、龙冈弥陀寺、东台三昧寺、富安大圣寺。清顺治十一年（1654）圆寂，寂后灵骨与其法兄自觉超元禅师塔葬于三昧寺殿西。三昧寺拆除后，其碑铭

---

①盐城市政协学习文史委编：《永宁寺志》，北京：中国文史出版社，2020年，第64页。

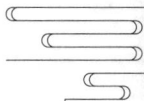

为东台民间信士收藏。有《玉山禅师语录》三卷。《五灯全书》载其语录。

明裕

明裕（？－？），清代僧，江苏高邮人。俗姓季，字古门，号明裕。盐城永宁寺法嗣，得法玉山超博，住邑之临川普度。

乳峰超卓

乳峰超卓（？－？），清代僧，生年不详，祖籍浙江定海，俗姓夏，名超卓。力田为业，后于年二十四辞亲出家。上天童苦参三年。复参玉泉孤云行鉴有省。后任盐城永宁寺首座，富安大圣寺住持，1654年主编《孤云禅师语录》。孤云禅师圆寂后，首领众嗣法弟子为孤云行鉴禅师立石。

温成大机

温成大机（？－？），清代僧，生年不详，字温成，号大机。师从杭州理安箬庵通问禅师，临济下三十一世，顺治十三年（1656）前后任盐城永宁寺首座，建水香林及指林两寺住持，参禅慕道，深悟心性。寿至120岁坐化。

素崖行渊

素崖行渊（？－1679），清代僧，生年不详。嗣法万如通微。清顺治十八年（1661），孤云行鉴圆寂时，素崖正隐居盐城贺村草堂。邑人孙一致、薛鼎臣羡其高踪，亲往迎请至永宁寺阐法五年。于康熙六年（1667）迁吴江接待。后住龙池，操履缜密，缁素重之，康熙十八年（1679）春示寂。著有《永宁万寿龙池语录》。王之祯《青崖文集》有《素崖和尚塔铭序》，孙一致《世耕堂集》有寄素崖和尚诗二首。其法嗣云德超宝于康熙五年（1666），开法润州报恩寺。[①]

古门明裕

古门明裕（？－？），清代僧，生年不详。永宁寺玉山超博法嗣。

---

①盐城市政协学习文史委编：《永宁寺志》，北京：中国文史出版社，2020年，第76页。

式衡智权

式衡智权（？－？），清代僧，生年不详，江苏盐城人，字式衡。曹洞宗二十九世、青原下宗镜七世、焦山寺第73代方丈破闇净灯禅师（1603—1659）法嗣，与扬州平山大明寺受宗智旨禅师、润州焦山古樵智先禅师为同门法兄弟。康熙中叶住持盐城永宁寺，又住兴化某寺。与隐士袁继凤时相唱和，见《正源略集》一三。

天根传本

天根传本（？－？），清代僧，生年不详，盐城人，俗姓周，字天根。传本年十六，诣淮安檀度（康熙二十四年敕改觉律寺）南庵大依（1617－1683）薙染。侍南庵大依赴金陵栖霞寺，寻上千华山，圆具于见月读体律师。复还檀度寺，依青原下宗镜七世南庵大依得法。即束装之吴越，五载而回，继主檀度法席。康熙中叶主盐城永宁寺法席，次主江宁济生。

侣石万清

侣石万清（1665－1737），清代僧，祖籍江苏淮安，俗姓唐，字侣石，号万清，晚号山夫。侣石弱冠读《楞严》有省，年二十，礼洪福寺隐知闻和尚（灵隐烛禅师法嗣）出家，受具于华山定庵律师，受具后历参灵隐硕揆、天童天岳、显圣湘翁诸席。庚午（1690）秋仲归洪福，后受洪福印可，为青原下宗镜八世、隐知闻禅师法嗣。康熙四十四年（1705），圣主南巡，赐诞登寺额。康熙五十年（1711）住持永宁寺3年。雍正十一年（1733），敕赐紫衣盂杖。翌年迁金陵灵谷。乾隆元年（1736），投子新刹工竣，赐名慈济，诏主之。乾隆丁巳（1737）八月二十三日示寂。世寿七十三。僧腊五十三。塔全身于陶冲之采药庵旁。

此宗本溟

此宗本溟（？－？），清代僧，生年不详，祖籍浮梁（今属江西），俗姓汪，字此宗。年十五剃染，从古雪喆，参南泉斩猫话，有所悟入。后谒天童道忞，益透玄旨，康熙年间（1714－1720），由住真州古庵，迁盐城住持永宁寺法席，《五灯全书》七四补遗有其语录记载。

严深忍

严深忍（？-？），清代僧，生年不详，永宁寺僧，为青崖元日禅师剃度师。

青崖元日

青崖元日（1680-1746），清代僧，江苏盐城人，俗姓丁，名元日，字青崖。青崖生于康熙十九年正月初七日（1680年2月6日），圆寂于乾隆十一年闰三月二十七日（1746年5月17日），禅宗临济下第三十三世。曾两次应诏，奉旨住浙江天童寺、京都普觉寺。

青崖元日自幼聪颖机敏，举止异常，七岁时有出家的奇想。其父亲丁偶梅和母亲易氏倍感惊诧，送他到永宁寺，依严深忍禅师剃度出家。青崖刻苦好学，深得师父器重。十九岁时，青崖在金陵宝华山受具足戒。此后，为了寻求佛教真谛，青崖云游四方，拜求名师。康熙三十八年（1699）到苏州虎丘参拜禅宗南岳下三十五世木陈道忞的法嗣节崖觉琇禅师。康熙四十四年（1705）夏，又到灵隐寺参拜谛晖慧辂禅师。康熙五十一年（1712）冬，到松江云峰寺参学。康熙五十四年（1715），他住持山阳的东林寺。康熙五十八年（1719）冬，青崖元日禅师到天长毗尼寺说法。雍正十二年甲寅（1734）秋，经人推荐，青崖被热衷于提倡佛教的雍正皇帝召至京城。雍正帝见他"仪观修伟，戒行精严"，予以重赏，赐紫衣四袭及宝盂、玉如意等，并留他在宫中。第二年，又任命他出主天童寺法席。乾隆元年（1736），乾隆皇帝继位后，建报恩道场，对卧佛寺进行大规模重修，青崖禅师应召至京监理。他不顾路途遥远，经常往来于皇宫和圆明园、卧佛寺之间。竣工后，卧佛寺的琳宫梵宇，焕然一新，成为西山佛寺之冠。青崖被命为"十方普觉寺"方丈，开法于西山十方普觉寺，"一时僧侣云集，禅规律范事理彰然"。青崖禅师"处盈恒虚，在丰崇俭""深得古尊宿应缘之道"，在卧佛寺住持法席长达十一年，直到圆寂。

青崖和尚受到雍正和乾隆两朝皇帝的尊崇，两次被召至京师，长期往还，交谊深厚。由于与青崖和尚交往频繁，感情深厚，乾隆八年（1743）乾隆皇帝题诗《香山示青崖和尚》相赠。

乾隆四十八年（1783）又对卧佛寺进行了一次大规模的修建，写了两首七律《重修十方普觉寺落成瞻礼诗》，并题字刻碑，立于三世佛殿前东侧。诗中，不仅表示了对此次重修的重视，而且也流露出对青崖的怀念之情。诚信佛教的和硕怡亲王、宁郡王，也都对青崖十分恭敬礼遇。青崖禅师与乾隆皇帝的同宗兄弟小怡亲王弘晓有密切的交往。弘晓非常尊崇器重青崖和尚，曾备衣钵，请他开坛说戒，一时僧侣云集，影响很大。

青崖著有语录数卷。在西山，他还写有五言古诗《秋日普觉寺》。与"扬州八怪"之一的郑板桥有深厚的友谊。板桥工诗词，善书画，尤其擅长画兰竹。他三次进京，与瓮山无方上人、卧佛寺青崖和尚及法海寺仁公上人都有过交往，互相唱和，留下诗篇。乾隆六年（1741）秋，郑板桥再次入京，到西山与青崖和尚、勘宗上人等旧友欢聚。他们在茂林古寺中盘桓，重九赏菊，诗赋红叶，泉源对饮，深山卧雪，沉浸在良辰美景与深厚友情之中。郑板桥写了一首《山中卧雪呈青崖老人》。此后不久，郑板桥就被派往山东任范县县令，以后，二人再未见面。

乾隆十一年（1746）春，青崖圆寂。乾隆皇帝发内帑银一百两，和硕怡亲王弘晓发银五十两，交卧佛寺住持僧，会同内务府官员办理丧葬事宜。京郊诸山僧俗官员都亲赴葬仪，其礼十分隆盛。乾隆十一年（1746）七月，由太子太保、文渊阁大学士兼吏部尚书史贻直篆额，太保、保和殿大学士兼吏部尚书张廷玉撰文，翰林院内阁学士兼礼部侍郎张若霭书丹铭碑。其墓塔在万松亭、藏经楼、敞厅和磐石之间，松柏蔽天、绿荫浓郁的宽阔庭院西林，以砖砌成，汉白玉碑嵌于其墓塔后墙上。碑高1.7米，宽0.99米，厚0.25米，碑首蛟龙造型，镌有"法脉源流"四个大字。四周雕有花饰，正面镌刻《大清京都普见青崖元日禅师塔铭并序》。张廷玉所撰碑文，充分显示了青崖和尚在雍正、乾隆两朝所享礼遇的隆厚及其在佛教界和社会上的崇高地位与影响。此墓与碑在"文化大革命"中被毁，墓塔被拆光，石碑被推倒，碑身被弃置于行宫院的荒草之中。1983年建立曹雪芹纪念馆时，青崖和尚的墓碑被清理出来，立于纪念馆西院的小碑林中。①

另附盐城民国林志"青崖元日"条及阜宁光绪阮志"青崖元日"条如下。

盐城民国林志"青崖元日"条：

僧元日，字青崖，盐城丁氏子，出家永宁寺，圆具于金陵宝华山，自以宗旨未彻，乃遍访虎丘、天童、天台、灵隐诸山，参询尊宿，由是师资深契，洞悉法源。康熙五十年，应山阳士绅之请，主讲凤谷村东林院。凡四年，既又唱道于天长之毘尼。雍正十二年，世宗召见，应对称旨，赐紫衣四袭，及宝盂、

---

①盐城市政协学习文史委编：《永宁寺志》，北京：中国文史出版社，2020年，第125-127页。

玉如意等物。高宗嗣位，复召至京，奉旨开法西山，示寂于乾隆十一年闰三月，帝命颁发内帑，葬寿安山。嗣法弟子二十六人，度名者以万计。其自题小像云：文章佛法漫些些，惭愧禅林说作家。只合深山埋迹去，如何来着紫架裟。今存院中（阜宁新志本张廷玉《元日禅师塔志》及旧志）。①

阜宁光绪阮志"青崖元日"条：

青崖和尚主讲凤谷村东林院法席，退居板闸之回施庵。雍正十二年世宗宪皇帝如至京师，奏对称旨，赐紫衣四袭及宝盂如意等物。乾隆十一年圆寂。其自题小像云："文章佛法漫些些，惭愧禅林说作家。只合深山埋迹去，如何来着紫袈裟。"②

中贤元旨

中贤元旨（？-？），清代僧，生年不详，祖籍浙江宁波，俗姓杨，天童息庵本冲禅师法嗣，南岳下第三十六世。康熙年间（1714-1720）住持盐城永宁寺法席。《五灯全书》载有其语录。

予怀超涵

予怀超涵（？-？），清代僧，生年不详，字予怀。薪传本澜禅师法嗣，康熙中叶历主苏州尹山蒙福寺、淮安龙兴寺、放生池净名寺，康熙五十九年（1720）住持永宁寺，有语录二卷。

云德超宝

云德超宝（？-？），清代僧，生年不详，永宁寺素崖行渊法嗣。丙午年（1726）云德开法润州报恩寺，古刹久废，为戎马之场，仅存败坏佛像而已，云德居之，以恢复为己任。伉直不徇时流。钁垦诛茆。有古德之风。

慧真佛缘

慧真佛缘（？-？），清代僧，生年不详，号佛缘，乾嘉年间曾住持永宁寺。

---

①林懿均修：（民国）《续修盐城县志稿》卷三《宗教·佛教》，《中国地方志集成·江苏府县志辑（59）》，南京：江苏古籍出版社，1991年，第395页。
②见（清）阮本焱修，江启珍纂：（光绪）《阜宁县志》卷十八《人物·释教附》。

知先祖通

知先祖通（？-？），清代僧，生年不详，慧真缘法嗣，嘉庆二年（1797）住持永宁寺。"平阳五世慧真缘嗣知先通，嘉庆二年（1797）主永宁寺，规范谨严，号为中兴，后嗣流传至今。"①

戒净

戒净（？-？），清僧。道光九年（1829），由龙冈退院住持永宁寺。焦山觉灯有寄戒净诗。

云峰丽元

云峰②（1862-？）近代僧，江苏兴化人，法名丽元，为临济下第四十二世，清光绪年间重开永宁寺禅宗道场的一代祖师。云峰丽元"始受戒于宝华，复卓锡于盐渎，供香火于永兴庵，主丈席于永宁寺"。清光绪年间，他担任盐城永宁寺方丈时，见永宁寺庙产中落，教规日弛，便发下誓愿，一定要重兴永宁寺。于是忍辱负重，节衣缩食，广结善缘，筹措资金。屡开戒坛，提倡僧学，弘扬佛法，传授真谛。除草开林，建观音阁。历经三十年寒暑不辍，艰苦努力，终于使永宁寺琳宫再启，旧业恢复。云峰丽元生禀慧性，心胸坦荡，淡泊为怀。他担任方丈，事务繁忙，依然坚持暮鼓晨钟，早晚功课，诵经念佛，钻研佛学理论。他慈悲度人，乐善好施。在时局不稳、盐城地区水旱灾不断的情况下，他把有限的积蓄拿出来帮助难民解决饥寒，所做善举，难尽列举，深受大信众的崇敬。1931年，在他七十岁时，金鞠逸居土作《永宁寺云峰老和尚七旬寿序》③，对其功德作了高度评价。

钦峰

钦峰（1894-1959），近现代僧，江苏盐城人，名密雨，字钦峰。钦峰7岁时于盐城永宁寺依云峰禅师出家，1910年于句容宝华山隆昌寺受具足戒，

---

①林懿均修：（民国）《续修盐城县志》卷三《宗教·佛教》，《中国地方志集成·江苏府县志辑（59）》，南京：江苏古籍出版社，1991年，第395页。

②盐城市政协学习文史委编：《永宁寺志》，北京：中国文史出版社，2020年，第129页。

③金鞠逸：《盐城永宁寺云峰太老和尚七旬寿序》，《世界佛教居士林林刊》，1931年第31期。黄夏年主编《民国佛教期刊文献集成补编》第11卷，北京：中国书店出版社，2008年，第427页。

后参学于常州天宁寺，依惟宽显彻座下，先后领职库司、侍者、知客、监院，极力铺佐方丈管理一方事务，钦峰待人厚重平实，严于律己。惟宽显彻亲授记莂，收其为关门嗣法弟子，临济四十三世。1938年，钦峰接受管理天宁寺，正值日寇侵华，钦峰法师一方面安抚僧团，坚定信念，团结一致抗日，在寺内组织护卫队，随时应对日军入寺骚乱和破坏，竭尽全力保护寺院财产，另一方面，妥然安众，开辟财源，通过自食其力，维持日常生活所必需的资粮。1944年钦峰禅师退席，隐居常熟下院，后移居香港。新中国成立后在党的宗教信仰自由政策感召下，钦峰法师于1957年从香港返回天宁寺，当时正值天宁寺恢复方丈制时，被公推复任天宁寺方丈，并被聘任为十证尊师之一。钦峰禅师顺应时势，适应社会，拥护中国共产党的领导，拥护社会主义制度，带领佛教徒，坚持信仰，恪守戒律，老实念佛，虽一生又颇多曲折，但爱国爱教之心，始终如一。历任常州市第一届、第二届政协委员。1959年，钦峰密雨禅师示寂，奉衣钵塔于常熟虞山北麓破龙涧。

体真中纯

体真（？-？），近代僧，盐城人，法名中纯，曾参学镇江金山、南京古林寺。体真继云峰丽元后任盐城永宁寺住持，临济下第四十三世，后移居南京。1944年5月《佛教文艺》载霜亭所撰《永宁体真老和尚像赞》。

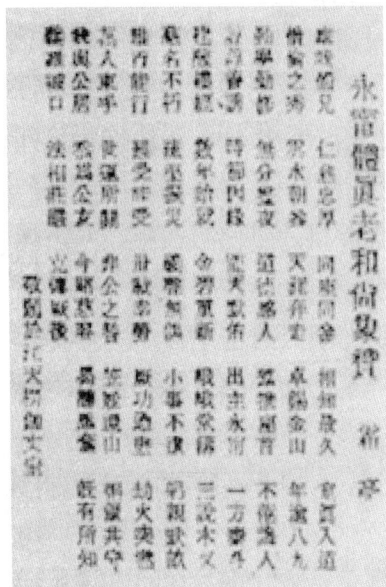

图2-1　霜亭：《永宁体真老和尚像赞》

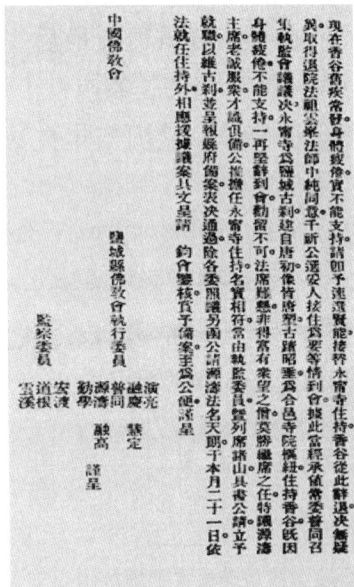

图2-2　1929年盐城县佛教会报呈中国佛教会关于永宁寺源涛继香谷积案文

香谷天赐

香谷（？－？），近代僧。永宁寺住持，1929年因病辞住持，继以源涛。

源涛天朗

源涛天朗（？－？），近代僧。1929年继香谷任永宁寺住持。①

德厚灵璧

德厚灵璧（？－？），近代僧。临济下第四十五世，任永宁寺方丈，1937年传方丈位于雪松源远禅师。

雪松源远

雪松源远（1909－2000），清宣统元年正月二十四（1909年2月14日）出生于江苏省江都县双沟乡高峰村（现属扬州市江都区仙女镇），父陈功茛，母徐氏，俗名陈明伦，字仁俊，曾用名陈怡，出家后法名雪松，亦作雪嵩（民国时常用），法派名源远，曾化名印怡，晚年以"雪松"行世，别号寿石斋主。1940年冬嗣法于盐城永宁寺德厚灵璧禅师，为禅宗临济下第四十六世，同年12月15日（冬月十七）继任方丈，直至1993年禅位于茗山法师，乃是盐城永宁寺恢复重建前最后一任方丈。民国时曾任盐城县佛教会代理会长、中国佛教会秘书长兼南京市佛教会会长，改革开放后曾任扬州市佛教协会名誉会长等职，又因当年在盐城热心抗战被刘少奇、陈毅称为"革命和尚"。

雪松法师自幼父母双亡，在江都大陆乡（后改为锦西乡，今属丁伙镇）的姐姐家生活，曾上私塾一年并读初小。1920年初小毕业，家贫无力升学，在家自修中学部分课程。从1922年起跟随姐夫张浩纲读书并学中医（针灸）约五年。1927年在当地自设私塾教书半年。随即到上海、南京等地开业行医。

---

①据《盐城县佛教会执委普同等为永宁寺住持香谷因病辞职公推源涛为本寺住持呈报备案文》（《中国佛教会月刊》，1929年，第五六期合刊载）载，时盐城佛教会执行委员：演亮、融庆、普同、源涛、勤学、慧定、融高；监察委员：宏渡、道根、云溪。

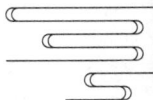

1928年8月，雪松法师见报载："太虚法师将赴欧美讲学，下榻上海沧州饭店，各界名流吴贻芳（金陵女子文理学院院长）、蒋维乔（东南大学教授）、王一亭（上海名书画家）等六十余人欲在此设宴欢送"，想着一个和尚竟然也能出国讲学，还有那么多名流学者欢送。受好奇心驱使，遂前往参加，首次见到太虚大师。交谈之下，知道佛教界也有大学问家。大师还给他送了一些自己的著作。受大师感召，雪松法师开始对佛教产生兴趣。于是到上海图书馆借阅《万国宗教志》及其他佛学书刊。《万国宗教志》介绍世界各国宗教教义、教史，特别推崇佛教。由此自行研习佛法，读了一些佛经和太虚大师的著作，对大师讲的僧制要整理，教产要用以兴办教育和福利事业，腐败的僧侣要淘汰等主张极为赞赏，逐渐萌生了出家的想法。

1928年秋，雪松法师身患肺结核，医嘱到山林或海边静养。同年10月经友人马桥白马庙和尚永培介绍到江苏盐城岗门放生庵（现属盐城市盐都区龙冈镇），随映中法师剃度出家，即由映中介绍到普陀山白云庵疗养。约三个月后，1928年12月，雪松法师到宁波天童寺受戒，并在该寺创办的天童佛学社学习，因要求废除打骂制、撤换常在黑板上写错别字的教师，未得采纳，遂退出佛学社、离开天童寺。

之后到天台山拜兴慈法师为师，1929-1931年间，随其讲经到宁波、绍兴、慈溪、上海、杭州等地，研习天台宗约两年。

1931年到宜兴海慧寺阅藏约两年，其间亦从慧明法师进一步深入学习针灸。

1933年3月19日，太虚大师在浙江奉化雪窦寺讲《出生菩提心经》，法师得知消息遂前往听讲，再逢太虚大师，跟随大师研学唯识，参加唯识观研究组学习，同时在寺中服务，兼任雪窦义校教员。时用名雪嵩。4月20日，大师到宁波讲《唯识三十颂》，雪嵩亦跟随听讲并作记录，其间曾在大师指导下学习布教（于开讲前先为听众讲些浅近的佛学），完成两幕剧剧本《出家》（仍署名雪嵩），载于《正信》周刊。

数月后，约在1933年秋，雪嵩离开雪窦寺，前往四川重庆，在南岸慈云寺跟随方丈云岩禅师学禅宗，并任知客师。

约在1934年初从重庆回到盐城岗门放生庵。随即于1934年3月中旬到上海玉佛寺听圆瑛法师讲《大乘起信论》。

此外，1928年出家受戒后到1934年前游历数年，经苏、浙、皖、赣、湘、鄂、川、京、沪等省市，还曾参访印光、谛闲、仁山、王一亭、丰子恺等高僧大德。

1934年下半年，雪松法师重回盐城放生庵任住持。此后两年，为了维护佛教寺庙与僧侣的合法权益，开始学习法律公文程式，与侵犯寺庙、僧侣权益的贪官污吏、土豪劣绅，进行民事刑事诉讼与行政诉讼。

如劣绅王某强占放生庵庵产已多年，还要庵僧完粮（农业税），庵僧起诉没有成功。雪松法师重新起诉，一审胜诉。王某不服，上诉江苏省高等法院淮阴分院，二审判决"驳回上诉，维持原判"。又如盐城兜率寺某僧被开除，该僧竟将庙产私下送给县教育局局长泄愤。历来僧侣是无权处分庙产的，典、卖、赠都属非法、无效。雪松法师建议提起行政诉讼，庙产终被发还。又有盐城县政府借导淮名义大肆搜括，盐城七区区长陈某敲诈勒索，法师分别起诉，该主管部门也觉得愧对人民，县长记大过一次，区长撤职查办。

约1935年，雪松法师入盐城永宁寺。

1935年至1939年间，雪松法师曾创办《惠群月刊》（仅出3期，被迫停刊）自任主编；复办兜率寺贤首宗佛学院并任教导主任；担任龙冈夜校义务教员，为社会失学青年补习文化课；担任盐城佛教会常务理事兼秘书并代理会长、盐城参议会参议员等职。曾在《淮东晚报》《复兴日报》发表抗日诗文，如其《赠友人》诗：

年来国事蜩螗甚，还我河山知几时？

珍重长风从此乘，好将雄略挽垂危。

感情真挚，语言沉郁，抒发了强烈的爱国情怀。

并曾在抗日阵亡将士追悼会上，沉痛赋联悼念：

英勇抗战，壮烈牺牲，是真民族楷模，用光史册；

浩气长存，精神不死，伫看倭奴消灭，还我河山。

同时进行抗日演讲，并学唱、教唱抗日歌曲，慰问新四军伤病员，动员群众踊跃交纳爱国公粮，积极参军。还兼任过几所中小学的校董、校董长，及佛学院的讲师，并曾义务行医。

1937年，雪松法师在盐城复办兜率寺贤首宗佛学院时，8月到上海佛学书局购买教学用书，从镇江乘火车往上海途中，与车上乘客闲谈国事："九·一八"事变发生后只四个月时间，东北就全部沦陷。"国家养兵千日，用兵一时"，外敌入侵，国家军队为什么一枪不放，节节败退？这样下去，日寇岂不很快就打到华中来了。不料车上有便衣特务，车到常州站，上来几个武装宪兵，平端盒子枪对着法师的胸膛，强迫下车，关进常州宪兵队，日夜审讯。法师气愤地说："我是爱国言论，如'爱国有罪'请先修改《刑法》。我不是军人，你们无权审讯，请转司法。"第四天，由常州转上海宪兵队，又关了两天，才取保释放。

1937年下半年，在太虚大师、圆瑛法师的号召下，雪松法师自筹经费创办盐城佛教抗日救护队，担任主任教官。旋又以中学毕业同等学力参加省教育厅组织的考试，考入江苏省第六行政督察区民校师资养成所学习，所写的抗战论文和发表的抗战演说曾获奖励。组织师资同学会时当选为第一常务理事。

1938年，从延安来的地下党工作者李寄农到苏北开辟新区，得知雪松法师热心抗战的事迹，特来拜访，受到法师热情接待，畅谈抗战大计，双方一见如故。雪松法师为李寄农免费安排食宿，胡扬、苏海、还寄萍等常到雪松法师的住处与李寄农集合开会。法师严守秘密，为其安全亲自站岗。李寄农也常把革命书刊提供给法师阅读，他由此了解到共产党人"坚持抗战反对妥协投降"的主张，从而看到了国家民族前途的一线曙光。

1938年4月盐城沦陷后，永宁寺遭到日本鬼子焚烧。日军纵火焚毁寺庙殿堂时，法师亲见七位和尚舍身护寺不幸身亡。

1940年春，经其师融高法师推荐，雪松法师在紫云山（今属盐城市大丰区刘庄镇）初次见到永宁寺退居体真老和尚。老和尚对雪松法师极为赏识，意欲以永宁寺相托，最终在1940年冬从当时的永宁寺方丈德厚灵璧禅师嗣法，为禅宗临济下第四十六世，同年12月15日（农历冬月十七）接任方丈。

1940年11月，新四军进驻盐城，建立民主政权。1941年初，新四军在盐城重建军部。由李寄农引见，新四军代军长陈毅、政委刘少奇（时化名胡服）与抗大五分校副校长冯定、盐城鲁迅艺术学院教导处主任丘东平等到永宁寺探访雪松法师。见面后，陈毅说："我们知道雪松是爱好和平、反对侵略的，过去做了很多对人民有益的工作，希望今后能给我们更多的帮助。"雪松法师听后十分激动。陈毅、刘少奇与他就像拉家常一样，既谈佛门中事，又谈如何广泛发动群众积极抗日的问题。刘少奇了解到雪松喜好写作时，便关切地问雪松最近在写些什么。雪松说："近来写了一些以抗日战争为题材的新体诗和散文，由于基础差，写得很不成熟，请军长、政委多多指教。"

同年6月，雪松收到了新四军宴请盐阜地区开明士绅和国际友人的请束，考虑到自己是僧人，一直吃素，参加宴会可能给新四军增加麻烦，他提前去了军部，对亲自接待他的陈毅、刘少奇诚恳地说："今天我提前来，一是回访，二是对宴请的事我心领了"，还没说完，陈毅同志大笑着说："雪松法师，我们知道你吃素，特地买了罐头，准备了素菜，今天你一定要参加宴会！"新四军代军长、政委，对一个普通佛教信徒如此关怀、体贴，使雪松感动不已。当晚，他参加了宴会，晚宴后还参加了新四军军部举行的有两千多名干部、群众参加的"欢迎盐阜开明士绅文艺晚会"，并在晚会上即兴讲话。他真诚地希望国民党和共产党合作、一致抗日，希望社会各界人士在国难当头之时，为了和平团结起来，共同对敌。华中局主办的大型报纸《江淮日报》对此作了详细报道。地方党报《老百姓报》专门发表了题为《访雪松法师》的特写，充分肯定了雪松维护革命、坚决抗日、反对战争、爱好和平的做法。

这段时间，雪松法师住持永宁寺的同时担任盐城佛教会代会长、盐城抗日民主政权参议会参议员，经常阅读《陕甘宁边区施政纲领》《抗日民族统一战线》与毛主席著作及其他进步书刊，受到教育、启迪与鼓舞，关心时政，主动作为，亲眼目睹了抗日民主根据地政治廉洁，团结抗战，军民鱼水情深，因而衷心拥护共产党的领导。法师爱好文艺，与文艺、文教界人士往来甚密，如抗大的冯定、鲁艺的丘东平、文联的许幸之等，另有地方名流如宋泽夫、夏崇、胡鉴清（胡乔木的父亲）等忘年交。积极投身抗战，发挥自己学过中医的专长，发起成立了盐城县佛教抗日救护队，自任教官，传授救护常识，积极救护新四军伤病员。还利用自己的特殊身份，冒着生命危险，掩护共产党地下工作者胡扬、苏海、还寄萍、李寄农等人，为此，陈毅、刘少奇对他给予高度评价，称他为"革命和尚"。

1941年7月，日军第四次侵占盐城，对盐阜地区进行了大规模扫荡，新四军主力战略转移，盐城再次沦陷。

约1942年春至1943年春，雪松法师与体真老和尚避居东夏的莲池庵（今属盐城市建湖县沿河镇）。1943年3月因事前往南仓（今属盐城市盐都区秦南镇）住到8月。不得不到农村生活的雪松，仍积极参加乡下民主政府的有关活动。其间，1943年7月曾写信给新四军陈毅军长。8月底，陈毅给雪松写了复信，由体真老和尚代收。体老很谨慎，照抄一份，不写上下款，派专人送给雪松，殊不知信的内容暴露了隐情。雪松在接到信的当晚就被日伪军逮捕，那封信成了雪松法师"通共犯罪"的"铁证"。敌人把他悬吊在屋梁上

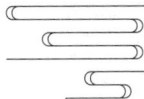

毒打，要他"招供"共产党和新四军领导的活动情况，雪松对此严辞拒绝。后来在共产党地下工作者和友人的全力搭救下，雪松才得以逃出虎口。

1944年春至1946年初，在镇江竹林寺佛学院任教并曾任教务主任，化名印怡。

1946年初，雪嵩（松）奉太虚大师之命复出，参与中国佛教会整理事宜。1月26日被派任文书组组长及登记组组长（4月28日追认）。因原秘书兼指导组组长大醒法师到奉化接任雪窦寺住持，5月4日由雪嵩法师代理秘书及指导组组长，王慧达居士任文书组长及登记组组长。王居士8月离任，8—10月雪松兼四职。10月道源法师任指导组组长，雪嵩法师仍担任中国佛教会整理委员会秘书兼文书组组长及登记组组长三职，直到1947年5月。其间，1946年6月26日曾到中国佛教会安徽省当涂县支会召开会员大会改选理监事，受总会派遣出席指导并在会上讲话。9月25日当选南京分会理事长。

雪嵩法师担任中国佛教整理委员会秘书期间，曾奉太虚大师命担任中国佛学会研究主任、大雄中学校董。适逢太虚大师在南京，多有受贪官污吏迫害的僧侣找大师解决问题，或有来访者谈到组织分支会或维护教产等事，大师常说："找雪嵩法师去。"因其懂法律故，还曾代太虚大师参加过中印学会理事会以及中国宗教徒联谊会的会议。

1947年4月23日，《沪报》曾载姬叔绣所写"太虚和尚门徒雪嵩现拟组织和尚党。据称目的在团结佛教徒，为社会谋福利。并特别声明，阿弥陀佛不参政"云云。

1947年5月，中国佛教会在南京成立，章嘉活佛为常务理事兼任会长，雪嵩法师亦当选为九名常务理事之一，并兼任秘书长。主要工作是组织各省市县佛教会，指导并维护佛教僧侣的合法权益，举办教育福利事业，曾应邀到上海、苏州、无锡、常州、镇江、江阴、当涂等地演讲。也曾接待过英、美、泰、菲、印、缅等国家的佛学界人士和蒙藏喇嘛。

这期间还收过若干皈依弟子，其中有浙大毕业的李正平，后到台湾跟随东初法师剃度出家，法名圣开，曾在亚、欧、美许多国家和地区弘法。

关于维护僧侣合法权益，雪嵩法师在担任中国佛教会秘书长期间，除帮助一些僧侣摆脱繁重负担外，还针对当时已有不少青年僧侣被国民党政府抓去当兵的事实，一再强调佛教慈悲不杀，僧侣不能当兵。于是组织全国佛教请愿团，推章嘉为团长到国民政府请愿，抗捐抗征兵。为某些寺庙僧侣受迫害事件，以及中国佛教会、中国宗教徒联谊会等事务，接触的国民党上层人士有：张继、邹鲁、姚雨平、戴季陶、于右任、居正、陈铭枢、程潜、颜惠庆、李宗仁、白崇禧、冯玉祥等。协助镇江金山寺方丈促成国民党驻军撤出该寺，并曾营救过受迫害的僧侣，如焦山寺方丈东初法师。同一时期，雪嵩法师编辑完成《佛教法令汇编》一书，1948年3月由中国佛教会印行。

此外，雪松法师还为江阴要塞司令部内党的地下工作者唐碧澄同志作掩护。唐曾在盐城参议会任副参议长，唐的弟弟唐克，是法师在民校师资养成所的同学（新中国成立后，唐克曾任中央委员、冶金部长、石油部长）。唐碧澄在江阴要塞司令部当文书，有盐城同乡议论唐是共产党，法师当即制止："不要乱说，人命关天"，为之掩护。

1948年，雪嵩法师任南京栖霞寺所办宗仰中学（3月开学）发起人并受聘为名誉校董；南京大雄中学为秉承太虚大师弘法利生之遗教，特举办佛学星期讲座，并延请雪嵩法师主讲。此外，同年还曾被世界佛学苑汉藏教理院同学会聘为导师。

1948年下半年，雪嵩法师的外甥张家楷（12岁）被捕，因其大哥郑铎（原名张家俊，又名陈树人，后来曾任江都县委书记、扬州地委宣传部长、扬州市政协常委）是解放区县公安局局长，法师请扬州天宁寺让之老和尚请客送礼，营救脱险。让老年事已高，要法师继任住持，法师感激让老营救外甥，不便推却。11月8日接任住持后，始知天宁寺已无米可炊，实在无能为力，未接账目，三天后即回南京。

时逢淮海战役爆发并持续中。大概就是这个时候，中国佛教会常委会决议"会址南迁"，雪嵩法师辞去常务理事、留任秘书长职。时局所限，又考虑到太虚法师圆寂其整理僧制愿望难以实现，雪嵩法师未久便遣散佛教会全体工作人员，自己也脱下僧装，1948年底离开南京前往上海，仍旧行医为生。

1949年5月南京解放后，雪松法师回到家乡江都，住江都砖桥片锦西乡大陆桥（今属丁伙镇）外甥郑铎（时任江都县委书记）家中。郑铎将雪松法师的情况向地委、省委作了反映，暂未处理。在等候处理的这段时间，法师与姐姐（即郑铎母亲）合开商店维持生活，直到1955年。

1955年7月，到江苏省公安厅接受审查一年多。外甥郑铎要求雪松法师把自己的经历写一份书面材料交给政府。公安厅通过调查核实，认为他是可以团结的对象，但未作出定性结论。

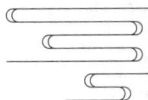

1956年审查结束后回家行医。

1964年4月，因医生要走合作化道路，不能单干，雪松法师开始到江都县江都镇卫生院上班。"文革"时受到冲击，因其1947年负责佛教会工作，南京中统实验区曾找到法师要求其提出人员成立佛教调查小组，并被另四人推为组长，尽管当时不知是特务组织，也没有被敌人利用，成立后没开过一次会，小组的人也没有向他汇报过调查材料，但还是在1968年清理阶级队伍运动时由江都县革委会对此作了定性结论，定为"敌我矛盾性质，作人民内部矛盾处理"。"文革"后于1978年重新鉴定通过。继续在卫生院工作，直到1985年7月申请退休。

在卫生院工作期间，雪松法师担任针灸理疗科医生，潜心研究中医针灸，并曾于1982年9月参加在泰兴举行的扬州地区针灸学术会议，发表论文《针灸治疗病例九则》。

在地方党和政府关怀下，从1981年起先后担任江都县政协五届委员，六、七、八、九届常委，多次参加政协调研活动，并为《江苏革命史料》《扬州文史资料》《江都文史资料》等撰写文史资料，及在《龙川吟草》《龙川诗草》上发表诗词。

1984年5月增补为江苏省佛协理事，还曾担任扬州市佛协名誉会长。1984年冬应请在扬州大明寺主讲《般若经》的传承、内容和要义。1987年12月任江都市佛教协会筹备委员会主任。1992年元月16日江都市佛教协会成立，到2000年圆寂前皆为名誉会长。

1989年4月10日，圣开法师回国看望雪松，师徒重聚于江都。4月20日，台湾佛光山星云法师回江都省亲，雪松法师亲临星云故居欢迎，并陪同参访大明寺。

1991年，国家发生特大洪涝灾害时，83岁高龄的雪松，向全县宗教界及各界呼吁救灾，并带头捐钱捐物，支援灾区。

1998年洪灾时又再次为灾区捐款，当时法师已年届九旬。

20世纪90年代，海外众弟子纷纷来信请其出国弘法，雪松法师却因年老不耐跋涉辞谢。在接待"三胞"时，坚持党的路线方针政策，宣传国家建设的成就和"一国两制"方针，爱国爱教，为祖国的繁荣昌盛与和平统一做出了应有的贡献。

特别需要说明的是，同样师从太虚大师的江苏高僧茗山法师是盐城人，俗家与永宁寺相邻，幼时往来寺庙，并在盐城出家，民国时期即与雪松法师相熟。改革开放落实宗教政策后，茗山法师主持江苏佛教工作，曾多次请求雪松法师出山恢复永宁寺做佛教工作，在其日记中说雪嵩老"是佛教界一位稀有人才，做过盐城永宁寺方丈，中国佛教会秘书长，过去曾在革命根据地参加过参议会做过掩护工作。他今年虽76岁，但精神面貌如60岁人。我想请他出来做佛教工作。"1997年3月2日（正月二十四）为雪松法师祝寿时，茗山老和尚还曾在祝寿会上发言说："雪老年高（九十岁），德彰（平常闭目念佛），见地高（建国前曾参加革命）。"

1993年4月3日，雪松法师重返盐城，再次以方丈身份穿起了大红袈裟，参加永宁寺奠基仪式，并为永宁寺的修复筹建献计献策，募捐布施，受到政府和广大善男信女的称赞。雪松法师最终以自己年事已高难于主持寺务，再三坚请与茗山结为法门兄弟，礼请茗山法师为永宁寺新任方丈并为其送座。

1994年1月15日，主持江都观音庵佛像开光暨"佛七"活动。

1998年11月，1999年4月、6月，为新加坡徒孙觉众等作禅七开示。

1985年退休后到1999年上半年仍居江都，住所名寿石斋，遂号寿石斋主，精进行持，常免费为人诊病，尤以针法见长，有《针灸研究和中医述要》传世。

1999年下半年，雪松法师已年逾九旬，自谓时日无多，决定回盐城永宁寺。回寺数月后，2000年1月24日在永宁寺圆寂，荼毗后有舍利子，部分舍利子被新加坡徒孙带回供奉。

雪松法师才华横溢，诗、书皆精。他的诗词楹联，内涵丰富，意境深远。其书法风格与弘一法师相近，在书法结构上，参差错落，长短多变，极具禅意。

雪松法师信仰坚定，无论多么艰难的环境都不舍佛戒，终身素食独身，归心净土行在弥陀，数十年念佛不辍，深入经藏，禅净兼通，知识广博，著述颇丰，曾在《海潮音》《正信》等佛教报刊发表《建国声中谈法治》《整委会之设立及其任务》《怎样健全佛教会的基层组织》《佛徒服务社会的需要》等文，编辑出版了《佛教法令汇编》等书，既是解行精严的高僧，又是功底深厚的佛学家。

雪松法师弘扬佛法七十余年，为祖国统一、民族团结做出了积极贡献。中国佛教协会会长赵朴初称赞他为"佛教尊宿，懿德馨香"。

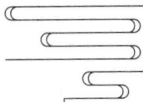

茗山源悟

茗山源悟（1914-2001），现代僧，盐城人，1914年农历二月二十日出生于盐城大寺巷（光明巷），俗姓钱，名延龄，度名大鑫，名印鑫，字茗山。茗山为禅宗临济下第四十六世，历任焦山定慧寺兼南京栖霞寺、宝华山隆昌寺、无锡祥符寺、盐城永宁寺方丈、中国佛教协会副会长、江苏省佛教协会会长，1993年任永宁寺方丈。

1932年春，茗山幸遇宏台老和尚，萌发了出家的念头，在征得父母同意后，便随宏台到收成罗汉院出家，学习佛门功课及经书二年。1934年春到镇江焦山定慧寺受具足戒，下半年入焦山佛学院学习。1935年秋毕业后，任焦山定慧寺知客，后由大超法师介绍，茗山拜见太虚，太虚欣赏其才华横溢，欣然写信推荐他到武昌世界佛学院进一步深造，1937年冬毕业，发表《评"中国文化所受印度佛教之影响"》。

抗日战争期间，茗山秉承太虚大师之志，四处奔走呼吁抗日，认为"作为一个中国公民，爱国是根本的，是第一位的"[1]，发表《宗教徒救国的途径》《佛法救世与僧伽护国》《论多难兴邦与多难兴教》等文章，在《佛教与政治之关系》一文中，他提出"（一）加强民族团结，（二）提高民权，（三）发展民生，（四）协进中国文化，（五）补法律教育之不及，（六）保存有历史有价值的艺术，（七）完成心理革命"[2]等七项主张。他在湖南南岳、衡阳、耒阳、祁阳、宁乡以及长沙等地，办理佛教会会务，创办佛学讲习所，并出任湖南耒阳金钱寺、衡阳培元寺、宁乡大沩山寺住持，在湖南衡阳一带筹集粮食、衣被支报抗战。衡阳沦陷后在日寇侵略者的屠刀下，他大义凛然，组织救护队为国效力，表现了铮铮铁骨的民族气节。

抗战胜利后，茗山于1946年初夏返回焦山定慧寺。雪烦传法于茗山、戒证等四人，茗山被命为监院、佛学院教务主任，兼《中流》月刊主编，发表《我们的意趣》一文，概括《中流》的意趣为："（一）救世济人；（二）护法卫教；（三）振兴佛教；（四）学术研究。"主张《中流》一切言论要"以利于佛教，利于他人为依归。凡出一言，立一论，不足以利教利人者，

---

[1]茗山：《佛教与政治之关系》，《海潮音》，1942年第二十三卷，第一、二期合刊。
[2]廖立地：《深切怀念茗山法师》，《江苏省社会主义学院学报》，2001年第4期，第59-60页。

不言也、不论也。"①《中流》充分体现了茗山大师"弘法为家务,利生为事业"的佛教宗旨,成为当时较为著名的佛教刊物。《中流》月刊的发行对于战后佛学思想的传播弘化,新道德运动的推进和佛教界的振兴起到了重要作用,并对日本及东南亚一带也产生了较大的影响。茗山任焦山定慧寺监院、佛学院教务主任期间,参加中国佛教整理委员会在焦山定慧寺举办的会务人员训练班,任训育员,训练最后作《复兴佛教的动力与条件》讲话,认为寺院方丈与法师应当担当恢复佛教的职责,强调"我们整个佛教的兴败,也都栓系在我们方丈、法师本身,我们就应自尊自重,更应深切反省自己"②。住持焦山定慧寺期间,茗山强调佛教经济建设应重视现实,要"一致打起精神,有钱的出钱,有力的出力,来策动这迫切需要的经济建设,以挽颓风,而兴佛教"③。

新中国成立以后,茗山继续驻锡焦山定慧寺。1951年秋,出任定慧寺第九十八代方丈,期间认真执行政府规定,积极率领寺僧走"农禅合一"之路,在政府留给寺庙的土地上耕作劳动,自给自足。"文化大革命"爆发后,茗山被下放至黑桥劳动。生活虽艰苦,但修持却愈精进。

茗山一生爱国爱教,与党和政府风雨同舟,是中国共产党的亲密朋友,他带头学习宣传贯彻党的宗教信仰自由政策、自觉接受政府依法对宗教事务的管理,亲手建立和完善寺庙各项规章制度;他努力探索和实践佛教与社会主义社会相适应,挖掘和发挥佛教教义教规中的积极因素为当代社会服务,为了弘扬佛法,护持佛教,绍降佛种,大作佛事,不辞劳苦。1978年,党的十一届三中全会召开后,落实宗教政策,开放重点寺院。茗山禅师被宗教部门召回焦山,在定慧寺继续担任方丈,负起了修缮定慧寺、建设焦山的责任。1998年又在焦山山顶重建已毁五百余年的定慧寺万佛塔。此后他还为南京栖霞寺、宝华山隆昌寺、无锡祥符寺、盐城永宁寺、建湖罗汉院、射阳息心寺等寺院的修复付出努力,并先后兼任上述寺院住持。1993年秋,当选为中国佛教协会副会长。1994年6月,当选为江苏省佛教协会会长。此外,历任镇江市佛教协会会长以及江苏省和镇江市政协常委等职务。

①茗山:《我们的意趣》,《中流》,1940年第5卷,第1期。

②茗山:《复兴佛教的动力与条件》。李书有编:《茗山文集》,南京:江苏古籍出版社,1992年,第33页。

③茗山:《佛教经济如何建设》。李书有编:《茗山文集》,南京:江苏古籍出版社,1992年,第47页。

茗山认为佛教界培养接班人是最紧迫、最重要的事，对重点寺庙接班人的培养和选拔十分重视，解决培养一批年轻僧人担任重点寺庙住持的问题。1980年冬，茗山当选为中国佛协常务理事。1982年6月，他受中国佛教协会会长赵朴初居士的委派，到南京栖霞寺筹办"中国佛教协会栖霞山僧伽培训班"。茗山担任第一副主任，并主持日常教学工作，组织教学人员，制定教学计，培训班第一期招生一百八十五人，来自全国各地寺院。茗山法师认为僧伽培训班"这件事，在中国佛教史上，确是空前的兴废继绝的大事，在国际佛教界，也引起教友的亲切关怀和鼓掌称赞。因此，这件事的本身，是值得同仁们纪念的"①。

1983年，茗山根据中国佛教协会指示，在培训班的基础上，开始筹办"中国佛学院栖霞山分院"，翌年正式招生，学制二年，由赵朴初居士兼任院长，茗山出任第一副院长，主持学院日常工作。茗山明确主张"佛学院要学校寺院化，以修为主，学修并重"②，对栖霞山佛学院的学僧讲话和授课中教导学僧"思诸戒子爱国爱教，永记勿忘！"著名教育家匡亚明称赞茗山是"佛教界真正懂得办学的一位高僧"③。

茗山晚年，除了担任定慧寺、栖霞寺等名刹方丈外，还兼任着律宗第一名山、宝华山隆昌寺的方丈，1992年恢复中断了35年的传承大典，并亲自担任得戒和尚，近千名戒弟子得戒。放戒是一项很辛苦的弘法事业。茗山每到一处，自始至终都力尽戒师之责。1998年，常州天宁寺传受三坛大戒，茗山担任得戒和尚，为新戒讲"四种清净明海"，此期受戒僧计332人。

茗山"弘法是家务，利生是事业"，为了弘扬佛法，他全身心投入，足迹遍及海外和全国许多省市，并多次受赵朴初会长的委托，代表中国佛教协会参加国际交往和佛教界的重大活动，深受弟子信徒的敬仰。他不顾年老体弱，不辞长途跋涉之苦，应邀多次到日本、美国、新加坡、斯里兰卡、印度尼西亚、泰国、韩国以及中国港澳台等地弘法讲经、传戒，参加佛教学术文化交流活动。1981年4月他应香港大屿山宝莲寺和宝林寺方丈圣一法师邀请去讲经和参加宝莲寺佛像开光，成为"文革"后江苏省第一个去香港讲经的

---

①陈垠远、宋本竞：《爱国爱教的一代高僧——茗山法师》，《钟山风雨》，2001年第4期。
②陈垠远、宋本竞：《爱国爱教的一代高僧——茗山法师》，《钟山风雨》，2001年第4期。
③匡亚明：《茗山文集序》。李书有编：《茗山文集》，南京：江苏古籍出版社，1992年，第88页。

长老，在港一百一十天，先后到六处佛教团体讲经说法，所到之处信众夹道欢迎，跪拜礼请。他以渊博的佛学知识和慈悲法相，赢得了海外四众弟子的好评，同时也消除了部分人对大陆宗教政策的疑虑和误解。1989年，他参加"中国佛教协会赴美国弘法团"，到美国旧金山万佛城，参加了三坛大戒传戒法会，参观并访问了洛杉矶的西来寺等寺院。1994年春夏间，他以八十一岁的高龄到台湾讲经、传戒达五十三天。他在台湾看望了阔别五十七载，早年在武昌的世界佛学苑研究班的老学长，八十九岁高龄的印顺法师。1994年秋，他到斯里兰卡参观访问，受到该国总统的接见。同年12月，他应邀到新加坡佛教居士林，开讲《阿弥陀经》。1996年春夏间出访日本，到东京大阪、名古屋等7座城市参观了十三处寺庙，受到隆重接待。同年12月，再次应邀飞抵新加坡，为该国广大佛教徒、居士开讲《华严经》20余日，在新加坡再次引起了轰动。他将爱国之心融汇于佛法，以无私奉献的精神报效祖国，利益众生，茗山法师毕生执着追求的爱国爱教的人生真谛，化作令人敬佩和学习的爱国行动。

茗山毕生悲智双运，知识渊博，所著佛教论文和教义诠释在佛教界备受推崇。茗山出家后，先后学习过唯识宗、般若宗、净土宗，也曾阅读并修习过《华严经》《法华经》《楞严经》和禅宗、律宗、密宗经论。他秉太虚大师对大乘各宗教平等融会贯通之说，定慧双修、刻苦修行，认真研究佛理，通晓经、律。造诣深厚，著作颇丰。"文革"期间他又编写了《法华经》《地藏经》《仁王般若经》《心经》《阿弥陀经》等经提要，供自己和他人"受持读诵，如说修行"之用。之后又有《茗山文集》《华严经普贤行愿品讲义》《弥勒上生经讲义》等日记、年谱、自传、传记、讲经录、书法选等十余册。他去世后，其生平事迹收集整理工作委员会对收集到的资料进行系统整理，陆续编辑出版了《纪念茗山法师丛书》，其中包括《茗山日记》《茗山日记续集》《茗山年谱》《茗山自传》《茗山传记》《茗山讲经录》《茗山手写〈楞严经〉》《茗山手写〈金刚经〉》《茗山书法选》《茗山诗词楹联集》《茗山文选》《茗山书信选》《茗山纪念文集》《茗山纪念画册》等。这是茗山法师留下的一套丰富的佛教文化遗产，同时也给人们留下了珍贵的佛教史料和生动的爱国爱教教材。

茗山法师一生生活节俭，但却具有乐善好施、济世度人的品德和胸襟。他一生布衣素食，一切供养收入，悉数用于建寺育人，赈灾济困，支持国家和地方建设，堪称爱国爱教的典范。茗山禅师平时连一件旧衣服、一张纸都舍不得丢弃。吃饭时，常常看到一粒饭掉在桌上、一颗花生米掉在地上，他都捡起来吃掉。几十年来，他一直奉行佛教慈悲主义，为社会做功德，为大众做善事。当他得知镇江市筹建慈善基金会时，主动捐赠六万元。他从报纸上看到省希望工程经费短缺，即汇款二万元。他了解到镇江东大门丁长路工程缺资金，又寄去三万元。1998年夏季全国发生特大洪涝灾害，茗山法师日夜写字，参加赵朴初会长为赈灾发起的字画义卖活动，他个人还捐款二万元。

茗山不仅佛学造诣高深，修持精业，而且兼善诗词，尤精书法，是在僧俗两界均具影响的文化名人。他的诗格调高雅，蕴意含蓄，不落俗套，生活气息十分浓郁，而且富有浓郁的禅韵哲理。同时他又以字结缘，教化众生。赵朴初曾多次到访焦山，茗山作诗书赠《焦山观朴树有感》："朴老无心逢朴树，茗山会友到名山。因缘时节天然巧，正法重兴住世间。"[1] 诗中嵌入二人的名字，意味深长，朴老赞赏不已。他自幼聪明好学，喜爱文墨，在其父和严师教诲下刻苦读书练字。出家以后，在研究佛学、绍隆佛种之余，数十年如一日不间断地研究书法艺术，以书法弘扬佛教文化。书法与佛学融为一体。他的书法以魏碑见长，专用藏锋，结构谨严，刚劲内敛，苍劲而古朴，敦厚而秀丽，以清明平淡、质朴离俗而见长，充满了郁勃奋张的气势。他的书法作品多以佛语、格言、偈语、经句、古诗为内容，享有"书家诗僧"美誉。他以字结缘，以墨会友，许多佛教四众弟子和社会贤达收藏其墨宝。

茗山还十分关心盐城永宁寺的重建。1986年，他应邀回乡参加淮剧节，便积极倡议复建永宁寺，经多方奔走，永宁寺重建工程终于在1993年初破土动工。他为了寺庙的重建，不顾年事已高，体弱多病，经常奔走往返于宁盐之间，并将自已出国讲经说法所得近百万元无偿捐献用于建寺，1993年，他为永宁寺题书楹联："祖德巍巍，传灯千古；法乳昭昭，灵山一脉。"

2001年6月1日下午5时50分，茗山法师在上海圆寂。世寿八十八岁，僧腊六十八年，戒腊六十七年。灵骨舍利塔建于焦山定慧寺，分塔于灵山祥符寺、盐城永宁寺等寺庙。

---

① 茗山：《焦山华严阁下陪赵朴初观朴树有感》，李书有编：《茗山文集》，南京：江苏古籍出版社，1992年，第328页。

他生前有遗偈一首：秋水鱼踪，长空鸟迹；若问何往？往生净域。觉而不迷，有生必灭；乘愿再来，何须悲泣。

南京大学名誉校长匡亚明为《茗山文集》所作序这样评价茗山："……他是一位很有德行和学识的高僧，又擅长诗作和书法。他不仅以其出众的才学使人赞叹，更以其高尚的德行令人钦佩。……像茗山法师这样德才兼备的高僧，在我国是不多见的。"

乘愿广智

乘愿广智（1946-2006），现代僧，江苏滨海人，俗姓董，名仁政，字觉行，法号广智。永宁寺雪松源远和茗山源悟嗣法弟子，2004年于永宁寺升座，成为该寺第八十七代方丈，曾任江苏省佛教协会常务理事、盐城市政协常委、盐城市佛教协会会长、盐城市慈善总会副会长。

乘愿出生名门，少年时在上海长宁区长寿路小学读书，酷爱淮剧。曾拜徐桂芳为师，学戏七年，唱老旦，艺名董少芳，演过《白虎堂》《秦香莲》《探寒窑》《大禹治水》等。十五岁时，对佛学极感兴趣，先后参拜清定上师、丛达法师及曾颂英、方子培等居土。1974年，随着祖母、母亲两位亲人相继去世，其个人生活和情感都发生了变化，1982年，乘愿拜明旸法师为师，皈依佛门，在家摆设佛堂，坚持早晚诵课。

1983年底，乘愿去南京栖霞寺拜访茗山，成为茗山的正式弟子，取名乘愿，字觉行。乘愿在栖霞寺两年，陪同茗山先后接待赵朴初、匡亚明、丁光训、武中奇、启功等名人，还向栖霞寺养真法师学习丛林规矩、佛教典故。

1988年，乘愿云游四方，参学名山大寺。行脚期间，不仅参学了很多教典寺规，还拜访过上海、江苏、浙江、广州的明旸、真禅、淦泉、明开、妙善、本焕、云峰等众多佛界高僧。

1992年，宝华山举行传戒大典，茗山兼任方丈，乘愿担任堂师。这次传戒是他难得的学习和实践的机会。宝华山传戒期间，中共盐城市委统战部部长洪家璧与市宗教局局长张允贵来到宝华山，请茗山尽早派人开展永宁寺的修复工作。茗山经过一番斟酌，决定派乘愿到盐城担此重任。

1992年至1993年，乘愿到盐城跑了十多趟，反复交流沟通，确定寺址。1993年4月3日，永宁寺举行了奠基仪式。雪松退居，茗山接任永宁寺方丈，决定由乘愿任永宁寺监院，主持永宁寺修复的具体事宜。乘愿来盐城复建永宁寺十余年，筚路蓝缕，艰苦创业，1993年底，永宁寺第一期工程，建起了

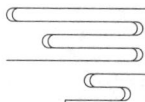

两排香房和厨房。第二年，乘愿举行观音七，主讲观世音的普门品，这次活动盛况空前，有上万听众，为恢复永宁寺打下了良好的宗教文化基础。

复建工作从无到有，乘愿为此殚精竭虑。

2001年春节前夕，大殿正在建造之中，负债累累，工人辛苦一年，急等工资，茗山汇来三十万元，本作购买三十亩土地之用，乘愿考虑再三，做主先发了民工工资。大殿建好，乘愿又设法筹款，尽快支付外围的30亩土地款，2002年，他变卖了上海的私房，投入永宁寺建设。

乘愿做人一生求真求诚，一世慈悲为怀，赢得了大批居士的信任和支持。乘愿接待过台湾宽裕法师、心海老师太、仁静老师太，新加坡大乘佛教的比丘尼等海内外众多佛教界人士，还接待过一位当年侵略盐城的日本士兵渡边建雄来盐忏悔。

乘愿热心慈善公益事业。1998年水灾，乘愿自己带头捐一万元，还发动居士捐衣服、床单等。"非典"期间，乘愿以盐城市佛协的名义捐一万元，以永宁寺的名义捐一万元。2000年中秋节前夕，乘愿将三千盒月饼送到贫困的响水村民家里。

2004年10月，毗卢宝殿落成，同时举行乘愿升座典礼。乘愿为永宁寺第八十七代方丈。2005年6月至7月，乘愿方丈因疾病缠身，多次亲赴扬州大明寺拜会能修，商讨寺庙法脉传承。能修决定由仁风赴永宁寺协助乘愿大和尚管理。8月12日，仁风晋院永宁寺，乘愿法师传临济正宗四十八世于仁风。2006年1月21日，乘愿禅师圆寂。

乘愿驻锡盐城13载，世寿60岁。乘愿主持永宁寺复建复兴工作，呕心沥血，从无到有，建成毗卢宝殿，还有诸多配殿等设施，使永宁寺成为苏北地区远近闻名的丛林。乘愿还通过举行讲经法会等形式弘扬佛法，宣传爱国爱教思想，赢得社会各界的信任和崇敬，遗著有《钟声》。

附：部分与永宁寺结缘名僧

觉灯（与戒净有旧）

觉灯，清代僧，生年不详，盐城人，字秋屏。嘉庆戊寅（1818）春，觉灯过龙冈南寺，访戒净长老，值随张学厚、李锡纯留宿丈室。道光己丑间，闻戒净主席永宁寺，觉灯寄以诗。又丙戌秋，将归射陵，祝师祖福老人寿，未果。重九前，性濂、性洁两师弟避水来焦山，诗云："有约中秋后，归来祝寿筵。那知花甲候，偏值水荒年。盐阜俱成海，人家总上船。阳侯何太恶，使我不能还。"①

静波

静波（1865–1939），近代僧，建湖湖垛镇人，俗姓程，名清海，字悟真，号静波。静波23岁在盐城北极庵出家（一说建阳西方庵出家，即南林寺醮神殿）②，后于句容宝华山慧居寺从圣性和尚受具足戒。后静波资助家乡西方庵、九龙寺等道场，1909年冬盐城永宁寺佛七法会间礼请为座元和尚，1920年冬在永宁寺传戒。

真禅

真禅，上海玉佛禅寺第十任住持，俗名王鹤树，1916年6月28日生，汉族，江苏东台人。童真入道，1921年在安丰镇净土庵依净修老和尚出家，法名真禅，字昌悟。1931年在南京宝华山隆昌律寺依德浩和尚受具足戒。先后入东台三昧寺启慧佛学院、镇江焦山定慧寺佛学院、镇江竹林寺佛学院、泰州光孝寺佛学院、上海佛学院、上海圆明讲堂楞严专宗学院、南京中国华严速成师范学院等院校学习，为守之、震华、窥谛三法师的法徒。历任竹林佛学院院长、竹林寺住持、苏州狮林寺住持、上海玉佛寺和静安寺住持、河南开封大相国寺方丈、上海佛学院院长、上海佛教协会会长、中国佛教协会副会长等职务。"文革"期间，他与其他五位僧人坚留寺内为保护玉佛寺的建筑及"文革"后上海佛教的振兴做出了积极贡献。多次应邀至海外弘法，桃李遍及欧、美、澳大利亚、南亚和中国港、澳、台等地。他在百忙之中不废著述，著有《玉佛丈室集》《真禅禅藻集》《上海玉佛寺丛书》和其他佛学著作十余种。不仅在教内，而且在教外各界都具相当影响。1995年12月1日在上海玉佛禅寺圆寂。

宽裕

宽裕（1925–2016），现代僧，江苏建湖人，俗姓胡，名大光，字宽

---

①林懿均修：（民国）《续修盐城县志》卷三《民俗·宗教·佛教》，《中国地方志集成·江苏府县志辑（59）》，南京：江苏古籍出版社，1991年，第395页。

②亦有云静波曾有三教庵为僧经历，然据民国盐城林志"三教庵"条云，三教庵"和同三教"，后改为同善社，民国后政府勒令改入红十字会。

裕。宽裕9岁时投宝应小台禅寺依方成禅师出家，19岁于镇江宝华山隆昌寺受具足戒，先后入扬州高旻寺、镇江金山寺、常州天宁寺参学。22岁入常州天宁佛学院就读。1949年春，到台湾投考中坜圆光禅寺佛学院，不久又转入新竹灵隐寺佛学院就读，并任僧值。1950秋，住锡止静修院，又辟该院后山之地，随彦才慈航法师创建弥勒内院，任监院。1966年秋，镇江金山寺前住持太沧心然禅师在台湾创建金山分院，聘宽裕担任监院，宽裕还在花莲创办的佛教莲社担任导师。宽裕因亲近慈航法师多年，参学受教，契悟甚深，为报师恩，不忍弥勒内院圣迹湮没，遂于1974年夏膺任弥勒内院住持，重建殿宇，创建基业，作永久记，秉承慈航法师、服膺太虚法师以弥勒净土法门，推行人间佛教。坚持早晚领众熏修，随缘度众，安定社会，净化人心。宽裕前后受聘佛光山佛学院、中坜圆光佛学院、新竹福严佛学院，教学梵呗、丛林仪轨等课程。宽裕传承临济宗，常州天宁寺聘其为座元。1993年4月，茗山法师聘请宽裕担任盐城永宁寺修复委员会委员及名誉方丈。

解铎

解铎（1925-2016），现代僧，江苏盐城人，俗姓仇，名红如，号震亚。由于父母淳厚崇佛，解铎6岁时在盐都雁渔寺出家，师从道澄禅师，1944年于句容宝华山隆昌寺受具足戒。戒期结束赴上海圆明讲堂楞严专宗学院就读，抗战胜利后，解铎先后在杭州天宁寺、嘉山龙庆寺、常州天宁寺参禅主持寺院工作。新中国成立后解铎回乡任葛武镇寺刘村会计兼赤脚医生，1969年调任葛武医院，1984年退休。解铎救死扶伤，慈悲济世，年年被评为盐城医疗卫生先进个人。1983年，上海佛学院复办，礼聘解铎为学监兼班主任，同时承担梵呗仪轨、书法、请益等课程教授与督导。1985年，在上海玉佛寺传戒担任副训师，戒期圆满，礼请为玉佛寺书记代知客、堂主代知客。1993年茗山礼请任永宁寺首座代都监。1994年，茗山和尚敦请为盐城永宁寺首座代都监。1998年，担任建湖泰山寺首座。2001年，浙江长兴水口寿圣寺礼请为监院。2004-2011年，江阴佛教协会先后聘任祝塘文林中心寺、骷骨寺、普济寺住持。

解铎勤俭克己，惜福自警，不轻受信供养，为家乡修路造桥，民众感念其恩，以其俗名命名为"仇红如路"。

第二节 盐城兜率寺

灵严弘储

灵严弘储（？-？），即南岳退翁，兴化人，字继起，兜率寺初建时延请开法未果，其后派徒式谦来盐住持兜率寺，兜率寺"兜率祖堂尊藏储为开法祖师，称三峰宗派"，"奉藏储为祖"。

式谦卑牧

式谦卑牧（？-？），兜率一世，"兜率祖堂，称南堂谦。"广陵沙氏，脱自射州。康熙四年来盐住持兜率寺，历时三年。康熙十一年（1672），继席灵严弘储。康熙二十年（1681），再至盐城兜率寺。

纪荫

纪荫（？-？），清代僧，盐城兜率寺寺僧。康熙三十九年（1700），圣祖南巡，寺僧纪荫召见，钦赐水月禅心兜率寺匾额。纪荫著有《宗统编年》《宙亭诗集》（宋恭贻《宙亭诗集序》，案《宗统编年》现在《续藏经》内）。①

圆融

圆融（？-？），近代僧，兜率寺住持。民国十三年（1924），兜率寺逐僧印云与之争住持。

祥瑞

祥瑞（1893-1951），近代僧，俗姓吴，江苏扬州人。五岁随母亲入庵学佛，十五岁于扬州长生寺性莲老和尚座下剃度。1913年，长生寺普霞和尚授记，任监院。1915-1924年间，先后六礼五台。"法师于五台南下后，历主盐城兜率寺、高邮放生寺、淮安湖心寺，并创楞严贤首学院，造就僧

---

① （清）刘崇照修、陈玉树纂：（光绪）《盐城县志》卷十七《杂类·寺观》，《中国地方志集成·江苏府县志辑（59）》，南京：江苏古籍出版社，1991年，第352页。

才。"[1]1926年出任盐城兜率寺住持，创办贤首宗学院自任院长。祥瑞接任住持后，"规复十方丛林，解决历年纠纷，保护该寺田产。余再四推辞，终入其网。至接任后，调查寺田有一千八百余亩，稻麦千八百担。即以寺产完全办一贤首宗学院，提四百担作为子孙派生活。"[2]1929年，《金山法海波澜》社长仁山法师为祥瑞法师像题句："操履精严，心怀耿直，一生喜作，文殊使者，考其本源，令人莫测。"[3]其后，迭任高邮放生寺、淮安湖心寺、什邡罗汉寺住持。抗日战争期间，积极号

图2-3 祥瑞法师抚剑独坐像

召全国僧侣勿再沉于盲修瞎练，要一致团结，"同赴国难"，并捐款救济灾区[4]。1951年圆寂，世寿五十九。[5]

慧悟、慧海

慧悟（？-？）、慧海（？-？），近代僧，1931年分别任盐城县兜率寺住持、监院，逐僧印云勾结地方，侵吞寺产办学，慧悟会同慧海为盐城县教育局擅提寺产办学向中国佛教会报告，发起盐城县教育局处分寺产事件行政诉讼案，由圆瑛等向内政部呈请批驳不准。慧海时为该寺监院。[6]

了性

了性（？-？），近代僧，今盐都区大冈镇吴葛寺人，民国时期继慧悟后任兜率寺住持，1935年上诉至行政法院，收回被印云谋夺之寺产。

①周仁《祥瑞法师太原宏法记（太原通讯）》，《海潮音》，1933年，第9期。

②祥瑞：《十年办学之前因后果》，《正信》，1934年，第3卷第24期，黄夏年：《民国佛教期刊文献集成补编》（61卷），北京：中国书店出版社，2008年，第206页。另参考净雨：《盐城兜率寺贤首学院之前因后果》，《海潮音》，1929年，第10卷第7期。

③仁山：《祥瑞法师小像题句》，《金山法海波澜》1929年，第1期。黄夏年：《民国佛教期刊文献集成补编》（40卷），北京：中国书店出版社，2008年，第66页。

④《华西佛学院僧捐存款赈灾》，《中央日报扫荡报联合版》，1942年12月20日第5版。

⑤参见周仁：《祥瑞法师太原宏法记（太原通讯）》，《海潮音》1933年第14卷第9期。

⑥圆瑛等：《本会呈内政部为盐城县兜率寺被教育局擅提寺产办学请批驳不准立案文》，《中国佛教会月刊》1931年第23、24、25期合刊。黄夏年：《民国佛教期刊文献集成补编》（28卷），北京：中国书店出版社，2008年，第24页。

第三节 东台泰山寺

天朗

天朗（1694–1784），清代僧，祖籍山东泗水，名实如。天朗9岁出家，30岁于句容宝华山隆昌寺文海律师处广研律藏5年。后随文海律师在北京法源寺监寺5年。西溪巡检使公请至东台西溪泰山寺担任住持。清乾隆戊辰年（1748）冬，又请主三昧寺法席，他还在泰山寺中建了悟雨堂。天朗起初研究佛教经典中有关戒律的内容，后来听到雨声，便又领会到禅理。1784年，天朗法师圆寂。嘉庆二年（1797）六月，后人为其立碑。

意诚

意诚（？–？），不详。

遐昌

遐昌（？–？），不详。

莲航

莲航（1924–），现代僧，江苏东台人，俗姓徐。1938年于东台大悲庵依果根法师出家。1941年于南京栖霞山受具足戒。先后入栖霞山律学院、镇江焦山佛学院学习。1949年去到台湾，任台湾佛教讲习会教师主任，不遗余力弘承佛教文化，为台湾《佛教青年》《南山杂志》的发行人。先后任台北南山放生寺、高雄栖霞精舍和普济寺住持。

闻开

闻开（？–？），不详。

学公

学公（？–？），不详。

厂译

厂译（？–？），不详。

莲祖

莲祖（？–？），不详。

本臻

本臻（？–？），不详。

志坚

志坚（？–？），现代僧，民国时期东台泰山护国禅寺住持，为泰山寺第十代方丈。1939年，日军对东台狂轰滥炸，志坚将寺内主要文物埋藏于地下，加以保护。

慧峰

慧峰（？–？），不详。

了垢

了垢（？–？），不详。

荫云

荫云（？–？）近代僧，生卒年不详。江苏兴化人。初依溱潼复兴庵谛贤法师出家，在句容宝华山浩净律师座下受戒，于镇江金山参学十年。后嗣法于东台泰山护国寺了垢和尚，任住持。二十世纪四十年代末，住持南京鹫峰寺。

慈舟

慈舟（1915–2003），现代僧，江苏东台（现兴化市张郭镇①）人，俗姓史，名源，法名慈舟，号月济。1927年，于兴化穆家堡青龙庵（现天龙

---

① 慈舟出生时张郭属东台，后行政区划屡变，现属兴化市，慈舟自传作于晚年，故云其兴化人，因当时张郭已划归兴化市，有关慈舟的相关介绍里亦有径云其东台人者，故录于此。

寺）依师祖恒静上人出家。1934年，受具足戒于句容宝华山隆昌律寺，1936–1937年，就读于镇江竹林寺佛学院、焦山佛学院。1939年，依霜亭长老参学于金山江天禅寺大彻堂。1956年，入中国佛学院深造。1982年，重返金山寺。1985年，任金山寺住持。1996年，任句容宝华山隆昌律寺住持，并兼任扬中太平寺、兴化上方寺、东台泰山寺住持，先后创办了金山、宝华山两所佛学院，主编《金山志》。期间访问国家和地区众多，曾任中国佛教协会咨议委员会副主席、江苏省佛教协会名誉会长、镇江市佛教协会会长、镇江市政协常委等职。2003年12月10日，慈舟法师圆寂于金山寺楞伽丈室。[1]

达禅

达禅（1920－2001），现代僧，江苏东台人，俗姓戴，名云飞。1933年达禅于东台泰山寺出家，师从志坚和尚，1939年于南京古林寺受戒，1943年毕业于南京佛学院，后任南京古林寺知客，南京江宁区真如寺、海潮寺住持。1949年起先后任乡财粮委员、中小学代课教师、大队会计辅导员，于1980年退休。1985年任东台泰山寺住持，达禅历任江苏省佛教协会常务理事、盐城市及东台市佛教协会会长、东台市人大代表、盐城市第二、三、四届政协委员、东台市第七届政协委员、江苏省诗协会员、东台市诗画社社员，2001年2月圆寂于东台泰山寺，有《达禅大师书法》存世。

贯澈

贯澈（1929–2020），现代僧，江苏大丰人，俗名王殿才。1929年2月1日出生，1941年，就读于启蒙私塾。1943年，于今大丰区沈灶镇太平庵依普闻和尚出家。1945年，于吴县东渚乡卫王庙参学。1947年冬，于上海龙华寺受戒。1948年，于苏州灵岩山寺净宗佛学苑就读后留校任监学。1959年任灵岩山寺知客。1962年，任苏州市一至五届佛教协会理事（四届常委、五届副秘书长），1964年至1984年任苏州市青年联合会委员（"文革"期间回乡务农）。1984年，任吴县市五、六、七、八、九届政协委员（九届常委）。1990年至1999年任灵岩寺监院并任吴县市七届政协文史委员会委员。1994年

---

①慈舟：《慈舟禅师自传》《慈舟禅师生平》，见镇江市政协方史委、镇江市民族宗教事务局编：《慈舟禅师》（内部资料），2014年，第1-10页。另据《泰山寺史话》"历代方丈名录"注云："第十四代当家和尚慈舟，尚健在，现为镇江金山寺住持。"

任吴县市第一届佛教协会副会长兼秘书长、第二届佛教协会会长。1995年任吴县市包山寺住持。1998年当选苏州市第十二届人民代表。1999年，任包山寺法主。2000年，任包山寺香海书画院院长、包山诗社社长、包山学社社长。2001年，任东台泰山寺方丈、东台佛教协会名誉会长。2010年，任苏州大观音禅寺住持。曾任江苏省佛教协会理事、江苏省佛教协会顾问、苏州市佛教协会顾问、吴中区佛教协会名誉会长。

贯澈精于佛法，工于书画诗词，寺内殿堂匾额多出于其手。热心社会事业，为苏州市的两个文明建设出谋划策。为促进对外交流，贯澈出访多个国家和地区，致力于佛教事业在海外的传播和弘扬。

贯澈长老于2020年7月16日示寂。

第四节 东台三昧寺

性空

性空原为高丽国高僧，相传五代十国时期南唐李璟保大年间（943-957）出使我国，海上遇险，随木制皮鼓漂至东台，住东台圣果院。性空号三昧大圣。圆寂后肉身装金真身与皮鼓均供奉于圣果院内，圣果院由此得名"三昧寺"。名胜志云：院有高丽鼓，南唐保大中，随潮漂至者。宋范仲淹任西溪盐官时有诗："千年人已化，三昧语空传。唐世碑犹在，高丽鼓半穿。"

自觉超元（清初重开三昧寺）

超元（1608-1653），清代僧，嗣法孤云行鉴，临济正宗第三十三世，曾任富安大圣寺首座，盐城永宁寺首座，清初于东台重开三昧寺，顺治十年（1653）九月二十一日申时圆寂，其灵骨塔葬于东台三昧寺殿西。三昧寺拆除后，其碑铭为东台民间信士收藏。

玉山超博

玉山（1602-1654），清代僧，字超博，时孤云行鉴禅师住持玉泉，便受授记莂，为入室弟子，后相继住持盐城永宁寺、龙冈弥陀寺、东台三昧寺、富安大圣寺。清顺治十一年（1654）圆寂，寂后灵骨与其法兄自觉超元禅师塔葬于三昧寺殿西。

印白

印白（？-？），清代僧，东台人，俗姓陈。东台嘉庆周志卷之三十五《寺观·仙释》引《中十场志》云：顺治初，僧印白建。前后楼殿廊庑塔院僧寮客堂方丈厨库井湢几百余楹，费将万金，皆出自己产及二十年辛苦之资，未募十方一椽一瓦，事载孙一致碑记中。

铁舟行海

行海（1609-1683），清代僧，安徽歙县人，俗姓蒋，名铁舟，字行海。8岁随父亲诣金陵，偶闻梵呗声音，动尘外思，遍叩名蓝。得博山无异开示，遂投德蕊香法师剃度出家，就报恩三昧圆具。次谒五峰宝华及天童密云圆悟禅师，又至镇江参谒林皋本豫，住竹林寺3年。林皋圆寂后，躬诣南往镇江，迎请箬庵补任住持，由此有机缘，嘱其继任金山祖席。后住持五峰绍隆寺、东台三昧寺。有《心经通说》一卷、《语录》二十卷、《金山志》及《宗门统要》。

超杰

超杰（?-?），清代僧，广东白沙李氏，字可达，号牧嵓。年19依伟灯出家。谒铁舟行海，海为印可。复入五峰，迁金山寺。康熙四十四年（1705），僧超杰住金山，恭逢圣祖仁皇帝驻跸，奏请赐额"慈济"，御书"孤云自往心同远，皓月当空性本圆"，楹联并御书唐人诗绫幅悬于寺之大雄宝殿，东台三昧寺易名慈济寺。[1]

月潭

月潭（1665-1729），清代僧，江苏丹徒人，俗姓张，字月潭，号明达。幼时依中轮法师剃度，登华山定庵圆具。参金山依法乳超乐得法。继席东台三昧寺、南京香林寺，圆寂后塔于紫金山。

---

[1]（清）周右修、蔡复午等纂：（嘉庆）《东台县志》卷三十五《寺观·仙释》。

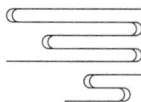

超广

超广（？-1745），清代僧，字松涛。江苏江都人。依铁舟行海受法，住东台三昧寺。

可达

可达（？-?），清代僧，雍正十二年（1734年），僧可达重建东台万缘庵。"万缘庵在西门外拱宸坊，旧系茶庵。雍正十二年，分司林华封、僧可达重建。乾隆三十五年，邑人吴城重修。嘉庆二十一年，邑人公修。"①乾隆年间，三昧寺遭火，乾隆南巡，僧可达至镇江金山寺，赐额"三昧禅寺"，"慈济寺"复改"三昧寺"，为东台十方丛林之首。②

明震（其徒湛海）

明震，清代僧，生年不详，字不物，多以字行。不物师从可达杰禅师，住东台慈济寺（三昧寺）。《东台县志》记其"幼因失手堕碗于地，悚然心悟，遂出家，住金山密行操修，及住慈济，观众生未受如来正法，若己推而内之沟中，其徒湛海以为大善，知识隐现，莫可测度，兴化郑燮为作塔铭。"③

实悦

实悦（1701-1767），清代僧，安徽萧县陈氏，字自闻。幼于地藏庵薙剃，受具华山。参方十余年，过东台慈济寺，谒不物得悟。乾隆七年（1742），主东台慈济寺，兼住万寿寺，建禅堂、砌大殿，造大悲楼，置田多顷。行道领众，法令严肃。寂后慈济塔铭。

天朗

天朗（1694-1784），清代僧，西溪巡检使公请至东台西溪泰山寺担任住持，清乾隆戊辰（1748）年冬，又请主三昧寺法席，1784年，天朗圆寂。嘉庆二年（1797）六月，后人为其立碑。

---

① （清）周右修、蔡复午等纂：（嘉庆）《东台县志》卷三十五《寺观·仙释》，《中国方志丛书·华中地方》第二七号，台北：成文出版社1970年版，第1340页。"三昧"。
② （清）周右修、蔡复午等纂：（嘉庆）《东台县志》卷三十五《寺观·仙释》。
③该可达与前述超杰（亦名可达）似非一人，超杰谒康熙赐寺名"慈济"，可达谒乾隆寺名赐复"三昧"。

见彻

见彻（？-？），清代僧，金坛人，俗姓丁，名际明，字见彻。幼年剃度出家，依隆觉寺敷和精研律学，看《楞严经》生疑，参金山天涛云二年，偶闻钟声有悟，得龙溪悦印可。乾隆二十三年住东台丁溪义阡寺，三十年继席东台慈济寺，复归义阡寺。寂后塔于东台九龙溪右。顾宗泰撰塔铭。

了真

了真（？-？），清代僧，祖籍江苏丹徒，俗姓王，字湛如。出家后依佑圣寺智光禅师参学。乾隆二十七年南归，次年受戒于焦山铁夫律师。了真至东台三昧寺，依见彻禅师打禅七，举世尊初生公案有悟，出世住姜堰地藏，次迁三昧、镇海、千佛等处。

达远

达远（？-？），清代僧，生年不详。嘉庆六年（1796），慈济寺（即东台三昧寺——笔者注）藏经楼毁于火；十二年，分司色克精额、兴化县知县苏侣阿捐廉，倡其始，邑人夏昉、僧达远、董其成捐建大楼十楹，西丈室六楹有碑记。①

道峰

道峰（？-？），清代僧，自嘉庆十三年至十七年（1808-1812），三昧寺住持道峰及东台监生夏昉重修三昧寺藏经楼，时任东台知县何廷煃特勒石"以彰善举"。

海霞

海霞（？-？），清代僧，光绪二十四年（1898），住持东台三昧寺。

广岫

广岫（？-？），近代僧，法名显定，江苏东台人。出家于东台广福寺，1917年继为东台三昧寺住持。1925年与东台寺僧志坚、定庵、密法、圣

---

① （清）周右修、蔡复午等纂：（嘉庆）《东台县志》卷三十五《寺观·仙释》。

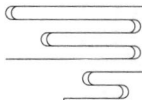

慈、树成、修航、霭晴、宏基、印根等十人联名具请创办中华佛教江苏东台启慧学院，是启慧学院的创始人，兼第一任院长。[1]曾任江苏省佛教协会执行委员、东台佛教会副会长。

实贤

实贤（？-？），近代僧人，生卒年不详。字希圣。金陵人。住持镇江甘露寺十余年。善瑜伽焰口，有奇验。多巧思，能用线一尺，系铜钱一枚，手握当胸，线随脉动，验时刻不爽。子时动一次，亥时动十二次，谓"线"钟。焦山僧惜庵作诗，以记其异。晚年住东台三昧寺，年九十二岁圆寂。

听泉

听泉（？-？），近代僧，民国时期东台三昧寺住持。

瑞祥

瑞祥（1912-1992），现代僧，江苏东台人，俗姓陈，名小飞，字光霞，号无我。1920年，于东台三昧寺出家、受具足戒并就读于启慧佛学院。后至镇江超岸寺玉心佛学院、厦门南普陀闽南佛学院、武昌世界佛学研究院学习深造。1935-1937年执教于浙江湖州白雀法华寺白雀佛学院、北京法源寺佛学院。1938年，瑞祥应邀担任北京广惠寺监院，后任方丈，当选为北京市佛教会会长。瑞祥创办暖厂、粥厂为贫苦大众提供避寒、裹腹之所；兴办孤儿院和广惠寺小学并自任校长；开办棺行，布施棺木予下葬贫民等。瑞祥通晓日语，抗日期间践行爱国爱教，以日语之长多次掩护抗日人士。解放战争时期，他曾多次掩护中共地下党员及革命干部。1980年，至南京栖霞寺，筹备江苏寺庙恢复开放工作。1982年，瑞祥法师在栖霞寺参加僧训班筹备，任事务处主任。后至南京灵谷寺任监院。1987年2月，经中国佛教协会会长赵朴初及江苏省宗教局与省佛教协会的推荐，瑞祥调扬州大明寺主持法务。1991年5月，举行了栖灵塔奠基仪式，1992年6月圆寂。

瑞祥书画作品无数，惜散失各地。平生讲经传教不计其数，现存流通不绝者唯《金刚经讲记》，瑞祥还是中日文化交流的使者，在北京和扬州期间多次访问日本，加强了对奈良唐招提寺的友好交往。

---

[1]盐城市政协学习文史委编：《永宁寺志》，北京：中国文史出版社，2020年，第301页。

了凡、妙华、永田、甘泉、福田

了凡、妙华、永田、甘泉、福田等均为东台三昧寺历任住持，事不详。

欣一

欣一（1915-1991），俗名刘耀庭，汉族，江苏泰县人。1921年在江苏如皋菩提社出家，1927年江苏如皋菩提社受具足戒，就读于三昧寺启慧佛学院，先后参学于淮阴觉律寺、泰州南山寺、定慧寺等丛林。1935年在镇江焦山佛学院任监院、住持。1950年转业至上海缆绳厂，1981年退休。1983年到上海玉佛禅寺工作，任副寺、监院。1991年11月30日圆寂。

第五节 东台富安大圣寺

自觉超元

超元（1608-1653），清代僧，祖籍江都，俗姓徐，字自觉。嗣法孤云行鉴，曾任富安大圣寺首座。

玉山超博

玉山（1602-1654），清代僧，字超博，新安（今属河南）程氏子。为孤云行鉴入室弟子，曾住持富安大圣寺。

乳峰超卓

乳峰超卓（？-？），清代僧，祖籍浙江定海，俗姓夏，名超卓。参玉泉孤云行鉴有省，后任盐城永宁寺首座，富安大圣寺住持。

觉存

觉存（？-？），清代僧，住东台富安大圣寺，善诗。清乾隆年间，浙人藏墨涛、皖人吴吟秋先后路过富安，与其结为吟友，其将诗数十首石刻陈立于寺廊后壁。

澄轮

澄轮（？-？），清代僧，生年不详，字允超。嗣法铁机印，住东台富安大圣寺。见《正源略集》一五。

志宏

志宏（？-？），清代僧，道光十八年五月，大圣寺毁于火，志宏率其徒定然募金重修大圣寺。见王璋《光绪东台县志稿》卷四"寺观"。

心岩

心岩（1907-1971），现代僧，江苏东台安丰镇人，俗姓王，名鹤才，法名心岩，号仰山，是真禅法师的胞兄。心岩12岁时在东台三元宫依野庭出家，18岁于句容宝华山德宽律师受具足戒。心岩精通戒律、华严，1931年于芜湖禹王宫传戒讲经。1933年春，应慈法师讲经于扬州宝轮寺，请为代座，同年任东台富安大圣寺住持，并创立佛学研究社，讲经于大圣寺和圣感寺数回。胞弟真禅常随左右。1939年，心岩于东台组织僧人抗战救国会，以伸民族大义。抗战胜利后心岩历任上海玉佛寺首座、苏州东禅寺住持。新中国成立后，任苏州市佛教协会筹备会主任。1971年圆寂，奉塔于常熟兴福寺云栖塔院。

第六节 大丰草堰义阡寺

干明

干明（？-？），近代僧，东台市（现盐城市大丰区）草堰镇义阡寺僧，厚宽出家师。

厚宽[①]

厚宽（？-1951），现代僧，江苏兴化人，俗姓朱，名坤成，号厚宽。于东台市（现盐城市大丰区）草堰镇义阡寺依干明和尚出家。宣统二年

---

① "厚宽"主要采录周建生著《东台佛缘》厚宽相关内容，南京：河海大学出版社，2012年，第88-90页。

（1910）受具足戒于句容宝华山隆昌律寺。1919年，镇江焦山定慧寺春期传戒，厚宽和尚为第三引礼师，并担任初、二、三坛的教礼、复礼。1920年，厚宽以德学兼备与霭亭法师同受妙智法师记莂，为竹林佛学院的创办和中兴竹林寺付出了很多心力。1932年，厚宽继霭亭后任竹林寺方丈兼竹林佛学院院长，继续兴学，培养僧才，且亲自为学僧教授梵呗。抗日战争开始后，厚宽回到苏北故乡住持义阡寺，为临济宗第十六世。1938年，日寇占领镇江，竹林寺毁于日寇的故意纵火。厚宽闻此痛心疾首。1951年，厚宽避居于上海沉香阁，同年圆寂。真禅撰有《厚宽老和尚传》，以为纪念。

浩霖

浩霖（1927–2015），近现代僧，江苏东台人，俗姓黄，名桂泉，法名圆证。1940年，浩霖于东台县（现盐城大丰区）义阡寺依厚宽法师出家。1945年春，于句容宝华山受戒，并出任义阡寺监院，先后在镇江竹林寺佛学院、常州天宁寺佛学院参学。1949年，浩霖赴台湾就读于新竹灵隐佛学院，继而到汐止弥勒内院依慈航法师受学。慈航法师圆寂后，浩霖常住善导寺十余年，历任维那、知客。1969年，受美国大乘寺及美东佛教会之聘，任弘法教授。三年期满，信众挽留。1972年，浩霖在美国纽约购买民房和书店改建东禅寺并任住持。1976年任美国佛教联合会会长。1977年任台北松山寺住持，1981年任世界佛教僧伽会副会长。1986年，回国寻祖庭并商议恢复义阡寺。1995年，任世界拜佛会副会长。1999年夏，再次回国商洽义阡寺重建，是年10月举行义阡寺奠基并出资建设。浩霖从事佛教事业近70年，在台湾20年，在美30多年，为中美佛教文化交流做出了巨大贡献，在佛教界享有崇高的声望，著有《弥勒菩萨应化迹》等。①

附：大丰草堰义阡寺结缘名人：

郭熙（郭河阳）

（民国）李恭简修《兴化县续志》云：“义阡寺在草堰镇，宋至正年

---

① 韦琪：《浩霖长老小传》，见释通智、释本性主编《浩霖长老——中美佛教交流的友好使者》，福州：福建教育出版社，2006年，第47-51页。

② （民国）李恭简修《兴化县续志》卷一《舆地志·祠庙》，兴化市图书馆本。

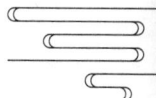

建。内塑五彩罗汉，为宋'圣手'郭河阳塑，迄今神采如生。"[2]郭熙（约1000-约1090），字淳夫，河阳温县（今河南孟县东）人，人称"郭河阳"。义阡寺的建寺时间当为手民之误，疑将"宋至和年"误作"宋至正年"，该寺当建于北宋仁宗至和年间，即1054-1056年间。

第七节 建湖罗汉院

圣莲

圣莲（1876-1926[1]），字智海。江苏泰州人。光绪丁酉（1897），年二十二，于宜兴遇九华山华严寺长净禅师，发愿出家，依金山融通、定朗两师，悟生死流转之苦，闻向上之说，旋出游，遍参诸山。宣统、辛亥听经苏州圣恩寺，从同寮僧处阅佛说，观无量寿佛经，生大庆幸决志，求生净土，持诵莲池大师发愿文，苦志精进。1916年，讲经于常州之永庆、清凉两寺，先是岁庚戌，在西天目卧疾濒危，盐城罗汉院僧宏台调护之，获瘳，至是来盐访之，因应冈门弥陀寺之请，结社念佛，创立规程，远近道俗，多其化导，居凡七载，一时净宗之风大振，寻谢遣徒众，掩关于罗汉院，1926年夏示寂，著有《净业须知》等。

宏台

宏台（1864-1942），近代僧，建湖罗汉院住持。民国时期，宏台与融高、仁俊法师成立苏北净土社，专弘净土法门，精修净业，时人有"南印光、北宏台"之誉。曾调护礼请智海来罗汉院，大振净宗之风。1942年，罗汉院遭到侵华日军炮火袭击，宏台为保护寺院而献身。[2]

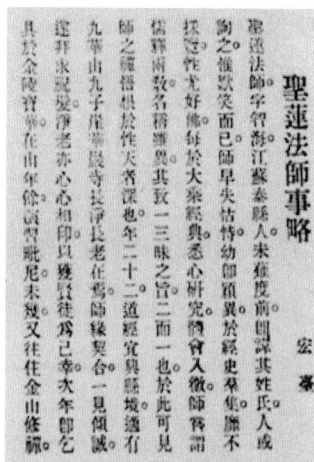

图2-4 宏台《圣莲法师事略》[3]

---

[1] "圣莲生卒年另一说为1884-1928年，此处采1876-1926年。
[2] 建湖县佛教协会编《建湖佛教》（未刊内部资料，2015年）第20页。
[3] 宏台：《圣莲法师事略》，《世界佛教居士林丛刊》，1933年，第35期。黄夏年主编《民国佛教期刊文献集成》第143卷，北京：全国图书馆文献缩微复制中心，2006年，第457-459页。

茗山源悟

茗山源悟（1914-2001），现代僧，盐城人，俗姓钱，名延龄，度名大鑫，名印鑫，字茗山。

1932年春，茗山随宏台到收成罗汉院出家，学习佛门功课及经书二年。改革开放后，茗山为建湖罗汉院的修复付出艰辛努力，兼任寺院住持。

第八节　建湖新阳泰山寺

永相公老和尚、泗公老和尚、泫公老和尚、济公老和尚

永相公老和尚、泗公老和尚、泫公老和尚、济公老和尚皆为唐代僧人。据建湖县重建泰山禅寺大雄宝殿碑刻（民国十五年）记载："唐时鸿基初奠，一世祖为永相公老和尚，二世祖三房，东房泗公老和尚，西房泫公老和尚，中房济公老和尚。"新阳泰山寺位于建阳镇新阳村戛粮河西，永相公老和尚为建湖县泰山禅寺一世祖，泗公老和尚、泫公老和尚、济公老和尚等并为泰山禅寺二世祖。[①]

恒瑞、德林、德佩、德成、德培、德仪

新阳泰山寺西房头住持

焕文、德奎、德佩、德来、德培、祝文

新阳泰山寺西房头六下院住持

普济、德树、恒昶

新阳泰山寺东房头住持

以上诸僧皆为清末至抗战前建湖西阳村即新阳泰山寺僧，西阳村（泰

---

①永相公老和尚等参见建湖县佛教协会编《建湖佛教》（未刊内部资料，2015年）第51页，然该资料后附诸故事又云二世祖三房为明代僧，此处据民国碑记认为皆系唐代僧。另可参见"寺庙卷"现有寺庙"新阳泰山寺"条。

山寺）在明代原为三大房，东房泗公老和尚，西房蕗公老和尚，中房济公老和尚。中房清代移至宝应湖西。从此该寺一庙两主，由东、西两大房分管。东房头管庙东半边，西房头管庙西半边。全寺由东、西两大房分管。[①]

西房头住持先后为：恒瑞、德林、德佩、德成、德培、德仪，西房头有六个下院，其住持分别为焕文、德奎、德佩、德来、德培、祝文，本邑芦沟寺为焕文和尚；古茶庵为德奎和尚；合德大悲院为德佩和尚；杨集三元宫为德来和尚；宝应赵家铺为德培和尚；上海闸北万福寺为祝文和尚。恒瑞后收大超为弟子。

东房头住持先后为为普济、德树、恒昶，后列普光似应与普济同时，普光收恒堪为弟子。

大超

大超（1908－?），近代僧，盐城人，为太虚十大高徒之一。大超自小随泰山寺恒瑞长老出家，长大后受具足戒，跟随仁山法师游化各地，先后参学于天台学院、闽南佛学院，深受太虚大师器重，被举荐为中国佛学会总务干事、氾水净居寺住持，积极推动太虚大师的佛教革新运动。大超法师禀性爽直，胸怀磊落，学验俱丰，精明强干，1934年，大超与蒋微笑共同编辑《新报·佛学周刊》，宣扬佛化思想。

图2-5 茗山《大超法师》[②]

普光

普光（? －? ），近代僧，建湖新阳泰山寺僧，恒堪幼时被其收养供读，其时泰山寺分东西两房头，东房头清末民初住持为普济，普光疑与其同时，似应为东房头僧。

恒堪

恒堪（1862－1933），近代僧，俗姓孙，建湖芦沟大头铺人。恒堪7岁入

---

①建湖县佛教协会编《建湖佛教》（未刊内部资料，2015年）第55页。
②茗山：《大超法师》，《正信》周刊，1936年，第22期。参见黄夏年主编《民国佛教期刊文献集成》第63卷，北京：全国图书馆文献缩微复制中心，2006年，第195页。

西阳村即建湖新阳泰山寺为小沙弥，由该寺普光和尚收养供读，悟性早启。恒堪20岁时徒步朝遍普陀、峨眉、九华、五台四大名山，参访大德高僧。后带回贝叶经数夹，贝叶是印度多罗树的叶子，用水沤后代纸，印度人多用以写佛经，故佛经也称《贝叶经》。恒堪法师回新阳泰山寺后，曾在盐城佛教会任职，后因西阳村处于沿荡地带，匪盗作祟，即入芦沟寺。恒堪去世后，贝叶经遗存寺内，至1956年仅存七、八页，时值北夏小学校长王正义识此宝，遂收藏于陈桥故乡。①其师普光当为清代僧，事不详。

普骏、正果、博文、真文、醉僧、大超、融高、融庆、了性、能果（了善）、德超、真文、宽裕等皆为建湖籍近现代高僧，多出于新阳泰山寺。清末，该寺普骏与清末状元张謇有私谊，曾被请去南通讲经；正果被邀至北平（今北京）弘法；博文出任金山寺监院，后被聘至扬州高旻寺当方丈，博文曾作《盐泰山寺家法序》。②真文任湖北省佛教协会会长；醉僧为苦行僧和唯识宗师，博学多才，禅教兼通，擅长工笔画，其工笔松鼠名传京师。大超是中国近代佛学大师太虚的得意子弟，深悟禅宗，才德超人，曾任江苏省佛教会秘书长，曾赴浙江奉化弘法，详见前"大超"条。民国时期还有融高、融庆、了性等知名高僧，1929年，融高、融庆曾任盐城佛教会执行委员，曾共同议定源涛接替香谷任永宁寺住持。融高曾住持沙沟僧学院，西莲曾在融高办僧学院时入学。融庆为弥陀律寺最后一名住持方丈。了性民国时曾继慧悟后任兜率寺住持。能果（了善）为日本中华佛教会会长，在海内外都有一定影响。德超曾任江苏省佛教协会秘书长，主持全省佛教工作。真文曾任湖北省佛教协会会长。宽裕住持台北弥勒内院。③

圣涛

圣涛（1919-1999），现代僧，江苏建湖西阳村人，俗姓戴，字祝文，法号圣涛。法师自幼出家，8岁入西阳村学道参禅，师从德来老和尚，17岁于南京宝华山受具足戒。披度不久，即赴上海弘法，先后创立西园寺、万福

①建湖县佛教协会编《建湖佛教》（未刊内部资料，2015年）第110页。
②博文：《盐城泰山寺家法序》，《弘化月刊》1945年第49期。黄夏年：《民国佛教期刊文献集成补编》（69卷），北京：中国书店出版社，2008年，第453页。
③建湖县佛教协会编《建湖佛教》（未刊内部资料，2015年）第20、103页。

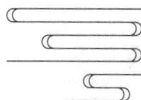

寺，兼绍龙寺住持。圣涛旅沪后仍不忘母寺，大力推动西阳村获批重建，多次率上海佛教界人士前来护法，不遗余力，广结善缘，携其徒弟果贤共同重建西阳村。圣涛是改革开放后西阳村第一任住持，1999年农历七月二十二日法师在沪圆寂，世寿80岁。[1]

第九节　建湖南林寺（三义殿）、净慧寺（三官殿）[2]

静波

静波（1865-1939），近代僧，建湖湖垛镇人，俗姓程，名清海，字悟真，号静波。静波幼时即不茹荤，稍长时领悟苦空无常之旨，遂萌离俗出世之念，23岁在盐城北极庵出家（一说建阳西方庵出家，即南林寺醋神殿）[3]，后于句容宝华山慧居寺从圣性和尚受具足戒。1889年遍游参学镇江金山江天寺、常州天宁禅寺，为临济宗第四十一世。1892年，得清凉寺润田禅师器重，礼请其出任常州清凉寺住持。时值战乱，寺宇荒芜，募款兴建，经营数年，顿改旧观。在清凉寺内创办清凉佛学院和清凉小学。1903年赴京请颁藏经，旋至镇江金山寺创立僧教育会，又于上海创办清凉中院和清凉分院，庄严殊胜，教化弘广。静波资助家乡西方庵、九龙寺等道场，1909年冬盐城永宁寺佛七法会间礼请为座元和尚，后于1920年冬在永宁寺传戒。1910年任海州（今连云港市）法起寺住持，并于寺内设僧教育会事务所，曾参与在连云港云台山镇海寺重建。1912年与天宁寺冶开、天童寺寄禅等于北京创立中华佛教总会，静波为副会长及《佛教月刊》经理。翌年，赴内蒙古一带，分设佛教分会六所于各旗，驱驰万里，不辞辛劳。1914年初，静波于常州清凉寺倡办黄卍字慈善会，被推举为会长，筹办种种慈善事业，期间被推举为中华佛教总会会长、西藏班禅活佛驻京代表、蒙古呼图克图活佛驻京代表等职。

---

[1] 建湖县佛教协会编《建湖佛教》（未刊内部资料，2015年）第54页。
[2] 此处将南林寺和净慧寺（三官殿）僧合并为一节，主要是因为二寺皆与绪开有关。南林寺即三义殿，三官殿（净慧寺）为其下院，绪开系先逃至马躲寺，后在三义殿出家，圆寂于三官殿。
[3] 亦有云静波曾有三教庵为僧经历，然据民国盐城林志"三教庵"条云，三教庵"和同三教"，后改为同善社，民国后政府勒令改入红十字会。

此后，即奔走于常、锡、苏、盐、沪及海州灌云等处，多次启建菩提祈祷法会暨佛七普度道场。后仍回常州清凉寺任住持，在清凉寺传戒3次，受戒数千人；又改建清凉寺藏经楼及大讲堂，并礼请各地佛学大师来寺讲经说法。1938年兼任无锡南禅寺住持。1939年于上海清凉寺圆寂，世寿75，安葬于宜兴磬山。静波法师平生致力于禅修，但也不废持名念佛，每逢开会说法，常以念佛相嘱听众。对于密宗，也曾在寺内开白伞盖法坛，借以弘扬。[1]

绪开

绪开（1898-1932[2]），近代僧，祖籍阜宁东沟镇南荡村，俗姓吴，名银标，绪开年少时期就发愿，终生不婚，皈依佛门，十八岁时，父母强行为其办理婚事，令其娶中表妹梁氏为妻，其属媒让梁氏改适。入朦胧四圣殿，因四圣殿供孔子、文昌、关帝、魁星，后又增供释迦，绪开因其不符自己意旨，遂于1929年改投三官殿佛庵，依广瑞法师皈依。翌年被推荐到九华山修戒，戒满后被分到朦胧塔下三官殿任二当家。

绪开为人老实，修炼心诚，终日暮鼓晨钟，念经拜佛，一日二餐，过午不食，1932年，圆寂于三官殿，师徒们按佛门葬礼习俗，将其遗体安放在莲花缸里，1938年7月，地方保护团挑挖操场时，无意中挖开莲花缸，只见绪开和尚衣衫整洁，肉身未腐，端坐在莲花缸内，栩栩如生，后经三宫殿主师广瑞验身，便封肉身装金，安放在三宫殿四厢房正中堂前，接受善信供奉。[3]

祝修、妙斋、广瑞

祝修、妙斋、广瑞（？-？），近代僧，建湖三义殿住持。三义殿俗称"南庵"，始名"南林寺"，位于建湖县建阳镇夹河南景忠巷，系北宋建隆（960-963）年间创建。清康熙朝重建，因供奉桃园三结义的刘、关、张塑

---

[1] 建湖县佛教协会编《建湖佛教》（未刊内部资料）2015年，第20页。

[2] 建湖县佛教协会所提供《建湖佛教》中认为绪开生于1900年，圆寂于1936年，然据汪培龄《阜宁朦胧三官殿佛庵肉身和尚传》中"生于有清光绪戊戌""廿一年仲夏，感微疾逝世，春秋三十有五"所载，绪开应为1898年出生，1932年圆寂。汪培龄：《阜宁朦胧三官殿佛庵肉身和尚传》，《佛学半月刊》，1940年第219期。黄夏年：《民国佛教期刊文献集成补编》（65卷），北京：中国书店出版社，2008年，第130页。

[3] "绪开"条参考2019年夏编者携学生成志强赴建湖净慧寺与住持访谈及参观该寺及朦胧塔遗留实物等所整理材料。

像而改称"三义殿"。抗战时期祝修、妙斋曾先后住持三义殿，1943年毁于日寇炮火，妙斋后在上海中心路地段重建了一座南林寺分院。现已在南林寺旧址恢复重建，由宏宽法师住持，寺西侧为陆秀夫纪念馆。[①]

真实

真实（1922-2010），现代僧，建湖高作人，俗姓于，字无虚，名正泰。真实出身佛化家庭，其母虔诚佛教，真实幼时常随家长外出参加道场，听教念佛，遂萌出尘志，15岁于宝塔净慧寺（三官殿）出家，拜师于绪开老和尚，后奉师命赴扬州高旻寺依止来果禅师，于1947年在宝华山隆昌律寺受具足戒，之后随来果老和尚常住上海净七茅蓬。1952年，返回苏北主持益林镇区佛寺。1958年赴江西朝礼云居山真如禅寺虚云禅师，苦无户籍，未能常住，回到盐阜。改革开放后，真实先后修学于宁波天童寺、阿育王寺、雪窦寺、扬州高旻寺、大明寺，镇江金山寺、江天禅寺、绍隆禅寺，安徽九华山祇园寺，遍参禅门名宿，深得禅定法益。1985年，受恒济花垛一带信众之邀请，携徒昌净在花垛庵旧址上中兴道场，易名九华开山寺。2003年，真实升座，2010年于宝林寺圆寂，按佛教"肉身"葬俗坐缸，三年开缸后，法体无变化，示现金刚不坏，全身舍利，现供奉该寺下院宝林寺。真实一生，严净毗尼，真修实行，宽厚待人，严于律己，可谓名实相符的一代高僧，深受僧众敬仰。[②]

第十节　阜宁马躲寺

宝素

宝素（？-？），晚唐僧，在郡东南添差乡建乌垛院，为十子院之。据阜宁县民国吴志云：马躲寺在孔家荡东南，亦称乌垛崇福院，俗传唐王征辽，马躲于此。语涉不经，今考明淮安知府陈文烛龙兴寺碑，阴记崇福寿安

①建湖县佛教协会编《建湖佛教》（未刊内部资料，2015年）第62、116页。
②建湖县佛教协会编《建湖佛教》（未刊内部资料，2015年）第96页。

院在添差乡，唐代乌垛寺僧宝素建，为当时十子院之一，是寺本名崇福寿安院，后人以乌垛寺僧所建，故称为乌垛崇福院，乌垛、马躲，形声讹传既久，遂失其真。

由民国吴志引淮安知府陈文烛龙兴寺碑可知，宝素原为乌垛寺僧，其在添差乡所建崇福寿安院，因其乌垛寺僧身份，故称乌垛崇福院、乌垛院，而"乌垛"又因形声相传致误，且当地多流传李世民东征故事，遂牵强引申为"马躲"，流传至今日，乌垛院（寺）已成马躲寺，乌垛为今阜宁县硕集镇马躲村。

德源

德源（？-？），近代僧，1935年为从达出家师。

从达

从达（1923-2001），现代僧，江苏阜宁人，俗姓曹，名增甲，字悟境，法名从达。从达天资聪颖，迥出常情，4岁皈依佛门，12岁于阜宁马躲寺礼德源法师出家，19岁于句容宝华山隆昌律寺受具足戒，后居山五载，24岁于南京栖霞山佛学院就读。1948年，从达任丹徒县会音寺、北山寺住持。1954年，任丹徒县佛教协会会长。1958年，至上海工厂劳动，曾被评为劳动模范。1982年，从达退休后参与恢复上海静安宝山净寺的工作，并新建上海佛教安养院。从达庄严道场，持戒精严，学识渊博，怜悯大众，曾任上海市宝山区佛教协会会长、区民族宗教委员会副主任、区政协委员、上海市佛教协会常务理事，兼任建湖延寿寺及阜宁马躲寺方丈等。2001年4月18日，从达圆寂于宝山净寺，世寿78岁，僧腊66载，戒腊59夏，奉塔于宝罗冥圆。

第十一节　响水禹王庙

润寂

润寂，清代僧，生年不详，原阜宁今响水禹王庙僧。"康熙三十九年，总河张鹏翮因崇福寺旧址改建，有'法海津梁'匾，系总河于成龙手书。乾隆二十九年江督高晋增建后殿，专祀禹王。以傍堤柳田三百余亩作为香火院田，奏奉钦颁'利导东渐'四字。姚孔金、僧润寂各有碑记。"[1]

政杞、了逵师徒

政杞（？-？）、了逵（？-？），近代僧，滨海（时属滨海，今属响水县）禹王庙僧，抗战期间，了逵十分痛恨敌伪的残暴恶行，便与师父政杞商讨后，变卖庙产，自己买枪参加游击队，投身抗战，保卫家乡。[2]

---

① （清）阮本焱修、江启珍纂：（光绪）《阜宁县志》卷二《建置·坛庙》，第85页。中国国家图书馆数字方志库电子本。
② 《出家人抗日》，《盐阜报》，1943年6月9日第四版。

第二章 其他寺僧①

第一节 古代寺僧

东晋

康义

康义（？-？），东晋僧，本为龙兴寺僧，受命建龙兴寺下院十子院之一的马逻乡天王寺。龙兴寺据（明）正德《淮安府志》卷十一云："晋大兴二年创建，砌浮屠二座。""大兴"是与东晋对峙的十六国中"前赵"政权的年号，大兴二年也称"晋在兴二年"，即319年。是年，龙兴寺建寺。光绪阮志卷二十四《丛志·寺观》云："马逻乡天王寺，郡人刘克庄施地，晋康帝二年，康义建，则晋时龙兴寺僧可谓古矣。"民国吴志卷十六《宗教志》云："晋康帝建元二年，僧康义在阜宁马逻乡建天王寺，郡人刘克庄施地，今殿中供钢铁大佛像各一尊，居民以为古刹。"龙兴寺前后有28座下院，十子院为其之一，马逻乡天王寺和时在马逻的寿安院、青莲院（青莲寿安院）则又是十子院的下院。②马逻乡天王寺系康义于晋康帝二年（343）所建，郡人刘克庄施地，此为阜宁境内建寺较早记录，康义事已不可考。马逻今为淮安市淮安区苏嘴镇马逻村，阜宁置县时属阜宁，后划归淮安。

---

① 本章其他寺僧均以时代先后为序，分古代、近代、现代三节，标准同第一章"主要寺庙寺僧"，即1840年前圆寂者为古代僧，1840-1949年间圆寂者为近代僧，1949年后圆寂者为现代僧，其中古代僧依其生活朝代区别为唐代僧、宋代僧、明代僧，"清代僧"较为特殊，本卷所指"清代僧"特指自清初至1840年间圆寂者，其于1840年后圆寂者统一称"近代僧"，1949年后圆寂者统一称"现代僧"。其中有盐城籍寺僧、非盐城籍在盐寺僧，以及昔属盐城今属它地寺僧，在寺僧介绍中会予以说明，不再单独划分。

② 康义建马逻乡天王寺，其间涉龙兴寺及其下院十子院等，可参见前"寺庙卷"中"寿安寺"条内"十子院"相关注解。

唐朝

落月

落月（？ –？ ），唐代僧，本为宝华山隆昌寺僧，贞观元年（627），创建盐城潮音禅寺。潮音禅寺位于盐城市亭湖区青墩镇龙庙村，相传落月法师云游至此时，偶逢海潮漂来檀香木雕尊神一座，遂于此建潮音禅寺，后几度扩建，颇具规模。1941年，该寺遭战火焚毁，2000年重建。

大祥

大祥（？ –？ ），唐代僧，唐代宗大历年间（766–779），大祥法师云游至阜宁能仁寺，募捐扩建寺院。能仁寺始建于唐贞观年间，位于江苏省阜宁县罗桥镇凤谷村境内，因其址在凤谷最西边，所以民间古称"西庵"。[1]

谷隐

谷隐（？ –？ ），晚唐至五代后梁僧，曾为淮安龙兴寺僧。庞友兰总纂之《阜宁县志》述及马逻寿安院时明确认为："寿安院，在马逻乡，唐僧宝鉴建，为龙兴寺僧谷隐奉诏创立十子院之一，清光绪中，里人集资重修。"[2]而据曾任淮安知府的陈文烛龙兴寺碑云，谷隐奉诏创设龙兴寺下院——十子院，今淮安与阜宁交界一带寺庙多为其率宝鉴、慈照、慧海、月舟、宝素等僧所建，陈文烛明确说明建寺者"皆唐时寺僧也"[3]，则谷隐为唐代僧人无疑。然震华法师《中国佛教人名大辞典》云："谷隐，五代后梁僧。依投子大同受法。弘化襄州。见《景德传灯录》一五、《五灯会元》六。"[4]震华法师所云谷隐为五代后梁僧，似不够准确，谷隐应为晚唐至

①大祥法师参见阜宁县佛教协会编《阜宁佛教》（未刊内部资料）第8页，另可参考"寺庙卷"现有寺庙中"能仁寺"条。

② 吴宝瑜修、庞友兰纂：（民国）《阜宁县新志》卷十六《宗教志·佛教》，《中国方志丛书·华中地方》第一六六号，台北：成文出版社，1975年，第1009页。

③（清）阮本焱修、江启珍纂：（光绪）《阜宁县志》卷二十四《丛志·寺观》，中国国家图书馆数字方志库电子本，第603页。

④震华法师：《中国佛教人名大辞典》，上海：上海辞书出版社，1999年，第312页。

五代后梁僧。①

月舟②

月舟（？-？），晚唐僧，在阜宁县北沙镇建兜率院，为十子院之一，后通称北沙大寺。

慧海

慧海（？-？），晚唐僧，在阜宁县后沙岗建毗卢院，为十子院之一。后沙岗为今阜宁县羊寨镇后沙岗村。

宝鉴

宝鉴（？-？），晚唐僧，在阜宁县马逻乡建寿安院，为十子院之一，马逻今为淮安市淮安区苏嘴镇马逻村。

慈照

慈照（？-？），晚唐僧，在阜宁县马逻乡建青莲寿安院，为十子院之一。

宝素

宝素（？-？），晚唐僧，在郡东南添差乡建乌垛院，为十子院之一。

①震华法师遗著《中国佛教人名大辞典》中"谷隐"条云其"依投子大同受法"，"投子"即"投子寺"，原名"胜因寺"，位于安徽省桐城市西北郊外龙眠山东麓的投子山上。相传三国孙吴鲁肃战曹兵败，投其子于山中之僧，此后山名、寺名亦因之更为"投子"二字。明代诗人刘与言有诗记其事："三雄分汉鼎，效野战群龙。将军偶败北，投子空山中。" 禅宗六世、青原（行思）系五世大同禅师来投子寺布道宣教，接引学人。谷隐应系在唐懿宗咸通年间（860-874）依大同禅师受法，曾在襄州弘法，后为淮安龙兴寺僧，奉诏创设十子院，五代后梁政权存续时间为907-923年，谷隐应仍在弘法，故谷隐应是一位世寿僧腊俱丰的高僧。

②自月舟至宝素诸僧，皆系随谷隐创设或重建龙兴寺下院十子院者，因十子院最早为晋康义所建马逻乡天王寺，其次则有唐贞观八年（634）所建尚贞观，后改名尚贞院，随谷隐所建十子院则有：内郡东南羊寨兜率院月舟建，毗卢院慧海建，马逻乡寿安院宝鉴建，青莲院慈照建，郡东南添差乡乌垛院宝素建。

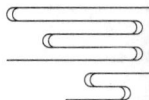

五代十国

了檀

了檀（？－？），五代十国时期南唐僧，《东台县志》记相传在南唐时有铜佛乘海潮至东台北门，了檀因此募建大圣寺。该大圣寺为东台境内六座大圣寺修建最早者，清顺治、乾隆年间重修，民国时期僧定普修未竣。

宋代①

云隐，参见前永宁寺僧。

元代②

史志无载。

明代

云栖袾宏（莲池大师）

云栖袾宏（1535－1615），明代僧，俗姓沈，名袾宏，字佛慧，别号莲池。因久居杭州云栖寺，又称云栖大师。与紫柏真可、憨山德清、蕅益智旭并称为"明代四大高僧"。

莲池大师一生致力于弘扬净土法门，住持云栖道场四十余年，言传身教接引无数佛子同归净土，因弘扬净土宗贡献巨大，后世尊其为净土宗第八代祖师。莲池主张禅净不二，融合禅净二宗，成为永明延寿以来，融禅净教律为一体之大成者。善于寺院治理，制定《僧约十条》《修身十事》约束僧众。莲池在明末享有盛名，信众遍布朝野，弟子数千，较知名的有广应、广心、大真、仲光、广润等。莲池一生著述颇丰，有《弥陀疏抄》《菩萨戒疏发隐》《竹窗随笔》等30余种，其弟子等人集为《云栖法汇》34册。

---

① 唐代是盐城寺庙广建的重要时期，其后至两宋，寺庙启建修建者亦众，民国时期林懿均等纂修《续修盐城县志稿》时认为"大抵诸寺创自宋明，于理为近"，考诸史志，两宋所建寺庙有弥陀西寺、净居寺、寿安寺、真武庙、碧霞宫（泰山寺）、义阡寺、景德寺、旌忠寺等，约略有23座，然寺庙史志有载，而僧尼却几无法号留存，是诚一大憾事。此处据《永宁寺志》仅录云隐法师一人，冀史料扩充后有以增也。

② 《寺庙卷》内"永宁寺"条曾云：元世祖忽必烈和明太祖朱元璋均重教寺以巩固政权，然考诸盐城、阜宁、东台三县旧志，元代建修寺庙虽有记录，但相较其前后宋明两朝，则数量较少，亦无僧尼法号留存。

万历三十五年（1608）春，莲宗八祖莲池大师应信众之请从杭云栖振锡盘龙庵，开设弘扬净土法门，并更名为盘龙寺，即今阜宁县盘龙古寺之前身。

顶缸和尚

顶缸（？－？），明代僧。东台嘉庆周志卷之三十五《寺观·仙释》有"顶缸和尚"条云："顶缸和尚，不知何许人，亦莫究其所从来。熹宗初，游方至东淘，长须赤足，发垂两肩，深目高鼻，状狞恶而意甚慈悲，不念佛亦不诵经，冬夏恒着一破衲，头顶巨缸可容三石许，垂两手往来市中募钱，过者辄撒钱以投缸，缸铿然有声，约足用，乃下缸探钱沽肆酒取醉，有余尽以与道路之饥饿者，不留一钱，明日复然。夜宿古庙或檐下，如是者将一年，人习见之亦不甚怪也。一日，巡盐使者行部将至，众见和尚方端然趺坐屏墙间，置缸于侧，呵之不去，以手推之则已化去矣。亟舁之墙后，敛以其缸，瘗西寺前，上甃砖为小塔。好事者为勒铭以识年月，当其死之先数日也，不复募钱亦不复饮酒，频裸身浴于市河，人问之，曰：'吾殆将逝也，至是始寤'。和尚五无名号，俗即以顶缸称之，顶缸者戴缸也。"

据东台嘉庆周志"顶缸和尚"条，顶缸和尚在明熹宗初年至东淘，明熹宗朱由校在位时间为1620-1627年，东淘即为今东台安丰镇旧名，顶缸和尚圆寂后，当地民众将其"瘗西寺前"，西寺即安丰之西义阡寺。因此，顶缸和尚应系1620年后两三年内游方至安丰西义阡寺，在一年多后于该寺圆寂。

本空

本空（1531—1596），明代僧，兴化人，名某德。初住东台东寺①。万历二十四年（1596）本空为普陀山法雨寺住持。东台嘉庆周志卷三十五《寺观·仙释》有"东寺僧本空"条云："憨駿嗜睡，食饱后即酣眠，或数日不醒。一日，其师命往远方索逋负，空唯唯，至日晡见空，方闭户卧移时起复，曰：'吾见其人归来矣，约某日当来偿'，至期果然，且曰：'汝徒本空，前日至吾家，与期不敢后，故来。'其师始神之。年六十六，端坐鼻垂

①东台安丰场有东义阡寺和西义阡寺，东义阡寺即东寺，西义阡寺即西寺，参见《寺庙卷》"东义阡寺""西义阡寺"条。

两玉柱而逝，临逝作偈曰：'老僧生年六十六，不识青红与皂白，虚空忽破见真如，复向天台葬旧屋。'"①

西竺

西竺（1565-1624），明代僧，祖籍西洞庭山（今属江苏省苏州市），俗姓郑，名通润，字一雨，为明代著名的佛教教义研究者，深贯经史，博通内典，著有《法华大窍》《楞严合辙》《圆觉近释》等。曾住持金陵兰若，年老后弟子密正邀住东台富安镇化城庵，85岁圆寂于化城庵。

东台嘉庆周志卷之三十五《寺观·仙释》有"西竺和尚"条云："西竺和尚，幼业儒，既长以学道，弃家去为僧，住持金陵兰若，益勤学，淹贯经史，博通内典，得受付为讲师，每登座讲说，能令智者点头，愚者易虑，宗风大振。魏国公徐宏基师事之，尊礼供养如弟子，竟陵钟伯敬、谭友夏与为方外友，疑义相质证，不减苏黄之交。参寥佛印也，所著诗归大半脱稿于其室。年既老，其法嗣密正延住虎墩②化城庵，摆脱言铨，更自出一头地，有向之问道者，但示以意旨，不复从文字解索矣。凡数年，年八十五竟示寂于化城，所著有《楞严合辙》，精于禅理，释家奉为宝筏。"③

残客

残客（？-？），明代僧，东台安丰人，俗姓王，名剑，字水心。残客酷爱吟诗喝酒，得羸疾，乃去而为僧。既为僧，苦吟愈甚，云游数载，得遍观名山川，所至皆有题咏。忽一日，骤然来归，归不数日而逝，若预知死期者。④

徐上人

徐上人（？-？），明代僧。（明）杨瑞云修、夏英星纂（万历）《盐城县志》记夏英星祖父夏能事云："夏能平生多义行，不嗜繁华，尝与僧徐

---

① （清）周右修、蔡复午等纂：（嘉庆）《东台县志》卷三十五《寺观·仙释》，《中国方志丛书·华中地方》第二七号，台北：成文出版社1970年版，第1333页。

②虎墩即今东台市富安镇，东台未置县前向云"泰州虎墩"，后一度亦有海安虎墩之说。

③ （清）周右修、蔡复午等纂：（嘉庆）《东台县志》卷三十五《寺观·仙释》，《中国方志丛书·华中地方》第二七号，台北：成文出版社1970年版，第1331-1332页。

④ （清）周右修、蔡复午等纂：（嘉庆）《东台县志》卷三十五《寺观·仙释》，《中国方志丛书·华中地方》第二七号，台北：成文出版社1970年版，第1332页。

上人为莫逆交。一日，怀金三百两，寄与能家，僧徒无知者。后数月，上人暴病死。能挈银与其徒殡葬，即上人故封也。其徒泣而感谢。能寿逾七十，后子雷、孙应星，继登甲科。乡评阴德之报云。"[1]

另，盐城万历杨志"徐上人"条后另附李赟诣关王庙祈子，拾遗金还失主陈云济一事，谨录于下，兹不细考。

李赟年四十无子，一日五鼓，诣关王庙祈子，拾遗金一囊而归。天明，有陈云济途泣曰："昨领官银三百六十两，诣神醉昏失之。"赟闻，亟以银还，云济感谢曰："愿天早赐佳儿！"后果得子。论曰：夏（能）之怀金以还僧徒，李（赟）之拾金以还金主。二公心事，如青天白日，曷尝望报哉？夫天固监之矣！

另后附筲鲁、逢庆祖孙事不详，惟知筲鲁辽阳达人，逢庆为筲鲁孙。

破岩

破岩（？-？），明代僧，初为童生，明熹宗天启二年（1622），削发为僧，法名"破岩"，在潘家冈（现滨海县天场镇潘吉岗村）建卓锡庵，清康熙初年圆寂。

阜宁民国吴志卷十六《宗教志》"卓锡庵"条云："卓锡庵在潘家冈，明熹宗天启二年，儒童某削发为僧，法名'破岩'，募建此庵，清康熙初年圆寂，经居民潘敏生施香火田六顷余。光绪六年、民国四年，奸民先后勾僧变卖，经潘氏控争，仍为庵有。"

方志

方志（1572-1650），明代僧，东台裴家庄人，俗姓马，字观如。方志出家于上天竺大讲寺海会禅堂，30岁从学于五台山远清宗师，师示偈，志言下有省，师又叩以妄可是从真起耶？志即作二偈，师唯唯别去。后通游名山巨刹，到处析疑证悟，宣讲佛旨。1605年，方志回上天竺，听明宗讲法华于宋园。而历巷以禅堂付于僧众禅修，方志理所当然地助力为之照应。第二年，五台山远清大师同内监张然送御藏至昭庆，与方志见，二人交谈深相契合。1608年，方志得古心律师大戒，即请远清大师，自华严而下所流通法

---

[1] 徐上人事本无考，然从夏应星祖父夏能与徐上人相交莫逆看，徐上人应至迟为明正德、嘉靖年间人，因夏应星协助盐城知县杨瑞云纂《盐城县志》事在明万历十一年（1583年）。

宝，于上天竺遍演福田。事成后送远清大师北上，方志返回杭州，于讽岭之阴造中印庵，用以供奉地藏菩萨。1614年冬，方志应碧海昭阳李公之请，于慧照寺、泰州梁烁诸处，讲说金刚法华经四期，讲香相接，道化隆盛。1617年，澄方大师登皇坛，方志为阿阇黎，受到神宗赐紫，又受到光宗赐紫，大小衣服十一件。1625年，说皇戒，再次受到皇帝赐紫，及金冠、密旨"弘经崇祖"。1640年，回浙后继续宣讲法华正旨，直至全部完毕，随即受径山之请，住持径山法席一年。1644年冬，至泰州修西山寺。1648年，应抚院陈公之请，讲华严全部，时达一年有余。1649年冬，于杭州慧林，说法华正旨。1650年夏，方志回到上天竺，复讲华严。讲期结束，疾病发作，回到中印庵。顺治七年（1650）七月一十六日示寂。弥留之际，方志以偈别众说："七十八年幻梦中，奔驰南北走西东。还归天竺灵山国，统照元来色即空。"方志茶毗后，塔葬于中印山麓。

方志著述广泛，有《法华正旨》《品节偈》等传世。嗣法弟子有野松、松门、恒观、野管、玄闻、隐生、清日、石田、道灯、见明、朗生等十一人。[①]

东台嘉庆周志卷之三十五《寺观·仙释》有"释方志"条云："释方志，字观如，裴家庄人，幼出家，于上天竺大讲寺海会禅堂，静默沉思研究教理。年三十就五台山远清宗师，师示偈云：'广陵观如子，圆觉场中发大菩提心，喜而不寐，以偈赞之，菩提无相，云何为发？菩提无念，云何是心，牵牛渡河，霹雳晴空，曼殊宝钗，横空彻电，山海若平，佛魔不现。'志言下有省，师又叩以妄可是从真起耶？志即作二偈有云：'妄从真起本无因，何须向外觅疏亲。'又云：'马投龙泉化鳞甲，四海无涯任往游。'师唯唯，别去遍历名山，到处析疑证误，大畅宗旨，有《法华正旨》《品节偈》等行于世。"[②]

真修

真修（？-？），明代僧，天启六年（1620），真修法师建造真际庵（位于大丰区草堰镇新中路109号，又名北茶庵），现存三间古厢房及石鼓、石匾、古井等。

---

① "方志"条参见《新续高僧传四集》（九），另可参见周建生《东台佛缘》相关内容。
② （清）周右修、蔡复午等纂：（嘉庆）《东台县志》卷三十五《寺观·仙释》，《中国方志丛书·华中地方》第二七号，台北：成文出版社，1970年，第1334-1335页。

清代

硕揆原志

硕揆原志（1628-1697），清代僧。江苏省建湖县高作人。俗姓孙，号借巢，硕揆是其法名，人称志禅师、硕揆原志禅师。父孙升，母天水老人。初业儒，读书有慧思，顺治四年，手刃父仇，告祭于墓，遂至通州佛陀寺出家。顺治十六年谒灵隐具德得悟本源。后往扬州上方寺，倡三峰之学，以后又移至泰兴庆云寺，镇江五洲寺，扬州善庆寺、杭州灵隐寺等处，每到之处，禅业大兴，名震朝野。清康熙间，曾被召至京城，为康熙皇帝注经，并被敕封为"净慧禅师"，朦胧院遂改为净慧寺，一直沿用至今。原志有《七会语录》《借巢诗集》及杂著、尺牍等行世。[①]

硕揆出家的地方现有两种说法，一说是"投海州佛陀寺元玺长老为师"，一说是"至通州佛陀寺出家"。硕揆后到杭州灵隐寺，嗣法具德弘礼门下。"寻诣灵隐，秉春戒冬，随具和尚，挑柴运米，暇则研究古德宗旨，求到其未到，如是者十三年，而后受付嘱"。具德弘礼是禅宗三峰宗的创始人汉月法藏的弟子，曾住持杭州灵隐。康熙初，清廷"举山林隐逸博学鸿词"，侍郎严沆、巡抚慕天颜疏荐硕揆的同乡好友宋曹。时任扬州上方寺方丈的硕揆作《僧原志与宋曹书》，致书宋曹不要"改柯易节"。随着清王朝政权的日益巩固，硕揆立场也逐步松动，友人钱圣桢应湖广总督佟岱之聘，去担任佟岱的参谋人员，在与硕揆告别时，硕揆就没有坚决反对，并作《送钱圣桢赴佟方伯楚幕之招》诗以赠：

江月照孤舟，有客鸣素琴。天风指端起，调高思何况。借问所念谁，楚国有遗音。庚月南楼好，陶柳西门深。羊公岘山顶，今有谁登临？思欲一相访，芳踪何处寻？寻此亦云易，远行难为心。

康熙元年（1662），硕揆住持扬州上方寺，大倡汉月法藏三峰之学。翌年移泰兴庆云寺，学者风从。《大藏经》高僧语录栏和《正源略集》中均有其在庆云寺讲经开示的语录。康熙十一年，迁三峰祖庭，不逾岁，气象一新。康熙十八年，移镇江五洲。康熙十九年，移扬州善庆寺。康熙二十年，移杭州灵隐寺，崇饰院宇，革除陋规，兵燹余迹得以廓清，主灵隐寺居十二载，退返三

---

①比丘明复编《中国佛学人名辞典》，北京：中华书局，1988年，第563页。

峰。史书上记他：“凡历七会道场，所至修举废坠，规模一新，而灵隐、三峰尤多功绩。至其锻炼学人，随机开发，杀活并用，一本三峰家法。”

史载：“（硕揆）初习世学，读书有慧思。”《盐城续志校补》卷二《净慧禅师原志传》则说：“幼读书豪迈，负大志。”尝自谓：“男儿生天地间，不能回百川使其西驰，非夫也。”后来，硕揆与王士祯、孙一致、宋曹、冒辟疆、陈其年、王译弘、翁叔元、钱陆灿等当时名流皆有交往，严虞惇、沈近思等学者都曾投其门下问学，而以后成为显宦。

硕揆曾为常熟举人钱陆灿撰并书“相重相对”的名对联一副，挂于室中。联云：“名满天下不曾出户一步，言满天下不曾出口一字”。这副十言联中重了七字，很少见，一直被研究中国对联理论的人士所推重，认为是中国“相重相对”楹联的最高水平之作，陆震纶的《楹联概论》一书中将该联作为“相重相对”联的典范来进行研究。

硕揆藏于庆云寺的墨宝“文革”期间被毁，留存的传世书法为一首行书七言诗：风云非复论相从，讶有丝纶古寺逢。曾说山中能变豹，果然壁上欲飞龙。护僧人去英雄尽，佞佛辞颁雨露重。天眼法身随世界，更于何处觅皇封。

康熙三十六年七月十五日，硕揆聚众说偈而示寂，世寿七十，清廷赐谥静慧禅，有法嗣二十八人，硕揆圆寂后，其塔即门人沈近思为报师恩所建，在三峰寺后九里坡北之中峰禅院，翁叔元作铭，钱陆烂为行状。①

道蜜

道蜜（？-？），清代僧，字嵩乳。清顺治间苦志梵修，历建五刹，东沟报恩院其一也，有嘱语勒石今嵌殿壁。时人服其道行，因以嵩乳名庵。②

心崇

心崇（？-？），清代僧。清顺治间住持阜宁板沟口大悲院，精通内典，律己甚严。山阳陆求可为作颂以美之。③

---

①吴宝瑜修、庞友兰纂：（民国）《阜宁县新志》卷十六《宗教志·方外传》，《中国方志丛书·华中地方》第一六六号，台北：成文出版社，1975年，第1015页。

②“硕揆原志”条参考了“建湖文史网”（2015年1月16日），孙禧斌撰《盐城高僧硕揆原志禅师》并略作删改。

③ 吴宝瑜修、庞友兰纂：（民国）《阜宁县新志》卷十六《宗教志·方外传》，《中国方志丛书·华中地方》第一六六号，台北：成文出版社，1975年，第1015页。

松月

松月（？－？），清代僧，大丰草堰西方庵首任当家师。西方庵位于大丰市草堰镇粮库附近。西方庵又称西关庙，建于清顺治七年，瓦房二十一间，现剩三间厢房。东临玉带河，保留原貌。西方庵井，井呈上小下大，砖结构，无井台，井身由青砖叠式错位砌成，井底用铜铸成，此井挖于元末明初，古井仍为附近居民正常使用，井水清澈甘甜。①

晓庵

晓庵（？－？），清代僧，阜宁栖凤院住持。栖凤院本在东沟镇玉红桥东，清顺治十八年，镇人常大勋施买顾姓地十三亩，于常家圩建庵嗣，住持晓庵移建栖凤院，亦称普济禅林，俗名三官殿。②

海洪

海洪（？－？），清代僧。康熙二年（1664），名僧海洪募修安丰弥陀寺。

照晓

照晓（？－？），清代僧。清康熙八年（1670），阜宁芦浦里人裴振仪兴寿安寺，僧照晓募缘重修。③

超项

超项（？－？），清代僧。"释超项，山西临汾县李氏子，世业儒，少年慷慨有大节。披剃游方至河南固始县，遇如心禅师，机缘相叩，同隐商城县金刚台之兰溪，抵北下河曹家庄，如心适他往，师集众说法讫，忽曰：'被这壳子苑塞，到如今我道友此众念佛，山僧接引，往生敲唱，双行是一是二，然虽如此也，须我道友送我始得。'言讫默然，撼之不动矣。五日后，如心至启龛，颜色如生。值下河水涨，一无所办，如心忽动一念，曰：

---

①参见大丰区佛教协会提供内部交流资料。

②吴宝瑜修、庞友兰纂：（民国）《阜宁县新志》卷十六《宗教志·佛教》，《中国方志丛书·华中地方》第一六六号，台北：成文出版社，1975年，第1009页。

③吴宝瑜修、庞友兰纂：（民国）《阜宁县新志》卷十六《宗教志·佛教》，《中国方志丛书·华中地方》第一六六号，台北：成文出版社，1975年，第1010页。

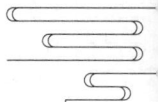

'道友圆寂偏在此时。'举念未终，龛内忽自起火，异香遍野，彩云腾空，灵骨结成一尺二寸，明润玲珑如玛瑙怪石，现藏姜堰镇静夜寺，时康熙八年正月十九日也。"[1]

明性

明性（？-？），清代僧，山东寿光人，俗姓邢。《东台县志》引《泰州志》记明性"自幼不婚，出家四十余年，建庵于张尤庄，后移住华严寺，圆寂时沐浴剃发遗命：俟塔放光时缘方到，即可开龛，言讫坐化。五年后，塔果放光，僧徒依命启塔，异香袭人，顶发手指甲各长数寸，面色如生，肉身不坏，土人为涂之以金，远近瞻礼。时康熙十一年三月事也。"[2]

永（水）鉴、戒光

永（水）鉴、戒光（？-？），清代僧。盐城民国林志云："地藏庵，康熙十八年建，僧水鉴、戒光建，今称地藏院。"[3]

道圆

道圆（？-？），清代僧。康熙四十一年重修地藏院。另，清康熙四十一年，僧道圆在伍佑场西十五里新运河南重修甘露庵。

云瓢

云瓢（？-？），清代僧。康熙年间，僧云瓢居于东台弥陀庵，四方名公，皆造门焉。[4]

明旭

明旭（？-？），清代僧，盐城人士，俗姓蒋，字日生。明旭十八岁依

---

① （清）周右修、蔡复午等纂：（嘉庆）《东台县志》卷三十五《寺观·仙释》，《中国方志丛书·华中地方》第二七号，台北：成文出版社1970年版，第1336-1337页。

② （清）周右修、蔡复午等纂：（嘉庆）《东台县志》卷三十五《寺观·仙释》，《中国方志丛书·华中地方》第二七号，台北：成文出版社1970年版，第1337页。

③盐城胡校续志卷一中提及"僧水鉴"中"水"或作"永"，参之乾隆沈志影印本，似应作"永"字，故该地藏庵应系清僧永鉴、戒光建于康熙十八年（1679年）。

④ （清）周右修、蔡复午等纂：（嘉庆）《东台县志》卷三十五《寺观·仙释》。

海陵极乐庵脱尘雉发，康熙四十九年得戒于宝华，后参扬州福缘济生有悟，雍正十二年整理极乐庵，后兴北塔禅寺，悬挂钟板，开创丛林，往来衲子，时有百余，春冬传戒，乾隆元年主觉正，后复归北塔，有《烟霞诗集》《指西语录》。见北塔寺所藏法卷。[1]

元度

元度（1671-1727），清代僧，山东昌乐人，俗姓张，字济生，世称度禅师。年十三投恒晏大师出家，依佛定和尚圆具，后参节崖琇，彻发源底。历住泰州雨声、嘉兴金粟金陵祖堂、圣因、东台景德、扬州福缘、救生等处。工书法，著有《语录》《阅藏随笔》，先曾寄迹盐城，流传楮墨甚多，自署"北海元度"。参见胡应庚纂《民国盐城续志补校》（1951年铅印本）卷一。

脱凡

脱凡（？-？），清代僧，栟茶李家堡玉泉阁僧，现属海安市李堡镇，原属东台县。《东台县志》记其"通释典，明心见性，坐蒲团不下楼者数十年，颇有异迹，圆寂时目已闭矣，其徒志能跪请曰：'师西去，乞度徒俱去。'忽张目大声曰：'脱凡已脱，志能未能。'遂逝"[2]。

昷峰

昷峰（？-？），清代僧。乾隆初期，住东台福慧庵，以刻苦修行为本，通夜参禅不睡，乾隆十七年（1752），又重修了福慧禅院。邑中夏氏有狐祟，百术不能治，僧持法咒即避去；乾隆十年，居民得海中浮木，大可十围，人触之辄病，僧见乞归，雕药师光王佛一躯，法相巍峨，庙宇自此振兴。僧常往来燕赵间，夜归。自山中遇虎尾行，僧憩树下，虎为之护卫，比晓乃去。[3]

---

①比丘明复编《中国佛学人名辞典》，北京：中华书局，1988年，第360页。
②（清）周右修、蔡复午等纂：（嘉庆）《东台县志》卷三十五《寺观·仙释》，《中国方志丛书·华中地方》第二七号，台北：成文出版社1970年版，第1339页。
③（清）周右修、蔡复午等纂：（嘉庆）《东台县志》卷三十五《寺观·仙释》，《中国方志丛书·华中地方》第二七号，台北：成文出版社1970年版，第1339-1340页。

禹平

禹平（？-？），清代僧，乾隆年间东台安丰大悲庵僧。仲鹤庆有《过大悲庵赠僧禹平》诗。①

成龙

成龙（？-？），清代僧，盐城人，字杖庵。成龙工文善书法，依淮安龙兴灵洁有年，开法兴化罗汉寺，募建崇楼四十余间，恭请藏经，规模大备，高宗闻其名，两赐紫衣。乾隆十三年（1748）赐额曰：水月交融，见《兴化县志》《兴化佛教通志》。②

云浦

云浦，清代僧，生年不详。乾隆三十八年，僧云浦在东台西门外金水坊重建古观音堂。③

修德

修德，清代僧，生年不详。乾隆年间，僧修德在东台安丰场重修藏经院。④

印昶

印昶（1725-1797），清代僧，建湖恒济人，俗姓俞。原为大云寺大和尚，印昶梵学高深，德高望重，后被扬州天宁寺聘任住持，清乾隆皇帝南巡时，曾驻跸天宁寺，与印昶法师谈诗论道，颇为赏识，特敕旨护持，促使天宁寺盛极一时。⑤

西铭

西铭（？-？），清代僧。乾隆四十七年（1782），僧西铭在东台观音

---

① （清）周右修、蔡复午等纂：（嘉庆）《东台县志》卷三十五《寺观·仙释》。
②震华法师：《中国佛教人名大辞典》，上海：上海辞书出版社，1999年，第196页。
③ （清）周右修、蔡复午等纂：（嘉庆）《东台县志》卷三十五《寺观·仙释》。
④ （清）周右修、蔡复午等纂：（嘉庆）《东台县志》卷三十五《寺观·仙释》。
⑤建湖县佛教协会编《建湖佛教》（未刊内部资料，2015年）第20页。

庵建大悲楼。①

刚崖

刚崖（？－？），清代僧。嘉庆元年，僧刚崖建东台弥陀寺念佛楼、观音殿、各四楹别院入楹。"嘉庆二年（1797），释刚崖捐赀三百金于邑之宋石庄弥陀寺，设局施棺。"②

致善

致善（？－？），清代僧，乾嘉时期阜宁县八蜡庙寺僧。"八蜡庙在东门外胡家庄，乾隆七年，知县陈锴就茶庵故址建。四十年，邑人戴廷瓒改正殿为楼，并建戏楼。嘉庆元年，知县徐崇焖捐建两厢楼，邑人项泰和为文记之，襄事者僧致善。咸丰五年，知县顾思尧督同邑人丁如获重建正殿，丁复以己资修建戏楼，光绪六年，知县蓝采锦重修。"③

通林

通林（？－？），清代僧。嘉庆十一年（1806），僧通林重修东台福兴庵。④通林所修福兴庵在今如东县栟茶镇，民国时期为东台县栟茶市。

了智

了智（？－？），清代僧。嘉庆十七年（1812），僧了智重修东台福慧禅院。⑤

立安

立安（？－？），清代僧，东台县城某寺僧，嘉庆十七年（1812），捐

---

① （清）周右修、蔡复午等纂：（嘉庆）《东台县志》卷三十五《寺观·仙释》。
② （清）周右修、蔡复午等纂：（嘉庆）《东台县志》卷二十七《传八·尚义·捐施》，《中国方志丛书·华中地方》第二七号，台北：成文出版社1970年版，第997页。
③ （清）阮本焱修、江启珍纂：（光绪）《阜宁县志》卷二《建置志·坛庙》，第85页。中国国家图书馆数字方志库电子本。
④ （民国十年）东台县修志局分纂袁承业等未完成之《东台县志稿》残稿《建置志·祠庙》，即前寺庙卷所云"民国袁志残稿"。
⑤ （清）周右修、蔡复午等纂：（嘉庆）《东台县志》卷三十五《寺观·仙释》。

108亩田作文昌阁香火之资。①

继信

继信（？－？），清代僧。道光七年（1827）前后伍佑场三元宫僧，海然法师出家时剃度师。②

觉诠

觉诠（？－？），清代僧，字性源，上元王氏子，盐城人。祝发复兴静室，后参焦山，继觉灯主定慧寺席，与觉灯并有遗诗各一卷，其后僧大须为辑存焉。③

复文

复文（？－？），清代僧，曾任阜宁县城镇海院讲席。（民国）《阜宁县新志》记云：僧复文，字聚用，淮安闻思寺住持，主县治镇海院讲席，通定静慧，宗旨称善知识，其演教不尚机锋，直指向上，力挽末俗，尤合儒修，常语人曰："徒以酒肉养亲而无济人利物之实以光其亲者，非孝也；徒以诗书教子而无积功累仁之实以庇其子者，非慈也。"士林多传颂之。④

素堂

素堂（？－？），清代僧，阜宁大悲庵福溥弟子，后任獐沟善缘庵、窈子港三元宫大佛殿住持。（民国）《阜宁县新志》记云：僧素堂，俗姓祁，年二十八，为酒家佣。见大悲庵住持福溥为人礼忏，问人曰："吾能为僧否？"或戏之曰："僧须戒色，若能去势，斯僧矣。"即入密室自宫，面色惨白，匍匐于福溥之前，乞为弟子。福溥知故大惊，怜

①（清）周右修、蔡复午等纂：（嘉庆）《东台县志》卷二十七《传八·尚义·捐施》，《中国方志丛书·华中地方》第二七号，台北：成文出版社1970年版，第997页。

②胡应庚：《民国盐城续志校补》卷一《校补》，《中国地方志集成·江苏府县志辑（59）》，南京：江苏古籍出版社，1991年，第475页。

③林懿均修：（民国）《续修盐城县志》卷三《宗教·佛教》，《中国地方志集成·江苏府县志辑（59）》，南京：江苏古籍出版社，1991年，第395页。

④吴宝瑜修、庞友兰纂：（民国）《阜宁县新志》卷十六《宗教志》，《中国方志丛书·华中地方》第一六六号，台北：成文出版社，1975年，第1016页。

其诚，许为披剃，名曰素堂。由是屏绝妻子，识字诵经。阅五年顿悟，心境一如之旨谈，言玄妙若有慧根。后为獐沟善缘庵住持，旋住窃子港三元宫大佛殿，先后重新其寺，享世寿五十有九。①

友堂

友堂（？-？），清代僧，曾住持住持阜宁毗卢庵。（民国）《阜宁县新志》记云：僧友堂，字墨庄，本城人，住持东园外毗卢庵，博通经典，兼读儒书，能画大幅人物，知县卢维雍书"亦墨亦庄"四字，颜其禅室，享世寿七十余。②

永宏

永宏（？-？），清代僧，曾住持永兴集河东之茶庵。（民国）《阜宁县新志》记云：僧永宏，俗姓邓，住永兴集河东之茶庵，时撑方便铲信步所之见道路有不平处，即为修治，今庵旁渡船码头碧柳毵毵，椿堤完固，亦永宏之手泽也。③

慈云

慈云（？-？），清代僧，阜宁永兴集大慈院僧。（民国）《阜宁县新志》记云：僧慈云，俗姓周，名顺乾，字志广，中年忽舍身永兴集大慈院，以承分胰田四十余亩，为香火资，亲自经纪，不许他僧侵蚀，今粮串尚仍俗名。④

圆明

圆明（？-？），清代僧，盐城人。道光中住五台山文殊洞，有虎常侍其旁，一日坐脱，虎亦亡。后人于洞中塑像供之。参见高鹤年《名山游访记》。

①吴宝瑜修、庞友兰纂：（民国）《阜宁县新志》卷十六《宗教志》，《中国方志丛书·华中地方》第一六六号，台北：成文出版社，1975年，第1016页。
②吴宝瑜修、庞友兰纂：（民国）《阜宁县新志》卷十六《宗教志》，《中国方志丛书·华中地方》第一六六号，台北：成文出版社，1975年，第1017页。
③吴宝瑜修、庞友兰纂：（民国）《阜宁县新志》卷十六《宗教志》，《中国方志丛书·华中地方》第一六六号，台北：成文出版社，1975年，第1017页。
④吴宝瑜修、庞友兰纂：（民国）《阜宁县新志》卷十六《宗教志》，《中国方志丛书·华中地方》第一六六号，台北：成文出版社，1975年，第1017页。

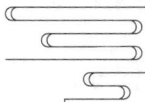

隐贤

隐贤（？ -？ ），清代僧，常住东台县城八蜡庙。"有苦行，终日拜经，佛前立脚之石，迹深寸许。"①

明如

明如，清代僧，江苏东台人，生年不详，约乾嘉年间为宝华山住持。"释明如，号恺机，嗣席宝华山第十代。江苏扬州府东台县人。"②

定静

定静（？ -？ ），清代僧，东台人，俗姓丁，号卓如，父泰安，母王氏。定静十二岁投本邑复兴庵出家，后继主宝华山法席，嗣席宝华山第十一代。十载辛苦，遂飘然远隐，访终南山道宣律祖遗迹，后止于归元古寺。

定源

定源（？ -？ ），清代僧，东台人，俗姓黄，号自津，又号乳秋，别号又禅。有《乳秋集》。见《江苏诗徵》一八三。③

洞闻

洞闻（？ -？ ），清代僧，阜宁人，俗姓陈，名徹。洞闻年甫弱冠，偶阅佛经四相皆空句，幡然有省，遂依道宏剃度，秉具于淮阴闻思寺宏范，依止学律，苦行潜修，后辅友昙数十年，受嘱嗣席，寂年六十三，见《律宗灯谱》五。④

破愚

破愚（？ -？ ），清代僧，盐城人，俗姓夏，名智，亦作元智。依祥光吉受法，继席扬州净慧。见《五灯全书》九四补遗。⑤

---

① （清）周右修、蔡复午等纂：（嘉庆）《东台县志》卷三十五《寺观·仙释》，《中国方志丛书·华中地方》第二七号，成文出版社1970年版，第1340页。
② 温金玉：《律宗千华派法脉》，《世界宗教文化》，2005年第6期。
③ 比丘明复编《中国佛学人名辞典》，中华书局，1988年，第465页。
④ 比丘明复编《中国佛学人名辞典》，北京：中华书局，1988年，第523页。
⑤ 比丘明复编《中国佛学人名辞典》，北京：中华书局，1988年，第563页。

海朗

海朗（？－？），清代僧，射阳人，俗姓陈，字楚涛，号华三。参访有年，归隐昭阳莲花清东里平远庵，三塘老人见而器之，命为第一座，嗣以衣钵。不逾年，出主东皋菩提，四从皈依，宗风洋溢，有《语录》《平远集》。见《江苏诗徵》一八二。①

传真

传真（？－？），清代僧，盐城人，俗姓陈，字秘知。传真幼依祖成剃染，年三十参洪福灵焰烛，得领玄旨，住吴之宝福，迁北禅，见《虞山正燈录》。②

若水

若水（？－？），清代僧，东台富安崔氏。性孝，父母殁，出家为僧。《东台县志》记若水云："释若水，富安崔氏子，质朴疏野，不喜谈经参禅，头上短发蓬蓬然，身着百衲衣，寒暑不易，出门尝肩一镵，见骨骼辄埋之，棺椁暴露为加土，道有死者，乞棺殓瘗，中年住海安西寺，募建养生堂，凡四方疲癃残废鳏寡孤独之人，予其饮食，供其药饵，人因其好施济，往往遗以金谷。一日，佛龛坏，欲新之，苦无钱，夜对佛默祷，平旦有人担钱数十贯叩门曰：'夜梦和尚往募佛龛故来。'若水性至孝，母病割股以疗，父病便不通濒于危，若水以口吮之，父母殁，始弃家为僧。"③

了信、能量、昌照、俊心、普怀、慈云等

了信、能量、昌照、俊心、普怀、慈云（？－？）等皆为清代中期僧，因今盐城市盐都区大冈镇之大云山寺毁于火灾，盐城佛教会会长了信和能量委派香芬重建大云山寺，又经昌照、俊心、普怀、慈云等历代大德高僧苦心经营，续建大殿、禅堂、香厨、斋堂、厢房等穿堂四进计壹佰零八间，占地

---

①比丘明复编《中国佛学人名辞典》，北京：中华书局，1988年，第589页。

②比丘明复编《中国佛学人名辞典》，北京：中华书局，1988年，第879页。

③（清）周右修、蔡复午等纂：（嘉庆）《东台县志》卷三十五《寺观·仙释》，《中国方志丛书·华中地方》第二七号，台北：成文出版社1970年版，第1341页。

一百余亩。①此处"慈云"疑即上条曾经纪阜宁大慈院之"慈云"，待考。

第二节 近代寺僧

慧皓

慧皓（1792-1846），近代僧，江苏东台人，俗姓韩，号朗鉴。少投本邑北极殿一粒和尚出家，于宝华山卓如定静座下乞受大戒，嗣席宝华山第十二代，后嗣法主席，道光二十六年（1846）九月初四日示寂，世寿五十五。

性濂

性濂（？-？），近代僧，江苏盐城人，字石谭。清道光二十八年（1848），性濂住持阜宁东沟镇准提院（准提庵），仪观修伟，戒行谨严，究心内典，不堕色相。盐城知县周墇，尤推重之。先是道光中叶，院宇仅存正殿三间，榛莽荒秽。自性濂卓锡后，广募十方，重新创造，开坛说戒，庵赖以兴。年七十八作偈自题像轴圆寂院中。阜宁民国吴志云："准提庵在东沟镇南聚福桥东，旧名火星庵，山地为周姓所施，清道光二十八年，住持僧性濂广募十方，又得盐城知事周墇力为倡助，重新殿宇，克成名刹。"②

怿安

怿安（1796-1851），近代僧，江苏东台人，字明谦。怿安于江苏仪征资福寺受住持铭初的印证，传以衣钵。退任方丈后，四方参访，潜心教理，直到逝世为止。每年从正月开始，他就闭关修持49天，不坐不睡，不靠不倚，勤勉不断地念佛，绅士名流和庶民百姓，一心皈依和信仰他的人很多。咸丰元年（1851），56岁的怿安在千华因病逝世，火化后，得舍利数粒。大根有《怿安传稿》记之。③

---

①参见盐城市盐都区佛教协会内部交流资料《盐都佛教》。
②吴宝瑜修、庞友兰纂：（民国）《阜宁县新志》卷十六《宗教志·方外传》，《中国方志丛书·华中地方》第一六六号，台北：成文出版社，1975年，第1009页。
③周建生：《东台佛缘》，南京：河海大学出版社，2012年，第58页。

福来

福来（？-？），近代僧，阜宁县喻口西来寺建寺僧。参见《寺庙卷》"西来寺"条："西来寺，在喻口镇，清道光三十年（1850），僧福来建。"①

海然

海然（？-1860），近代僧，盐城季氏子，号敏通，嗣席宝华第十四代，9岁出家于本邑伍佑场三元宫，依继信和尚剃度。20岁至宝华山乞受大戒，后朝礼峨眉、清凉诸山，参遍归来，住持本邑之广利院，时道光十八年（1838）也，本年冬开堂传戒。二十五年退院，二十八年继主宝华法席，为宝华山第十四代律祖。三十年遂以宝华衣钵传付印宗。咸丰十年（1860）退位，仍回伍佑广利院常住，七月二十四日示寂，印宗奉迎衣钵窆渚波于贵人峰之麓以藏焉（《宝华山志》，案敏通见前志卷十七僧大须条下）。②

祖忏

祖忏（？-？），近代僧，清同治年间原阜宁县今响水县泗汾港观音庵住持僧。同治十年，住持僧祖忏呈请时任知县沈国翰立"永禁变卖庵产碑"③立于庵中。

体成

体成（1810-1875），近代僧，江苏东台人，字妙果。体成幼年出家，为人大方正直而且能按照戒律行事。他善于启蒙教化他人，曾经使以屠宰为业的人受到感化，转而念佛诵经，努力修持净业达4年。体成和尚心地善良，别人遇到什么艰难他总是面带忧虑的神色，对自己要求也极高，终日操持毫不懈怠，光绪元年（1875），因病去世，时年66岁。大根的《体成传

---

① 吴宝瑜修、庞友兰纂：（民国）《阜宁县新志》卷十六《宗教志》，《中国方志丛书·华中地方》第一六六号，台北：成文出版社，1975年，第1008页。

② 胡应庚：《民国盐城续志校补》卷一《校补》，《中国地方志集成·江苏府县志辑（59）》，南京：江苏古籍出版社，1991年，第475页。

③ 吴宝瑜修、庞友兰纂：（民国）《阜宁县新志》卷十九《金石志·石刻》，《中国方志丛书·华中地方》第一六六号，台北：成文出版社，1975年，第1192页。

稿》记载了他的事迹。

大须

大须（？-1889），近代僧，江苏盐城人，俗姓蔡，字芥航，晚号不不头陀。大须出生于书香门第，世代崇佛，12岁于镇江焦山定慧寺出家，聪敏好学，十三岁能通法华、华严，旁及儒经诸史，后嗣法于焦山了禅尊宿，住持焦山定慧寺十四年，置藏经室，立禅诵堂。不时讲说，以熏修文字，诱掖后进。大须法师工诗，五言律诗尤为著名。诗风潇洒清隽，秀丽可喜，又善画兰竹，所绘亦有名于时，作品惜多不传。①

心泉

心泉（？-？），近代僧，滨海东坎人，原名广达。心泉年少时在东坎东岳庙出家，中年在焦山定慧寺当知客，长江水师提督彭玉麟过焦山，文武官员水陆迎候，不知其所在。心泉见长面虬须，着蓝布长衫者，注目视《瘗鹤铭》残碑久不去，趋前与语，邀入弈棋，俄顷，客三战三胜。问寺中更有精此者乎？心泉指侍茶小沙弥曰："渠尚可。"客复与沙弥弈，移时再负，讶问何授？对言："学诸心泉者。"客大悟笑曰："和尚解事。"语次，见其所绘兰竹曰："大佳，大佳，为我题识赠友人。"索纸笔书款，则皆当代名流。书毕曰："为我传语外间人，彭某在是矣。"心泉大惊，既出告众，亦大惊。玉麟御下严，得心泉一言，每为霁威。适扬州平山堂方丈与退院僧互控，玉麟命知府并逐之，以心泉代。于是扬之官绅莫不承望颜色，迨玉麟卒后，仍回东坎以终。②

彭玉麟任长江水师提督应在晚清咸同年间，其时心泉已为中年，彭玉麟逝于1890年，心泉离开扬州平山堂，返回滨海东坎后圆寂，故其似应生于嘉庆年间而逝于光绪年间。

至善

至善（1819-1898），近代僧，东台人，俗姓唐，名海印，字至善。6岁于东台观音堂依秋水禅师出家，7岁习儒，14岁圆顶，21岁于句容宝华山隆

①比丘明复编《中国佛学人名辞典》，北京：中华书局，1988年，第16页。
②"心泉"条参见滨海县佛教协会提供《滨海佛教》（未刊内部资料）第4页。

昌寺受戒，先后住黄山习止观、庐山归宗寺，1862年任归宗寺住持，1866年始重建并住持庐山海会寺，使一度毁于战火的海会寺中兴鼎盛，声名远播，被信众传为释迦牟尼佛应生。1898年6月26日，至善法师圆寂于海会寺。

净堂

净堂（？-？），近代僧，光绪年间东台县溱潼镇（今泰州市姜堰区溱潼镇）北禅院僧，辅仁幼年出家师。

普文、通铸（师徒）

普文、通铸（？-？），近代僧，生年不详，光绪年间阜宁县三官殿僧。阜宁光绪阮志卷二十四《丛志·寺观》云："明淮扬朱维藩有记：光绪乙酉（1885），僧普文与其徒通铸重建旗杆，又浚东西两泉。"[1]阜宁民国吴志亦有记。

隐儒

隐儒（1850-1910），近代僧，俗姓姚，法名密藏，号秋崖，别署隐道人。江苏兴化人。少丧父，母李氏将其舍于兴化县刘庄（今属盐城市大丰区）报恩庵出家。同治八年（1869），受具于泰州水陆寺华如和尚。次年，参学金山，后返扬州。光绪九年（1883）冬，金山寺密法退隐庐山，主席虚悬，退居密传和尚特过江延请隐儒入山，承显谛禅师法。光绪十七年（1891）春，升座任金山住持。增置香积田，建延寿、涅槃两堂。新修大雄宝殿、韦驮殿，重建慈寿塔，续编《金山志》。善画，八指头陀敬安禅师为其《拈花图》题诗曰："江山最胜处,乃得住新人。宝月或前世，德云应后身。微拈花共笑，一任海生尘。语罢碧松暮，江天月色新。"1894年起，隐儒奔走南北，沿门托钵，多方募化，并得到两江总督刘坤一的支持，约经五年，募银二万九千六百两，1900年，于镇江丹徒五峰山重建慈寿塔，如皋冒广生铭塔。光绪二十七年（1901）退居，传弟子印开青权。宣统二年（1910）十月初六日，圆寂于金山寺，世寿六十。

---

[1]（清）阮本焱修、江启珍纂：（光绪）《阜宁县志》卷二十四《丛志·寺观》，第602页。中国国家图书馆数字方志库电子本。

朗月

朗月（1817-1897），近代僧，俗姓陆，讳隆恒，字朗月，江苏泰州人。年三十余，习禅于扬州高旻寺，被推为首座。又继妙空法师于江都砖桥法藏寺，募资刻《华严经》。后归故里组织莲社，又于东台、兴化、盐城三地，发起华严法会。当时，兴化罗汉寺贮有《清藏》一部，定慈寺贮有《明藏》一部，并以年湮失检，残缺不全。他商于二寺住持，实行整理，凡历四寒暑，于光绪三年（1877），完成《清藏》。又经四年于光绪七年（1881），完成《明藏》。光绪二十三年（1897）圆寂，世寿八十一岁。

另据（民国十年）东台县修志局分纂袁承业等未完成之《东台县志稿》残稿云："永胜庵，二十余楹，罗磨庄，清光绪二十八年，僧朗月募修。（时堰市新增）"①罗磨庄，今名失存，当为今兴化市张郭镇所属之罗磨村，民国时属东台县时堰市。该志云永胜庵为朗月募修，时在光绪二十八年（1902），然朗月已圆寂多年，据此似为朗月生前有募修该寺之意，然生前未能如愿，遗愿达成已是数年之后。

能高

能高（？-1900），近代僧，东台人，俗姓周，字东山，古林寺尊称其为"东山老祖"。生而尪弱，赋性和缓。清同治年间东山受具足戒于宝华山隆昌寺，嗣后往南京古林寺参学，继而承主法席，任南京古林寺方丈，为古林派第十六代祖。能高住持古林寺时，"严守律义，待人以宽，施财散赈，见善勇为。主席六载，筑戒坛，造厅室，具见经书。"寺院颓垣败瓦、蓬蒿没人。他领着追随自己参学东台籍和尚辅仁，四处奔走，经营土木，重建殿宇，按照从废墟中捡得的明崇祯碑及清乾隆、嘉庆碑的记载，先后恢复重建了戒坛、厅室、山门、大寮等，使南京古林寺成为律祖之道场、"中兴戒律第一祖庭""敕赐振古香林"。据古林寺《同戒录》记载："东山高祖，道契真如，理含至化。空世谛缘，了无生话。"能高住持古林寺6年，退居后，授衣钵予其弟子辅仁，1900年8月19日圆寂。②见《新续高僧传四集》三八。

---

① （民国十年）东台县修志局分纂袁承业等未完成之《东台县志稿》残稿《建置志·祠庙》。
② 周建生：《东台佛缘》，南京：河海大学出版社，2012年，第71页。

胜操、济航（师徒）

胜操（？－？），近代僧，在兴化白驹住持北宝寺，济航为其法徒。北宝寺，在白驹。民国五年，住持胜操重修殿宇，大建道场。法徒济航参书画禅，徒孙善之，克荷成业。[①]

霭晴

霭晴，生年不详，近代僧，清末民初东台福慧庵僧。民国初年霭晴先后收苇乘和苇宗兄弟为徒，另与广岫等倡办三昧寺启慧学院。

定普

定普（？－？），近代僧，民国年间复修东台大圣寺，该大圣寺即前述南唐时了檀募建之大圣寺。东台袁志残稿云："大圣寺数十楹，民国邑人张姓等募修，僧定普复建修，未竣。"[②]

云莲

云莲（？－？），近代僧，盐城人，1923年在时盐城县沙沟市（今泰州市兴化市沙沟镇）创办佛教小学，招生徒共三十名，一切用项，皆系莲法师一人担负。后该佛教小学为融高等改为沙沟僧学院。民国佛教期刊《心灯》刊文记云莲创办佛教小学事：

……幸本邑治西沙沟市有云莲法师，虔志内典，心怀众生，睹斯景况，忧从中来。遂于民国十二年春季，即在本市创办佛教小学，生徒共招三十名，分正副两班。迄今三载，成绩昭然。今岁上学期，正班生徒，均依学制毕业。现有升送金陵法相大学者，亦有求学至厦门佛学院者。其次或往名山参学，或至诸方听教，各抱所展，均有依归。其未能毕业者，仍留该校补习，以期卒业。今复于本年下学期，续招新生十二名，更名僧学院，是莲之热忱。于此可见，现已于夏日八月朔日开学，莘莘学子，井井有条，佛法重光，弗难立睹。但该校由开创至今，一切用向，所费甚巨，皆系莲法师一人担负。劳心劳力，无我无人，洵为盐邑僧界之佼佼，几令

---

① （民国）李恭简修《兴化县续志》卷一《舆地志·祠庙》，兴化市图书馆本。
② （民国十年）东台县修志局分纂袁承业等未完成之《东台县志稿》残稿《建置志·祠庙》。

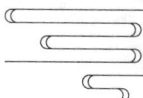

人望尘而恐不及……①

陈继

陈继（？－？），近代僧，生平不详，民国初，僧陈继云游名山大寺，多方劝募，于民国十五年（1926）复修大云寺。

嘉惠

嘉惠（？－？），近代僧，生年不详，民国十七年（1928年），募资重修阜宁青沟宝云禅院。民国《阜宁县新志》记"宝云禅院"云："宝云禅院在青沟镇，古名玄君殿，创于唐代，清顺治四年、嘉庆十六年、同治三年，叠经修葺，民国十七年，住僧嘉惠募资重修。"②

习纯

习纯（？－？），近代僧，民国时期为阜宁吉祥庵住持。民国《阜宁县新志》记"吉祥庵"云："吉祥庵在刘家锅，久失修葺，住持僧习纯以庵产被人侵占，呈准捐充射阳中学校为永久基金。"③

庆慧

庆慧（1846－1930），近代僧，字智筏，俗姓胡，江苏盐城西兴乡人。"向以躬耕为业。年逾三十，以近外道，误习旁门。四十绝荤茹素，乡人以斋公呼之。……遂皈依三宝，得入佛门，从此精进，研诵内典，执持名号，以宿根深厚，一开净土，虔信不疑，又开莲社于里间，提倡佛化，启诱群迷，善男信女，蒙其泽者，不可计数。七十一岁，现比丘相于安徽怀远之兜率庵，受剃度于月槎老宿座下。民十九冬期，受具足戒于宁波天童寺。岁己卯，慕灵岩道风，穿云莅止，人以其年老，恐随众为艰，拟通融其课业以示优从，乃老人不甘人后，坚随班，除日常功课不让他人外，且深知来日无

---

① 《江苏盐城县沙沟市佛教小学更名僧学院之宣言》，《心灯》1926年第17期。参见黄夏年：《民国佛教期刊文献集成补编》（16卷），北京：中国书店出版社，2008年，第54页。

② 吴宝瑜修、庞友兰纂：（民国）《阜宁县新志》卷十六《宗教志·佛教》，《中国方志丛书·华中地方》第一六六号，台北：成文出版社，1975年，第1012页。

③ 吴宝瑜修、庞友兰纂：（民国）《阜宁县新志》卷十六《宗教志·佛教》，《中国方志丛书·华中地方》一六六号，台北：成文出版社，1975年，第1012页。

多，子夜兴起，勤修静业，青年志士，瞠夫后矣，每日私课，诵金刚般若三卷，楞严咒三遍，普门品一卷，弥陀圣号万声，而后再五月二十一日，觉色身有异，自知将往生，求入寮，即于是夜十一时半，安详西逝于助念声众中，右手结印，左手长伸，如接引弥陀，口尚作念佛状也。二十七日茶毗，二十九日捡骨，得舍利数十，皆精美莹洁，色呈黄白绿蓝，花珠异状，见者称之。……八四老人，偿斯愿矣。……"①

了空

了空（？-？）近代僧，生平不详，了空为一苦行僧，据云游至今阜宁县公兴社区桥东村境内的射阳河畔的兴隆寺旧址，在原址复建兴隆寺，弘扬净土法门。了空法师圆寂后，庙宇延至"文革"被毁。②

清埃

清埃（？-？）近代僧，生年不详，东台古观音堂僧，本慈出家师。

慈云

慈云（？-？），近代僧，江苏东台人，俗姓陆，为妙生法师父亲，早年务农兼经商，晚年看破红尘，离俗出家，法名慈云。

辅仁

辅仁（1862-1929），近代僧，东台人，俗姓陈，字辅仁，名仁友。辅仁幼年于东台县溱潼镇（今泰州市姜堰区溱潼镇）北禅院依净堂老和尚出家，光绪初受戒于宝华山隆昌寺，圆戒后留山学戒十载后升至开堂，后赴南京古林寺参学，师承能高，为其入室弟子。能高圆寂后任古林寺方丈，为古林派第十七代祖。辅仁竭心尽力，购材兴工，至光绪二十六年（1900），共造房屋50余间，连同前代所建，合计有殿寮百余间。经过辅仁法师的竭力建设，古林寺与毗卢寺、香林寺并称"南京三大寺"，于光绪二十八年（1902）冬恢复传戒，恪承祖规，并邀请名僧来寺中宣讲《首楞严经》，前

---

① 无尽：《灵岩山智筱比丘往生传》，《弘化月刊》，1942年第15期。参见黄夏年：《民国佛教期刊文献集成补编》（69卷），北京：中国书店出版社，2008年，第25页。
② 阜宁县佛教协会编《阜宁佛教》（未刊内部资料）第6页。

来听经者数百人，律东古刹重放光彩。正如古林寺《同戒录》所说，辅仁"雄才荷道，龙宇重新，毘尼扬闸，奉龙藏经，凤山烁彩，增辉祖庭"。民国十八年（1929）四月初六日，辅仁圆寂于古林寺，世寿67岁，主持法席18年，传戒50多期，为南山正宗第二十九世，古林堂上第十七代，建塔南京玉环山。著有《古林中兴律祖事迹考》《律门祖庭汇志》各一卷。[①]

寂然

寂然（？－1939）近代僧，东台栟茶（今属南通市如东县栟茶镇）人，俗姓严。1909年寂然于句容宝华山受具足戒，禅定于镇江金山江天禅寺，1921年至栖霞寺，侍应剃度师振禅和尚，振禅圆寂后，继侍宗仰和尚。因他孝诚见上、人道气朴，被若舜老和尚坚留摄山协理栖霞寺事务。

1928年他担任栖霞寺监院，主持寺内外一切事务。时栖霞寺仅老屋八椽，若舜终年募化四方，寂然在山尽心竭力修建殿堂，综理寺务，数年间各处殿堂房舍相继落成，殿宇巍峨，为金陵丛林首选，每春传戒，并与大本、觉民等法师创办栖霞寺律学院，培养僧才。寂然住持栖霞寺期间，严于律己，讲求操守，在僧众中很有威信。

1937年冬，日军攻入南京主城区，开始了惨无人道的南京大屠杀，为了避难，大量难民纷纷四散奔逃，其中很多人就逃往了栖霞寺，面对涌向寺庙的难民，寂然立即打开了寺门，在寺内设立佛教难民收容所，助老弱妇孺难民。历时4月有余，先后收留安置难民24000多人，掩护以廖耀湘为首的抗战军人200余人，时间长达四个多月，耗米麦杂粮百万斤之多，寂然"为了救济更多的难民，号召僧人一日两餐……救难民生命为第一修行大要"。赤裸身体的寂然被日寇在寒冬以冷水从头到脚浇冻，毫不屈服，他还毅然拿起手中的笔，记录下日军在栖霞寺内犯下的滔天罪行，他将这份有万余难民签名的"万民书"，由国际和平人士京特翻译、丹麦工程师辛德贝格转交时任南京安全区国际委员会主席的拉贝先生的手中，这封《以人类的名义，致所有与此有关的人》的信件，成为揭露日军在南京所犯罪行的铁证，收入《拉贝日记》。1939年10月12日，寂然因劳碌过度而圆寂。他的门人大本、觉民、志开等仰戴其功德，将其生平刻成石碑以纪念。

①周建生：《东台佛缘》，南京：河海大学出版社，2012年，第73页。

寂然一生不求名位，立德立功，令人崇敬。香港出版的《栖霞山志》中记载了当时的情景，后传真法师编写剧本并拍摄寂然在民族危亡时刻，挺身而出爱国爱教爱民，昭示世人不忘历史，呼唤人类和平。《栖霞寺1937》电影于2005年9月在全国上映，寂然被世人尊称为南京"辛德勒"。[1]

寂然撰有《论信佛应有的几个条件》等文，栖霞寺现有寂然上人碑。[2]

西莲

西莲（1909[3]—1934），近代僧，江苏盐城人，俗姓许，6岁时至时堡[4]保安寺出家，保安寺僧发波于其病逝两年后作《西莲行略》记之。由该行略可知其时西莲剃度师为保安寺康公老和尚，入寺后其师为全胜，其间曾随盐城吉家庄沈养廉居士学佛，后入融高所办之沙沟僧学院，再入南京支那内学院法相大学，1927年，蒙仁山法师携回入高邮天台学院，补习经典，是年冬受戒于华山。1929年赴闽南佛学院学习并成为该院教授。1931年回保安寺。1932年赴安徽泗县释迦寺，辅佐住持学友端齐。1934年其保安寺师弟西明送至怀远就医不治。发波撰《西莲行略》。[5]

广田

广田（？—？），近代僧，醋神殿[6]住持，后醋神殿毁于1942年日寇侵华炮火。[7]

---

[1] 周建生：《东台佛缘》，南京：河海大学出版社，2012年，第86页。

[2] "寂然上人碑"系民国二十九年（1940）由镇江金山江天禅寺住持仁山长老撰文，时任汪伪政府"外交部长"褚民谊题写，现藏栖霞寺藏经楼院内，碑末所缺文字为"文革"中凿去汉奸褚民谊名字。另需说明的是，"寂然"条中有关"寂然上人碑"参考了如东县栟茶镇地方文史研究者沈小洪先生微信公众号"栟茶角斜古代文史整理"专文《【碑铭全文注释】栟茶人寂然：1937年感动中国的高僧，南京大屠杀中拯救了23000多名难民》（2017年11月17日），其注解删去，特此致谢。

[3] 西莲生年无确载，然发波悼念其之《西莲行略》中云其在沙沟僧学院毕业时年十七，1926年沙沟佛教小学始改沙沟僧学院，且后曰"民十七年"蒙仁山法师携回高邮天台学院，故推断西莲应为1909年出生。

[4] 时堡原为古镇，民国时初属盐城县沙沟镇，后改属高邮，现为兴化市沙沟镇时堡村，西莲出家之保安禅寺抗战时被毁，恢复宗教政策后由来舟重建保安寺。

[5] 发波：《西莲行略》，《人海灯》，1936年第三卷第二期。黄夏年：《民国佛教期刊文献集成补编》（49卷），北京：中国书店出版社，2008年，第423页。

[6] 醋神殿一说为建湖建阳南林寺殿，一说为建阳西方庵，此处应为清末静波住持之醋神殿，俗称西方庵，参见前"静波"条。

[7] 建湖县佛教协会编《建湖佛教》（未刊内部资料）2015年，第115页。

广修

广修（？-？），近代僧，建湖彤华宫住持，彤华宫俗称"北庵"，又名"火星庵"，抗战时毁于日寇炮火。[①]

法远

法远（？-1943），响水三元宫僧，俗姓唐。1943年，寺庙被拆，法远和村民周文元等号召民众抗击敌伪，为国捐躯。

苇宗

苇宗（1906-1943），近代僧，江苏东台人，俗姓吴，名荣昌，字印沧。苇宗在五、六岁时就常到福慧庵陪同他哥哥苇乘读书，深得霭晴老和尚的喜爱，于是皈依佛门，依东台茅山方丈密海和尚和句容宝华山隆昌律寺方丈密澄和尚剃度出家。1924年，18岁的苇宗赴南京宝华山隆昌律寺受具足戒，戒期圆满，留在山上结夏安居，学习律仪。1925年，苇宗入南京"支那内学院"的法相大学特科，在院时成绩优异，名列前茅，曾与吕澂共编《观所缘释论会译》《因明正理门论本证文》等。从内学院毕业后，苇宗于1931年到北京，先后就读于"柏林教理院""三时学会"专修法相唯识之学与英文。后来苇宗受煜华和尚之托，送患阑尾炎的雪烦回江苏泰县光孝寺治病。这时光孝寺住持是前柏林教理院院长常惺法师，以此因缘，他也留在光孝寺一段时间，之后苇宗回到宝华山，依剃度师密澄和尚。1933年春季光孝寺传戒，他受常惺法师之召，到光孝寺协助事务。戒期过后，苇宗与南亭、雪烦二师，同受常惺法师传法授记，成为常师法子。之后苇宗又随常惺法师到厦门，再入闽南佛学院受学。1936年，常师因病辞闽院院长职，到上海疗养，苇宗也离开闽南佛学院，回到光孝寺出任监院，协助南亭法师管理寺务。任事期间，朝夕辛勤，精励策众。1942年，南亭法师退居，由苇师继任光孝寺住持兼光孝佛学院院长。苇宗和尚任光孝寺住持期间，日夜操劳，事无巨细，都亲自过问。苇宗天分极高，而身体素弱。1942年初春晋位，翌年六月病逝。

---

①建湖县佛教协会编《建湖佛教》（未刊内部资料）2015年，第116页。

竹禅、心田

竹禅（？–？）、心田（？–？），近代僧，大冈镇岐山福慧庵僧。岐山乡①（今盐城市盐都区大冈镇岐山村）福慧庵和尚心田，热心抗日救国工作，义务担任乡公所文书，积极支持青年参军拥军，为了激励有志青年参加抗战，同大师竹禅商议后，"愿将稻麦田二十亩捐出，解决参军人家庭经济困难，征求四名（每人五亩）民族英雄县队或主力，从军抗日保乡保家光荣工作。"时任盐城县骆县长为其颁发奖状一张。②

任静、任修

任静、任修（？–？），近代僧，曾住持张仙祠，清雍正八年（1730），邑监生杨景奎重建张仙祠，正殿供奉道教张仙塑像。抗战初，祠已废，住持为任静、任修。刘少奇、陈毅、黄克诚、张爱萍曾在此召开过会议，并多次留宿张仙祠。③

本慈

本慈（？–？），近代僧，江苏东台人，号妙空。本慈于东台观音堂出家，师从清埃法师。古观音堂在东台县城西门外金水坊，始建无考，乾隆三十八年（1773）僧云浦重建。民国八年（1919）春，又受戒于南京古林寺辅仁老和尚座下，继而住持南京白衣庵，严持戒律，静修莲宗。民国中期，本慈嗣法于隐峰老和尚，后至妙悟律院为住持。1939年至1945年间，本慈历任"南京特别市佛教会"理、监事，抗战胜利后，妙空之法子福根继住妙悟律院。

宏渡

宏渡（？–？），近代僧，1918年，宏渡在小阜庄建观音寺，小阜庄在

①1942年，中共盐城县二区委员会在福慧庵"转祭"1941年牺牲的朱岐山烈士，区委书记胡特庸宣布将茆村（茆家庄）附近十多个村划出，新建岐山乡以纪念烈士。岐山乡现为盐都区大冈镇岐山村。

②《和尚爱国不后人：心田捐稻麦田廿亩，征求参军英雄四名》，《盐阜报》，1943年8月5日第三版。

③建湖县佛教协会编《建湖佛教》（未刊内部资料）2015年，第116页。

民国时候为小阜庄镇。宏渡曾任盐城佛教会监察委员，与普同、融高等议定源涛接替香谷任永宁寺住持。1940年10月，八路军、新四军在盐城会师后，建立了民主政权，小阜庄属于盐城县五区。1941年9月，建阳县建立后，小阜庄属于建阳县五区，今属建湖县庆丰镇。盐城民国林志云："观音寺，平阳派，观音寺在小阜庄，民国七年，僧宏渡建。"①

时觉、深成、伟度、印云、园荣、明德、定静、印禅、印云

以上为近代僧，时觉、深成、伟度、印云、园荣、明德、定静等先后为弥勒禅院住持僧。

道卓、达顺、元真、明俊、定彻

以上为近代僧，"三官殿"石碑记载，先后住持为道卓、达顺、元真、明俊、定彻等。

道善

道善为建湖高作镇马楼村十方庵最后一任住持，该庵抗战时被拆。

性海

性海（？-？），近代僧，民国时期盐城广福庵住持。广福庵明末建于大陆庄，今盐都区郭猛镇孙庄村八组。有南、北殿，东、西厢共十二间。民国十六年（1927），该庵住持僧性海募修一次，1944年由地方拆除。

西瑾

西瑾（？-？），近代僧，生卒年不详，江苏盐城人。曾肄业于南京支那内学院法相大学，后就读于闽南佛学院，对唯识学有相当研究。闽南佛学院僧智藏在其去世后发文《凄风苦雨哭三师》悼念，对其生平有简要介绍。兹录文如下：

西瑾法师，系江苏盐城人。民国十八年（1929年）下半年和我在闽院认识。在这半年中，我俩虽朝夕相见，可是没有谈过半句话；因为那时他是闽

---

①林懿均修：（民国）《续修盐城县志》卷三《宗教·佛教》，《中国地方志集成·江苏府县志辑（59）》，南京：江苏古籍出版社，1991年，第394页。

院甲班里数一数二的高材生，我是丙班里倒数第一的低能儿，那时的我什么东西也不懂，满口操着台州腔，我和他一比较大有以相形见绌，天壤之别！哪里敢和他谈话？我虽没有和他说过话，可我对于他是非常的崇拜，我知道他是出类拔萃的人才，他非常的用功，每晚总在十一点后睡觉。他曾肆业南京法相大学，他对于唯识学很有相当的研究，做的唯识笔记有十几册，他最善于绘图书表，佛学上曾发表不易记忆大热问题，经过他的表图一书，使人见之一目了然。他文章写得很好，已经发表的有三篇；焦山僧伽之生活，辨别赖耶由定通力所受之身器，虽陀论师之末那学。他不仅好学，而且对于公共的事情也很热心，他曾当过甲班的班长，同学会的总务，他行为是温文尔雅，他干事肯负责，稳固安当，毫没会暴躁轻率的举动，闽院师生认为是模范的学僧。

慈本

慈本（1856-1915），俗姓施，法名印观，江苏东台人。父母早殁，七岁投本县药师庵，依济兰和尚出家。光绪元年（1875），受具于泰兴庆云寺。次年往金山参学，光绪十七年（1891）密源和尚授以心印。1912年任金山寺首座，助印修方丈弘扬教化。寺中自密法老和尚推广净七为七七，终以财用不足，仍净二七。他与印修等又筹募增二七。1915年春，继印修和尚主席金山，是年八月二十九日圆寂，世寿六十四岁。塔建五峰山，邑人缪潜铭塔。

印光

印光（1861-1940），法名圣量，字印光，别号常惭愧僧，又因仰慕慧远大师，故又号继庐行者。俗姓赵，名丹桂，字绍伊，号子任，陕西邰阳（今陕西合阳县）人。他是中国近代佛教史上影响最深远的人物之一，尤其对于净土宗的发展做出了巨大贡献，后世尊为莲宗第十三祖。与高僧虚云、太虚、弘一等合称为"民国四大高僧"。其《印光法师文钞》被誉为"小藏经"，创办佛教印经机构——弘化社，广泛结缘经书法宝。

法师幼年随兄读儒书，受其影响而辟佛。少年时因病痛得读佛经书，乃回心向佛。光绪七年（1881），礼终南山南五台莲花洞道纯和尚出家。次年，到陕西兴安县（今陕西安康市汉滨区）双溪寺印海律师座下受具足戒。此前，曾在湖北省竹溪县莲化寺晒经时，得读残本《龙舒净土文》，得知念佛法门之妙。

1917年，北京、天津大水灾，印光法师关怀灾情不仅把他仅有的银洋拾元捐了出来，而且与了清出面，在普陀山设了赈灾分会。1922年，江苏义务教育会呈请省政府下令用寺庙作校舍，法师为此奔走，护教护寺不遗余力。同年，应定海知事陶在东请，推荐智德法师去监狱讲《安士全书》，宣扬因果报应和净土教义，自己应聘为"江苏监狱感化院"名誉院长。1929年，应上海世界佛教居士林请，连日开示，听者蜂拥而至。同年，应射阳江易元、仇盖庵二位居士恭请赴射阳息心寺弘法。1930年，掩关于苏州报国寺，课余则修订四大名山山志。在苏州创办"苏州弘化社"，专印佛书赠人。1937年冬，由于战事，应妙真和尚请，移锡灵岩山寺掩关安居。1940年，法师预知时至，端坐念佛，安详生西，时年八十，僧腊六十。法师一生戒律精严，修持恳至；专弘净土，化度至广。

普峻

普峻（1861-1927），法名来欣，江苏盐城人。早年投新阳村泰山寺出家，参禅有年。后求净戒，获师长应允。光绪二十一年（1895），松泉和尚在高邮放生寺弘传戒律，聘其为主任，后又至兴化般若寺为传戒主任。时有承天寺乏人住持，遂经松泉和尚介绍，任该寺住持。寺内原有唐吴道子所绘观音像，为前住持摩云盗卖沪上，他多方设法收回此画。后闻南通张謇晚年好佛，独造观音院，广求古今一切观音像供奉，乃将此像奉上，因被聘为观音院住持。三年后告退，返承天寺专攻《华严经》。1927年圆寂。

际果

际果（？-？），近代僧，生卒年不详。字妙能，江苏东台人。继实贤住持甘露寺。募资修大雄、接引等四殿及长廊。工甫就而寂，终年五十六岁。

瑞生

瑞生（1867-1938），法名印宣，别号如如头陀、毗卢行者，江苏阜宁人。早年参学南京古林寺。继往毗卢寺受芳田禅师记莂，任监院。1918年，主席毗卢寺，次年传戒。又在镇江会音律寺受法，主持佛七，登坛说戒。1929年，在宁波观宗寺谛闲老法师处承接天台宗法脉。他一生道学齐重，宏律、修净、习禅、讲学。1938年圆寂。有语录《顽石点头》行世。

运莲

运莲（？-？），近代僧，生卒年不详，江苏泰州人。在泰州护国寺出家，往焦山定慧寺受戒。又至宁波观宗寺从谛闲（1858-1932）大师习天台，又辅事仁山法师所办之天台学院。后受请为东台万缘庵、如皋菩提寺住持。

引觉

引觉（？-？），近代僧，生卒年不详，名妙欣。出家于东台安丰镇万寿庵，1936年春，在东台三昧寺受具足戒。是年秋于焦山佛学院读书，后住金山。1938-1940年间，在兴化白驹(今盐城市大丰区白驹镇)北宝寺任住持。1944年在泰州光孝寺参学。后于竹林寺震华法师座下受记，抗战后任上海玉佛寺监院，1949年任竹林寺监院。

得一

得一（？-？），近代僧，生卒年不详。俗姓张，讳界宽，字学贤，江苏东台人。童子时于本邑念佛庵，拜能持和尚剃度出家。圆具足戒后，参禅于常州天宁寺、学贤首于安徽迎江寺、习法相于闽南佛学院、究天台于宁波观宗社。1928年，应请为宜兴龙池山澄光寺方丈，当选宜兴县佛教会常务委员。

第三节 现代寺僧

应慈[①]

应慈（1873-1965），近现代僧，祖籍安徽歙县，出生于东台安丰，俗姓余，名铎，号振卿，法名应慈，又名显亲，自号华严座主，晚年号拈花老人。应慈出生于盐商之家，幼年天资聪慧，入塾攻读四书五经，曾考中秀才，后弃学从商于扬州，曾两度丧偶，因悟生死无常，萌发出家的想法。

1898年，应慈朝礼普陀山时，萌生出家念头，师从明性法师，随禅师到

---

① "应慈"条参见周建生：《东台佛缘》，南京：河海大学出版社，2012年，第76-85页。另参见朱根：《抗战时期应慈法师的佛教活动述略》，《盐城师范学院学报》，2018年第1期。

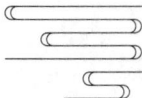

南京三圣庵，一边耕作，一边研习佛学经典等。1900年，应慈奉明性禅师之命到宁波天童寺依敬安和尚受具足戒。从此到处参学，遍访名山大川，拜谒耄耋耆宿，发心参究禅宗明心见性之学。1901年春，赴镇江金山寺从大定老和尚学禅，1902年至扬州高旻寺随月朗老和尚参佛，获益颇丰。1903年开始到常州天宁寺向冶开老和尚学习禅法，冶开老和尚见其才思敏捷，为可造之材，对他很是器重，引为入室弟子，1906年和明镜、惟宽、月霞等同受记莂，成为禅宗临济法派第四十二世。

1907年起，应慈法师随法兄月霞办学。从1908年在安徽成立僧教育会，开始讲经弘法，培养僧才。1912年9月，又创办华严大学，月霞亲自讲授华严教义，应慈协理教务。1914年冬，应慈随月霞法师带领学僧60余人到杭州，在华严大学教授经论，直到学僧全部毕业，造就了一批日后中兴佛教人才，后来分灯四方，弘法传教，先后在全国办起各种各样的法界学院，推动了僧人办学在全国的发展，影响十分深远。

1917年，应慈奉冶开老和尚之命到常熟虞山兴福寺辅佐月霞筹办华严学堂，是年11月，月霞法师圆寂，应慈肩负起了兴福寺和法界学院。1919年，应慈退任监院，专心致力于规划恢复兴福寺旧貌和弘传华严的教学工作。1922年，应慈赴杭州西湖菩提寺闭关潜修，专究华严贤首宗之旨。1925年，应慈到常州开办清凉学院预科班。学院结束后，应慈法师多次往返于苏州无锡常州杭州福建等地讲经弘法。1939年，他又在上海创办华严学院，开讲80卷《华严经》。1943年，应慈法师应上海南市沉香阁慈云禅寺住持苇乘师之请，卓锡印月禅室，息影潜修，同时开讲《华严法界观门》。1949年，应慈在南京设立一所"华严速成师范学院"，开讲《华严经》全部，培育弘扬华严教理的僧才，真禅法师和明加法师等都是该院的学僧。

应慈一生弘宗演教，讲学不辍，前后50余年，讲经60余次，每次讲经时间长短不一，短则三五天，长则一两年，因此可以说他50余年弘法活动期间约有一半时间是在讲演佛经中度过的，所讲的60余次经论中，绝大多数是《华严经）或华严经疏钞，其中主要有《华严》《华严悬谈》《华严纂要》《华严经探玄记》《普贤行愿品》《三圣圆融观》《华严经贤首品》和《华严十波罗蜜义》等。1957年，他以85岁高龄，最后一次在上海玉佛寺讲《华严经》，晚年安居上海沉香阁，1954年起先后被推为上海佛教协会名誉会长、中国佛教协会名誉会长，兼中国佛学院副院长。

应慈法师的佛学思想功底深厚，他把佛教与中国国情相结合，与我国传统道德教育相结合。他倡导社会和谐，主张教派和融，教导僧众学者破除迷信，坦白光明，正心诚意做人，离念除妄，觉己觉人。他一生中"年无一日不参禅"，强调以参禅为己躬身大事，这是在振兴现代佛教的大趋势下作出的一种新的选择，给未来的禅学发展重新作了定位。应慈法师的禅教双修思想继承和发展了冶开禅师以教印心的思想，对当代中国佛教的发展有着重要的启发意义。

应慈法师一生笔耕不辍，著述主要有《心经浅说》《正法眼藏》《八识规矩颂略解》，何子培在《心经浅说》序中说道："1933年，应师提倡贤首宗，设华严大学，传弟子数十人，分化诸方；说法数十年，凡诸大乘经皆已讲演。" ①另外他在讲经弘法之余，常以刊刻经典为乐事。早年曾协助本师冶开和尚创办毗陵刻经处，后在1933年募刻了《行愿品疏》贞元文，1938年发起刊刻《增刊普贤行愿品别行本》和40卷《华严经》，1939年又刻印60卷《华严经》等，在应慈一生刻印的许多佛教经疏中，以华严类经典为最多，而工程最巨、贡献最大的是他负责编印的唐代清凉国师著的《大方广佛华经疏钞》，对中国佛教古籍整理作出了巨大贡献，又对华严教义在近代的研究和传播起到了推动作用。

应慈法师一贯热爱祖国，热爱人民，是我国当代爱国爱教的典范人物。他从不结交权贵，不贪图名闻利养，只希望国家富强，人民安康，在抗战期间，应慈在南京、上海等地弘法，日伪仰其威望，曾多次请其出面主持法会，粉饰太平，他则以民族气节为重，大义凛然，断然拒绝，并四处奔走，呼吁抗日，高风亮节为世人所赞颂。应慈法师和乐观法师先后在上海、武汉、重庆组织僧侣救护队，治病救人，宣传抗战。应慈法师在1943年出版的僧侣抗战工作史《奋迅集》再版序言中说："当八·一三抗战军兴，凡我中华志士，莫不奋臂挥戈，拱卫祖国，斯时也，我佛教明眼知识，首有僧侣救护队之组织，当国家清平之时，自应隐逸清修，一旦有事，仍当作狮子吼奋迅以赴。" ②国难当头，应慈法师秉大乘佛教积极入世的态度佛怜众生，英勇奔赴抗战救国的道路。1939年，应慈法师"因慨国土沦丧，乃登高一呼，终故乡组织僧侣抗战救国会，僧伽闻风响应，共伸民族救亡大义，声势甚盛" ③。

---

①应慈：《般若波罗密多心经浅说》，上海：佛学书局出版社，1933年，第2页。
②乐观法师：《僧侣抗战工作史——奋迅集》，上海：护国禅院出版社，1946年，第17页。
③沈去疾：《应慈法师年谱》，上海：华东师范大学出版社，1990年，第34页。

在新中国成立前夕，当时佛教界有些僧侣、朋友，纷纷前来劝说大师离开大陆，有的甚至在海外为他安排了条件优越的寺宇，他不为所动，后来有些人还让他的亲传弟子真禅来劝说大师一同离开，但他师徒二人相互婉言相拒，坚留大陆不走。应慈深刻领会我党的民族宗教政策，更加热爱祖国，热爱人民。在抗美援朝期间，他看到各地都在为支持抗美援朝战争作贡献时，就率先在全国倡导成立抗美援朝上海僧侣分会，无偿捐钱捐物支援志愿军，在1959年国庆十周年时，他在《现代佛学》杂志上发表《国庆十周年献词》八偈，热情洋溢，充满了爱国之心。1960年，他立下遗嘱，要求身后"不报诸山，不惊外客"。同时叮嘱"一生积蓄存储人民银行，以备修理清凉国师及杜顺法师二塔"。

1965年8月31日，应慈法师圆寂于上海慈云寺，世寿93岁。圆寂前，他仍心心念着国泰民安，在遗嘱中嘱咐门人弟子："我去世后，凡我后代及学人，在人民政府的领导下，都应认真学习、拥护政府的政策法令，为社会主义建设尽自己的最大努力，至要，至要！"[1]他的灵龛由真禅法师亲自护送至常熟虞山兴福寺入塔，其舍利塔建在兴寺前山之天宁塔院内，与师冶开、其法兄惟宽并立而建。真禅亲书对联："霞月宗风不坠佛海圆融曾讲三译华严冗称教主；永怀无私慧照幸侍师门灵山盛会依然一真法界。"后来，真禅在应慈法师圆寂三十周年纪念文章中说道："应公老法师是我的亲教师，也是我从一个佛门的小沙弥逐步成长起来的引路人。我之所以在爱国爱教的道路上，能为佛教事业贡献出一点微薄之力，可以说都是由于应公的恩赐。应慈法师在提升佛学造诣的同时，也实现了人生价值，值得世人学习。"

永住

永住（1874-1953），现代僧，东台富安人，俗姓程，弟兄四人中排行老二，老大卓如、老三玉田亦出家为僧，姐姐朱程氏生三子，次子出家后释名"拂尘"。1884年11岁的永住在东台富安八灶河延寿禅林寺出家，1886年13岁时到常州宝林禅寺求学，后离开常州，辗转在江南各大寺庙。1931年，58岁的永住从江南回到富安"延寿禅林寺"（湾子庙），曾出任东台县佛教协会负责人。1943年永住70岁寿辰，时任中国佛教协会会长太虚大师为之祝

---

①道元：《正眼法藏》，何燕生译，北京：宗教文化出版社，2003年，第2页。

辰，专门绘制永住的瓷像相赠，并在瓷像上题诗一首以颂扬。

潭月

潭月（1883-1963），现代僧，江苏东台人，名密明，字潭月。潭月禅师13岁时，于本邑西乡朱家尖大悲庵出家，20岁时于句容宝华山受具足戒，居山学戒律六载，后师从月霞显珠禅师，月霞授以记莂，嗣法为临济四十三世，磬山十四世，后任常熟虞山破山兴福寺住持，续办僧教育事业。撙节钵盂之资，兴建空心亭、日照亭、山光道，以彰唐诗人常建破山寺诗意。1928年常熟西山宝岩寺住持宽照上人一病不起，特以院事相托。潭月禅师受任之后，朝朝勤勉，终以精诚感召，十方檀越护法，共舍净资，襄助装塑佛像，兴建普光明殿、观音楼、地藏楼，使寺渐具丛林规模。潭月禅师先后住持二寺，重然诺，守信义。后又于常熟城内六弦河修葺兴福寺下院，于常熟城内创宝岩寺下院，以方便常住办事，为寺僧患病疗治，接待参访行脚。潭月禅师慈心深厚，仁义至诚，卓卓可书，后归老于常熟破山兴福寺，台湾法云寺方丈默如能识撰《潭月上人塔碑文》。

昌修

昌修（1887-1956），现代僧，江苏东台人。"昌修法师一八八七年出生于江苏东台永安，俗家姓江，自幼出家为僧，曾在镇江金山观音阁任方丈，扬州高旻寺任副师，宝应福星庵任住持。晚年在扬州大仪古镇万集三元庵当家，一生禅门经忏精湛，为人忠厚善良，德高望重，对佛教事业有一定的贡献，一九五六年农历三月廿四日在万集三元庵圆寂，终年七十岁。"[1]

太沧

太沧（1895-1968），现代僧，江苏东台（今海安李堡）人，俗姓张，字太沧，号演济，父张宝田，母周氏，家道殷实，曾就读于东台县旧制中学堂。1916年太沧于如皋菩提社依海澄和尚出家。1917年于镇江金山江天寺学习参禅并依清权和尚受具足戒，并留寺任职。历任汤乐、衣钵、知客、副寺、监院诸职。后参学至扬州天宁寺、安徽安庆迎江寺，回山后嗣法霜亭和

---

[1]昌修法师墓碑照片由编者学生王金鑫提供，2020年4月4日摄于江苏省扬州市仪征市大仪镇万集村公墓。碑文中"永安"疑为"富安"，佛历二五五五年即公元2011年，由李奇所立，图略

尚，翌年职客堂，后任禅堂，领众焚修，颇明心宗，治理寺院，成就卓越。1946年太沧继主金山法席，1948年冬新中国成立前夕，太沧法师往香港鹿野苑，1951年到台湾，先后任职于灵泉寺、台南大仙寺、台北十普寺、湾慈航寺、日月潭玄奘寺，1957年创立金山分院。1968年4月13日，太沧法师圆寂于台北善导寺，世寿75岁，僧腊54载，戒蜡51夏，奉塔于北投法雨寺，金山寺为遥祭太沧和尚，于丹徒五峰山建立纪念塔，参见《盐城高僧》。后列太成法师为其胞弟。

大醒①

大醒（1899②-1952），现代僧，江苏东台人，俗姓袁，字机警，别号随缘。早年创办或主编《现代僧伽》《现代佛教》《海潮音》等近代佛学期刊。抗战胜利后，任中国佛教整理委员会秘书长，协助太虚大师整理中国佛教典籍，1946年夏继太虚之后任浙江奉化雪窦寺住持，1947年太虚在上海圆寂后，参与《太虚大师全书》的编辑和太虚大师舍利塔的建立工作，1949年初去台湾，以《海潮音》杂志发行人兼主编的身份，把《海潮音》迁到台湾出版，任台北善导寺导师。

图2-6　大醒法师

大醒法师1922年毕业于东台师范学校，后来因读到憨山大师的《梦游集》，对佛教发生信仰，且有出家的念头。1924年，大醒依扬州天宁寺让之和尚剃度，法名机警，别署随缘。大醒剃度之后，到光孝寺听讲，谒见太虚大师，以此机缘，进入武昌佛学院，是第二期的学生，在佛学院期间，大醒因为努力用功而深得太虚大师的称赏。

1925年夏，大醒法师跟从太虚大师到庐山讲习，太虚大师在庐山大林寺设置"庐山学窘"，选了几个优秀学生，在窘中学习佛学及英文，为将来环游欧美布教做准备。这几个学生是会觉、满智、迦林和大醒。佛学由大师自

---

① "大醒"条参见震华法师：《中国佛教人名大辞典》，上海：上海辞书出版社，1999年，第19页。周建生：《东台佛缘》，南京：河海大学出版社，2012年，第91-97页。

② 另一说大醒生于1900年，姑录之存疑。

授，英文由燕京大学毕业的熊东明居士教授，大醒于此奠下他的外文基础。

1927年，大醒在南京金陵寺禁足。1928年3月，大醒奉太虚大师之命，和芝峰法师先后到厦门南普陀寺的闽南佛学院主持学务，大醒任南普陀寺监院。在此期间，大醒创办《现代僧伽》杂志，呼吁佛教一致团结，整顿内部，健全寺院组织，共同护持正法。

1932年底，大醒随太虚大师离开厦门，1933年，大醒到汕头小住，主办《现代佛教》周刊，继续宣传佛教改革的理念。不久，他又回到武昌佛学院，主编《海潮音》杂志，鼓吹人间佛教思想。并于1934年出了一期《海潮音》的《人间佛教专辑》，发表太虚大师等所撰写的关于人间佛教的18篇论文，在全国佛教界引起强烈反响。

1935年，大醒东渡日本，考察佛教，结识了不少日本佛教学者，回国后撰写了《日本佛教视察记》。1936年，他回到江苏，住持淮阴觉律寺，发行《觉律》月刊，继续宣传人间佛教思想。同时创办"觉律佛学院"，培育青年僧才。抗日战争中，他在苏北联络各寺院僧侣，设立"苏北七县僧众救护训练班"，由他领导主持训练战地救护人才，卫国护教，颇受地方当局重视。

抗战胜利后，太虚大师出任中国佛教整理委员会常委，大醒担任该会秘书长，协助大师整理中国佛教典籍。1946年夏，大醒出任浙江奉化雪窦寺住持。1947太虚大师在上海玉佛寺圆寂，大醒随侍在侧，为大师治丧。事后，又参与《太虚大师全书》的编辑和太虚大师舍利塔的建立工作，并二度接编《海潮音》月刊。1949年初，大醒去台湾，以《海潮音》杂志发行人身份，把《海潮音》迁到台湾出版。去台之后，大醒住于台北善导寺，出任该寺导师。并应新竹灵隐寺无上法师之邀，至台主办台湾佛教讲习会并担任导师，培育僧才。

大醒一生以提倡佛教僧伽教育和主办佛学刊物为重，其早年创办《现代僧伽》，撰文呼吁佛教革新制度，健全寺规，整肃僧寺的腐化现象。大醒提出整理僧伽应按修行、学习、力作三个指导方针解决生活问题，"这样的僧伽生活既合乎佛法，又不违事理，更不违时代"①。大醒还认为"中国佛教

---

① 大醒：《僧伽生活问题》，《现代僧伽》，第2期。参见黄夏年：《民国佛教期刊文献集成补编》（66卷），北京：中国书店出版社，2008年，第219页。

衰败根本的原因只有一个，就是没有考试制度"①。后来主编《海潮音》，大力提倡人间佛教，主张僧侣注意社会现实问题，勿纠缠于死后问题的探讨，成为太虚大师佛学思想的忠实宣传者。

大醒法师生性耿直且平易近人，不但非常照顾跟随他的弟子，并且帮助女众争取继续受教育以及再深造的机会；交游广阔，曾与监察院长居正居士、吴国桢的父亲以及内政部长王德搏交情很深。据无上法师回忆，当时蒋经国曾礼请大醒法师往观音山凌云禅寺为毛太夫人冥诞诵经。

1952年3月，大醒法师猝然中风身不遂，乃回到善导寺疗养。1952年12月13日安详示寂。世寿53岁，戒腊27年。大醒发表的佛学论文甚多，主要著作有《地藏本愿经讲要》《八指头陀评传》《日本佛教视察记》《口业集》《空过日记》等。海潮音杂志社并集其诗文数十万言，编纂成《大醒法师遗著》。

大醒重要文章有《对中国佛教会社会服务团的希望》《对于兴办公益慈善事业的意见》《今日之教育应设施佛化教育及其制度》《我们理想中的丛林》《学僧与未来佛教》《居士弘扬佛法应有的觉悟》《怎样是我们新僧运动应持之态度》等。

隆泉

隆泉（1902-1973），现代僧，江苏东台人，俗姓王，名持宇，字隆泉。隆泉幼学私塾，父母早逝，寄居叔父，1915年隆泉在东台义阡寺依空月老人出家，23岁时隆泉于句容宝华山受戒，并留山学戒四年后助教。27岁赴上海清凉下院，侍随应慈法师20余年，往返于上海、无锡、苏州、宁波、福州等地讲经弘法，主七传戒，隆泉法师都随侍在应慈身边，或者是奉命代讲，或者是担任执事，是应慈法师身边得力的助手。

1930年，应慈老和尚第5次朝礼五台山，在广济茅蓬讲《梵网经》，隆泉陪侍。1933年，虚云老和尚住持福建鼓山涌泉寺，同年春天传戒，请应慈老和尚任羯磨阿　黎，隆泉随侍到了鼓山，初谒虚云老和尚，也种下了20年后，他应虚老之阁，借机到香港的缘因。1937年4月，应老又应五台山广济

---

① 大醒：《中国佛教需要考试制度》，《现代佛教》周刊，第6卷第6期。参见黄夏年：《民国佛教期刊文献集成补编》（69卷），北京：中国书店出版社，2008年，第34页。

茅篷广慧和尚之请，上山讲《八十华严》，约定3年讲完，后只讲了一卷，7月发生"卢沟桥事变"，应老留下弟子圆照、普照二师代讲未完部分，带着隆泉回上海。翌年，广济茅篷来信说，因日军进入五台山，圆照、普照二师离寺不知去向，请另派人去代讲。1939年，隆师奉应老之命，到五台山广济茅篷，代应老讲未完的《华严经》。

讲经完毕，隆泉仍回上海辅佐应慈老人，1950年冬季，时在云门山大觉寺的虚云老和尚，函请隆泉法师到云门的千佛大戒中担任开堂。当时各地战火弥漫，交通阻隔，隆泉法师经韶关到了香港，在香港大屿山住了几年后，于1954年去了台湾。

隆泉法师抵台之时，年已53岁，他弘法心切，风尘仆仆，四处应请讲经、主七、传戒，足迹遍及台湾各地，到处广结善缘，深受四众敬仰。数年之后，他为安僧弘法的方便，在士林买了一民房，命名为"华严讲堂"，以后惨淡经营，予以改建，命名为"华严寺"，之后定期举行法会，倡印经典流通，信徒日多，法务日隆。

1963年，隆泉法师因弘法劳累过度，引发脑中风，卧床修养数年，逐渐恢复。1967年，他又因讲经、主七等法务过度劳累再度中风，这一次比第一次严重，虽屡经就医治疗，而终难恢复，至1971年以后，体力日衰，乃至1973年2月第三度中风，不幸于27日（夏历癸丑岁正月二十五日）辞世，世寿72岁，僧腊56，戒腊50年。隆泉法师所创建的华严寺，后来因士林拓宽道路而被拆除，他的弟子戒修法师在台北县新店市里仁路后面山上再予重建。[①]

苇乘

苇乘（1903-1960），现代僧，江苏东台人，俗姓吴，名荣庆，字印江。苇乘和苇宗是一对出身于东台仕宦之家的同胞兄弟，苇乘八岁即入东台福慧庵，做一个未剃发的小沙弥。他自幼天赋过人，记忆超群，在师祖霭晴老和尚的薰陶下，苇乘对古文、诗词、书法等均有所长进，后苇乘依东台茅山方丈密海和尚和句容宝华山隆昌律寺方丈密澄和尚剃度。1918年又赴南京宝华山隆昌律寺受具足戒，戒期毕，留山结夏安居，学习律仪。后随常惺法师至安徽安庆迎江寺佛教学院，专攻佛学。毕业后，又于1925年入南京支那

[①] "隆泉"条主要参考周建生编著《东台佛缘》第105-108页隆泉相关内容。

内学院法相大学，亲近欧阳竟无大师，研习法相唯识和因明，造诣颇深。1935年，经常惺法师推荐，苇乘至常熟虞山兴福寺任法界学院院长，并受持松和尚记莂。1939年，继任常熟兴福寺住持，在寺内兴建华严大学讲堂，拟办华严大学，迎请华严座主应慈老法师宣讲《华严》。1942年，在上海南市青莲庵止方和尚的推荐下，出任上海南市沉香阁（慈云寺）住持，在任期间，苇乘迎请应慈老卓赐沉香阁，开讲华严初祖杜顺（557-640）所著的《华界观门》等，学习的人都闻风赴听，从此，沉香阁便成为华严宗的道场。1953年，苇乘应雪烦和尚之邀，至上海静安古寺任都监和尚，协助方丈持松法师管理寺院。1960年闰六月十三日寅时，苇乘圆寂于上海南市沉香阁。1993年9月，在苇乘法师逝世33周年之际，其灵骨归葬常熟虞山，兴建灵塔于兴福云栖塔院，并刻石立碑。上海玉佛寺方丈真禅法师特将其生平事迹，辑成小传，以作永久的纪念。

通如

通如（1903-1984），现代僧，江苏东台人，俗姓杨。由于家境贫困，通如幼年在东台富安净土庵依锡山和尚出家。1925年于句容宝华山隆昌寺受具足戒。戒满后留寺修学律宗仪轨、梵呗唱诵，1937年受记莂于高邮县永清寺运莲禅师，为天台宗名师运莲嗣法门，后又受记于苏州祇园庵，历任东台富安王桑庙、苏州祇园庵、苏州狮林寺住持。1959年至寒山寺任职。"文革"期间通如被下放东台劳动，但依然初心不改，1981年初又请回寒山寺任住持。通如法师擅长书法，技艺精湛，寒山寺钟房的匾额即其所题。1984年4月25日，通如师于寒山寺圆寂，世寿81岁。由圆瑛法师的法子与明法同辈的雪相法师主法，于灵岩山荼毗。[1]

太成

太成（1905-1964），现代僧，江苏东台（现海安市李堡镇）人，太沧法师之胞弟。太成法师于南京江宁县城隍庙依觉省法师出家，嗣法于心航密慈禅师，1924年于镇江金山江天禅寺融通禅师坐下受戒。太成法师精于医术，熟悉易经。历任溧阳报恩寺、常州清凉寺、常州天宁寺住持。

---

[1] "通如"条主要参考周建生编著《东台佛缘》第112页通如相关内容。

默如

默如（1905-1991），现代僧，江苏东台（今如东栟茶）人，俗姓吴，名印识，字默如，法名能识。家族世代读书兼业商，默如从小聪慧过人，四五岁即随父亲学儒，七八岁可对五言诗，后父亲去世，默如决意舍俗投僧。1914年，默如于东台如来庵出家，师从蕴古老人，1925年于句容宝华山隆昌寺受具足戒。历参扬州、镇江、上海、杭州诸大名寺后，返东台如来庵常住。22岁入常熟兴福寺法界学院。23岁入杭州师范学院半载，便入闽南佛学院肄业二年，后于闽南佛学院助教三载，至浙江奉化雪窦寺阅藏经，后于金陵佛学院及镇江竹林佛学院讲学。1937年，于常州天宁佛学院任教，兼知客、库司，常住十载，受证莲、钦峰和尚教诲甚多。1946年，于常熟兴福寺潭月密明禅师授记莂，为临济四十四世。抗战胜利后，续常熟宝岩寺法席，住持三载，即谢院事。1949年春赴台湾追随慈航法师在隆灵泉寺、新竹灵隐寺讲学。1952年，默如任基隆佛教讲堂导师。此后任台湾"中国佛教会"弘法委员、《中国佛教》编撰委员。1960年，应马来西亚佛教总会邀请，默如在中国香港、新加坡、马来西亚等地讲经演说。同年当选为台湾"中国佛教会"理事，此后去屏东、高雄、台中等地讲经弘法。1968年，与戒德法师设计改建法云精舍，更名为法云寺。1977年，协助创建高雄复古寺。1981年后，息影法云寺，礼佛读经，不预外务。1991年6月21日，默如圆寂于台北，世寿86载，僧腊76载，戒腊66夏，灵骨建塔安葬于常熟兴福寺。

默如一生从事佛学研究和讲经教学、造寺弘法，著述甚多，主讲经文有《金刚经辑要》《华严普贤行愿品论》《地藏本愿经》《占察善恶业报经论》《大乘三系通论》等，其主要著述有《为修净土者进一言》《净土探究》《兜率净土及其修习》《礼弥勒文》《上生、下生、弥勒佛赞》等均汇入《默如丛书》经、律、论、著五册，亦撰写了《佛说弥勒大成佛经疏》。另有《默如长老自叙传》及《默如长老自叙年表》留存，《自叙传》中他强调"余生平为人，务在自勉""本人读书，只求粗知其义，心得领受法喜而已"。[1]另撰《僧伽在国难中应尽的义务》一文。

---

[1]陈慧剑：《当代佛门人物》，台北：东大图书公司，1984年，第191-198页。

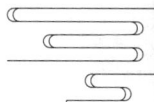

幻人

幻人（1907-1978），现代僧，江苏盐城人。年少出家，常年在外弘法、传戒，是茗山长老日记受戒篇中提到诸位堂师中的一位。曾任盐城市亭湖区观音庵住持（此庵位于盐城新西门桥北，现已无），接引庵住持常修为其妹。

心岩

心岩，参见"第一章 主要寺庙寺僧 第五节 东台富安大圣寺""心岩"条。

苇舫

苇舫（1909-1969），现代僧，江苏东台人，俗姓朱，名昌荣，法号乘愿。苇舫1909年出生于江苏东台，由于家世奉佛，13岁苇舫即在东台福慧寺出家，法号乘愿，18岁于南京宝华山受具足戒，后至高邮放生寺参学，又去常熟兴福寺佛学院深造，肄业后转学北京柏林佛学院、武昌学院。苇舫曾随侍太虚大师数年，为其升座讲经记录，因聪慧而深得厚爱，被委派到各地主持佛教工作，先后就任于武昌佛学院、汉藏教理院、世界佛学苑图书馆、庐山大金寺、上海玉佛寺，久经历练，终成一代佛学高僧。

作为民国时期的著名高僧，苇舫在佛学研究方面造诣颇深，在俱舍论、戒律等方面都有很高的建树。更难能可贵的是他不仅精通传统佛教经典，考证义理，而且还能够顺应时代，积极响应太虚大师的"人间佛教"的倡议，积极思考佛教改革，他发表过《建设中国佛教的重心》《佛教改革失败了吗》《今后的中国佛教》等多篇文章，提出了自己佛教改革的具体主张，为佛教研究的深入以及传统佛教的与时俱进做出了自己的贡献。

"九一八事变"后，民族危机空前深化，抗日救国成为了全社会的共识，佛教界亦是如此，在菩萨救世的精神推动下，涌现出了一大批爱国的佛教人士，苇舫就是其中具有代表性的一员。抗战期间，苇舫法师负责编辑出版《海潮音》《净土寺月刊》，发表了《佛教的反侵略》《敌人对我佛教的暴行》等文章，揭露日军罪行、宣传抗战政策，号召广大僧众抗日救亡，1940年他还参加佛教访问团远赴印度、缅甸等国，积极宣传抗战政策，争取国际同情，同时苇舫在疏散难民等方面也做出了很大的贡献。

苇舫一生致力于弘扬佛法，普度众生，并到各地讲经论道，他坚信"佛法不能脱离世法"，佛法只有与社会结合在一起，才能长盛不衰。因此在抗战最艰难的1938年，苇舫在武汉召开了法会，主讲《仁王护国经》，他以佛法理论，唤起大众抗战必胜之信念，并以此功德回向息灾。1949年解放战争时期苇舫与圆瑛、赵朴初发起了度亡利生息灾法会，为期四十九天，为那些死于内战的无辜亡灵超度。50年代初朝鲜战争爆发，苇舫积极参与了祝愿世界和平法会活动，1952起他先后赶赴杭州、上海、苏州等地讲经论道，弘扬佛法，并做关于世界和平的报告，呼吁广大佛教徒在爱国爱教的基础上团结起来，为反对侵略战争，实现世界和平而努力。

综观苇舫的一生，"爱国爱教"是他矢志不渝的思想基础，无论从苇舫对抗战救亡做出的贡献，还是为我国佛教事业的发展作出的一系列努力，苇舫都是一位值得尊敬的人。

窥谛

窥谛（1911-? ），现代僧，江苏盐城人，别号德昌，剃度寺院：西方庵①，曾在镇江竹林寺读书一年，1930年7月入安徽九华山佛学院，1932-1933年窥谛于厦门南普陀寺闽南佛学院任学监，并与芝峰、寄尘办《人海灯》杂志。1933-1934年于潮州开元寺开元佛学院教授佛学，1940-1944年，受厚宽之托任镇江竹林寺方丈、竹林佛学院院长。其法徒有淦泉、真禅、悉明、引觉、欣一等。撰有《佛教中的唯心论》《我对于佛教将来的希望》《今后僧伽应踏之路》《我们应有的认识》《我们为甚么要纪念释迦牟尼佛》等文章。

宽航

宽航（1914-? ），现代僧，江苏东台人，别号普济，剃度出家于东台极乐庵，曾在镇江竹林寺读书一年，1930年7月与窥谛同入安徽九华山佛学院。《江南九华佛学院院刊》1931年之《各地佛教状况：江苏东台佛教之状

---

①宽航：《各地佛教状况：江苏东台佛教之状况》，《江南九华佛学院院刊》，1931年。据该文介绍，窥谛1930年入闽南佛学院，1931年时年23，故其应生于1908年。 盐城境内"西方庵"甚多，旧盐城县、东台县及阜宁县均有"西方庵"若干，窥谛剃度之"西方庵"疑为今建湖县建阳镇之南林寺，因该寺俗称"西方庵"，当时尚未有"建湖"县名，地属盐城县，参见《寺庙卷》盐城现有寺庙"南林寺"条。

况》为其所撰。

槐峻

槐峻（？-？），现代僧，事无考，1936年为东台县佛教会负责人之一。①

本悟、法蔚、宗禅②

本悟（1913-），现代僧，江苏东台人，别号慈慧，常州天宁佛学社肄业，1935年岭东佛学院第二学期新生。

法蔚（1914-），现代僧，江苏东台人，别号隆祥，镇江竹林佛学院肄业，1935年岭东佛学院第二学期新生。

宗禅（1914-），现代僧，江苏东台人，别号一澄，镇江竹林佛学院肄业，1935年岭东佛学院第二学期新生。

明鉴

明鉴（？-1981），现代僧，弘一大师弟子，射阳菩提莲社创办僧。20世纪30年代，明鉴来射阳弘法，后得苏州灵岩山寺妙真援助，于1935年在射阳县千秋镇奠建菩提莲社，四十年代毁于战火。1981年，明鉴圆寂前还嘱再建道场。于是众僧广集资金，从1982年起在千秋镇滨东村陆续建起三圣殿，寮房20多间及围墙山门等。因陈李线公路建设的需要，于1995年秋迁到千秋大桥北首射阳河畔。

融宗

融宗（1911—2000），现代僧，江苏东台人，俗姓李，名成奎。1922年融宗于海安斗姆宫（眼光寺）依思成法师出家，1932年于镇江焦山定慧寺受具足戒，1934年参加焦山佛学研究班学习，1937年又参学于金山江天寺。曾

---

① 《本会函东台县僧槐峻为据函询各点疑义逐项解答函复由》见《中国佛教会会报》，1936年，第12期。黄夏年：《民国佛教期刊文献集成补编》（31卷），北京：中国书店出版社，2008年，第327页。

② 隆祥：《岭东佛学院本学期概况报告》，见《人海灯》，1935年，第16期。黄夏年：《民国佛教期刊文献集成补编》（49卷），北京：中国书店出版社，2008年，第155页。

任镇江金山寺副寺、圣恩寺方丈。抗战期间，融宗农禅并重，复兴古寺，还积极保护文物，并对抗日部队提供粮食和掩护。抗战胜利后，融宗在各方檀越的支持下，全力恢复圣恩寺院的原来规模，重振昔日殿宇轩昂，此后的圣恩寺，曾经一度晨钟暮鼓，香火不断。自1953年起，融宗承担光福司徒庙的文物管理工作，1981年任吴县政协常委，1987年春，经县政府和驻军部队商决定，融宗返回圣恩寺，开始了圣恩寺的修复工作。融宗为贯彻落实党的宗教政策，团结广大佛教信徒恢复佛教生活，修复寺院庙场而作出努力，被誉为"宗教界的一面旗帜"。2000年2月20日，融宗法师圆寂于圣恩寺，世寿90岁，僧腊78载，戒腊68夏。

妙生

妙生（1911–2006），现代僧，江苏东台（今南通海安）人，俗姓陆，名文第，字昌延。妙生少年丧母，家境贫寒，父亲晚年离俗出家。妙生14岁于东台西鲍庄地藏庵出家，师从依俊德老和尚，研读佛经、学习经忏六年，20岁至句容宝华山隆昌寺受具足戒，后赴镇江焦山定慧寺参学，翌年依泰州光孝寺常惺法师为侍者。1932年，妙生前往常熟兴福寺法界学院深造。1934年参与传戒为引礼。学院停办后，恩师召回祖庭付与衣钵。抗战时期，妙生南下避难于上海清凉寺，后前往苏州北塔报恩寺传戒，戒期圆满随僧昙法师住承天寺任知客。翌年，如定老和尚介绍至常熟北门法华寺任监院、方丈，后应常熟慧日寺浩然法师之邀，妙生辞去方丈，退居于慧日寺。1949年，妙生赴兴福寺协同管理，为古刹重光亲赴上海求助应慈法师和持松法师解暂时之困。此后，农禅并重，自力更生。1966年，"文革"期间妙生被迫离寺。1980年，妙生应请回兴福寺负责管理寺务。为殿宇修复、佛像重光、法器铸作等四出奔走。1985年，兴福寺隆重举行了佛像开光暨妙生法师升座，妙生继续修复扩建兴福寺。妙生为弘扬佛法坚持登坛讲经，为续佛慧命送弟子学院深造，为扶贫济困慷慨解囊，为佛法交流受邀外访。妙生兼任海藏寺住持，历任常熟市人大代表、常熟市政协常委、常熟市佛教协会会长、苏州市政协委员、苏州市佛教协会副会长、江苏省佛教协会常务理事、中国佛教协会理事、中国佛教协会咨议委员会委员等职。2006年12月23日，妙生法师圆寂于常熟兴福寺，世寿93岁，僧腊79载，戒腊73夏。

志开

志开（1912-1981），现代僧，江苏东台（今海安白甸）人，俗姓王，名学仁，字了然，法名月灯。志开10岁入学，接受启蒙教育，因天资聪颖而任掌学，三年私塾读完后，因家境贫寒，到姑妈家放牛谋生，虽处境维艰，仍手不释卷，熟读诗书，13岁在在宜兴白塔山大觉寺披剃出家，皈依佛门，1928年于宝华山受戒。抗战期间志开为栖霞寺监院，与寂然一起到处奔走，救死扶伤，将栖霞寺作为难民的庇护所。抗战胜利后，志开被选为栖霞寺住持，"文革"期间被下放到海安白甸，直至去世。志开曾与大本、觉民等法师创办栖霞律学院，培养出了星云大师这样的高僧大德。

性仁

性仁（1912-2008），现代僧，江苏东台人。性仁幼年由于家境贫困，出家于东台长生庵，后于句容宝华山隆昌寺受具足戒，先后到浙江、上海参学。1949年性仁渡海赴台湾，数年后，侍随本道长老行脚多处，往来于马来西亚、中国香港、中国台湾等地。于新加坡开山复建法施林并任住持，1992年1月初，性仁向真如寺捐赠3尊玉佛及经书。2008年12月25日，性仁法师圆寂，世寿96岁，戒腊75夏。

大本

大本（1914-1987），现代僧，江苏东台人，俗姓王，字月基，号大本，笔名憨僧。1922年，大本于东台庆隆庵依松彩法师出家，后于1931年在镇江焦山定慧寺受戒，先后入东台启慧佛学院、广东岭东佛学院、厦门闽南佛学院学习，并留学日本，曾与志开、觉民等创办栖霞寺律学院，在侵华日军南京大屠杀期间，他和志开协助寂然在南京栖霞寺设立难民收容所。大本法师以流利的日语舌战日军，带领弟子在南京城区静海寺一带暗取日本人粮食和药品供给难民，先后救助老弱妇孺难民二万三千余人。历任焦山定慧寺知客、湖州白雀法华寺白雀佛学院教师、南京栖霞佛学院教务主任、栖霞寺监院、香林寺住持、中国佛教会和南京市佛教分会常务理事、宗仰中学和普德中学常务理事等职。1949年，卓锡香港鹿野苑阅藏七载。1956年去台湾，任宜兰念佛堂导师、高雄佛教堂住持，1960年创建栖霞精舍，潜修至寂，有《密严经述要》《佛门佳话》《南京栖霞寺难民收容所之回忆》等作品存世。

淦泉

淦泉（1914-1992），现代僧，江苏盐城人，俗姓还，名兆仁。11岁在兴化慈云庵出家，1931年受具足戒于镇江焦山定慧寺。曾在常熟兴福寺法界学院、福建厦门闽南佛学院学习，1936年应聘至泰州光孝寺佛学院任教，其间一度去淮阴觉津寺佛学院研修。1941年任教于镇江竹林佛学院。1944年任竹林寺方丈兼竹林佛学院院长。改革开放后，曾任上海市第六届政协委员、上海市佛教协会副会长、上海佛学院副院长、玉佛寺首座、静安寺住持。淦泉爱国爱教，对佛教史学和佛教文学都有极深造诣，他一生重视佛教教育事业，为上海佛学院的恢复与建设，呕心沥血，造就了一大批僧材。为静安寺的修复与中兴做出了巨大奉献，后因长期体弱多病，医治无效，1992年12月9日示寂。

浩乘

浩乘（？-？），现代僧，江苏东台草偃（今盐城大丰区草堰镇）人，曾参学于镇江焦山佛学院，后至常州天宁佛学院任教。浩乘一生爱好写诗，自称"诗痴"，经常在佛学杂志上发表诗作，后收集成册，名《浩乘诗草》。其焦山佛学院同学茗山法师为诗集作序，称浩乘禅师"好作诗，为同侪所称赞，其后云水也，住持也，任教也，仍精进不懈，洵足钦佩！"

慈霭

慈霭（1918-1997），现代僧，江苏东台人。1926年慈霭于东台如来庵依默如法师出家，1937年于句容宝华山隆昌寺受具足戒。1946年慈霭法师任上海普济寺监院，1949年去台湾，先后移居台中宝觉寺、高雄龙泉寺。1959年与隆道法师同住翠屏岩大觉寺任副寺，1987年隆道法师圆寂后，慈霭法师升任住持。1997年7月27日，慈霭法师圆寂于大觉寺，世寿79岁，僧腊71载，戒腊60夏。

果根

果根（？-1988），现代僧，江苏东台人，俗姓潘，名远声，名印荃，字果根。1937年，果根任常州天宁寺僧值，后侍常州清凉寺心航密慈禅师，契机嗣法，为临济四十四世，磬山十五世。1946年前后，果根住上海麦特赫斯脱路（现泰兴路）465号的上海清凉禅寺，并担任中国佛教会上海市分会常务理事。1947年法兄六根印慧禅师退院，果根继席常州清凉寺法席，其后为雪烦、玉泉、太成等。

妙云

妙云（1919－2000），现代僧，江苏东台人，俗姓王，名爱民，度名果证，名大证，号妙云，又作妙筠。妙云12岁出家，19岁往句容宝华山隆昌寺，依妙柔和尚受具足戒，20岁至常州天宁寺佛学院就读，后转入厦门闽南佛学院，24岁毕业后于常州天宁寺参学，先后任维那、知客。25岁时拜谒常州清凉寺果根印茎禅师。1943年，果根印茎禅师授于记莂，嗣法为临济四十五世，磐山十六世，并命为监院，后住持常州弥陀寺。1981年，妙云重返天宁寺，任知客、监院，1988年被推为常州市佛教协会副会长，1996年任常州清凉寺修复委员会办公室副主任，全面负责凉禅寺的修复工作。妙云为人憨直，忠于职守，爱国爱教，诲人不倦，曾当选为常州市第十一、十二届人大代表，并先后赴日本等国家和中国港台地区参访，进行佛教法务交流，开展对外友好交往和联谊活动。2000年5月14日，妙云法师安详示寂，世寿82岁，后奉塔于常熟虞山。①

本振

本振（1921-2004），现代僧，盐城大丰人，俗姓徐。1945年，本振在南京古林寺出家，后至苏州灵岩山参学，新中国成立后回古林寺任监院，又赴中国佛学院就读。"文革"后住南京栖霞寺任监院，曾一度避于浙境等深山掩关修行。本振出家数十年，昼伏苦行，夜不倒单，禅定功深，不顾高龄，每日说法，菩提不退。本振于2004年8月6日圆寂，世寿84载，僧腊60春，戒腊59夏。荼毗后得舍利累累，含金刚心一颗、牙舍利八枚、头骨等舍利无数，五色灿然，舍利供奉于南京栖霞寺、安徽九华山、山西广灵县极乐寺等处。

广兴

广兴（1922-2011），现代僧，江苏东台人。广兴世代信佛，九岁时于

---

① 周建生：《东台佛缘》，南京：河海大学出版社，2012年，第166页。

东台安丰镇普济禅院出家，师从卓斋法师，学习五堂课诵梵呗及儒家四书五经，后于苏州西园戒幢律寺受具足戒，投常州天宁佛学院参学，1944年转至上海静安古寺佛学院参学。抗战胜利后，到南京下关静海寺、古陵等寺参学。新中国成立后，复至上海静安寺、玉佛寺参学。1979年，国家落实宗教政策。他先后被聘为上海佛教协会理事，上海玉佛寺副寺。复受聘浙江普陀山普济寺西堂，浙江余杭区佛教协会副会长、名誉会长及江苏武进市大林寺都监等职。1984年9月广兴入中国佛学院本科就读，于1988年7月毕业。

1998年，耄耋之年的广兴法师应浙江余杭市宗教部门和佛协会之请，任慧日禅寺修复委员会主任、住持。2011年3月14日，广兴圆寂于慧日禅寺丈室，世寿90载，僧腊81夏，戒腊70夏。[①]

智清

智清（1923-2003），现代僧，江苏东台人。曾任句容宝华山隆昌寺知客、四川平武报恩寺第五代住持、溧阳报恩寺住持、溧阳市佛教协会会长。土地改革后参加劳动40余年，仍心系佛门。改革开放后，智清主持修复天目湖区及溧城镇黄家村两处报恩寺，身体力行，尽心尽责。2003年11月圆寂。

全乘

全乘（1923-2017），现代僧，江苏大丰区茅家舍人，俗姓杨，号全乘，法名昌悟，世代务农。1931年冬，全乘萌发出尘之志，遂于卞团庄接引庵出家，师从春霞、能安，学习大乘经典、教仪教规，深得法益。1942年春，19岁的全乘于宝华山礼妙柔受具足戒，圆具后前往南京古林寺、古林佛学院、天宁佛学院，在天宁求学期间，亲近志敏、戒德等大德，与后在美国浩霖、中国台湾真华同窗共读。1942年，全乘住锡南京金粟律院（又称金粟庵），领众熏修。1987年，接徐州云龙山效周临济法脉，为云龙山兴化寺第十二代法嗣。

全乘秉性淳厚，木讷寡言，拙于应酬，老实修行。住金粟庵数十年，无视顺逆，严护戒体，诵阅华严法华，一心称念阿弥陀佛，座下皈依者数万人，弘法足迹遍及诸方，受到社会广泛赞誉和信众的拥护。2000年，全乘被推为南京鹫峰禅寺住持，短短两三年时间，重兴鹫峰禅寺，道场庄严，建筑

---

①周建生：《东台佛缘》，南京：河海大学出版社，2012年，第169页。

面积达3000余平方米，成为秦淮河畔的一颗明珠。2004年，复建兴修南宋末年的禅宗祖庭东台接引禅院。2016年，恢复复兴庵。以八十之年作偈以抒情怀：八旬衲子老残身，孤灯破庵数十春；伏枥老骥重抖擞，鹫峰再立续传灯。

慧颙

慧颙（1927-2014），现代僧，江苏东台（今南通如东）人，名定智。1944年慧颙于浙江普陀山伴山庵出家，师从根明法师，其师公了清老人取法名，内号本原，外号又复，是年就读于宁波观宗佛学讲社，1947年慧颙于宁波天童寺受具足戒。1948年慧颙加入陆军三三医院做护理，后赴台湾基隆，1983年慧颙协助煮云法师筹建莲花山护国清凉寺，1984年再依止煮云出家，同年于临济寺受具足戒，并担任开山监院之职，1986年又协助煮云成立净土专宗佛学院。1988年选为清凉寺管理委员会主任委员，后主办女众佛学院预科班，1996年得法于明旸法师，临济正宗四十二世。1998年慧颙为财团法人护国清凉寺煮云文教基金会董事长，慧颙对清凉寺、净土专宗佛学院、清凉书苑的建设做出了巨大的贡献，2014年11月28日，慧颙圆寂于台湾清凉寺。

松纯

松纯（1927-2017），现代僧，江苏东台（今兴化大垛）人，俗姓孙，名正宏，号松纯，字灵苗。1935年，投东台鲍舍庵依守恒法师出家。1946年，在宝华山隆昌律寺受具足戒。1956-1958年，入北京中国佛学院深造。1979年，回天宁寺，负责管理寺务。1980年，负责修复天宁寺。1990年，升座为天宁寺方丈。曾任中国佛教协会常务理事、中国佛教协会咨议委员会副主席、江苏省佛教协会会长、常州市佛教协会会长，以及江苏省政协委员、常州市政协常委等。

常修

常修（1924-2016），江苏盐城人，俗名陈随修。早年于盐城接引庵依真如法师出家，1985年，于上海玉佛寺受具足戒。1972年，任盐城市亭湖区接引庵住持，现住持明慧为其徒孙。

无相

无相（1927-2018），现代僧，江苏东台人，俗姓陈，名文银，法名了瀚，号无相。曾任中国佛教协会咨议委员会副主席、江苏省佛教协会副会长，无锡佛教协会会长。

无相12岁时因贫出家，遵从师命进私塾读四书五经。1944年，进东台三昧寺启慧学院学习。1945年，在宝华山受具足戒，先后到镇江金山寺、常州天宁寺、上海玉佛寺佛学院、无锡国专参学。新中国成立后，无相到无锡县荡口镇西方寺、锡山龙光寺任住持。1956-1960年，入中国佛学院学习，先读本科，后入法相宗研究组研究员，师从太虚弟子法尊、正果等名师，专攻佛教唯识学。

1994-1995年，无相担任马山祥符寺、灵山大佛筹建委员会办公室副主任。2000年，升座任住持。

无相践行"人间佛教"思想，以弘法利生为己任，热心慈善，2006年以来，先后被评选为无锡市"十大慈善公益人物""十大红十字公益人物""光彩公益之星"、无锡市滨湖区"慈善之星""慈善公益楷模"，2013年，被江苏省人民政府通报表彰为第二届"江苏慈善奖"——最具爱心的捐赠个人荣誉称号，2015年，被评为"第四届世界佛教论坛先进个人"、"江苏省2015年十大中华文化人物"。

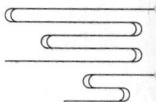

第三章　盐城历代比丘尼

盐城历史上庵堂较多，出家之比丘尼较多，然史志存名者甚少，有法号留存者自清初始，其出家原因多为长辈信佛，感情或婚姻受挫，或因自幼寄居寺庵受佛法熏陶。

王氏

王氏，清代尼，顺治初，单姓童养媳王氏礼佛，自焚死，众感之为建草庵。[1]

张氏女

张氏女，清代尼，相传康熙初张氏女许字常氏子，未嫁而常氏子随粮艘行失足，急流求其尸不获，女闻凶问衰绖哭诸其室，服将除，从父求隙地，结茅屋三间，中祀大士旁祀常木。主茹素诵金经以终其身，张卒里人肖张像设以女尼侍香火名为常奶奶庵。今迁庵庄之东仍祀张之像，设而以道士住持，毋乃亵与方女殁以另椽敛常木主合葬于所居杂姓庄南，置祭田十余亩，张氏犹世守之为修墓资。[2]

安东某氏女

安东某氏女，清代尼，欲削发为尼，父母莫之许。清乾隆间，女潜至东沟镇，募孙氏地，结芦薄为屋，诵经其中，昼夜不息。见者怜之，乐为施助，因为之建太平庵焉。[3]

安东原为淮安下属县，即今之涟水县。

---

[1]（清）阮本焱修、江启珍纂：（光绪）《阜宁县志》卷二十四《丛志·寺观》，第264页。中国国家图书馆数字方志库电子本。

[2]（清）阮本焱修、江启珍纂：（光绪）《阜宁县志》卷二十四《丛志·寺观》，第264页。中国国家图书馆数字方志库电子本。

[3]吴宝瑜修、庞友兰纂：（民国）《阜宁县新志》卷十六《宗教志·方外传》，《中国方志丛书·华中地方》第一六六号，台北：成文出版社，1975年，第679页。

广智

广智，清代尼，同治元年，捻乱以全节死。①

昌言、隆光、能惠（师徒三代）

昌言，清代尼，俗姓马氏，笄年适本城郁志泰，志泰早亡，以继承无人请于官，舍住宅为财神殿，事嫡姑以孝闻，逮姑殁，其所生女适周亦寡且无嗣。遂于咸丰三年，母女禀官准其祝发为尼。马氏法名昌言，即以生女为徒，名曰隆光，相依诵经，恒终夜不辍。同治八年，昌言殁。光绪九年，隆光疾笃，嘱其徒能惠谨守清规，勤奉香火，端坐而逝。②

财神殿、十方庵，在县治上马头，清道光十六年，郁大恒妻项氏与嫡妻马氏，以无嗣将住房及东园外园田舍为财神殿、十方庵，经知县钱兆麟批准立案。民国九年，郁氏呈请改建为郁氏宗祠，嗣经城厢士绅力争，今仍为地方共有。③

昌言条另参"寺庙卷"阜宁县"财神殿（十方庵）"条，道光十六年（1836年），郁大恒妻项氏和郁志泰妻马氏因无子嗣，呈请官准，舍宅为财神殿。马氏事嫡姑至孝，嫡姑去世后，马氏女儿出嫁一周后也不幸成为寡妇，亦无子嗣，母女命运皆惨，遂于咸丰三年（1853年）呈请削发为尼，母女乃成师徒，马氏法号昌言，女儿法号隆光，财神殿当从此时改名十方庵，隆光圆寂于光绪九年（1883年），其徒能惠住持十方庵。

云慧

云慧（1856-1921），近代比丘尼，江苏盐城人，俗姓房，法名杲峰，字云慧，是震华法师出家介绍人。云慧父亲房启明，于兴化城内经营米店，乐善好施，一生爱惜字纸，见有字纸弃于地者，必拾取火化。云慧自幼随父至兴化，寄居西门三圣庵，且从师走读，通晓文理。因自幼住于庵中，受到佛法薰习，蓄意修行，不愿适人。年长之后，到城内金善庵修行，并为庵中沙弥尼讲解古文、佛典。住数年，见庵中房旧漏雨，请其父亲捐财修缮，并增建了

①吴宝瑜修、庞友兰纂：（民国）《阜宁县新志》卷十六《宗教志·方外传》，《中国方志丛书·华中地方》第一六六号，台北：成文出版社，1975年，第678页。

②吴宝瑜修、庞友兰纂：（民国）《阜宁县新志》卷十六《宗教志·方外传》，《中国方志丛书·华中地方》第一六六号，台北：成文出版社，1975年，第678页。

③吴宝瑜修、庞友兰纂：（民国）《阜宁县新志》卷十六《宗教志·佛教》，《中国方志丛书·华中地方》第一六六号，台北：成文出版社，1975年，第678页。

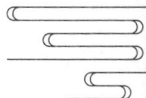

三间中厅。云慧六十三岁与震华见面，并带着震华到城南圆通庵，依怀莲和尚落发出家。震华出家两年后，云慧生病，日益沉重，自知不起，乃削发受戒，现比丘尼身，1921年3月30日往生。震华赶到灵前哀痛不已，如失慈母。

昌根、隆裕、隆慈

昌根、隆裕、隆慈为近代比丘尼，清朝末年，由于战争灾祸，东台复兴庵清末曾因战争中断香火，民国二年（1913），昌根师太率弟子隆裕、隆慈两位尼师，发心重建，佛殿及厢房二十六间。

普济

普济（1874-1944），近代比丘尼，俗姓王，东台莲华庵尼僧，临济正宗第四十四世，莲华堂上第二代。[①]

昌信

昌信（？-？），近代比丘尼，俗名朱金桂，东台西乡镇边城镇人，父北岳，母周氏，无子，只生女一人。幼多病，父母谢世后，女无所依，乃住镇江三官殿，依优婆夷侯开隆为徒，改名朱侯桂，旋受五戒。法名昌信。从兹解脱尘缘，专事静修，并不惜艰辛，募创报恩庵于故乡，经营拮据，殆历十年，至民国二十六年庵成。[②]

悟成、悟顷、悟庆、常宏

悟成、悟顷、悟庆、常宏为近代比丘尼，先后住持盐城接引庵，接引庵始建于清康熙年间，抗日战争前夕，在盐城南门大桥河北（原酒厂以西）重建，前两进为前接引庵，后两进为后接引庵，分别由两位师太住持。抗战时期，悟成、悟顷、悟庆、常宏四位师太先后任盐城接引庵住持。

昌林、昌永

昌林（？-？）、昌永（？-？）为近现代比丘尼，1912年10月，盐都区北龙港镇潭田村垛田庄真武庙改成二僧堂，由昌林尼师主持，真武庙更名

---

① 守培：《东台莲华庵尼僧印慈祭文（代撰）》见《妙法轮月刊》，1944年，第10期。黄夏年：《民国佛教期刊文献集成补编》（75卷），北京：中国书店出版社，2008年，第455页。
② 印觉：《创建报恩庵缘起》，《佛学半月刊》，1941年，第231期。参见黄夏年：《民国佛教期刊文献集成补编》（65卷），北京：中国书店出版社，2008年，第341页。

为"垛田苏北孤独院",后改名为"垛田苏北孤老院念佛堂"（今盐都区祇园庵前身）。院内接收社会无依无靠的孤寡老人多达150多人，为了借助社会力量解决供养困难，昌林尼师派人购买了几千只瓦罐子，散发给四乡八邻的信众，让各家各户在淘米煮饭前先抓上一把米，放到罐中，积少成多，用来接济院中孤寡老人，这就是当地历史上盛传的"盆头米"来历。1938-1948年，该院因抗战需要而被拆毁，昌林尼师便带着部分法师到上海开办了"苏北孤老院上海分院"，地址在长宁区金家巷同仁村108号，而本院则交给了昌永尼师主持。

能贞

能贞（1917-?），俗名顾连珍，江苏宝应人。1938年，在宝应县保寿庵削发为尼，取法号能贞。1957年，能贞在南京宝华山受戒为比丘尼。1964年，任现盐都区学富镇伴孤庵住持。1968年，迁今盐都区北龙港镇潭田村垛田庄垛田孤老院（今盐都区祇园庵前身）。1993年，能贞主持祇园庵大佛开光仪式，茗山法师亲自出席。

龙印、仁玉

龙印（?-1969）、仁玉（?-1986），现代比丘尼，龙印为盐城市亭湖区青龙庵原住持，仁玉为其徒，仁祥亦为其徒，圣慧为仁祥徒。[1]

慧戒

慧戒（1934-2017），当代比丘尼，建湖九龙口镇金徐村人，俗姓莫，建湖县恒济镇中兴南海观音庵原住持。

1985年，于上海玉佛寺受戒，曾在宜兴白云寺朝阳洞修持十多年。1998年，任建湖县恒济镇中兴南海观音庵住持。2000年，因年老返金徐老家伴孤庵旧址修持。[2]

昌净

昌净（1943-1999），现代比丘尼，建湖恒济人，俗姓姜，名玉妹，号妙果。昌净自幼虔诚佛法，常随母诵经礼佛，1958年，依真实法师出家。改

---

[1]"龙印、仁玉"条参见盐城市佛教协会搜集、仁祥口述、圣慧记录之"青龙庵"简介（内部未刊资料）。
[2]建湖县佛教协会编《建湖佛教》（未刊内部资料，2015年）第93页。

革开放后，真实法师为其剃度，后随师先后参学于祇园、金山等寺。"文革"时期，耀宇老和尚住持九华开山寺，因旧时庙产丰厚，被划为"地富"一类批斗，从此寺毁僧散。[1]1985年于上海玉佛寺受具足戒后，受家乡信众邀请，与其师真实法师回到花垛村，于花垛庵旧址恢复古寺，重建九华开山寺。在师徒共同努力下，十年如一日，诚心终感信众相助，先后建佛殿40余间，庙宇初具规模。倾注了全部心血和汗水。艰苦创业，1999年2月19日（观音菩萨圣诞日），昌净在本寺安然谢世，世寿65载。按佛门葬习，将其安坐缸内。三年后开缸，安置于肉身殿内，信众慕名而来者甚众，九华开山寺亦因此而闻名远近。[2]

昌法

昌法（？－1996），现代比丘尼。1978年，昌法在阜宁兴隆寺搭棚建庙，弘扬净土，后于1996年圆寂。[3]

昌根

昌根（1967-2016），当代比丘尼，江苏建湖人，俗名刘翠芳，曾任建湖县颜单镇复兴庵住持。1992年，于建湖县颜单镇复兴庵依觉静尼师剃度，后于宝华山隆昌寺受具足戒，于2016年圆寂。

心开

心开（1941-2022），比丘尼，江苏东台人，俗名王美兰，东台市西溪缫丝井庵负责人。1990年，于东台泰山寺依达禅法师出家。1994年，于安徽九华山受具足戒。1997年，任东台市西溪缫丝井庵负责人，曾任扬州市江都区菩提寺住持，于2022年圆寂。

仁祥

仁祥（1928-2023），当代比丘尼，江苏盐城人。盐城市亭湖区青龙庵住持，盐城永宁寺雪松法师和茗山法师嗣法弟子。仁祥早年于九华山受具足戒，后茗山法师亲拟聘书，聘其为青龙庵住持，并将永宁寺聘为永宁寺下院，仁祥法师于2023年圆寂。

---

[1]建湖县佛教协会编《建湖佛教》（未刊内部资料，2015年），第94页。
[2]建湖县佛教协会编《建湖佛教》（未刊内部资料，2015年），第38页。
[3]阜宁县佛教协会编《阜宁佛教》（未刊内部资料）第6页。

第四章　盐城历代居士

吕童女

吕童女，明代女居士，盐城人氏，名化显。其叔权皈依扬州上方禅寺原智（志）硕揆，归告其母灵月道人，道人意欲往上方，女时年九岁，请与祖母偕行，不许，啼哭数昼夜，终许之，未几微疾，薙发易僧服，安然而化，见《善女人传》下。①

　　按：震华法师所编《中国佛教人名大辞典》将吕童女视为明代女居士，疑误，因硕揆1628年出生，顺治十六年（1659）谒灵隐具德得悟本源，后往扬州上方寺，时为清初，故吕童女当为清初女居士。

高鹤年②

高鹤年（1872-1962），今盐城市大丰区刘庄镇（原属兴化县）人，名恒松，号隐法，字野人，另号终南侍者、云山道人。

高鹤年居士幼年遇高僧授予佛经，立忏悔访道、朝礼名山之志。19岁时，开始行脚天下，历时35年，走遍了大半个中国，先后在普陀、天台、金山等寺学佛受戒，结识了印光、来果等高僧，著《名山游访记》，保存了大量研究现代佛教史的第一手资料，除此之外，他还投身慈善赈灾事业，创办了刘庄净土院。自25岁起到73岁，尤其是晚年，一直在积极进行救济赈灾，践行其济世救民的佛学思想。1962年高鹤年居士逝世于刘庄。

高鹤年自年幼时便立志行脚天涯，参禅佛理。他立志拜访名山的过程也是他与佛结缘的过程。年幼时，高鹤年居士体质不佳，患有严重的鼻衄，在

---

①震华法师：《中国佛教人名大辞典》，上海：上海辞书出版社，1999年，第203页。
②"高鹤年"条主要参考了高鹤年《名山游访记》，北京：宗教文化出版社，2000年。黄常伦编
　　《方外来鸿：近现代高僧致高鹤年居士信函手迹》，北京：宗教文化出版社，2002年。童斌、
　　朱金波《水事今昔专辑》，《大丰县文史资料》（第10辑），1992年等。

一次游云台山的过程中，偶遇一位高僧赠予他教典，居士如获珍宝，始知"三界无安，犹如火宅，人命危脆，不能偷安"，就像自己体弱患病，一切生老病死都为人所不能控制，自己不应当安于闲适，苟且偷安。因此，高鹤年在鼻衄宿疾渐愈之后，有了访问名山以求道法的志向。

他拜谒普陀山与天台山，向敏曦、镜融两位法师学佛，又前往清凉山结社进行参悟，当回到宝华山时，参叩了大霖律师，大霖律师见他素有善因，便将《律学戒法》及《性论教义》传授与他，并且把他推荐到金山寺受戒。在金山寺，高鹤年居士结识了秋崖长老和大定老人，与融通上人一同居住在寓经楼中，白天阅读经文，夜晚参禅。这段经历，给予居士对于道法更加深刻的理解，正如他在《名山游访记》的自序中提到"始知终朝吃饭，未尝咬着一粒；竟日行脚，未曾动着一步"。所谓的佛法，一切的道理，早已存于山川之中，无论是翠竹苍松，还是溪声山色，都蕴含着佛理，所谓"头头是道，脚脚有路"，高鹤年竹杖芒鞋，穿云渡雨，开始了终其一生的行脚生涯。

高鹤年足迹包括安徽的黄山、九华、天柱、白柱；浙江的天目、括苍、天台、雁荡；四川的峨眉、青城；陕西的终南、太白；江西的庐山、湖北的武当、福建的武夷、广东的罗浮、云南的鸡足、山西的五台和山东的崂山等，东至东北，南至云南，几乎可以说是访遍了全国的名山古刹。在普陀，他与印光大师讨论佛法五昼夜，习得"方便多门，归原无二"之理。在扬州，听通智法师讲演《楞严经》，在刘庄，重修"南鼎"紫云山，还参与了山西旱灾，京津水灾等赈灾工作，高鹤年行脚生涯涉及区域之广，结识高僧之多，所为功德之重都是非比寻常的。正如谛闲所评价的那样"近代以来，虽行脚者不无其人，较之古人，奚啻霄壤。得三昧者，曾几人乎？觅其如鹤年居士者，亦不多见。……海上诸居士不肯让，高君独得要与天下人共之"。

高鹤年居士将他的行脚生涯做了详细的记载，将所记内容以《名山游访记》在报刊上连载，后在许止净居士和余了翁等人帮助下，再次进行了整理，由谛闲、印光、兴慈、虚云、来果等大师为其作序，又增补几篇游记和附编后人之诗文，最终成为如今的《名山游访记》。《名山游访记》所涉及的山水范围之广，较之前佛教游记文学作品，已经可以称得上为独有，"凡四大名山，五岳终南，天台雁荡，罗浮鸡足，武当云居，庐岳黄山，或一至者，或二三至者"。对于当时佛家的名山古刹，居士都有所涉足，并且进行了细致的描写。写南岳的祝圣"清规严肃，家风峻美"；普陀的山景"古木凌云，掩映树隙"；泰山的孔林"古柏浓阴，旧碑林立"……文辞优美，描写细腻，单从《名山游访记》的文学性来看，这已经可以称得上是一篇佛学山水游记的佳作。有人曾将《名山游访记》与《徐霞客游记》相提并论，高鹤年居士也被称为"徐霞客第二"。

高鹤年居士不仅四处参访名山，还致力于慈善事业，在苏北，人们亲切地称呼高鹤年居士为"高老爹"，从他25岁起，直到临终，大大小小的赈灾救济活动不计其数。在诸多赈灾工作中，最著名也是意义最大的要数辛未年间（1931）苏北水灾的救济活动。兴化一带，由于地形的原因，经常遭遇水灾以及大旱，在民国二十年，一场空前惨烈的洪水冲击了三面堤坝，"不数日，运堤崩决，御码头、挡军楼、来胜庵等三十七处，胡水横流，漫天而下。内河各县尽成泽国……旦夕间，河水陡涨数尺，村庄淹没，一霎时耳，男女老弱，百千万亿生灵，哀号乞命于洪涛巨浪中矣。"当时高鹤年自京津水灾以后，忙于筹款赈灾，身体感到不适，又南北奔波，为灾民呼吁，最终"气脑双亏，头目眩痛"，便在莫干山进行休养。夏天，远在上海的王一亭先生致电，告知高鹤年江北水灾的严重，他们在筹备江苏水灾义赈会，高鹤年听闻便赶往江北，参与赈灾。

面对紧急的灾情，高鹤年居士与潘春霆、朱勉之、赵一褒等人制定了有序的救灾计划。首先成立了刘、白水灾救生会，每人垫付资金，购买救生船，分六组分别前往营救，如遇少壮之次贫者，送往就近的高地，老弱妇孺之极贫者，送回刘庄收容所进行安置，救生船携带烧饼、生姜、药品、火柴等物品，作为临时的赈品，还设立了施粥汤场和耕牛寄养所。整个赈灾活动历时近十个月，在各区区长，红十字会陆答山，江北水灾义赈会刘竹岩，梵成上人，中国济生会孙荫亭，华洋义赈会柯维廉、洪又新等人的帮助之下，营救了数十万人，最终洪水被排泄归海，水位下降，苏北水灾得以解决。高鹤年居士不顾个人性命安危，抱着"舍我一命，救数十万人命"的精神拯救了苏北地区的人民，得到了当地人民的尊敬。来果法师在给高鹤年居士的信中，评价他说："为众生苦，念灾情重，设法拯济，星月奔驰，疲劳尽瘁，致伤身躯而染恙，尤老兄之如是为人苟己，上天何不怜人之甚，亦可慨矣。"[1]

救济赈灾只能解一时之急，而根本的解决之道是为受灾地区的妇孺提供

---

[1] 高鹤年此次赈灾受到了时任兴化县长程毓昷的表彰，并撰文勒石纪念，该碑现仍存于刘庄净土院，嵌于其故居外墙之中，虽用橱窗加以隔绝，然历时既久，石碑损毁较严重，碑文多已辨识不清，以笔者所见，该碑似仍未用研究者。

一个长久的栖息之地。民国十年（1922），高鹤年回到了刘庄，将家中房屋进行整修，准备建造专门接纳贫苦妇孺的贞节院。在一大批善男信女的资助下，历时三年，终于建成贞节院（即现在的刘庄净土院），高鹤年为其亲定章程，其中对接收的对象做了明确的规定："其往来者，贞节妇女，皆无所择。但须长斋念佛，决志往生，性情柔和，无诸乖戾，不事妆饰，不茹荤酒，断绝俗亲，不妄游行者。"贞节院内建有大殿、斋堂、客堂、延寿堂、祖堂、如意寮、涅槃讲堂和厢楼一百一十多座殿宇，为妇女们提供栖息之所，对来到这里的妇女们，高鹤年居士劝导她们一心向善，诚心礼佛，每天朝暮功课，静心打坐，认真学习佛法。以拯救苍生为善，净土院的妇女们不仅每天劳作保证自己的生活，还在高鹤年的带领下积极参与救济工作，为灾区的人民捐献遗物资金，为战争中死去的战士超度，祈求国泰民安，"上宏佛法，下恤嫠贫。使沾慈光，引出迷津"。

纵观高鹤年的一生，论入世，高鹤年以一颗诚挚的心参悟佛理，走遍中国只为寻求佛法。结茅深山，清风为伴，他放弃安逸的生活，即使条件艰苦，也能潜心修行。论出世，他游访名山，拜谒高僧，收集了大量佛学史料，重修佛塔，协定清规，为佛寺在近代的保存做出重要贡献。他施恩布道，积极为各地赈灾事业奔走，本着悲天悯人的情怀，挽救了数十万处于水火中的难民，营建刘庄净土院，教化妇孺，向他们弘扬佛法。居士所做的一切，显示出一位虔诚的佛教徒在乱世中保持本心，坚持佛理，并且让佛教与世俗结合，积极从事慈善活动，彰显佛法，进而推动了佛教的进一步发展。

郭介梅[①]

郭介梅（1900-1950），江苏盐城人，名寿宁，以字行，法号慧震居士，别署杯渡斋主人。为民国期间著名爱国学者、慈善家、佛学家、文学家。

郭介梅早年家庭条件优越，受到良好的教育，毕业于大同法学及东方文化研究所。早年从政，曾任北京参政处简任秘书，陆军第一百五十师司令部

---

① "郭介梅"条主要参考了郭介梅《杯渡斋文集》，上海：国光印书局，1933年。以及黄夏年主编《民国佛教期刊文献集成》《民国佛教期刊文献集成补》中的民国时期佛教期刊中郭介梅所著文章或涉及郭介梅的报道等，北京：全国图书馆文献缩微复制中心，2006、2008年。

谘议等职。由于秉性正直，不愿与世浮沉，1928年夏，自求皈依于印光法师之下。印光大师谓"今为居士取法名为慧震，谓以因果伦理净土法门为一切人宣说，俾大梦顿醒，迷途知归"。皈依印光大师后，郭先生对于仕途逐渐看淡，更看重对于民生的改善。因此辞官，追随上海世界居士林的朱子桥、王一亭、萨镇冰等人，从事义赈事业，挨家挨户救灾放赈款，劝诫灾民念佛悔过，对佛教的普及、社会公益的发展、民生的改善做出了自己的贡献。

郭介梅皈依印光大师之后，潜心研究佛学并终有所得，心怀天下，弃官从赈，积极从事慈善事业，用实际行动救助大批灾民。民国时期，苏北地区水灾频发，郭介梅居士先后担任国际救济会查放主任、江苏省难民救济联合会委员等职，奔走各地，赈灾的过程中，他亲力亲为散发救助款，和灾民同吃同住，并提出了以工代赈的先进思想。在他的带领下，救援活动有力地缓解了苏北地区的灾情，受到了全国各地的广泛关注和学习效仿。一方面用实际行动赈灾募款，提供救助工作，帮助了大量的难民；一方面积极开化民众，劝大家悔过从佛。

郭介梅重视开化道德和解决民生，所著《杯渡斋文集》"书分四卷：一孝友，为立身之根本；二政治，作吏治之龟鉴；三弘法，破邪崇正，教以横超法门；四德行，迁善改过，勖以淑心要道"。要求民众做到父子有亲，朋友有信，迁善改过，正其义不谋其利，明其道不计其功。

郭介梅潜心弘扬佛法，先后作《论佛法积极进化之大旨》《因果必通三世》《发心学佛因缘》《燃起佛教革命烽火》等文。郭介梅一生著有《务本丛谈》《杯渡斋文集》《省余存稿》《法戒录》等，另有赈灾救济心得——《鸿嗷辑》，同时主编佛教刊物《宏善汇报》，担任世界居士林的编辑部部长，为后世留下了了解近代佛教的珍贵资料和精神财富。

沈养廉

沈养廉（？-？），盐城近代居士，盐城吉家庄人，吉家庄疑在今盐都区尚庄镇境内。沈养廉其事不详，据发波《西莲行略》[①]云其精通佛学，西莲少时曾从其学佛。西莲生于1909年，从沙沟僧学院毕业时年已17，其追随

---

①发波：《西莲行略》，《人海灯》，1936年第三卷第二期。黄夏年：《民国佛教期刊文献集成
　补编》（49卷），北京：中国书店出版社，2008年，第423页。

沈养廉学佛时当在15岁前后，故沈养廉似为晚清咸同光三朝间生人。

杨渚秋

杨渚秋（？-？），东台近代居士，善医，曾为后述袁慧真女居士治病，见大醒为其胞妹袁慧真所作传略。

袁慧真

袁慧真（？-1933），女居士，大醒法师胞妹，性娴静，待人柔和，抱独身主义，茹素奉佛，不顾开媒聘事。后赴刘庄净土院，精勤念佛。大醒法师为其作《东台袁慧真女士传略》。[1]

陶德乾

陶德乾居士，名芳，字叔镰，为东台裕华（今为大丰区裕华镇）垦植公司职员。陶德乾居士素食念佛，宏扬净土，皈依印光法师，兼以中西医术济世，创办裕华佛教居士林，劝化甚众。[2]

蔡德净

蔡德净居士，印光大师皈依弟子，大中（今大丰区大中镇）莲社负责人。"东台县大中集地方，印光大士皈依弟子甚众，该地大中莲社，因大师示寂后，应有纪念法会。……逐日由蔡德净居士依据大师续编文钞，宣讲大师遗教。"[3]

1943年，"东台垦区大中莲社赴沪迎请西方三圣金像……于四月初八浴佛节，举行开光仪式，事前敦请高鹤年老居士主持典礼。四月初一日开始修建弥陀佛七，由蔡德净居士主法，同时裕华居士林林长陶德乾居士亦率领林友多人参预法会，至初八日晨七时请陶林长先行佛像安葬仪式……及八时由

---

① 《正信》，1933年第2卷第13期，见黄夏年：《民国佛教期刊文献集成补编》（43卷），北京：中国书店出版社，2008年，第250页。

② 江易园：《劝推行三铜元放生团办法》，《佛学半月刊》，1938年，第170期。参见黄夏年：《民国佛教期刊文献集成补编》（65卷），北京：中国书店出版社，2008年，第32页。

③ 黄夏年：《民国佛教期刊文献集成补编》（65卷），北京：中国书店出版社，2008年，第315页。

高居士于香烟缭绕佛号悠扬中，举行极隆重之开光典礼，继以男女社员虔诚念佛。午后复请高老居士为众开示，是日各方僧俗善信参典者达三百余人，极一时之盛云。"①

蔡锡鼎

蔡锡鼎居士，东台人。1943年，罗慧济编印光大师外集时曾云其与印光有信函论及体育事业，事载《弘化月刊》"印光大师西归三周纪念"专号。②

陈大姑

陈大姑（1867-1940），盐城农家女，曾以优波夷身入太平庵，"优波夷"亦作"优婆夷"，指在家信佛的女子，现泛指女居士。陈大姑"幼字萧氏。未嫁夫亡。时大姑年十五。遂立誓不复适人。以优波夷身入太平庵。青灯古佛。勤苦逾恒。喜参禅。虽未能百城烟水。然遇禅门大德。必顶礼参叩。居垛田庄念佛堂最久，盐城俭岁。乃来申江。天明和尚于沪建西方寺。大姑与有力焉。节食敝衣。寄居康脑脱路念佛堂。今夏与余遇。稽首作礼。求开示。余告以禅难净易之理。劝其念佛。大姑颇感动。于是精勤念佛。晓夕不息。求生西方。旬日后。移居西方寺。入寺门。自笑曰。此后不复他往矣。居寺中。绵密念佛。阅两月。夏历七月十五日。早起去丈室。谓天明和尚曰。身后事。累吾师。坐缸火化。速为弟子备一缸。和尚曰。尔尚健。何至即逝。焉用亟亟备缸为。大姑曰。弟子今晚即往生西方极乐世界。和尚曰。毋戏言。大姑曰。善哉善哉。大姑返寝室。道侣聚而助念者十余人。夜过半，大姑绝无病苦。正身端坐，跏趺合掌，竟长逝矣。时七月十六日寅时也。年七十四岁。茶毗。异香袭人。骨白如珂雪。胡松年居士负其骨瘗于灵岩山"③。

①李伯贤：《大中莲社西方三圣开光追记》，《觉有情》（半月刊），1943年，第103、104合刊。参见黄夏年：《民国佛教期刊文献集成补编》（62卷），北京：中国书店出版社，2008年，第142页。

②罗慧济：《编辑大师外集二次启事》，《弘化月刊》，1943年，第30期"印光大师西归三周纪念专号"。参见黄夏年：《民国佛教期刊文献集成补编》（69卷），北京：中国书店出版社，2008年，第215页。

③缘至法师：《陈大姑生西记实》，《觉有情半月刊》，1940年，第30期"印光大师纪念专刊"。参见黄夏年：《民国佛教期刊文献集成补编》（61卷），北京：中国书店出版社，2008年，第139页。

智健（式鉴）

智健（1905–），原名陈智健，字亦强，优婆夷，盐城诸生仲美先生女。因幼时许配之某氏子另有所好，且所学为医学产科，遂立志不嫁。曾为时浙江省主席张静江聘请为保姆。1935年，谒印光受三皈五戒，以其原名"智健"作法名，时年30岁。后又皈依天台名僧静修法师，法名"式鉴"。1943年前侨居纽约。"甫离襁。许字某氏子。比长。某氏子竟以别有眷好。弃捐淑女而宴尔焉。健毕业中小学。进某医校肄产科。伤衰礼废。夫妇道苦。又习见产妇苦。遂矢志贞不字。既而浙主席张静老闻其贤。延为保姆。抚护其儿女。辛未（1931）冬。辽藩变起。静老窳弱肉强食非理。立持长斋。健亦同时不食众生肉。癸酉夏。余应静老约。赴莫干山。授其公子读。健见余搯珠念佛。询佛法。语以大意。复介绍李圆静居士开示净土法要。健大喜受持。诵经念佛无间歇日。乙亥（1935）春。随明道师诣苏垣报国寺谒印祖。即受三皈五戒。时年三十。智健其法名也。是年夏。试令张氏儿童饭蔬食。诸孩皆善饭。无杂色。寻静老阖室来山逭暑。宾客臧获都三十余人。健主辨厨膳。绝肉味者三月。其秋下山住杭垣。会宝静法师讲梵网经于祖山寺。往听无虚日。因与余同受菩萨十重戒。翌年春。祖山寺请圣水静修法师讲妙法莲华经百日。健往谛听。无一日或辍。又皈依静公。法名式鉴。时锐意欲依止圣水。习一心三观法。为张氏遇之厚。不可辞职去。故不果。既获法喜。欲报山邱恩。离家久。无贡法缘。辄于家萱中恳述无上道妙。垂涕泣而言之。果也岁戊寅（1938）。余访仲美先生于沪寓。已披阅教典。老夫妇皆持名熏修矣。健常谓。世间无一法可爱乐者。解脱至是。能不怵然钦畏耶。现侨纽约。为悯世间病苦。更深习护士术。而日课弥陀洪名数千声。乃不辍云。"[1]

大丰区刘庄净土院诸居士[2]

第一代堂长：孙法昌、高智、了因

---

[1]郑因达：《现代善女人志略》（二）"陈智健优婆夷"，《觉有情半月刊》，1943年，第85、86期合刊，"妇女学佛号"（二）。参见黄夏年：《民国佛教期刊文献集成补编》（61卷），北京：中国书店出版社，2008年，第483页。

[2]参考2019年夏编者携学生成志强赴大丰刘庄净土院与该院缪院长访谈及参观该院高鹤年故居内高鹤年牌位前"善士往生同登莲域"谱整理而成。

第二代监院：许大净、杭六奶奶、刘二姑奶奶、王老钱

第三代监院：陆觉道、姚道明

第四代监院：宋静福、龚兰芳

该谱中姓名齐全者有：曹莲安、周义、袁兴、单隆、马北喜、杨述卿、陈觉成、孙竹铭、李柏农、关炯之、王一亭、程雪楼、陆小波、谢莲贵、黄智道、马云晨、蒋常修、杨清声、杨如清、徐源理、吴善开、徐步理、徐修真、方肇周、王禹纯、杨宝光、王宝量、陆韵秋、钱隆通、沈志愿、陈智深、张隆修、卢日英。

另有部分居士多以某姓奶奶记之，兹不详列。

第五章 结缘名人①

孙坚留瓜井

孙坚（155-191），字文台，吴郡富春（今浙江富阳）人，是三国时吴国的开创者孙权的父亲，孙吴政权的奠基人。据《三国志·吴书·孙坚传》记载，孙坚少为县吏，有胆略。年十七便以斩杀钱唐"海贼"胡玉而"显闻"。后又参与镇压会稽人许昌在句章的起义，并大获全胜。当时，扬州刺史为臧旻（今盐城市盐都区大纵湖人），孙坚正在其管辖之下，于是臧旻"列上功状诏书，除坚盐渎丞"。孙坚是盐渎县建立后，史书地方志中能见到的首任县丞。

孙坚幼年丧母，父亲孙钟将他抚养长大。其父孙钟，以种瓜为业。孙坚任盐渎县丞后，其父亲随之来盐。孙坚为官清正，其父来盐，仍以种瓜为业。盐渎为海滨卤地，饮用、灌溉都以井水。明万历《盐城县志》载："孙坚为盐渎县丞时，于父种瓜处开凿是井"。据说孙钟种的瓜又大又甜，人们都喜欢吃，孙钟人也厚道，待人和气，价钱公道，有的过路人口渴无钱买瓜，他也会慷慨奉送。所以，孙钟种的瓜远近闻名，被称为"善缘瓜"。

孙坚任满离盐后，转战四方，后割剧江东，奠定东吴基业，在与刘表作战中阵亡。其次子孙权称帝后追封为"武烈"帝。孙坚家族发祥的故居和瓜井，被人们称为"真龙地"。清人高岑有七律《瓜井仙踪》，瓜井仙踪，成为盐城古十景之一。

---

①本章所载旧结缘名人主要参考历代《盐城县志》《东台县志》《阜宁县新志》及《永宁寺志》《东台佛缘》等相关内容。

此井在永宁寺，为寺中僧人日常饮用。现在盐城中学校园内东北角，井深水甜，大旱不涸，保存了近两千年。

韦彻据盐称王

南朝末年，社会经济日渐凋敝，史载当时"百姓穷困，财力俱竭"；"诸物皆尽，乃自相食"（《通鉴》卷181）；"黄河之北，则千里无烟：江淮之间，则鞠为茂草"（《隋书·杨玄感传》）。隋大业七年（611），爆发了席卷南北的农民大起义。在《旧唐书》中列出的起义"群雄"姓名，有48人之多。活跃在江淮地区的一支起义军，其领导人姓韦名彻，出身灶户，为隋末48"群雄"之一。大约在大业十一年（615），他率领起义军，转战淮东，一直打到黄海之滨，攻下了海陬重镇盐城。并以盐城为据点，自立为王。关于韦彻在盐称王的具体史实，未有丰富的资料，只是在《旧唐书·地理志》有关盐城记载的一段附注中，带上几笔韦彻据盐的经过："隋末盗韦彻据其地，置射州及射阳、安乐、新安三县，唐武德四年（621）来归（归顺唐朝），武德七年（624），废射州，仍置盐城县。"韦彻在盐城自置官署，还修建了宫殿，统治了七年之久。抗日战争时期，盐城人民在修挖工事时，挖到了一批隋代的砖瓦和器皿，地点就在今盐城中学东边，据传这里就是当年书彻居住的官室。据地方文史专家推断，今盐都县楼王镇古城头所在地，为韦彻所设安乐县县治所在地；今建湖县庆丰镇收成庄附近为韦彻所设新安县县城所在地。后来，韦彻见国家统一的大局已定，李氏父子也实行了一些符合民心的政策，主动归顺了唐朝。李世民当了皇帝后，将韦彻迁往中州（今河南）。武德七年（624），韦彻死后，韦彻原宫殿旧址归建永宁寺，聚僧供佛，祈求天下永远安宁。

李将军

李将军，淮阴人，其先以军功受平昌千户，幼时梦玉帝令二僧口授秘诀。

张纶、范仲淹、胡令仪

张纶、范仲淹、胡令仪，按三贤之祀遍于诸场，而实创始于西溪，其祠外为大门四楹，次为中堂四楹，以妥神像，次为后寝，亦四楹，本祀董孝子永守祠，僧奉佛其中，此岁后寝屋圮，僧遂移佛像于中堂，而迁神像于门，非礼也。土人习久渐忘，将来必至废祠为寺，亟当修之。

韩世忠、梁红玉与永宁寺

韩世忠（1089-1151），字良臣，陕西省绥德县人。出身贫寒，18岁时从军。他身材魁伟，勇猛过人，英勇善战，胸怀韬略，在抗击西夏和抗金战争中屡立战功，敌人闻名丧胆。梁红玉（1102-1153），韩世忠夫人，南宋著名的抗金名将。祖籍安徽池州，宋徽宗崇宁元年（1102）生于江苏楚州（今淮安市），在家排行老七，当地人都叫她七奶奶。其祖父、父亲都是军队武官。梁红玉从小喜爱舞刀弄枪，随父兄练就了一身出色的武功。

建炎三年（1129）正月，大举南下的金军占领了徐州，金军左副元帅完颜宗翰率领精锐部队，要对当时正在扬州的宋高宗赵构进行斩首行动。此时，任平寇左将军的韩世忠在淮阳收编当地的义师抗金，梁红玉随夫征战疆场。完颜宗翰担心扼守淮阳的韩世忠影响斩首行动，就兵分两路：一路奔袭扬州，时宋高宗出逃前往杭州；一路由完颜宗翰自己统率，进攻韩世忠。韩世忠兵败，由水路撤到盐城，来到了永宁寺。

当时的永宁寺住持云隐禅师，曾经是位爱国将领，得知韩世忠兵败而来，慨然让韩世忠将中军帐设在永宁寺。

韩世忠夫妇在永宁寺休整期间，寺院无偿提供他的所需，还帮助他筹集军饷，制造船舰，韩世忠则四处收集散兵败卒，招募土兵，壮大力量。据《阜宁县志》记载：此次与金兵初战虽然失利，但韩世忠的部队在盐城驻扎后却得到盐城各界的热烈欢迎。韩世忠认真采纳永宁寺方丈建议，一方面在盐城招募兵马，一方面派员在今天阜宁县境内的凤谷村一带修筑土城、训练土兵、严密布防，以御金兵。这个土城，即为盐阜人民长期传说的"韩王城"。

韩世忠在永宁寺伤愈后，披坚执锐，亲临凤谷，一方面认真吸取沭阳之战的教训，一方面认真操练兵马，演习阵法，使金兵怯之，较长时间内不敢越雷池半步。由于当时凤谷一带离海边较近。常有海潮倒灌，军民饮用水较为困难。面对这个情况，韩世忠亲率士兵在今天阜宁县境内的苏嘴、凤谷一带砌了许多砖井，以供军需民用。鉴于沿海湿气较重，他还亲自设计了一种瓦瓶，质粗而坚，小口巨腹，供士兵盛酒所用，被人称为"韩瓶"。由于韩世忠对士兵关爱有加，因此军威大振。加之军纪严明，深得群众拥护，人民群众对韩世忠无不交口称赞。

建炎三年（1129）三月，韩世忠得悉御营司武将苗傅、刘正彦在杭州发动兵变，胁迫高宗将皇位禅让给年仅三岁的皇子赵旉，立即从永宁寺出发前往浙江，会同张浚、张俊、刘光世等将领一起勤王，同心平叛。

韩世忠领兵勤王的消息震慑了素来惧怕韩世忠的苗傅和刘正彦，他们将韩世忠的夫人梁红玉及儿子扣为人质。反对苗、刘的宰相朱胜非，利用苗、刘的愚蠢，劝他们让梁红玉带着儿子去招抚韩世忠，帮助梁红玉离开杭州。与韩世忠会合的梁红玉，带来了隆祐孟太后的勤王旨意，振奋了勤王大军。韩世忠为先锋与叛军血战，率先攻进杭州，拯救了被逼迫退位的宋高宗赵构，生擒叛军首领刘正彦。

因平叛功助卓著，宋高宗封韩世忠为少保，武胜、昭庆两镇节度使，并御书"忠勇"赞扬其忠心，还封其夫人梁红玉为护国夫人。

建炎四年（1130）三月，韩世忠在长江焦山以八千部卒与金国四太子完颜兀术所率领的十万精锐展开激战。韩世忠亲率舰队与金兵在江中交战，护国夫人梁红玉在战场高处亲自擂鼓，指挥大军鏖战，终于将金兵赶入了黄天荡。黄天荡大捷是金军南下侵宋以来最大的败仗。此后，韩家军和金军在黄天荡对峙了四十八天，金军完全被困死在黄天荡之中。

在围困金兵的四十八天中，梁红玉察觉到金军行动诡异，曾提醒韩世忠，防备金军有变，但韩世忠并未采纳她的建议，以至金军成功突围，兀术逃脱，胜败逆转。事后，梁红玉还上奏朝廷弹劾韩世忠，被传为佳话。

黄天荡大捷的消息传来，云隐禅师无比欣慰。云隐神师在永宁寺修建了三义堂；以纪念韩世忠、梁红玉和后来也到过永宁寺的岳飞三位抗金英雄。

云隐与岳飞元帅

南宋建炎四年（1130），岳飞元帅挥师北伐，收复建康后，横渡长江，又收复高邮、泰州等大片国土，进援楚州（淮安），军威大振。岳元帅曾经先后四次到盐城永宁寺拜访方丈云隐法师，与之商讨军国大事。法师曾经是一位爱国将领，因看不惯朝廷腐败，官场黑暗，削发为僧，表示要像云一样隐匿起来。岳飞的到来，再次激起了云隐的爱国热情。

岳飞（1103-1142），字鹏举，相州汤阴人，是南宋时期杰出的抗金英雄。建炎三年（1129），金兀术渡江南进，当时岳飞在宗泽麾下任留守司统制，率军抗金，屡建奇功，历任少保、河南北诸路招讨使，后累任枢密副使。因他力主抗金，终为秦桧等所害，年仅三十九岁。

知县杨瑞云重修永宁寺

杨瑞云，字肖韩，号卢山，广东南海人。生长在崖山之下，时常登临崖山，凭吊为国捐躯的南宋丞相陆秀夫。明万历七年（1579），杨瑞云中进士，同年出任盐城县知县。他感慨，陆秀夫丞相在自己的家乡殉国，自己又到陆丞相的故乡盐城任知县，"有异代之谊"。到达盐城后，杨瑞云首先拜谒陆丞相祠堂，决意在陆丞相家乡做出一番事业，造福盐城百姓。

盐城在秦汉时就是"煮海兴利，穿渠通运"的渔盐兴旺之地，及至唐代，盐城每岁煮盐百余万石，是东南沿海重要的盐业生产中心。但杨瑞云到任时的盐城，却是"疮痍满目"。自南宋建炎二年（1128）黄河夺淮，黄、淮合流而为患，盐城境内水灾频仍。正德九年（1514）、嘉靖二年（1523）、嘉靖十八年（1539），盐城先后发生了海啸、旱灾、蝗灾、海水倒灌县城等灾害，甚至发生大饥荒，米贵如珠，出现了"人相食"的惨事。自隆庆三年（1569）始，盐城连年遭遇水患，大水淹没了乡村和城郭，冲毁了家园。为寻求生路，百姓被迫背井离乡。

面对田园荒芜、百业萧条、人民流离失所的现状，杨瑞云殚精竭虑，千方百计筹措救灾银两，还捐出自己的俸禄。在他担任盐城县令当年，就筹集了八百多两，赈济万余灾民。次年，又筹措了二千五百多两，赈济二万八千多灾民。万历九年（1581），盐城又遭水患，杨瑞云除自筹三千多两赈灾银之外，又上报都御史凌云翼等，呈请朝廷拨银赈灾。同时，杨瑞云还下令宽免赋税，或打折征收，或停征，又悉数拨出本县所存积谷，帮助灾民渡过难关。在赈灾的同时，杨瑞云更重视灾民的生产自救，为灾民解决牲畜、种子、生产工具等困难，鼓励流民复归，开垦田地。仅在万历七年到万历九年（1579—1581），就招抚三千四百六十一户九千九百九十六人，开垦田地三千一百余顷。

到盐城后，杨瑞云得知，盐城有一古迹称"瓜井"，井在县署北不远的永宁寺，便前往探访。在永宁寺由住持修达将杨瑞云带到寺院一角的瓜井旁，告诉杨瑞云，瓜井是当年孙坚之父孙钟为种瓜所凿，孙坚离后千年，大旱不涸。从此，杨瑞云公务之余，常与吴敏道、杨天臣等文友来到永宁寺，和修达吟诗作文，谈佛论禅，说古道今。看到永宁寺这座曾跻身唐代三十六大寺的名刹，虽经十多年前的隆庆三年（1159）重修，却尚未恢复寺院的兴盛景象，杨瑞云有心着力修葺，无奈当时百废待举，府库不丰，时常捉襟见肘，实在无力顾及。于是同修达相约，在治理盐城得功效后重修永宁寺。

万历十年（1582），瑞云大规模重修了永宁寺，还在董家桥南的商家庄购买田产四十二亩三分，无偿赠送永宁寺，作为永业。至此，永宁寺香火大盛，为淮安府各寺院之首。

万历十三年（1585），杨瑞云离开盐城，不久后升任户部主事。

孔尚任的东台佛缘

孔尚任（1648—1718），字聘之，又字季重，号东塘，别号岸堂，自称云亭山人。清代著名的戏曲作家。山东曲阜人。孔子六十四代孙。进国子监博士，转户部主事、广东司员外郎。他曾多次留寓东台，对东台的佛教历史文化作过精彩的记述并留有其他诗作。

清康熙年间（1662—1722），孔尚任作《西团游记》，曾就东台西团镇（古属东台场）晾网寺所藏发绣观音佛像详载。相传明嘉靖年间，御使叶大镛之女叶频香受奸臣严嵩迫害逃离京城，飘零躲入晾网寺，受东台发绣影响，以自幼随母习之刺绣手艺，剪下一头青丝精心绣制了一幅如来佛像。在东台西团，孔尚任还作有《西团》诗一首："东港天边水，西团海上村。百夫当有长，小吏亦能尊。雨脚垂平野，潮头直到门。乡关无定向，怅望立黄昏。"

1680—1689年，孔尚任随工部侍郎孙在丰使淮阳治理海口工程时，曾逗留于东台西溪，并作《返棹西溪喜闵义行移舟相访》诗："惊喜逢君世外槎，春流同泛慰天涯。浸蒿嫩绿扬苔缕，照眼新黄放莱花。隔水闻香曾乞火，并舟论画每移茶。荒凉海岸开船送，见月团圆忽忆家。"

他于东台安丰场见唐氏用海东鹳羽制扇，曾作《羽扇》诗一首："客寄双团扇，名家制不同。剪胎云闪烁，织柄玉玲珑。偶尔授怀内，曾经度海东。谡然松下客，为我赠清风。"

康熙二十八年（1689），孔尚任到秦淮游览，写下大量歌咏秦淮的诗篇。此后，完成传奇剧本《桃花扇》，久演不衰，传为经典，成为中国优秀古典文学名著。

郑板桥的东台佛缘

我国历史上杰出的书画家、文学家，"扬州八怪"的主要代表人物郑板桥，以其"三绝诗书画，一官归去来"饮誉古今。而他与东台佛教还有不少鲜为人知的故事。

郑板桥（1693-1765），又名郑燮，字克柔，号板桥，江苏兴化人。清代康熙秀才，雍正十年（1732）举人，乾隆元年（1736）进士。曾先后任山东范县、潍县知县十三载，乾隆十八年（1753）因"以岁饥为民请赈，忤大吏，遂乞病归"。郑板桥为官前后，大多在扬州境内以书画营生。他工于诗、词，善于书、画。写诗词不屑作熟语，作画擅长花卉木石，尤其擅长画兰竹。郑板桥为人疏放不羁，在任山东范县县令时，每天吟诗喝酒。罢官回乡后，恣情山水，与寺庙的僧人交往很密切，经常喝酒吟诗，醉游乡里。他常画丛兰瘦石于酒廊、寺庙的墙壁上，并随手题写诗句。

郑板桥曾在东台、梁垛、安丰等地流寓多时，并留下了不少遗墨和轶闻。他在东台流寓时，曾在南门内水月庵里吃过茶，并写有《过水月庵》诗，大意是他来到黄海边上的斥卤产盐地带，格外口渴，幸好水月庵的和尚慷慨招待，喝上了好水好茶。

郑板桥乐于游历东台寺庙，喜与寺僧为友。他与僧友玩笑，有时甚至狂而且怪。他在梁垛大庙设馆教读时，庙里有一位僧人久慕他字画不凡，事先备好笔墨，请他作画。他问僧人要画些什么? 僧人谦逊地回答，不敢命题，请赐得意之作。他含笑应允，数日后画成。其画为一个老和尚扬眉怒目，高卷衣袖，右手持着屠刀，左手用力按着猪头，一副猛切之状，其势汹汹，如饿虎扑食。旁有铁锅、柴草等物。画上题有狂草字数行。寺僧见后，虽哭笑不得，但也只能双手合十表示感谢，收藏起来，不示他人。事隔若千年，后代和尚将此画至扬州出售，竟意外地卖得高价。这幅画仅具下款，未题上款，人物内容与狂草都系板桥平素少为，尤其珍贵。

清乾隆年间（1736-1795），郑板桥寓居安丰镇周家桥西的大悲庵，在其所住的厢房门板上手书浅刻了对联一副。"一帘来师属儿来，满架秋风扁豆花。"若干年后，尘封垢积。字迹模糊不清。民国年间，庵内和尚因生活贫困，将门板出售，被一识者以优价购去，运往外地，雇用巧匠依样深镌，朱墨两色拓印出售，亦得高利。安丰地方上的风雅之士，一度曾集资捐款，在大悲庵内划出部分隙地，广莳花木，辟为"爨园"，后因战火被毁。

萧锡祚

萧锡祚，字培元，江宁县人，雍正三年任安丰场，清廉自守，倡修魁星阁。

平继亮

平继亮，建湖东沟镇人，字宗武，年十三父殁，哀毁骨，立侍母疾衣不解带三年。能而好施，尝为僧普湛存千金顾某家，约以赈饥，僧死，雍正十年大饥，顾乾没焉，饥民哗于顾门，亮转受讼累，后知县廖曜知其情，旌之曰善气迎人。

青崖与郑板桥、曹雪芹

清代青崖，原永宁寺僧。被誉为"一脉相承，二度进官，三次加封，四赐紫衣"，在乾隆朝有"国师"之称。

乾隆帝召见青崖，叙其与先帝的佛缘，再次加封永宁寺，并请他开法西山，到北京西山卧佛寺任住持。卧佛寺构建布局与永宁寺十分相似，同建于唐代，青崖居此十余年。

据相关资料记载，青崖在卧佛寺十余年间，曾与两位著名的才子邂逅。

一位才子是"扬州八怪"之一的郑板桥。板桥四十四岁赴京赶考中了进士。在京期间，曾"匹马径寻黄叶寺"（注：卧佛寺有两株银杏树，树龄均为千年有余，树围需数人合抱，荫庇上百平方米，秋天一到，黄叶飘洒，故又有"黄叶寺"之称），拜访方丈，得知是淮安府的同乡、相邻县人，加之板桥在盐城教过学坐过馆，两人一见如故。郑板桥先后写了《游香山访青崖和尚，和壁间晴岚学士、虚亭侍读原作》《寄青崖和尚》等诗，记述他与青崖和尚的交往。

另一位才子是曹雪芹。家道中落的曹雪芹到了西山郊村。西山一带，名蓝古刹、萧寺荒祠不算少，而且遍布沟壑之间，排遣心中的郁闷，探求人生的真谛，寻找创作的灵感，找老僧倾诉，自然会有许多的感触与得益。在苑召先生的《曹雪芹小传》里，有这样的文字："他闲来时也喜欢行游散策，逐胜探奇。他住的那一带……有名僧，如卧佛的青崖与蓬筏，瓮山的无方等……雪芹有时访访他们，作半日清话。"

顾大

顾大，生乾隆时，阜宁青沟人，名朗。少孤，居邻古刹，见僧礼佛曰：若于木偶且敬礼，况生我者乎。遂晨夕拜母以为常，躬拭厕牏，恐娶不贤女得罪于母，遂不娶妻。母老病气绝复生，乃割肝以奉母，延母寿十余年。母卒，庐墓跪拜如生时，以族子承宗祀。

邓瑒

邓瑒，字应南。若铸鼎修庙，其余事耳。瑒兄琎璩与华营千总张楷等，捐助同善堂，置滩九顷，设义塾，施药糈焉。有碑记存八滩夹堤大王庙。

薛僖

薛僖，字梅亭，其弟子也。性孤介傲，忽俗流。精二王楷法。尝作小楷千文数百本，书家争传之。掣篲大书《广轮经》，尺者一笔挥就。人欲得之，大率在佛舍僧寮中。纨绔子弟售以金帛，不屑也。所著述多散佚，僧憨愚苦心搜辑，得诗文各一卷。

吕惟

吕惟，字子权，甫髫龀，好读书，即以正人君子自命。事父母孝爱，敬其兄弟。年十二能为诗，古文稍长，益砥行自立……恰一夕得微疾，服僧衣冠，端坐而逝，年二十有六。

嵇裕基妻徐氏

嵇裕基妻徐氏，名羡苏，字梦仙，东戚庄人，嗜书……盐俗，妇女持家者，每入寺庙焚香，城内城隍庙及西北鄙之新洋屯每届期，钗裙踵相接也。徐虽茹素，终其身未尝入寺。

夏能

夏能，字允才，生平多义行，尝与僧徐上人为莫逆交。一日，僧怀金三百两寄能家，其徒无知者。后数月，僧暴卒，能挈金还其徒，仍故封也。

姜露、许良栋、许自立、吴碧心

姜露、许良栋、许自立、吴碧心，皆以孝行著。……碧心以母好礼佛，母殁后，削发为僧，朝夕击木鱼绕母墓，盖愚而孝者。

杨恭甫的东台佛缘

杨恭甫（1858-1933），名葆寅，字恭甫，晚年自号避庵。祖籍安徽歙县，一世祖名龙字，住安徽徽县岩寺镇，生子应祯，子生敬宇，由三世敬宇时始迁江苏东台，世居东台镇柿轩巷，十世业医。其父庆龄（又名小谷），为杨门十世，博学多才，嗜金石，工书法，尤精小儿豆疹，为当地著名儿科医生，求医者日满门庭。

清咸丰八年（1858），杨恭甫出生于东台。他幼年丧母，弱冠丧父。为承父志，他刻苦研读医书典籍，医术闻名乡里。然思进一步深造，他又赴江南，师从常州市武进县以善治危大奇急诸症而名重一时的孟河名医费绳甫先生门下。

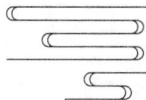

光绪十三年（1887），经费绳甫推荐，应聘到汉口招商局行医。由于他医学精湛，受到局长黄小舫的器重。

光绪二十年（1894），清政府派龚照瑗出使欧洲。出国前，路过汉口，突然患病，经杨诊治，病情很快好转，于是被录用，以随员医官身份随龚前往欧洲。在英、法、意、比等国四年，为使馆人员、华侨外国人治病之余，翻译《铁路章程》《印花税章程》，并绘制《西欧航海图》。考察了英、法、意、比等国政治风俗学术和商情，特别重视考察外国医学方面的先进设备与管理方法，深感祖国医学落后，急需学习借鉴。他是武汉第一个出国考察的中医。

1887年，龚照瑗任满回国，杨亦随同回国。经张之洞推荐，杨恭甫任卢汉铁路测量委员。后经戊戌、庚子之变，目睹国难频仍有志难伸，乃于1901年归隐汉皋，重理医业，并与吴趼人、沈席之等创办《汉口日报》，评议时政。

辛亥革命爆发后，他知道故乡偏于海滨，交通不便，消息闭塞，迅即乘船东下，于9月3日回到东台，秘密串连同情革命者，组织社团，与地方土绅袁承业、赵少枫、鲍少仲等同赴苏州、扬州，欢迎革命军光复东台。是时，原驻军缉私营管带刘凤朝哗变，意欲洗劫全城。一时人心惶惶，绅民四逃，形势岌岌可危。杨临危不惧，一面急电扬州军政分府求援，一面争取了原定字营右队队官吴登甲，改编成立"东台临时保卫军"，驱逐了刘凤朝，消灭了来袭的陈宗岗叛军，稳定了东台政局。杨恭甫在光复东台的义举中，表现了非凡的气魄和谋略，被一致公推为东台民政长（县长）。他不支薪俸，不循私情，廉政自洁，在推选新政方面做了大量工作，使东台一度出现共和政体的生机新貌，颇有政声。他到任后，通过调查、磋商，采取了一系列兴利除弊措施，如成立议会整顿地方财政，收回东台何垛场折价地税，以及下令剪辫，劝戒缠足，禁止跑帖（代人索债），废除跪拜，停办丁祭设报告睡（控告箱）等。曾由于共和伊始，地方封建势力十分顽固，新政难以推行，终使先生心灰意冷，绝念仕途。任职一年后，他愤然辞官，怀着沉痛心情离开东台，再至汉口，复操医业。著有《东台民政事略》一书。武汉医界同仁喜迎杨恭甫先生回汉，共推其为汉口医学研究会会长。

1916年，汉口慈善会募捐集资创建中西医院，公推"博通内经之书，兼明西医之说"的杨恭甫为院长。他排除门户之见，摒弃一己私利，不拘一格，擢用英才。在规划医院总体设计时，他从布局到组织管理，从设备到医疗护理，多吸取西方医院的优点；打破中西医界限，选聘学术精良、勤敏于事的中西医师和医疗技术人员担任医院各部门领导。如汉口天主堂医院外科医生王奇峰，一向勤奋好学，医术精湛，在当时没有摄片和造影的条件下，能做切除膀胱结石、胆结石手术，但医院洋人院长对王等华籍医生百般歧视，华籍职工纷纷指责教会医院压制人才。杨为不使人才埋没，毅然敦聘王奇峰为中西医院副院长，最后医院不得不同时聘王为天主堂医院院长。一名"土"医生，同时兼长两院，时在医界传为佳话。1920年10月，医院落成，内设诊断、化验、调剂、解剖等室及病床100余张。各科室都订立严格的服务细则和奖惩制度，要求医务人员衣帽整洁，注重仪表，对病人和颜悦色，妥为照料。遇有疑难病症，中医西医化除畛域，会诊治疗，且对贫苦患者送诊施药，每日住院、门诊病人数以百计。他注重护理在医疗上的作用。他曾说"仆二十年前随使西欧，参观英、法、意、比各国医院，规模之大、医药之精，自无待论，即'看护'一门，精细熨贴，无微不至，尤足令人敬佩！故我国自通商以来，西人之医院林立，而中国之医院寥落如星辰者，非医之难，实'看护，无人之难也！'"为此，他于医院创设了一所"看护养成所"，即护土学校，亲自兼任所长，编写教材，经考试录取"护理生"28名，教授中医形体、脏腑、经络内伤外感、妇科、幼科、药性脉法及西医看护学、诊断学、药性学、外科学、手术学、英文等课程，受教二年即派往天主堂医院实习一年，然后回本院服务。从而，使中西医院不仅有名医，而且有一批训练有素的护理人员，中西医院的医疗服务水平远远高于其他医院。这所在中南地区首创的"看护养成所"开创了我国培养医护理人员，尤其是中医护理人员的先河。

北伐战争中，杨恭甫创设的中西医院，在宋庆龄、何香凝等组织的北伐军红十字会领导下，为北伐军治疗伤病员5000余人，立了很大功劳。1926年，中西医院改为陆军卫生医院，杨恭甫被公举为汉口中医检定委员会主任委员，曾两度主持中医考试。

　　杨恭甫能诗文，善书画，喜交游。他曾组织陶社，会友吟唱。后来，他因年事已高，体力渐衰，辞去职务，寄情山水，吟诗作画。

　　杨恭甫笃信佛教，历游江汉名寺。他曾在《避暑日记》中对江西庐山海会寺寺景和规模作了精彩描述，被收入《江西省宗教志》。

　　1928年，他还在家乡东台"宝华庵"旁置地约四亩，建筑大小房屋20余间，成立了东台佛教居士林，并首任居士林林长，时有信徒100余人。

　　1933年，杨逝世后，家乡人为怀念他光复东台的功绩，于同年在城东公园建立"东台县民政长杨恭甫纪念碑"。

　　杨恭甫生前著有《匡庐避暑日记》《柿轩遗稿》等，译著有《铁路章程》《印花章程》等。

第三卷

艺文

YI WENG

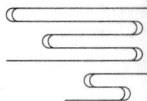

盐城历代高僧大德不仅佛学修养精深，而且才情绝佳，工于诗书画者甚众。部分寺庙还留存有碑刻或法器，成为盐城佛教兴盛的历史见证。"艺文"卷所列内容冗杂，事类繁多，故本卷编撰虽以类相从，但各类又不可以统一标准编排，故本卷分为诗词楹联、碑记塔铭、序跋赞、日记书信年谱游记、纪念文章、杂等六章，其中分类不明确者归入"杂"章，编次先后以其与盐城佛教关系的紧密程度为准。各章或以时间先后排列，或以寺庙区域不同排列，或以高僧名人分类排列。

第一章 诗词楹联

第一节 诗 词

一、古代诗词

李 承

咏海春轩塔

东筑点将台，西有溪通淮。

海轩春潮旺，皆由此塔来。

李承（722-783），赵郡高邑（今河北省高邑县）人，出身赵郡李氏南祖房，唐大历年间（766-779）任淮南西道黜陟使，曾负责开挖运盐河，筑常丰堰至西溪。

范仲淹

三昧寺

千年人已化，三昧语空传。

唐世碑犹载，高丽鼓半穿。

范仲淹（989-1052），字希文，苏州吴县人，卒谥文正。北宋天禧五年（1021）任泰州西溪盐监。仁宗天圣三年（1025）任兴化（今江苏兴化）县令，主修捍海堰，直贯通、泰、楚三州，长达一百五十里，人称范公堤。著有《范文正公集》。

西溪解嘲①

卑栖曾未托椅梧，敢议雄心万里图，

蒙叟自当齐黑白，子牟何必怨江湖，

秋天响亮帷闻鹤，夜海朦胧每见珠，

一醉一吟疏懒甚，溪人曾信解嘲无。

大圣律寺

斗茶味兮轻醍醐，斗茶香兮薄兰芷，

其间品第胡能欺？十目视而十手指。

韩 驹

题读书堂壁二首

（一）

藤床瓦枕泮清风，破闷文章亦漫供。

乡信未传霜后雁，旅怀生怕晚来钟。

淹留已办三年计，流落应无万户封。

犹有壁间诗句在，他年谁为写真容。

（二）

海气昏昏又啸风，一杯扶病要时供。

三年闭户儿童怪，千古闲情我辈钟。

若得黄柑应手种，更求青李莫函封。

疏顾自笑将安适，寄谢江山好见容。

韩驹（？－1135）字子苍，号陵阳先生，今四川仁寿人，徽宗政和初进士，北宋后期文学名人，西江派诗人，曾在游览泰州后至茅山寓于富弼读书处奋发读书。

---

①此是范公立在"望潮墩"上所吟，在泰山寺未创建之前就有了"望潮墩"。

孙应时

西溪僧舍昼卧

燕子风微春昼长，独携书卷卧禅房。

悠然一笑无人领，只有蔷薇潲院香。

孙应时（1154-1206），字季和，号烛湖居士，绍兴余姚（今浙江余姚）人。宋孝宗淳熙二年（1175）进士。初授黄岩尉，迁海陵丞，再迁遂安令，改知常熟县。开禧二年（1206）移判邵武军，未赴任而卒，著有《烛湖集》。

徐改之

过茅山镇诗

飒尔蒲帆疾，茅山欠一游，

寺藏深树里，僧立古溪头。

矫矫孤飞雁，飘飘不系舟，

欲修元豹业，舍此复何求。

徐改之：宋朝人，徽宗宣和时赐同进士出身，擢大宗正丞，兼掌书学。后官尚书刑部员外郎。

杨瑞云

五律二首 瓜井得堂字僧字

（一）

自为寻孙宅，驱车历大荒。

瓜田犹在眼，兴王事非常。

蔓草埋狐穴，寒云锁女墙。

居人劳指点，中是聚仙堂。

（二）

欲问龙兴地，川原久属僧。

种瓜非故主，有井近平陵。

城枕沧溟立，云依古寺层。

芳蘋那可荐，世代已无凭。

吴敏道

五律二首 瓜井得禅字清字

（一）

昔人种瓜处，兹事已千年。

尚有青苔井，长流绿乳泉。

荒城横落日，素绠汲寒烟。

寥落悲人代，吾生欲悟禅。

（二）

种瓜原奉母，抱瓮汲深清。

用尽野中力，能娱堂上情。

孙枝如蔓引，王气绕栏生。

白鹤今何处，烟波渺入云。

吴敏道：明朝人，曾先后纂修隆庆《宝应县志》、万历《宝应县志》，审定万历《盐城县志》。

杨天臣

五律二首 瓜井得闻字心字

（一）

一自随仙侣，高低历古坟。

瓜田依旧在，王气久无闻。

荒径寒斜日，高城挂白云。

请看图伯地，全属圣明君。

（二）

公侯原有种，想见种瓜心。

瓜浑委蔓草，井自落城阴。

□石居人没，携壶我辈寻。

海桑知几变，何事独绿清。

王之采

东台八景·苇湾夕照

波光曲曲尽潇湘，落木汀洲挂夕阳。

问渡高僧今在否，蒹葭秋水自苍苍。

王之采：字心一，江苏兴化人，明万历二十九年（1601）进士，任山东清苑知县，后迁刑部主事，因直谏罢官。天启初复官，被魏忠贤诬陷，瘐死。

东台八景·圣果晨钟

晓来山寺忽闻钟，响落闲云过远峰。

化作虚无天籁去，烟消日出数株松。

钱象乾

富安八景·祠山夕照

古寺荒凉晚照开，征鸿绕带落霞来。

枫林浅映松楸色，疑是天孙锦妙裁。

钱象乾：明朝东台场人，明末盗寇劫掠，象乾纠义士徐秉钺守护一方，贵封昭勇将军，举乡饮大宾。年九十七卒。

玉池精舍

三刹相连何育边，数声清磬韵悠然。

迢迢良夜诸缘寂，月印澄潭树锁烟。

乔 楚

安丰八景·义阡晓磬

诸天月色厂祗林，哀玉初传静夜分。

戛戛欲鸣疑汉水，琅琅时泛听南音。

清鸥迈集芳洲思，落叶圆同行路心。

击碎白云应缥缈，却余天籁定中寻。

傅应鸾

安丰八景·义阡晓磬

棒喝知音说了禅，法幢悬里度憨眠。

悟来水击罗浮石，断续清风彻暮天。

佚 名

丁溪八景·义阡晓磬

曙色微茫烟雾朦，梵宫尚在有无中。
疏林阵阵闻清籁，应是金声逐晓风。

栟茶八景·西寺晨钟

曙色微茫映太清，忽闻天籁度虚声。
直须震醒人间梦，指顾乾坤尽大明。

袁三馀

草堰八景·车梵晨钟

仙梵遥临自赤乌，别岩疏树听钟呼。
道人未入非非想，也学皈依金粟胡。

单一凤

小海八景·东梵晨钟

野外孤山村作邻，白云晶晶覆垣堙。
东风时送钟声晓，惊起渔樵梦里人。

阎期寿

游碧霞寺

一笑相逢定有期，偶来萧寺话移时。
谈禅暂脱尘中网，遣兴闲寻壁上诗。
旅思凄凄非中酒，人情落落似残棋。
云涛眼底三生梦，鸥影秋汀又远离。

阎期寿，字延之，陕西泽州人，举人，明代诗人，万历三年（1575）任
泰州盐运分司。

缪 滂

海春轩塔

破寺喧铃铎，溪光烧野田。
标空尊海甸，分影压渔船。

上有将军字，相传贞观年。

勋名齐日月，差可当金镌。

缪滂：明东台栟茶场人，字澹书，号篆人。嘉靖十八年（1539）因栟茶场大使一职出缺，泰州盐运分司委任他暂时代理栟茶场大使一职，前后八个月，期间大刀阔斧，兴利除弊。

通 容

游鼓山喝水岩

岩上草色肥，岩下水流急。

策杖上岩巅，山空人独立。

孤云行鉴

赴永宁请过津渡庵与佛可法兄话旧

未入永宁院，先登津渡堂。

无生漫拈弄，有话且商量。

溪上云方淡，篱边菊正黄。

相知无限意，尽在一炉香。

示自觉上座住山

本色衲僧住山去，但向锄头边觅人。

纵遇铜头铁额汉，拦腮劈脊验疏亲。

自觉上座乞师封关

牢关把住不通风，坐卧经行于此中。

日用头头活鱍鱍，莫叫昧却主人翁。

除夕时居瓢城①

旧年除夕濑江边，衲子团围聚半千。

今夜古盐城角里，依然龙象列如椽。

---

①盐城古代因城池西狭东阔，状如葫瓢，取"瓢浮于水，不被淹没"之意，故盐城又名"瓢城"。

方丈来云

永宁古寺新方丈，一片孤云何处来。

飞入座中闲不已，随时变化起风雷。

送江北禅人归三昧

山中风月一肩收，竹杖芒鞋不可留。

拂袖乱云归去也，如何呈似你堂头？

因阅三昧自觉首座回首因缘示偈

法门正好大家撑，那得功夫又转身。

汝既打翻筋斗去，传持衣拂付何人？

喜友见访

竹底忽闻幽鸟语，石边且喜故人来。

十年契阔思千遍，一夜盘桓笑几回。

中秋话月

天然石上藤萝下，一罐清茶两道人。

底事明明无可说，芙蓉如醉月如银。

晚春即事

桑遮蚕妇柳遮莺，农自拖烟带雨耕。

一队儿童拦路坐，闲将百草斗输赢。

夜话

话到更深月落池，炉香拨书见相知。

投机觌面忘言处，突听一声鸡唱时。

孤云手书扇面诗①

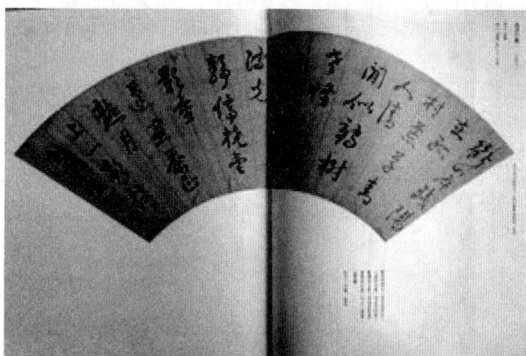

图3-1 孤云手书扇面诗（仁风供图）

断岸残阳在，孤村荒草封。

人清闲似鹤，树老怪如龙。

系缆波光静，停桡云影重。

蓬窗茶正热，月上一声钟。

隐元隆琦

夜 怀

梦游阔别已多年，偶到扶桑一寄缘。

无事清弹消白日，有时感赋问苍天。

侬家父老今何在，故国生民几变迁？

遥隔海涯图慨叹，夜阑反复不成眠。

隐元隆琦（1592－1673），福建省福州府福清县人，明末清初时隐元曾与道者超元一起远赴日本传播佛法，对当时日本的禅宗临济、曹洞二宗的复兴产生很大的影响。同时他也是日本禅宗黄檗宗的始祖以及煎茶道的始祖。日本后水尾法皇的师父，法皇授予其真空大师、华光大师的称号，死后，法皇特授予他大光普照国师、佛慈广鉴国师、径山首出国师、觉性圆明国师等谥号。

中左江头别诸子

江头把臂泪沾衣，道义恩深难忍时。

老叶苍黄飘格外，新英秀气发中枝。

①根据落款"金粟鑑"，此诗应为孤云禅师顺治癸巳（1653）住锡江苏嘉兴府金粟广慧禅寺时所书。

因缘会合能无累，言行相乎岂可移。

暂离故山峰十二，碧天云净是归期。

寄示唐黄檗大众诗偈

老汉多年渡海东，日来将觉根缘终。

寄言黄檗诸禅道，力振门庭绍祖风。

寄示福唐诸护法

从来佛法付王臣，争若诸檀念力深。

扶起胜幢光祖德，千秋日月廊天心。

即非如一

夜集上方示诸子

何日归唐国，天涯共尔曹。

上方留夜语、万派酿秋涛。

海纳因能下，山名不在高。

微雪都敛尽，月好与人劳。

即非如一：明末清初福清黄檗山万福寺禅僧，俗姓林，隐元隆琦的重要弟子之一。1657年，隐元禅师东渡日本三年之后，即非如一应本师之召赴日。在日教化十五年中，即非如一禅师中兴长崎的华侨寺院崇福寺，协助隐元禅师开创日本黄檗宗，成为黄檗宗第二代祖师，并于1665年在福冈北九州地区创建广寿山福聚寺。即非禅师和他的法系后来被称为"广寿派"，属日本黄檗宗第二大派系。即非如一禅师派长于诗文，工于书法，和本师隐元隆琦、法兄木庵性瑫并称"黄檗三笔"，对日本江户时代的文化界影响很大。日本岩波书店在1989年出版的《佛教辞典》里，于众多的黄檗东渡禅僧中仅收入隐元隆琦与即非如一，可见日本佛教界对即非禅师的重视。

卧游居即景

重整象王窟，端为缘上流。

沧溟观日出，河汉卧云游。

偶读神京赋，因怀故国秋。

江由争入座，宛对百花洲。

赠林尔受居士

红紫丛中早隐名，清风明月富生平。

云帆不赴清时诏，冠发犹存汉日臣。

杯映落霞天共醉，文成沧海浪低声。

邀游异国逢乡衲，话尽家园世外情。

送翁林居士回唐

众壑松风酿早凉，嘉禾满野闹荷香。

正当击节歌无象，何事牵云写别章。

万里海天容我拙，无穷山水任君装。

送朋因起怀亲念，梦逐归帆到大唐。

吴嘉纪

西溪送客（晏溪送汪虚中，兼怀吴后庄）

凛凛岁寒天，送君归旧川。

溪光浮佛舍，塔影压渔船。

客路闲云外，家山落照边。

不愁逢酒伴，囊有卖文钱。

吴嘉纪（1618－1684），字宾贤，号野人，东台安丰人，以"盐场今乐府"诗闻名于世。吴嘉纪出生盐民，儿时多病，入清不仕，便隐居安丰盐场。工于诗，其诗语言简朴通俗，内容多反映百姓贫苦，颇有孟郊、贾岛的诗风，得到周亮工、王士禛赏识，其著有《陋轩诗集》，共收入诗歌1265首。上海古籍出版社有《吴嘉纪诗笺校》本。

东寺磬

我来吊高僧，古寺深蒿艾。

人间留一磬，身后觉群昧。

晖晖日坠渊，淅淅风生桧。

清音送出林，适与幽人会。

游天妃山①

天妃山下水冷冷，田户柴门野色青。

蛱蝶随群游麦陇，鸳鸯并翅下云汀。

何时有地秋收否，暇日留宾酒酿瓿。

刁斗无闻租不负，月明深夜径花馨。

送张菊人明府归江南，因邀泛晏溪，登天妃山顶，分韵三首

（一）

两岸杨花落，送客搔白头。

衰年憎别路，鲤跃渔曹得。

斜阳恋扁舟，人归海市休。

（二）

挠停石梁下，路到土山头。

旷野无人迹，凉风近麦秋。

棘丛销胜地，海气败危楼。

诸佛尘埃里，翻增过客忧。

（三）

昊郝秋天遇，琴蹲此地游。

诸寒花皎皎，沙晚雁啾啾。

旧好成飘梗，残生托钓舟。

登临一回望，泪洒敝羊裘。

崇宁观钟

大器方远闻，去程未及半。

时俗昧神工，徘徊鸣海岸。

临流鸟雀静，将曙星辰烂。

聩聩尘中人，一声残梦断。

---

①天妃山位于东台西溪。

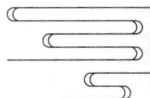

沈聃开

西寺夜集

坐深人尽起，带醉开山房。

共待地生月，不知身有霜。

二三星下景，远近河上光。

相送未能别，遥闻钟出墙。

沈聃开，清代诗人。字亦季，东台安丰人，沈守能子。聃开少孤，与两兄事母至孝。同里王大成、王大经、吴嘉纪，皆以诗文相尚，聃开与之颉颃，号"东淘四逸"。沈聃开能诗且能画，曾画枯木寒山图扇页。著有《汲古堂诗存》。

秋杪同张湛游水庵

刘懋赟

零落吾侪只短蓑，故山风雨奈愁何。

斜阳细雨浮钟磬，幽寺无人黯薜萝。

双泪老垂篱菊尽，一身兴傍酒杯多。

诸君不厌招提寂，佛火禅林足啸歌。

刘懋赟，清代江苏泰州人，字质公，号仅三，著有《雪村草诗》。

高岑

瓜井仙踪

从他名地说东门，那及孙公故址尊。

满径春来瓜自蔓，丹炉人去井犹存。

海天岁月无古今，汉室皋夔有子孙。

渺渺仙踪何处觅，教人仰止暗销魂。

原志

送钱圣桢赴佟方伯楚幕之招

江月照孤舟，有客鸣素琴。

天风指端起，调高思何沉。

借问所念谁，楚国有遗音。

庾月南楼好，陶柳西门深。

羊公岘山顶，今有谁登临？

思欲一相访，芳踪何处寻？

寻此亦云易，远行难为心。

大　水

不仁安敢怨黄河，十载伤心瓠子歌。

上帝于民真父母，下民何处避风波。

树颠出没鱼龙老，浪里缠绵骨肉多。

死者不生生者在，诛求满地泣如何？

孔尚任

朦胧淤口

海湖来去向州师，烟冷行厨过午时。

书字殷生能感慨，扣门陶令出言辞。

繁文厌考桑经注，故道难寻禹纪碑。

谁献舆图出秘阁，庙谟亲授使臣知。

孔尚任（1648-1718），山东曲阜人，孔子六十四代孙，字聘之，又字季重，号东塘，别号岸堂，自称云亭山人。清初诗人、戏曲作家，他的作品《桃花扇》代表了中国古代历史剧作的最高成就，也是世界文化宝库中的瑰宝奇葩。

戴胜征

登碧霞寺

凉飙击水波，夕景明殿角。君问碧霞寺，此地我过数。

舣舟桥塊阴，触履秋苔薄。幽探恣游行，胜情宁引却。

翳昔称县治，名贤渐零落。遗爱建生祠，凭吊如有讬。

山门敞清冷，径度红云阁。危磴郁盘纡，飞甍争荦确。

女伴散炉熏，神橱秘扃钥。春去自年年，即今已非昨。

其背转复绝，路细类腋削。沙鸟何炯如，风帆何矫落。

在近我浮家，身计苦束缚。幸因时一来，放眼极寥廓。

海藏庵

茫茫野月来，微微石磬响。

依响觅所憩，一逐果萧爽。

入户如故乡，忘机须僻壤。

抚心何错忤，低首愧龙象。

由大重寺登土城

寺后寺前尽草芳，偷闲半日望城坳。

怒涛挟海归河水，秃树撑秋出野郊。

响碎橹铃乌鸟攫，补完画笔蔓藤梢。

语人却自无人语，笔扎年来且尽抛。

青崖元日

秋日普觉寺①

金飔贴华盖，露气逗晓寒。西山景色佳，驾言兹游盘。

羽骑度林樾，和鸾驻禅关。两峰辟仙路，其背众岭环。

兰若百年余，胜境非尘寰。是时新秋霁，黛色涤远峦。

一川禾黍风，西成诚可观。金吾莫喧呼，恐妨僧坐禅。

屏营礼大士，而无心可虔。卧佛伸其足，万劫常安眠。

菩萨群拥立，垂垂宝发口。旋憩方丈幽，敲火烹山泉。

泠泠来牖下，流为清镜澜。杂英纷砌旁，凤仙与鸡冠。

尘心一以洒，回跸传林间。比丘漫凝睇，争如上方闲。

自题小像

文章佛法漫些些，惭愧禅林说作家。

只合深山埋迹去，如何来着紫袈裟。

---

①青崖法师曾住北京西山普觉寺。

郑板桥

过水月庵

户外喧闹院宇闲，不图人境有禅关。

夜寒水映香台月，春远梅舒老客颜。

自是高僧多净业，却余古貌似深山。

海边斥卤吾尤渴，日铸天泉供未悭。

访青崖和尚[①]，和壁间晴岚学士、虚亭侍读原韵

西风肯结万山缘，吹破浓云作冷烟。

匹马径寻黄叶寺，雨晴稻熟早秋天。

渴疾由来亦易消，山前酒旆望非遥。

夜深更饮秋潭水，带月连星舀一瓢。

屋边流水势潺湲，峭壁千条瀑布繁。

自是老僧饶佛力，杖头拨处起灵源。

烟霞文字本关情，袍笏山林味总清。

两两凤凰天外叫，人间小鸟更无声。

寄青崖和尚

山中卧佛何时起，寺里樱桃此日红。

骤雨忽添崖下水，泉声都作晚来风。

紫衣郑重君恩在，御墨淋漓象教崇。

透脱儒书千万轴，遂令禅事得真空。

山中卧雪呈青崖老人[②]

一夜西风雪满山，老僧留客不开关。

银沙万里无来迹，犬吠一声村落闲。

①郑板桥和青崖和尚私交甚密，本诗创作于乾隆元年。
②本诗创作于乾隆六年。

乾隆皇帝

香山示青崖和尚①

峰舍宿润黛螺新，一脉曹溪试问津。

憩彼来青之梵室，对兹衣紫者山人。

却欣触目皆无滓，不必谈元始远尘。

坐久兰烟消篆字，禽声树色总天真。

小怡亲王弘晓

恭和御制香山示青崖和尚韵

翠华遥临古刹新，四围山色映芳津。

祇林寂静通方丈，莲社因缘契上人。

法界潮音飘碧落，诸天香气奉清尘。

追陪笑指拈花处，应悟观空色相真。

小怡亲王弘晓（1722–1778），清朝著名藏书家、诗人，字秀亭，号冰玉道人，怡贤亲王胤祥第七子，袭怡亲王爵。弘晓嗜典籍，能诗善书，与青崖和尚交往频繁，青崖圆寂时，和硕怡亲王弘晓发银五十两。

周绍裔

寓贤周绍裔镇海院访聚咏上人诗

野巡开兰若，寻幽到绮寮，

楼头全见海，河尾曲通潮。

习静钟声远，观空篆影消，

夕阳湖外景，余兴寄诗瓢。

黄 达

训导黄达咏极乐庵诗

不信多愁客，偏居极乐庵，

梵音沉竹径，花气引香龛。

---

①青崖和尚在乾隆朝备受尊崇，两次被召至京师，长期往还，交谊深厚，感情深厚，乾隆皇帝曾多次题诗相赠。

林覆云千叠，帘开月一函，

萧森秋思散，随梦到江南。

方一煌

三昧寺

秋最宜高阁，登之倍爽神。

疏钟清众虑，一雨净诸尘。

客尽集无意，人俱幽可亲。

云低檐欲接，虚牖自能晨。

方一煌：字丽祖，安徽歙县人，清代诗人。早年客游四方，以诗文自负，名公卿重其才品，皆争礼之。清乾隆时任桂林府同知，晚年隐居东台安丰场。

刘蔚其

次龙兴庵

四顾惟荒野，禅林灯影张。

月浮湖水白，风过酒船香。

树倒河中影，人飞花下舫。

此间堪偃仰，乘兴一徜徉。

潘兴泓

白燕诗——为孝子王忱作

霜露凄凄竟不归，冰姿缥缈欲何依。

可随夜月梨花落，只傍孤帷孝子飞。

掠水怕添波底泪，临风思染雪中衣。

到今呢语空成恨，影断雕梁梦亦稀。

程学阆

西寺晚步

落落何能已，微躯不受怜。

故园知在否，游子意徒然。

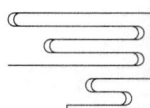

残照下衰柳，寒钟流远天。

苍茫芦荻外，烟火是渔船。

程云家

西溪镇诗

（一）

策杖烟畦去路赊，仙姬遗庙杂田家。

一乱清水荒棒里，半亩闲庭落日斜。

钟鼓忽鸣游客过，碑铭已没昔人遐。

悠悠时代须臾事，莫怨浮生鬓有华。

（二）

沧波东去是东亭，郭外萋萋草色青。

风送管弦晴更暖，市绕鱿菜昼常腥。

牛归村径随羌笛，僧度山桥挈酒瓶。

绝少当沪频顾盼，不知狂客醉难醒。

孙乔年

东观归渔

苍茫暮色夕阳斜，三两渔舟泊水涯。

白发引觞儿绕膝，醺醺红面映流霞。

北村莲社

十里荷花今已无，芳塘遗迹尽糊涂。

闲谈昔日社中景，雅士群居诗酒娱。

禅房修竹

曲径当途树竹篁，一竿挺拔入禅房。

等闲争说风光好，毕竟虚心赋性凉。

绿院垂槐

数年四季勿衰颓，绿叶纷垂伞盖成。

不仅游人堪玩赏，薰蒸炎热好乘荫。

周鹤高

西溪一游

花天轻暖又轻寒，临海城中富牡丹。

三里路终游亦倦，碧霞宫里暂凭栏。

王兆熊

春过广福寺

精庐春自好，徐步入方塘。

溪柳匀新绿，瓶梅绽暖黄。

云低栖野寺，塔影瘦匡床。

徒倚经坛晚，清风度夕阳。

方恩麟

泰山寺登高

忆苦万里溯游踪，作嫁今来濒海东。

结伴泛舟秋水静，访僧把酒俗缘空。

翠藤乱绕千年树，铁戟犹存三箭功。

一笑佩萸归去也，客窗可觅爪留鸿。

王雨春

和泰山寺登高韵

折戟沉沙话旧踪，兴酣高唱大江东。

诗简索负心期迫，樽酒浇愁眼界空。

午夜闻鸡还起舞，中原逐鹿漫言功。

蜩螗国事忧疑甚，且赋新诗志雪鸿。

和韵

折戟沉沙话旧踪，兴酣高唱大江东，

诗简索负心期迫，樽酒浇愁眼界空。

午夜闻鸡还起舞，中原逐鹿漫言功，

蜩螗国事忧疑甚，且赋新诗志雪鸿。

徐枢电

上巳谯集楝香庵①

客到兰亭总不凡，同来野寺坐松杉。

伯兮被禊偕予季，籍也流觞醉阿咸。

燕羽参差飞绮陌，桃花历乱扑征衫。

归途况有如钩月，处处撩人饿眼馋。

仲鹤庆

过大悲庵赠僧禹平

闻知老衲无相识，除是诗人只闭关。

行过长溪桥一曲，来寻深树屋三间。

纷纷败叶西风紧，黯黯黄花落照闲。

题得数行出门去，空林鸦乱正归山。

仲鹤庆：字品崇，号松岚，江苏南通海安西场镇人。乾隆十九年进士，曾任四川大邑知县，因为人刚直，被罢官归里。仲鹤庆善写兰，喜山水、花鸟，书法、诗文俱佳，著有《迨暇集》。与钱塘胡西垞、丹徒李萝村、兴化郑板桥、邑人陈志枢等友善。

闵琇

坐福葱庵圃中

圃胜抱双林，秋容净俗襟。

野泉闲饮犊，高树密巢禽。

元亮方农事，维摩自道心。

兴来倚萝薜，仿佛碧山岑。

闵琇：安徽歙县人，流寓安丰，著有《鸿志堂集》。

---

①楝香庵在安丰吴家桥西，明时建。

黄 云

千佛楼①

故人邀避暑，尘气此中清。

小院覆梧色，空堂闻雨声。

寺贫饶妙趣，僧静有诗情。

莫负终朝坐，秋帆又远征。

黄云：字仙裳，号旧樵，泰州姜堰人，著有《桐引楼集》。

徐发英

东寺磬

高僧在昔年，泠泠传清响。

松涛迭有无，梵音齐下上。

僧贫古寺荒，遗物谁能赏。

风吹落叶多，虚堂自开朗。

秦黉

过大悲庵

为道禅居好，同来野寺阿。

短墙双户闭，环水小桥过。

华鸟迎人静，茶瓜饷客多。

了无尘俗虑，羡煞老维摩。

秦黉（1722-1794年）：字序堂，号西岩，自号石研斋主，江苏江都人，清诗文家，著有《石研斋集》《石研斋主年谱》《敦仁堂遗文》《古今体诗》《诗余》等。

---

①黄云《同人集》"千佛楼"诗，该黄云当非明代苏州昆山之黄云，其事不详。《同人集》为如皋人冒辟疆所辑与友朋觞咏酬答诗文，疑黄云《千佛楼》诗收录其中。

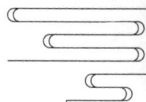

金 鼎

题丁溪义阡寺壁

草迷海堰绿如波，门拓盐场岁月多。

花径鸟笙和牧笛，柳塘蛙鼓杂渔歌。

春风万灶盐丁卤，夜雨千飘贾客艃。

官课已输民乐业，可无善政早催科。

金鼎：顺天宛平县人，乾隆四十年任闸官。

靳光宸

重阳日五佛楼登高留别吴噇秋诸子①

薄宦年来类转蓬，登高喜得素心同。

即今虎阜分襟日，恰遇龙山落帽风。

酒尽征帆排槛外，诗成秋雨满楼中。

莫嫌萧寺斜阳幕，霜叶如花晚更红。

靳光宸：汉军镶黄旗人，系清乾隆年间富安场大使。靳光宸从富安场离任，即将赴任贵州，临行之前专程到大圣律寺"佛隐诗社"，与诗人们唱和留别。

夜泊南梁西寺

数声清磬暮禽归，野老扁舟傍寺扉。

烟外乱蛩伤露冷，月中残叶动风微。

荒荒凉色围秋渚，寂寂幽辉濯客衣。

咫尺敝庐偏缓棹，素心赢得一宵依。

仲 素

舟泊水月庵

停舟倚古刹，衰柳荫孤蓬。

溪月一轮白，村灯几处红。

①五佛楼即富安大圣寺的五佛楼，高安又名虎阜。

桄榔声渐减，鸿雁影初逢。

久客思归去，连霄有梦通。

仲素，字芍坡，诸生。

吴秋吟

辛丑仲秋上浣偶过虎阜志宏方文留宿得俚言三律

（一）

虎墩斜日欲西衔，止宿琳宫境脱凡。

秋草未霜青上几，闲云不雨静依岩。

禅参明月窥圆相，食借香厨慰老馋。

时汲海河尝弗厌，为它水似故乡咸。

（二）

谁说云中僧最闲，如师刻苦可弥天。

功勤面壁方成佛，住近蓬莱易得仙。

古树阅残前代事，夜钟敲醒万家眠。

笑予儒学公禅学，石坐三生话夙缘。

（三）

浩劫红羊休怨神，明心原赖苦心纯。

备经磨琢圭璋器，老练风霜松柏身。

破殿漫惊吞水影，重檐仁看耸鱼鳞。

愚公有志山能徙，多少檀那护上人。

吴秋吟：清安徽人，寓居富安。

病中吟

初月将弦暑渐收，富安山寺病悠悠。

生离死别寻常事，天上人间两样秋。

碧树不曾移绀殿，凉云只欲近龙楼。

从来四大原无我，七夕吟成笑未休。

觉存①

邀王啄秋赏菊

都已飘骚两鬓丝，邀君共赏菊开时。

撑将瘦骨情能久，傲到寒霜力可支。

为尔沽来茅店酒，向人吟就竹篱诗。

此花也有怜才癖，留住王郎夜去时。

却人写照

万事萧条欲断魂，贫抛父母入空门。

生前已被形骸累，死后何须面目存。

几见梅花香有迹，可知云影淡无痕。

菩提是树还非树，半偈凭君仔细论。

寄戒净

觉灯诗两首②

（一）

记曾挈钵草堂前，一别俄惊十二年。

访旧未逢张仲蔚，骑鲸偏值李青莲。

水云南北多同感，风雨春秋各自怜。

闻道龙冈将退院，重经卓锡范堤旁。

（二）

赠性濂、性湉两师弟

有约中秋后，归来祝寿筵。

哪知花甲候，偏值水荒年。

盐阜俱成海，人家总上船。

阳侯何太恶，使我不能还。

---

①清乾隆年间，浙人减墨涛，皖人吴秋吟先后路过富安，与富安大圣寺诗僧觉存结为吟友，曾将
  其作品刻石安于寺内长廊后壁上。
②觉灯诗两首原无题，现题目为编者依意所加。

二、近代诗词

龚自珍

咏 史

宣室今年起故侯，衔兼中外辖黄注。

金銮午夜闻乾惕，银汉于寻泻豫州。

猿鹤惊心悲皓月，鱼龙得意舞高秋。

云梯关①外茫茫路，一夜吟魂万里愁。

刘沁区

瓜 井

苔荒石甃古城隅，百丈何年断辘轳。

秋圃纵横双鹤杳，灌疏人尚说孙吴。

刘沁区：晚清盐城著名诗人，今属沙沟人，著有《西渚诗存》。

施滋培

施滋培游塔院寺诗一首

院名有塔塔无痕，询是仙家移远村。

银杏参天遮日月，紫藤驾屋别乾坤。

圣朝宫殿今何在，古寺楼台迹尚存。

可惜程公碑不见，向谁仔细问根源。

施滋培：南通启东人，清末曾中举人，1924年慕名游塔院寺。

大须

寄怀蒋宾梅先生

明月照空廊，思君夜正长。

遥知百里外，同此九回肠。

淮浦何时去，天涯有客望。

好诗须寄我，旧约莫相忘。

---

①云梯关是中国历史上第一个海关，现位于盐城市响水县黄圩镇云梯村禹王寺内。

暮 雪

日夕北风紧，寒林噤暮鸦。

是谁谈佛法，真个坠天花。

呵笔难临帖，敲床且煮茶。

禅关堪早闭，应少客停车。

王宾甫

牡 丹

名花有托倍精神，冒雨来寻古刹春，

煮鹤焚琴同太息，贤祠恨事话前因。

冯 莲

西溪泰山寺新年竹枝词十二词

海道堤西一望中，行人遥指碧霞官；

何时岱岳分龙脉，都是神灵感格通。

山虽簣覆久传名，杰阁层楼殿宇宏；

每到新年增气象，游人香客拥街行。

相逢相识各一天，卑躬曲背似狂颠；

齐将吉利陈言说，致意求神赐福绵。

手持香篮老佛婆，口中不辍念弥陀；

十王殿上多祈祷，似畏血他与奈河。

山中爆竹不停声，男男女女逐渐更；

谁是家鸡谁野鹜，香云缭绕不分明。

山前香市甚繁华，烛燕丝鸡百货佳；

买来应知为纪念，童孙稚女笑纷拿。

借得求神事冶游，今朝结伴尽风流；

自矜海上新奇样，瞥见潘安可耐羞。

门外东来第一桥，可人步上又怜娇；

年年若带看花眼，记取春风舒柳条。

前溪后港去来船，绝胜西湖少管弦；

又有飞琼能度曲，不妨同咏大罗天。

凭栏极目晚烟浓，孤塔撑天叠九重；

数点飞鸦投古树，道人慢打夕阳钟。
柳色初添草色遥，春光最好是今朝；
冯君传话未来子，莫待花开始渡桥。
船去船来船外船，前溪后港雁行联；
双辉遗像杨分转，饮水思源亿万年。

康有为

夜宿海会寺赠至善上人①

开土诛茅五老峰，手植匡山百万松。
荡云尽吸明湖水，招月来听海会钟。
初地雨花驯白牸，阴崖石气郁苍龙。
读书无处归来晚，桂树幽幽烟雾重。

追忆至善上人

五老排云待我回，似曾相识客重来。
莲社远公圆塔出，祇园须达化城开。
山金湖光尚清净，竹林松径再徘徊。
追思三十年前事，旧墨笼纱只自哀。

韩国钧

登茅山藏经楼

离乡避乱登山楼，敌践河山灾可忧。
默默蒋圉江畔泣，滔滔淮海水咽流。
联盟抗日堪称范，分道扬镳自掘丘。
同室操戈仇者快，昭阳拟赴嘱回头。

韩国钧（1857-1942），江苏海安人，字紫石，亦字止石，晚号止叟。
韩国钧生于商人家庭，清光绪五年（1879年）中举，先后任行政、矿务、军事、外交等职，曾任吉林省民政使。民国成立后，历任江苏省民政长，安徽巡按使，江苏巡按使、省长、督军等职。

①康有为曾夜宿海会寺，和海会寺至善上人（东台籍僧人）相聊甚欢，结下深厚情谊。

宗 仰

赠高鹤年居士书
高君若高僧，俨然支公鹤；
早持菩萨戒，不爱混沌凿。
平生好名山，屐齿遍林壑；
屡经朝五台，顶礼文殊阁。
灵迹亦屡占，胸中振碧落；
学佛不耽逸，如僧日行脚。
倦游五岳归，榔标一支缚。
手建紫云寺，土木亲量度；
施财集万金，成功一笑乐。
重谒五台山，沪滨暂驻托；
晨夕参禅机，云水发著作。
随处结胜缘，与世谢酬酢；
人谓在家僧，我谓僧不若。

　　宗仰（1861-1961），现代僧，江苏省常熟人，俗姓黄，法名印楞、字宗仰，出家于三峰寺，受戒于镇江江天寺，后投身孙中山领导的资产阶级民主革命，参与辛亥革命，最后圆寂于南京栖霞寺。宗仰幼年读书颖悟绝伦，博览群籍，尤工诗古文辞。稍长就学于翁同龢，时翁已举进士，阅宗仰文章，辞茂义幽，莫测其际。

题高鹤年《名山游访记》
提起精神行得，脚跟把定立得；
源头寻着坐得，放下万缘卧得。
如是，来得去得，饿得冻得；
万物静观皆自得。

云 峰

法海波澜祝词——东台西乡功德林僧云峰
其一
大法不昌，奄奄将亡，若欲振兴，厥惟宣扬。
或创诸刊，或建报章，幸有龙象，挐挐提倡。

不惜牺牲，牟尼心肠，法海波澜，救世良方。

东布西散，普播十方，佛教前途，岂可限量。

其二

呜呼末劫，人心惟危，逾仁越义，世道险夷，

弗澈因果，靡不心欺。彼争我夺，实可伤悲，

杨朱善哭，遇途分歧，仁功长老，中外慈师。

法海波澜，垂济良医，如雷振耳，唤众愚痴，

五族同化，厥在今时。如是功德，莫可言思，

准此做去，党国础基，佛教巩固，无世无之。

季龙图

赠郭介梅先生

从政越关山，风霜世路寒。

量刑详审慎，立案谨防冤。

性不因权变，谦如未仕颜。

辞官归故里，还是旧长衫。

季龙图（1872-1950），盐城人，光绪三十年进士，授法部主事，中国同盟会会员，盐城县教育会会长等。诗人、书法家。

应慈

七律一首

寄迹儒宗了世缘，满怀风月照林泉。

遍参已羡庞公志，操守应超杨大年。

父母未生前面目，乾坤独露个中玄。

居尘不涉尘缘事，闲坐幽影心境圆。

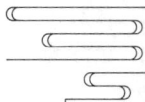

七言四首

（一）

华夏种子善栽培，万行因华朵朵开。

字元音声涌法界，还从法界见如来。

（二）

即诵华严莫计年，更当日日习参禅。

虽然定慧兼修事，无二无三第一天。

（三）

妙辩雄才转法轮，大开般若示家珍。

顿空五蕴离谁苦，个个争先恐后闻。

（四）

老小松枝多挺然，居然不畏雪缠绵。

严寒更觉精神足，万树凋零我独坚。

国庆十周年献词①

（一）

我生世间八十七，七十七年空白首。

此十年中人蔗境，幸福光明欢乐甚。

（二）

我若身具无量舌，各出无尽妙音声。

赞叹十年大成就，不及恒沙数一分。

名山游访记题词

赵州八十犹行脚，只为心头未消然。

鹤年禅友行脚参访二十余年，集此游记以供同道。丁亥春末，再版流通，拈花老人，随喜敬赞。

---

① 此为1959年国庆十周年时，应慈法师在中国佛教协会出版的《现代佛学月刊》上发表的共8偈《国庆十周年献词》中的两偈。

赞印光①大师

西方补处。东土道师。弥陀接引在当时。

信愿行弘施。六字坚持。花放满莲池。

华严座主敬赠

圆　瑛

民国二年于四明接待寺赠鹤年居士（七绝四首）

（一）

东坡箬笠是前身，不舍尘劳不染尘，

拨草瞻风圆见性，此心惟与道相亲。

（二）

百城烟水一身游，度岭穿云春复秋，

任运随缘无挂碍，也无烦恼也无忧。

（三）

横担椰栗自西东，一段飘然道者风，

直入千峰万峰去，此身常在白云中。

（四）

芒鞋拄杖日从容，踏破云山几万重，

无位真人真面目，于无觅处处相逢。

圆瑛（1878–1953），现代僧，福建古田县人，法号宏悟，别号韬光，又号一吼堂主人。中国近代佛教领袖，1929年与太虚共同发起成立中国佛教会，并连续数届当选主席。1953年，中国佛教协会成立，被推选为第一任会长。

刘障东

颂郭公介梅先生

秉耿慈良颂郭公，任劳从愿急灾穷。

施恩布德缘超喻，示义收仁不让冯。

放眼中原悲逐鹿，关心黎庶恤哀鸿。

①印光（1861—1940），法名圣量，字印光，自称"常惭愧僧"，印光大师一生弃绝名利，以身作则，极力弘扬净土宗，其在当代净土宗信众中的地位至今无人能及，被后世尊为莲宗第十三祖。其影响所及，不限于净土宗，也护持了中国近代佛教；不仅传承了佛教，还传承了传统文化。后人将其与虚云、太虚、弘一并列，合称"民国四大高僧"。

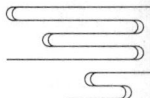

尤多著述医聋聩，文集丛谭警世钟！

刘障东（1888-1966）盐城人。经常与梁启超书信往来，交流学术思想。曾任上海商务印书馆编辑、上海市文史馆馆员。

胡为和

唐代刀

海宇悲今古，英风托宝刀，

千钧神力大，七级塔峰高；

精锐销烽火，班烂映战袍，

有唐功绩远，谁与摄洪涛。

胡为和，贵州独山人，字克之。民国七年（1918），任东台县知事，是年清明节游泰山寺，感赋五律四首存在寺内。从诗中看出胡氏当时在寺内还看到大刀。安丰关帝庙遗失的古铁刀尺寸、重量与泰山寺所藏大刀不符。富安关帝庙的大刀消失时间上与泰山寺不符，故可以断定泰山寺所藏大刀非安丰、富安关帝庙所遗失。

钱荫恩

咏前朝戟

断戟千年古，冰霜雪后花；

不随擒虎葬，宜出李唐家。

海上销兵气，名山镇物华；

英雄何处问，一曲浪淘沙。

钱荫恩，民国时东台乡贤、拔贡，1933年曾任东台县文献委员会主任。

逸溪

怀苇舫学长

会吾于山十载前，望师我欲乘云烟。

文章爱读海潮句，讲学名传南北天。

每向汉川怀旧雨，欣逢家国乐新年。

乡心久隔□书问，何日东归启法筵。

大 醒

醒世歌

人生原是如朝露，百岁光阴乃小住，
黄金一去可再来，谁会不把韶华哭。
读书求学少年时，多歧十人九错路，
中外古今书众多，书多不读时空度。
无端阶级分劳资，富者不仁贫者袴，
工商不振利权丧，农家日日愁征赋。
为官不为民除苦，下骗上瞒互行贿，
道德二字耻不谈，善无人顾恶争赴。
男男女女竞浮华，食不能粗衣不布，
只知事事效欧风，沉迷举国成深痼。
如今国事乱如麻，试问谁人真爱护，
二十年来内外忧，男儿斫去头无数。
杀人盈野复盈城，到底不知为何故，
强人只自知杀人，皮不存时毛焉附。
自作本来还自受，吁嗟此哭向谁诉，
千疮百孔国几亡，火热水深莫敢怒。
我自有心悲世间，利生弘法为家务，
愿求世人先正心，共将正见正知具。
杀机永灭生机生，苦海同舟相济渡，
净土人间实现成，人人心种菩提树。
欺人终要被人欺，因果循环须觉悟，
各各都为人上人，各安其居行其素。
释迦之教主慈悲，传布早令天下慕，
怎得人生到百年，学佛莫使伤迟暮。

题在家小像

愁病年前像，姓名字半存，
头愿已如此，幻影不当论，
旧社题诗处，残编剩泪痕，
乡山久离别，何以慰吟魂。

怀院长太虚法师①

转眼蛮甜风雪时，登楼怅望怀吾师。
来霑法雨刚三月，已见梅花发几支。
只树园中谁管领，海潮音里说安危。
云从莫教湖山绊，也望扶摇驾鹤归。

郭介梅

志慨十章

幕游南北几经秋，利锁名缰绾自由。
万丈狂澜沉劫海，一轮明月漾中流。
伸冤最是埋冤地，执法偏为枉法俦。
往古来今堪俯仰，莫凭方寸轶岑楼。
竹马毋牢拜细侯，林泉甘自早埋头。
人间富贵花间露，纸上功名水上沤。
诗酒生涯欣共赏，湖山胜迹任吾游。
贤愚千载同归尽，神鹤摩空唳不休。
卅载光阴弹指过，半生事业叹蹉跎。
崇儒敢谓宗尼父，参佛何曾悟达摩。
铁柱港前功果缺，义材局内咎心多。
博施济众诚难事，况更庸夫跻大罗。
也从先哲重民生，梦寐犹将饥溺萦。
西北石田谁为辟，东南天府已无赢。
连年烽火千砧急，大地河山一局评。
无限灾黎环待命，唯求宪政早完成。
世道人心顿异前，盗名欺世渺如烟。
狂呼讨父伦常□，高唱公妻廉耻捐。
信口清谈除压迫，伤心共产肆哗喧。
云翻雨覆知多少，力挽颓风赖后贤。
嗷鸿待哺实堪怜，盐阜偏灾倍惨然。

---

①太虚大师曾创办武昌佛学院，并担任院长，在太虚大师的推荐下，大醒得以进入武昌佛学院学习。

十室九空何所赖，三荒一稔复谁全。
流离载道哀号苦，饿殍垂危呼吸悬。
国脉须知在民命，莫教白骨满山川。
仁民爱物理无偏，饕餮惟知食欲先。
孽海腥风悲匝地，尘环杀气惨弥天。
千金市恶心愈快，万骨成堆意孰怜。
牛解力田蛙护谷，好生大德即登仙。
红尘白浪两茫茫，浊世难言姓字香。
修建敢存人我相，济施聊为独孤忙。
冤伸齐妇浑多事，乱避秦人幸勿忘。
碌碌半生无一得，羞谈行表与言坊。
国民知识未全开，莽莽神州夙德衰。
发聩振聋嗟力薄，去奢崇俭固宜偕。
梅多傲骨任霜压，竹解虚心拥雪栽。
不合时趋甘守拙，东山高卧月徘徊。
方将披发入山中，悟彻尘缘万象空。
儿是怨家女是债，财如电影色如锋。
心知慧业情无极，足堕轮回劫几重。
俗网羁縻何日了，一朝跳出乃豪雄。

叹世事之无常

河山自昔无新旧，人物从来有变迁。
多少培楼成秦岱，旋转沧海作桑田。
七雄权势今何在，三国纷争已杳然。
富贵荣华弹指事，诸公切莫受牵缠。

郭介梅自题杯渡斋

羡君幽处避嚣尘，己立欣然欲立人。
节操不容蒲柳媲，雪霜能守柏松贞。
高风写出清奇品，大义常留挺健身。
流水一湾桥偃仆，净修趺坐悟前因。
不傍山隈傍水隈，数椽小筑等蓬莱。
竹篱一带绕凡籁，茅舍终朝却俗埃。

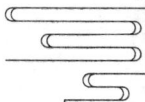

何必渠渠歌□屋，相安□□乐春台。
图书满架嫌旧小，隔巷何妨竟有回。

庾节母刘孺人传

贤哉庾母，名震亚东。
性怀慈俭，孝事姑翁。
中年弦断，守志弥隆。
针业度日，历经艰险。
抚孤养老，高行可风。
文孙蔚立，渐至融通。
今归莲域，万象皆至。
史传懿范，德容言功。
后人仿此，共祝大同。

赏花吟

（一）

园有牡丹未足丰，谁云富贵济贫穷。
人贪名利污清白，怎比杜鹃月月红。

（二）

根深叶茂美人蕉，本固枝荣芍药苗。
独有梅花不仰面，耐寒伴雪异香飘。

不受怜

救亡火急命关天，尝胆毋忘苦胜连。
五亿同心磨铁掌，何愁打鬼复山川？
抗倭何计苦熬煎，共盼金瓯早日全。
友赠米油归赵璧，虽贫从不受人怜。

挺松腰①

挂冠从赈挺松腰，学究莲池窃慕陶。
世上几多红眼事，冰壶岂可任人摇。

---

①1940年10月，郭介梅被县议会选为盐城县长时，坚辞不就。并吟此诗以示其志。

抗战吟

一

忽闻无故起兵车，□象蛮行恨小蛇。

强抢强奸强占土，杀鸡杀犬杀如麻。

硝烟滚滚焦千处，弹雨纷纷落万家。

自古兴亡人有责，敢将热血救中华。

二

愁云惨雾景萧条，大好河山已动摇。

束草为人败张□，卧薪尝胆灭吴骄。

金瓯有缺惭何似，玉斗成灰气不消。

华夏同胞齐努力，伫看狂寇望风逃。

有感于童年婚约

古礼犹存今若何，及时嫁女得春和。

向平喜了生前愿，梁孟相亲岂为罗。

梅实桃芬南国化，秧荣杞茂北山歌。

婚姻自主千家福，童约将来后悔多。

感悟人生

年来啸傲爱林泉，行遍名山喜欲颠。

久识朱门非富贵，始知白屋胜神仙。

竹篱潇洒欣陶志，布服风流以养廉。

莫使金阴虚度过，愿为救苦着先鞭。

送印光大师到报国寺①闭关

一

每从絮果证萍因，慧镜光寒谢绝尘。

净域禅关参一指，仁山智水悟三身。

椿松树茂灵岩晓，桃李花荣佛国春。

世界挽回千万劫，慈航引导出迷津。

———

①报国寺位于四川省峨眉山市峨眉山麓的凤凰坪下，全国重点寺院之一，海拔533米。寺院坐北朝南，占地百亩。是峨眉山的第一座寺庙、峨眉山佛教协会所在地，是峨眉山佛教活动的中心。

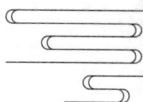

二

山门紧闭远尘嚣，老鹤盘空下九皋。

面壁苦吟常入定，心斋兀坐不知劳。

毒龙已制安禅惯，灵鹫频来见俗逃。

闻得木樨香最久，碧天如洗月轮高。

栾秀生（毓清）

民国阜宁栾毓清先生为郭介梅先生《鸿嗷辑·振灾篇》题三首

《鸿嗷辑·振灾篇》题词

（一）

令誉传闻不一时，四方救拯费趋驰。

忧民饥溺何尝释，亲领风霜任所之。

草莽淹居空窃比，布衣敢说是相知。

难忘钟爱情深处，漫把芜词慰远思。

君为赈务奔走，积劳致病，旋亦霍然。

（二）

饱阅风尘世味谙，乾坤几辈号奇男？

私囊惯为公家罄，儒理多从佛学参。

笔到生花皆入妙，功能证果即回甘。

推恩一拭哀鸿泪，薄海同仁得指南。

君办赈有年，向不受公家津贴，均自解囊。君少读儒书，长参佛学，俱极有心得。君著兹《鸿嗷辑》，即办赈之南针。

（三）

羡公早谢利名场，解组归来义赈忙。

宦海清风排浊浪，灾区明月照贪狼。

拯饥宁惮天涯远，立德曾经国府彰。

衰世凤麟能几见？不妨翘首问穹苍。

君自大同法政毕业后，旋从政皖、陕诸省，未几引退办赈。君在官以清廉自矢。君担任赈务，自查自放。不假人手，贫民欢呼，贪董衔恨。君曾在山东、河南放赈。君办赈有功，同人曾电请奖励。

毓清栾秀生贡稿

——原刊郭介梅：《鸿嗷辑》，国光印书局，1934年。

栾秀生（1900-1936），字毓清，号啸月散人。江苏阜宁人。中国崇俭赈灾会筹备委员、任印善书文谊会会长。慈善家、诗人。著有《啸月轩诗钞》。生平不详。

吴英修五氏
恭颂中国赈灾会东海区灌云县义振查放局郭局长介梅诗

去年黄水为灾，东、灌等县受害甚巨，中国赈灾会特聘郭介梅先生来海属主持义赈事宜。郭公身为局长，亲自冒雨奔驰灾区，率同各放员探水查户，日食豆渣，夜宿牛屋，旅行简单，不受接待，扫尽吞赈流弊，处处实惠及贫。同来十人，皆雅文不俗，嗜好全无。在海属两逾月，办赈之暇，并以所著书籍布散。览者感化甚多，同人实见所未见，闻所未闻者也。除登徐报、《江苏日报》《大公报》鸣谢赈灾会外，爰赠律诗，以资纪念。

千金巨子戒垂堂，况是燕山宝十郎。

行路多难防陷阱，作劳太过等严墙。

绸缪未雨思宜豫，损失精神得不偿。

从井终非仁者事，一时锐进岂能常。

禹王治绩尚乘车，跣足徒行自足夸。

作事竟同军队化，耐劳不愧旅行家。

公怀饥溺心常切，我祝康强愿更赊。

鸿爪雪泥留赠后。名言佳句碧笼纱。

吴英修五氏贡稿

上诗为灌云义绅吴修老因郭局长救灾劳苦太甚作诗规劝请保有用之身而为灾民造福。

读罢君篇感善行，圣言佛语赖昌明。

文章道义高群类，菩萨心肠济众生。

灌水浪因杯渡静，云山驾过鸟飞迎。

披星戴月翻为乐，跋涉劳劳不计程。

射陵从古是珂乡，慈善如君世共望。

瞻若松乔夸有道，祝饶福分继汾阳。

直言规劝朋争听，疏食甘尝味更香。

愧我不才难颂美，为将盛德广宣扬。

德昭王怀庚敬赠

赠郭介梅先生
薛梓藩

省余存稿实超伦，意挚情真气若春。

子秀女清同北向，力衰识陋愧西宾。

人师足式承家学，竹马欢迎述祖仁。

礼佛诵经行不倦，优游林下作乡绅。

薛梓藩：后改用指凡，盐城人。善诗、工书，抗战伊始，不求闻达。设帐乡里，桃李夭夭，为时所重。

三、现当代诗词

镜子等

颂华严座主应慈法师诗五首
其一 上海福幼院

大善知识世希有，悲悯劫乱度众生。

利乐有情弘教化，智证无漏放光明。

华严大经开讲座，慈云甘雨满化城。

我等至心伸敬意，东有启明西长庚。

其二 镜子

华严教义任扶持，又出人天雪浪师。

纵遇群生多难日，道风应胜晚明时。

谁信童头七十翁，振威一喝使人聋。

破山原饮曹溪水，先要宗通后说通。

壬午促春，应公购华严全经既，适逢世寿七十初度，率听众静参二七日，解制赋此，以助法喜。

其三 定常居士

我念善知识，为世大明灯。

建立精进幢，能集菩提行。

于斯难见境，普转妙法轮。

爱人如爱己，富寿利群生。

勇猛恒持法，普贤深妙行。

善来趣佛果，当兴此愿云。

八表同欢康，三世悉平等。

我今恭敬礼，称扬莫能尽。

壬午仲春恭逢 应公老法师古稀之庆敬集杂华偈颂为祝。

其四　慈定

华严法会于壬午普贤菩萨圣诞后一日圆成，敬步培龄老居士原韵。

闻经于此已三年，寒暑不停兹一编。

打死七识成妙智，面壁九岁是宗传。

誓依愿王消夙孽，普劝眷属上宝船。

菩萨往来无着趣，弗忘佛旨常拳拳。

其五　培龄

茫茫坠绪废千年，独考探玄法藏篇。

更溯清凉穷奥旨，还搜宗密绍心传。

三贤十圣菩提道，绝相离言般若船。

亲聆圆音经半载，愿持戒律永拳拳。

本师华严座主应慈老和尚，诱引初机，不遗余力。兹值七旬大庆，率赋律诗一章，以志感慕，未足赞大德于万一也，受戒弟子绪定顶礼。

周梦庄

齐天乐 赠太虚大师[1]

修言学佛离文字，讽诵尚多精彩。戛玉敲金，裁云缝月，大德名扬当代。百城烟海，恁飞散流霞，放开莲界。花雨缤纷，潮音诗接寄禅派。

沉思前事，布道往来南北路，正像犹在。旱魃遮天，兵氛涨地，坐卧经行无碍，遐龄将文，祝福慧俱严，婆南环拜。度尽苍生，愿心何恨再。

周梦庄（1901-1998），盐城伍佑镇人，无党派人士，政协盐城县第五届委员会副主席。周梦庄博览群书，学涉古今，对地方志、版本目录、年谱传记、文物考据、词章典故方面以及《红楼梦》《水浒传》等文学名著有精到的研究，尤以词学见长，著有《周梦庄全集》。

鹧鸪天 重过法藏寺哭兴慈寺主

志续天台事未忘，三年弹指忽沧桑。

---

[1]太虚大师（1890-1947）：法名唯心，字太虚，号昧庵，俗姓吕，乳名淦森，学名沛林。原籍浙江崇德（今浙江桐乡），生于浙江海宁，近代著名高僧，雪松和茗山等都是他的高徒。

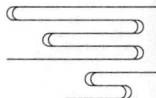

僧多返俗逃尘劫，我亦闻钟感夕阳。

人寿尽，法音长，只轮西去莫悲伤。

洞知无灭无生旨，有愿重来视等常。

挽联

一棹自南来，海上超尘寻断梦；

只轮向西去，天台霁月息宗风。

浩 乘

怀茗山学长

江干揖别后，倏忽十余秋。

竹林怀磨琢，焦岩忆咏讴。

烽烟海角起，云水天涯流。

何日流团上，燃香共进修。

山 居

深峦习静定，破卷独吟谣。

慄惕松涛急，恬愉竹影飘。

园蔬提筥摘，野草荷锄樵。

愿仗空王力，耕耘心地苗。

赵朴初

纪念应老圆寂二十周年[①]

昔在天童，随公步月。

妙喻如珠，一花五叶。

廿年弹指，遗言常新。

破除迷信，坦白光明。

赵朴初（1907-2000），安徽安庆人，中国民主促进会创始人之一，卓越的佛教领袖、杰出的书法家、著名的社会活动家与伟大的爱国主义者。赵朴初早年从事佛教和社会救济工作。中华人民共和国成立后，历任中国佛教

---

①1953年，应慈法师与赵朴初在天童寺月下谈禅，为赵举一花五叶之喻。师昔在上海崇德会讲《心地观经》，命人大书"破除迷信，坦白光明"于左右楹柱。

协会副会长、会长，1983年6月任政协全国委员会副主席，政协全国委员会民族和宗教委员会主任。

雪 松

太虚大师纪念歌
太虚大师，悲愿无尽，来从睹史陀。
兴学育才，起衰救弊，不遑求安处。
踏遍全球宏佛化，中华第一人。
整理僧制，领袖法门，大名千古垂。
薪已尽，火应灭，安住涅槃城。
遗教在，典型存，誓愿勤奉行。

抗日战争赠友人①
年来国事蜩螗甚，还我河山知几时？
珍重长风从此乘，好将雄略挽垂危。

弘一法师②题地藏画传
地藏画传金乔觉③，艺苑名家大笔挥。
璧合珠联称上品，山僧爱护慧灯辉。

孔望山石刻④
释迦石刻此空前，傲视群山先着鞭。
艺苑奇葩文物古，如何珍摄我情牵。

送别竹林法师⑤
燕赵自古多佳士，今日与君亦信之。
客地相从方恨晚，那堪又赋别离诗。

①此诗作于1941年6月，友人指时任新四军代军长陈毅将军。
②弘一法师（1880-1942），是中国近代四大高僧之一，原名李叔同，工书法、篆刻、绘画，是雪松大师好友丰子恺的老师。
③金乔觉：法名乔觉，俗姓金，祖籍新罗（今韩国）庆州，王子。唐中叶开元年间渡海来九华山苦修，圆寂后留下肉身，供在肉身店，被尊为地藏菩萨。
④孔望山住于江苏省连云港市境内。孔望山石刻刻于后汉。
⑤1934年秋，作于江苏镇江超岸寺，赠竹林法师。竹林法师河北易水人氏，生平待考。

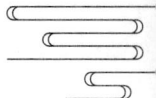

仿杜诗赠茗山法师

京江①别后常相忆，为教宣劳几度闻。

正是春光无限好，金陵名刹②喜逢君。

久别老友③来信

江南一别廿年余，鱼雁难通音问疏。

今日喜从天外降，绿衣送到故人书。

大众④贤徒孙留念

善根深植方离俗，割爱辞亲亦宿因。

浊世早修无上道，狮城喜有再传人。

赠藏家史明先生⑤

文史哲艺徽章叙，君明慧心道义研。

特殊风云特殊物，前事莫忘后事师。

鉴真大师像回国探亲二首⑥

一

誉满中华有道僧，盛唐龙象数斯人。

六番东渡传佳话，友谊桥梁喜建成。

二

宝像跏趺说法台，千年犹自笑颜开。

探亲盛会知难遇，万众欢呼盲圣来。

---

①京江指与扬州一江之隔的镇江。

②金陵名刹指的是南京最大的寺庙栖霞寺。

③1984年5月10日登北京八达岭、慕田峪长城即兴感赋记之。

④祖龙指秦始皇。

⑤此诗作于1978年冬。

⑥陈毅元帅曾作《咏雪》一诗。

怀念台湾友人①

一

一曲骊歌数十年，海滨遥望隔云天。

蓬瀛不是神仙境，早赋归来共着鞭。

二

祖国繁荣胜往年，辉煌业绩史无前。

片言奉告君须记，爱国何分后与先。

长城②

一

长城万里影婆娑，中盛世民忘出塞歌。

历尽千秋无定论，祖龙③功罪竟如何？

二

登临蓟北关山望，塞外风光眼底收。

一片葱茏林似海，雪泥鸿爪客踪留。

咏雪④

鸿钧腊转北风寒，瑞雪纷飞万里山。

预兆丰年歌大有，神州十亿尽欢颜。

和陈毅将军赠诗

大雪盖青松，青松仍挺直。

欲知松苍翠，雪染色愈浓。

自度曲

赞陈毅同志题"黄山"⑤

一九八六年金秋，我随团访问皖南，既饱览云海、奇松、怪石⑥，又亲

---

①1986年秋，雪松随江都县政协参观团前往皖南，登临黄山，有感而作。

②老友指江苏镇江定慧寺住持茗山法师。

③大众指新加坡世界大乘佛教精舍主持觉众法师。

④此篇是雪松大师于1998年10月25日，为方圆堂主明而作。

⑤雪松大师生前十分怀念去往台湾的故交好友，爱国情、念友情溢于言表。

⑥云海、奇松、怪石为黄山三绝。

睹元戎书法。忆当年小住盐城，曾蒙枉顾，接樽俎，谈国事，每钦儒将风流，指挥若定。痛将星殒落馨颎无闻。且喜这二字"黄山"，为名山增色生春。

谒扬州八怪名家板桥故居①

东风送我到昭阳②，瞻仰前贤纪念堂。
敝履功名成进士，浮云富贵远官场。
道情十首歌身世，茅屋三椽走水乡。
野竹萧然堪自遣，一船书画过维扬③。

镇江行④

政协群贤集，趋车过大江。
风生谈笑里，人立水云乡。
芳草连天绿，繁花满地香。
主人⑤多好客，迎送渡头忙。
迢递三边静，江天万里长。
山僧谈往事，师友话衷肠。
四宝⑥依然在，故人已云亡。
水漫金山寺，未免太荒唐。
中途茶未饮，郭璞⑦墓何方。
焦仙⑧楼隐处，蔬馔共品尝。
摩崖看石刻⑨，残破见创伤。

---

①1986年春，雪松大师在兴化拜谒郑板桥故居。
②昭阳是兴化的别称，兴化亦称楚水。
③维扬，旧扬州及扬州府别称。《书·禹贡》："淮海惟扬州"，惟通维。今有扬州市维扬区。
④1984年4月，雪松大师随扬州市、江都县政协部分文化、艺术、医卫、教育、科技、宗教界委员联合考察镇江市。
⑤主人：镇江市政协。
⑥四宝：周鼎、梁红玉战鼓、苏东坡玉带、文征明画卷。
⑦郭璞：东晋著名诗人，殁后葬于焦山脚下。
⑧焦仙：东汉焦光。
⑨石刻，《瘗鹤铭》，《瘗鹤铭》被称为中国书法史"大字之祖"，原文160字左右，刻于焦山西侧临江崖壁上，唐代后期坠落江中。后历代打捞出5片残石，计93个字。其他残石成为千年来萦绕在我国学术界的一个研究话题。

炮台遗迹在，外寇何猖狂。

主僧出门去，丈室空彷徨。

座有八旬叟①，诗名重绿杨。

索和苦不得，左右费思量。

此行饱眼福，胜迹永难忘。

和杜明甫先生七十述怀步原韵②

记曾戎马贱头颅，垂老归田翰墨娱。

七十韶华翁矍铄，当年争战路崎岖。

政声公仆真无愧，名重诗坛岂若愚。

邗水识荆吾恨晚，不求骑上灞桥驴。

赠蓓杜③先生

三余书屋主人翁，而立年华长者风。

满室珍藏古文物，醉心史志乐无穷。

凭吊雨花台④先烈

清晨凭吊雨花台，百尺丰碑曙色开。

十万忠魂埋地下，沸腾热血怆吾怀。

参观远洋巨轮益门号⑤

连云港口益门轮，载重超群设备新。

航海已登先进列，通商友好往来频。

---

①八旬叟，早年与柳亚子先生有诗谊的南社诗人、著名学者、复旦大学和扬州师专教授李仲南先生。

②1994年雪松大师和老友杜明甫先生唱和所做。

③蓓杜即周正亮，现为中国收藏家协会会员、江都市政协委员、江都龙川书院院长。三余书屋系其书斋名，由已故国民党元老陈立夫老先生题写。

④南京雨花台馆藏资料记载，解放前在雨花台殉难的革命烈士达10万之众。

⑤1988年作者随江都县政协考察欧亚大陆桥连云港市而作。

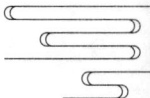

江都诗书画会感赋

江都盛会诗书画，又结龙川①翰墨缘。

佳作琳琅歌雅曲，群贤毕至谱新篇。

鼎新革故多高策，各业繁荣胜昔年。

寄语台澎金马客，早图归计着先鞭。

视察江都经济感赋

仙城②大地喜欣欣，改革春风面貌新。

经济文化双轮转，和谐前行重千金。

参观吴堡③渔业有感

观光吴堡叹神奇，一片荒滩变宝池。

政策富民真是好，惠农有术信无疑。

观看消防战士灭火表演④

烈焰冲天热浪翻，飞廉助虐卷狂澜。

消防战士神通广，火灭烟销弹指间。

沐 浴⑤

只有人污水，哪会水污人？

水能洁净体，澡身又浴德！

北 京⑥

我可爱的祖国首都北京，风景、名胜、古迹美不胜收，皇宫、皇陵、皇

---

①八旬叟，早年与柳亚子先生有诗谊的南社诗人、著名学者、复旦大学和扬州师专教授李仲南先生。

②仙城指江都，江都旧称仙女庙，今称仙女镇。

③吴堡现属江都市小纪镇，是该市著名的特种水产养殖之乡。

④1995年5月，雪松大师随江都市政协视察该市消防工作而作。

⑤此诗为雪松大师在江都市龙川老街老字号澡堂——胜利浴室沐浴时有感而发，即兴口占。

⑥1984年5月12日，雪松大师作于北京全国政协招待所。此行大师参观了中南海怀仁堂、中关村十三陵水库和法源寺、中国佛学院等处，欣喜难寐，感慨万千。

家花园金碧辉煌，彰显出封建帝王的骄奢淫逸，凝集着劳动人民的辛劳和智慧。今日之北京，市容整洁，车水马龙，高楼林立，两个文明建设硕果累累。乘坐地铁，徜徉天安门广场，参观人民大会堂，瞻仰毛主席遗容……

看泱泱中华，晴空万里，新旧两重天，中枢英明，百姓安居，世人惊叹！我这乡野老叟大开眼界，饱受教育和鼓舞，愧无生花妙笔，歌颂我伟大的祖国首都北京。

扬州地区针灸学术会议剪影①

乘党的十二大东风，十一县市代表云集泰兴城，教授学术报告，畅谈古今中外，同道交流经验，论文琳琅满目。临床操作表演，运用四诊八纲，技术熟练，态度慈祥，会场作课堂。参观东进馆②，缅怀先烈，倍生景仰情，齐表决心，传承和弘扬祖国伟大医学遗产，争做当代孙思邈，贡献于人类，为全面开创现代化建设新局面，共同奋斗。

浣溪沙·颂建国三十五周年③

国庆欣逢卅五年，龙川盛会集群贤，讴歌四化寄吟笺。两个文明结硕果，多方改革谱新篇，人民笑语颂尧天。

浪淘沙·瞻仰周总理故居④

重访淮安城，学者同行。畅谈都是赞扬声。总理故居共瞻仰，聊表葵倾。一代仰高名，宵旰辛勤。鞠躬尽瘁为人民，公正廉明真典范，万古师承。

天净沙
瞻仰淮海战役纪念馆、纪念塔⑤

凤凰山石岩岩，巍峨馆塔庄严，战果永留纪念，龙争虎斗，人民秉政当权。

①这首新诗1982年作于泰兴县政府招待所。雪松大师是一代名僧，也是高明医师，尤其擅长中医和针灸。
②东进馆指新四军苏北指挥部旧址。
③本诗是1984年10月，雪松大师作于江都县政协礼堂。
④1990年1月，大师随江苏省教育界和社会科学界部分人江苏省教育界人士参观淮安周总理故居。
⑤该塔建于中国历史文化名城江苏省徐州市，是为了纪念三大战役之一的徐州会战而建立。

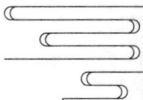

沁园春·全国两会颂①

喜讯频传，两会同开，圆满完成。看空前盛况，一堂济济，建言献策，同德同心。连日辛劳，通宵合议，宏伟蓝图正鼎新。须铭记：要毋忘团结，致力振兴。发扬民主精神，选治国兴邦领导人。喜受命群英，深孚众望，运筹帷幄，为国为民。鼓舞欢欣，乘风破浪，百舸千帆我笑吟。毋前后，纵头发斑白，敢惜余生？

雪 烦

闻天宁寺举行天宁焦山竹林三佛学院全体师生聊饮会
盛况空前喜赋七律一章谢呈钦峰长老

学子归来誉盛情，缘悭恨我未随行。

为扶正法资群策，欲挽狂澜计众擎。

真俗并谈排旧碍，庄谐互演缔新盟。

况多长老提心要，棒喝当头一座倾。

雪烦（1909-1994），现代僧，字雪烦，俗姓孙，江苏泰县人。14岁出家，20岁在栖霞寺受戒。1942-1946年担任焦山寺方丈、焦山佛学院院长。抗战期间，他保护了国宝"瘗鹤铭"。新中国成立后，任上海三昧寺方丈。先后担任中国佛协理事、南京市佛协会长、江苏省佛协名誉会长等，是茗山法师的老师。

朱月湖

步郭介梅先生赠诗

一

讲经争羡远公庐，日日潮音达太虚。

狮子座边归觉悟，何来色相用驱除。

二

习静虔翻贝叶书，君从真性契真如。

倪黄画法今犹在，我愧家居漫绘图。

①1983年6月，全国人大六届一次会议和全国政协六届一次会议在北京隆重召开。

朱月湖（1912-2009），字君山，别号淡庐老人，青螺室主。安徽当涂人，书画篆刻家、诗人。安徽省美术家协会会员，出版有《朱月湖画集》。

茗山

盐城永宁寺

毗尼久住正法永昌，大寺钟声今再响。
世界和平国家宁静，盐城区域更繁荣。

焦山华严阁下陪赵朴初观朴树有感①

朴老无心逢朴树，茗山会友到名山。
因缘时节天然巧，正法重兴住世间。

一九七八年十一月二十日

和赵朴初焦山壮观亭得句

华严阁下共筹谋②，盛宴从来出镜銮③。
空殿兴修宜塑像，慧灯待续实堪忧。
六朝胜迹称浮玉④，千古江山⑤数润州。
指日重兴仗鼎力，再来更上一层楼。

一九七八年十一月二十日

附赵朴初赠茗山原诗

生子当如孙仲谋，不缘年少万兜鍪。
关心岂限眼前事，启后宜先天下忧。
浮玉中流迎北固，真堂隔岸望扬州。
壮观二字应无负，第一江山第一楼。

---

①1978年11月中国佛教协会赵朴初会长来访焦山，与茗山法师谈论修复寺院、装塑佛像、培养僧才等事。
②共筹谋：朴老向我谈修复焦山寺，如何办佛学院，并商谈在南方或北方办学事。
③1978年11月20日，焦山公园以盛宴招待赵朴老，朴老在宴上赞美盛宴，故借盛宴喻僧材，以镜銮（铜炉）喻佛学院。
④六朝胜迹，指焦山瘗鹤铭石碑。浮玉是焦山别名。
⑤梁武帝称镇江为"天下第一江山"，陆游称"形势数东南"。

在北京饭店接待香港佛教旅行团

其一

三十年来隔海洋，一朝相会喜泱泱。

多承惠赠录音器，共结良缘象藏香①。

正法重兴常住世，名山到处遍开光②。

作诗寄语诸师友，相继归来话短长。

其二

香港同胞自远来，一堂聚首乐悠哉！

三生石上前缘结，祇树园中盛会开。

素宴清香熏法界，梵音和雅绕莲台。

京华胜迹同欣赏，谊挚情深送客回。

一九七九年三月廿一日

六返焦山有感③

弹指山居数十年，六番来往有前缘。

兴衰成败浑间梦，离合悲欢付逝川。

利乐有情应无我，庄严东土作西天。

迎来佛像晨昏礼，祝愿千秋万古传④。

在焦山告台湾同胞

扬子江中水里山，登高望远告台湾，

他乡怎及故乡好，收拾行李早日还。

一九七九年九月四日

---

①他们赠送录音机，我们回赠"象藏香"（香名）。

②当时中佛协拟修复名山大寺，准备开放，佛教称开光。

③茗山1934年春从盐城去焦山求戒求学，1946年夏，从湖南回焦山受训；1951年春从上海回焦山任住持；1975年冬从南京回焦山复职；1962年冬，从北京回焦山复职；1957年夏，从镇江黑桥回焦山复职，先后共六次。

④1975年春，镇江园林管理处委派严俊华同志和茗山往北京迎请诸多佛像回镇，部分佛像运到焦山供奉，故作此祝愿。

苏宁镇诗书画家会焦山

双重佳节①会焦山，书画诗人意境宽；

万象森罗偏遍法界，华严阁上尽开颜。

一九七九年十月一日

早 起

醒来时起床，落月照西窗。

转手一回头，东方出太阳。

一九七九年十一月五日

第一次参加江苏省政协会议

太平路上坐楼台，各界名流各地来。

往昔曾遭冤屈罪，而今都作栋梁材。

谈谈四化心情畅，济济一堂议论开。

胜会将成元旦日，残冬过后报春回。

一九七九年十二月二十七日

欢迎鉴真和尚宝像回国

六番东渡为传法，一旦归来是探亲；

定力慈心千古式，承先启后两邦人。

一九八零年四月

赞日本荣睿大师

留唐学法十多年，访得真师志更坚。

为法忘躯何足惜，只因东渡结来缘。

一九八零年四月

赞日本普照大师

因悲本国教衰微，愿往唐朝请法归。

百折不挠经廿载，迎师东渡得传衣。

一九八零年四月

①双重佳节指是日既为国庆节又为中秋节。

镇江宾馆喜迎日本森本孝顺[①]

金山宾馆喜迎宾，一见交谈心印心。

谈到神邕师鉴祖，招提定慧更相亲。

镇江渡口欢送森本长老

万里相逢不等闲，有缘相见并非艰。

欢迎一饭又欢送，临别依依古渡间。

朝普陀山

普陀胜地始登临，古寺黄墙映绿林。

海色苍茫呈佛境，潮音起伏空人心。

群峰围绕如朝圣，百鸟和鸣似抚琴。

欲闻观音何处住？反思何处不观音。

一九八零年八月十三日

登长城八达岭

长城千古耸云霄，横驾群峰万里遥。

曾为诸侯争霸业，几经历代换王朝。

当年战马撼山岳，今日游人拥海潮。

行到危坡难举足，要登绝顶莫辞劳。

一九八零年十二月

贺中佛协开会暨佛学院开学

好似灵山胜会开，千贤万圣十方来。

欣逢长老都康健，喜见新生蔚秀才。

广济戒幢初树起，法源学院复栽培。

有人后继僧家业，我佛拈花赞善哉。

一九八零年冬

---

①1980年四月，日本奈良招提寺长老森本孝顺车送鉴真和尚宝像回国探亲，路过镇江，三级（中央、省、市）首长和各界代表到金山宾馆欢迎。余因与长老交谈，提起焦山定慧寺唐代主持神邕大师是鉴真和尚弟子时，日本招提寺和中国焦山定慧寺，原是一脉相传，倍感亲切。

焦山雪景

大雪纷纷落下来，顿教大地绝尘埃。

群峰顶上腾飞瀑，万树枝头吐白梅。

郊野画成银世界，江山涌出玉楼台。

清凉胜境一时现，天上人间分不开。

一九八一年一月三十日

和圆澈法师在广州送余赴港弘法

巧遇他乡话再三，心长语重意尤酣。

万千经历浑如梦，六八年华一现昙。

护教有心君向北，忘躯为法我询南。

赴汤蹈火皆无畏，打破疑团不用参。

一九八一年四月十九日

和香港源慧法师

觌面分明莫问谁，几年当念验兴衰。

举杨穷劫何曾说，仰止灵山勉共随。

一九八一年四月二十三日

朝九华山

宿愿初偿礼九华，群峰迤逦伴云霞。

肉身不坏金刚体，百岁无瑕佛子家。

瀑布悬空疑玉璧，溪流澈底现金沙。

化城重现权停足，实所当前应献花。

一九八一年九月二十六日

黄山一日游

九华山势可称雄，一到黄山兴更浓。

浩渺青云腾峻岭，玲珑怪石出奇松。

温泉可浴招游客，瀑布飞流化水龙。

最爱夕阳无限好，抬头忽见万峰红。

一九八一年九月二十七日

西湖即景

西湖一览水连天，月印三潭静悟禅。

岳庙英名留万古，黄龙仙洞岂千年。

玉泉鱼跃群情振，花港荷开杂色鲜。

虎跑寺中寻故迹，六和塔上景无边。

一九八一年九月二十八日

宁波访胜

七塔观音坐宝坛，百千手眼现毫端。

育王三礼时虽暂，舍利一瞻意自宽。

欣赏天童堂殿阔，喜看太白竹松繁。

乘车沿路观山景，万象森罗一瞬看。

一九八一年九月二十九日

再朝普陀

胜境登临到普陀，寺前依旧种青荷。

十方聚会来朝圣，四众同声唱赞歌。

殿上应身新塑起，堂中僧数又增多。

登高远眺全山景，行树重重似网罗。

一九八一年十月一日

和日本石川忠久

有朋远道来焦山，觌面吟诗慧如海。

异域山川风月同，友情彼此永不改。

一九八一年十一月六日

附：石川原韵

先入东林只见山，今来定慧又观海。

风光相异趣相同，海阔山高终不改。

赠日僧阪井升道

日中僧侣会江东，地异天同谊可风。

寄语两邦诸佛子，通宗通教亦心通。

一九八一年二月五日

日本以文会来镇江交流书法

山川异域月同天，书法交流北固巅。
大笔一挥皆鼓掌，日中友谊万千年。

一九八二年三月

访泰观感

刹那万里掠晴空，曼谷风光落眼前。
拖钵黄衣沿路过，如林金塔耸云边。
僧王问答慈心切，佛像交流道谊坚。
寄语泰中诸长老，藏经互译结来缘。

一九八二年四月

过南郊竹林寺有感

为访南郊过来山，竹林旧貌换新颜。
未逢僧话心惆怅，愿教贤才早接班。

一九八二年九月

僧训班开学勖诸生

光阴一刻值千金，莫让堂中错用心。
珍惜此行诚不易，前程万里始于今。

一九八二年十月一日

赞中国女排

冠军再夺凯旋归，举世欢腾振国威。
勇敢精神勤锻炼，排坛声誉仰巍巍。

一九八二年十月

栖霞寺升座

空假假空假即空，非空非假亦非中。

四边不著真般若，无性缘生万法通。

一九八二年十一月十五日

七十感怀

年到古稀志未移，绍隆佛种不迟疑。
莘莘学子来培训，总愿成才作大师。

一九八三年三月

鉴真和尚圆寂一二二九/宝像回国三周年

为法忘躯曾六渡，遗容回国又三年。
日中人士同歌颂，继往开来代代传。

一九八三年夏

栖霞寺门外偶见

手抛足踢打球场，缘女红男着盛装。
偶出寺门举首望，松枝枫叶映斜阳。

一九八三年九月

夜过北京城

乘车夜半首都行，偶见天空耀眼明。
不觉路灯窗外映，翻疑星月落京城。

一九八三年十二月七日

祝全国佛协成立三十年

佛协曾经三十年，沧桑变幻任因缘。
四凶作难钟声歇，劫后重兴万古传。

一九八三年十二月

颂焦山

参天缘树映黄墙，古寺钟声断复常。
红日金波光闪闪，茂林修竹色苍苍。
焦公洞裏辞三诏，瘗鹤铭边隐上皇。

四面尘埃飞不到，一山端坐水中央。

一九八三年冬

和日本临黄协会访华团原韵①

贵宾万里到江边，中日原同风月天。

临济金山传一派，如今觌面即心禅。

一九八三年冬

无锡车中偶见

抬头偶见一排床②，疑是城中宾馆房。

一即是多多即一，恍然幻影镜中藏。

一九八四年一月十六日

无锡鼋头渚遇雪③

鼋头渚上绝尘埃，大雪纷飞天上来。

四野尽成银世界，群峰顿现玉楼台。

满空柳絮随风舞，一夜棉花遍地开。

预兆丰年农户乐，交通阻塞客心哀！

一九八四年一月十八日

江浦狮子岭归途偶遇

江浦归途见覆舆，惊从御者问何如？

危区谨慎安全过，坦道粗疏必倒舆！

一九八四年二月十八日

---

① 在镇江金山寺大殿内日本访华团以诗见示，应邀作和，立刻吟此。

② 列车软席房中有两镜对照，故将两张房变成四张，四张变为八张……故现出一排床位。第一次见此镜像，初怀疑（睡初醒，猛然一见）后方恍然大悟。"一即是多多即一"，是佛家语句，出自《华严经》，借此喻知事理无疑。

③ 1984年雪特别大，积雪三、四尺高，又加冰冻，交通受阻，旅客滞留。茗山因传达中佛协文件到此，亦受阻。

日本空海大师足迹参拜团来访

焦山别后会栖霞，主客交融似一家，

空海大师留足迹，后人接踵到中华。

一九八四年三月二十三日

中英联合申明见报

喜闻失地定归还，各族欢腾现笑颜。

忍耐多年回祖国，和平一统望台湾。

中英友好干戈息，港澳繁荣政令颁。

内外人群同赞叹，千秋世史记斑斑。

一九八四年九月二十七日

栖霞佛学院开学自勖诸生

一寸光阴一寸金，寸金难买寸光阴。

勤修勤学勤思考，莫恋嬉游善用心。

一九八四年十一月一日

江苏省先进表彰会上和朱庚成

先进名单列茗山，光荣榜上细观看。

深惭老病无多力，但愿躬亲促两番。

国际往来增友谊，僧才培养亦心甘。

今朝重遇群英会，欲效黄公一片丹。

一九四八年十一月二十七日

颂栖霞

千佛名岭名气大，六朝古刹古称雄。

松枝栽雪头皆头，枫叶经霜色更红。

舍利塔①中藏佛骨，征君碑②上志明公。

---

①舍利塔：建于隋开皇年间，是中国稀有的石塔。塔下藏有古佛舍利，塔上雕刻，艺术水平很高，国内外识者非常欣赏。

②明征君碑：建于初唐，唐高宗亲书"栖霞"两个大字，笔力雄劲。碑文是当时名书家高正吕所书，内容是表彰栖霞寺创始人明僧绍（别号征君）舍宅为寺的功德。

山居最爱晚晴日，一片霞光照太空。

一九八四年冬

一九八五年元旦勖同学

当今民富国家强，寺庙重兴正法昌。

形势喜人无限好，学修并进惜时光。

一九八五年一月一日

第二学期开课再勖同学

一年之计在于春，大好时光正喜人。

收拾身心齐努力，勤修戒定息贪瞋。

一九八五年三月十一日

车过龙潭见夕阳双照

车过龙潭见夕阳，西方红日现东方。

孰真孰幻难分别，真幻难分两俱忘。

一九八五年四月十七日

陪客渡江偶感

车从京口渡瓜洲①，顷刻汽轮到码头。

聊想滔滔苦海内，有谁常作渡人舟。

一九八五年四月十九日

即 是

（一）写字偶感

忙忙碌碌事牵连，培育僧材又在肩。

那得清闲修定慧，且将翰墨结因缘。

---

①镇江古称京口，是日陪香港圣一法师乘汽车从镇江渡口登汽轮渡长江，从瓜洲登岸，往扬州访
　问。

（二）病后

焦山与我有前缘，去去来来五千年。

老病衰颓思退隐，欲寻后继侍忠贤。

一九八五年秋

贺李守敬四十生辰

四十生辰未足奇，文章多彩足为师。

相交数载成知己，交到忘年不记时。

一九八五年十一月

赞女排郎平①

万众欢呼赞女排，冠军无敌于天涯。

震惊国际明星队，都说郎平球最佳。

一九八五年十一月

贺《法音》出刊五周年

（一）

法性湛然何用说，此方教体在音闻。

拈来便是真般若，宝相无文无不文。

（二）

天空月色印江海，海震潮音转法轮。

名字言辞无尽藏，因缘义理万年春。

（三）

犹如久旱逢甘露，亦似长江得渡船。

大众闻音齐赞叹，十方得法广流传。

（四）

震声发聩如雷吼，日出云开耀九天。

一片心香遥祝愿，《法音》住世万千年。

---

①新闻记者报告：中国女排和国际明星队打到第五局最后一球，关键时刻，由郎平一锤定音。

勉乘云徒

参方学法到南方，宜戒趾高戒气扬。

守口不谈师友短，对人勿说自身长。

晨钟早课先登殿，暮鼓安禅后卧床。

亲近纯真善知识，闻思修正见空王。

小徒乘云往福建厦门南普陀寺参学，来书请教，作此诗勉之！戒其骄慢也。

赠潘宝熊总经理

新春佳节到栖霞，一见皈依入佛家。

万里有缘来相会，那分海角与天涯。

潘宝熊先生于1986年新春，从纽约来华旅游，农历正月初二日，来栖霞山与茗山一见如故，侃侃而谈，即日皈依三宝，他邀我出访，我约他再来。临别互道再见，想今后当能常来常往也。

春眠自警

困人天气日初长，一卧昏昏懒起床。

废学忘修荒道业，猛然警醒惜时光。

和孙凤翔同志原韵

煦煦春风促绿杨，华东饭店聚华堂。

提纲传达座谈会，经验交流各擅长。

外引内聊齐搞活，精神物质两增光。

多层多道多形式，联络三胞又一章。

1986年3月13日至17日，在南京华东饭店，参加江苏省政协五届十四次常委扩大会议。会上传达了北京座谈会内容，并交流了各市、县政协工作经验，扩大了胸襟，提高了认识。镇江政协副主席孙凤翔作诗兴，我乃乘暇和之。

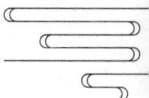

祝雪嵩老九十高龄

雪落九天祝九十，嵩居中岳致中和。

怀想嵩老①

往昔住持大寺支援革命护国护民又护教，
派来休养江都精进修行念佛念法并念僧。

书焦山万佛塔

浮图高耸七层楼，八面风光面目收。
一塔摩云邻北斗，双峰如柱砥中流。
十方佛子来朝觐，历代人群竞旅游。
夜放灯光便航运，永留胜迹在山头。

访鼓山涌泉寺②

车绕深山不见寺，登峰忽见寺藏森。
灵泉源有三江水，天鼓风吹万籁音。

参访日本方广寺③

石头罗汉遍山岗，静观人人事事忙。
或笑或怒都有意，悲观总是梦黄粱。

登天台山

乘车辗转峰头过，好似腾云驾雾来。
滚滚溪流飞瀑布，弯弯山径绕天台。
梯田叠叠登坡上，松树重重遍岭栽。
行到高明幽静处，身心忽觉出尘埃。

---

①嵩老即雪松法师。
②涌泉寺为闽刹之冠，始建于783年，初名华严寺，是全国重点寺庙之一。寺院建在海拔455米的鼓山山腰，占地约1.7公顷，前为香炉峰，后倚白云峰，有"进山不见寺，进寺不见山"的奇特建筑格局。1699年，康熙颁赐的御书"涌泉寺"泥金匾额，至今仍高悬于天王殿寺门之上。
③方广寺：位于日本京都府京都市东山区的天台宗山门派寺院。本尊大日如来、创立者为丰臣秀吉，刻在梵钟上的"国家安康""君臣丰乐"铭文成为德川家康发动大坂之役的借口，最后导致丰臣家的灭亡。此梵钟与东大寺、知恩院的梵钟合称日本三大名钟。

登天台山

乘车旋转千峰过，好似腾云驾雾来。

滚滚溪流飞瀑布，弯弯山径绕天台。

梯田叠叠登坡上，松树重重遍岭栽。

行到高明幽静处，忘形顿觉出尘埃。

一九八零年八月七日

少林寺参达摩初祖

辞去南朝到北朝，九年面壁避尘嚣。

慧师断臂为求法，安心无觅不动摇。

重访常州天宁寺

一到丹墀宝鼎前，满堂灯珠满炉烟。

三尊佛像身雄伟，四大天王势俨然。

罗汉堂中供五百，信徒坐夜似盈千。

禅堂丈室藏经阁，艰巨工程待来缘。

观日出有感

晨观红日出东方，透过乌云始放光。

好似真如心不动，业消障尽露堂堂。

镜中影二首

对面无言说，方知幻化人。

化人反问我，汝亦恐非真。

心由境反映，境是镜中影。

心境本来空，从斯悟法性。

焦山早殿

小鸟枝头叫，秋虫墙下鸣，

清晨念早课，虫鸟和经声。

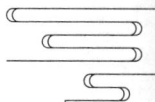

象山①晚渡

白鹭飞江上，红霞映水中。

一轮到彼岸，明月照天空。

初秋闻蝉

蝉噪高林已进秋，声声唤起老僧愁。

劝君莫再枝头叫，闻道无常欲退休。

清晨趺坐

夜静无声息，黎明好念佛。

床头趺跏坐，心里见天日。

花落有感

绿叶托红花，鲜艳实可夸，

一朝花落下，抛弃不如麻。

朝峨眉山过清音阁②

清水冲顽石，深林育大材。

溪声常说法，山色现如来。

贺新年

人情浓厚道情微，道中人情世岂知。

若用人情弘道法，贺年祝寿应随时。

①象山县是中国浙江省宁波市下辖县，位于东海之滨，居长三角地区南缘、浙江省东部沿海，位于象山港与三门湾之间，三面环海，两港相拥。唐神龙二年（706年）立县，因县城西北有山"形似伏象"，故名象山。

②清音阁，位于中国四川峨眉山牛心岭下，海拔710米，又称卧云寺，唐时名牛心寺（现在的牛心寺为后牛心寺），明朝初年，僧人广济将其改名为"清音阁"；清音阁虽小，但地势险要，居高临下，气势逼人，山环水绕，景色优美，其整体布局体现了"自然造化，天人合一"的意境，是我国佛寺园林建筑的典范。

赠乌尤寺①住持编能法师

凌云大佛坐山边，气势如如不记年。

万物静观皆自得，水流江海树参天。

观鱼

晨昏散步水边吟，鱼在池中鸟在林。

任运游行真自在，人生何必苦追寻。

西江月·读庄子词偶感

守护六根门户，高超三界诸天。

凡尘观破若云烟，出水莲花不染。

莫让贪嗔动念，休将财色缠身。

转迷为悟悟无生，佛果菩提现证。

无题

归来待渡坐船头，万里江天一目收。

南岸青山如砥柱，如狮如象镇中流。

赠台湾佛光山星云法师

四十年前师事我，今朝想见我佩师。

文章道德传千古，勋业名闻盛一时。

处世有方真智慧，待人平等大慈悲。

佛光普照人间世，东去西来法雨滋。

即景

小楼搁笔身初起，偶向西窗眺晚霞。

云树丛中藏落日，彤彤疑是一红花。

---

①乌尤寺位于四川乐山市东岸，与凌云山（乐山大佛）并列，原名正觉寺，创建于唐，北宋时改今名。寺建于乌尤山上，楼台殿宇，绿瓦红墙，掩映其间，景色佳丽。

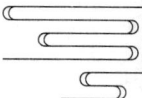

颂古栖霞寺

六朝兴古刹，山寺号栖霞。

秋末观枫叶，冬残赏雪花。

崖中泉水冷，岭上夕阳斜。

待到初春日，枯枝蕴嫩芽。

韶关南华寺①礼祖

久慕禅宗古道场，山深林茂水清香。

梁朝智药初兴创，唐代惠能继发扬。

虚老曾来重书建，惟公现在更辉煌。

千年宝刹南华寺，四众闻风拜祖堂。

赠清远

清溪洗白石，远道识良驹。

参观白马寺②

白马驮经到洛阳，译成四十二篇章。

汉朝创寺千余载，万众来朝古道场。

参观少林寺

面壁观心历九年，求师断臂得真传。

西来东土云何意，为醒群迷度有缘。

礼赞奘师③

读经容易取经难，五万行程历苦寒。

---

①南华寺坐落于广东省韶关市曲江区马坝镇东南7公里的曹溪之畔，距离韶关市区南约24公里。南华寺是中国佛教名寺之一，是禅宗六祖惠能宏扬"南宗禅法"的发源地。

②白马寺，位于河南省洛阳市老城以东12公里，洛龙区白马寺镇内。创建于东汉永平十一年（公元68年），中国第一古刹，世界著名伽蓝，是佛教传入中国后兴建的第一座官办寺院，有中国佛教的"祖庭"和"释源"之称，距今已有1900多年的历史。现存的遗址古迹为元、明、清时所留。

③奘师指的是唐朝名僧玄奘法师，玄奘本名陈祎，洛州缑氏人，法相宗创始人，被尊称为"三藏法师"，后世俗称"唐僧"，与鸠摩罗什、真谛并称为中国佛教三大翻译家，玄奘曾赴西竺，历经千辛万苦，取来经书，促进了中国佛教的发展。

十七年来千古业，巍峨雁塔耸长安。

五台山大显通寺拜文殊菩萨①

胜境重返到普陀，寺前依旧种千荷。

十方聚会来朝圣，四众同声唱赞歌。

殿上应身新塑起，堂中僧人有增多。

远眺全山眼前景，行树重重似网罗。

渔家傲·和赵朴老参访金山寺②

风采依然仍不异，寿而康健神情丽。八七老翁当益壮。慰吾意，一泉信步观苍翠。第一江山名于世，殿高泉涌令人喜。走向佛前同敬礼。四宏愿，众生无边愿无际。

附：赵朴初《渔家傲·参访金山寺》原词

八载重来风景异，江山又更增奇丽。泉水不波今涌起。如人意，荚蔻楼外寒烟翠。古刹中兴逢盛世，巍峨殿阁人天喜。钟鼓声中低首礼。深深誓，庄严国土无穷际。

太湖有感

太湖一望水连天，风平浪静意悠然。

遥见彼山风景好，眼前却无渡人船③。

八十自述

之一

一念无明入母胎，出胎父母笑颜开。

---

①文殊菩萨，音译作文殊师利、曼殊室利、满祖室哩，意译为妙德、妙吉祥、妙乐、法王子。又称文殊师利童真、孺童文殊菩萨。为佛教四大菩萨之一。与般若经典关系甚深，故称为大智文殊师利菩萨，是大智慧的象征。

②金山寺位于今江苏镇江市区西北的金山上，始建于东晋，高四十四米，周五百二十米，距市中心三公里。金山寺布局依山就势，使山与寺融为一体。金山寺自创建以来，经历代修葺，古迹甚多，其中主要有：慈寿塔、法海洞、妙高台、楞伽台（又名苏经楼）、留云亭（又名"江天一览亭"）等。

③作者自注：当今佛教界善知识少，故有此言。

三年怀抱恩难报，十载寒窗育幼孩。

习艺学医皆不愿，贪玩好搏未成才。

因逢家教崇严肃，勒马悬崖幸转回。

之二

想升中学实难望，随母几番进道场。

听说死生是大事，又闻人事总无常。

弥陀佛七初萌志，罗汉禅林竟改装。

暮鼓晨钟勤念诵，两年经忏走农庄。

之三

求法焦山及武昌，宣扬圣教写文章。

时逢世变走衡岳，道在人宏住耒阳。

应聘零陵护古刹，振兴沩仰到宁乡。

两番办学三传戒，十载辛勤梦在湘。

之四

重开教会赴长沙，再返焦山茗返家。

培养僧才甘教读，主编刊物愿栽花。

青联号召学时政，自力更生卖酱瓜。

修密闻经并说法，菩提心种复萌芽。

之五

三返焦山任住持，十庵合一适时宜。

游人招待供茶饭，文物敷陈见古碑。

学习公文旨建业，编修教史上京师。

伤心回想当年事，重点批吾慈母离。

之六

文革掀开六六年，破除四旧庙当先。

推翻佛像焚经典，驱逐僧尼毁洞仙。

古物摧残人被斗，幼躯痛打我堪怜。

几经批判居街巷，苦渡难关了宿缘。

之七

盛家巷到黑桥西，十二年中处境低。

自洗自烧心自在，独来独往身独栖。

两番出国情舒畅，六度回山景惨凄。

培训僧伽一载后，人才到处竞提携。

之八

栖霞学院育僧才，内外嘉宾接踵来。

水陆道场初启建，和平法会复重开。

道无一尺魔千丈，病在半腰天又灾。

万佛城中弘律后，宝华传戒续登台。

茗山遗言

我佛遗教，以戒为师，依戒修定，因定发慧。

由戒定慧，知苦断集，慕灭修道，趋向解脱。

诸恶莫作，众善奉行，自净其意，是诸佛教。

各宗各派，殊途同归，信此信彼，信仰自由。

相互尊重，不立门户，六和无净，团结互助。

依教奉行，五戒十善，四摄六度，逐步修炼。

明旸

应慈老法师圆寂二十周年纪念

佛门耆宿仰慈公，德重道高四众崇。

一片丹心爱祖国，大悲宏愿护禅宗。

经谈《般若》真空理，教演《华严》玄妙功。二十年前撒手去，今朝又显六神通。

明旸（1915–2002），福建福州人，俗姓陈，名心涛，号俊豪。明旸从小熟读四书五经，于十岁时随母听圆瑛大师讲《仁王护国般若经》，时年虽小，但已有所悟，便向大师要求出家，大师未许，直至十三岁落发出家。著有《圆瑛大师年谱》《佛法概要》等书。曾任全国第八届政协常委、中国全国政协宗教委员会副主任，中国佛教协会副原会长，上海市佛教协会会长，北京广济寺、上海龙华寺、宁波天童寺、福州西禅寺方丈，上海圆明讲堂主持。

慈 舟

礼挽印光法师

腥尘战绪日纷纷，清净声中折主军。

惆怅经时无一语，凄凄雁叫暮天云。

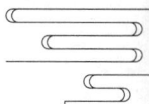

净土旌旗已暗摧，莲花上品一枝开。

彼邦十万到何远，音乐声前师便来。

冬月中华西去日，南洲人类丧心时。

乐邦补处梵王位，势至涅槃定是师。

真 禅

参观盐城国民革命军新四军纪念馆有感

敬乡桑梓耿盐城，五十年间世屡更。

一捷黄桥①摧敌伪，万家生佛致升平。

劫波永逝春常驻，烈士捐躯国有荣。

飙馆巍峨淮海阔，千秋碧血照丹旌。

应慈②老法师纪念堂成立有感

昔年侍座执巾瓶，听得晋唐三译经。

双履久悲人寂寞，一篇常记语叮咛。

西方原不殊华藏，北斗今犹仰德星。

此日拈花重一会，千枝五叶共芳馨。

高鹤年老居士《名山游访记》再版题词

一

三上洞山愿力宏，八旬行脚继高踪。

一瓢一笠都无累，直入千锋与高峰。

二

三山十刹苦求寻，只为当时为谛心。

鸿爪雪泥无觅处，一篇游记感人深。

一九八七年九月

①黄桥战役又称黄桥事件，是1940年10月，苏中地区的新四军为保卫苏中抗日根据地，对国民党顽固派进行反击的战役，陈毅领导的新四军江北指挥部取得了黄桥决战的胜利。

②1949年，应慈在南京设立一所"华严速成师范学院"，开讲《华严经》全部，培育弘扬华严教理的僧才，真禅法师是该院的学僧。

浩霖大法师六十寿庆

东海筹添，浩歌自得。

禅林春永，霖雨遍霑。

一九八六年七月

达 禅

相思曲

两岸相思苦众生，可怜都是断肠人。年年岁岁奈不得，中秋月、七夕云、元宵灯。泥牛人海无消息，春燕还巢有日程。午梦缠绵，一枕到黄昏。

飘絮落红乱惹恨，登山临水暗伤神。暮暮朝朝禁不住，杜鹃泪、归雁群、寒夜砧。梧桐叶落西风冷，古木鸦飞暮日沉。聊解愁肠，饮酒三樽。

离恨天，苦断魂，增白发，添泪痕。女娲欲补叹无能。且寄语中华儿女，毋忘是炎黄子孙。力争祖国早统一，共庆团圆乐天伦。从今后永不放悲声，相思曲，举火焚。

读张秋红先生所作望乡词稿写得情真意切悱恻动人，相思之苦，缠绵惆帐，余方外人而情不自禁，顾不得贻笑大方而作此曲，一百六十七字三十二句十八韵。

八十述怀

空过八旬我自惭，酸甜苦辣挂胸间。

双亲抚育非容易，师长栽培岂等闲。

为报四恩归故土，全依群力渡难关。

扬鞭跃人残阳道，奔到落晖心也甘。

纪念国庆四十周年

四十年来感慨多，风风雨雨不调和①。

人民炼钢遭灾馑，林贼夺权施折磨。

官倒贪赃危社稷，学潮暴乱扰山河。

---

①风风雨雨不调和指的是三年自然灾害，人民炼钢指的是"大跃进"运动，林贼夺权指的是林彪反革命事件。

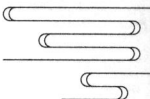

尘烟扫尽功归党，衽席初安黎庶欢。

纪念人民政协五十周年

五十年来风雨狂，摧枯拉朽建中央。
山河破碎重收拾，黎庶饥寒待救荒。
协力同心安大局，出谋献策走康庄。
得来安定谈何易，警惕萧墙起祸殃。

长相思·悼玉佛寺真禅大师

志未终，愿未终，法幢西去何太匆，惊闻泪洒胸。
生是空，死更空，业绩常存青史中，千秋缁素崇。

隆 贤

应慈师祖上人示寂二十周年

一

所有与我同行者，于一切处同集会。
身口意业皆同等，一切行愿同修学。

二

所有益我善知识，为我显示普贤行。
常愿与我同集会，与我常生欢喜心。

隆贤（1920-2006），无锡东湖荡人士，俗姓汪，名智云，人称"花祖和尚"。

浩 霖

浩霖为重建义阡禅寺作诗

草堰镇上古禅房，拟铸铜钟告四方。
且看复建成功后，一声敲下国泰安。

贯 澈

泰山寺升座感赋

盛世欣逢结胜缘，十方拥戴主金田。
诸君无不同吾感，都谢党恩如涌泉。

东台泰山寺感赋

今之政策①众僧夸，寺庙重现靠大家。

共绘蓝图贤达愫，化成此处一奇葩。

又

江淮泽遍众称崇，海岱雄分现奇功。

志老中兴心力瘁，达公重振幻身融。

慈云普荫三千界，法雨均施四部官。

希冀后贤多努力，无忘前辈事亲躬。

会聚东台故乡述怀

斗转星移日夜思，高楼林立料难知。

身心总拟蓝图绘，抒展家乡现代姿。

乘　愿

抒怀八首

一

海关钟声荡浦江，申城解放沐朝阳。

当年家住曹家渡，少小欣看赤帜扬。

二

九声杨浦自鸣钟，人世沧桑叹未穷。

共产党恩言不尽，少年幸福与人同。

三

曾经下放学耕种，念佛诵经人不知。

上调回申进工厂，龙华寺里遇良师。

四

此世其心只向佛，问禅路上识茗公。

名蓝名响栖霞寺，岁月几多记忆中。

五

名山大寺曾游历，参访增来眼界宽。

---

① 政策指的是"文革"后开明的宗教政策。

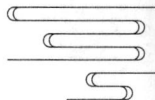

九华普陀行脚处，二宗显密五台山。

六

担当修复永宁寺，万苦千辛未敢辞。

春夏秋冬来复去，鼓呼上下与东西。

七

永宁修复钟声响，古邑盐城建道场。

创业十年几多泪，丛林今日泛灵光。

八

海仰高山观自在，纯青如火显如来。

真言犹忆茗山老，题写永宁字字辉。

忆茗山师[1]

盐城数载受师命，心力全倾复永宁。

如海师恩怎当报，为酬大任苦经营。

四、今人诗词

徐 治

永宁高僧赞

永宁古寺誉准东，历代高僧德望宏。

护国怀民频积善，讲经弘法几加封。

佛门弟子才华富，梵语诗文韵意融。

衣钵相传扬释道，城头明月照禅胸。

临江仙·咏永宁寺

淮左永宁称首刹，巍巍宝殿恢宏。禅宫梵宇焕新容。观音神态异，石像立芳丛。

---

[1]乘愿法师为茗山高足，1992年奉师命前往盐城复兴永宁寺，乘愿来盐城复建永宁寺十余年，筚路蓝缕，艰苦创业，终使这座千年古刹重焕新彩。

僧侣静修忙佛事，频闻暮鼓晨钟。经文声韵荡晴空。院中香火旺，松柏拂清风。

陈建新

盐城永宁寺纪史咏怀

秋雁引诗朋，相邀佛境吟。荡胸思故史，放眼忆风云。
隋唐演义逆，乱世出雄群。割据东瀛地，称王韦彻成。
归顺功德满，立寺永安宁。高崎云天处，遥宜泛海人。
一方弘法兴，几代见高僧。护国名声振，援军古训承。
唐时骁将驻，仁贵思东征。宋代有云隐，佛学造诣深。
高宗南渡后，曾纳世忠营。鏖战黄天荡，金人尽遁奔。
收兵归隐日，夫妇此栖身。鹏举思前辈，四寻禅寺门。
梵音催战鼓，迎送岳家军。清代讲经盛，青崖四海闻。
香山古刹里，雍正乾隆尊。圆寂卧佛处，法身藏帝京。
烽烟民国烈，抗战出家人。最恨倭人恶，古城遭火焚。
空余佛殿烬，激愤众苍生。住持雪松在，佛门救护兵。
晨钟驱日寇，暮鼓保安民。少奇陈毅赞，爱国本佛心。
定慧茗山悟，诗僧享盛名。赈灾思普度，传道在当今。
如今护国寺，古刹又逢春。钟鼓楼檐翘，毗卢殿匾横。
壮哉金碧殿，牌坊耸星辰。云海藏经黯，天边禅院明。
大悲慈善塔，济世药师亭。拜福观音晓，抬头佛像明。
我来席地坐，万事不与争。举步红尘静，拾阶俗意平。
清晨松径寂，日暮品禅音。名寺垂青史，永宁悟道心。

汪　洋

浣溪沙·永宁禅寺

松径悠悠我独行，千年古刹慕诗僧。
晴空一鹤度钟声，偶及殿中听佛语。
欲窥尘界念苍生，风吹不灭是心灯。

雷春

甲午深秋访护国永宁禅寺

宝刹何堪仰，淮东第一尊。梵音消苦厄，钟鼓净晨昏。

护国狼烟息，恤民慈惠存。或因常教化，落叶向灵根。

季德贵

题盐城永宁寺

古寺千年号永宁，消灾祈福佑生灵。

唐时营造高僧集，宋代装修良将停。

雨洒兵荒湮雨血，风吹马乱毁风腥。

而今重建焚香火，再现禅林一抹青。

单国顺

咏永宁寺二律

一

唐鼓宋钟元磬声，恢宏殿宇忆明清。

问禅有客访精舍，扬佛无疑敬列僧。

休说仙山浮海上，何如名寺落盐城。

劫遭一片东魔火，盛世复兴期永宁。

二

欧亚陆东沧海西，永宁初建大唐时。

替人在此留瓜井，元帅于兹访法师①。

远近口传圣僧偈，去来客诵古贤诗。

一城一寺两相辅，恢复之功百世垂。

日本遣唐使②经永宁寺归国

回首几番别水久，白帆数片伴诸生。

当年踏上长安路，此寺僧人曾送行。

①元帅指的是抗金名将岳飞，法师指的是当时永宁寺住持云隐禅师。

②唐代鉴真和尚东渡，为中日两国佛教友好交流打下了基础。

咏三义堂①

一自胡尘暗靖康，中流砥柱岳韩梁。

名蓝曾作中军帐，禅院更添三义堂。

历史无情耻奸佞，高僧有意褒忠良。

双骄三月永宁寺，四访至今怀岳王。

杜明甫

深切缅怀雪松大师

隐居故里洗尘缘，正是江淮饮马天。

向善慈心犹普渡，施仁医道自高瞻。

风云变幻从三界，儒释通参探九渊。

两代知音思切切，诗心佛意两情牵。

管希宁

题雪松上人

江淮有隐者，端的一高僧。

潜心书贝叶，切脉运金针。

梓里呼和尚，诗坛称上人。

悟空诸色相，反璞自归真。

徐润群

千秋岁·缅怀雪松大师

年华双十，谒太虚于沪。生欢喜，成初度。云踪飞峻岭，梵唱谙诗赋。菩提道，三千世界津梁渡。

弘法天涯走，虎跳金沙渚。南海水，昆仑土。栖霞红叶透，明月霜钟杵。心佛在，年年岁岁思如故。

岁次丁亥年冬月十一

---

①宋代抗金名将韩世忠曾将中军帐设于永宁寺内，后在黄天荡战斗中大破金军，云隐禅师无比欣慰，在永宁寺内修建了三义堂，以纪念韩世忠、梁红玉、岳飞这三位曾来过永宁寺的抗金英雄。

栾碧军

咏雪松长老

年来底事堕红尘，兼日追怀雪上人。
但觉薰香消块垒，恍闻謦欬话甘辛。
辨才点石遗巴蜀，渊默如雷隐水滨。
无我无常无所住，法身虽逝意氤氲。

顾海涛

拜访永宁寺

永宁香火由来盛，寺院深深松柏青。
百世源头流活水，千年古刹有高僧。
奉行众善司因果，抑制毒龙诵佛经。
心底无私天地宽，襟怀坦荡度人生。

崔达龙

永宁寺重建欣赋

恢复借他花木场，永宁胜境又辉煌。
终因此地钟灵秀，始信名蓝泛佛光。
居士心中存大愿，僧人朝暮集经堂。
和谐社会和谐寺，一处梵音宁十方。

唐 康

题永宁寺

名僧名寺大名传，自有庆诚得佛缘。
法雨天花千度散，寺中香火万年延。
我来宝殿朝佛祖，谁向人间种福日。
同德同心同礼佛，喜看裕后复光前。

何玲龙

法曲献仙音·仰永宁寺

白马驮来，红尘澄净，兰若飞空凌海。释迦托盂，药师留跸，觉悟三千
九派。跏趺座，拈花指，庄严吉祥态。颂常在，宝伽蓝，经朝历代播福祉，

百姓香花顶戴。魔火涅槃时，幸能逢，儒雅元帅。护国怀民，建功德，青史长载。看菩提繁茂，万劫金刚不坏。

郭乃英

盐城永宁寺

准东首刹永宁寺，护国加封清代年。

钟鼓楼前香火盛，天王殿里经声绵。

串场河水涮尘俗，僧塔梵文参悟禅。

明月青灯开慧眼，仁风法雨润心田。

杨效成

参观盐城永宁寺

寺宇越千年，曾遭战火燃。五角残垣成过去，金壁耀当前。

祈福声声佛，焚香袅袅烟。梵音传善意，真谛爱无边。

浪淘沙·盐城永宁寺

古刹历沧桑，寺宇辉煌。飞檐翘角映朝阳。脱俗超凡临胜境，梦祷仙乡。

梵曲韵同腔，扶正慈航。有因必果诉忠肠。信士虔诚经洗礼，海甸流芳。

李广荣

盐城护国永宁禅寺

晨钟薯鼓惊恶劫，宝刹菩提护兴荣。

革命禅师余雨露，诗书和尚洒琼英。

千年水木通灵气，一缕香烟化孽情。

翠柏轻摇吟古寺，高僧大德细无声。

杨春蕖

禅意联

无奇不有，无中生有无须有；

是岂能非，是里含非是即非。

柳书诚

盐城永宁寺赞

淮南宝刹大唐兴，护国安民号永宁。

程帅除冠栽古柏，岳王披甲访高僧。

韩公阻敌春飞马，陈总驱倭夜点兵。

自古佛门多正气，苍生社稷总关情。

罗德泉

永宁寺

盐波由来善业长，梵宫净土颂慈航。

心驰三界融一日，瓜井当焚几炷香。

柏松春

敬谒茗山大师像口占

茗为法号显芳魂，山势嵯峨品峻岑。

大师秉持施教化，醍醐灌顶救丞民。

永宁护国禅寺

永宁禅寺誉淮东，城北欣闻课鼓钟。

缭绕香烟腾紫阁，翻飞旌旆跃黄龙。

观音玉像晨曦浴，宝殿金阶晓雾融。

梵语铿锵弘佛法，传承护国释迦功。

杨家鼎

游盐城永宁寺寄慨（叠韵三章）

一

古刹传灯杯渡多，参禅悟道逐心魔。

莲台说法弘慈善，普度凡氓向佛陀。

二

祈福禳灾信众多，欲弘大法镇邪魔。

世人若是明禅意，涤净根尘即佛陀。

三

赤马红羊历劫多，道高自信可降魔。

而今盐阜烝黎富，国重民生胜佛陀。

张晓珠

永宁寺

几经尘劫后，古刹喜重光。人沐莲台露，经藏贝叶香。

修禅思解厄，护国自流芳。大德传今古，慈云布海疆。

卧 佛

毗卢酣卧越千年，司得机锋便是缘。

暮鼓晨钟惊未起，此心安处即西天。

韦 陀

妙好庄严相，名尊护法陀。

娑婆花世界，一杵降群魔。

观 音

甘露三千界，苇航一叶舟。

迷津原可渡，终得自回头。

周文品

记盐城永宁寺

驱车闹市间，澹然入宝刹。菩提树下思，晨钟夕梵词。

宿愿多尘事，祈福挂青枝。娑婆宝华德，琉璃慧炬明。

法流会东隅，鹿鸣鹤影倩。松风梵音远，品茗水月汀。

徐于斌

鹧鸪天

《永宁寺志》付印寄怀

数载修，春复冬，但从史海觅遗踪。佛门八部龙天远，古刹千秋声望隆。

寻法脉，问禅宗，欲彰旧德愧凡庸。今宵释卷情难已，犹听梵音魂梦中。

汪国璠

悼真禅大师

返沪鹤归林，乘风邀九天。

佛门失大德，悲叹霜钟鸣。

戈壁访西域，全球足迹多。

捐资育俊才，遗泽谱清和。

刘 云

盐城十二景新咏
晏溪仙侣

西溪遗事古来多，笔舌相传未易磨。

一塔冲天兼带佛，双钗插地固成河。

缫丝女汲井中水，浮鼓僧推海上波。

后乐范公传美誉，讲堂烟月照松萝。

心 培

缅怀先师达公老人

（一）

慈悲几度梦中陪，一片善心谁得猜。

倏忽西行登九品，敬祈乘愿再重来。

（二）

因缘披剃礼尊门，愧忝孽多为释孙。

再忆谆谆前度教，磨心励志报深恩。

悼念上人达公和尚①

恭对上人法相前，生西忽尔一周年。

昔时笑貌音犹在，祝祷慈悲悯我虔。

---

①达公和尚指的是心培的师傅达禅法师。

薛琪

游东台西溪泰山寺

西溪古刹泰山名，法座莲灯今又明。

桥对禅门通觉路，花飞佛国上云瀛。

祇园梵宇重修治，暮鼓晨钟自在鸣。

寺塔峥嵘方外立，欢归释子笑中迎。

俞学渊

东台西溪唐塔①

西溪唐塔耸云天，眺望平原草色新。

黄海波涛声寂寂，碧空日晕笑嫣嫣。

孝亲董子踪难觅，忧世范公迹可寻。

请看鹰击彩云间，高歌几曲万年心。

王子愚

游西溪天妃山②

吾乡乏古迹，腾地推天妃。

有客来除垢，无人歌采薇。

牧童折藤卧，野鸟尧林飞。

为爱山光好，日斜人不归。

重新梵字喜逢春，松柏后凋见本能。

断壁荒丘嗟往昔，辉煌佛殿幸长存。

飞檐翘角新营造，暮鼓晨钟响彻云。

海道风升频顾盼，妇姑香客思沾恩。

张洪深

游泰山寺

桑梓泰山寺，结缘淘水滨。

---

①东台西溪海春轩塔，原镌"尉迟宝林监造"文字，俗呼为"唐塔"。今距海滨已远。

②天妃山位于东台西溪，俗名泰山。

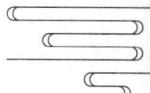

迎来香火盛，留有殿堂新。
礼佛晨钟响，诵经暮鼓频。
旧观何日现？腊八①飨乡民。

月初一游泰山寺戏言

山寺逢初一，信徒广上香。
农人希雨露，商贸喜晴光。
托庇人财旺，敬祈福寿长。
要求无止境，神佛也难当！

袁逸溪

西溪怀古

暇日寻访晏溪溪，波光塔影雨丝丝。
泰山寺内钟声远，香客游人两不知。

李华丰

清平乐·游东台西溪泰山寺

西溪何处，海道桥前路。
步人禅林天色幕，赖有余晖留住。
礼瞻玉佛长春，泰山寺兴修真。
待建天妃殿阁，且看唐塔凌云。

杨裕之

重建弥陀寺

古镇安丰庙宇豪，东西南北十八桥。
几经风雨留残迹，重建弥陀显艳娇。
主殿高昂翘看望，厢楼宽广住僧曹。
佛门弟子求超脱，暮鼓晨钟震九霄。

---

①腊八是佛教盛大的节日之一，这天是佛祖释迦牟尼成道之日，又称为"法宝节""佛成道节"
　"成道会"等，这一天寺庙多会熬制腊八粥施舍给周围穷苦百姓。

游弶港龙王庙

龙王庙里观菩萨，神佛威严镇海涯。
香客信徒捐巨款，风调雨顺佑谁家？

蒋瓒曾

夜观海春轩塔

古塔幽幽绝代姿，沧桑几度岁寒移。
台南渡口横舟过，仰望流年月影西。

史 明

颂雪松大和尚

雪松释子不清闲，幽雅情怀未下山。
何事心缘消难尽？请来玉佛照人间。

续 可

诗偈题高鹤年居士名山游访记

慕名久欲接清颜，展卷欣瞻道貌闻，
还蹑赵州行脚印，还中踏破万重山。
一遍游记世人传，争道先生陵地仙，
我愧驰驱南北路，半生孤负草鞋钱！

赵邦彦

赠郭介梅先生

高义薄云天，翩翩正少年。
才为名下士，品似望中仙。
利济施仁泽，修持广福田。
范堤东一览，咸仰海邦贤。

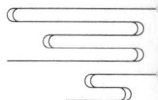

附：

朱兆龙

盐城永宁禅寺赋

盐城护国永宁禅寺者，古两淮之第一寺也。

宏乎伟哉，瑞乎祥也！灵山朱雀栖前，泰岳玄武踞后，范公堤啸白青龙。照壁一帧，法拒大魅小鬼；红墙八字，近迎信女善男。山门拱手谢天，石鼎肃列饰地。古柏苍翠，程知信之手植；匾题劲道，赵朴初之神书。升三阶而参会，分哼哈于两楹，入青阳见勒弥兮，履十丈而叩宝殿。

观斯宇也，无梁无檩，堪与秦皇殿媲美；有鸥有吻，可偕百尺楼共名。七七四十九格藻井，巧布云端；一丈五尺六寸玉佛，长卧禅床。三尊如来，智慧非妄念所知；十八罗汉，神通岂常人可及？梵音绕绕，光映煌煌：钟鸣鼓祷，南无阿弥陀佛；玉振金声，唱诺千手观音。朱阙岩岩兮，啷庑翼翼，果木榛榛兮，荷莲泱泱，香烟霭霭兮，紫气腾腾。楼观浮图，塔云含雨润，花开寂径；地接庠序，炉月开清晖，草翠窗棂。道无隐而不显，书无阙而不陈：经卷盈簏，扬般若波罗蜜多；书香满庭，修净土宝莲正道。

往昔如驷，岁月峥嵘。韦彻举义七载，入李唐之版图，乃建斯寺，祈愿永宁。韩梁卫戍三旬，捍盐渎之宋帜，帅帐斯院，血战护国。青鸟更迭，寺履沧桑。天雷轰袭，战火纷乱。永宁寺浴火颠沛，新四军驻跸盐城。少奇数访宝刹，礼望住持，槛外人杰，箴言爱国。雪松屡治伤员，掩护军人，革命和尚，毕力抗日。乱世遍地烽烟，古寺沦为废墟。

改革开放，盐城小康。古寺复竣，永宁重光。黄墙与黛瓦齐辉，金像共玉佛益彰。庙宇焕新，流金溢彩；匾联佳句，荡气回肠。窗纳九州瑞气，门迎四海祥云。唐风宋韵，宇集大成；乡音俚语，佛号广缘。禅宗祖述，夜灯禅影；达摩道场，春雨道心。万像经天兮，观之无色；群音纬地兮，听之无声。一花一世界，千叶千如来。佛德宏深兮，慈航普度；善心博固分，法雨广润有意烧香，何须远去南海，诚心拜佛，此处即为西天。香客接踵兮，顶礼膜拜；居士云集也，啸咏经堂。十方善十方缘，十方结果；同修心同修德，同修成佛。有缘者有爱舍施，无量佛无量功德。

春满大地兮，福降神州，国兴特色兮，民欢小康。檀香结彩，鼎烛生花，梵音穿越，灵灯长明。暮鼓晨钟，禳百姓寿富才丁之福；夙兴夜寐，圆中华复兴腾飞之梦，噫吁唏！宇号护国，家国大国佛国天国法护国名永宁，社宁视宁稼宁穑宁歌永宁。

陈以鉴

盐城永宁寺赋

古城盐渎，福泽瀇泱，汉设县治，历史悠长。地处里下河腹地，濒临南黄海西岸，沃野平铺，千畴吉壤。水草丰美，鱼米之乡。佛教文化，厚重恒常。高祖武德三年兴建山门，位居唐代三十六大寺之列，钦点名号以永宁。由是法脉广延，寿量无疆。百代而下经久不息，千载以降梵音高亢！

永宁者，河清海晏，社稷安靖之谓也，故九域之内僧伽蓝摩循此命名者多矣。

然康乾盛世两度御赐加封，皇家气派，累朝崇仰，则天下鲜见耳！或曰：恢宏千年古寺，允称淮东首刹。建筑巍峨高耸，规制富丽堂皇，涌现于百里之外，昔人泛海者，以此为指南引领帆樯；佛陀结跏趺坐，殿宇画栋雕梁，法喜充九品莲台，善缘缔结者，因感化尽得禅意慧光。护国弘法，诵经拜忏，惠及众生，普度慈航。救苦抒难，乐享造化之功；晨钟暮鼓，浮屠虔心颂唱！

大矣哉！留芳汗青，迹辙可寻。十年树木，程咬金手植银杏；数番征战，薛仁贵安营扎寨；驻锡时日，遣唐使往还踏浪。切磋大计，岳鹏举四临拜访；厉兵秣马，梁红玉中军设帐；抗金挂彩，韩世忠将养疗伤。驱除外虏，恢复中原，业绩昭然，正义周彰。云隐禅师敬英雄，寺中遂设三义堂。传统因循，历代高僧民族气节高昂，雪松法师存典范，"革命和尚"美名扬。却敌御倭，投身救亡；上马杀贼，不畏强梁；下马学佛，胸怀宽广；掩护志士，拥戴我党；英雄识见，追寻理想。元戎盛赞，誉满乡邦！

惜乎哉！斗转星移，兴废轮回。永宁寺迭遭兵燹，几经劫难。迨近代，日寇扫荡疯狂，纵火焚毁金碧辉煌。昔日香烟缭绕，竟成残垣断壁，满目荒凉。逢盛世，复其旧观，政府首倡。辟净土以建寺，彰善行于八方。牒传海内，诸大德圣贤功德法藏；广种福田，众檀越信众倾情解囊。新庙落成，佛光再现，法宇宏开五花散彩，慈云永护贝叶成文。石牌楼两座，形态各异，融南北两派之建筑风格于一炉，雕神兽于石柱左右纳庄严吉祥；山门殿、天王殿合二为一，钟鼓楼、藏经楼架构精良；毗卢宝殿气势非凡，般若丈室开智不遑；观音殿、药师殿、大悲殿、财神殿、地藏殿、文殊殿、祖师堂、多宝楼林林总总，菩萨祖师入室升堂。妙法欣然闻佛说，光明指引善人来。许信仰自由，开礼佛道场；斋醮先人，慎终追远；敬佛供天，祈愿安康；信众云集，法务隆昌。宝刹为僧侣柱杖，三宝乃施主向往。入此佛门圣地，沐浴清幽馨香；钟磬声声，香火熠熠，令人心无旁骛，身临明镜，俗虑净消。若时时勤拂拭，勿使惹尘埃，得醍醐灌顶，开悟觉醒，春馥秋芳。如是者不亦宜乎！

第二节 楹联①

一、主要寺庙楹联

永宁寺联

茗山

盐城永盛讲堂
闻法深修无著行，利生广运大悲心。

盐城永宁寺大殿
永治久安，雨顺风调，勤学五明增福慧，
宁心静虑，业消智朗，皈依三宝降祯祥。

赠盐城泰山庙
此处灵山，何必远朝南海；
人间净土，当前即是西天。

汪洋

题五观堂联两副
一
一曲清流，妙承法界；
三餐素味，静领天恩。

---

① "楹联"节主要收录寺庙楹联、高僧名人楹联，附以部分寿联、赠联、挽联等，高僧名人联多以生年先后排序，今人不论先后。

二

圣慈广被，五观遵佛旨；

妙化所敷，三昧及禅心。

单国顺

国学堂联

语须省人，法雨每同润花雨；

手不释卷，梵声更续读书声。

孙锡光

天王殿联

护正驱邪，遵佛之旨也；

求真向善，问君可铭乎。

大雄宝殿联两副

天道幽深，焉可缺南针北斗；

佛门清净，但相闻暮鼓晨钟。

于法相庄严处，但须记道以何从当皈依兜率，得慈渡乃脱茫茫苦海；

值尘魔蒙昧时，尤应思心之所仰在修悟菩提，培慧根而登灿灿灵山。

刘永翔

题天王殿联

护法维艰，莫讶天王皆怒目；

视民不恍，能令信众竞皈心。

财神殿联

藏富于民，聚敛岂能安社稷；

取财有道，经营慎莫负神明。

国学堂联

经史子集，苟其人之可授；

修齐治平，信吾道之不穷；

周湛军

大雄宝殿联

圣光常明,千年古渎灾厉不起化净土;

妙道湛寂,万里平原风雨以时汇法流。

王 兵

药师殿联

因大慈悲,发大誓愿,欲法除众生诸多普厄;

得真智慧,放真光明,直普照净土一方琉璃。

云水堂联

云榻近水,好接四方烟帆来谒千年舍利;

水街裁云,更闻诸位释子共吟一曲梵歌。

程柏林

题念佛堂联

善要多行,行行行行十分好;

佛须勤念,念念念念百事成。

徐于斌

敬题永兴寺联

禅心定处,方知法雨周三界;

佛寺在兹,便是慈云罩一方。

开山寮房联

贝叶卷,莲花灯,任岁去年来常生欢喜;

秋月情,春风意,若身闲心静妙见禅机。

雷 春

观音殿联

人各有难,但须长种善根,勿移初性;

我虽不语,自会普施甘露,遍引迷津。

客堂联

客欲何求？求人不如求已；

佛皆可敬，敬我亦要敬亲。

何玲龙

文殊菩萨殿联

青毛狮吼紫电惊雷，呈慈悲妙相；

智慧剑除红尘杂秽，现灿烂莲花。

地藏王菩萨殿联

舍身空地狱，度无边苦厄，能消能散升极乐；

抬足布金莲，牵有意因缘，亦步亦趋证菩提。

东台三昧寺联

三昧寺牌坊联

（康熙御笔）

西溪塔影寒山月，东海钟声古寺风。

济慈寺联排

（康熙御笔）

孤云自往心同返，皓月当空性本圆。

东台泰山寺联

泰山寺牌坊联

雄分海岱，泽遍江淮。

泰山寺关岳殿

王宾甫

文武岂容歧，立德立功，所学本春秋经左氏传；

侯王何足贵，爱国爱种，其志在汉一统宋中兴。

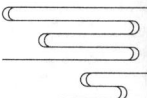

泰山寺念佛堂联

欲除烦恼至此多念几声佛，能求忏悔去后可赎三业身。

观音联

月满西池，十丈莲花为宝座；波平南海，万条柳叶系慈航。

泰山寺聊避风雨室

野寺钟声为伴侣，晏溪塔影话渔樵。

泰山寺斋堂联

放开肚皮吃饭；立定脚跟做人。

泰山寺悟雨堂联

立定足跟扫尽魔障趋正轨，放开眼孔须知色相等空花。

泰山寺四大名山堂联

名山在泰山免尔朝山跋涉，见佛要拜佛劝君信佛修持。

泰山寺集贤馆①联

宴集东坡弄月吟风增雅趣，座邀佛印谈经说法悟真常。

伏 龙

泰山寺前朝折戟

于今寰宇兵谁弭，自昔沉沙铁未销。

伏龙（1884－1916），原名伏维锦，字云程，阜宁县益林镇人，早年加入中国同盟会，曾参加广州黄花岗起义等。孙中山遇军国大事即问"云程意见如何？"每每言听计从。1916年4月19日，伏龙被袁世凯部下杀害，时年33岁。1927年秋，南京国民政府追封伏龙中将军衔。

---

①在泰山寺内，有集贤馆、墨香斋、聊蔽风雨室等多处具有浓郁文化氛围的场所。集贤馆是接待嘉宾、品茗论文之处。馆门前联巧妙地将苏东坡和佛印禅师嵌入上下联中，意寓泰山寺诚邀社会各界名流共同弘扬祖国优秀传统文化的心愿。

又联 前人

存留片断山同古；吐出光芒塔不高。

泰山寺十王殿联

一、人鬼关头不著迷昏能有几；阴阳界上好将因果说与他。

二、释道虚诬敢到补经所内；豺狼性质怕来恶犬村中。

三、腹剑唇锋拔舌抽肠皆自取；水淫火欲油锅汤鼎总难逃。

四、曹阿瞒逆法施为自谓威风凛凛；司马氏这般处置方信因果昭昭。

五、黑夜漫漫走将来千条恶蟒；红波滚滚逃不出一线危桥。

六、肆毒害贤铁铸夫妻千载笑；精忠报国金装父子万年传。

七、附炎趋势应受冰山之惨，忤儿逆妇难逃雷火之灾。

八、济世悯人仙桥上幢幡宝盖；瞒心昧己炮烙里烂额焦头。

九、未能超出天堂劝尔修行须乘早；若教下临地府纵然忏悔已嫌迟。

十、佛力无边锡杖飞来消罪业；孝思不亏钵盂托处显神通。

大丰义阡禅寺联

隆根赠慧勤①联

慧根宿植为僧侣，勤力修行作道人。

大初赠慧勤联

慧从戒空成一座，勤以俭朴助道行。

阜宁盘龙古寺联

山门楹联

明八祖袾公开山，念佛法脉传盘龙。

东廊回联

水流圩下圩流水，龙隐洞中洞隐龙。

西廊回联

游洪泽，下黄海，三百里射阳河有尔当家；

①2009年，慧勤法师在浩霖和尚的委托之下来大丰管理义阡禅寺。

戏人生，傲王侯，一小座盘龙寺是吾托命。

传印大师赠衍力大和尚

衍佛慧命广宣教法，力度群生开甘露门。

建湖罗汉院联

茗　山

大雄宝殿

了生脱死，断惑证真，永除烦恼成罗汉；

入圣超凡，度人作佛，直趣菩提觉有情。

建湖建阳南林寺联

南林寺醮神殿大讲堂抱柱楹联

长明灯下读经书，北有南林南有鹤林，北南两寺留胜迹；

崖海战中殉国难，先殂张帅后殂文帅，先后三忠铸英明。

曾彦修（严秀）

陆秀夫纪念馆名家赠联

携君蹈海惊天下，举室沉洋泣鬼神。

王元化

尚有祥兴书岁月，宋家统系仗公存。

流沙河

宋灭无降帝，陆沉有秀夫。

建湖恒济大云寺联

山门联

寺从何处飞来，千百载名高景胜；

潮向此间环注，十三庄风厚民醇。

观音阁联

紫竹林中观自在，白莲台上见如来。

韦驮殿联

手执宝杵三州感应，身披金甲四海巡游。

弥勒殿联

大肚包容了却人间多少事，满脸欢喜笑开天下古今愁。

火星殿联

三目遥观三世界，一鞭扫尽十方尘。

关帝殿联

兄玄德弟翼德德兄德弟，师卧龙友子龙龙师龙友。

药师殿联

无法向人说，将心与汝心。

念佛堂联

天下无如吃饭难，世间唯有修行好。

泰山殿联

阴谋诡计难为后，直道公言可对神。

方丈室联

禅门不禁随缘客，广庵能度清心人。

建湖颜寿寺联

方丈室门前联

朝敬一炷香，问心可有愧，对佛陀不说假话；
暮诵三卷经，自思坦荡人，当菩萨就须老实。

建湖上冈文庙联

魁星阁魁星像联

目射星光，眼观天下秀士；手提珠笔，遍是盖世文章。

建湖沿港桑台寺联

桑台寺门联

桑麻拢古寺，台阁碧柱天。

东台富安大圣寺联

徐天玉

富安大圣律寺五佛楼联

溪水西来，自昔诗人有兴，记竹林雅兴，莲花高吟，到而今觞咏登临，佳句重赓，搔首唯将天问讯；

范堤东望，何时沧海成田，听桑陌讴歌，春畴叱犊，千载下金汤永固，安澜长庆，低眉全仗佛慈悲。

二、高僧名人联

郑板桥

安丰大悲庵厢房门联

一帘春雨瓢儿菜，满架秋风扁豆花。

应慈

一喝三玄宗承临济，五周四分教启华严。学华严利名放下，入般若人法双忘。破除迷信，坦白光明。

上海沉香阁

四壁有经皆可读，一年无日不参禅。

附：应慈法师墓牌坊额及坊柱

牌坊额

人天共仰　坊柱镌联

祖德巍巍高建法幢接引后辈，

悲心切切深入苦海善济舍灵。

郭介梅

题杯渡斋联

一

孝竹杯添兴，慈航度有缘。

二

偶蹈林泉忘世俗，闲看花草识人情。

挽岳母于门陈太夫人联

逃难两三年，累泰水挂肚牵肠，无限伤心离故土；
归真四二日，料西方莲台结伴，不堪回首哭慈云！

挽印光大师联

七十年蓝若潜修，具定慧性，发慈悲心，金布□园，南海风清观自在；
一霎时蒲团坐化，参上乘禅，升极乐国，钟鸣法界，太湖潮落望归来。

雪 松

抗日联句

壮志莫酬斯乃恨事，倭奴未灭胡以家为。

挽抗日阵亡将士联

英勇抗战，壮烈牺牲，是真民族楷模，永光史册；
浩气长存，精神不死，仁看倭奴消灭，还我河山。

盐城永宁寺楹联

问大士为何倒坐，恨凡夫不肯回头。

茗 山

释茗山贺慈舟上人八十寿辰

兴无缘慈，乘般若舟，普度群生于彼岸。
建大雄殿，筑藏经楼，喜逢耄耋庆高龄。

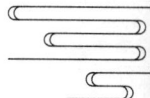

赠大明寺方丈能修

能作住持弘佛法，修成正觉利群生。

东台佛教居士林

是心是佛念佛是因成佛是果，

即色即空真空即有假空即无。

建湖罗汉院山门

欲入如来室，须开方便门。

无题联句

礼佛称名修静业，寻声救苦度群迷。

刘庄净土院楹联

高老创祇园施金舍园给孤独，

赵公题净土院万众同心建道场。

射阳息心寺楹联

茗山

息心念佛大鑫①今朝建寺，唯愿绍隆三宝修道安僧。

慈舟禅师为大丰刘庄净土院贺联

慈舟

虔仰仪容无量寿光遍宇宙，真诚意念一声佛号觉云霄。

题应慈法师纪念堂

真 禅

霞月宗风不坠佛海圆融曾讲三译华严冗称教主；

永怀无私慧照幸侍师门吴山盛会依然一真法界。

---

①大鑫是茗山法师的度号。

题东台泰山寺玉佛阁①

玉宇琼楼，华池金地，只在自心，问君何处结莲胎，要先信心游清净；

佛言祖语，圣诰贤谟，非传他法，教你顿时开宝藏，便同游法海圆融。

题永宁寺

永宁慧光朗照三界，禅寺钟声震荡九州。

常 惺

赠志坚法师②

行其方而圆其志，仰之弥高钻弥坚。

达 禅

赠真禅法师

真禅有德桑梓有幸，净土无尘地方无灾。

东台泰山寺达禅贺慈舟上人八十寿辰

慈济万物，舟渡群生。

无 相

悼茗公上人示寂

出家七十岁月三学精进为后昆楷模功垂千古；

弘化五八春秋四方说法作大块文章德传万代。

圆 湛

江苏阜宁兴国寺

常乐柔和忍辱法，安住慈悲喜舍中。

随顺诸佛真实教，增长众生清净心。

----

①1989年，真禅赴新加坡弘法，新加坡有关方面赠送玉佛一尊，回国后，真禅法师将玉佛转赠东台泰山寺作镇山之宝，并亲撰此联。

②此联系近代著名高僧常惺所撰之嵌名联赠与泰山寺方丈志坚法师，以彰其德。

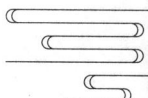

第二章 碑记塔铭

第一节 碑 记

盐城万历杨志卷十《艺文》中收录时任盐城知县杨瑞云撰《重建关王庙记》，内云旧关帝庙在县城东南，杨主持重修关王庙于县治正北，万历九年十二月修成，吴敏道有《关王庙》诗。明神宗时期鸿胪寺卿吏科给事中胡希舜撰《重修天妃庙碑记》，内云杨瑞云在县治正北二里处修天妃庙。因该志多处文字辨识不清，故略述一二，不录其记。

孤云行鉴墓碑

张惟杰

孤云行鉴墓碑，现藏于杭州东明寺内，碑文为康熙元年（1662）由山东清吏司主事进士张惟杰撰写。墓碑是在孤云禅师圆寂十五年之后，由其弟子们在康熙十五年（1676）年勒石树碑。碑墓身高1.6米，宽1.2米，厚0.16米，由整块太湖石制成，碑头为双龙戏珠。拓片全文如下：

东明孤云禅师鉴公塔铭

尝读欧阳《正本论》及纯甫《明道集》，屹若敌国，心窃疑之；继观柳州之称大鉴，乃始快然，以为儒与禅之学异趋同归，初无二指，故藏《海经义》数钞，余虽未暇搜览，然遇宗师论说，则必参礼扣击不忍遽去。至孤云大师，尤得数侍瓶锡，闻妙香词组，沁心如沸乍沃。每诵子美对公如白雪执热烦，何有为差，足移赠也。辛丑夏，五师示寂东明，余方卧疾苦次，勿获往。逾年，始得趋拜师影堂，而其徒耀公手行略千余言，以师之塔铭请，且引慧公为湛堂，乞铭吾家，无尽事若欲借笔端点出光明，照耀不朽也者。余何敢望无尽乃师！视湛堂则不过之，因不辞而为之铭。

按师讳行鉴，孤云其字，俗姓宋，浙西嘉禾人也。数岁时，辄喜独坐，兀兀如痴。里中群儿征逐嬉戏，师然巍不动，日以为常。年十九，弃家投能仁寺祝发。梵律精严，即俨然若尊宿，腰包匏饭，遍访祇林。遇白山禅师，机锋指点，即委体皈依。诣金粟参密老人，嗣参费老人于报国信口辩难，无有窒碍，拈椎竖拂，当下了然。或以为非，九年定力未易致此，而不知其实性地通明，举无滞义也。微言秘偈悉载《语录》中，为密、费二老所许，而费老尤契重之，遂命为西堂。早得薪传，祖灯辉映，盖庚辰岁月日也。

是年春，善信蔡子谷等请居钱塘东明禅寺，寺系昱祖师鼎兴，古刹历今三百年，几经毁劫，所仅存者，数楹而已。师至，铁耕芋食，备极劳劬者，三载于兹，乃使灌莽既辟，形胜顿还。释纲重维，灵山生色，师之力也。

癸未，阳羡绅士请往玉泉。乙酉，溧阳毛公请住法兴，咸以道重望深，争相延致，师间游锡杖，四众围绕，机缘辐臻，净财云涌，法席之盛，亦云至矣。

丁亥，回东明。戊子岁，住德清吉祥寺。至之日登座说法，观者如堵，墙堂庑为，师无蘧色，疾言端严如故，共以为神异云。

己丑，再赴法兴。甫淡岁，往住万古寺，从邑侯吴公元玠请也。辛卯秋，更开法于淮阴永宇寺，花雨普施，摩尼四现，学者瞻风景从，麋至鳞萃，尽山水为妙音，遍树林为宝纲。即五山十刹夙称选佛之场，未或逾之。

癸巳冬十月，吾盐邑侯郭公复请住金粟。先此，四方贤士大夫、缁流、衲子焚香匍，望其一菲即是慈航。而师亦欲乘大愿船，济度一切。故所至或一年，或二三年，无留憩最久者。至是，自巳及丑，始不离院者，九载。设立科仪，起衰救弊，宗风不振，坛宇聿新，军持漉囊，往来席袈袋地，不减毗耶化城矣。

辛丑春杪，费公顺世福严，师感疾不克，与诀于邑者良久。维夏下浣四日，即小参辞院。末云："此外再三无别嘱，大家熟牧这头牛。"蓦卓挂杖云："只今牛在甚么处，下坡不走快，便难逢。"遂飘然振衣而出，退归东明、疾益甚，临终遗语："山野素无蓄积，所余衣单，买新化外，设斋供众。朝死夕焚，开丧报讣，悉属世法，不必沿习！东明因法公义，法嗣次第轮流住持，不得溷乱，庶俾久远。"嘱毕，即合掌端坐而逝。盖五月八日西迹距福严圆寂之期仅四十有九日耳。既而有人自括苍来者，谓途遇师随费公艺鞋策杖，同上天台。嗟乎！只履西归，宋云葱岭之遇，岂妄也哉！

师七坐道场说法，二十余载，学侣云集，皆随根器以为接引，无间倦勤。其襟期坦夷，冲怀若谷，视法平等，有扣必应，而词锋迅利，音节爽朗，每挥麈谈玄，令远迩倾耳会心，似东风之嘘冻，不自知其涣然神解也。逮以其绪余，抒之吟咏，皆理趣横逸，潇洒轶尘，齐己、惠休未可望其肩项。临池作行草，自出机轴，不一一规模古帖。正如禅家悟后，析骨还父、析肉还母，即智永见之，不无气慑，故海内名流隽士莫不乐与倾倒。岂特刘遗民、雷次宗之于惠远称方外椒兰耶？所著有《全录》四卷、《诗偈》一卷、《东明志》三卷。嗣法弟子自乳峰卓公下，或开法淮扬，或建幢吴越，俱互显机权，蔚然堂构；而其它言下知归隐迹参游者，不知其几也。涅槃之日，闻者歘聚，礼拜赞叹者千余人。茶毗后，建塔于大遮山之麓，伐石而系之以铭，铭曰：

基公之铭，出无尽手。照耀千秋，余则何有？粤惟我师，历越六九。

万物土置，群言敝帚。论海经江，决藩辟牗。智珠在手，宝筏自口。

众难盈前，沉疑悉剖。解虎贮龙，狮将象吼。游戏挥毫，睥睨名薮。

祇林顾霜，刻期回首。旧路天台，师先弟后。神无灭存，超天地久。

岁次壬寅赐进士出身刑科右给事中前礼科给事中巡视十库监督禄米太平两仓户部山东清史司主事邑人张惟杰拜撰

东明继住门人超觉百拜书

康熙十五，岁在丙辰仲夏，嗣法门人：超卓，超元，海博，超勤，灵藏，智然，智明，洪约，德显，普毅，愿周，超周，超灯，超乘，超衍，超忍，超本，超圆，超觉，觉迷，氏超元，超王，超顺，寂静，超鹜，超岳，照瑞，超智，超心，超玺，超宗，超眼，超启，居士超承，超任立石。

天朗大和尚行述碑志

师讳实如，号天朗，江南泗水人也，李氏子。生不茹荤。年九岁，告父母愿出家。即投愍忠寺国瞻师披剃，慧捷异常，凡经典语句，一览成诵。年三十，往金陵宝华山文海律师处受具。于是，安居五载，广究律藏。忽尔自思云：律藏只可严身，欲究了脱生死法门，必须无为无作。自此，离山南游，参叩诸大宗匠。忽于崇福寺参堂月余一日，斋后闻雨声乃得悟。即说偈曰：一点润如酥，乾坤寸土无。本来成现事，何必又蹰躇。自此，身心洒落，动静悄然。常谓人曰：因戒生定，因定生慧，谈何容易？然持无穷之戒，敢云定慧，亦当有一二道着处。时不物师翁住锡龙溪，炉鞲正赤。师往请益，一言契合，即以白拂一枚授之，为南涧第五代孙。翁喜曰：吾宗有赖矣。由是复往华山参谢得戒法师。岁在甲寅春。时正逢世宗宪皇帝大兴释教，特诏文海律师于京都大法源寺传授皇戒，师即随往。命师为千余人中引礼第一，就法源寺监寺五载。得遇和硕庄亲王甚厚。师叹曰：大名之下，不宜久居。假五台朝山之愿南归，省觐万缘心印和尚，请居西堂。师之道名大播，退迩咸闻。时西溪巡检史公领本镇众姓请师住持泰山。兹山落野，闻钟鼓之声者甚鲜，自此，香火日甚，僧俗归依者不可以恒情计。于乾隆戊辰冬，东何士绅复请师住持三昧寺法筵大阐，龙象云臻。是时年近六旬，昼夜辛勤，锻炼后学，于师处脱离枷锁者，益莫计其数。迨癸酉遭水患，远来者挈妻携子，图泰山高阜可居，师不忍拒。不谓爨火焚山，殿宇尽成信封焦土，惟略构瓦篷聊存香火。兹山颠沛已极，狐狸昼出。师携拄杖一条，来山摈逐，复时为之开导。狐惧师威且怀师德，急远窜去矣。斯时，远近患狐者莫不延师至家为弘法施并切话言，莫不即安。弟子叩以故，师曰：狐亦具有灵性，说以情理，自当退避。若屋漏有惭，彼且白其短，安能速之去乎？即此，已可见吾师之不凡矣。至乙亥冬，辞讲席回山，立愿重修。奈功程浩大，一时难就。越十三年，得泰州运判杨公率官商灶民协力方成此胜境。今日之殿宇巍峨，香烟缭绕，非师之力不可及。泰山功竣，师年八十有余。于是，开场说法，接众安单，传戒三次。年九十一岁，童颜鹤发，顶现髻珠，知皆从坚固中得来。甲辰闰三月十六略示微疾，理事如常。至十九日巳时，焚香集众说偈辞世。偈云：九十一年这边那边，临行一句白日青天。今日还乡无一物，空留花雨落人间。言讫而逝。凡来瞻礼者，无不称颂而去。呜乎！吾师可谓去来明白者矣。

师生于康熙甲戌年二月十九日丑时，示灭于乾隆甲辰闰三月十九日巳时。于乾隆辛亥仲冬月二十二日际性等送灵骨于三昧寺建窣堵供奉。其生平梗概有未易窥测者，性不忍久而就湮，特叙此以示来学，斯为之铭曰：

法本无差，源流有出；迦文为始，饮光得鼻。

西乾廿八，东震第一；游梁历魏，单扬一则。

五叶芬芳，门庭卓立；潋沱正脉，石磬光嚇。

六传至师，曲不藏直；泗水名裔，龙溪杰出。

崇福明旨，慈济得记；护国中兴，不惜腕力。

志愿有成，羼提无及；纯清绝点，内外似一。

荣辱无关，人我不立；魔外潜踪，龙象绕膝。

德动鬼神，行超八极；来拜来瞻，聊知其迹。

嗣法门人：晓初霞 仁山慧 鑑然清 璧成玺 若愚智 参月颖 西铭愚 巨光崙 慈云安 硕明意 绍安理 修真性

嘉庆二年六月瀚日立，继席门人际性敬识，文林朗知东台县事，豫山袁锡绂顿首拜书。

重修泰山碑记

特授江南两淮都转盐运使司泰州分司加三级纪录五次杨公讳廷俊重修泰山碑记。

粤稽吴陵之东，有西溪焉，本唐镇古之海陵郡也。自昔晏殊宰此，民德之，又名晏溪，今隶分县之东台管辖，其地有土埠，俗呼泰山，上建大刹，塑碧霞元君遗像三尊，创始于宋嘉定间，经元及今，历有年所，倏于乾隆十八年秋，河水泛溢，灾民徙居其上，爨火遭烧，竟成焦土，山僧力募重修，旋毁，至再至三，岂主僧之心或有未虔欤？抑亦神灵有知，默俟夫大力者之能负而趋欤？夫东台跨有五场，徽西诸商，握重赀以业鹾此地者，不可胜计，且利尽东南土著之以豪富称者，比户可数，使各出微利以聿新兹刹，诚非难事，顾迟之又久而不克告成者，则亦以倡议者之乏人，而建议者之无策也。我公特奉简命分司泰州盐政莅任兹土，至今灶扩于野，商歌于市，其居民寄托此邦者，亦莫不于洋洋饱饫于大宪之泽矣！民事既治，乃致力于神，爰顾泰山而大息焉！乌有古刹而听其久湮者乎！缘与住持天朗和尚倡议重修，谋所以兴之，适改任阜宁县事，不及究竟其功，识者相与浩叹，以为兹山不幸如是也。乃不一载，竹马重迎，我公复象效地，因进商灶而筹之，昼夜缮葺，思竣其业，商灶感公之意，鼓舞赴公其输财之多，如河决下流，百派俱汇也。其出力之勇，如子趋父事，莫敢不供也。不数年，而门庑饰，殿阁立，朱栊碧瓦，耀山顶盖，非复从前之倾圮，而焕然一新矣。嗟呼！商富于财，民富于力，因旧址以构新宇，非我公捐俸乐助为之领袖，与天朗主僧竭力经营，夫敦肯踊跃从事，卒成此功。且兹刹为一山之望；兹山为一县之镇；我公聿新此剩，不唯于浮屠有造，且于山灵有幸，抑且于一县有补也。邦之士民咸佩公之德，感公之功，不忍没其实，后世真知之也，爰纪其略，铭诸石。

清乾隆四十二年岁次戊戌举夏月谷旦

重修东台三昧寺功德碑铭

特授江南扬州府东台县正堂加十级纪录十次何□

为陈明勒石以彰善举事，据监生夏昉呈称：何垛场三昧寺创自前朝，自圣祖南巡钦名慈济，遂为邑中第一丛林。遇有祝厘庆典收漕查勘一切公事，会集举行，历年久远，渐有倾颓。嘉庆六年四月，御书藏经楼及厢楼不戒于火，被烧无余，该住持道峰即思募建，奈叠遇灾侵，未能启齿。八年、十年、十一二等年，本城绅士及生等赈粥于椎，放米施棺，胥集于此，所幸饥民宁贴无非仰藉神灵，睹兹庙宇荒芜，未免频惊山门其如功程浩大，奢愿难酬。幸前升任色分总领袖，捐廉商绅接踵，而士民人等亦各踊跃倾囊，以恐功程浮泛，令生一人董理其事，生知公事之难为，又受乡人之重托，其难其慎未敢宁居。日与该住持悉心殚力，相与有成。自十三年四月开山至十七年十二月止，重建御书藏经楼十八楹，丈室三楹外，凡佛像门坊戒堂塔院库庾庖湢一式完全，经费不敷。生与道峰亦各勉力垫补，共计收支曹元八百八十二两，制钱三千七百五十八千五百文，花名指收清单粘电。窃思一人之经理实众为之输将，若不据实书名，叩赏勒石，不特大功含混抑且善举不新。为此照依施册录叩电鉴赏准，勒石以彰善举。深为公便，等情到县。据此查三昧系东邑奉神安众丛林，前日失慎致将楼房烧毁，适绅士商民在于该寺煮赈平粜，见该寺住持僧道峰苦行募化，立意整修，各皆踊跃从事相与有成，而该生董理修茸，勤慎良善，均属可嘉，除碑记另行刊刻外，合将义捐绅士商民胪列，以彰善举，为此勒石示谕须至碑者。

  计开

  泰分司色 二百两

  兴化县苏 一百两

  何垛场陈 二十两

  盐 匣 五百四十五千

  吕位宾 一百六十千钱 公捐装修

  魏星灿 一百六十千钱

唐捷三 二百千

葛种兰 二百四十千

苏荫兰 二百六十千

丁俊求 五十千

达 源

隆 兴

又 新 六典共钱一

时 昌 百三十二千

震 和

恒 春

袁生生 三十千

袁生茂 二十千

　正

祝孔武 三十千

钟积泰 十千

德 美

恒 达

大 生

立 生

松 盛 十钱店共捐

同 盛 曹元一百两

太 原

兴 隆

隆 兴

胜 隆

王庶咸 十两

顾毓奇 十千

吴玉显

汪霞远

孙德礼 六店共捐

汪恒隆 钱三十千

曹生泰

潘启昆

高大兴 八千

吕景泰 十千

夏 昉

金启传

吕位宾 公捐装修

魏星灿 折千钱

姜种兰 百五十千

□荫南

唐秩东

邵永泰 十千

吕荫兰 六千

金缘庆 十千

赵源泰 八千

王□□ 十千

洪锡九 二千

衣匣 二十千

丁熊氏 六千

赵孙氏 二十五千

蒋杨氏 三十千

唐君望 一百五十两

顾焦氏 二十千

钟钱氏 九十两

徐曹氏 一百千

竹横港 六千

姜赵黄氏 五千

王姓 四十两

吴鲍氏 十千

夏姜氏 十千

姜廷谟 五十两

僧了智 □十千

米市罗脚 八十千

米市经指 一百二十六千文

卖客

陈兴桂

李天如

刘盛余 六人共捐钱十

沈怀德六千五百文

邵永春

施方氏

本寺零星日缘三百千

僧道峰垫捐钱四百四十千

夏昉垫捐银一百二十二两又钱二百六十三千

嘉庆十八年二月二十六日立

安丰场华周二王神庙碑

吴绮

　　盖闻祀先利物，有功与德者，斯崇祠重维风，惟忠与孝者弗匮。故诚存一念而英爽亘乎。累朝道济当时，而利益昭于百代。均国典所必重，而民俗之由隆也。安丰宿莽之区，历代鲜荐蘋之宇，而华王之有庙也，则郑君所创始焉。王世木谯人，生当汉季，少工经术，有志于扶倾，兼善方书，乃多端以疗疾。辞微辟而不就，品具高风，视分剂以无差，心存妙解，湔肠剖腹，一九时下蛇虫，养性除疴，五戏当兼熊鹿，神奇罕测，具存陈寿之编，罗网无端。遂及魏武之难，虽书焚狱户，怅丹笈之弗传，而散授神楼，服青粘而多验。在昔魏晋之际，得门人异普，怀师谊而始，祀于芜城。近今庆历之间，有土民王某感神麻而别祠，于淘境方家，瞻仰咸奉醴以告虔，庶姓祈求得刑牲荐址，但附庸金地，初则俎豆之不专，而错处尘衢，继又垣墉之未，广民之听也。神其吐之郑君，系出康成由来乐善，人如庞蕴，本自好施，乃因遭疾之获痊，仰业神佑，遂欲崇祠以修祀，爰与众谋公，同善之怀。钱百缗而未足，鼓当仁之勇，钟万杵而不辞□地开基，手除荆棘，庀材作室，肩荷梓桐，遂得乌革，翚飞告神，工之克就，龙章凤质，庆庙貌以维新。夫上扁鹊之陵，土能愈疾，人神农之谷草，可除疴而况蘋藻，之勤修时无废事，必有威灵之显，应仰藉宏麻矣。又以里有周王，世为宋之孝子，梦征龙育少秉灵姿，性切乌伤，早多懿行，奉慈言而远涉，将祈福于婆溪，闻凶讣以长号，竟殒身于衢道，孔圣公感之，而挽救胡舟，子奉之，以货船翊，应正烈之封，著于前代，雨赐疾疫之，祷显于累朝，特为传写，诣厥故乡，备列威仪，肖诸前殿。昔郭公侍膳，尚且由号考堂考权，怀羹犹复，祠称纯孝，况断肠以痛母，致毕命以从亲。用劝敦伦，良堪化俗，忽都烈之鼎，故庙此其宜哉。狄仁杰之毁淫祠，吾知免矣。然合其前后，以昭神圣之规模，而计及久长，必藉僧人以守护，爰招缁侣更启法堂，鹿苑东开，丽云霞于金榜，鸡园左辟，启日月于银绳，舍敞赤华月满，恒瞻瑞象，房开紫奈清风不杂几香室，是维摩问法，堪横狮子筵修，圆觉听经常到雉儿拈座上之花，经里三千蕉葡，制山中之漏，池边十二芙蓉，固已四众灯香，方便眠鱼之席，兼之三餐粥饭，现成养鹤之田，不必投齐，更向洛阳，寺里母烦乞食，常居舍卫城中，此则其赖佛光，将以永邀神庆，以斯济世，可卫国而庇民，以斯宁人，可厚生而正德，君之致力可谓勤矣。君之用心可谓密矣。建袁双庙当必显驱虎之灵，作头陀碑，实有愧雕龙之彩尔。

吴绮（1619-1694），清代词人，字园次，一字丰南，号绮园，又号听翁，江都（今江苏扬州）人。顺治十一年（1645）贡生、荐授弘文院中书舍人，升兵部主事、武选司员外郎。又任湖州知府，以多风力，尚风节，饶风雅，时人称之为"三风太守"。

寂然大师碑帖

佛教重实而不重名。名者实之□也。有名而无实。则人□之曰尸位素餐。有实而无名则人赞之曰不著世相。此自古圣贤。皆首务夫立功立德也。寂然大师者。其务实不务名欤。师东台枿茶场人。俗姓严。父名天庆。母顾氏。年三十丧父。二十七亡母。仅有弱妹未婚妻在。梵独一身。感念万事无常。人生梦幻。兴趣索然。遂劝妻妹持□念佛。消除宿业而□善根。自发宏愿。投寿圣寺振禅和尚出家焉。民八住金陵宝华山。受具足戒。旋习禅于镇江金山天宁寺。大彻堂中日夜参究。忽悟本来面目。了得性空世界。必须往行庄严。方不落断灭见也。未几。常住命师□库房服务。适如师愿。民十。剃度恩师振禅和尚。在摄山栖霞寺病危。师追奉为汤业。以尽为徒之道。未久入灭。师衰念□□。

胜□考妣。以法身之恩。犹重于色身之恩也。纵之宗仰老人亦病。师又亲侍汤业。勤恳不怠。若舜上人。见师之孝意真诚。道气盈面。为佛门之不凡品。再三坚留。协理该山寺务。师既得知音。遂受委焉。其时栖霞。只有旧屋八间。若老终年在外募化。师则在山经营建□。听夕奔走。大有一沐三捉发。一饭三吐哺之概。不数年。大殿藏经楼。□堂群房等。相继落成。巍然为金陵一大名刹。意谓若非鬼斧神工。浩大庄严。何以成功有若斯之□也。民十三。清理山场田地。有不执屠陶二氏。狼狈为奸。侵夺寺产。师为当住僧侣食粮计。据理力争。几陷缧绁之中。幸能天护佑。遇公正宰官之援助。莫大风波。始得安然度过。民十七。若老以师之功行伟大。与方廉明常仰山。同受记莂。为常住之一代人焉。由此寺中。每春传授戒法。立农林试验场。开垦山地。广植油桐而开利源。以资常住日用之需。民二十六七月。虚讲桥事变。烽火弥漫。继之京沪沦陷。人民流离失所。惨不忍视。师于寺中。得大本志开两法师之建议襄助。特设佛教难民收容所。先后拯救老弱妇孺共两万三千余人。日供□粥两餐。百余日后。道路能通。始徐徐遣散。在险济众。洋洋盛德。能不令人钦羡不置者哉。事变之后。若老在中国香港。卓公在泰州。栖霞之百般艰苦。难受能受。难忍能忍。难行能行。亦□师一肩荷之也。师之名位。虽不甚高。而汲汲于立功立德。较之古贤。无多逊色。此吾所以赞其务实而不务名者也。民二十八年十月。示微疾。自知报缘已□函促卓成。

寂然上人碑①

佛教重实而轻名,所谓不著世相者是也,寂然上人其即此乎?

上人降诞于江苏东台栟茶市,家姓严,年十三父天庆公弃养,二十丁母顾太夫人难,聘妻未娶,弱妹在闺。上人感万事空茫,人生梦幻,茕茕独独,世味索然,遂劝妻、妹茹素诵佛,以消夙业,并自发宏愿,皈依寿圣寺振禅和尚为沙门。

---

① "寂然上人碑"系民国二十九年(1940)由镇江金山江天禅寺住持仁山长老撰文,褚民谊题写,现藏栖霞寺藏经楼院内,碑末所缺文字为"文革"中凿去汉奸褚民谊名字。另需说明的是,"寂然"条中有关"寂然上人碑"图文皆系录自如东县栟茶镇地方文史研究者沈小洪先生微信公众号"栟茶角斜古代文史整理"专文《【碑铭全文注释】栟茶人寂然:1937年感动中国的高僧,南京大屠杀中拯救了23000多名难民》(2017年11月17日),特此致谢。

图3-2 寂然上人像

图3-3 寂然上人碑

民国八年，复在金陵宝华山受具足戒，旋习禅定于镇江金山江天寺之大彻堂，昕夕参研，顿悟本有，深知欲超脱性空世界，必须万行庄严，稍有疏漏，即落断灭。适常住命上人服务库房，因得竭其贞纯，束心修律。

民国十年，剃度师振禅和尚养病摄山，日近危笃。上人趋奉汤药，体事入微。振禅灭度，上人哀痛逾恒，如丧考妣。未几，宗仰老人亦病，上人趋侍如振禅。若舜老和尚感上人孝□□诚，见上人道气朴茂，知为佛门上品，不可世□，遂坚留协理摄山栖霞寺事务。

上人既感知遇，弥复精勤。时栖霞仅老屋八椽，若老终年募化，行脚四方。上人在山经营，夙夜匪懈，岁不数易，大殿、藏经楼、斋堂、群房诸建筑相继落成，庙貌巍峨，为白下丛林首选。僧侣卓锡，士绅瞻谒，莫不愕然，相顾叹为神工。

民十三年，上人为整理寺产，与丑类屠、陶二氏争，几陷缧绁，幸龙天护佑，官宪廉明，公理卒伸，庙田亦保。

民十七年，若老以上人功行修伟，遂与方廉明、常仰山同受记莂，为常住之一代人焉。自是寺中每春传戒，利济甚多，并创律学院，教诸僧戒法，立农林试验场，开垦山地，广植油桐，以辟利源，宏法裕财，德功咸举。

直至民国二十六年七月，芦沟桥事起，烽火弥漫，旋及沪京，载道流亡，惨不忍睹。上人用大本、志开两法师之建议与襄助，设佛教难民收容所于本寺。老弱妇孺获救者二万三千余人，日供两餐，时逾四月。道途宁静，始遣之归，真盛德也。事变以后，若老在香港，卓公住泰州，上人留守栖霞，苦极艰深，困行忍迈，铁肩负厄，处之怡然。

总上人一生，名位不求其高，而立德、立功则汲汲焉，惟恐不及，轻名重实，可敬也矣。民国二十八年十月，偶示微疾，自知报缘已尽，亟促卓成和尚归山，俾得交替。是月十二日，右向胁卧，仿佛禅定，已而寂焉。

门人太本、觉民、志开等仰戴德功，不忍湮没，即以上人自传，因雪烦法师之介，丐予一言，勒之贞珉，用垂不朽。予重上人之为人，故欣然述之如右，并为之铭曰：考妣云亡，觉世无常，江天悟道，栖霞有光，宏法利教，泽流孔长，云山盛德，万古苍苍。

永宁寺大悲阁碑
（创建永宁寺大悲阁碑记）

盐城永宁寺建于唐之武德，明及国朝，屡修屡圮。光绪庚子，僧丽元主其事。艰苦卓绝，经营二十余年。赎田九百余亩。修建大雄宝殿，兴废振坠，始复旧观。既以授其徒体真守之矣。后于殿之东创大悲阁，以祀大士。置田百余亩，助资粮，为寺人念佛之所。捭以其徒相勿敢有所易。阁既成，丹灵金碧，规模宏壮，远近乡众奔走作礼，起敬起慕，邑人欲表著其事示人，远乃乞予文以记之。予谓佛之教广矣，大矣，观音大士誓愿宏深，慈悲普切，应化无量，随口示迹，不能胜书。盖历劫度人，不离寂光，垂形六首，以尘劫之身为连邦之道主，与大势至菩萨，左右佛陀，摄念佛人，往生彼国。印光志目，净土者，究竟畅佛乐怀之法也。高超禅教律，不可思议。所谓净上者，生信发愿，念阿弥陀佛，求生西方极乐世界。果能信愿真切，一心念佛，必能见佛闻法，证无生忍，神通智慧，转婆娑界为极了。以是知丽元之建阁也，弘护之慈为不可及，岂世之惠与神以求未来之福者所可同日语哉。丽元俗氏徐，兴化世家子，幼有夙慧，发出世心，受戒于宝华山，历主诸寺。应念清静，掩门处修，数启戒坛，以振宗风。尤好为善，知无不为，为无不力也。丽元盖真能体佛氏救人之，以为心者，固不仅精持一徒为足重矣。故乐为之记。附著其行迹使诸石焉。

金坛冯煦撰，江宁魏家骅书，树村树世声勒石。

残碑

正殿毗卢殿东西两侧各立一残碑，为清代重修永宁寺旧物。东面残碑高0.98米，宽0.4米；西面残碑高0.98米，宽0.35米。二碑左、上、右三面雕刻祥云、二龙戏珠图案，祥云缭绕，二龙翻腾。东面残碑中间依稀可见永宁寺"重修禅林碑记"，分三行雕刻，每行三字；西面残碑中间镌刻字迹已湮灭无法辨识。

毗卢殿前碑

毗卢殿前有四只石刻神龟，各驮一高2.68米，宽0.8米的石碑，每一石碑上方均雕刻二龙戏珠图案，碑身两侧雕刻兽面纹图案。东面第一块碑上方竖排雕刻"如意"二字，正文为"管素梅居士懿行颂"，落款"乘愿谨识于永宁禅寺"。

西面第一块碑，上方竖排雕刻"永宁"二字，正文为"水宁禅寺一代中兴之主茗山法师赞"。

实际理地，了无生佛之名。修持门中，乃有凡圣之号。心体本寂，因烦惑而昏浊顿现。妄性原空，由觉照而真常独存。是知不变随缘，十界之升沉迥异。随缘不变，一心之体用无殊。然此心此理，含生共具。而彻悟彻证，唯佛一人。故我世尊，示生世间，成等正觉，随机说法。大根则直示一真法界，令其无住生心，以迄断惑证真。小器则详谈三世因果，令其趋吉避凶，而为入道方便。虽千机并育，法无定相，而万派朝宗，咸归觉海。举凡格致诚正修齐平之道，与儒教规程无异。至于明心见性真穷惑尽之事，则儒教发挥未及。以一则随顺能阴翼治道，显淑民情。消祸乱于未萌，证本具之佛性故也。盐城为江北名区，文献之邦。当唐宋法道盛时，固已梵刹相望。迄今世远年久，人亡教弛。几多丛林，悉皆湮没。纵有寺宗，尽成子孙。不但当地缁素，未由闻法，兼以来征僧侣，无处安息。茗山上人，宿承佛嘱，乘愿再来。每念末世人民，如盲无导，以为衣胞之地，绝无十方丛林，则高僧无缘莅止，正法莫由宏通，其口几乎息，将何以拯世俗之沉溺，登斯民于觉岸乎哉？于公元一九九三年，茗公与政府相商，并令入室弟子乘愿法师赴盐觅地，重修千年古刹。茗公又以营高年，奔走海内外，倡募近百万元，计修佛殿、天王殿并周围客堂、祖堂、大悲殿、方丈、永盛讲堂、斋堂等，共五十余间。虽无所谓危楼回带，阁道旁出之概，亦可以行参禅念佛、宏法利生之道矣。

赞曰：　一代宗师，万众楷模。慈霭被人，气度肃穆。
　　　　难忍能忍，谦虚诚笃。持戒精严，道风远播。
　　　　讲经宏法，四海倾慕。师之操守，旷代罕见。
　　　　悲深行苦，度生无数。五宗并继，禅净双修。
　　　　显密兼通，理事融摄。为法忘躯，中兴永灵。
　　　　功行果满，上升兜率。祈愿再来，教化娑婆。

　　　　　　弟子妙德、管素梅敬立　法徒乘愿题于般若丈室
　　　　　　佛历二五四八年二月十九日

江苏兴化县刘庄场净土贞节院碑铭

谛闲

今夫好施乐善，共仰高风，恤寡怜贫，堪称义举，如刘庄场高恒松，字鹤年居士之创建贞节佛院，尤足称焉。居士雅好清修，夙耽禅悦。丁年入道，频岁参方。四十年背井离乡，头陀行道，万千里荒陬绝域，足迹都过。如普陀、峨眉、五台、九华、天台、终南诸名山，举凡菩萨应化之区，僧伽隐修之所，莫不殷勤参访，虔诚朝礼焉。迥超尘俗之标，进趣菩提之路，乐杜多而行脚，宁辞万苦千辛。叩知识以明心，不惮梯山航海，或入白莲之社，或参黄檗之禅，或说法以度人，或运悲而济世，因之而反妄归真，一心向化者，不可胜数，此居士自行化他之功，岂不难能而可贵也者乎！辛酉春，居士自滇之鸡足山回，拜扫先茔后，拟结茆终现，永离尘网。而居士之贤内助智氏，亦已持斋念佛，勤修净土，故将祖遗资产，悉数布施，呈报地方长官，建立贞节佛院，留养贞女嫠妇，延请道学兼深之女士，演讲佛经，念佛学道，冰清玉洁，同励松柏之操，暮鼓晨钟，永结莲华之会。闲闻之不胜欢喜，额首而为之铭曰：鹤年居士，我道干城。行菩萨道，现居士身。皈佛法僧，戒杀盗淫。在尘不染，息妄求真。游历名山，参访高人。当头一棒，顶门一针。钩玄提要，见性明心。功行超拔，净业专精。得贤内助，亦

表同情。因舍所得，呈报官绅。建立佛院，贞节为名。上宏佛法，下恤鳏贫。使沾慈光，引出迷津。财法二施，功德难伦。悲敬两田，福业圆成。泽流永远，惠及来今。功原有自，事非无因。兹将义举，勒诸贞珉。天长地久，亘古流芳。

谛闲（1858-1932）近代高僧，浙江黄岩人，俗姓朱，名古虚，号卓三。与高鹤年居士私交甚密，历任永嘉头陀寺、绍兴戒珠寺、上海龙华寺、鄞县观宗寺等住持。其间应各地僧俗之请，讲经四十余年。

刘庄场贞节净土院碑记

印光

佛法者，九法界公共之法也。无一人不堪修，亦无一人不能修。以凡有心者，无不同具佛性。但以迷而未悟，反承此佛性功德之力，起惑造业，轮回六道，经尘点劫，莫能出离，岂不大可哀哉？然以生佛同体之故，遂感如来出世，为之倡明，由兹舍俗出家，力修定慧，断惑证真，了生脱死者，何可胜数？亦有居尘学道，即俗修真，亲证法身，诞登道岸。如维摩居士、傅大士、庞居士等，全家修持，俱证圣果。此诸大士为物作则，足知其人皆可修，修必获益也。故自法流东土，王臣士庶，闺阁英贤，不离尘劳，精修净业，遂得亲见佛性，断惑证真。与夫感应道交，蒙佛接引，带业往生者，又何可得而胜数也？鹤年居士高恒松者，江苏兴化人也。宿植德本，笃信佛乘。年当弱冠，即慕真修，弃俗世之缠缚，事选佛之宏猷。于是遍历丛林，谘参宗匠，冀其顿明自性，彻悟唯心，报答四恩，济度群品。高堂奉养，托之夫人。数月一归，以修定省。而夫人某氏，赋性贤淑，克尽孝道，虽复于归，志慕清修。以故居士无失养之忧，高堂得底豫之乐。若非宿愿所结，其能如是也耶？及至椿萱凋谢，遂得无所顾虑，如天际野鹤，愿意飞腾。由兹五台、峨眉、天台、鸡足，所有名山圣道场地，每多一再巡礼。独于终南观音大士道场，更有深契，恍悟宿世曾住此山。足见多生多劫，久修佛道，不于一佛二佛、三四五佛而种善根也。民国十年，自鸡足归，回家祭扫，见夫已老，孤身无依。念其代已奉亲之劳，悯其守节清修之志，因将本宅为贞节净土院。以其令贞女节妇居之，专修净业，求生净土，而立权焉。乡绅好义者，为之禀县出示：凡高氏子孙，及各界人士，不得干预。以此院系私业义币所建，与庵庙性质各别。原产若干亩，增置若干亩，罗所收租，以供院中人衣食之费。量入安人，庶无亏空。其修建之费居士挚友之所资助。正室三楹，以作佛殿。内供西方三圣坐像，俾诸人于中，朝暮礼诵，以备往生资粮。两旁厢房悉为安宿之所。其来住者贞女节妇，皆无所择。但须长斋念佛，决志往生，性情柔和，无诸乖戾不事妆饰，不茹荤酒，断绝俗亲，不妄游行署，万可。否则概不许住。又于每年夏冬，两佛诞日，延请通法女王，讲说旬日，庶修途宗旨，各各悉知，不至以了生死法，获人天福。此则上宏下化，一举两得。即悲成敬，二田兼备。是以此议一成，而好义诸友，乐为捐输。如广东简照南、简玉阶、潘达微、李柏农、黎乙真及沪上诸居士，各随心力，出资相助。以其事与恤嫠局相同，其利益则天地悬隔故也。彼不过令其身有所托，不致饥寒，而饱食终日，无所用心，不诵经咒，不戒酒肉，惟恤现生之志，不计没后神识之归于何所。居此院者，镇日持佛名号，晨昏恳到忏悔。岂但生有所托，不虚度日。兼令没有所归，水出轮回。意美法良，猗欤懿哉！此法既兴，后必有通法义士，行之于恤嫠局。庶可贞节英贤，同预莲池海会。其为功德，无能名焉！

今盐城市境见诸方志之碑记尚有，如明佚名《西溪镇志》"其三"收录《重修仙女缫丝井记》《重建维扬西溪泰山行宫碑记》等碑文；清王璋《光绪东台县志稿》卷四"艺文"收录郑燮《重修大悲庵碑记》（东台安丰）、钱青田《重修甘露庵大殿记》（东台富安）、张慎言《化城庵赡僧田碑记》（东台富安）。

《阜宁县新志》卷十九"金石志·石刻"中载有与寺庙相关碑记，今碑多已不存，兹略列如次：

龙神显佑庙碑记：在北沙龙王庙内，元至元二十八年，庆元、路昌国、吴槐孙撰文，江淮督连使昌阳、孙伟立石，详见漕连。

重修玄天宫题名记：在青沟镇玄天宫壁间，明嘉靖民众立。

重修东沟准提院碑：道光二十七年知县钱兆骥出示勒石。

三贤祠碑记：明嘉靖间，蔡汝楠撰文，分司杜钦德立石，详见祠墓。今祠碑俱毁。

重见云梯关海神庙碑：嘉庆二十三年，河督黎世序撰文，河务兵备道张文法立石。

东坎文昌宫碑记：道光二十三年，邑人王寿撰文立石。

同善堂碑：在八滩夹堤大王庙内，邑人邓瑒、张楷等捐辨善举。

重修县治东关帝庙碑：咸丰四年，知县龚舫撰文，邑人陈桂亭书，丹丹徒程松附跋。

永禁变卖庵产碑：在泗汾观音庵内，同治十年，知县沈国翰据住持僧祖，谳呈请立石。

县治西关帝庙字纸炉记：光绪六年，守备徐汝涟立石。

重建马工大王庙记：光绪十年，知县阮本炎撰文立石。

重建马躲寿安寺碑：光绪二十年，邑人常春锦撰文。

建湖新阳泰山寺碑刻：据民国十五年（1926）重建的大雄宝殿碑刻曰："唐时鸿基初奠，一世祖为永相公老和尚，二世祖三房，东房泗公老和尚，西房涟公老和尚，中房济公老和尚。"

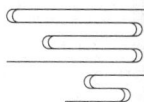

第二节 塔 铭

大清京都普觉青崖元日塔铭并序

张廷玉

西山普觉寺青崖禅师圆寂之岁，其嗣法弟子将奉法体藏于寿安山本寺之西园。我皇上命发内条银百两，并和硕怡亲王银伍拾两，付法嗣成煜等，同内务府官经纪其事。且又诸山僧俗官员往送之，甚盛典也。

往者，世宗宪皇帝维持象教闻师名，于雍正十二年秋召师来京师，应对称旨，深加奖予，赐紫衣四袭及宝盂、玉如意等物，留止大内。其明年，乃命出主天童法席。师方在道，会世宗皇帝升遐，今上皇帝继统、复召师来京谒梓宫，随命监启报恩道场。事竣，奉泰旨开法京之西山十方普觉禅寺，盖于今十有一年。

师名元目，青崖其字也，淮之盐城人，俗姓了。父偶梅，处士，母易氏，世有隐德，处士尤好善，闻乡里。师幼颖敏，举止异常。儿甫七龄即超然有出世想。父母奇之，命礼永宁寺严深忍尊宿剃度。十九圆具于金陵宝华山定庵基律师座下。自以宗旨未彻，乃携一钵一笠，云游参询。己卯，参虎丘节岩琇和尚。庚辰，参天童天岳昼和尚。癸未，慕天台之胜，养道于卧云庵。庵外，飞泉立石，荡胸悦目，忽于折脚铛边，悟心境一如之旨，然终不自信也。乙酉，复参灵隐谛晖辂和尚。泊壬辰冬，乃游松江，参云峰薪传澜老和尚，答问间，言下有省，由是师资深契，洞彻法源，盖至是而始得所宗云。道既悟，乃辞师返淮扬，展亲墓，复扫剃度师塔，不忘本也。已而，应山阳绅士之请，主东林法席者四年。又应天长绅士请，唱道于毗尼十有二年。师以主法席既久，爰退居于回施庵者，总宪年公所建也。居二年，岁在甲寅，乃蒙世宗宪皇帝之召。师仪观修伟，戒行精严，其为教有提唱之妙，无锤拂之炫，直指向上，力挽末法而潇洒出生，不坠色相，不尚机峰，尤得不二法门妙谛。怡亲王雅重师法，尝备衣钵若干，具请师开坛说成，一时僧侣云集。其能领师指、授以法者凡若而人，夫当代不乏缁流，其脊坛演教者所在多有，而师独名动帝王，荣膺宠眷。设非于提心印实有朗悟，而能如是哉？然师业以出世法住世，知其心地空明，生缘净扫，当不以时俗之荣为动也。师生于康熙十九年庚申正月七目，示寂于乾隆十一年丙间三月二十七日，享世寿六十有七，僧腊四十有九，坐道场者三，制法弟子二十有六，剃度发弟子十有三人，度名者万计。惟助宗煜持师行状乞余为文，以余备位目久，亲见两朝礼遇之隆，而又悉师之梗概，吾又何辞焉？于其塔，宜为之铭，铭曰：

一□西来，中原行派。普振宗风，源远流大。不有真师，谁传钵戒？

震旦觉场，佛为朝旭。遍照恒河，光明国是。师以为名，用为身勖。

巍巍圣主，心契仁王。两朝隆礼，飞杨流光。维师寂若，法界清凉。

道继云峰，克绵令绪。了去来今，嗒焉而逝。我铭师藏，钦于世世。

省如初、雨苍润、宗煜、德修善，果目空、清源澄、灵鉴昭、云庵望、敬如福、定安静、云睹祥、鹤参静、中和瑞、慈舟澄、性一见、永安净、佛僧法、正宗瑞、德机用。毅如呆、法光闻、若愚智、性宝氢、灼然、复苏宁、续灯智。

赐进士出身经筵目讲官太子太保文渊阁大学士兼吏部尚书教习庶吉士加二级军功加二级史赔直篆太保保和殿大学士兼吏部尚书张廷玉撰

翰林院内阁学士兼礼部侍郎张若霭书丹

赐进士出身光禄大夫经筵讲官起居注翰林院内阁学士兼礼部侍郎三等子张若霭书

大清乾隆十一年岁次丙寅七月

张廷玉：字衡臣，号砚斋，安徽桐城人。清朝杰出政治家，官至礼部尚书、户部尚书、吏部尚书，拜保和殿大学士、首席军机大臣等。

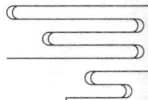

应慈禅师塔铭

传讲三议华严座主，南岳下第四十六世，天字法显，兴福分灯，应慈亲禅师之塔。

佛历二千九百八十四年岁次丁酉九月建造

后刻：师生于同治十二年夏历二月初五日午时，寐于公元一九六五年夏历八月初五日丑时。

苇舫法师墓塔[①]铭

真禅

正面

传临济正宗第四十六世玉佛堂，上第四代上苇下舫愿公老和尚之塔

背面碑铭

师讳苇舫，法号乘愿，籍隶江苏东台，俗姓朱氏。家世奉佛。1921年，年十三，从邑之福慧寺吉堂等三公出家。三公为时者德，故师所受教养独深。师受具足戒于宝华，负笈高邮放生寺、常熟兴福寺佛学院肄业，转学北平柏林寺佛学院，后往武昌佛学院深造，编《净土宗月刊》。虚大师升座谭经，师辄为记录。旋赴汉藏教理院任教导。七七事变后，主持武院，编《海潮音》月刊。武汉不守，赴渝，以两刊揭露日寇暴行，号召僧徒参加救亡运动。1940年，随虚大师访问印度、锡兰、缅甸等国，宣传抗战政策，师掌书记，发表访问日记。胜利后，衔命恢复武院及世院佛教图书馆，僧青年报名者，如饥如渴，户屦为满。法门秋晚，亟思贤哲耆柱其间，以期重振宗风。受记前于金山及玉佛常住，兼佛学院院长。1948年，时局推移，苇舫方丈急流求退，师临难不作苟免，毅然出任艰巨。时游勇以寺为传舍，一夕数惊。师大智大勇，虚与委蛇，得以少安。建国后，政府资助修

---

①苇舫法师墓塔六面三级，1989年立，总高292厘米，塔刹高90厘米，基座高120厘米，花岗石质，碑身高82厘米，六面各宽33厘米，汉白玉质。正面宋体字书塔名，后3面为塔铭，宋体竖书无标点，28行，每行24字。铭文录自常熟兴福寺后山塔院。

理寺宇，延请虚云长老，举行和平法会，玉佛依然为海上胜刹。出任上海抗美援朝佛教支会主任委员，于国际义务，克尽厥职。1954年，参加喜饶大师访问团出访缅甸。历年国际友人来访，无不雍容应接，道范可钦。先后被选为中国佛教协会常务理事、上海市佛教协会副会长兼秘书长，上海市第一届至第五届人民代表，上海市三、四届政协委员。参加《辞海》佛教条目编写。1966年秋，环境险恶，非人世所堪。忧能伤人，师亦颓然病矣。住院时，从容告别，且以寺务相嘱，真亦恻怆不忍问后事。1969年岁杪，竟不起。时寺况萧条，中夜彷徨，深虑有负付托。否终则泰，浩劫告终；前此所加师之谤词，幸蒙昭雪，深得是非之公。而今吾人所从事之僧教育，业已循序渐进。师之慧业，将有传人。兹以灵骨归葬虞山，因述行业梗概，用以昭告来者。

1989年，上海玉佛寺后学真禅和南谨撰

茗山法师塔铭

慧空、圣严

焦山定慧寺方丈茗山法师讳大鑫，一九一四年二月二十日出生，于江苏盐城钱氏。二零零一年六月一日舍报示寂。僧腊七十春秋，戒腊六十八夏，法腊五十八冬，乃一代卓越坚贞之高德也。苦志笃修之法将也，主持三宝之龙象也，寺之雨序，弟子乞铭，因铭之曰：

童真入道，有教无类。戒德香严，化踪行至。

复兴祖庭，公务法业。柔而不刚，学贯内外。

解精行实，文章义范。英年游学，众机利乐。

定慧双隆，风起云从。建万佛塔，鞠躬尽瘁。

大师瞩目，博涉三藏。福智两佐，传世永怀。

作育僧才，十年动乱。弘护正法，国内海外。

法筵盛开，服膺太虚。法袭曹洞，中观唯识。

诗才书艺，不动寂光。禅讲不辍，玉琢水清。

吼狮腾龙，雨澍雷同。为六寺主，人间佛教。

脉绍东初，空有相资。二绝驰美，乘愿再来。

岁次辛巳 同门弟法鼓山慧空 圣严 撰并书

茗公法师塔铭

无相

师讳大鑫，号茗山，江苏盐城钱氏子，俗名延龄，生于1914年岁次甲寅2月20日。父宝森公为晚清秀才，亲授儒书，母张氏终身奉佛，师随侍在侧，闻经启悟，遂于19岁投建湖罗汉院披剃，依止宏台和尚三载，至镇江焦山定慧寺受具，并就读本寺，继入武昌佛学院深造，尔后至各处佛学院讲经教学，培育僧才，弘化海内外，年届耄耋仍四方说法授钣，终因积劳成疾，于2001年6月1日示寂，世寿88岁，戒腊68夏，6月10日荼毗，获得舍利无数，祥符禅寺迎请数粒造塔供养。而为铭曰：

伟哉茗公　一代高僧　学通三藏　教贯五乘

遍参耆宿　广纳后昆　弘宗演教　普度众生

修戒定慧　德行难伦　诗书佳绝　脱俗离尘

分灯十二　无论宗门　待人接物　和蔼真诚

无有高下　一律平等　缁素仰止　巍巍其人

舍利入塔　灵觉长存　乘愿再来　续传慧灯

嗣法沙门无相谨撰

2002年1月12日

祖师塔铭

仁风

祖师塔铭为仁风法师所撰。铭如下：

永宁护国兮祖德巍巍，临济传灯兮法乳昭昭。

盐阜苍芒兮海天浩瀚，千年古刹兮枯木逢春。

盐城永宁古寺，于1938年惨遭日寇毁圮。师祖八十五世方丈雪松远公、八十六世方丈茗山悟公，历经凄风苦雨，复建吾寺之志日久弥坚以耄耋之年欣逢改革盛世，运筹奔走，终于上世纪九十年代初开启异地重建荷担如来家业，并授法钵与吾法乳恩师第八十七世方丈乘愿智公尊宿、扬州大明寺剃度恩师能修慈禅师，嘱授以中兴吾寺之重任。

恩师智公以病弱之躯输财输智、劳心劳力，于围墙东隅复建祖师塔林，以续法脉。恩师慈禅师多方协力，以重建为己任，于二〇〇五年应智公之请，委吾赴盐全力协助操持实务，得智公亲授之正法，为临济正宗第四十八世法嗣，晋任住持。翌年一月二十一日，智公示寂。得恩师慈禅师悉心引领，率众夙兴夜寐、殚精竭虑，建殿宇、塑佛像、造园林、行法，重现千年古刹殿宇巍峨、佛像庄严、香火鼎旺、钟鼓远播、梵音悠扬、利生弘法之盛状，祖师、恩师之宏愿终得圆成。

自恩师智公圆寂后，余曾精选净地欲立灵塔，然寺规划茫然，唯恐急之动怒不尊。二〇一一年吾寺重建初具规模，感恩历代祖师护佑，吾遍寻记以作塔铭，又苦于故塔材粗失修，故择吉地恭立，善其材质、增其形制，重塑坚石七塔于现址，避幽园，肃圣境，以报祖恩。

顶礼嗣奉

永宁堂上历代祖师塔

青崖日公衣钵塔 宏台绪公衣钵塔

体真纯公衣钵塔 雪松远公灵塔

茗山悟公灵塔 乘愿智公灵塔

青崖日公清朝永宁出家，主宝刹数座，法脉弘传、帝王门客，永宁祖延名振一时，宏台绪公民国盐阜大地净土第一，悟公师、智公祖，余智公立塔于永宁，吾敬之。纯公、远公、悟公、智公皆主永宁。

余定当史海钩沉撰修寺志，遍寻祖师奉塔于寺激励吾侪、垂范后世于永宁，祈正法久住，佛日增辉。

是以为记。

仁风润性叩铭

释迦佛欢喜日于2011年

刘庄妇女安老净土院略记

汪印智

刘庄妇女安老净土院为高师鹤年舍宅所建，为贫苦妇女养老清修之所，印慕智久其道风高峻，于一九三五年十月由外子卢象三自护僧往参学。其地环境清幽，濠河围绕，树木翁郁，入口为九莲桥，桥侧为福德堂，南向大门有三，中曰妇女安老净土院，东曰莲花世界，西曰水月道场。院外直西数百武有小庐，为师之静室，曰大觉精舍。东南小厨房后侧有墓道，葬师之父母，有石碣为地方救济会赠立。余隙地为菜圃。中门入为清心堂，左右环以寮房，入重门，东西有回廊，东为库房、斋堂、内客堂、帐房，西均为寮房。中再入经天井为讲堂。佛龛供释迦佛、弥勒佛等。中奉四大菩萨，韦陀伽蓝，左右经柜供书本藏经及诸方名山志等。讲堂附设纺织工具。再进东西门大天井，正殿中供西方三圣像，佛堂东西厢楼上下连后楼皆为寮房。四周游廊相属。下为延寿堂，祖堂。延后两侧各设关房。楼之东经汲水井、薪房、香积厨、通达斋堂。西为天井花坛，如意寮，涅槃堂、碓磨房。东西太平巷通中殿、洗晒场、化身窑、灵骨堂、杂料房、大架房。有后门入养心堂。全院规模宏大，像设庄严，殿宇计百余间，寮房共六十余所。初有百余众，常住五六十人，多属有道之士时课诵，晨昏无间。院之后与左右均有围墙，墙外插种四时蔬茹，沿濠河一周，杂植树木为桑榆槐柳松柏桃杏椿楝枇杷石榴银杏等，约数百株，隔河为大菜圃，特记其形胜如此，以为史料。

兴化县刘庄市贞节院记

高鹤年

　　□院皆水也，东南隅架水上者为九莲桥，过桥沿南河西行数十武折而北，则院之正门，额曰贞节院者也。院前东偏福德堂，与野室通，西则为留云亭，入正门而解脱门，左右两门房及账房升此则清心堂居其中，堂之东有九品堂，西有功德堂，迆南各□厢房一堂□道为般若门严□锁以别内外，两旁设转轮以为传话接物处，其内左为五观堂，右为云来堂，再入则方便堂，与凡圣堂相对峙，循此为北，则觉路知津二门分列左右，中进为大讲堂，贯进为波罗蜜门。东则寂光堂，上有安养楼，西则实报堂，上有净业楼，最后正中为西方殿，两旁拈花楼，彻悟楼，左去东关房，上有慈云楼，左去西关房，上有净光楼乃相连属，前后左右皆绕以回廊，而脉络贯通焉。院前正门之东偏有东大门，题曰莲华世界门以内，新开三眼井与香绩厨近，绩薪所，厕所附之。又与正门以西相并者，则为西大门，颜曰水月道场，其东厢小厨房，西厢延寿堂，连步而登中为归元堂以备住众生后归西所，左偏海云堂，右偏海众堂为院外孤独无依供设灵位所，堂之后有堆砻，两房有大院落为住众浣衣晒场，左旁有南北厕所浴室，再后则为息心堂，其南向者，上为极乐楼，下为养心堂，祖堂亦莫不有寮房，设严于其间，此院以内之大概也，院之前就四面新环之水，筑放生池，远岸新植柳树以护之，聊以寓无心插柳柳成荫之意，尔院既成，后之有□者，惠然肯来当必能仗，佛光之普照，度苦海之众生，不负诸大檀越乐助之忱，保斯院增辉于永久固不独，鄙人所欣幸而馨香以祷祝之也。

甲子仲冬　惭愧学

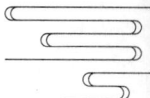

第三章 序跋赞

第一节 序①

盐城永宁寺云峰太老和尚七旬寿序

金鞠逸

盖闻瞿云受姓。游香国而常馨。善慧称名。散天花而不著。世有三宝。日月同昭。法说大千。乾坤并寿。是以园成欢喜。小红开称意之花。鸟弄迦陵。重碧酿延龄之酒。由来佛国春满诸天。自古高僧寿臻无量。岂惟支公谈元。白眼黄睛参骨相。檀那具足。金花绀髻寓庄严。凡诸信道之众生。何一非禅门之宗派哉。敬维云峰方丈太老和尚。生禀慧性。张隶昭阳。始受戒于宝华。复卓锡于盐渎。供香花于永兴庵。主丈席于永宁寺。去来缘澈。色相尘空。面壁拈花。早证须弥之果。晨钟夕梵。克参最上之乘。故得千灯永照。七日翘诚。惟时庙产中落。教规日弛。乃誓愿船。遂披忍铠。扇芳轨于光宅。广福源于通邑。屡开戒坛。如日耀衢。提倡僧学。将花贯络。阅三十寒暑。琳宫启而蓄业恢。散千万布施。觉岸登而善缘足。渡苦海之慈航。四禅尽脱。断尘根于慧剑。三昧皆深。法云意蕊。澄定昏波。宝筏金绳。挽回末劫。在净住之众中。阐真如之密谛。此固亘千古而常新。奄弈冀而不朽者也。若夫设因利局以济半民即孔门之惠而不费。助清节堂以旌苦志。即圣学之行仁有方。造诣默契乎儒风。法矩不外夫净行。崇基表刹。倡僧学之宏规。剃草开林。建观音之杰阁。一音称物。顽石为之屡领。三教阐微。惑水因而获拯。置产标徐氏之芳名。不忘本始。说法扩阿檀之宗律。益矿精虔。

---

① "序"排列以作者相同为先，以题名相同为后。

而且为抑为量。澹泊为怀。车匦感其岂棱。士夫钦其善力。煌煌乎。扈扈乎。求诸经徒。罕喻斯旨。况政变以来。水旱迭警。玄黄汞洞。苍赤流离。凡所节俭储蓄之债。胥作怜恤饥寒之用。凡百义举。罔不奉行。超六尘之境。悯□伦之厄。经繙员业。传衣于选佛场中。座湧运花。说偈于化人城内。指挥如意。制毒龙之恶氛楼息闲房。召神鱼于水月。宜乎勒石摛辞。扬宗风于净域。传灯破暗。证自在与牟尼。更有法徒继志。戒律祇承。楼署藏经。阆起须弥之殿。杯浮渡水。式衍呗梵之音。最怜天下滔滔。眼微开而有悟。一任尘寰扰扰。心入定而不惊。倚参天之银杏。瑞蔼三株。璨趺坐之金运。禅烘一指。固己树心无之妙义。为人士所尊崇矣。兹届阳月小春之会。正值七旬法脑之辰。霜凝古柏。奎楼之清荫萧森。雪绽早梅。秘阁楼之寒香飘拂。鸦飞鸽绕。共庆期颐。云影天光。胥资供养。某等心切响诚。惭鲜善行。参无字禅。未免尘劳混俗。持半句偈。几时水活源头。愧王中正之博学。虽颂毡林。乏陶隐居之高才。虚声运社。第知金仙不老。寿海岳而长生。□树滋荣。历春秋而不谢。信心奉钵。亦有蛤天。累累献珠。无非龙女。譬蟾宫之丹桂。高五百丈而尚见抽茅。拟瑶岛之绯桃。阅三千岁而更看结实。欣瞻宝气。永驻祥轮。同游三行之中。敢效九如之祝。

（金鞠逸：金式陶，原名谷春，字鞠逸。江苏盐城人。光绪举人。著名文学家、书法家、诗人。著有《鞠逸吟诗钞》《鞠逸吟续钞》《逸园诗钞》《逸园文集》《逸园文抄》（四卷，附录二卷）、《读诗识名证义》等。）

应慈和尚重刻晋译华严经序

应慈

今夫探金于□者。曰镶之使吾□也。探宝于海者。曰之海之致吾饶也。彼稼于田□于野者。亦曰饱吾者田而□吾者野也。宁知夫山海田野。悉王者之所御。而自身亦率土之一氓耶。佛法禅律性相诸宗。莫不曰解脱吾者吾宗也。又乌知禅律性相。均华严之所统。而自性亦帝纲之一珠耶。昔者玄奘法师。进御六百卷般若。帝曰般若如是浩瀚。何不居华严之先。师谓华严具无量法门。般若虽多。乃华严无量门中之一门耳。惟其博大渊□。怯弱者尚不足以□信。

猥云行证者乎。故各宗祖师。心游法界而各无扞格。乃能□夫五十三位青知识众。各从一门以逗华机。倘如挽世庸俗。护宗□祖。则奘法师必不作是答也。乃知贤首与禅律性相诸祖。易地皆然。惟是华严一宗。自五祖而后。虽不乏哲匠。然时隆时替。未能衔接一系。迨清末共和之交。先法师月霞尊者。始挺然利见。奋华藏之硕誓。续列祖之鸿猷。阐五教。明三观。彰六相。抉十玄。别教一乘。于焉恢启。现法师应慈和尚，与先师同愿俱来。影响翊赞。殆媲夫文殊之辅化遮那。而庆喜之伦叙释尊也。故先师捐尘以来。师独荷肩仔。频演大经。奖掖后进。无厌无倦。仍犹先师之住世也。甲戌秋。师宴坐兴福寺救虎阁中。方阅入法界品纂要之文。恍见金人丁宁付嘱曰。贞元四十。华严久□未宣。显而扬之。责在尔躬矣。师感惕惊寤。爰赴邗江。重镂是经。就虞山宝严寺敷陈嘉会。时众会中有读探玄记者。觉贤首规模。昉于晋经。因复劝请转其轮毂，俾三部大经。平等推挽。刬华严教义。虽曰盛于唐。而实创于晋隋之间。故晋译微言。实肇宗基。杜顺依之而立观。云华遵之而搜玄。贤首准之而判教分宗。顾可因唐译而偏废晋经乎哉。师允其请。乃捡核旧刻。剥误滋多。遂依徐文蔚居士近刊谭玄记及诸藏本。校而正之。仍授梓扬州。与前四十卷经板式相若。放大字形。俾庄严法宝。易于受持。鸠工于丁丑岁。旋遇军兴。辍作不时。延至今秋甫庆观成。行见千载秘藏。悉揭橥而传播之。展转弘通。于是昔日之不能绵续一系者。亦得薪传无尽。历百千劫而不熄矣。当晋典传译之时。有双童给侍之瑞。盖以此经久置龙宫。龙王庆其传通世间。故令龙子及诸善神护于左右。今则千百年来无人宣示。不翅若在龙宫。故新刻竣事。吾师发挥奥赜之际。定亦有瑞相现前也。余小子不文。敢以斯言为券。

　　民国二十八年己卯中秋华严座主应慈命门人持松序于即入居

华严宗教义始末记序

应慈

　　自晋代觉贤三藏，译出六十卷华严后，讲者不绝席，疏者不乏人，而尤与南北朝为最盛□谦之。作华严论六百卷，灵活办作论百卷，稍后如光统律师，智者大师等，皆有诠释。其他如悬谈所引，或为知名者，尚不计其数。而嘉祥大师之游意，李长者之论，至今犹存焉。是皆华严一宗之先驱也，至杜顺和尚，依经立观，始肇宗基，云华尊者，作搜玄记。及孔目章等。而五教之目斯立，迨贤首大师，则法度明而宗纲备矣。惜乎清凉圭峰之后，方创作完备之时，正义趣发扬之际，乃遇会昌之乱。致一家宗乘，不灭于会苑之叛，而亡于独夫之私。呜呼，殆亦有关于运数也欤。宋之时，高丽义天法师，访道来华，□有华严典籍甚多，故长水净源，头有发明。而道亭，观复，师会，希迪，所谓宋代教章四大家者，亦能各有所见。元明以降，又□衰微，赖以支其危运者，别峰，古庭，雪浪，数公而已。清初有续法大师，为当时贤者首宗巨学，平生讲筵未辍，著作等身。因见天台有四教仪，故仿其例而裂五教仪，及科注等。虽分晰□详，而用心亦良苦。第与华严诸祖之原意，颇多出入，故后世继续宗统者，有所不惬焉。先法兄月霞尊者，尝未元明以来，祖典散佚，遂使沿革变古，教义歧缪。教典驯至忘祖，矩护寝以失真，固非徒续法？（省略一句）□任其相因。则宗义之不明，宗徒之耻也。门人持松，近虽归乡真言，然以华严为先入之学。兼以吾兄弟期望之殷，亦思有以扶宗本，酬祖得，援诸祖撰述，序其先后。最其精要，考诞应之事迹，办立言之异同，乐五教之名实。详大小之晰证。后附以五教观行修持法一章，俾明各宗躬行实践之准绳。书凡若干编，编若干章，篇目条款，次第相生，总题曰华严宗教义始末记。余会为之丹乙一过，见其陈意取僻。在论次诸祖各自立说之善巧。使知某意原出某祖，起初祖杜顺，迄五祖圭峰。而述明五之宗范，不致得枝而忘干，守隅而昧方。尚未可以饫饤视之也，爰并数语于端，命镂而存之。

庚辰初夏华严座主应慈□道人志

《奋迅集》再版序言（一）

应慈

夫菩提涅槃，以持戒为基，菩萨万行，以济世为先，此乃释家不易之定论也。当八一三抗战军兴，敌寇之凶焰万丈，而我东南重镇之大上海，首当其冲；方是时，凡我中华志士，莫不奋臂挥戈，拱卫祖国，敌仇同忾，人怀雪耻之心，士无反顾之恋，斯时也，我佛教明眼知时，首有僧侣救护队之组织焉，旨在扶死救伤，实宏救世救人之大愿，沪战三月，勇猛精勤，救护负伤员兵无数，嗣后战事内移，南京武汉，一让再让，而我僧侣亦辗转随军服务，迨至政府西迁，乐观法师复于陪都成立僧侣救护队，为大后方同胞服务，再接再厉，贯彻始终，呜呼！亦伟矣！继而日寇扬言南进，在彼诸佛国作麻醉之宣传，破坏国际人士对我抗战之信念，而我僧侣在乐观法师之领导下，又有随军远征宣传之壮举。狮吼佛国，薄海同钦，扬我中国佛教之声威，成绩卓著，历获政府嘉奖，此一轰轰烈烈之事业，直至日寇请降告一段落。乃者，乐观法师由□携来所著奋迅集一书，其中皆我僧侣在抗战中之工作事迹，兹为应各方人士要求，重新付梓，索序于余，然余耄矣，余见书中可歌可泣之经过，实有不忍于言哉！嗟呼！法幢暗淡，众生业重，刀兵灾劫，方兴未艾！深愿当轴诸公，多加爱护。而我同袍，当国家清平之时，自应隐逸清修，一旦有事，仍当作狮子奋迅以赴，俾政教相辅而行，庶几相得益彰也。

拈花老人应慈于沪上

《化声集》序
大醒

人间世，一大变化场也，世固有变，人亦有变，时变事变，万物之变，无一而不变，且由一变再变，变而至于无穷者，刹那刹那，转变不已，然则世间苟有常在而不变者乎！曰：有之，惟佛法原理耳。

民国甲子，余捐钵求法武昌佛学院，讲师学友数十人相教习层劝聚于一堂者，会几何时，又一变而分向南北东西矣！有万里无音者，有一虽永诀者，数数间讯以通消息者，计可十人耳，至若梵刹重逢灵山再会共相依止安居者，则更为难得，况时日一变已十载乎？

客秋，余回母院，发昔讲师大敬法师及大圆慧空二居士，俱一时重逢，自庆非结有历劫法缘，何克获此幸会？然尤以未得旧因法师化声居士一会为念，盖以善因化声二公住院最久，丁卯务辰间，受军事变动，二公方先后虽退隐于关中，余来独欲一亲近二公饭不能复得。

今岁夏中，一日清晨，先生翩然来，似法华会上多宝佛从地而出，喜万分！秋晬时，余小声谓舫法师曰："张先生一点未变，十年了，还没有老，先生之行坐言谈，灭无稍变异于十年前也，居无变，先生出示化声自叙，举舫法师争先读之，不数行，余喜曰：张先生文章作风，也没有变，同从前一样。

《明清善果大辞典》序

郭介梅

吾人凡造善因，必有善果；造恶因者，必有恶果。如种瓜得瓜，种豆得豆者然。国家政教之兴衰，社会风俗之转移，无事不在因果之内。且夫善因小而善果大，恶因小而恶果大，如人欠债不偿，久则利过其本矣。是故先贤有云，勿以善小而不为，勿以恶小而可为，即深信因果之戒律精严也。商南贺子箭村，救世心切，曾著《德艺丛刊》，更出《古今善书大辞典》，今又以明清两代之先民，因为善而获果者，编辑成书。其移风易俗之功，可与先贤并伟！甚愿读此书者，善学古人行谊。以如是因，获如是果，同登觉岸，庶不负贺子度众之苦心也，是为序。

民国二十四年岁次乙亥冬日，盐城郭介梅作于鲁临赈务查放局

题栾氏重修宗谱序

郭介梅

阜邑栾氏，古籍山左，自明进士栾梦贤先生迁阜后，遂成名族。先生服官四方，笃念勤慎，以廉吏著，其后家声不替，代有传人。考其谱迹，若十二世之方明、瀛友两公，皆以乐善光祖；十三世之凤来、以宣，又富于儒学；十四世之学馀公，为人正直，政府慕其名，请任阜宁总董，地方公益，赖以为之一，兴有某学政，曾锡以"射阳望重"四字匾额，具见一班。历明清两朝，子孙户口繁多，服务各界，固不乏人，而族中旌表节孝与道义可风者，更不可以数量计也。今十五世之文轩，十六世之星久，十七世之章甫、毓清先生重修谱牒，采访散处族人，以冀一脉源流而作千秋家乘，昭哉备矣。毓清国学宏富，尤工于诗。与吾盐孝廉金鞠逸交深，余因得识泰斗，兹为修谱属序，未敢以不文辞，慕此爱族苦心，颇与仲淹① 相类，勉掇数言，预祝栾氏之兴，福报未可限量云。

民国二十四年岁次乙亥季秋月 谷旦

江苏义赈会查放委员

郭介梅鞠躬敬撰

---

①仲淹：范仲淹。

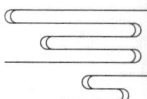

佛学古文类编序

浩乘

佛以一大事因缘出现于世。即自觉觉他也。斯则文字尚矣。何哉。盖洞教实修而转识成智。自觉也。宏法济众。使斯惑证真。觉他也。借无文字。则无经典教法。胡出觉耶。或曰。教外别传。非离文字乎。不也。□亦心中文字。久久□□而达最上乘耳。与纸上文字何异。矧金刚楞伽诸祖语录。□非禅宗要典。可证文字者。亦入佛之不二法门也。然欲究文字。当以古文为升堂之阶。入室之门。仗世学古文。□俗□意理。虽□三军。仍昧真谛。疗其患久矣。乃于行脚之时。见佛学古文。则□藏于行箧。积十余岁月。得百数十篇。今检阅一过。悲喜交集。悲者。自愧孤陋。□乏参考。法味少尝。未得真髓。深以盲引盲之是□。以误传误之是□。喜者。□□一□。于篇幅之长短。意义之□者如获摩尼。如饮甘露。一□以词害志。食而不化之结□。在实际理地。建化门头。独往独来。堪告于心无愧。所以喜耳。倘由此而因指得月。深入法藏。则于宏宗演教亦不无小补云□。

乾明寺万年簿序

浩乘

世间一切事物，各有其迹象，直下与人以认识概念。此种概念，可以相继维系，展转传播，不随迹象变幻而趋磨灭，则文字记载之功尚矣。故佛法垂世，非赖有三藏结集于前，移译于后，纵具不可思议，又安得竖穷横遍，流通无尽，为一切众生所崇奉耶？万年簿者，为寺志之权舆，体例略别，性质相近。凡常住之殿宇、田产、法物、书画，乃至诸祖言行，皆可备记于上，以作后人□鉴；俾贤者益贤，不肖者知所警惕也。乾明寺为宋建古刹，几历千载。其中不无法苑耆英，恢宏事业，堪资取范。乃至工程之兴建，□设之庄严，斋田之增置，巨细洪纤，不一而足。可惜记载缺如，无从稽考。余于癸未首春，接主斯寺，适当大劫之后，绀碧楼台，尽成瓦砾，乃殚精竭力，辟地开荒，悬念兴复之期，难以预计，特先将本寺史乘，整理汇集，归纳于簿，并序其意于首云。

楞严经手抄本序

茗山

　　"文化大革命"后期（一九七四年），我和金山、焦山一些僧人居住在镇江原桥西德元堂，每月每人只向公家领取七元至八元的救济费，只够买米、买炭、买菜，过着艰苦朴素的生活。就在这样生活环境里，且处在"破四旧、反迷信"的时代潮流中，僧人们仍秘密地念佛拜佛，念经看经。有位竺仙师傅，要我找本《楞严经》给他诵读，当时经本几乎绝迹了，我千方百计秘密地四处寻找，很不容易借到本《楞严经》，如获至宝，大家争着要看，因此产生了抄经的念头。我住在半间小厢房里，只有一张床和破旧的桌凳一副，又恐怕抄经被邻人或造反派看见而被批斗，乃乘夜晚关门闭窗（窗上还覆块黑布），在不太明亮的吊灯下伏案抄写，经过几个月才写完。事后，竺师去世，此抄本由余徒觉空保存。南京李书有教授、鲍家荣居士见到此本，认为既是令人开悟的珍贵佛经，又有小楷书法的文物价值，亟宜公之于世，乃与古籍出版社商量，用玻璃板影印两千本，以结普缘。这是一件很有深远意义的善举，他们嘱我写篇序言。我觉得古代交通不便，高僧徒步长途去取经，是非常艰难的事；在动乱的"文革"期间，寻找一本珍贵的佛经，又在简陋环境和恶劣条件下抄经，既很困难，也不容易。因此，愿诸位接到此本，善加珍藏、读诵、受持、解说、深思，力行、书写、翻印，广以流通，公德无量！

一九九二年春

《茗山日记》自序

茗山

　　我少年时随父读书，父亲常教我"勤笔免思"。因此，我从小就写日记了，时断时续，时写时丢。从1937年至1946年期间，我在湖南写了几十本日记，由于离湘返苏，携带困难，都丢失了。从1946年到1966年秋"文革"开始，红卫兵到焦山破"四旧"，经书和我的笔记、日记，全部被焚毁掉。在此之前，还有人从我日记中找资料吹毛求疵批斗我，我从此不敢再写了。直至1977年，在镇江图书馆查寻文史地震资料时，看到清代周伯义及翁同龢的十几本日记，觉得写日记有作用，可以给后人了解前代的历史和国内外大事等记载，让后人吸取前人做人做事的经验教训，供后人学习和工作参考。唐太宗说："以史为鉴，可以知兴衰；以人为鉴，可以知得失。"古人说："前事不忘，后事之师。"因此，又唤醒我发心重写日记。自1978年初到1999年冬，我又继续写了廿二册，目前正在开始写第廿三册。虽然我已86岁了，在我头脑还未昏糊、手指还能执笔时，我还是要继续写下去。

今由许钧摘钞整理《茗山日记》，供后人作参考，虽是好事，但恐日记内容或有错误和缺点，还希望阅者坦率指出，是所至盼！

八六老衲茗山

1999年12月10日写于无锡华东疗养院

《方外来鸿》序

茗山

前天，南京黄常伦同志和南通孙勤居士同来焦山，将《方外来鸿——近现代高僧致高鹤年居士信函手迹》一书稿本给我阅读，如获至宝；由于我对清末民初诸位高僧和高鹤年老居士，早已闻名仰慕，其中印光老法师、虚云、来果两禅师，我都拜见过，并听过他们的开示，霜亭老和尚，是我的羯磨师，我曾见过多次。其他未曾见面的诸位高僧，这次恭阅他们的书信，如亲闻善知识的开导，获得许多教益，有非常亲切的感受，兴趣很浓，故虽在繁忙中，而废寝忘餐，连阅三天三夜，不忍释卷。但不知这些书信从何处得来？据孙勤居士说："这于1979年，在大丰刘庄镇镇政府的字纸篓中，发现'印光'二字，而后理出这五十几封信的。"这一发现，给国家增加了珍贵文物，给佛教供给了重要历史资料，给后人以宝贵的启示和教训，其功德实不可思议，茗不胜随喜赞叹！

细阅高僧书信和小传的内容，我觉得高僧和高居士的身教言教，是极其高贵的！概括说，是三德具足的：第一，他们的学修勤奋，参访苦行，持戒念佛，学禅悟道，弘法利生，创办教会，挺身护教，乐善好施，赈灾救难，这些都是立德。第二，他们到处修建寺院，装塑佛像，创办院校，培养人才，绍隆佛种，续佛慧命，安老慈幼，维护贞节，这些都是立功。第三，他们印送经书，讲经说法，开示后学，出版报刊，著书立说等等，这些都是立言。立德、立功、立言，古人称为"三达德"，高僧和高居士们，都已做到家，都为后人作模范；我衷心希望阅此书者，都向高僧高居士们学习！古人说："前事不忘，后事之师"，此之谓也。

2000年10月1日

《淄门崇行录注释》序

茗山

古人有言："得人则兴，失人则亡！"故欲振兴佛教，必须培养僧材。而僧材之培养，尤须重视道德之教育。莲池大师说："人道未会，焉知佛道，即使利根多慧，而慧弥多，障弥重，将安用之！"

或曰："今日各地佛学院，已注意到学修并重。"但观近几年来，佛学院毕业之僧青年，除极少数有道心者注意德行外，绝大多数是重学轻修，有文无行，甚至转业还俗者有之，实堪隐忧！福建佛学院见此情形，决定将淄门崇行录列入课程，以资培养僧青年之德行，余深为随喜赞叹！

或曰："今日是现代化之时代，还讲古人古事，岂不迂腐？"余谓不然，且看所录古德之嘉言懿行，与今日之时代精神，并不相违。例如古德清素与艰苦之行，正合今日中国人民艰苦朴素、热爱劳动的生活作风。又如古德严正与高尚之行，亦合今日提倡廉洁奉公，反对贪污腐化的号召。又如古德尊师与迟重之行，亦合今日提倡尊师重教，尊重知识分子及精神文明之建设。又如古德孝亲与忠君之行，亦合今日提倡赡养父母，爱国守法之精神。又如古德慈物与感应之行，亦合今日提倡社会福利和纠正社会不正之风。

总之，古今之道，其理一也。古德各种嘉言懿行，皆是佛教优良传统，以皆符合今日时代精神乃至尽未来际，都值得今后长期学习。

此《淄门崇行录注释》原本是明代莲池大师著述，又经近代弘一大师选录，今由福建佛学院演莲法师编写注释和译文，便于初学阅读，唯愿读者，熟读深思，身体力行，佛教幸甚！众生幸甚！

《中国近代佛教》序

茗山

本书作者慈光是我的学生，大岛龙玄是我的戒弟子，我和他们交往甚密。一九九五年夏，他们和杨兆清先生邀我去日本访问，我看到日本的人们都很有礼貌，环境都很清洁，设备都很先进，寺院很庄严；各地寺院内有些保管了珍贵文物，有些举行了盛大法会，有些创办了慈善、公益、文化、教育、医药卫生、旅游服务等事业，这些都值得我们学习。至于僧众学修，如佛学院、佛学讲座、讲经说法、著书立说、参禅、念佛的，我不多见。希望今后在这些修学方面能加以进展就更好了。虚云老和尚在中国近代佛教史上是很有地位的，很受人崇仰的。在我年轻参学时代，早就听说中国有几位大德高僧：太虚大师德才兼备，学识渊博，环游海内外讲经说法；圆瑛法师主持佛教会务，护教弘法；弘法师戒律精严；印光老法师专弘净土；虚云老和尚修建十几处寺庙和道场，倡导禅宗，开示禅要，教人参神悟道。我曾在湖南南岳山祝圣寺佛学讲习所听过虚老一次开示。他讲戒定慧的本源，就是"一念不生"。又曾在上海玉佛寺亲近过一次，看他老在接待客人和讲开示，都是眼观鼻，鼻观心，好像时时刻刻都在定中，很值得后人学习。但是，我对日本近代的高僧大德知道的很少。如藤井草宣、森本孝顺长老、井上清先生、大西良庆、山田惠谛长老，也都值得我们敬慕和学习的。希望中日两国佛教青年经常相互往来，相互学习，相互交流，增进了解，加强友谊，共同团结合作。促进教法的提高与进展，发展光大于世界。

公元一九九六年三月二十三日，于无锡祥符寺

真禅玉佛丈室集[①]序言

真禅

本集共收有我近几年来写的文章五十三篇，诗词三十三篇，联语二十四幅。是近几年来作品中的一部分。经各界道友们再三催促，不揣浅陋，付印流通。

在本书里，我发挥了这样的几个思想。

一、如何发扬爱国主义思想。在这里我着重介绍了玄奘、应慈、震华三位大师的爱国事迹。玄奘大师，孤征十七载，行程五万里，足迹遍西域、印

---

① 《玉佛丈室集》为真禅法师所著，共10集，汇集了真禅法师诗词、文章。

度，通达中印文化和三藏教理，译出经论一千三百三十五卷，留下一部不朽的游记。其成就和贡献，不论在佛教方面，还是学术文化方面，都是非常重要的。尤其可贵的他身居海外，心怀祖国，不管外国人给他多么高的地位，多么优厚的待遇，都一一婉言谢绝。最后渡流沙，涉险途，出生入死，以百折不挠的精神，回到祖国的怀抱。应慈（1973-1965）法师，一生力宏《华严》，编印《华严疏钞》，兴办华严学院，为佛教造就了不少的人才。我跟随应老有十六年之久，从学《华严》《般若》《圆觉》《维摩》《起信》等经论。应老是一位爱国主义者，在抗日战争时期，提出"凡我中华志士，莫不奋臂挥戈，捍卫祖国"。佛教徒在国家遇到危难的时刻，"应当作狮子奋迅，全力以赴"。建国以后，他热爱新中国。在一九五九年国庆献诗中写道："我生世界八十七，七十七年空白首。此十年中入蔗境，幸福光明欢乐甚"。应老爱国爱教的精神，永远是我们学习的榜样。震华（1909-1947）法师，是当代佛教教育家，杰出的佛教史地学者。我追随他多年，亲蒙记莂，接受法脉，对他的佛学思想和事业，牢记不忘。特别值得一提的是在九·一八沈阳事变后，震师博采群籍，撰写《僧伽护国史》一书，唤起僧众爱国报国的热忱，使佛教界为之震奋。此后大河上下，长江南北，僧侣救护队等抗日救亡组织，活跃在抗日烽火中，与震师巨著之影响，不无关系。

古今大师们的爱国事迹，说明爱国主义是佛教徒鲜明的政治态度。当今我们欣逢盛世，因此，不论海内海外，作为释迦牟尼佛的弟子，都应沿着前辈大师们的足迹，共同为建设祖国，振兴佛教，贡献出自己的力量。

二、如何活泼运用禅学思想。我是夹山禅学的传人，对这一课题，不能不谈点看法。记得先师震华上人曾说过："参禅，看经，贵在活泼运用"。比如参禅，不一定坐在蒲团上，盘着腿子才是禅，放下腿子，搬柴运水也是禅。又如看经，不一定面对黑字白纸才是经，离开本子，大千世界也是经。修禅的人，一定要把禅字，贯彻到学习、工作和待人接物之中，表现在日常威仪和生活之中。这样才能将禅与我，我与禅融为一体，达到我空、法空的境界。说明震师的"贵在活泼运用"六个大字，是何等的重要啊！他不仅给我们指出一条修禅的正确道路，也是对如来说法四十九年的精神总结，道出三藏十二部的心髓。

如何运用？如果我人在日常生活中，能少一分私心杂念和人我是非（俱生我执与分别我执），就会多一分本地风光。如果私心杂念，人我是非，都没有

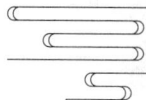

了，显露在面前的，就是一派本地风光。为了发挥这一思想，在本书里我着重介绍了达摩禅和曹溪禅，旨在扫除一些禅者翻转葛藤，死背公案，自附风雅，点缀门面的口头禅。口头禅从它诞生那天起，就遭到有识之士的厌恶。如宋人王楳说："平生不学口头禅，脚踏实地性虚天。"时至今日，那些谈禅的人，虽有生花之笔，如簧之舌，如不能活泼运用，也是徒劳无益的。

三、如何发菩提心，行菩萨道，提倡人间佛教的积极进取思想。众所周知，我国是大乘佛教的第二故乡。从古至今，大乘佛教在我国一直占有重要地位。在具体行动上，如何修学大乘佛教？我认为应修学普贤十大行愿。一者礼敬诸佛，二者称赞如来，三者广修供养，四者忏悔业障，五者随喜功德，六者请转法轮，七者请佛住世，八者常随佛学，九者恒顺众生，十者普皆回向。为此于一九八六年，我在上海玉佛寺宣讲《大方广佛华严经普贤菩萨行愿品》，还在上海积极筹备应慈法师纪念堂。能使普贤行愿和《华严》大法，得到更多的人去学习和实践。修学普贤行愿，必须从奉行五戒十善，净化自己的身口意三业入手。着眼于广修四摄，六度以利益人群，造福社会。近几年来，我们上海玉佛寺的僧众，在这一思想的支配下，节衣缩食，将省下来的钱，多次向社会慈善团体和儿童组织进行捐助。布施波罗密是四摄、六度之首，它能使我人从贪欲悭吝的此岸，到达慈悲的彼岸。对社会作出贡献，正是每个僧人的天职，否则，岂不是背弃出家的初衷了吗？因为我们出家的誓愿，是佛道无上誓愿成。但是成佛一定要从舍己为人、普度众生的菩萨行中求。由是可知，提倡人间佛教的积极进取思想，是普贤行愿的归趣，是修菩萨行上求佛道、下化众生的重要途径。

四、加强各族佛教徒团结，共同振兴佛教的思想。我国是一个多民族的社会主义国家，汉、藏、傣三大语系佛教俱全。我们汉语系佛教，要加强横向联系，多向藏、傣语系佛教学习。为了实现这一宿愿，于一九八七年九月七日至十日，我到西藏进行访问，拜访了举世闻名的布达拉宫、拉萨的大昭、色拉、哲蚌三大寺，还参访了西藏佛学院、比丘尼庵、藏医院。看到西藏古建筑、佛像雕塑、壁画、堆绣等高超的艺术水平；佛教思想深深扎根于人民群众的心中；僧人重视教理学习与答辩；加强对医学、工巧明的学习等等，给我留下难忘的印象。现在我们上海佛学院，在袁自力同志的支持下，开设藏语课。预期不久的将来，在上海能涌现出一批通晓藏语的青年汉僧，研究藏传佛教和西藏文化。对于云南傣语系佛教，待因缘成熟，我们也要去拜访，向他们取经和学习。总之，加强各族佛教徒的团结，进行佛教文化的交流，相互学习，相互支持，这是社会主义时代赋予我们的光荣使命。

五、建立信智双具的僧教育思想。近几年来，在我国各地相继创办了一些佛学院。如何办好佛学院？我认为佛学院的任务：一是培养学僧具有坚定的佛教信仰，二是培养学僧具有各种佛教专业知识。传授知识是手段，不是目的，目的是培养学僧的信仰。有了信仰，学僧就会如饥似渴地去学习知识。《华严经》说："有信无智长愚痴，有智无信长邪见。"说明两者是相依相成，不可偏废。

《华严经》说："信为道源功德母，长养一切诸善根。"没有信心的人，是进不了佛门的，即使被他挤了进来，也是住不长的。因此，培养学僧信心，是各科教学的共同任务，佛学院的一切工作，都要围绕这一中心开展。使未信者令信，已信者令增长。

佛学院是培养有佛教信仰人才的场所。如何培养合格的僧才？我在《略说培养合格僧才》一文中，提出"两爱""三懂"的要求。"两爱"即爱国爱教。爱教必须爱国，爱国才能爱教，这是现代僧青年安身立命之处，至关重要。"三懂"：一懂佛教教理和教史，二懂法务活动，三懂寺庙管理。过去一些佛学院，对后两者，往往忽略。结果培养出来的学僧，对启建各种法会、唱诵仪轨等法务活动，对寺庙管理等各方面知识，不够重视。我们上海佛学院一定要纠正这一偏差。我们培养出来的僧才，既是讲经的法师，又是启建各种法会的上师，又能充任业林各寮口的执事。要培养出一专多能的僧才，或各方面（层次）的专家，才能担负起今后佛教工作的使命。

六、加强国际佛教文化交流的思想。历史上，凡是我国国泰民安的时期，也是佛教积极开展国际交流活动的时期。如隋唐时代，日本派来多批遣隋史和遣唐使，来华学习佛教和中国文化。我国佛教与西亚、南亚、东南亚、东北亚各国交往频繁，关系密切。现阶段，我国实行对外开放政策，因此加强与世界各国佛教的交流，加强全世界佛教徒的团结，保卫世界和平，是我们义不容辞的职责。

近几年来，我访问日本和美国、印度各两次，还访问泰国、加拿大、新加坡等国，出席了在南朝鲜汉城和新德里召开的"亚宗和"会议，广交法友，普结善缘，所以本书收有访问日本、美国、印度、新加坡、南朝鲜的文章和诗词多篇。此外还有访问印度的《天竺纪行》一书，另行出版。

现在分布在美国、东南亚各国的华僧，许多人都是我过去的同参道友。他们都有一颗赤诚热爱祖国的心，希望国家强大，佛教兴盛。因此加强佛教与世界各国的交流，对团结联系华僧和华裔佛教徒，具有十分重要的意义。

本书着重发挥上述六个方面的思想，许多东西还不成熟，敬请海内外大善知识们、法友们，不吝赐教。

释真禅写于上海玉佛寺般若丈室 一九八八年佛诞日

应慈法师圆寂三十周年纪念文集前言
真禅

今年是我的亲教师、三译华严座主应慈老法师圆寂三十周年，上海市佛教协会和沉香阁（慈云禅寺）将隆重举行应慈老法师圆寂三十周年纪念法会，同时还召开应慈老法师佛学思想研讨会，邀请海内外诸山长老、应慈老法师生前友好及其皈依弟子、学生和著名佛教学者等，共同研讨其佛学思想。

应慈老法师是当代爱国爱教的高僧，曾任中国佛教协会和上海市佛教协会名誉会长、中国佛学院副院长等职。他一生不作方丈，以全部精力投入了弘宗演教的伟大事业。他禅教一致，禅宗、华严宗并弘，尤其对《华严经》的研究和弘扬，独树一帜，因而有三译华严座主的美称。他常年奔波于各地讲演三译《华严》大经及各种大乘经论。他慈悲喜舍，皈依弟子数以万计。他先后在各地开办华严大学、清凉学院及华严速成师范学院等，培养了一大批弘扬华严的僧才，为近代华严宗的流传作出了巨大的贡献。

应慈老法师德行高超，立身严正。"宁愿终生入忧苦，不将佛法作人情。"他一生实践佛陀"弘法为家务，利生为事业"的宏旨。其爱国爱教的精神，永远是我们后辈佛教徒的光辉典范。

为了纪念应慈老法师的丰功伟绩，学习他对佛教事业的献身精神，同时使广大读者及各方善信共沾法益，我们决定编纂一本纪念文集。当消息传开后，海内外诸山长老、应慈老法师生前友好及其皈依弟子、学生、著名佛教学者，纷纷将他们准备在"应慈老法师佛学思想研讨会"上的发言写成文章寄来，同时惠赐了许多纪念诗词。到今年五月底止，我们共收到各方送来的纪念文章和学术论文四十余篇，纪念诗词近三十篇。这些文章、论文和诗词，充满了对应慈老法师的缅怀之情。其中纪念文章还叙述了应慈老法师一生中鲜为人知的有关弘宗演教逸事，学术论文则对应慈老法师的佛学思想及其对佛教事业所作出的杰出贡献等作了充分的论述。所有这些，都为后人研究应慈老法师提供了宝贵而又丰富的资料。此外，为使纪念文集更加丰富多彩，我们还将应慈老法师生前弘法活动的照片，"应慈老法师纪念堂"照片以及应慈老法师晚年卓锡的沉香阁（慈云禅寺）照片等一起载入本文集。

经过半年多各方面的共同努力，纪念文集终于编就，即将付印。在此，应该深切地感谢中国佛教协会赵朴初会长在百忙中为本文集封面题签，感谢海内外诸山长老、佛教学者和应慈老法师生前友好、皈依弟子惠赐鸿文、墨宝，感谢一切为本文集付出辛勤劳动的人们。由于水平限制，加上时间较紧，疏漏之处在所难免，尚祈读者不吝指正。最后，祝愿大家六时吉祥！健康长寿！

真禅

乙亥年夏于玉佛禅寺般若丈室

《永宁寺志》序

无相

古刹永宁，松柏苍翠，瓜井留踪，宝殿巍峨，向有"淮东首刹，江北名蓝"之称，为唐时三十六大寺之一。真所谓：山川无俗骨，梵刹涤尘埃。自古以来，永宁成为高僧化域，名士留影，佛子仰慕之地。

永宁寺，自唐武德年间创建以来，运有隆替，历经沧桑，屡毁屡建。清初盛传临济正宗密云圆悟禅师法脉，与东台三昧寺、东台富安大圣寺、盐城龙冈弥陀寺皆一脉相承。吾与之渊源可谓颇深，出家后不久就有缘入东台启慧学院学习，为以后深入经藏奠定了扎实的佛学基础。

适逢改革开放盛世，借外缘俱足的宗教政策，在政府和市佛教协会支持下，恩师茗山法师鼎力协助下，乘愿法师初奠群众基础，而后自2005年仁风法师住持以来，率两序大众，继前贤之宏愿，在逐步实现《永宁寺总体规划》的同时，不忘重视寺院的佛教文化建设，成立了永宁书画院及永宁寺慈善基金会，创办了《和风》杂志，使古刹展现新貌，开创新的纪元。法轮息而复转，佛日晦能重光。

自古以来，大凡古刹名寺之所以能千年传承，佛灯朗耀，端赖物质建设与精神建设同时并举，一手修建寺宇，一手编修寺志，才使丛林常新，矩矱常存。古人称："方内名山祖席琳宫，莫不有志，一以显山川名胜，二以表兴创功勋。"然自永宁寺建寺以来，未有寺史留世。前人有言："修史之难，莫过于志"，由于年代久远、史料匮乏，且法门浩荡，世事变迁。欲修此志，不尤难乎!为此，盐城市政协学习文史委员会组织寺院和社会相关人士先后赴淮安、泰州等地，查阅相关史料文献；最终，此盛举幸得教内外诸大德及各界鼎力相助，共襄胜举，使这一功德臻于圆满，可喜可贺!

法雨神州普润，宗风一脉相承。盛世修志，彰前贤之懿范，语信士以玄诠。我深信《永宁寺志》的出版，既丰富佛教文化内涵，又促进佛教文化建设，同时也是佛教文化复兴的一个重要体现，为实现中国梦尽一绵薄之力!

是以为序。

无相　岁次乙未秋月

《永宁寺志》序

觉醒

古城扬佛光，吉地永安宁。盐城永宁寺，可谓名贯古今，誉及遐迩。然近代以来的天灾人祸，让曾经名赫一时的千年古刹蒙受厄难，顿失光辉。幸蒙改革开放，佛光慈照，生机重现。1993年，盐城市人民政府决定异地重建永宁寺，雪松长老多次谦让，推荐茗山长老为永宁寺重建委员会主任，由其弟子乘愿法师具体负责重建事宜。在几任住持的共同努力下，永宁寺基本恢复了原有规模。先后建造完成牌楼、山门、天王殿、大雄宝殿、钟鼓楼、藏经楼、多宝楼（禅堂、念佛堂、讲堂、养老院）、素菜馆、厢房、寮房等主体及配套建筑，并于2011年隆重举行了落成开光庆典。昔日名蓝再响梵音，千年古刹重现曙光。

盛世修志，清明撰史。即今宝刹完竣、道业兴隆之际，撰修《永宁寺志》，功在当代，利及后世。辉煌之历史，如皎皎明月，于回首中映照似水流年；未来之行路，如耀旭日，于追寻中绽放璀璨光华。秉承悠久灿烂的传统内涵，借助社会各界及十方檀越的热心护持，至诚祈愿佛光注照，龙天拥护，永宁古刹法缘继兴，道业兴隆，慧炬长明，名蓝增辉!

觉醒
乙未仲秋

《永宁寺志》序

能修

《永宁寺志》即将付梓，欣慰殊胜。吾徒仁风法师嘱余为序，当勉力为之。

永宁禅寺，乃千年古刹，屡经毁建。最近一次毁圮，乃公元1938年日寇侵华之暴行。其后四十余载香火虽断，然法脉犹在。恩师八十五世方丈雪松远公、八十六世方文若山悟公同为我临济正宗第四十六世传人。二位恩师历尽凄风苦雨，艰难险阻，护法弘法之志历久弥坚，垂暮之年，为复兴佛门，运筹奔忙，殚精竭虑，于大江南北重开多处山门，异址重建之盐城护国永宁禅寺便是其一。

展阅永宁寺志，恩师远公、悟公爱国爱教之慈悲慧行、法容懿德，历历在目、切切于心，二位恩师的般若开示没齿不忘。

二位恩师携吾法兄第八十七世方丈乘愿智公老和尚开启中兴永宁禅寺伟业期间，余与法兄智公等十四人同受二位恩师共授之法钵，为吾临济正宗第四十七世嗣子。二位恩师示寂后，法兄智公以病弱之躯践行恩师之嘱托，竭余生之全力，为重建永宁寺日夜操劳，呕心沥血。衔恩师之嘱，应法兄之请，余倾心全力襄助，于2005年遣爱徒仁风法师常住盐城，担当重建实务。法兄亲授法卷，仁风法师得为我临济正脉之第四十八世传人，并推荐其住持永宁寺，为八十八代方丈。翌年初法兄智公圆寂后，余于料理扬州大明寺法务之同时，悉心扶携仁风法师，臻善永宁寺之建制、法务。2013年，余于大明寺传法与法海、仁轮等十位法子，2015年又于永宁寺授法卷与昌贵、慧华、慧山、仁永等十八位法子。余才疏学浅，唯谨记"弘法是家务，利生为事业"之祖训，尽智尽力绍隆佛种、昌隆佛门，方能报师恩于万一。

感念远公、悟公二位恩师及法兄智公圆满殊胜之功德，余思绪万千。言归寺志，略叙一二。

吾辈有幸，身处改革深化之洪流，肩负中兴光大汉传佛教之历史重任。撰修寺志实为继往开来之要务。诚如《永宁寺志》所示，窥一斑而知全豹，可令僧俗大众感悟我佛门历代高僧大德明心见性、爱国爱教、前赴后继、利济众生之无我精神；感悟以佛教文化为重要组成部分的中华传统文化博大精深之内涵，从中汲取源源不竭之智慧和动力，发心聚力，在共产党领导下为实现中国梦而奋勇精进。

抚今追昔，展望未来，我佛门同修身处革故鼎新、机遇与挑战并存之当下，面临多元文化激烈碰撞，当深入经藏，了彻经义，破除我执，守戒守法，相扶相携，断惑解难，承祖师之慧行懿德，行大悲般若，以护国利民，饶益有情。唯其如此，方能使正法久住，佛日永辉。

是以为序。阿弥陀佛！

能修

二〇一五年八月八日

《永宁寺志》序

心澄

永宁寺历代名僧辈出，法脉清晰，明朝曾传律宗、曹洞宗法脉。律宗与句容宝华山隆昌律寺同门；曹洞宗与镇江焦山定慧寺、扬州大明寺同祖。清初盛传临济正宗密云圆悟禅师法脉，东台三昧寺、东台富安大圣寺、盐城龙冈弥陀寺皆一脉相承。永宁寺代出高僧，清朝有孤云行鉴禅师驻锡光大寺门，青崖元日禅师于康熙、雍正、乾隆年间数次奉旨进京弘法，御赐紫色袈裟、紫金钵盂、翡翠如意等法物。清末民初有云峰丽元禅师、体真中纯禅师等相继住持法门。20世纪90年代，雪松源远禅师、茗山源悟禅师于道场复建之际结为法嗣同门。

1938年，战火纷飞，千年古刹永宁寺付之一炬。改革开放以来，随着党的宗教政策不断落实，佛教活动日趋广泛，佛教信众渐次增多，历史上被毁的著名佛教寺院竞相恢复重建。1992年，盐城市人民政府批准修复永宁寺，由真禅、雪松、茗山、慈舟、圣一、成一、宽裕、浩林及境内外名僧组成修复委员会，同心协力，谋划奉献，成效显著。茗山法师在百忙中数度抽身驻锡盐城，施钱送物，听取永宁寺恢复重建的进展情况汇报，提出建设意见。乘愿法师变卖沪上房产，购盐城当地民屋暂造锅灶、简设殿堂、新塑佛像、接纳弟子，完善斋供，弘法结缘，信众日聚，香火渐旺，满足信众佛事需求，为恢复重建永宁寺奠定了坚实的群众基础。

多年来，在政府大力支持下，在社会各界鼎力资助下，永宁寺诸位法师共同努力，一手筹募资金大力推进基础设施硬件建设；一手抓寺院道风、文化等软件建设，千年古刹重光，法务昌隆，成为海内外信众敬佛、游客观光的胜境。寺院被列为全国及江苏省创建"和谐寺观教堂"先进单位。

当今之世，政通人和，佛教兴盛，是佛教事业发展最好的时期。盐城是江苏佛教大市，寺庙多，信众多，遗憾的是至今尚无一部佛教志书。盐城市政协学习文史委员会领衔兴修《永宁寺志》，旨在对古刹的悠久历史、丰富的文化内涵进行全面系统、仔细认真的梳理、汇集、整理和记录，以不忘社会各界恩德，传承文化，弘扬佛法。在教内外诸大德共同襄助下，经编辑委员会同仁的认真编校，《永宁寺志》编撰完稿，即将出版发行，不胜欢喜赞叹。相信此一盛举既有益于教内同行学修，也有利于教外学者、爱好者参阅，让更多有缘大众不仅透过有形的文字了解永宁寺和佛教文化博大精深的过去现在与未来，同时，对丰富佛教文化内涵，促进佛教文化建设也起到了积极的作用。

是以为序。

心澄

二〇一五年九月二十二日

《西溪泰山寺志》序

达朗

一向在宗门中拈槌竖拂者，只言我宗门为第一义谛。一向在律门中著衣持钵者，只言我律门为第一义谛。一向在教门中说心说性者，只言我教门为第一义谛。殊不知三即一，一即三。尚且还是假名方便之谓也。不见教中道实踪理地不受一尘，佛事门中不舍一法。如或偶然说个喻子，被于身为律，说于口为法，行于心为禅，此亦是假名，亦是方便之谓也。当知佛未出世时，何者为宗，何者为律，何者为教？只因佛已出世时，见大地众生只作恶而不信作善，方才有宗律教之所设也。但即今舍宗教而不论而独论于律者，何也？皆为末法众生只喜造恶而不喜造善。故此，令伊戒恶而行善，是以释迦之我灭度后当尊重珍敬波罗提本义此之谓也。故鲁钝尝阅僧祇十诵二律之。我佛出世五年不用戒律，皆以善来比丘须发自落。待五年后舍利弗从定中观后代比丘多放逸，出定时便请佛制戒律，而在四不允及待诸弟子犯一条戒而然后方才制一条律，以至四波罗夷十三僧残二不定法三十，尼萨者四提舍，尼九十波逸提七灭净法一百，应当学。乃至三千威仪八万细行，皆由此而制，非我佛如来本有戒律也。所以，鸣钟集众为之。结戒其中又分二众四众七众九众，又分五戒八戒十戒二百五十戒三百五十戒。其羯磨又分单白，白一白二白三白四，又分非法如法，别众合众，苦切依止不出下意不见摈不作摈，恶邪不除摈别住摩那埵。总而言之，皆为佛，即有众生。有众生即有戒律。设若无佛无众生，可有律戒乎？不惟无律戒，而且宗门又从何处而立？名教门又从何处而立相？如今多为诸大德受三坛大戒，欲记十师生辰引请名字，遇时逢节以便称呼礼拜，又因同受戒者处所师承各亦应知，故祈余为序余因念，往往参学者不知宗教律之根源，只管分门别户，谁是应当，谁不应当。故山僧不辞一旦饶舌，信口倾之于诸大德面前，如早晚诵之，不独佛之制戒，我之说戒，而诸公之受戒，无不了了于胸中矣。

咸丰已未年冬磬山第八世孙龙溪主人达朗书

《西溪泰山寺志》序

王宾甫

儒与释、道不同，而其致谨于戒，以为从人之途则同。儒以孔子为宗。孔子之道赞化育而参天地，非局于所戒也。特学孔必先毋忘所戒。中庸一书首揭戒慎，戒慎非至诚所由基哉！论语有明言戒者，曰戒之有色戒之在，斗戒之在，得所以制终身之血气也。有不言戒，而戒深者曰非礼勿视，非礼勿听，非礼勿言，非礼勿动。所以严一日之克复也。其为戒固精且密矣。释以佛为宗，佛之道重解脱而尚虚无。亦非囿于所戒也。特学佛必先力守戒。佛典言：五戒八戒十戒二百十戒三百五十戒，亦详且伙要之。戒生定，定生慧，舍戒无由下手也。从可知儒求有用，释归无为，其究虽异，其作圣成佛，均自兢兢有所戒始也。或曰子习儒者，子谈子之戒，曷为言彼之戒，然自王政失而后缁流多昌黎。虽著辟佛之说，其中消息之微，昌黎岂未见之，不能使吾民各有所养，并不使困苦无告者得借佛之方便以为养，无乃仁术之穷欤！此昌黎所不忍，亦吾所不敢也。然则，又何为摈而勿道耶？且吾尝默观宇宙，慨天弱肉强食之流，因运会之所趋，饰竞争之美名，奔势富，攘权利，浸至互相残害而不顾，当是之时吾儒之悲悯既穷诚以彼佛之道挽回浩劫，即以彼佛之戒宣誓众生，戒场之内威仪庄严，假此因缘，俾来而信受，与未来而开风者咸知猛省，化残虐以慈悲，返纠纷于清净，谓即为今日救世之助也。亦奚不可。然则，吾于泰山寺之传戒，义乌悼赞成哉！夫泰山吾邑名胜地，神佛呵护，代有佳僧，先是韫华和尚主斯山，数载艰苦焦劳，颇资整理，年未老择而付，遂授法于志坚和尚，愿力尤伟。兹之传戒。继师志以广，其厂译老祖功德也。吾以嘉韫华能得徒，吾亦嘉志坚能不负其师从此永持戒律，明了戒相，昌佛学于后起，增山色于无穷。为志坚勉乎哉！于其事竣，乞序。爰不辞不文昭其传戒之旨，并述其师徒之梗概如此。

民国二年冬西溪乡议会正议长王宾甫序

《务本丛谈》序一

濮文波

居今日之中国，而与父言慈，与子言孝，与夫妇言贞义，与昆弟朋友言信悌，与士言气节，与农言耕耨而兼及让畔，与工商言信实而不尚巧利，与社会人士，言一切四民无告之善政，鲜不嗤其迂腐陋劣，不可一日存于天壤之间，必尽焚其书坑其人而后快。呜呼，吾中华民族，非黄帝子孙，礼教文物之邦耶？何衰败凌夷一至于此。此殆西方文化之邪说淫词□行，中于人心，□酒一饮，举国若狂。芟夷我黄农礼教，抹杀我东方文化。由人群而返为部落禽兽，其流弊□□乎灭国灭族灭种。以学术杀人，甚于兵刃。噫嘻，何其酷也！管子曰：礼义廉耻，国之四维，四维不张，国乃灭亡。西人灭国新法，必先灭其文化。则知一国之礼教，一国有一国之文化。伦常礼教，精神文化，乃吾华四千年立国之大本。政治不良，改革可也。种族不类，驱除可也。乌可推翻礼教文化，为自杀之政策耶。郭子介梅，以救世大悲之念，发为黜邪崇正之文。维持礼教，即所以维持国家。深信因果，即可以深通佛理。世不欲天下平治则已，如欲平治天下，请试读《务本丛谈》一书。

民国岁在庚午八月中江濮秋澄拜序

濮文波，字秋澄、秋丞，安徽芜湖人。清光绪三十年甲辰进士，历任江苏阜宁县知县、芜湖知府等，曾任职省文史馆，书画家。

《务本丛谭》序二

释印光

世乱已极，无可救药。究其祸本，只因理学先贤，破斥佛所说之三世因果，六道轮回等事理。谓为佛凭空设此，以作诱惑愚夫愚妇之据。而不知惠吉逆凶，积善余庆，积不善余殃。与精气为物，游魂为变，为是因果耶？非因果耶？是轮回耶？非轮回耶？而况史鉴所载因果轮回之事，多难胜数，彼岂绝无经目耶？特以门墙见重，欲与佛异趣，以阻止后人之悉皆学佛，恐致儒门冷落耳。彼唯以尽谊尽分，诚意正心，为化民善俗之道。而于令民不得不尽谊尽分，诚意正心。改过迁善之权，不唯废置不讲，且深斥以为非，唯恐人或信有三世因果，六道轮回者。由是而上智者懒于修持，下愚者敢于作恶。以尧桀一死，同归于尽，又何必兢兢业业，无绳自缚，以自苦一生乎？又何不任意纵情，但期现生得乐，顾甚死后空名乎？以致善无以劝，恶无以惩。及至欧风东渐，又复变本加厉，竟致废经废伦等，蛊惑于内。争城争地等，戕贼于外。农时地利两失，人祸天灾并至。哀哉黎民，罹此鞠凶。究其祸乱之源，不得不归之于破斥三世因果，六道轮回之学说也。彼昔倡此说时，不过欲抑佛教以扬儒教。而不知由此而肆无忌惮，遂发生废经废伦，孝免耻，杀父杀母，共妻共产等禽兽不如之现象也。夫人情如水，因果如堤，坚筑尚恐泛溢，决除岂不横流？学说误人，祸如此极，可不哀哉？际此世道，有心者何忍恝然置之乎？以故郭介梅居士，有务本丛谭之书，普遍流通，以期挽救也。其书逐条发明，敦伦尽分，闲邪存诚，诸恶莫作，众善奉行等事理。与夫发菩提心，自利利他，信愿念佛，求生西方等法则。果能依是而行，则必生入圣贤之域，没登极乐之邦。庶可不负可以为尧舜，可以作佛之真心，及与天地并立为三，称为三才之嘉名也。其有欲张孝、悌、忠、信、礼、义、廉、耻之大维，欲办格、致、诚、正、修、齐、治、平之大事，欲证烦惑净尽，福慧圆满之大果者，请以此书为引人入胜之前导。及其入之既深，则其所造诣，固非此书所能详尽也。愿见闻者，切勿忽诸，则幸甚！幸甚！

民国二十年辛未仲冬伊尹躬耕处释印光谨撰

《鸿嗷辑·赈灾篇》序一

成静生

岁庚午，余识盐城郭君介梅于南京慈幼院，气清而意闲，心窃异之。然未知其嗜义若渴也。别后不复再晤。辛未秋潦，盐沦为巨泽，杨君晋卿，往主振事，复为余言：介梅振盐灾，遇灾民胥吏，辄絮絮谈因果，因更异之。客夏书来且邮示所著《务本丛谈》《杯渡斋文集》《省馀存稿》诸书，乃知其悲天悯人、救世之心弥切，救灾恤患，操有仁术而一以因果为归，比复邮其《鸿嗷辑》新著，督余序甚亟，不获辞。按是辑多为义赈语，亦归之于因果者，盖即介梅先生之仁术也。昔仁和陆曾禹辑《救饥谱》。倪国琏检择精要，上之清高宗，更名曰《康济录》，颁布郡县，定为典则，然未协于义振也。义赈之法，创于严佑之、潘振声两先生。自吾师冯蒿庵丈，益昌大之，时尚未有专书也。宝应刘朴生兄为冯门高弟，毕身精力，尽瘁于赈，遂有《义赈刍言》之作，自此义赈有专书矣。朴生经验宏廓，故其著简赅适用，蔚为无上善策之善策，实吾师成规之所系。后之言义赈者无出其囿。今介梅虽于本省历赈未多，而于直、鲁、湘、皖办理济灾事业，颇有成绩。故于赈务而能雅有阐发，且寓赈灾于因果，为时下一针砭，用心诚不可及矣。愿后之救灾者，人手一编，惊心触目，知天下之可畏，而事之不可不敬。俾于朴生所著规策矩模，不敢或越义赈一脉，庶乎不坠。则斯辑，岂不为有脚之阳春欤！

甲戌春日□光田父成静生识于蓊溪草堂

成静生（1899-1947）字翙青，江苏宝应人。曾任江苏建设厅厅长、江苏水灾义赈会委员长等，1939年与英美等国从事慈善人士联系，创办国际救济会，被推为会长。

《鸿嗷辑·赈灾篇》序二

碧天山人

余长湘，愧无德政。旱魃为虐，蝗螽遍路，种植无收。全省因旱蠲免田赋至六十万元，灾情之奇重可知矣。彼时议筹急赈，多抱手续成见，不思实惠及民，全在用人得当。曾电请久办赈务之郭介梅居士，往勘永麻、汉常、资桃等县，先运面粉救急，嗣蒙各方继续施之。虽各县皆有主持查放之人，究其结果，鲜能如居士之刻苦耐劳者。而稽用出发之旅费，校诸他人为尤少。赈竣之日，同侪酌送薪资，居士又道高谢绝。因谓余曰，滥用赈款一文钱，难逃三世因果律。留此可活数十灾民，不宜以有无津贴为刑赏也。其言足堪训世，令人感仰难忘！近辑鸿嗷，为赈灾之明镜，作救苦之慈航。此诚所谓虚空有尽，普利无穷矣。余与居士订交有年，深知其经赈之多才，故弁数语，以介当世之诸慈善家。

碧天山人序于金陵大觉精舍

碧天山人，湖南省省长。生平不详。

《鸿嗷辑·赈灾篇》序三

刘显亮

鸿是哀鸿遍野，嗷是嗷嗷待哺，辑是编辑成书。此书是赈务查放长郭介梅居士，因放赈救命有感而作。并蒙段芝老[1]、叶总长[2]、许总长、朱将军、黄道尹、成专员题辞撰序，以增声誉。观此书之结构，其长在标本兼施，因果并救。如《黄帝内经》云："治已病"是救果，"治未病"是救因，是也。散财济急是治标，救正人心是治本。救果是地藏菩萨愿，救因是观音菩萨愿。此书之资料丰富，乃观音地藏兼而有之。确是为佛教传本心，对众生负责任的一部书。查我国佛教徒，可谓汗牛充栋，求自己出生死，不管救他的人，占了一大部分；向观音求福求寿，求子求财的人，又占了一大部分。考其为释迦传本心，对众生负责任的人未必有十分之三。这是我国佛教不景气不振作的现象。至于放赈的先生，亦复也是这样。办赈希图享福，写票给了把各乡的头目，托他代放的人，占了一大部分；藉此向主办求名求利，自私自利的人，又占了一大部分。究竟真能为国救贫，依照章程实行去做的人，只怕难有十分之二。往往有道的高人，听说放赈的先生，反为轻

---

① 段芝老，指段祺瑞（1865-1936），原名启瑞，字芝泉，安徽合肥人。曾任北京政府陆军总长、参谋总长、国务总理及北京临时政府执政。

②叶总长，指叶恭绰（1881-1968），原籍浙江余姚，后迁广东番禺。字玉甫、玉父等，号遐庵、遐翁。任北洋政府交通总长，孙中山大本营财政部长。国民党政府成立后，出任铁道学馆馆长。1949年从香港回到北京，历任中央文史馆副馆长、北京书画院院长。

视，就是痛恶他们的虚名很大，实际毫无。显亮也常放赈，我的心愿，乃是对灾民负责任的一份子。今见郭局长之《鸿嗷辑》，又是负责任的一派人，我情愿与他携手同行，互相辅助，作个不懒、不猾、不贪、不傲、不卑鄙、不私己、不糊涂、不摆架子、不犯脾气的人物，我等即或往不了西方，生不了天堂，死后总可作个明明白白，磊磊落落的一个鬼。虽阎王都表示欢迎。只因是正其谊不谋其利，明其道不计其功的缘故。若只知救己，不肯救人，那是杨朱的本愿，不是释迦本心。普愿一班赈友和学佛的弟子，皆以释迦本心为心。须知给孤独园，不是专管讲经，乃是兼管救人的机关，这才叫作贫富并度的弘法利生。并非担了放赈的头衔，专去应酬一方面的阔人哪。必要亲到灾民家里去看，尽心去做。就是真实去做，做得不妥帖，总是有罪，非要做得好，查户同了放款完全适当，才算是于良心无亏呢！然要做的不错，能够救活灾民，更非依照这部《鸿嗷辑》的规则实行不可，从赈的人员，各宜熟读啊！

民国二十五年秋仲北平刘显亮谨撰

《鸿嗷辑·赈灾篇》序四
萨镇冰

呜呼，今世何世？乃八表同昏，沧海横流。正所谓"朱门酒肉臭，路有冻死骨"。哀鸿满野，不忍睹闻之秋也。浩劫当前，非得己饥己溺之贤者，出而呼号之，拯抚之。颠连无告者，几填沟壑而同归于尽乎。虽然，财施难，法施犹难；若得财法兼施，复能实心实力，任劳任怨；而不为名闻利养者，尤为难之又难。三者兼修，求之当世，不可多觏。以余所见所闻，则郭公介梅，其庶几乎！郭公平日笃信佛法，本我佛之宏愿，发救世之善行，胞与为怀，慈悲义侠。二十年来，专办慈善事业，尽瘁赈务。历任各赈会之聘，奔走鄂、豫、闽、皖、苏、浙、赣等省，查放水旱百余县，栉风沐雨，刻苦耐劳，亲眼勘灾，热心救济，素食粗饭，不用一文赈款，所活灾黎，其间不可胜计。公更娴于文学，公余有暇，辄事著述，风行海内，以为根本救济。如《杯渡斋文集》《务本丛谈》《省余存稿》等书，历年发行印送不下千百万部，人受感化难可限量也。公昔曾任抚彝、富平等县帮审法曹事务，余亦留学日本法政大学，归国后，奔走国事。历任广东连阳、汕头、普宁审判厅法官，暨福建闽侯、建瓯法院推事，浮沉宦海，行满十年。卸职后，不理闲事，专志佛法。境遇亦复与公相同，或亦前生彼此俱有香火因缘者欤？今将续印《鸿嗷辑》，征序于余，然自愧谫陋无似，道德学问，未能逮公万一，又何足以扬公之盛德。祇以我公与萨镇冰、聂云台①诸善知识，首先提倡中国赈灾会务，余亦追随襄助赈务委员之任。故亦有不能辞其责者，明知不文，何敢藏拙，用书数言，以告同志，而副厚望。唯愿办理赈务诸子，人人能心公之心，行公之行，是则是效，身体力行。更愿读是书者，咸发菩提心愿，继公之志，励意推广，竭力救济。庶得生死人而肉白骨，聊尽人道之天职。则今日之鸿嗷，且将变为他日凤鸣之兆也。岂不懿欤？是为序。

民国二十五年丙子夏季邓雨苍②谨撰

萨镇冰（1858-1952），福建福州人。1919年后任北洋政府海军总长，福建省长，代理国务总理。新中国成立后，历任全国政协委员、中央军委委员。

《杯渡斋文集》序一

释印光

世乱极矣，凡有心者，莫不怀忧。郭介梅居士，欲为挽救，前曾著《务本丛谭》，继又以多年文稿，荟萃成书。凡所述者，皆经史子集，及佛祖经论中之善恶事迹，嘉言懿行，及与时人往复之种种言论。分为四门：一孝友，二政治，三宏法，四德行，总名为《杯渡斋文集》。斋，何以杯渡名？盖欲渡人于烦恼恶业大海之中，必须以古圣先贤之嘉言懿行，及如来所说三世因果，六道轮回之理事，以为根据。而随事随境，以己之文字发挥之。有不喻者，又引古今事迹以为证。令强项者回头，任性者革心。但以己之道德微薄，不能大有感

---

① 聂云台（1880-1953），湖南衡山人，曾国藩的外孙。曾赴美国留学，任上海总商会会长等要职。为印光大师皈依弟子。主编《聂氏家言旬刊》，单行本有《人生指津》《家庭佛学会纪要》《劝研究佛法说》等。

② 邓公雨苍即邓济明，字雨苍（1891-1951），福建连城人。天性孝友，著述精深。留学东瀛，游诸西亚，任务甚多。回国后，历主粤、闽、高等法院法官、推事等要职。司法勤慎，不厌详求，所至有声。满腔仁术，两袖清风。梅与邓公为道义交，承拉办赈，奉教已久，知之稔矣。序文爱我诚恳，谨当躬践，以副仁怀。

化，如以杯度人，所度有限，乃自歉之名词耳。须知此杯，乃如来大愿船之流类。肯上此杯，即可直登竖穷三际，横遍十方，广大无边之大愿船。九法界若凡若圣，均由此船而登菩提觉岸。愿在烦恼苦海中者，遇此一杯，切勿以其小而弃之。否则纵遇大愿船，必以不识而错过之，其为自误也大矣。吾常曰：因果者，世出世间圣人，平治天下，度脱众生之大权也。舍因果而言治，不过稍愈皮肤之病。若夫心病，则反令增长，决无能愈之理。彼唱高调者，谓因果报应，生死轮回，乃佛骗人之妄谈。其人不但不知因果，亦全昧世间正理。圣人穷理尽性，如来断惑证真，皆不出因果之外。人果深信因果，自然意诚、心正、而身修矣。彼以诚意、正心、修身，为淑世善民，希圣希贤之据。而极力破斥因果轮回，不知能令人诚意、正心、修身之权，唯因果轮回之事理。既无因果轮回，有几肯从事于诚意、正心、修身乎？欲人皆诚意、正心、修身，先破斥令人不得不诚意、正心、修身，不敢不诚意、正心、修身之权，其诬往圣、误来学之罪，罄竹难书矣。彼犹自矜能崇正除邪，淑世善民。以致现出废经废伦，废孝免耻，互相残杀，民不聊生等象，皆此破斥因果轮回之所酿成。彼若梦见此祸，纵以粉身碎骨之刑，逼彼提倡破斥，亦有所不敢。况只求无关紧要之虚名，而又何敢为之乎？甚矣，众生之恶业深重，而感此学说，以重增其业，岂不大可怜哉！愿一切同伦，同怀自利利人之心，勿存彼此门庭之见。由敦伦尽分，闲邪存诚，以驯至于明心见性，断惑证真，及信愿念佛，求生西方。则由此一杯，直登如来之大愿船，以诞登觉岸。又复传传相渡于尽未来际，庶可不虚此生此遇也已！

民国二十一年季冬释印光撰

《杯渡斋文集》序二

许止净

呜呼！今日之世何世哉？乃一刀兵水火、杀机竞发之世界。今日之人何人哉？乃一杀盗、淫妄无恶不作之人类。循是以往，将见人类据归灭绝，世界立见销沉，此亘古未有之浩劫也！虽然剥极必复，天地之心，天理固常昭者也，人心终不死者也。邪不胜正，恶不敌善。……观彼西欧大战以后，群慕东方道德文明。况吾国有数千年圣哲熏陶之根柢，徒以未受刺激，不觉澹然相忘。今国人既以旧道德破坏，而深受痛苦。慨然思古之教道，已成多数人心理。故劝善戒恶之书，日有流通；念佛诵经之会，月有成立。郭子介梅，盐渎道义士也。去岁，有《务本丛谈》之作，既受海内欢迎。今更出《杯渡斋文集》，书分四卷：一孝友，为立身之根本；二政治，作吏治之龟鉴；三弘法，破邪崇正，教以横超法门；四德行，迁善改过，勖以淑心要道。人能手此一编，则修身齐家治国平天下，以至了生脱死超凡入胜之门径，胥在于是矣！余友庞君性存，好善嫉恶，根乎天性，得此书，针芥相投，因代问序于余。余思此等有益于世道人心之书，多多益善。复之爻曰：朋来吾咎，谓一阳初复之始，势力微薄，必生生不已，乃能战胜群阴，而收拨乱反正之效。故乐而序之，祝有志者事竟成也。

民国二十一年十一月九日江西彭泽许止净拜序

许止净（1879-1938），名业笏。江西彭泽人。甲辰翰林，日本法政大学毕业，博士。游历欧西，聘任要务。辛亥回籍，任国史馆主修，研究佛典，极有心得。皈依印光法师。著有《历史统记》等，风行海内。

《杯渡斋文集·孝友篇》序

杨春荨

孟子曰："人人亲其亲，长其长，而天下平。"孝友之义，大矣哉！然自孔子作《孝经》而后，凡著述家往往详于言孝，而略于言友。是以孝子传，几乎无代无之；而孝友传，独见于晋书。夫善事父母曰孝，善待兄弟曰友，二者不可偏废。荨北走幽燕，南游江淮，历览当代名流，求其能继孝友传之意旨，著书励世，以补往古之缺憾者，实不多觏。今郭君介梅，以所著《杯渡斋文集》四卷，刊以行世，而以《孝友篇》问序于余。余与君交最笃，悉君重气谊，敦孝友，久有己立立人，己达达人之志。环读此集，而知君之裨益于世道人心也，实非浅鲜！爰赘数语，而为之序。

山左杨春荨谨识

杨春荨，字梅村，山东牟平人。旅盐同乡会会长，诗人、书法家。生平不详。

《杯渡斋文集·德行篇》序
杜炜

人必先有德行而后有文章，舍德行而言文章，皆糟粕也。论文章而根德行，犹日月也。易蒙象辞曰：君子以果行育德，蒙内为坎，外为艮。《说卦传》云：坎再索而得男，故为之中男。离再索而得女，故谓之中女。艮三索而得男，故谓之少男。兑三索而得女，故谓之少女。坎艮合为蒙，德之基也。至离兑合，则其象为革。所谓水火相息，有文炳文蔚之象，更得生息之义。家人象曰：女正位乎内，男正位乎外。男女正，天地之大义也。正家而天下定矣。是故君子言有物而行有恒，窃尝持此义以衡量天下士。所谓有物有恒者，戛戛乎难其人矣。无惑乎举世汹汹，将沦于禽兽之域也。余权篆盐渎，得郭介梅居士与之游，肫然怡然，操行芳洁，以乐善觉世为己责。出所著杯渡集示余，集分四种，以德行殿编末，并嘱余为序。编中多采辑古今男女有道德可风者，以正人心，以砺末俗，以存人道于几希。凡一切孝友、政治、宗教诸大端，胥以是为权与舆焉，养正圣功之时义大义哉！郭居士殆深明易象而有物有恒者乎！读斯集者，勿第赏其文辞，必先察其根柢，斯不负发蒙救世之苦心已！

岁次辛未重九后十日杜炜谨序

杜炜为时任盐城县长。

《名山游访记》自序
高鹤年

予业重障深，幼撄疢疾，命等蜉蝣，偶游云台山，遇高僧赠予教典，披读之，如贫获宝，似渴得泉，知三界无安，犹如火宅，人命危脆，不能偷安，始有忏悔访道朝礼名山之志，乃谒普陀天台，参礼敏曦镜融二法师，旋往清凉山，即境安心，做有入处。回诣宝华，参叩大霖律师，谓予宿有善因，施予甘露，因导至金山受五戒，亲近大定老人与融通上人，同寓经楼，日则阅藏，夜即参禅，始知终朝吃饭，未尝咬着一粒，竟日行脚，未曾动着一步。于是复往五台山度夏，终南山经冬，凡溪流瀑布，均足以荡涤胸襟，俾得寻源味道，以非游玩，故于山川胜迹，未尝考察。旋悟翠竹苍松，溪声山色，头头是道，脚脚有路，乃始约略记之，仅糟粕耳。民国元年，避居沪上，狄楚青先生提倡宗风，并办佛经流通处及佛学丛报，魏梅荪刘朴生诸先生，劝将参访事迹编为游记，濮一乘先生为登入丛报，终愧属辞未达，胜迹未周，因以中止。迨后王一亭聂云台简玉阶诸先生，劝予续编，又因家乡水旱灾荒，奔走鲜暇，目昏脑晕，色力复衰，遂多延搁。近年始勉觥零落残稿，掇拾凑成，藉副诸君子谆谆属望之雅意，不免挂一漏万，句差字讹。许止净居士发愿编辑，余了翁先生助之而成。

民国二十四年春云溪高恒松鹤年序于大觉精舍

《名山游访记》发刊序

余了翁

震旦山水之胜，自康乐柳州以后，俊游寂寥，至明末乃有徐霞客，其游踪最远，纪载亦独富。谢柳皆由儒入佛，世尽知之，霞客虽不以佛著名，而西参大宝法王，负禅侣静闻之骨以葬于迦叶道场，则固亦行佛之行者矣。用是知惟学佛者为能游，游为不虚，彼骚人墨客，尘声俗轨，从有济胜之具，皆入宝山而空回者也。鹤年居士，早发道心，严事石埭杨先生，虽无谢柳之文，而抖擞迈往，足迹遍名山，不让于霞客。所为游记，曾略载于学佛丛报，顾丛报至癸丑年即止，首尾为一载，而居士行脚，则有赵州八十未休之概，积稿未刊者居大半，比以嘤求之切，始料简付刊。居士尝语予，谓初愿未及此，山行野宿中，每草促不及为，多追忆而补纪焉，岁月光景，已在梦痕缘影中，且游而不记及三四至而仅纪一二者甚夥，今付阙如，即存者苦不文，惧不足以示人。予谓在道不在文，此记足为后学导，且近世所未有也。去年居士以其稿就质于江西许止净先生，先生为之点定，今年秋乃挟以示予，嘱略叙其由而付手民，予以校丛报中所刊之少分，则微有异同，承居士意为次第焉。予少读康乐子厚诗文，心辄慕之，饥驱四方，五岳之愿未酬，而吾衰已甚，故于居士此记，不能赞一辞。惟读其匡庐游记，有旧时东主子培长者摩尼院一段法缘，辄念先辈为道之殷，而东林自社之清风高躅，尤萦绕于梦寐间，未获一地而徘徊之，顾瞻身世，唐丧放逸，资粮未具，愧居士多矣。

甲戌冬月嘉兴余了翁拜序

《名山游访记》序一

虚云

佛法最上一乘，直指人心，见性成佛。昔人为向上一着，寻师访友，不惮千山万水，毕生行脚。光绪年间，余习禅金山，顾不知生从何来，死向何处。嗣朝五台、终南、嘉午、后谷，住小茅蓬。一齐放下，颇得自在受用。尔时高鹤年居士，访道来山，一见相契，颇有宿缘。叩问参禅工夫，答以穷参力究，终能发悟。居士随向翠微茅蓬，亲近法忍上人。余以来了因缘，乃往峨眉，朝鸡足，礼迦叶尊者。见十方僧众，来山朝拜，无食宿处因此发意就钵盂庵，修葺整理，开单接众。民二往北京，请《大藏经》，道出沪江，居士与月霞法师，办讲经会，弘法利生，听者甚众。并创佛经流通，佛学丛报等事，利益群众。民九，居士来鸡山，相晤于九重岩下，狮子林间，七里松阴，能猿巢窝，居士住一破残茅蓬经夏，深受瘴毒。余请其来滇池，时粤省诸公，送余主持华亭寺，余乃为之改名云栖。开办道场，法侣稀少。居士发菩萨心，即赴江浙，邀约戒成、修静诸法师等，相助弘扬法化。居士后返故里，舍家归公，与沪上简玉阶及诸慈善家，合创妇女安老济院，净土道场，规模宏大，远道来学者颇众。兼办各种慈善，及上海义赈会，救济水旱灾，放赈等事。民十七年，余以寺中人众缺粮，航海来沪，时居士救灾未回，叠函邀请来申，介绍与王一亭、狄楚青诸公相见，高谈无佛之世，直指当人之心，皆大欢喜。于时福州鼓山，首座二人与省主代表，前来邀余复兴涌泉寺。居士再四相劝，诸公与我送行。余亦劝居士集稿速印《名山游访记》，引人入胜。良以在家居士，为道数十载，游访名山，参寻知识，洵为稀有之事。出家人行脚参访，则一钵千家饭，孤身万里游，尚非难事；若在家居士真正行脚，磨练身心，参访知识，则大不易。冲风冒雨，露宿风餐，受寒暑，忍饥渴，历尽诸苦，言难尽也，兹以游记出版，略述因缘如上。

《名山游访记》序三

印光

人之智识，非学问阅历，莫由开通。而天下名山圣道场地，最足以感发人希圣希贤之志，其有关于立身修业成德达才也大矣。故古今负己立立人自利利他之热心者，每不以跋涉为劳，以期凡所见境，凡所悟入，皆资益于吾身心，开发乎智识也。古之周遍游历者，有千岁宝掌和尚。中天竺人，在天竺约五百年，于汉求来此方，历三国两晋宋齐梁陈隋，至唐高宗显庆二年，一千七十二岁，方始入灭，以故凡南北名山圣道场地无不亲历其地而住止焉。至明末时，紫柏尊者，亦复遍历名山，以日行三百余里，虽无宝掌之寿，其所游历，可与宝掌相齐。近世缁素中，唯高鹤年居士游历最为广远，凡四大名山五岳终南天合雁荡罗浮鸡足武当云居庐岳黄山，或一至者，或二三至者，凡所经过之土地人情，与夫古迹胜境及道场寺宇，并高僧名士所有事迹，根据语言问答，各皆备载。一可以慰不能行脚者无由得知圣道场地之胜迹遗憾，一可以作初机学人寻师访友之一大方针，以故民国元年佛学丛报曾录之以饷同志。今者王一亭、许止净、聂云台、狄楚青、简玉阶诸居士，又欲特作一册，俾阅者备观其全，亦未始非入佛海之前导也。

第二节　跋

净土贞节院跋

谛闲

吾友高鹤年，偕其妻智氏，乘夙愿力，尽变祖遗，创造净土贞节院。俾一类贞霜妇女，秉志修行，堪为国内之模范。谨阅院章住约，执规课程各若干条，实为完美尽善，益之精上求精，可谓善能立法者也。惟冀负执者，当念人身难得，净土易生，自度度人，调和大众。同居者，须知光阴易过，再世难期，一寸时光即一寸命光，信愿持名，求生乐圚。遵循章约，恪守规绳，果能如是，上不负佛圣蚈蒙，天龙默可念他方善信，依样修持。尚祈当道长官，维持保护，则无边法利，普沾未来，永水无尽矣！

《茗山文集》跋

茗山

这本文集里的文章，一部分是我在四、五十年之前写的，曾在《海潮音》《正信月刊》《中流》等佛教杂志上发表过。"文革"十年动乱中，那些杂志和未发表的文稿、诗稿、日记全部被抄被烧。上海友人社会科学院宗教所方兴居士，在各种佛教杂志中看到我的文章，主动发心搜集、抄写、复印出来，于一九八六年寄给我。几年来，我年老多病，又诸事繁忙，一直无暇整理。江南文化书院院长、南京大学教授李书有先生来焦山看望我，见到这些文稿，颇为赞赏，愿加以整理，纳入江南文化书院佛教文化研究中心编的《佛教文化丛书》出版。我即委托他主编。该中心的鲍家荣居士、伍玲玲、张菁、王月清硕士，又将我的一部分文稿、诗稿整理出来，编入文集。又承蒙中国佛教协会赵朴初会长为文集写了题签，南京大学名誉校长匡亚明先生为文集写了序。南京、镇江、扬州、常州及港台等地佛教僧徒、居士，闻此消息，踊跃乐助经费。江苏古籍出版社愿承担出版。佛教是讲缘起的，由于上述这些特胜因缘，此书方能问世。在这里我对各方面的热忱支持和帮助，表示衷心的感谢！

惟愿读者看完此书，从中得到一些启发和收获，并能悟入佛陀的智慧，实行佛陀的慈悲，才不辜负上述各方面的善意和辛劳！

茗山 一九九〇年四月于镇江定慧寺

重印《宗统编年》①跋

无相

宗统编年是一部纲目体编年佛教史，为清代禅僧湘雨纪荫，书毕生精力收集经史释乘，旁征博引、深思熟虑编纂成书，三十二卷，卷一和卷二为佛，纪始周昭王二十六年释迦牟尼降生，终周穆王五十三年释迦牟尼涅槃，概述释迦牟尼一生行状。卷三至卷十三为祖纪，始周穆王五十四年禅宗西天第一祖摩诃迦叶尊者，终唐宣宗大中二年东土第十祖黄檗希运，概述禅宗形成五宗之前历史；卷十四至卷三十为五宗纪，始唐宣宗大中三年首建临济第三十九世禹门正传，概述五宗师资传承史事；卷三十一至三十二为诸方略，记始明万历四十三年终康熙二十八年，概述禅宗诸方人物和事实，上下约二千六百四十年之佛教史事，按世代传承逐年记述，令读者一目了然，是研究佛教值得一读的好书。然后由于本书编者湘雨纪荫承嗣于卑牧式谦，为退翁弘储法嗣弘储，则得法于三峰法藏禅师，因清雍正十一年世宗胤禛（应为禛）上谕禁断三峰法藏一系，故此书问世以后罕见单行本流传。咸丰兵燹是书版片荡然无存，光绪年间常州天宁凫□上人，在神骏寺康熙敕改祥符寺名搜得一部，重付剞劂，这便是今本，收入续藏经第一四七册。清世宗胤禛上谕：天童密云派下法藏一支所有徒众，著直省督抚详细查明，书削去支派，永不许复入祖亭。果能于他方参学得正知见，别嗣他宗方许秉拂谕到之日天下祖庭，系法藏子孙开堂者即撤其钟板不许说法，地方官即择天童下别支承接方丈之后主持祥符寺之法藏，子孙一一

---

① 《宗统编年》凡三十二卷。清代纪荫编纂。收于卍续藏第一四七册。以编年体记载起自释尊终于清康熙二十八年（1689）间禅宗之盛衰隆替。卷一、卷二载述释迦牟尼佛，卷三至卷七载述西天诸祖，卷八载述东土开祖菩提达摩，卷九至卷三十列举东土第二世慧可以下五宗之诸师，以至临济宗第二十九世禹门传、曹洞宗第二十九世宗镜书。其间兼杂记述其他有关佛教之重要事迹，有论疑者则附夹注加以解说。卷三十一、卷三十二题为诸方略纪，系集录明万历四十三年（1615）至清康熙二十八年间，关于诸方禅宗法系之见闻。

离席而去。前千年古刹亦渐式微，历经沧桑沦为废墟，今逢盛世国家昌盛，社会和谐、经济繁荣，人民安乐，祥符寺获得重建，胜似旧观。为缅怀祖师恩泽，特将《宗统编年》一书重新付梓，赠送结缘以广流通，是为跋。

无锡祥符寺沙门无相拜撰

二〇〇五年一月十三日于灵山丈室

第三节 传赞

自题（愚山藏首座请）

孤云行鉴

有眼如盲，有口如哑。

不识是非，不辨真假。

人来问着，当头便打。

且道是谁？孤云山野。

雪山相

孤云行鉴

玉公拂袖雪山来，抱膝蒲团坐似呆。

蓦地抬眸星历历，六年瞌睡眼初开。

达摩相

孤云行鉴

达摩达摩，好不丈夫，西天不肯往，东来做甚麽？一言不契，渡江折芦。又向少林面壁坐，无端年老却成魔。咄！

临济

孤云行鉴

还大愚肋下拳，复黄檗面上掌。

惯从饿虎口里夺食，偏向猛狮头上搔痒。

若是佛法大意，要且全无影响。

只恁掣风掣颠，正好三十拄杖。

寒山

孤云行鉴

独吟独咏，不落平仄。

孰识孰知，丰干拾得。

归去来兮，云山突兀。

祥瑞法师抚剑独坐像

和蔼其容，危生慎独。双目莹莹，微鬓簇簇。闻君宏法遍尘寰，间年甫经三十六。心镜自（圆）灵，慧剑光炳煜。早斩断贪瞋痴三毒，更遑问七情和六欲。手中抚按不须挥，魑魅魍魉自降伏。于嗟乎，吾侪剑匣空自鸣。仙侠无情隐幽谷，安得横磨十万多。蛇神牛鬼咸驱逐，演得个大千世界。清清白白，合成一局。

祥公持剑伏魔像赞

慧剑待新磨，禅机执太阿，品莹凭内照，淬励自无魔，
钝亦千金值，装非七宝多，扣弹何所试，含笑睇修罗。
稳坐意全消，寒光水一条，本无锋出匣，何必气千霄，
户伏威全敛，龙降息自调，圆灵大明镜，照彻梵天潮。

正襟谨撰

祥瑞法师执佛独立像

这个玉照与前殊，前是独坐此独立。

人生惟有独立难，君能独立谁与匹。

般舟三昧不坐眠，君曾行之历七七。

此时独立何所思，胸中空洞无一物。

昔藉尘尾助谈立，今执□尾欲拂又不拂。

只说尘世尘已清，那知俗尘仍蔽日。

还仗君，先知觉后知，先觉觉后觉。

左挥右洒散迷云，引导人人都成佛。

竹书又题

祥瑞法师小像题句

仁山

操履精严，心怀耿直，一生喜作，文殊使者，考其本源，令人莫测。

雪松上人赞

徐润群

矢志悬壶济世人，皈依佛教习经纶。

三冬梅岭幽香远，九品莲台本愿真。

唯识心灯尊祭酒，津梁苦海彻微尘。

遭逢战乱坚持戒，大德光明灿若晨。

岁次丁亥年冬月十一

徐润群，江苏省诗词协会会员，江都市诗词协会副秘书长，江都龙川书院副秘书长，江都市作家协会会员，江都市十佳优秀中青年文艺人才。

雪松大师赞

庄晓明

一位终生的行医者，以他的佛法、医术，呼唤着精神的觉醒，抚慰着人间的苦难。

一位大地的游吟者，从未停下自己的步履，含着深沉的泪水，爱着这片古老的土地。

一位孤独的远行者，穿越红尘，穿越喧嚣，穿越无边的寂寞，为了寻找沙漠的绿洲。

一位时间的漂流者，以自己的桨声，合着时间的韵律，创作出一首水的诗篇。

一位高洁的智者、圣者，立着松的高度，撒下雪的身影，成为世界的一种尺寸。

庄晓明：江都市政协委员，当代著名诗人、诗歌评论家，曾在《星星》《诗刊》《雨花》《上海文学》《青年文学》上发表诗歌、评论、随笔、小说若干。已出版的诗集《晚风》《踏雪回家》《形与影》。

茗山老法师颂

慈舟

茗山长老，佛教大德。虽已高龄，精神矍铄。素重戒行，修持严格。
谈经说法，四海五岳。沟通友谊，奔驰各国。名扬寰宇，谁不称赞。
诗赋词章，经纶满腹。歌颂党恩，不止一则。几住名刹，功绩卓绝。
宝华得戒，名山生色。佛教有继，培育后学。桃李成蹊，僧才踵接。
尊仰名城，余晖未歇。庄严国土，万佛宝塔。焦岩顶峰，千秋永著。
爱国爱教，心力昭灼。我愧不如，仰止行列。祝愿再来，无量寿佛。
建树之功，永难磨灭。难表洪纤，谨恭史册。

2001年江苏省镇江金山江天禅寺慈舟撰颂

茗公法师赞

心澄

翳维茗公	自由慧聪	巍巍道貌	蔼蔼慈容
祝法受具	三宝场中	参禅念佛	精进勇猛
戒德庄严	行解并重	潜心内典	宗说兼通
诗书双绝	化愚启蒙	宏施法雨	归依者众
寂静通达	缘起性空	悲智双运	大机大用
文化教育	毕生是崇	半瓢星月	其乐融融
主席梵刹	丕振宗风	万佛宝塔	耸立山峰
福利社会	泽及群萌	伟绩丰功	赞颂无穷

高鹤年居士像赞

释印光

人言居士性甚偏，我谓所偏即是圆，由偏故不理家计，由偏故深通教禅，由偏故云游全国诸名胜，由偏故遍参宗教诸贤，由偏故专修净土特别法，由偏故普令同仁结净缘，由偏故不令嗣，续舍家为庵，安住贞洁，俾全所天，今已老而将离此五浊恶世，直登西方极乐世界之九品宝莲，因王一亭老友所写之真，特表其偏之所以然。

民国二十五年丙子季春
常惭愧僧释印光题

赞高鹤年居士行脚

谛闲

古之志士，痛念身事无常，未明己躬大事，为之割爱弃荣，涉水登山，寻师访道，参求善知识，于苦空寂寞之滨，决解死生，发明向上，每每于明眼人前，扬眉瞬目，棒喝之下，忽觉身心脱落，如寒灰发焰，暗室顿明，将无量劫来，生死情根，一时拔出，当下如断索狮子，跳踯纵横，自在游行，无纤毫系缠，所以称为大力丈夫。此吾出家人，发足参方之行径也。悲夫去圣既遥，人心非古，此道寥寥，得三昧者，有几人乎！近代以来，虽行脚者，不无其人，觅其如高鹤年居士者，而不多得。居士夙植灵根，英年立志，绝欲舍家，国内名山，无处不历，有名知识，无一不参，具善财之见，举目而皆入法门，会华藏山河，到处而无非宝所。三十年如一日，近闻息影，东海牢山，其静无双，其乐无喻。此种三昧，海上诸居士，不肯让高君独得，要与天下人共之。

体实沙弥尼传

体真

体实师，俗姓胡，名结冰，皖泾人也。幼聪教，好学问，言论精准，神貌超绝，举止不凡，性情淡泊，不乐人间游戏等事。持家勤俭，奉上有规，故父母兄嫂友朋亲眷皆爱之。幼时本许于朱氏子，家道小康，于其未婚夫，早相过往，相亲如兄妹。谁知好事多磨，风波突起，朱子忽殒。噩耗传来，体实闻悉，悲绝者再，欲协夫亡，家人苦劝不可。又念堂上双亲，年皆半百，侍养无人，加之双亲痛爱难舍，不得已暂留身躯，消此几岁而已。其身虽未归朱氏，而心已属多情，故省立守贞，志若金刚，其志不可移，其心亦不可挽也。一日叩亲，请往朱门致吊，其母依依难舍，未及允诺，意再为择婿也。体实知已，便绝食七日，水浆不下，悲悼哀哭，神动天地，明月清风，唯念情人，音容何处？其情可怜，其心可谓痴矣！亲戚竞来相劝，谓其母曰"女意既不可移，易随之，况人各有志，女志既定，不可夺也"。母从之，某月日赴朱门祭奠，内外眷属，竞施节牌，赞之为二世雪梅，巾帼之完人也。此时体实年才二九，止水明心，节厉清霜，自兹以后，蔬果长齐，端心道业；虽未归佛道，而心性固已悟到佛法上因缘有时节，一切法皆空之原理也。后由其兄吴德母居士，劝导学佛。吴居士于佛教具有著信，常至佛教正信会修持梵行，获得稀有妙味，常语实曰"佛法有真受用，能解除人类无量痛苦，得诸安乐；故人生一世，必须学佛"。此时体实正如游子失所，凄苦海之茫茫，痛人生渺渺，忧惧无门，如处暗室，今忽逢觉路，是何幸哉！故接引后，如暗室之涌光明，等苦海之遇慈航也。即祈入佛教正信会，当听太虚法师宣说妙法，于诸佛法得深悟入。体实自此始知一切众生之所以弥留苦海者，皆由不知本性不生不减，但由忘念造作诸法，生减无常，由无常故苦；苦故而沉沦生死；生死不断，苦海无边，人生世间，犹破蓬滥船，漂泊大海，不能自生，在在危险，可不惧哉？可不惑哉？夫以一切众生迷而不悟也，故有诸佛菩萨不舍悲愿，随机应化，打醒众生之梦境，而期之以大觉。是故吾人既闻佛法，当即回头发明真心，达到彼岸！体实学佛一年，证悟如是。

西莲行略
发波

西莲比丘，江苏盐城许氏子也，襁褓丁外艰，失怙家贫，来本寺依曾师祖康公师披剃焉。年甫六龄，天资颖悟，康公颇爱之，以为未来法器之所资也。旋康公圆寂，发波不忍悖康公遗爱，督其师全胜，善为教养，令入塾读书，稍长，智识渐增，闻盐城吉家庄沈养廉先生，阐扬佛教，遂就有道而正焉。后沙沟伟庵融高法师创立僧学院，因命其入院研究，迄毕业年十七矣。复进南京支那内学院法相大学，得悟佛旨，且识所依。民十六年大兵祸金陵，蒙仁山法师携莲回入高邮天台学院，补习经典，是年冬受戒于华山，班列沙弥首，从仁山法师授楞严，民十八赴闽南佛学院，学行卓特，屡列前茅，后且亦为教授，然以此体弱且呕血，二十年回寺，本拟修身养性，欲作金刚之谋，讵料西水横

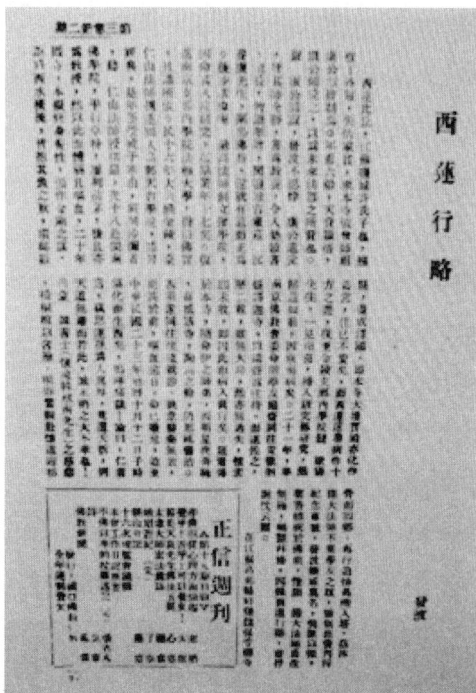

图3-4 发波撰《西莲行略》

流，皆抱其鱼之欢，环邻数县，尽成泽国，即本寺大雄宝殿亦化作晶宫，住已不安矣，而西莲遂带病作十方之游，复至金陵支那内学院观欧阳先生，一见而喜，得入研究部研究，然精进如前，因疾而病矣。二十一年，奉南京佛教会委命偕学友端齐同往安徽泗县释迦寺，以端齐为住持，而莲佐之，历二载，虽无大功，然亦无过失，唯宏愿未收，即因此而病入膏肓矣。噩电传于本寺，随命伊之师弟西明星夜奔驰，甫达该寺，询问之余，仍思延治疗。西明遂同往怀远就诊，孰意医药无效，更甚于前，呕血逾日，命已垂危，迨至民国二十三年废历十月十二日子时锡化而生西矣，呜呼痛哉！论曰：仁者寿，窃思莲孙为人笃厚，竟遭夭折，何无天道无凭而若此，诚未纳之大不幸也！前蒙韩善士（怀远韩献南先生）之慈悲，措桐棺以含殓，明春当亲赴怀远迎枯骨而回乡，再行追悼典礼入塔，兹沐诸大法师不弃学友之谊，慷慨出资刊印纪念专号，发波惭感莫名，愧无以报，馨香祷祝于佛前，唯愿诸大师长生无极，福慧并臻，因录西莲行略，并抒谢忱云耳。

在江苏高邮县时堡镇保安禅寺

东台袁慧真女士传略
大醒

　　袁慧真，余之同胞妹，幼失怙，佐余母及诸妹世理家事，未暇多读书，性娴静，待人柔和，宗党称之。及笄，抱独身主义，茹素奉佛，不顾开媒聘事，誓不许字人，余母及兄弟从其志。至二十后，尝依适马氏之姑母，共学正法，此亦为余学佛后激发之缘也。适海陵戚人陈慧诚居士精修敬业，得其道入正信者，余姑母及慧真外，凡中表眷属皆叛依三宝，慧诚并领礼印光法师为师，组净业社，定期集众念佛。六七年，得志坚者百余人，并于念佛会设讲席，聘泰县王诚中二居士接引之力。慧真宿积善根，得此法缘，如获衣珠；净宗经典渐能细味，而誓求往生极乐之信愿为深，持念逾精勇，行住坐卧不稍息。然尤以家居为不足以净其三业，尝意入刘庄妇女净土院，便求得专修之功。妇女净土院为高鹤年居士所创，江南北众之唯一道场，规制严正，四方正信妇女专志净业者，辄依止焉。慧真嘱余绍介者屡矣，辗转经年，遇灾荒疾病，未能遂愿。迨至去夏五月，始由姑母净室赴净土院，时其自庆，得未尝有！余因见其体质实素弱，恐不克过于精勤为念。去后，得其札称与诸上人俱会一处，身心轻安，如鱼得水，且力扬院中之规模，高居士颇重其性行。十月，院例建佛七道场七七日，初一七日倏患咳嗽，共住道众相劝假以调养，其以求生净土心切，以为躯壳无爱惜之必要，七七道场，难遭难遇，朝闻道，虽夕死可矣，至第三七日，嗽中带血，饮食大减，尤晨起朝课。闻钟上殿随众念佛，精神疲惫已极，虽一课时寸香，仍不愿退息。院长高居士怜其病重，深恐延久难治，乃方巧遣使送回东台。初栖余二姐潘诗家尤能日进饭食。旋就杨居士诸秋医，迁居慧觉精舍二十余日。严冬卧疾，时愈时差。岁腊，冒雪迁居家宅，渐入沉疴。时余归视病状，知其肺病已痼，医者谓春即难过，余尤以病在初期，不至于不治以相慰。并嘱其自明神志，持念阿弥陀佛，身病虽苦而心念中免为病重所转。其亦以为然。喉管虽因咳嗽哑呀，尚能默念佛号，不以病为苦，其坚志愿行如此，其病苦亦大可愍矣！余因欲南朝补怛，亟去江南，慧真不舍，凄然久久，以俟其病有起色望往海陵就医为请留，临别且云求佛力加被，速起回院，以弥宿愿。讵知一别二月，至古历三月初六日，余去潮汕之日，即慧真脱却婆娑苦恼之时也！呜呼！凡夫众生多为束缚，世间骨肉人伦之情多不能免。余不悲慧真之寂诚太速，余不患慧真之不生善道，余同情慧真之念不忘于净土院！呜呼！西方三圣尝能慈光达烛悲悯其苦恼众生而垂手接引乎？慧真以七八年至信愿行，当亦承佛神力向西方路上去矣。慧真灭后，余兄饮和弟慧宝从其生嘱，以佛教仪式殡葬。刘庄妇女净土院、东台宝华庵、慧真精舍、海安净业社、上海法华庵之缁素道友，建诸诵经念佛功德，以为其生西助缘云。

民国二十二年古四月十六日入夕，大醒述于引翔港法华庵

先考行述

郭介梅

府君，讳元福，字海山。嗜学不倦，友爱尤笃。先王伯父吉庆公，无后。家君请归奉养，每食必侍膳，病日不离左右也。二叔父承祧于先王叔父荣庆公为子，叔性傲，常与王叔口角，先君亦请养于家，衣棺丧葬，悉为之备，而与二叔无一言也。及至董理乡政，首倡开浚民灶沟，东通界河，西达小洋，计长十数里，垫费百余元。樵地垦植，赖有是沟焉。姚君镜蓉，又以民樵一带，素无沟道接水，田地甚受影响。乃商于先君，遂与邑绅黎永卿、司云生，公函庄前县长立案，出示策励兴工。自广福桥向西，直至串场河，开大沟一道，名曰"铁柱港"。至后凡有咸水倒灌，预将广福桥口闭塞，此港即为蓄淡之命源也。当凿民灶、铁柱两港时，农人百端毁阻，迨樵田千百顷，得以蓄淡御卤。而获种稻之利者，即前之毁者、阻者，今亦歌颂不已也。先君潜心内典，与正成禅师最善。遇慈善事，不肯后人。如：甲寅旱荒，谋设粥厂于千佛院；贫儿失教，独设义学于增福村。于周济疾苦，恤睦宗族，则乐为之，无少吝惜。里人有事相告者，先君论其曲直，一理即清，馈赠皆不受。临终斋僧称扬佛号而逝，尽气已两日，而头面转白，灼灼有光也。男妇送葬者，三百余人，其哀泣曰：咸谓丧我民生。此皆实事，人所共知。追思略述，不敢妄语。

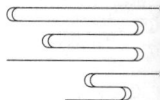

颂郭介梅先生

郭介梅君，江苏盐城人，当代文学，鼎鼎才名，□□为善，慷慨生平，救灾济赈，一片忠心，劝人百世，著有充盈，为博令誉，啧啧有声，福建霞浦临江镇林鸣桐拜邓雨仓居士等发起崇俭赈灾会，义通深表同情具见慈心济世，真菩萨境界，诗以扬之，诚正修齐及治平，圣贤施法莫推行，怜遍地灾民苦，恺俤慈祥施一羹，道貌端严发善心，仪光盎盎智深沉，匡时济世含宏愿，天降伊人俾做霖，解厄消灾赈闲穷，仁民爱物是英雄，寄言居位临民者，克效斯人自可风。淋浴苍生愿望深，斯人一出众欢心，杨枝洒遍婆娑届，共养庄严功德林。持功严整笔如椽，每带群黎请命先，我也□□常在抱，慈怀饥溺慕前贤，五浊婆娑八苦多，谁知极乐有弥陀，慈悲喜舍心无量，法海恩光胜润河，壮年宦海早抽身，不做劳人做道人，尘世已非名利客，佛前合掌祝能仁，政海波澜覆雨翻，何如法师拯元元，拓充同体慈悲愿，胞与为怀学世尊，布衣疏食菜根香，禅祝满餐道味长，法喜充盈清净事，不知烦恼与心凉，心慈貌古国之祥，美矣髯须秀且长，与复泱泱大民族，万方翘首仰贤良，怜孤恤寡救灾黎，净土资粮回向西，八部天龙共推出，人非人等得归楼，国光人瑞气缤纷，映出龙天开慧云，倾倒群论叛觉路，融权显宝拜迦文。

本师释迦牟尼厄文佛应化二九六二年当来下生弥勒尊佛欢喜圣诞纪念前三日净土宗学入陈义通待政临稿于安海后床潜修楼上

第四章 日记、书信、游记、年谱

第一节 日记

一、高鹤年：兴化辛未水灾临时救命团日记

兴邑地势，形同釜底，屡受水灾，未有若今年之惨且剧也。固以运堤各坝，启放太骤。亦因县境各河久失疏浚，以致洪水横来，漫无归路，田庐漂没，人畜流离，造成空前未有之浩劫。回忆吾邑，自民十七以来，水、旱、卤蝗无岁无之。当十年己巳之大旱，青黄不接之秋，遍野灾民，嗷嗷待哺。余不忍坐视，挪借款项创办临时救命团，乡镇联厂粥振十余处，暂济燃眉之急。事后零星补救，截至二十年辛未夏，各厂告竣，取消救命团，发刊徵信录，所办振务告一段落焉。松自办京津水灾后，躯体暗伤，年本又为灾民呼吁，南北奔驰，气脑双亏，头目眩痛。亟思重返终南，稍事修养。乃途次经友人邀往莫于，作岁月游。时正放下万缘，心闲一境。清净含容无边际，万像森罗影现中。讵苦恼之躯，天不我逸，酷暑中，忽奉沪上王先生一亭来电：江北大水，三坝齐开，即下山救济。松闻命抵沪。时一亭先生与黄先生涵之，暨诸老正组织江苏水灾义振会。乃赶回江北，以加筑圩工防御水患为急务。不数日，运提崩决，御码头、挡军楼、来胜庵等三十七处，湖水横流。漫天而下。内河各县尽成泽国，邑首当其冲。各圩遗决，庐舍冲拼，亿顷佳禾，港数沉没。时间历八月二十九日，即夏历七月十六日也。旦夕间，河水陡涨数尺，村庄海没。一霎时耳，男女老弱，百千万亿生灵，哀号乞命于洪涛巨渡中矣。即松所住净土安老院外大觉清舍，水不及者，仅尺许耳！升屋四顾，水天相连，惨淡月色，暗而无光，不啻无边苦海也。哀此下民，何法以度此厄？京津水灾，松自关中终离出山，往水势，所历灾区，未有若

斯之浩大也。睹兹巨浸天，实不知伊于胡底？此身此夜，直是人鬼关头。倘人事方面，注重堤工，早尽修防之责，未始不可弭患未然，其功德且有不可愿议者。今日水，天灾耶？人祸耶？吾不得而知矣。事已至此，夫复何言！惟有默诵大慈大悲救苦救难观世音菩萨。我辈众坐，听命于天而已。继以波涛澎湃，风雨怒号声中，乃有千百灾民哼号敦命之声，入耳惊心，惨然欲绝。于是辗转思维，非立时救命国不足以救此苦难同胞于万一。筹思已定，不知东方之既白，是为八月三十日兴化辛未水灾临时救命团再起之辰。即救命团开始记事之日。

鹤年自述于大觉精舍

八月三十日

水涨五寸零，潘春霆、朱勉之、鲁伯鸿诸同志驾舟来邀，同往金殿老处，赵一褒先生已在焉。松以此次奇灾，空前未有，感求诸同志共救生命。赵谓凡事有因有果，治事有标有本，人知洪水之害人，不知人心之阴险，其害人处，较洪水为尤甚。吾兴境内备河淤垫，其于疏滴决排诸工作，平时漫不顾及。即有一二热心于物质建设，发起疏浚，方且破坏打击之不暇，洪水为灾，其又何光！浩浩酒天，实人欲横流所致。人不自救，谁能救之？然侧隐之心，人所共有，居士既以饥溺为怀，欲救此千百可生灵，从根本上着想，唯有去其壅遏，因势利导，使有所归，乃能登斯民于衽席。然为急救计，则购船救生，设所收容，开厂赈粥，未始非今日之急务。潘兄以能用力者以力救，朱见以能用智者以智教，鲁君以能用财者以财，松自愧财智能力，百不如人，推有心田一块，步诸公后尘耳！乃为灾众礼求教，免遭溺毙，幸甚。是目诸兄商妥，先行组织刘、白水灾数生会，推赵一褒、任秉衡、金殿卿主持一切。请韩、朱、鲁三兄管理赈务，暂借任秉衡兄住宅为会址。经费由在会诸君筹垫，不敷之处，概归救命团担任。并电白驹请速设法救济。朱、潘二兄邀集诸赈友，雇舟分往四乡，抢救生命。并嘱：此番祸水，灾情奇惨，救生之法，当分两种；其庐舍冲没，无家可归，或立于断坝残圩，或伏于坟头树顶，呼号乞命，大略相同。然少壮之次贫者，非不可自谋生活。但以洪水暴至，家无船只，救渡维艰，致陷溺水中者，救生船即往送就近高埠，其有湿衣潮粮，亦嘱以携带身边，暂免冻馁，然后设法再赈。遇有老弱妇孺之极贫者，救生船装回对庄，设收窖所，随办灯旗各具，以为标志，并带烧饼、江饼、生姜、红糖、火柴、药品等物，为临时赈品。筹备既定，救生船分头出发：第一组、柏维瀚、王景勋。第二组：王伯琦、张兆祥。第三组：余长荣、王宣文。第四组：陈秀俊、吴国祥。第五组：韩凤高、王兆斌。第六组：朱禹宽、徐启润。补充组：张宝铭、季希元。诸兄驻会，日班金殿卿、鲁伯鸿、束淦泉、鲁秀生、王凤梧、朱洁轩诸君。夜班任秉衡、潘春霆、朱勉之诸君。坐办赵褒先生。松扶病与诸善友舍命救命，努力工作，不舍昼夜。旋电沪上各义赈会求救。当夜救生船普渡难民，送往高埠者，近六七百人。带回收客所者，五六十人。自此按日供给糕粥两餐，聊以充饥。本目地方区公所，亦设救荒会，协力救济。

三十一日

水涨三寸许。黎明，赤足芒鞋涉水过膝到会。闻有男妇大小七尸，一绳连系，随水漂流。察其情状，盖以凶遭灭顶，举室凄惶，四顺茫然，求生无路，与其东西飘泊，为水国孤魂，曷若骨肉结连，作精神团结。所谓举室死难者是也。松随命人觅迹掩掩坦，奈风狂浪巨，不知其从何处来，又不知其从何处去。呜呼，惨矣！餐后雇渔舟一艇，准白驹，从市上前过青龙闸，一片江洋。茫无涯际，西风怒吼，巨浪拍天。幸渔舟熟悉水道，延范堤而行，免遭颠覆。堤上男妇老弱，席地露宿，呼号不绝。不数里，见有白旗飘扬于舟上，乘风破浪而来。渔人示余曰：先生之救命船来也。抢救灾民，运送堤上，堤东之双龙圩未破，为吾兴境内绝无仅有者。救活生命，以巨万计。本年春，奉省府命征集民夫，藉范堤旧址，筑通榆省道，堤身坚厚，为唐宋以来之建筑古物，工程坚固，得资屏障。（按：范公堤旧名"捍海埝"建于唐代，洎宋范文正公来宰兴邑，复加修筑，御灾捍患，功垂不朽也。）

洪水之来，各圩均被冲破，而双龙圩巍然独存。圩内居民，虽收获之丰歉不齐，其于民生四大需要中，占得一个住字，真不音天堂之上矣。薄午抵白驹，经水阁数重入市。其中心街道，视吾刘之地面较高一二尺许，阳侯竟未肆虐。杨膏臣、周楚白、杨纪云诸兄闻余至，来迎邀往存仁堂。顷刻间，诸父老兄弟相率而来者，约百数十人，报告白驹救生会务，其办法及情形，与刘庄同。膏臣兄谓洪水泛滥，日有增加，直是灾民生死关头，急宜筹款抢救。楚白兄谓如此大灾，不知孰人孰鬼？我等天事不等管惟有护命救人。杨雨孙先生云人力可尽，财力不足，望即资助。松以值此大难临头，奋勇救命，实灾民之幸福，仍盼大家同心协力。救人须彻底，果真实做去，皇天自有感应，诸公量力捐助，余请临时借垫，由我救命团负设法偿还之责。随与周、杨诸兄，参观收容所。所设南寺，地方宽敞，高燥甚佳。乃思推广救济，因恳商杨纪云、周楚白两同志，往西南各乡，劝办救生会收容所，当蒙慨允。随挪借大洋二百元，交两同志各带百元分两路出发。并嘱以勿失时机，赶紧救命为要。任何地方，如无人补助金钱，但有忠实可靠出力人员，可保款不虚縻，功归实际。即请因地择人，便宜行事，盖能多一团体，必能全活多数生命也。两同志办善有年，富有经验。时已薄暮，二君料理，次晨出发。余乃归，沿途难民，林立堤上，哭声振天。约行五六里，天色惨黑，浪急风狂，复不见人。忽有庞然大物，自上风横冲直撞而来，舟人以为行舟，余以电灯探照，始知其为出土之棺柩也。呜呼！虽死之尸，犹不能安其穴，奈何！遥见高灯两竿，船上大呼：有人要命的快上我船。近视之，乃我之救生船也。抵刘到会，时钟鸣十二下矣。老友赵一褒，正与春霆谈港东大丰公司各圩壅塞，水浅不通，出水狱而登乐土，不知俟诸何日？适第二、第六两组救生船，救得难民归来，朱、鲁二君分发茶水干粮，询以救来人数，王、张同志金称乡间被难人数太多，有遍身潮湿，僵卧如哑，问之不能答一言者。兹救回者，特老弱妇孺数十人耳。俟其入所，再为点清。王、张同志语皆失音。难民登岸，由朱、鲁君导入新泉、兰池两浴堂，分别收容，供其膳宿。

九月一日

水涨四寸许。乘舟入市，勘察一周，市外浩瀚弥漫，舟循市之西南转而东北，其墙坍舍倒，屋草随水漂没者，不堪计数。市中水深二三尺许，商铺歇业，住户之陷水中者，皆逃入紫云山避难。殿宇廊房，几无隙地，万头攒动，俨成一小都会焉。风云惨淡，鸦雀无声，老病吟呻，弱小啼哭，令人不忍闻睹者矣。路中遇任佐之先生，畅谈水利头头是道。莅会午餐毕，即向友人处设法，深夜方归。值此祸水弥天，金融奇窘，筹思终夜，枕席难安，而晨鸡三唱矣。

初二日

水涨寸许。清晨驾小舟滑范堤北行，见水势汹涌，不及堤顶者尺许或数寸不等。因感范公背筑长堤，原以御东潮，不图今日乃以御西水。幸今春征工就堤筑路，工程亦颇稳固。即以盐城至东台三百里内范堤，数活生灵何止百万。真是我救命团之大收容所，所谓莫之为而为者天也。正凝思间，北来一船，满载灾民三四十人，又送所收容。行十余里，舍舟登岸，巡视堤上难民，有架车木农具为屋者，有芦席遮身蜷伏于败絮中者，啼饥号寒，不知凡几。间有认识我者，求我救济，惟有善言抚慰，劝借潮粮，安心耐苦，暂度难关。舟尾予行二里许，复上船，趺坐船头，见河下浮有死尸及牛犬猪羊，为之泪下。嗟乎！好一块干净土化为水晶宫矣。波面泊有车木屋料用物器具，一般无义之徒，私行捞取，良心何在？际此大灾临头，上天示警，犹未省悔，奈何！舟至某地，设法借款。归刘时已星河在天，月上三更矣。

初三日

水退二寸许。大水暴至，时院内米谷稻粱锅灶什物，悉沉水中，或随水漂流。所住净业女众四五十人，性命所系，朝不保夕。釜甑沉浸，炊爨维艰，院中水深二三尺。四五日来，众心盒灼，承诸友介绍，觅得大锅控两具，架于台上，湿柴燃烧，得以粥一饭，皆大欢喜矣。黎明时，闻院外嘈嚷声，余扶杖涉水驾舟视之，有渔舟数只，因连日水大不能举网互相借粮，争嚷不已。余乃劝慰，各给糕子一二斗而去。乘舟到会，发电致沪上各慈善机关，请速派员拯救。

初四日

天气晴和。风平浪静，水无涨落。雇舟往兴，沿途察看灾情，并拟设法接济会务。行近大营，遥见白驹、永丰圩救生船两只，满载难民，约百余人。余甚感会中诸友之各具热忱。乃船后人声嘈杂，大喊靠船，余心惊疑，回首视之，乃多数农民驾小舟飞来者，佥称积水不退，害无已时，要救他们，先要放水入海云云。余即将已发电报，恳求苏义会，转商大丰开三卯酉河，泄水救济，复电已准，告之。诸农友环叩不已。乃思泄水救人，才是根本办法。事在危急，不得不变更计划，急命船人打回船蓬，道经白驹，诸友告以所救难民，运送高埠与遣散者，约数千人。编入收客所者，现已二百余人。耗费甚巨，芦蓬不敷，我等已尽量助，实难担负。余则仍请诸君暂时借垫，归我偿还，毋庸过虑。诸同志皆首肯，余亦解缆以归，抵刘到会。诸兄劳苦异常，不分昼夜。但以难民日多，两浴堂及刘庄场署旧址内外收容，俱形拥挤，非觅租高地搭盖芦棚不可。议定散会，惟挪借款项，熬费苦心矣。

初五日

天阴微雨。余仍乘渔艇，密往海滨，察看水道。舟中自思，滔滔天下，万法皆空，草草劳人，莫名惭悚。数十载寄身山水间，梓乡久成客地，于地方水利情形，毫无经验与学识之可言。乃接王一老函，嘱见机而行，事关救命，不得不云中寻鸟迹，不能不水底摸鱼踪。舟子双桨颇快，已经八灶下数里。遥见灾民不舍故土，以车木门扇什物，搭阁暂栖，残圩断埂间，下临水面四围皆在巨浸之中。倘遇暴风急浪，性命休矣。古云：宿鸟恋本枝，万险一不顺。诚然。此时天已放晴，汪洋水国，一望无涯，忽东方有者黑气一条，发现于眼帘前。询之，即大丰圩也。时正王斌兄带救生船一只，往来于斗龙港中，救渡港西难民，运送大丰圩上，暂避风浪。与余舟相遇，甚喜！再前行数里，抵大丰圩，住卯酉河口之北，登岸远望，心地豁然，恍由水狱中一跃而升天堂矣。其圩内横阡竖陌，秩序井然，圩上之风餐露宿，鹄面鸠形，惨不忍睹者，皆我境内移转之难民也。询其地，则为益丰区。区内因前受暑雨之浸淫，民田损失不少，较诸吾乡受水沿之害，则判若臂集。时方中午，回船午餐。后乡导携杖上西，沿港北行，至四卯酉河口，折而东，对岸即金墩子。该墩面积远望阔约二亩，高约丈余。难民数户居其上。此区仍荒未是，省草供煎，低处亦多积水。由子午大堤至大丰镇街为十字形，道路宽阔，商铺林立，商团警察，设备完全。汽车土车，往来如织。住此安乐之乡，不知有洪水之苦，时已日落，仍回舟次。

六日

天气晴和，水亦平静。仍雇乡导向东子午堤转南。时二酉卯河已自动开放，为泥马渡江，外湿内干。东南二面仍是草荡，吾乡燃料，皆出于此。道经裕华公司，至扬水场中，备有泄水机，闻系二百匹马力，今年裕华所植棉花，得力于此机不少。过此直往大中集，市面繁盛，气候似较大丰镇为佳（即新丰镇）。是晚赶回舟中，天已昏黑多时矣。大丰公司，创始于清光绪季年，南通张姓撰。季直先生昆仲集股倡办，就港东新淤筑堤，规模宏大，布置井然，裕国便民，利益不可思议。该圩周约二百余里，面积百余万亩，划分四五十区。横亘于南北者，东西子午两堤。贯穿于东西者，为卯酉河五道。其西半面及北半段，概属大丰范围。惟西南阜丰、万两区以北，恒丰、祥丰两区以南，间有大生厂福丰垦围成。丰垦围三区，其东南部分属裕华公司，惟其廉隅为商记垦围之地，与小海通遂公司界址毗连，亦由一、二卯酉河沟通王家港之孔道也。黄海位于大丰公司之东，中有淤滩之隔，斗龙港全体环抱于该公司西北两面。其地未垦以前，无子午高堤之阻，凡遇西水下注于斗龙港漫滩而过，入于黄海。故同治五年，清水潭决口，水势汹涌，俗称蟒蛇水，与今年水位相等，未及月，水已涌退，农田便能种作。今年之水，不能畅流归海，非开放卯酉河不足以救此百万亿之生灵也。细察该处地势，东高于西，南高于北，再东约十数里又低，再西约十里许又高，如山脉之起伏。若将卯酉河开宽浚深，直达于海，另于海演筑堤一道，建闸数，东御海，西泄湖水，则公司农产，既受甜水灌溉之利，而港西人民，又免湖水壅塞之害。自利利人，实为上策。无如线不济急，且公司与地方意见相左，据兴东农人云：大丰公司圩堤阻遏，西来之水不能畅泄入海，我们生命财产同归于尽，不得不誓死力争，不达开口下水之目的不止。而据区内居民，则以开圩下水诚恐圩堤冲破，身家性命莫保，不能不死守不开。情词各执，余欲前往与双方协议，担任开闭坝口损失等费。奈脑烈气痛，幻躯难支，力与心违，无可如何，只好回刘。沿途劝阻灾民，切勿暴动，乌合之众，实系情急之举，开导甚难，故再电恳求转商开口泄水救济。

八月

新谷登场。西南乡收成丰稔，东北乡水田欠收，旱谷较佳。吾兴频遭灾歉，得此半熟，民困稍苏。不期稻价一落千丈，不免谷贱伤农之憾。

九月

亢旱麦难下种。有力者戽水耕种，无木者仍然束于。劫后余生，实难为力。时刘庄安丰间之桥梁，上年被水冲坍，乡人无力修复，闻有人涉水溺毙情事，于心难忍！是以邀集村老，帮同补修五蒋庙桥、北宋庄寺港大桥、西高庄桥、东高庄桥、西陈庄桥、朱柳舍桥，并请王兆斌兄监察，限期完竣，以免溺毙人命，而利交通。

十月

飞蝗过境，新出麦苗被食殆尽，来岁春荒又伏下矣。似此天灾人祸，循环不已，奈何！振事现已结束，乃提倡修圩工作，决口之整理，将成大圩之绩修，未果。茫茫前路，中心摇摇，劫余农村难以善后。此次灾祲，幸蒙国济会、省赈会、苏义会、华洋会、红万会各善团中外善人慈悲救济，全活吾邑灾众无数，功德无涯。救命团之经费，续承苏义会补助千元，不敷之数，仍由我净土妇女安老院负担。惟念院中迭受灾劫影响，亏欠尤巨，实不知如何弥补也。凡此救灾，承诸同志忍苦耐劳，努力工作，始终匪懈，不胜感激！自惭山野之愚，不善言事，所历境界，困苦万端。知我罪我，敢云其他！彼苍天者，实所共鉴，爰将前后分列日记月报，敬陈大略，以供后世公鉴。

二、《茗山日记》辑选
1978年2月（正月）

我坚持十数年，每天日初出时，往公园或山坪打太极拳，这对健康很有帮助。同时，我觉得健康和长寿之道有七点：

1、饮食、睡眠、大小便要正常；

2、打拳或适当的劳动；

3、听人说："遇事不怒，基本吃素，劳逸适度，坚持走路"，是长寿法；

4、又听说："少吃或不吃烟酒，生活朴素，不胖不瘦可长寿"；

5、冬夏寒暑季节，要随时注意饮食卫生和衣服或穿或脱；

6、清心寡欲（特别是色欲），断欲清心能长寿；

7、儒家说"仁者寿"，佛家说："慈悲是长寿之道"，对人对物，都应宽厚和爱护。

1979年1月20日周六

昨接五台山圆澈法师来信，今复信如下：

前闻伯群函告你的近况，甚为喜慰！昨接来信，知已重上五台，尤为庆贺！十多年来积悃，非笔墨所能尽述，兹略如下：

从1966年秋，金焦解散，我即往镇江街道中。几经迁移，现在黑桥今址。这十几年中是闲居，生活虽艰苦，修持却精进。心得体会有三：1.过去说有着有，说空着空，今乃知有空不二；2.禅宗讲明心见性，初不知心性为何物。今乃知有心可明，有性可见；3.修持必须针对自己大病，痛下针砭！以上三点，你以为如何？

11月间，赵朴老从北京来镇晤谈，本市也接到上诵知：唐代扬州鉴真和尚塑像，将由日本佛教代表团护送，说是"回国探亲"，可能路过镇江。而且镇江现已开放，所以金焦诸山，正在积极准备修复寺宇，装塑佛像，集中僧尼。详情容后再说。你山近况及今后打算如何？现住僧人多少？生活工作等情况如何？看暇告知！

1980年8月4日，周一，阴，小雨

早晨六时，舟抵宁波，上岸，乘一路汽车往南站，买临海（高见）车票。汽车十一时半方开，还有三四个小时，因往七塔寺拜访桂备禅师（木腿和尚）。据说他非常用功，夜不倒单，有"他心通"。既至，问他："怎样止妄入定？"他说："妄想由三门（眼、耳、口）入，当从三门修！偈曰：眼闻释迦佛，耳见观世音，口进弥陀佛，三门常清净。"又说："吃饭、睡觉、拉屎、撒尿，屎尿搞通，童真入道。"我又问他如何了生死？"他说："了生不生，了死不死。善净其意，入息忍住无生法，出止观门。"又说："生死夜，南柯梦，抓瞌睡，出离道。"（瞌睡者，指颠倒心，颠倒见，颠倒想；即"迷"也，不迷则觉。）

下午三时半抵高见，会见定智法师，交谈：1.对治掉举妄想，要提正念观空；提起、提起、再提起！要放下妄念观幻，勿理勿执；放下、放下、再放下。2.参加会议宜静观领导意图、群众发言，要爱国守法，要恒顺众生。3.修行要念念不忘三宝，不忘众生，不忘本职（内护正法），不忘本修（解脱生死）。4.目前要把焦山佛像、殿堂、寺塔修好，善愿成就后，退隐专修（要注意挑选好接班人）。

1980年9月29日，周一，晴

湖南谢高松函如下：

高松：

9月21日寄来相片和信都收到了。看你貌相，五官端正，心志勇锐，可以出家。希出家后，学习慈悲忍辱，转刚强为柔和才好（指你的性格而言）。

我从19岁出家后，曾学习过唯识宗、般若宗、净土宗，也曾阅读并修习过《华严》《法华》《楞严》和禅宗、律宗、密宗经论。佛教有十个宗派，皆来源于释迦牟尼佛的思想，"归元无一路，方便有多门"。我不是一宗一

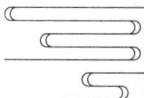

派的传承者，也不赞此谤彼，祖师分道扬镳为的是便于修持，我们都应尊重。望你今后学要广学无量法门，修要一门专修！

再者，我一生为了弘扬律法，护持佛教，绍隆佛种，大作佛事，不畏艰险，不怕牺牲，甚至不惜生命。你既愿意做我的弟子，应当继承此志，全力以赴，终身勿懈！

你对佛法的认识，很正确！你又从哲学中认识到般若真谛，这是你的善根和智慧的感召。我想，一部《心经》就是般若哲学的结晶。希深思而观想"色即是空，空即是色"的道理，色空是二还是一？要多多思考！因此，替你取个法名"乘实"（实即是色），号"觉虚"（虚好是空），名正言顺地让你经常悟此色空不二法门。

你父母和单位都同意你出家，很好！你目前先在湖南寺庙住下，先将早晚功课读熟，并须早晚持诵；多看看佛教经书和刊物（有什么看什么），待日后有因缘再出来受戒和学习教义。如有问题，再来信商讨！

1993年1月11日，周一，多云

南京大学前校长、孔学专家匡亚明（年八十八），昨来镇江宾馆，打几次电话邀我去会晤，今天上午十时，他派车接我去宾馆。他说他年幼时曾想出家，被老和尚劝止。而后立志：1.在人间做好事，2.保重身体健康。他问我如何修养？我要他放下万缘，多念阿弥陀佛。并略释佛号含义及念佛利益：心灵清净，健康长寿，命终往生极乐。又向他建议说："你老是孔学权威，登高一呼，提倡仁义道德，转好社会风气，改正见利忘义的人心，其功不匮，其乐无穷。"

东方造纸厂书记和厂长来请他吃饭，他邀我作陪，走到金山佛印居素菜馆，见厅堂一副对联："僧应惭佛印；客不愧东坡。"我说："你老是东坡再来，惜我非佛印。"大家哈哈大笑。上席时，匡老吃到香蘑口蘑回忆起青年时在常州天宁寺吃素斋，他说："现在口蘑大不如从前了。"我说："原因有二：一、质量确不如从前好；二、年老人味觉较差故。"匡老说："我听传说，镇江佛教界有两家，1.慈舟是企业家，2.茗山是学问家，诚然也！"

1993年2月24日，周三，多云

上午写八十寿诗，共七言八律。

下午，长春居士邓芝兰来求开示，问答如下：

问：有人教我专修，有人教我杂修，究竟应如何？

答："归元无二路，方便有多门。"两种修法皆可，比较起来，以专修较好。

问：我又想念佛，又想念经，又想持咒，不知如何好？

答：三者皆可，问题不在于念佛或看经，而在精进不精进，精进成功快，否则慢。

问：念佛怎样专心？

答：印光老法师说："出口、入耳、经心。"主要是要眼观鼻、鼻观心，提高警觉，专注佛号。即加强注意力。

问：居士应供养三宝，我不知怎样供养才好？

答：供养有财供养、法供养。财供，是用财物，金银财宝和钱钞，物如香花灯涂果、茶食宝珠衣等。法供是：①能如法修行；②利益诸众生；③摄化众有情；④勤修诸善根；⑤不离菩提心；⑥不舍菩提业；⑦忍辱波罗蜜；⑧常随佛学等。

问：有人教我按胸前穴位念佛，有人教我照他的文书拜佛，有人教我做气功，有人教我看相算命，对不对？

答：那不是佛教修法！你不要听旁人的话。佛教徒要听佛的话，佛语在佛经上，你应遵照佛经所说去修行，这才是正信、正行！

1993年4月13日，周二，晴

偶阅台湾寄来的《现代禅》刊，为首文章是李元松提倡的"改革传统佛教"。他认为学佛不在出家（意在贬低僧人），学佛不受清规戒律限制，又认为"情欲"本身不坏，"情欲中有佛心"。他引菩萨杀一人救五百商人，日本某一祖师为传播人种而开淫戒，以逞其说。他这些狂妄自大的邪说，根源由于先前受到歪门邪道如一贯道等"先入为主""入主出奴"邪说所致。由此可知，台湾佛教徒虽多，但内容复杂，五花八门，难以纯洁！这也由于"言论自由"所致。由此可见，"自由"也有两面性，有利也有弊。由此推理，万事万物皆有利有弊，今之人、后世人，当兴利除弊，是所至嘱！

1993年5月16日，周日，晴

今晨，静安寺贾劲松居士和我谈，几十年来经验有两条：1.脱离政府领导，一事无成；2.僧人和教徒要自己争气（团结合作、精进学修、管好寺庙、对社会作贡献）。

午斋后，乘车回镇江，一路见公路旁撞车、翻车、陷车的事故有五六处。这些交通事故，给我们在人生的漫长道路上指明了经验教训：①学习和提高做人的技巧方面，当超则超，不当超切不可超，防止出事故；②估计道路有宽有狭、有塞有滑、有高有低、有山有水、有险有夷、有直机曲、有顺有逆、有平坦有凹凸等种种新情况、新问题，要随机应变、委求全，宁让三分，不争一秒；③要镇定、平静、理智，一心不乱，高度集中，提高警惕，防止失足。

1993年5月20日，周四，阴雨

偶阅台湾寄来的《僧伽》杂志第二卷第一期，内有烧雪法师写的《水月》抄，对我很有启发。例如"人才"，他说："老年一代的交班更是需要人才。"这句话说到我的心内来了。又说："留人、用人，可是青年仍然流向寺外，都是年轻人不对吗？"我想："这与我们住持人无方便、无德行、无魄力、无教育、无关怀（或关怀不够）、无栽培（或栽培不如法），不了解年轻人的思想，不会做思想教导工作有关。

又如"传戒"，他说："登坛一窝蜂，乱成一团；说戒时言词闪烁，戒师自己也糊涂；甚至女弟子上台服侍、尼众呵责比丘、电视摄影坛上乱转……这样的戒传得还有什么意义？"又说："大家争着要传戒，没有人争着要学戒、持戒、弘戒、护戒。"我想：今后各寺住持想持戒，必须①是为续佛慧命；②精通"三坛正范"；③要培养熟悉"三坛演仪"、发心清静、品质端正的堂师；④最好先讲戒后传戒；⑤如法如律行事。

如"另一番滋味"，他说："多年来，山寺总有忙不完的佛事、法事、僧事、俗事（接待应酬、交际）。"又说："有心人见此忙碌，不禁要问：道业、三学如何增上？"因此也曾想过："有没有放下的一天？如何放下？"我多次想"辞职""退隐""闭关"，因领导不准和无接班人，皆未实现。事与愿违！另外还有一种想法："不舍菩萨业，不离菩提心。"又想"退隐是小乘自了，忙碌是大乘利他、度生"。这两种自我矛盾的思想，经常在我脑中徘徊，至今未能抉择。这种滋味，非身历其境者不知！

上午，杜永珍、胡慧玲居士来山问法。

杜问：净空法师教人专念阿弥陀佛，不看他经，你老以为何如？

答：约专修净土而言，宜简宜专，不宜繁杂。但是各宗派追求不尽同、

根机不同、好乐思想看法不同，"归元无二路，方便有多门"，看经、杂修还是可以的。

杜问：我念弥陀，其他八十八佛就不必念了。我念大悲咒，其他楞严咒等可以不念么？

答：念一佛和念多佛，念此咒和念彼咒，念此经和念他经，作用和功德是一样的，都能消除妄想、烦恼和业障，增长福德、智慧和觉悟。专修、杂修，其功用是一样的，贵在精进，不必执着。

胡问：听人传说，你老房中放光、有异香，释迦佛和你谈过话，是否？

答：这是他人的传说，我自己无此感应。纵然会有，也是修行过程中人人会出现的一些特殊感应，但不宜传说，恐引起不信佛法的人们的怀疑，毁谤，说妖言惑众。

1986年12月7日，周日，晴

昨日市宗教处派车送我往建湖。先到县委，李老书记、政协主席杨豪、统战部申部长等出来接待。略谈建湖落实宗教政策情况，又陪同参观新开的小庵。今日建湖宗教科长徐步光、廖书彩来访，谈建罗汉院（我出家小庙）的三个方案：①最好另找一处建个三进两厢的中型庙；②就以新开的小庵扩建为罗汉院；③视经费力量分期分批建一大罗汉院。我问他们需要多少经费，他们说："建大庙需一二百万元，扩建小庙约需二万元。分期分批可多可少，约几十万元一期一批，都要依仗老法师募化。"下午，何亚零局长来谈盐城建寺事。他说："市委、市府亦皆同意，惟经费无着，希望老法师在国内外设法支援！"毁寺容易建寺难啊！

1996年6月4日，周二，阴

昨日由曙亮、曙旻接我到盐城。晚，市宗教局廖局长来谈："永宁寺动工有困难。此地属环城村，又在花木场范围内，都有阻碍。①出路不走，运材料要买路（买条路地要十万元）。②1993年拨二十亩地建寺要十二万，当时已交花木场八万还欠四万未给；如不给钱就不许建围墙，也不让池塘建天王殿。一再向他们的地区负责人协商，均无效，故暂停动工。"这是个逆缘，夜不成寝，反复思维：心中忽想此处既无人缘地缘，不如迁移他处建寺为佳。上午接廖局长电话通知，约下午去市政府会徐市长谈永宁寺问题。下午二时，廖局长、统战部王副部长同到市府接待室会见徐市长。先由我说永宁寺建天王殿没有出路的问题，徐市长就问："寺院佛像可以迁移么？"我们说可以迁，他说："既可迁移，我看迁到通榆河边，要搞就搞大些。你们看要多大。"我说一百亩，徐说："就一百亩吧！那里水电方便，交通无阻，还有小土山，可以建一宝塔。"我听了非常欢喜！我说："盐城这样一座大城市，宜建大寺，竖宝塔。"徐市长叫廖局长写个报告，再开会讨论决定。

1996年8月31日，周六，晴

因乘愿电告邀请，前天到盐城。昨日与居士们讲"怎样才能持久和平"等开示。今日上午，永宁寺做和平法会，向居士们筹募救灾捐款，我也捐了些。偶阅丁福保编的《佛学大辞典》，内有"敬告注佛经之居士"，很值得取法：①定书名，宜法古人；②注佛经，宜用内传体（经中本义）；③注佛经，戒穿凿；④注佛经，宜戒空谈；⑤注佛经，宣取法《文选》李善注；⑥注佛经，宜考察名物典故；⑦注佛经，宜梳栉音义；⑧注佛经，宜以经证经；⑨注出处，有古略而今详者，有前后互异者；⑩笺注宜讲文笔；⑪注佛经，宜先通句读；⑫注佛经，宜讲校雠之学；⑬像注佛经，不可与今人相争；⑭注佛经，不可与古人相争；⑮注佛经，宜辟伪经；⑯注佛经，宜在每句下用双行小字；注佛经，宜慎重考查研究。⑰"大器晚成"，不宜速成！

1998年8月17日，周一，雨

上午，在盐城永宁寺举行三项活动：

（一）传法：因上海觉醒，苏州普仁，南京隆相，久欲求我传法，便得到领导支持升座。乘愿需要他们的帮助，也竭力劝我传法给他们。故而，我为满众愿，为佛教后继有人，才于今日开始传法，我在法座上偈曰："佛相传灯，以心印心，是心是佛，是心作佛。"自今日始，可以预知，今后将还有僧中青年英才，闻风要求传法。

（二）奠基：永宁寺自唐代开山以来，历代出了些名僧、高僧，往日规模很大，为全国三十六大寺之一，亦为淮安府六县首刹，抗日期间被毁。自1993年，乘愿等茹苦含辛，聚居僧众近三十人，虽建一些临时殿堂、客房、僧寮，但无财力兴建大殿，今得护法蒋老板捐助一百万元，开始大殿奠基动工，但还缺二三百万资金，望僧俗四众共襄善举。

（三）救灾：由于今年普遍发生暴风雨，山洪、江水暴流，水位高出平地，九江水超过三层楼。尤以江西、湖北、湖南、黑龙江、吉林五省受灾最重，流亡、淹死者甚多，冲毁房屋、田园、牲畜难以计数。政府号召各地各界人士共同捐济灾区人民。我曾于镇江捐献二万元，今又在永宁寺捐献四千元，略尽同情共难之心。

午饭后回镇江。晚，将托觉照保管的万佛塔捐款一百四十五万七千零七十元，移交曙光保管。写移交清单三份，茗山、觉照、曙光各执一份。为助觉照建寺，交二十万元为光明寺修大殿。

2000年1月13日，周四，阴

晚写字：①贺苏州定慧寺落成开光："定可摄心，高超三界；慧能断惑，普利十方。"②挽泰州光孝寺住持禅耕一联："禅净持修，不愧此生主梵刹；耕耘播种，应无遗憾往莲邦。"③为盐城永宁寺大殿写一联：永治久安，雨顺风调，勤学五明增福慧；宁心静虑，业消智朗，皈依三宝降祯祥。"等等。

第二节 书信

一、孤云行鉴书信

复函九蒋居士

承问："如何得到无修无证处？"我道："你还识得蒋函九么？若识得蒋函九，便识得主人翁，正所谓家无二主。"来谕谓："发寒热已周七昼夜。因思古人说'时时提醒主人翁'。若有主人翁，似有把柄，如是则有两主人翁矣。"我道："寒热正发时，就是当人觌面现时，通身受用。岂虽此外，别有第二主人翁耶？不见僧问洞山：'寒暑到来如何回避？'山云'何不向无寒暑处去。'僧云：'如何是无寒无暑处？'山云：'寒时寒杀阇黎，热时热杀阇黎。'若向这里会得，则寒热正发时，也只是个蒋函九；念起即灭，念灭即无，也只是个蒋函九。虽然如此，正当不寒不热、不忙不闲，乃至念无起灭时，阿那个是蒋函九？速道，速道！"

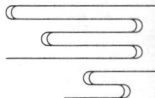

复退庵吴居士

自拜扰后，怀念依依。山野归山，掩关如旧。常思老居士闲居林下，潇洒自由，本分一着，自然了彻。一切誵讹公案，未审俱透脱否？莫谓本分既彻，那得更有誵讹？只如古人云："涅槃心易晓，差别智难明。"祝祝。

复钱塘邑侯张云齐居士

恭维维摩大士现宰官身拯济万灵，无一灵不赖荫庇。贫道自惭薄福，隐迹山中，安静焚修，圆报盛德。忽承华翰见邀，如谓不果良晤，信知良晤有期。然于当人分上，且无毫发之间，那有晤别之分？是则贫道与台台行住坐卧，无一时不相见也。苏学士云："溪声即是广长舌，山色无非净法身。"贫道谓："情与无情同一真，更无佛法可疏亲。分明举似知音者，觌面堂堂没两人。"

复总镇台玉楼马居士

读来谕，谓："年华又催，不知个中消息。"山野道：欲识个中消息，请听黄鹂一啭。旧岁新年，现成公案，法法头头，无非发明本地风光。虽别居士经两月余，其中行住坐卧，未尝有间。知音自然点首。

复申之姜居士

承问楼陷人倾时事。山野道：正恁麽时，莫道畏怖心着不得，退悔心着不得，总有慈愍心、寂静心，亦无着处，则平地风波，峥嵘妙意，漠然冥然，张皇错愕，又何处来？须知此事，实无处可回避。故经云："尽三千大千世界，无有针锋许，不是我舍身命处。"觌面全彰，更无余物。

二、祥瑞书信

贤首宗学院院长祥瑞与刘云华居士书

弟刘仁宣和南

灵华居士道眼。京师话别时，切慕思曾于去岁年底，申函象仿桥观音寺，约居士南游邗江，并赴高邮楞严法会，兼约常妙女士同行，妙庄严，路未见回音。想居士必入不思议，三昧故我不能测也。今春江苏省长陈陶公与庞宗吉知事召往海边，出其不意勉任兜率寺。所谓假使百千劫果报还自受。苦哉！苦哉！今因往扬州天宁寺，敬吊适接所赐心灯，大照梦思。瑞定于初八九抵沪，畅叙阅至末行第二监狱，代印足见化道罪犯之心，靡切行观音地藏之轨，龙天当冥赞至善也，专此顺颂。

道安

祥瑞合十

三、苇舫书信

致法尊法师①

尊师座下：你的航空信收到了，佛法不能离开世法，请你在这方面，仍要恒愿众生随愿摄化，否则，虽有无上的妙法，众生得不到利益，则又有什么意义呢？我很抱悔，未会多亲近你，获法受益，实在是一件恨事！不过，一切事情俱是因缘聚合的，只好听之罢了！你说悲心和自己修持不可无，关于这两点，非但佛教徒所必具的，即是普通的宗教徒，也是不可少的信条！据我个人的观察，现在的佛教，若不下一番整理的功夫，会趋于崩溃的一途：因为大多僧青年，怎能经这种波折呢？……这老弱无能的中国佛教徒，那里是他马前三合之将呢？所以很多青年僧出而投降——反服拜十字架，实在是苟全性命，说不上有无信仰？我们拿现在相信佛法的人看，可以说是"没有知识"和"老年人"占大多数，而受过中等以上教育的人，信仰佛法是极少数的，试问这种理由安在？简单的答复，佛教徒欠组织了？佛教徒老弱化了？佛教徒对社会缺乏认识——恒顺众生——了？幸大师大声疾呼地倡导二十余年的新佛化，极奠下一点基础，不然的话，恐怕早革命波涛荡漾于太平洋了，那里今日还能够谈改革佛教啊？尊师！你总以为佛教能比能存在，是要看众生有无福报！这话是一部分的，实际还在人事上有无尽责？即

---

①法尊法师，俗姓温，字妙贵。法尊在五台山显通寺玉皇顶出家，在北京法源寺受具足戒。曾先后入武昌佛学院、北京藏文学院学习，师从太虚大师和大勇法师。后随大勇法师组织的赴藏学法团到西康甘孜，从昌都安东格西专攻藏文。1932年入藏，在拉萨哲蚌寺学习。1936年在重庆代理太虚主持汉藏教理院至解放前夕。1950年在北京主持菩提学会藏文译事。历任中国佛协常务理事、中国佛学院副院长、院长之职。1980年圆寂。通晓藏文，译著甚多，主要有《菩提道次第论》《密宗道次第论》《辨了不了义论》《大毗婆沙论》等。苇舫法师曾奉太虚大师之命前往重庆汉藏教理院，帮助法尊法师主持寺院工作。

拿欧洲的耶稣教导吧？耶稣教的理论，是不足道的，可是他们的教徒组织，和教徒的朝气，对社会的人事深刻，值得我们借镜的：我们要时常反省自己的短处，不能老大，自尊，一味的糊混下去，佛法纵然好到天上去，若是我们把他宏扬不出来，令社会得到利益，这还不是与古董顽器一样，这配送到博物馆里去供人清赏，以外没有其他用处的。可是现在不是清赏古物的时候了，敌人的飞机大炮的声音，以经震惊全世界了！故宫博物院的古物不是送到伦敦做抵押品吗？为什么我们佛教徒，不乘时起来，利用大时代的潮流，洗净我们过去的"污点"呢？你看基督教徒到处活动，反侵略耶？伤兵服务耶？……佛教徒幸亏大师领导下的僧侣救护队，其他中国佛教会呀？……全都销声匿迹了！更有却非这一流的人物，在杭州做汉奸，侮辱佛教，我们应该怎样地心痛呢？是的，佛法是出世的，只要各人自己用功；其他都可付之劫运，然而在这个时代，不容我们这样想。并且大师已把新佛教的改革方案，启示了我们，唯一的即是我们能按着程序向前走。现在又有人这样说，改革佛教不仅是口说说而已，是要实地去做的！不错，初发心的人我们可以拭目待之，若是老参师友，庶我不敢领教了！因为我们要承认自己的过错，不必忌讳隐饰，"失败为成功之母"，假定连这点勇气都没有，这还望能有大的成就吗？尊师！你说得好，"不管与我是亲是怨皆应随喜欢，切不可起一念热恼嫉妒，更不可生虚荣之义慕心。"这真是名言！尊师！我们是师是友，以后希望你多多赐教吧？专此敬祝发安。

苇舫和南四月廿五日

四、茗山往来书信

覆许圆照①居士

圆照老居士慧眼：

顷奉手书，备承奖励，惭愧万分！虚大师一生嘉言懿行，……茗以亲近未久，且为篇幅所限，故"痛哭老人"，犹虑挂一漏万。据知老居士竟因此感动，去四十年之疑网，生千万劫之净信，此乃老居士自谦。谈到"继承"，茗更不敢当！盖虚大师之福德、智慧、资望、热心、毅力、忍苦、耐劳……种种美德，尤其菩萨心肠，迥非平常人所可企及也。老居士德高学博，久已钦崇，希时惠教言，以匡不逮为感。专此奉覆，敬颂道安。

茗山合十 五月廿四日

许圆照致茗山的信

茗山法师慈悲：

承赐《中流》，谢谢！拜读大作《痛哭老人》一篇，钦佩至此，虚师入灭后，日报杂志之赞扬文字无一能令堃去疑生信者，今在大作中得知虚师法语"佛经里难了解的地方，我们应当拿信仰心去接受，但这不是迷信，更不是盲从，因为诸法实相，唯佛与佛乃能究竟"六句，不禁五体投地！堃长虚法师十一岁，在作一阐提时即知有虚师，于今四十年矣，中间廿余年未有接触，直至一九三零年在南京始晤谈，因有成见，未能契合，惟以为大有进步而已。读大作后，始信虚师确是再来人，舍利等瑞像系此生功德力，非夙世善根所能成就。堃谤虚师四十年矣，今在座下忏悔，至今日止，堃信能继承

①许圆照，中国现代居士。名炳堃，字缄甫。浙江德清人。早年留学日本，就读于东京高等工业学校。毕业回国后，于杭州庆春门内报国寺旧址，筹办机织传习所，后改名为高等工业学校等，为浙江大学之前身。居士曾皈依印光，法名圆照。于杭州武林门外香积寺落发。终日闭门阅藏。不久为亲友劝请而还俗。抗战爆发后，于绍兴梅山寺第二次出家，后又还俗，移居沪上。曾应李圆净请，将日文版《南传大藏经》汉译出《南传大藏经提要》。又参加上海《普慧大藏经》刊印会，任监修，并参与编纂工作。1949年后，为上海文史馆馆员、市政协委员。

虚师者唯有座下，因描写的无一不是处，他人之赞扬不能中肯如大作也。愿自今日始，敬座下为虚师，以赎前罪，专肃布悃，敬请撰安！

许炳堃顶礼 一九四七年五月十九日

五、大醒往来书信

关于党治下佛教的沉痛之声（信三通）
（一）复存厚法师

厚存法师：

示来江西没收寺产消息，惊息。

我僧伽处于现社会人群中，早已无生气。所谓丛林寺院，亦不过剩得如许衰败的躯壳而已。惟其如此，欲免除外界之打击，那里有力抵抗。其实物腐虫生，是理之常。今湘鄂赣三地僧伽之噩耗传来，我同胞应如何苦恼哀伤，应如何筹思补牢耶。顾抱兔死狐悲之感者，亦惟智者呼号流泪，而一般资本家面团团的号种丛林住持者，恐仍在那儿作他的黄金梦梦也。呜呼！僧伽之亡可毋惜，而各地数十百千之大好梵刹，竟将丧诸无羞僧之手，这种不白之冤，直使吾侪热血菩萨痛哭欲死，又有何话说？说之，彼梦梦者流能闻而觉悟否；不说，现尚未经波及摧残之地殆矣。法师高见，将计安出？数月不见，不意他方佛教命运，一变至此地步。工作余暇，乞驾过我，作半日快谈，借领教益，盼复。谨祝

安乐！

大醒（十二月廿一日）

（二）复寄尘法师

寄尘法师：

来示谈及现时佛教受外界凌逼事，风摇树响，大心人靡有不相呼愁煞者。法师今欲要醒言说教行，以定方针。毋乃过望，教团事大，岂以一人之思惟所能判定？而且醒初学菩萨，根钝慧浅，一言一行，俱未的当，况论其他乎？虽然，说得行不得（不是行不得，欲行没处行耳），说一说，又何妨！

醒窃尝论之，时世无论如何转变，至多十二十年间，我僧伽必得一自然

变更之局面。盖其时教育普及，生活艰难，万不能再容许多瞎汉吃了饭无所事事矣。

今日南军所到之区域，寺院已为其淘汰者。此种现象，虽说他人恶作业，要之亦由我僧伽自种之恶因耳。所以有的是恶果报也，何以言之？"做一日和尚撞一日钟"，此乃言我出家儿本分上事。百丈所谓"一日不作，一日不食"，亦即斯旨。这是何等精神？试看今日一般僧伽所作何事，醒不忍言矣。法师慈悲，宁毋同慨。

醒又当谓僧伽饭碗破产不足惜，惟数十百千之大好梵刹，无端丧于诸无羞僧之手，实在可恸。即如少数有道有学之菩萨的命运，行将随之祸及，是亦大可哀矣。

然则将如之何而可免去此种魔事？言无他，唯在自家觉悟而已。云何觉悟？觉悟一日不作一日不食也。云何作？作工作也。工作何等？工作我师释迦世尊遗传之三藏十二分圣教也。此三藏十二分圣教也，凡我佛子皆当精勤工作（如法修行）者也。岂期末法儿孙，十九不作，只知竖坐横眠，自甘堕坑落堑其不知老死之将至。第十九层地狱门口，早以为高塔牌楼，预备欢迎彼辈矣。法师为然否？

醒现在只自振作，无能感化他人。法师十四无畏，足担当撑天拄地之责，辛即努力救济之。伽林又山等诸大菩萨，醒亦颇私望其大有奋焉。法驾如便来宁一行，可以共语商量也。

此复，谨问两利不一。

大醒（正月廿八日）

（三）复春墅长老

春墅长老：

来教对于佛事大局之见解，极是极是。时世逼迫，我僧伽犹作黄粱大梦，哀哉可怜。譬如病者一息奄奄，虽有医者施方，其如不肯服药何，病者甘心待毙。于医者又有何咎？醒初学菩萨，少力度人，只好且自己修行，自由己整顿起，大而至一尘一刹，此醒之顾耳。长老怜悯众生之深心，悲过于醒，当能勇猛无畏，从事指导彼梦梦者流。请于一乡一市，先试为整理，严持戒行。如何？此复。

敬问清健。

大醒（正月廿八日）

寄显教函

显教兄：

略如所云，则尧水汤旱，不过抽象之断片，迨不异于横观斜观等。

再者因果之理，不必求于机械之说，科学家之因果，律尤不足以取法用为破斥佛说足下，明眼人，当自深呈也，勿草不恭顺显 秋安

楞伽山民上

大醒

寄逸雁函

逸雁同志：

我江浙自国民革命奠定以来，凡百建设无不努力革新，藉以青天白日之光照，翼国个己或团体事业之发层，而独我僧伽自甘堕落，不知振作，于是虽怪乎浙省党部改组委员会目我僧伽为"社会之驻来虫，革命之障碍物"矣。

江浙僧伽同袍，会有所谓诸山长老诸大居士之集会与上海，其成绩虽不如浙省党部致委员会所说之"巧立佛化名目。……藉以鼓惑敛钱……"之甚，其实是无建设工作可言也，但除此所谓诸山长老诸大居士开过县花一现无备实际之一会外，至今尚无有一有组织有力量之团体产生，以应付现前潮流，甚至连弱小之呼声，亦阗焉，无关嵯峨我僧伽，可怜亦复可愧，现在浙省政府一再严禁出家，苏省政府亦正在起草清理寺产条例，无论政府对我僧伽怀有好意与否，愿我僧伽一味因循腐化，不能自旧改造，恐终归于灭亡，势在必然。

其所谓之诸山长老大居士者，志任在守旧而不简单革新，其他一般无论无议之僧伽，更无论矣，而头脑新能有作为之僧伽，则又散诸四方，即吾条少数同志于此时日，亦恨不复聚会一处，同谋共策耳。

然则继不为自利，对于我无数僧伽同袍无奈书寺院道场，宁不发一心以设法以护卫之耶，我今以此"改革僧寺制度之计划及其实习之办法与利弊"一题征求诸位同志之意见，希以大慧发表充分改革之计划与实行之办法，计划愈完备，愈好办法，愈易行愈好并望于一星期内（清理寺产条例未公布前）作成，寄来由醒就近业呈国民政府请求采纳试行，倘能得其容纳吾，当做进一步之运动也。

匆匆草此不尽欲言谨颂著祺，立候示复。

大醒

大醒法师来函

吾师慈座：

来示并寰游记收读矣。四川路阻，北平不平，幸望杖□珍重其行。佛学书局拟辑印吾师讲演集，意甚善。徒已与芝兄议定，从十四年吾师所讲说者□编，拟以讲说之思想，分类次第，不以编年为前后，比较使读者易寻吾师之学说教法，及其影响。各篇皆附以讲说之因缘（如时间地址听众等），以见应机设化，纯出于时代之需要也。预计两月中可编辑整理，抄写完备，趁暑假亲自上海，指点排印校对，成一完整之讲演集。吾师如先示照佛学书局中佛会，有可维持处且维持，惟须与会者能舍己为群，方可济事。最要者能从根本造就僧材办学入手为最上策，吾师可积极倡议，威音杂识，能从佛学正义宣传，每月发刊，亦属难得。现常住学院，大众和合，堪免师怀慈念。兹奉毕业像一张，吾师阅过，乞交中佛会月刊登载为盼。余后禀。

敬祝四大调和。

学徒醒拜上五月一日

大醒致苇舫书

苇舫法师：

在淮阴会寄上随缘录稿三次，计九篇，因未得复信，甚念！□第三次寄出之稿，恐在途中有误也？昨日又挂号寄上"万历南京各寺僧规条例"及"憨山大师嘱子弟语"二稿，如收到，统望回音！醒因作难民，今后暂于淮阴高邮两处乡间居住，海潮音，请分寄两处，各二册，甚感！古四月二十二，□为醒圆寂日，现虽身在，而心已成死灰矣，每念□友，俱成梦境。□年懈怠，所愿未成，如今一念修净业不愿再来受人间苦逼矣。寄上之随缘录稿，已能分刊四期，此录说不定即为醒之最后笔墨，幸勿遗失，为盼！匆匆，愿颂□安大醒合十古端午节于善因常住。

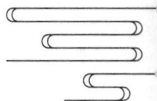

大醒法师致本社函

此次中央大学提倡庙产兴学。中国佛教会并未有如何主张。各省佛徒亦未有若何表示反对，敝社由此特刊。同志阅后，如认为庙产兴学运动与佛教有重大危害。即请同志来函（盖章）表示赞同。同时去函中国佛教会。督促召集全国佛教徒开会。实行一三（一零二）佛学史乘，二次庙产兴学运动后各地佛教团体的呼声。

大醒所提各条。僧尼生计存亡。在此一举。大家切勿坐视，为要为要。此致海潮音同志。

大醒谨启十二月二十日

大醒法师致法舫①法师书

法舫学长：

我匆匆的离开武昌，在我内心中有说不出的苦衷，第一就是潮音的编务要累你；第二是我早已约了日友在五月中要来游日本一次，不言而别，这要请你原谅。我这一次来游日本，我的目的在□日记中一封通信中已说得很明白。不过很抱憾的，在行前都没有告诉人，到了上海，买了船票，才禀报大师。我到上海的一天，适巧大师先一天已回奉化去了。没有当面说明与辞行。我一面要视察日本佛教的详情，已决定来游，可是一方面又没有旅费，临离武昌时，心中还没有办法，总算有缘，承亦幻宽道二兄的援助，另外又借了一点钱，始克如愿成行。故在离武昌时尚恐不能借到旅费，未敢正式说明，我自己近年也常常反省："穷和尚不安分自寻苦恼"，此次游日，即是一例，真是自寻苦恼了。未到日本之前，本计划□间游览，夜晚写视察记的稿子，可是一到了日本，日间游览各处，夜间再有谈话应酬，已没有精神拿笔了。并且连通信都无暇了。一路上，我到过神户、大阪、奈良、京都乃至东京，高野山、比□山，也都游过。佛教的大寺，四天王寺、东大寺、唐招

---

①法舫法师是太虚大师的入室弟子，也是忠实和得力的助手，他对大师革新佛教的理想，竭诚拥护，不遗余力。三度主编《海潮音》杂志，发表许有关教理和学术的文章，并宣传佛教的革新运动。两度出国传教，为中印、中锡（斯里兰卡）文化交流作出相当大的贡献。

提寺、法隆寺、兴福寺、金□峰寺、大德寺、妙心寺、知恩寺、清水寺、延
□寺、增上寺、本门寺，都已看过。大学与专门学校，也看过了几处。出版
事业与社会事业，也访问了好多处。昨日在帝国大学史料编纂所，今日在大
藏刊行会，访鹫尾、小野两博士。帝大编纂之大日本史料中，据说关于中日
往来关系之史料，与佛教有关系的要过半数，可惜散在各卷中，无法借观。
大藏刊行会所印的新修大正藏经二千五百部，已悉数卖出，将来还要再版。
现在正忙印南传大藏经。关于收集未见印出之佛经，约有数十种，大藏再版
时，要补入附印。日本佛教，各宗峙立。在文化事业与社会事业方面，竞争
高下；不同我国教徒专在意气上打支障——最敬佩的，是他们各宗在著述出
版方面互相竞争，真言宗才编全书，天台宗跟后也编全书。所以在东京一千
多家大小新旧书店中，没有一家不卖佛书，甚至连唐人写经都可以买到。我
在此两晚，与谈玄法师闲逛各书店，所见佛教辞典一类的书，就足有二十
种；其他可以想见。我们平常单看日本的书，任旋想中的日本佛教情况，不
来亲自看一趟，实在有许多不能明了。一经看了之后，日本佛教的全部状
况，才晓得如何如何。这一次我来看了许多地方，重要的地方都看过了，不
明白的事情，也访问过了。我总想在我的《视察记》中要完全忠实地把它写
出。可惜我的眼力只有这样聪明，不能有深刻的观察；我想将来你和芝兄来
一趟，一定更清楚了。日本佛教的学者，遇见了好几位，也访问了好些事。
蒋大使我到东京的一天，就去访见他，蒋大使对于国内佛教很关心，他虽谦
虚说他好多年不研究了，其实国内佛教的情事他都知道。谈玄、□禅二师都
会见了。谈玄师面上瘦了很多，他在悠学台密的几个月中，他说比新戒过戒
期还要苦。他不日要再去高野山，修法半年，再来东京灌顶一次，两密修
完，即可归国，为期当在明年一二月间。因他精进勇猛，不懈不息，日佛教
界长老辈均嘉誉非常。□禅师在大正大学读书，每月往返，早出晚归，亦极
辛苦，谈师去年来时汉口正信会钟居士等供养之金，早已用罄；后得一斋藤
居士每月赠送四十五元；允赠六个月，已将完了，下月他去高野山之后，正
为费用忧虑。墨师每月四十五元，住房、吃饭、学费、车费、课本，亦只能
确确敷衍过去。所幸他二人都非常俭省，谈师从衣食节下之钱，已□买佛书
数百册，尤为难得！我现在寓在中日佛教学会，此会专为国人来日考察居住
者，现有江西省政府特派考察团、北平师范大学教育参观团等同住于此，好
像□在国内一样。很想多报告一些的，时间不能，就此结束，敬祝著安！

大醒拜启。五月二十四日夜间在东京。

大醒上人函

逸雁法师：

一别经年，每劳梦想。鄙怀同感宁不黯然，回首金山鄂渚，虽不过两度晤，然心神相印，却大有因缘。故茫茫云水。皆不免倦倦于怀矣。西藏之行，未能圆满，醒为法师贺甚？君又何惜之有，或法师自惜，则非醒所敢知也。吾侪行菩萨道者，为取自家受用。于三藏十二分教中，在在有探求饱满之，势已无向外驰求之必要。——也许是钝根之见解——染苟出于饥饿而无得已者，亦不妨远涉重险以求之。若奘师者，则其庶是。顾今之时潮之趋势，与夫众生之欲望，是否须以几秘不可思议之密教施救不可，则或未然。——此心痛，愈而复发者竟有五年，其抑郁若斯之甚者，厥因有五：先严作室，宇如不克肯堂，则孝思有忝者此其一；再则年虽二十有二，而于涉世持身之经验，自愧毫无；三则家中需费浩繁，已成习惯，倘日复一日，年复一年，宇也无腾达之期，则一区区排长之薪，奚足以敷浩繁之用；四则宇之襟期远大，倘以遭家不造，用致鹏程莫展。窃恐终为辕下驹也；五则宇奔走四方，家务无人料理，日后门庭之衰落，不知伊于胡底。凡此数者，皆焦灼莫释之由，宇于平素喜食洋烟，在嗜好最深时，奉到李雨亭兄大柬，谓鸦片害人甚烈，不宜寝馈其中，致隳吾人之志节。殷殷诰诫，几如面命耳提。适宇亦亟拟戒除，惟是花之盛者蒂必固，藕已断而丝尚连，枝叶虽萎根株未绝。民国六年夏历本月十三日，友人王级三君，偕宇前赴金陵城内二郎庙公所入理，始将芙蓉膏癖屏绝销除。而王君之惠，则令人铭感不忘也。宇二十五岁时，由排长升为连长，月得饷洋八十余元，家政始可从容而理，胸中郁闷藉以稍舒。至民国九年，营谋多遂，坎坷胥平，似可请免罪于先君，或亦吉人之天相欤。民国十四年，移家汉口，该处夏间炎热。不堪栖止，与同学伊星五君，同赴赣省之庐山避暑，寓居牯岭胡金芳旅馆。时出遨游。彳亍于大林寺，遇大智满智两法师，承其介绍，得识太虚法师，如逢杯渡之仙，备领锡飞之教。嗣随大智法师诣海慧寺拜谒大愚法师，盖大愚法师是未学密者之狭见——复次。吾侪若仅仅乎求以自利者，凭诸口头笔头，则高僧之位置。不难垂手而得，其所以战兢埋头放心于书本中（经论）讨生活者，又非冀方便善巧而负众生之职责而何。审如是则又非一半儿专精修学，一半儿随顺众生不可，尤其是出家人做出家事要紧。法师明眼，想已先见于我矣。法师天才丰富，戒定具足，凡属于智理中者，一触便得，此醒对于法师钦佩欢喜者也。幸望法师勿以小挫而丧壮心，当知前途伟大的成功，正未可限量，乞振作精神，努力为之，但亦不可以将教而阻碍进取也。克全法师心力两足，改造松江实有余，惟憾单独久矣。今得法师互助设施，不胜□□。一声师吼，群兽皆醒之日，当在望矣，乳师云者，毋乃太谦乎！

醒闭关无善可慰故人，幸得显教迦林又山诸师指师者，道臻元妙，理悟上乘，悟色悟空，六根俱净，即心即佛万念消澄。宇住庐山六十余日，当以清秋已届，溽暑潜消，命驾言旋，客几党军入鄂、汉皋一带，北人不可以居。宇于去汉之前数夜，曾经两梦金人，谆谆而语之曰："速行速行！"于是先请朱子昭兄沿途照顾，将抱病之悼章二兄送赴申江。宇于次日，乘船亦往，乃得脱险就夷。岂命运将亨耶？抑佛光普照耶？在沪小住，旋即来京度岁。近除督促诸生诵读及与众友品陟古今人物与精修佛乘外，日书大楷数十字，非敢望右军之换群鹅，聊以效陶侃之惜分阴也。用特备述□未，泚笔识之。虽曰过日黄花，前尘影事，犹足为来日之酞。今而后，吾唯修吾德，善吾身，期不虚生此世，侍我佛而终焉。

大醒上人函

虚公吾师座下：

接读慈示，叩悉壹是。命醒来沪，办理法事，恨不飞身诣前，惟以实彻初志，欲于闭关期中，将性相二系之大乘经论读完之故，实不敢半途而废此时此机也。至所负悲情于今日，当自有从事运动填此缺憾时耳，幸吾师亮之。然醒终望注意在指导一般僧伽的工作上做去，最有功德。因为凡一种主义（整顿僧伽制度在今日实为要图并不算什么主义）之成功，端赖普及。能到每一位僧伽都认为整理僧伽制度乃是急需的工作之时，则不须大声疾呼，自然事半功倍。大家趋于必整顿之一途矣，再能由此做出一张好范本来，不特可以维持僧伽之命运，或重获一新生命（新气象）。亦无几与人世间一切众生言佛法，不然铁拐李与人医病，宁非怪事，又岂能免世人指摘也。吾师今日既以拟作整善僧制之运动，则极望采取醒前函提出办报一项，作为先峰。想从此狮吼一声，群兽皆惊矣，嘻僧伽当从此而起色矣。惟祝吾师早日本此（整善僧制之运动）之旨而运动之（醒又以为既以整善僧制为今日办佛法僧园之目标，则实需办一报纸，直以《寺院僧伽》为名。所刊材料，则专示以寺院与僧伽的制度、沿革、关系、地位。……其体裁则以浅显文言与白话为最当，篇幅不宜冗长，命题宜乎警明，意思可以缓和，态度不严亦不泛。报不售价，但可随喜捐助。每月出版三四次，转送各省县寺院阅读。如能办就，醒每期可负二三千言之稿责。能分到南京来印行，则醒当负全责。借副吾师之悲愿也）。醒又想吾师努力以全付精神工作，整善僧制之运动，三五年后，必使向平所愿，告大成功，又岂在历史上博得第二百丈已也，僧伽命运实利赖之。

　　匆此上禀，不复一一。

　　即叩 万福

弟子大醒顶礼

大醒上人来函

虚公我师：

　　廿三年匆匆下船，未及诣前领命，上船后颇以为憾。二十七到此，头昏不堪，今天幸略好，我师加被之力也。到此读我师致蔡陈及转老和同学电，默悉一切。与会觉寄尘等商议，先料理开学上课，再进行改组事，因须得各方同意也。此是今早事。

　　上午学生欢迎谈话。学生的意思，颇有道理，拥护我师确出于全体热诚（话很多学生方面闻已上书报告矣）。

　　午饭后，陈定模先生来谈，望我师来厦改组之心极热烈，并谓此时正是一个好机会，可以随我师主意改造也，舆论界对我师极望来解决一切，社会知识界大都亦然。

　　统学生及陈先生之意，都望我师来厦一次，因一来一切改组办法，皆可迎刃而决了。

　　晚转逢和尚请吃饭，座中谈改组委员制之利益，彼极赞成。当□持招全体职教及学生代表，开改组委员会制第一次会议，列席者二十二人，（有转逢）都签名赞同。已推会觉与我起草，——大纲的大概皆照我师平时所提及者组织之，略参去年拟改组沩山之意思，稿成当再寄陈鉴正。

　　学院办法，除遵命分两部——研究中学——讲学外，会觉蕙庭等，已拟由教委会设立一秘书处，总理院务一切行政文件等事。他们要我任秘书，我意会觉好，开学两三日可以办到。

改委员制除待起草修正外，还望我师切实示命一切，俾有遵循，千盼万盼。

学生方面，我师宜接受其要求，酌量赐复训示，由我转致亦可。我师能来一次，改组委员制当可解决。如不能来，亦乞赐示办法及与会觉和我代发言权之委书以昭各方信□。

如来望多带几人来，一厂也可以教他来一次。明日事再报告，明日预备访蔡王两先生。关于我个人及会觉、寄尘，万乞多多指示一切。

匆匆上此。

即叩 康安

弟子大醒顶礼

大醒上人来书三件

（一）

逸雁法师：

"出山……前途……倚赖"，奖醒太过，使醒惭感系之矣。醒恨前劫未修，出家又晚，光头三载，于佛法半点尚未懂，得□论其它。不过自知奋勉，他日稍有见识，自当出来从我师友之后。共图利人事业，至现前一关冷闭，三藏频探，亦一大因缘也。醒窃尝思之，佛法事大。苟欲有所创造，端赖时节因缘成就之。然以诸时节因缘而成就一大事，是多么难得，但既得知矣，则当知如何经营工作，莫放轻易错过。方免"时不负我，我不负时"耳。故醒今日以一小闭关因缘，未敢放业，乃自以为戒。于是从我师友运动大法之时节，不得不付诸来日矣，师宁毋笑此说之谬乎。

"法论"……"教言"，原是普通的一类客套话。谈佛法，又岂只在纸上谈兵托空言作官样文章而已也。愿佛事有商量处，凡我佛徒皆有发言商量之权地，若夫对师对友，更当开诚布公，供其所见。而对方无论视其所见当否，亦当挥其所长尽量采纳。如此，不特两方都合了菩萨利人之态度，即作事亦多得周愿帮助而不偏颇主观矣。反之，尔为尔，我为我，还算什么师友？还谈什么合作？醒本此妄想，所以于师友通讯中，每每忘□陋，多说闲话，师又宁毋笑此意狂乎！

虚公得师合作，的确从此宏化之事，无不妥当，师又何必谦辞若此，幸放手做去。

因欲改善僧制，乃议拟发行一种供诸普通僧伽阅读之报章。愿此项报

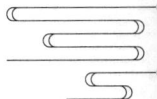

章，是与任何刊物合刊不得的。师来信谓"《信证》虽为佛化教育社出版，然僧为社会之一，整理僧伽，亦得称为佛化社会教育"，善哉斯言。僧伽本来是社会人群中之一份子，而整理僧伽自然也属教育范围之中。其实佛化教育即僧伽教育，而僧伽教育亦佛化教育。醒不赞成合刊之原因，实不在性质上同异之分别，在从目标上讲，实在是与任何刊物合刊不得的。何以故？改善僧制，教化僧伽……与在家众丝毫不相干，且有多少事？多少话？不必使诸在家众见之闻之者也。僧伽所犯大戒，吃食鸦片、赌牌……什么病都有。但此等病，正如病者患一隐疾，难以宣示外人，惟医士能知之。然医者施诸手术，职在医好此隐患疾之病者而已，实无有代其宣示外人之必要也。况改善僧制，首在唤醒一般僧伽——起码货——认识出家所为何事，明了佛法大体，认清僧伽地位，知道僧伽应作事务等等；而后谈到如何不是、如何才是等改善问题。并且与一般僧伽讲话，要赤裸裸地明明白白地通俗动听，尤其是要完全用出家人的术语，方才收到效果，否则多事不若无事。总之，现在宏法第一要紧的事，无过于此。而要办这一件事，就要有现在平民教育运动之精神，苟能具足平教运动之精神做法，两三年后，僧伽之中至少有得一半清醒活动。到此时地，僧伽制度，不整顿而自整顿矣。到此时地，可以自家要做什么就做什么，不必向外驰求。

此地法大同学，近亦有团结结会事。又山到盐城，迦林回如，存厚听说尚留内院。显教虽归浙，现尚不知到达何处。

因问特及。

大醒

（二）

逸雁法师：

昨天初夜，写了七纸，话犹未尽。今晨呵冻，再来谈谈，幸勿厌烦。作佛事，与商人买卖差不多的，在未作一事之前，要先立基础，（依止道场）预备出货，（说法的资料与人才）而尤其是先要看清楚路，（利益众生到如何程度）经过了这样的考虑和决算，方可开张工作，营业上也才不得折本。换言之，要办一种报纸，就是先要看清此报纸为供何人读而编辑的，此中就应刊何种语言文字的材料，方合道理。不然，难免不折本的。闲话少说，就来谈谈供一般僧伽的读物应该要怎样编才好的问题□。

今日拟编辑一种供一般僧伽的读物，内容大约总要有以下数栏准备：

（一）杂评

（说明）评判现时佛法之状况，评判佛教在各宗教中的僧值，评判佛徒的责任和事业之设施，乃至评判世界佛教的大势与我国之影响……

（拟题）

民党与佛法、可怜的僧伽、佛耶能合一吗、同善社、我们出家所为何事、喇嘛所行的佛法、日本密教的里面。

此栏是要由编者在时间和空间上发现资料述说的，所贵的就是要以极简短明彻的笔墨写出来啊。

（二）论坛

（说明）广论佛寺制度应兴应革，应保存的事。

（拟题）僧伽制度根本改造之方法、造罪的宝花山、谈谈百丈清规不适合用于现时代之理由。

（三）演讲——述著

（说明）专载关于"教史""教理"的演讲稿，或述作等。

（拟题）太虚法师讲演集摘抄、哭口俗话（是醒月来与伴说的，记录下来的稿子）、口口经大意。

（四）常识

（说明）关于佛史的"寺院沿革""招提物件"以及僧伽应有的佛法知识，皆入此栏。

（拟题）中国佛像最古之传来、龙门石窟中的佛像、法器考拾、名词浅释、牛皮制鼓问题。

（五）新闻

（说明）凡关于佛教的闻未前闻见未前见的事实，均可载录不必限于讲经办学一种的新闻，尤其是要注重整顿僧格、"奖勉""呵斥"。

（拟题）某法师讲经胜会道场、合肥新产出两个佛学院来了、扬州佛教会长还有妻妾呢、大严死耗、金山的水产特别兴隆。

（六）文艺

（说明）专刊出家人"日用文件"，但确要有点艺术的文字。

（内容）可分（一）文（传、跋、序、记、塔铭、引疏……）、（二）诗、（三）词、（四）偈、（五）赞、（六）笔记、（七）小说、（八）通信、（九）杂缀，每期视稿件分别定之。

以上六栏，每期皆不可少，每期一张，约登一万余言，能有三四人负选述之责，即可得了。如果照这样办起来，一般僧伽自然高兴阅读，而纵不售报价，亦有人发心捐款了，因其能与僧伽莫大利益故。

一张报纸分成六栏的容量表：

总	篇幅分积	栏别
十分（比）	0.5	杂评
	2.5	论坛
	2.5	演讲
	1.25	常识
	1.25	新闻
	1.25	文艺
	0.75	广告

最后还有一句话要讲明的，就是此刊既专为僧伽编辑的，而编者、作者、记者，都要僧伽一手承当（此意昨信已谈到），方能保持庄严态度，以慈愍和蔼的面目与读者相见。因心发心运动这一回事，丝毫不能带有过激性的，并且要赖得烦，平心静气，一步一步一点一点的指引一般僧伽同人入觉路，绝不是用宣传一种主义的手段能所奏效的。愚见如此，明见以为如何，话说太多了，下次再谈□。

大醒二十晨

（三）

逸雁法师：

久不通音问，殊念念。今读来书，悉大驾已抵沪上，为虚公料理法事，喜极。

虚公年来宏化事业，可以分任而热心从事帮助者，可算无一人（在家众虽多，恐亦没有几个皈命三宝，抑止虚公是出于真心而协助宏化者），今得师勇力合作，将来必获较大之成功，可预卜焉。

虚公因没有帮手，在事业上才不能发展。因为一种事业不得发展，则不得不谋以改弦更张，再作第二事业。因此之故，明明工作上有了成绩可看，依旧是无系统的组织而已。其实，靠一人之精力运动（可以说凡事不得同心同德的帮手，都不成功），于事业方面欲得不东扶西倒，本不可得。今得师料理合作，决能补足前此之失，又可预下。

虚公年来多与在家众接近，而受其赐蒙其化者，亦惟在家众为多耳。醒因望虚公以出家人做出家事，多给出家众一点利益的机会计，乃于秋冬以来，所通信中，辄露斯意。近因闻湘鄂佛寺之变，僧伽之苦，益以注重警训僧众为请。但改善僧制，固非先假报章宣示不可。此类报章，因为专给一般（稍懂佛法与全不认识佛法之僧伽）僧伽所阅读，固又非专谈出家事出家话不可。今拟欲分心证一半而为之，又焉得当。心证是佛化教育社的产物，本旨为对教育界贡献佛化之用（虽未能如实做去，可是要作如是说）。改善僧制，是专为一般僧伽所设施，两两不相关（谈佛法固不以出家在家的界限为拘，谈僧制……不得不作两说），况苟欲唤醒普通僧伽的迷梦。而了解相当佛法并认识潮势逼我等等，又端赖通俗的浅显的文字言语来教化不可。醒以为改造僧制的刊物，实要专发一种报章（地项刊物，直捷了当以"寺院与僧伽"名之最当，或曰"僧伽旬报"……每月如发刊三次，所费亦不过三四十金耳），不知师以为然否，又不知虚公以为然否。

醒素望于师者，既非一二事件，亦非一二纸可能谈了。然在今日惟望师与虚公作长时期的亲近合作，团结一天工作一天，有百分力尽百分力。如此，又岂改善僧制可拭目以望，未来之成功，正无限量焉。

谨祝

努力精猛

大醒顶礼

体参致大醒识

大醒学兄：

现在我要离开学校一年，将要乘足踏车旅行佛□及全印度。并有各地请去参观和谈话。我想先到尼泊尔，而后克什米尔及南印度转回中国西藏。

前寄有一函，大约已到了吧？甚为食卒，均不能详述。再弟旅印三年，平常旅行日记及学校日记，我想请你找一地方印出。若是兄有好见，请通函吉大洪盛公司转弟可也。日记中诸多英文，非得校对正确不可。弟之日记多含风俗地理历史记载，又非有一人能略为增改不行。请速回音，为荷！祝大安学弟体参上于国际大学 。

一九三四年三月一日

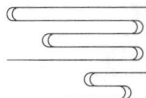

六、高鹤年往来书信

高鹤年致虚云法师书

虚公长者法幢：

昔日江头送别，不觉二十余载，流光之速，真可怖也。天南地北，寒暑攸分，然虽山川阻隔（吾公文祖再来现身说法），如同咫尺间耳。彼时承作《名山游访记序》，嘱与许止老润文，伊将序文改作略记，最为妥当云云，止净就原稿稍稍修成送来，适余出发放粮，伊交弥陀寺工友收藏，及年归来，寻觅多年未见，惭愧无地。今春夏间，工友检出，七零八落，又托吴谷宜老居士整理，今将原稿抄录奉上，另抄一份寄沪，加入《名山游访记》，众友喜欢无量，适值翻印，秋后出书，再为寄奉结缘。吾公高年，慎重法体为宜。专此草草，并颂秋月光辉，世界和平。

惭愧学人高鹤年作礼
1951年农历八月初二日

又者别后二十余年，为护佛法，作有为事，专办救济放赈等事，脑气及目俱伤。近来六七年，息影于姑苏穹窿山寺上，结茅休养，守死而矣。并告。大劫浩浩，人心未转，自作自受，奈何！奈何！

高鹤年致沈心师书

惺寂大士清鉴

一年不面，如隔九秋。我公发心之大，培植性海之中，庄严无量矣。承助贞节道场因各处介绍颇多，故急设法仍向各方劝助，就他处开辟，已有数处。刻下回院，理料打七普利。约于月初来申。欲往他山经冬矣。五台山广济茅蓬之事刻下如何可进行否，苏沪可平静否。谛印二老可来申否大士法体健否。念念示知并颂禅安。

王一老带来之款已代为普结善缘。多数助行道化道者□及。

一九○七年七月十七日信

印光致高鹤年书

一九一三年元宵日信

鹤年高居士慧鉴：昔紫柏大师大悟以后，游历名山，以广见闻。凡中国所有名山圣道场地，无不亲历其境，以其色力强健，日行三百余里故也。后此能若是之游者，未闻其人。近世以来，多有赖佛偷生者。禅教律净，一无事事。惟奔南往北，贩卖零碎东西，以求微利而恣所欲。虽至名山圣道场地，绝无一念惭愧景仰之心。居士即俗修真，随缘进道，执持一句弥陀，当做本命元辰。抱着惭愧二字，以为入圣阶梯。圣地不厌屡登，录其迹以开人耳目。时僧倘一接见，代为语以撑佛门庭。末世之僧，求其如此之真切至诚者，实不多得。况吃得肉已饱，来寻僧说禅之大方家耶！去秋尊驾去后，每念居士为佛门庭，焦劳成疾，不久当至陕西，宴坐于观音降龙之地（南五台大茅篷）都摄六根，净念相继。反念念自性，性成无上道。其为乐也，莫能喻焉。至正月初七得接手教，方知去岁仍复游杭皖等省，欲至北京，以天寒身病而返，居士诚可谓为法忘躯者也。然以光愚见，似乎可以止步休歇矣。纵欲广游，宜以神不须以身。《弥陀》三经，《华严》一部，当作游访路程。宴坐七宝池中，遍游华藏世界，神愈游而身愈健，念愈普而心愈一。其寂也一念不可得，其照也万德本具是足。寂照圆融，真俗不二。十世古今，现于当念。无边刹海，摄归自心。较彼披星戴月，冒雨冲风，临深渊而战兢，履危岩而惊怖者，不啻日劫相倍矣。鄙见如是，不知居士以为何如？又来教云："光阴迅速，胜于瞿塘滟滪之水"，诚然，诚然！古教有云："证无生者，方见刹那"。居士此言，与见刹那相去不远，慰慰贺贺。又谓不慧芜语，为当机之法，一展卷令人如渔父误入桃源等，何失言之甚也？将欲引不慧而进之，则不慧身虽未老，心力早衰，日见其退，寸步难进矣。

又呈示黎公，蒙闵其愚诚，录成备印，益觉惭愧无地耳。果如是，是以腐草投彼宝山，以残羹杂于王膳，黩人耳目，靦我面颜，取憎阅者，有浼法道。又况前三论系开如和尚于前年冬月命作，以供尚贤堂演说之稿。《念佛法门普被三根论》，即于是冬载于彼堂记事，余二篇用与未用，不得而知。若谓文虽鄙拙，意诚可闵。当于前三论，署释开如名。《宗教不宜混滥论》，署释常惭名。印光二字，千祈勿书。又洋纸之害，甚于洪水猛兽，穷国屈民，断灭儒释圣教，其祸无有底极。于初四日已为黎公略言其概，祈居士勿惜慈力，遍与诸居士言之。令立一章程，凡佛祖经论，概勿用此纸印。又须通告各刻经处，令其一体知悉，庶不至以流通而致速灭亡。此不慧痛心疾首，吁诉无门者，今欲以居士为绍介，恳祈诸大居士各各发菩提心，出广长舌，遏此习风，以永法道。谅必闵我愚诚，特为遍告耳。所寄芜语惭报卷藏，送开如和尚。《五十三参图》，以前者引缘师已将彼所受者送之，故送于了一和尚。以居士曾对彼说过，后忘记耳。光之《楞严咒》袋，送与了清师，令其带至广东，以结法缘。余悉照单分送。悟开师于去岁十月二十二日未刻厌世，去时光景，具于黎居士书中，今不详书。长安虽好，诸事艰难，倘无大碍事，当于南方专修净业，护持法道，较比北方事半功倍。何必以衰老之身，强置于困苦之地，然后为道也？肃此，敬请禅安！并贺新喜，不宣。

弟　印光顿首

元宵日

一九一八年正月初九日信

鹤年高居士慧鉴：

阁下去冬来山，令作缘起碑记。光以正在打七，不愿属思，故约于四月间，寄至陕西。今于正月初五，接其手书，知尚在南方，故即集千五百余字，以塞其责。所惜学业肤浅，不能发挥至极耳。又菩萨示迹之记，系光于光绪十一年，住大顶时，每念大士开山，千数百年，了无碑记可考，实为第一憾事。一日至刘村，散步西寺中，见有数碑，皆台山碑，然所说皆不关紧要，不须记录。中有一碑，系一块石板，了无一字。光试取砖磨之，乃元至元七年所立之缘起碑记，以岁经六百余年，被水垢封蔽净尽。遂喜不自胜，录而存之。又告会首刘四，令立碑山上。次年北上红螺，后复南至普陀，每忆此事。至民国三年，定慧师来山，嘱彼抄而寄来，一则欲登佛报，一则欲修《普陀志》时叙其事于中，以示大士寻声救苦之一端。今台殿重新，祈居士印《净土缘起记》时，一并印之，以开发信心。至山，当白修工首人，令其刻碑山上，俾大士一番慈佑，不至久而湮灭。又光所作赞，及赞前小序，一并刻之。茅篷碑，及此碑，具宜字迹粗大，庶易阅，而复能垂久。倘用高大石料，不但费钱，兼难抬运。似宜用两块碑，合在一处，则石料省钱，抬运便当。但取圣迹昭著，不计样子好看。宜以光意，告与首人。又印时，必须仔细校对，勿令错讹增减。又须圈明句读，以便观览。否则学业肤浅者，便难领会矣。印出，须寄几张于光，以作纪念。并候禅安！不备

《无门洞决疑》，《摄身岩辨讹》，另书一纸。

弟　印光顿首
正月初九日

一九一九年十月十五日信

高居士慧鉴前次两至上海，皆蒙照应，不胜感愧。兹接来示，如见其面，欣慰无似。知居士志期利人，不以劳苦为念，故致三尊加被，身心常得宴然安乐也。光于阁下去之日，会了余和尚及陈锡周，言章嘉不日来山，恐山上无知之僧，照常化小缘，致失体统，着光即速回山，预为主人交代。以故宁波、观宗皆未去。九月初八日到山，是日颇有风浪，光晕叶受风，十余日甚不安适，过此仍复如常。闻欲往鸡足，窃谓不须远去，但取可安身处，随缘念佛即已。鸡足之行，若在海道，则颇费钱财；若在陆道，则苦不堪言，何如倒却门前刹竿，随时随处与迦叶尊者晤对之为愈乎？惜有限之精神，办末后之事业，其老年人之第一要紧著子也。顺候

禅安！

弟　印光顿首
十月十五

一九二一年六月十二日信

鹤年居士慧鉴：

昨接手书，欣慰无似。光意中途或有阻碍，而居士一向意之所企，勇往直前，了无挂碍，一则心力不可思议，一则吉人天相，自可无往不利矣。羡甚！任心白居士亦有信来，言一月半后定可出书。光处一百廿部尽够用了，不必续请。扬州之行当在七月中旬，以"刻藏缘起"尚未刻成，

此书一成，即可去彼料理刷印矣。然此只五十几张书，系明书册藏之募缘序，原文十八篇，光又将紫柏大师最初发起之文补刻之，共二篇。何以原文无最初发起之文？以此文中有世道变乱之语，恐国家见恶，故不录耳。今则隔世，了无妨碍矣。天台为智者宏法道场，其山常有罗汉住止。光以色力羸，不能一去巡礼，愧何如之？《文钞》收据已收到，勿念。书此，顺候禅安！并祈于

慧净大和尚前斥名问安！

莲友　印光顿首
六月十二

虚云致高鹤年书

一九一九年一月念七号信

鹤年老居士惠鉴：

自违隽来，瞬已数旬，每一兴怀，弥增怅惘，遥维禅帏延禧，经坛集庆，空明无碍，声望咸孚。云返山后，寺中一切均托平安，祈勿远念。若赈灾事毕，即望大驾早临，以光寒山。此山风境，真堪落情，境界奇特，更臻佛性。作序一事，昨已交与狄君楚清（青）转陈，未审，收到否？外作《云移石俚句》《鸡山八景句》各一首，请附于后是荷。如杰作出版后，请赐数册，以资研究。谨候教言，聊申芜笺，伏希哂鉴。

敬颂修安！

并询　谭第吉祥！

虚云合十
一月念七号

一九二一年三月二十日信

鹤年老居士法鉴：

前上书收到否？近日道体安适，定如所颂。敬启者，云栖佛像，残局难收，虽承老居士各处游扬，终未填满漏壑。今拟夏四月赴香港一行，又以人情生疏，愿公不遗故人，助我帆。俗云："不看僧面看佛面"，正是此也。

专候石鼓，立望赐驾。肃此。

　　敬请

　　道安!

虚云 合十

三月廿日

《游山记》出版，请赐几份。

一九三一年正月二十八日信

鹤年老居士慧察：

　　《名山游访记》序言勉成寄上，不卜收到否。倘若出版，尚祈赐寄几部，使未参访者精神游历，已到过者重得骋怀，知居士之为道游山，不似吾徒扩大眼界而已，望之，望之。鼓山自腊正两月大起反对，后经省府杨主席捐洋数千元，将五十元所买之知客完全退去后，所有规模一律仿照金山、高旻禅堂长香，居然得利益者为数不少。老居士若有闲暇无妨光临指导，俾大众素日仰慕者得瞻风采，知今世有厌傅在焉。率憶走笔。便叩

　　道安!

虚云 槃谭

正月二十八日

闲复致高鹤年书

一九一八年三月二十八日信

鹤年居士慧鉴：

　　读大教，领悉灾黎苦况，不胜涕泗。莫道无财赈恤，即有财亦不易也。居士真维摩再世，菩萨发心，何幸如之。山野拟于四月十外即可到京矣。请于事讫后，京中把臂雄谈，敬聆教益。先此。候安!

　　冶公处乞代为致意。

闲 复

三月廿八日

复终南山茅篷高鹤年居士书

鹤年居士慧鉴：

数月不见，心茅从生。忽奉手教，读之，知君初夏入清凉境，今抵终南。言及此回入山，拙守枯崖，而反不如前云。居士厌器求静，冷坐孤峰，果能时时反观其心，刻刻无有住著，念念融通，才得相应，一念不生，前后际断，动静无不了然，语默自得无碍。起信论云："若心驰散，即当摄来。住于正念，即复此心。"如其广求知解见闻，塞自悟门，不但不得真实受用，亦不能直下透脱。此行问水寻山，岭头高卧，谅必有好消息，亦不辜负一番辛苦，那时请来吃老朽一棒。秋间华严大教期开，亦赖我居士伸一只手，扶起刹杆，请即出山，图报佛恩，此莫大之功德，老人大有望于居士也。古云：大隐居市，小隐居山。二利之功，一收两得，何勿思之甚也。顺请

道安！

老朽闲复

1925年乙丑七月十七日

谛闲致高鹤年书

鹤年大居士慧照：

自沪一别，忽忽两月矣，企望殷，言不能喻。顷读手谕得悉，驻足云台，起居安隐，以欣以慰。前接江来函，无由奉复，并无有何人从我出家。即观宗时有信札往来，总未曾有言到人投出家之事。禅长老自二月间出往北京，至今亦未见有返甬消息。此间经期已订于八月八日告圆，初十已可旋沪，届时请于海上握手雄谈也。今番芜地各界，乞办盂兰盆会，见者数万人众，莫不信仰称叹，亦末法之胜缘耳！肃复。并候

秋安！

老朽谛闲 谨复

七月十七日

卓三闲致高鹤年书

高大居士鉴：

自请假至杭，次日赴昭庆经房曾将原单校就现已所有之经书，结价已有九十余元。尚有未印之书数部，已订约在，最早必在四月二十日方能出书，言明价目，照码九折。窃详该经房诸办事人，均各厚实，将来所有往来交易，但由信局通情，定卜无误。昨日由杭旋沪，当在一句余钟就道，路经有正书局，即将原单发票二纸，递交吕先生转呈鉴核查照。所请现成之经，谅在即日可到。老僧行色匆匆，不遑觐面销差，兹备函呈鉴，犹如面谈。并请

道安！

老朽卓三闲 上言
廿八日

宗仰致高鹤年书

鹤年居士道鉴：

目前曾快邮燕台旅馆，请购梅檀佛像拓本，业已觅得，可无烦惠寄也。顷奉手书，借悉赈事进行顺遂，得曹君等妥善办理，无任忻慰。惟地广灾重，调查施放，谅多困难，本获诸君子不辞劳瘁，勇于为善，实我教之本，亦流民之福也。承示事毕即拟入陕，不再南旋，惟陕地兵荒扰扰，道路不靖，还宜访问详确，审慎进止，可行则行，否则尚望回南度夏，千万不可冒险遄征，是所至祷。此复即颂

旅安！冶老人及诸上人善士均为致意候。前承惠寄一亭先生所绘流民图一册，谢谢。

宗仰合十

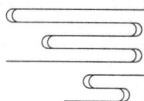

七、郭介梅往来书信

郭介梅上朱子桥[①]将军书

予老夫子大人膝下今春弟子在东海灌云查赈闻。驾到盐垣有关恭欢恨奚似厦门郑雨苍萨镇冰诸公发起中国崇俭赈灾会亦为办理义赈救济贫命而设附呈简章一份敬祈。誊核参加籍资提、倡不胜荣幸事关善举科亦。夫子所乐许也肃此敬请。教安。

盐城郭介梅居士来函

其昌大德居士净鉴，承赐救苦丹，分赠疾苦。叩感莫名，贵会救人济世功德无量，弟必设法赞助。尽人道之职也。中国崇俭赈灾会，原系弟兴邓雨苍居士（日本法大毕业曾任高等法院法官推事等职）等拟办。因在厦门偏于一隅，做事殊多不便，上海为中国驰名地点，迁至贵会，如其有人入会，会费可以提一半充佛化医院经费，或报纸印刷费，该会自草拟章程以来，今甫一年，今春曾公筹六千元，赈济灌云县水灾，公推弟前往主持查放，有县府印收为凭，因未立案暂推萨镇冰将军（曾任海军总长及上将）邓雨苍聂云台居士，为临时委员长，会址暂设厦门宏善书局，必待立案正式成立后，方可广集会员，劝人入会。各项职务，必待立案后始可选举。（三十人以上方合组织法）所以创设此会者，因受各赈务机关聘请，到各处放赈。弟从不用公家一文，而其他办赈务者，每月必有津贴，且视不拿钱之人为愚汉也，不思人家每月不取津贴，节省此费，又可救活多少灾民，因此不愿与彼等同类，拟创赈灾会专求不用公家钱同志，做此救人工作也，倘不能成立，弟拟改为中国临时赈灾会，或中国临时义振会名义，设在尊处，专选热心振务同志为委员，并不征求会员，亦不立案。凡有办振事，弟处将稿拟好，寄至尊处盖

---

① 朱庆澜（1874—1941）字子桥、子樵、紫桥。原籍浙江绍兴，生于山东历城（今山东济南市历城区）。庆澜6岁丧父，14岁丧母，自幼孤贫力学。19岁到东三省从军，在编练新军、保卫海疆方面屡建功勋。后任川军第三十三混成旅协统、第十七镇统制、四川省大汉军政府副都督、黑龙江省护军使兼民政长、广东省省长。后朱子桥梅悟参禅，皈依印光大师，从一位将军转变为发菩提心的慈善家。他也确实为多灾多难的中国救灾事业和佛教事业做出了巨大的贡献。

一钤记，请县保护，亦无不可，义振系私人助款，不应受官厅鉴定，以之装裱成轴，悬诸佛堂净室，足以增进道念，并可为不知净土者讲解，俾其易于领悟记忆，故具自他两利大心之士，自备送人，功德无量。

——大生书局谨启

叶恭绰复郭介梅先生书

奉示并鸿嗷大稿，浏览之余，弥深钦仰！由来倡明道统，劝勉痴愚之作，盖亦多矣。从未有如足下所著之大声疾呼，当头棒喝者。纵极顽昧之辈，苟能阅之，无不惊心动魄，悚然惕然也。此书出版，可谓灾黎救星！承嘱为序，勉应雅命。兹以书就，深愧不文，未足以阐发鸿著之精蕴，尚希惠□是幸！

叶恭绰（1881－1968），字裕甫（玉甫、玉虎、玉父），号遐庵，晚年别署矩园，室名"宣室"。广东广州府番禺县人，祖籍浙江余姚，早年毕业于京师大学堂仕学馆；后留学日本，加入孙中山领导的同盟会。叶恭绰曾任北洋政府交通总长、孙中山广州国民政府财政部长、南京国民政府铁道部长。1927年出任北京大学国学馆馆长。中华人民共和国成立后，曾任中央文史馆副馆长，第二届中国政协常委。

八、其他部分书信选

妙真致金山太沧和尚书

太沧方丈有道，音书间阔，寒暑迭更，嗟我怀人，时劳梦想！顷阅四月七日报章，惊悉宝刹，惨遭回禄，损失颇钜。座下此时亦欲葬身火窟，愿与寺同其存亡，嗟乎悲愿，噩耗传来，敝寺同伦，胥深扼腕，痛如椎心，感佩之余，继之以涕泪。慨末法乾坤，江河日下，五台既成劫尘，金山又化灰烬，虽成住坏空，一期无常，而生相未泯，岂能亡情？弟为世哭！为法哭！为众生哭！为僧伦哭！因缘如此，谓之何哉？临风北望，不尽欲言，为此代表敝寺僧众，除先飞函慰问外，弟拟摒挡琐事，三五日内，即恭赴宝山凭吊劫场，并倾积愫，专先奉慰，敬请法安！

弟妙真和尚八月四日

寂然致拉贝：《以人类的名义致所有与此有关的人》①

至此，我们向您简要汇报该地的情况及本寺庙所遇到的骚扰。

南京沦陷以来，每天都有数百人逃至我庙寻求保护，要求安置。我写此信的时候，寺庙里已聚集了2.04万人，大部分为妇女和儿童，男人们几乎都被枪杀或被掳去为日本士兵当苦力。

下面，我们扼要地列出日本士兵自今年1月4日以来所犯下的罪行：

1月4日：一辆载着日本士兵的卡车驶来，他们掠走了9头牛，并勒令中国人为其宰杀，以便把牛肉运走。与此同时，他们放火焚烧邻近的房屋以消磨时光。

1月6日：从河上来了很多日本士兵，他们抢走了难民的1头毛驴，并抢走了18个铺盖卷。

1月7日：日本士兵强奸了一位妇女和一个年仅14岁的少女，抢走了5个铺盖卷。

1月8日和9日：有6位妇女被日本士兵强奸。他们像往常一样闯进寺庙，寻找最年轻的姑娘，用刺刀威逼她们就范。

1月11日：有4名妇女被强奸。喝得酩酊大醉的日本士兵在寺庙内胡作非为，他们举枪乱射，击伤多人，并损坏房屋。

1月13日：又来了许多日本士兵，他们四处搜寻并掠走大量粮食，强奸了一位妇女及其女儿，然后扬长而去。

1月15日：许多日本士兵蜂拥而来，把所有年轻妇女赶在一起，从中挑出10人，在寺庙大厅对她们大肆奸淫。一个烂醉如泥的士兵晚些时候才到，他冲入房间要喝酒、要女人。酒是给他了，但是拒绝给他女人。他怒火冲天，持枪疯狂四射，杀害了2个男孩后扬长而去。在回到火车站的路上，他又闯进马路的一间房子，杀害了一位农民70岁的妻子，牵走了1头毛驴，然后纵火把房屋烧了。

1月16日：继续抢劫、奸淫。

1月18日：盗走了3头毛驴。

1月19日：日本士兵大闹寺庙，砸坏门窗和家具，掠走7头毛驴。

---

① 寂然法师记录下日军在栖霞寺内犯下的滔天罪行，他将这份有万余难民签名的"万民书"，由国际和平人士京特翻译、丹麦工程师辛德贝格转交时任南京安全区国际委员会主席的拉贝先生的手中，成为揭露日军在南京所犯罪行的铁证。

大约在1月20日，开来了一支新的队伍，换下栖霞山火车站的岗哨。新来部队的指挥官是个少尉，他心地较好，自他来后，形势明显好转。他在寺庙内设了一个岗，哨兵努力把专来捣乱、偷窃和抢女人的士兵拒之于寺庙大门之外。因此，我们害怕，一旦这位少尉撤离此地被派往别处，原来可怕的情景会重新出现。所以，我们请求你们，不管是谁，只要能帮助我们阻止重现这种惨无人道的残暴行径即可。安置在我们这儿的难民百分之八十已失去了一切，他们的房屋被毁，牲口被杀，钱财被抢。此外，许多妇女失去了丈夫，孩子没有了父亲，大部分年轻男子遭到日本士兵的杀害，另一部分则伤的伤，病的病，躺在这里缺衣少药，谁也不敢上街，害怕被杀害，而我们还只剩下少量的粮食储备。我们的农民既无水牛又无稻种，怎能春耕播种呢？

在此，我们所有签名者再次恳请您的帮助。

栖霞山寺庙

1938年1月25日

第三节 游 记

山中归来略记

高鹤年

民国十年春，自滇粤归，祭扫祖墓。因基地清幽，欲设妇女净土安老院，倡办各种慈善事业，奈心余力绌，只能静待机会，留与智氏守墓。不期李长者柏农，（关中人，民元，任广东中山县长）跟踪访道而来，一见相契，三生之约，于此发现。伊云：我等宣海余生，回潮从前，无心之罪难免，今为忏悔起见，拟在苏杭等地，设立道场，纠正佛教习弊，挽回世道人心。余示以前意，公劝立办，与简照南、简玉阶、沈惺叔、王一亭诸公，出资以助，建筑该院大殿及两厢楼。未几经济告竭，余素不肯向人开口，更不愿沿门托钵，为难之际，忽得黄涵之、聂云台、赵云韶、关絅之、魏梅荪诸公，集资来助，工程因而成其大半。旋以江浙战起，绝难继续，又得缘人李公再来，复与简、沈诸公等，续发大愿，完成九仞之功，三年告竣。手订章程，经印光闲二法师，及诸大明公核定，各省来学者颇众。朝暮功课，研经静修，祈祷和平，干戈水息，风调雨顺，上报四恩，下济三苦。夏施良药，冬办粥振寒衣，并其他种种慈善。

十五年，九华山度夏。冬季倡办粥赈，以济难民。

十六年春，南军北伐，我院设立妇孺收容所，数次收容本市妇孺，客舟妇孺，及外方眷属等千余人，日供食宿，不募分文并助本市红十字会、商会款粮。市上昼夜不安，被劫多次，我院幸免。是冬乡间植树数千株，无人卫护，奈何奈何。

七年春，卤蝗旱灾，沈公惺叔助洋。江苏义赈会，朱仲坚先生，查放刘庄、白驹、戴窑、安丰各圩，以救难民，费用及不足之处，由我院负担。并开坝车水，救济数百家之饮料。

十八年夏，大旱，冬初，与兴化石金声王某二公，往申乞赈，义会筹款困难，奔走月余始定。回时适逢天寒地冻，陆行于冰天雪地之申。际此残冬，借款补助刘白戴安四镇粥厂。

十九年，春荒紧逼，大赈缓不济急，非独自担当，不能急救燃眉，于是设法抵押款项，于古历正月初，成立刘庄粥厂，并邀请诸上善友相助，设救命团。不分日夜，各处借款，增设白驹、安丰、戴窑三厂。时兴化振会，嘱往沪乞振，归来视察，各乡时值青黄不接，灾民奄奄一息，而明抢暗劫，尤有朝不保暮之势，心中念念不安。义赈会因筹款困难，不能按期开查，余在舟中，彻夜焦思，如待大赈之来，则遍地生命多填沟壑，考虑之下，非多办粥厂，不能渡此危急关头。无奈点金乏术，只有舍命救命之法，舍我一命，而能救千万之命。宗旨既定，随发电至简玉阶、上保叔、聂云台、李柏农诸公，悬借万元急款，汇东台转刘庄以便增加粥厂。当承陈叔仁、刘少轩等诸公，借助款项，又邀诸友相助，在永丰圩、合塔圩、下圩、中圩、老圩、大团、邹庄，东台属西团、草堰，盐城属曹家庙、东冈等十四处各设粥厂一所，由余担负粮款全责，各厂查察。每数日，一往城中借款办，维持各厂现状。后因流亡续归，饥民日众，大有难乎为继之势，当此精疲力竭，千钧一发，设法无门，是夜由大邹庄粥厂往，忽来盗船数只，电光灼灼，喝阻余船，舟子噤不能言，余即至舱口，说明事由，匪徒感未阻扰。天明赶至城中，时有七厂粮船，停泊码头，待余发粮，余嘱各船稍迟听信，心则默持救苦救难观音圣号，直向莲池庵走去，拟入莲池舍命，舍我一命，才能救数十万人命，只有瓮中捕鳖之法。不料行至南城根，突遇赈务分会，差号来，告以海沈握叔居士，汇来六千元，助办粥厂，余闻奇，查义赈会来款，向汇兴化，至于余借之款，概汇东台，而今日误汇兴化，蒙佛悲悯众生，如昔日救济山西旱灾，丙午徐准海水灾，民六京津大水，民八湘南兵劫，只要肯发愿牺牲，其中自有感应，因缘奇巧，不可思议。于是维持各厂至小满义会大振亦来，麦亦可收，余愿亦偿，体气大伤、范堤改筑省道，刘、白、草各善堂，热心拾骨施材，我救命团在沿堤造骨塔十一座，名曰万灵塔，南至东台丁溪，北至盐属卞仓。又于刘庄北郊购地，迁坟三百余所。是秋大乱，市无行人，我院收容之妇孺，竟安然无事，托佛庇佑也。冬天助办粥厂数处。斗龙港渡舟破沉，溺死三命，余闻，造船送去，此渡是大丰至刘之冬天助办粥厂数处。斗龙港渡舟破沉，溺死三命，余闻，造船送去，此渡是大丰至刘之要道。

二十年春，堤东十三灶旱荒，曾设立粥厂二处，事后结束，所借数万余元，即用安老院中各人自备口粮之基金，填还上项欠款。救命团征信录出版，余脑气大伤，精神疲惫，拟反终南，旋以沪友邀往莫干山静室，修养旬余，又接王一老电召，以江北洪水为灾，嘱即到沪，相助水灾义振。余夏赶归，催加各圩堤岸，不料运提崩溃二十余处，洪水漫下，大地陆沉，刘、白诸上善友来商，仍设救命团，并设救生会十余处，立即雇舟四出救护，少壮者送往高地，老弱者带回收容。并请周楚白、杨纪云、朱勉之、柏维翰、王兆斌、束天照诸兄，携款往安丰、戴审、永丰圩、邹庄、中堡、竹横等处视察灾情，助办救生会，设收容所六处，老弱妇孺颇众。诸友见义勇为，余亦雇舟往来于洪涛骇浪之中，四处挪借款项，暂救眉急。又设耕牛收容所。后幸得各地义会、当局，先后拨款来兴救济。义赈会嘱往大丰视察，开口出水，与民众合作互助，利益极大。将我救命团所办各处难民收容所，移交义会接办，度过寒冬。

二十一年春，沪战发生，义会无法顾及江北春荒，近城有华洋义赈会，余等遂设粥厂救济。沈静庭君交来顾加才君募洋四千六百元，办玉米相助，后得国家救济会发麦来赈济。事后我团助修各圩堤，及冲破圩口。冬仍办粥厂数处。义赈会诸上善人，助院二千余元，移建刘庄北大桥，我院担任完成，朱智氏诸公相助。

二十二年，各圩桥被水冲去，助地方重建。又结束各粥厂。征信录出版，蒙沈惺叔诸公，捐助舟资数千元。凡遇旱年，我院开沟车水，接济民众饮料。

二十三年，江南旱灾，赤地千里，王公嘱余往灾区探查赈会册，请各粥厂热心普友一体劝募，得五千余元，内有三百余元，城乡诸公欲代余勒石纪念，

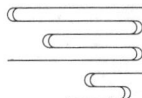

余亦交会，改作救灾之用。我完时设手工厂，并在乡间办农林试验场。

二十四年秋，江河泛滥，数省水灾，上海筹募各省水灾义振会，又相助，老友嘱往河南、苏北视察，蒙陈叔仁、刘少轩、陈步、徐沐三诸兄，募得数千余元送会，指赈陕、豫、扬州西山等处。

二十五年，川陕豫甘等省，旱荒奇重，上海慈善团体联合救灾册寄来，余于冬春，自备川资，灾地奔走，将善友助院口粮转会，指赈川灾。

二十六年，春夏间，川豫灾重，上海各慈善会，均嘱劝募，承兴化商会诸君捐助，直汇上海王一亭先生收。秋冬江南各埠，逃来兴化难民最多，诸友助二百余元，送交兴化难民救济会。刘庄亦有少数难民，沈静庭诸君，筹募收容，我院亦补助籼稻二十石。隆冬远来难友，我院给寒衣川资等费，聊尽寸心。

二十七年春，时局紧张，本市作战场，居民逃散，其老弱贫皆有愿舍命而不愿舍家者，坐以待毙，余心不忍，乃放零星小振，救其燃眉。后伪机轰炸，继以火烧，百余家尽成焦土，我院自春至秋，明放暗施，并借款放稻麦糁米等急救。然后省亦放麦。秋天黄水下注，尽成泽国，余往外设法，适逢苏沪各地兵劫之后，修状光基，省助三千元，兴化难民救济会三千元，会合查放，我院亦与善友凑集千余元，救济滑堤贫民搭篷之资。水灾最重者，十三灶、南北洼等处，余复多方奔走，设法倡办粥厂二十余处。后承上海慈善会，红会黄涵之等公，捐助一千元，是时金石朱诸公，沿堤监放兵灾赈款，筹助三千余元，补助各厂。

二十八年一月，余与各厂主任，到域领粮，适值时局紧张，而各粮船幸均安然而返。二三月间，局势仍然严重，范堤一带军队林立。各处交通，均告断绝，灾民嗷嗷待哺，故积极挪借根款，专救重灾，各厂改放干粮。四月间，苏北国际救济会，及范师，拨助粥振四千元，归来，顺道白驹，市民逃散，访请杨培之、周楚白先生，借粮急救，并商以工代赈，浚南注河，以资补救。并往十三灶、南北洼视察，难民无力布种者，遍地皆是，即办玉米芦秫等种粮施放。五月外国华灾会，嘱代查放各厂粥赈，计四千九百七十三元，顾公及诸君热心，商请开浚新沟河，并筑堤修往大丰之路，亦系以工代振。夏令各灾区时疫流行，我院复备药水丸药等十余种，施送各乡。省府为防黄害，通令各处做圩，贫民无力工作者，余拨玉米九十七石，各圩查放。顾叶二公捐洋三千元，指赈十三灶，及北洼灾区。聂云老二千四百元，指赈重灾之地。以上各赈，均值秋禾未获，急要接济。华洋义赈会二千元，自放五百元赈教友，另一千五百元，嘱振十三灶。斗龙港西岸，其时秋收将届，查放更难，乃设法预放，以工代赈，改作没河筑堤之用，乡老王仙舟、韦秀庆、朱子祥诸君领导办理。十冬月间，贫民贷款所，我院与地方合办。各厂账目，汇编正信录，并登新申报，公布报销，净欠二千余元，由我院负担。各粥厂自捐之款颇巨，不在此内。若非各会诸公慈悲，源源接济，及诸善友努力相助，余一人实无能为也。

二十九年春，时局仍然不靖，单周诸君，关怀灾民疾苦，输送款稻，指振刘白，嗣又久旱不雨，河水枯涸，湖荡可以陆行，饮料缺乏，余又设法车水款济。秧菌全然死尽，赤地于里。入冬后，不忍坐视，借款买胡萝卜，冬春施放，暂救眉急，并零星接济寒衣等事。后承社刘徐诸君代为垫还，不敷之处，仍由我院负担，另印有水旱赈灾征信录，各册记详。

一九四一年，春荒紧逼，青黄不接，灾民嗷嗷待哺，施放芋米两次，粥少人多，难以普济，尽心而已。王屠士来院，提倡纺织工艺种植田园等事。秋间余与地方诸公，扩充因利堂，建筑贫民小工厂，收容贫民，学习芦席斗篷等轻便工艺，亏欠万余元，概由我院担任，借贷偿还。冬间又与诸公兴办粥厂，送寒衣。余由山中归来，创办妇女安老院，已二十余载，叠遇水旱卤蝗刀兵等灾，不能坐视，设法救济，故将院中各人自备养老国粮之基金用去，又将院众衣棺零用等资数千元用尽，仍欠万余元。

一九四二年春，新建之屋，筹办贫女纺织所，附设图书馆阅书室，所用器具杂物，皆由我院供给。未久纺织所为汪伪军住。工作停辍，适值青黄不接之秋，仍由我院勉力设法，施放胡罗卜野芋等物救济。

一九四三、一九四四年，仍旧照例，在沦陷区每年春放小赈，夏施良药，冬赈棉衣，开办粥厂等事。

一九四六年，余南来，经过七县边境，沿海淤滩上行，见所有垦植公司大都未成。政府如能重视，实行筑堤，开垦种植，数年后，产量伟大，国富民丰，永享安乐矣。陆行十数日，转至苏州山中，小修养。后闻解放军纪律严明，行平等法，维护我乡妇女净土安老工艺院，片瓦未动，树木如旧。院中除先后散去二十余众，仍有老弱贫苦三十余人，承地方民主政府怜悯指导，努力作织工，勉渡生活而外，尚能朝容功课，祈祷和平。余早欲入山，未能如愿，近数年来，与院不通消息，隔断一切麻烦，大好机口。不了而了，还我本来面目，仍是野鹤闲云。余年近八旬，风烛残年，老病龙钟，朝难保夕，营日舍命尚能救命，今则牺牲不能救生。我院成立，并非沿门托钵，概由善友发愿相助，及住众工资集合而成。此后仍望地方父老兄弟姊

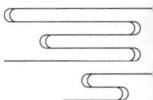

妹，仁德指导，酌量维护，则老弱贫苦，受惠多矣。

一九四八年年冬云溪高鹤年记于苏州香山草庵观音崖

行脚住山略记①

真为生死大事者，先须行脚，参访真善知识，入正知见，诸缘放下，磨炼身心，以诚治妄，反妄归真，受饥寒，冒风雪，而涤洗累生罪业，朝暮至诚忏悔宿障，不被境缘所夺，不为诸魔所动，纤尘不染，万虑俱润，日久月深，得有主宰。参学事毕，方可住山，结茅于深谷之中，清风作伴；经行于云霞之间，松月为邻。种芋菜，觅野果而修真心，抛弃名闻利养，舍却贪瞋痴爱，成就善根因缘，自然心开意解，彻底澄清，云散山头月，春来谷花香，万里晴空，千江月印，淡泊而度岁月，忏悔以报四恩。上求下化，普利群生，不为自己求安乐，但愿救护诸众生。余于清光绪间，在关中终南山嘉午后谷结茅，横竖丈二，碎石砌床，石片为桌，石块作凳，小锅一只，余无他物。山中泉水稀少，自围水塘，天旱无水，下山一二里许，汲水于羊肠鸟道间，不易行也。每日食用水二大碗。南五台大茅蓬无泉，用石池蓄水，余加水塘，三十个工开深，仍无水。山无泥，皆是碎石子无润泽气，所以种芋菜不易成功，而野兽颇多，非揪响器不能保护，故此深山穷谷僧道隐居者约数十人，近闻已有百余人，若国家于是山造林，须禁止乡人无人家，修行住洞山居亦不多见。秦岭八百里，放火烧山，日久林深，则有水利。余今年逾八十，回首前尘，刹那之间，数十载矣！近二十余年来，专忙各省水旱等灾，救济工作，苏北最多。嗣后云水南来，至苏州与灵岩妙真和尚合办救济须忙半载。结束后权借香山草庵经过夏冬。春来假考窿山寺楞严台度夏，时有马云程诸君访道来山，见余房间上漏下破，乃与步云和尚商议，由寺方出地基，居士出工料等费，在寺后山上建小茅蓬一所，与余修养。建筑事承步云和尚一手经理，出入指导，黄志道司账，工竣计费用值大米七十石，后由马云程、卢象三、陶德乾、陈子珍、盛君寿、奚祝升、王心海、沈松岩等诸君筹补填还寺中。工程建筑方半，茅蓬墙后四五尺许正对厨门数步，掘得甘泉，味厚而美，泉有五眼，吴济时先生题名鹤来泉，此系吾佛加被，否则数

---

① 高鹤年居士年轻时就立志行脚天涯，遍访名山大德，在此后的几十年间，高鹤年的足迹遍及全国大部分省市，并将所见所感记录下来，在报刊上发表，后编成《名山游访记》。

百步外取水，行步崎岖，若非此泉，难以久居。忆余昔在终南结茅多处，皆苦无水，今得此泉，因缘奇巧，不易逢也！雨大之时，泉流成瀑布，响声震山谷，瀑布数叠，如白龙出水，雄势奇观，余进入茅篷搬柴运水，自烧粥饭，洗扫杂务，皆自劳动。二时功课，祈祷和平，时时检点，刻刻照察，自愧老病无能，岂敢多贪享受，谚云：享受多折福，多贪多得祸。余栖迟体下，白首无知，禅余偶成偈语如下，以告有缘：林间小茅篷，四面皆是山。日月弹指过，白云去又还。独坐松岩上，妙境现前来。泉流观水意，谁是知音者？噫！松竹岩前苦行事，世上能几人知？

癸巳春终南侍者高鹤年谨记

《名山游访记》节选
第一篇 九华山黄山天竺山

清光绪六年庚寅。由南京出南门，二里，雨花台，即二祖神光说法雨花始现与初祖相见处（金陵胜境古迹，详见后篇）。路中与何善士语云，得人善言，如获金珠宝玉。见人善言，美于诗文章。听人善言，乐于钟鼓琴瑟。五里，三界寺、铜佛头、四面像。二十七里，牛首山、普觉寺。有辟支塔、观音石、甘露泉等胜。下坡，又上十里，献花岩、花岩寺，融祖禅师跌坐天女献花之地。有神蛇塔，老虎洞。三里，幽栖寺、祖师洞，四祖访融祖之处，洞中所书佛字犹存。洗钵泉。何公云，与好人同居，如入兰之室，久而不闻其香，即与之化矣。与不善同居，如入鲍鱼之肆，久而不闻其臭，亦与之化矣。次早，各别而行。出大山门，三十里，江陵镇。六十里，采石镇。三十里，太平府当涂县。六十里，芜湖县。五十里，南陵县。五十里，五显庙。五十里，黄荆塔。六十里，青阳。长江两岸，有多数破圩，皆未修理，产量收获减少，则贫民日多，苦矣。四十里，九华山脚，二圣殿。客谈，时行方便，广作阴功。又一客言，病从口入，祸从口出。上山七里，甘露寺，一天门。二里，半霄亭，龙池庵。二里，二天门。三里，望江亭。四里，三天门。五里，经太白堂，九华塔前街，化城寺。左右寺庵林立。藏经阁请印，看菩萨鞋帽等件。三里，直上，地藏菩萨真身塔。礼塔僧俗人多，皆是虔心敬礼，有念地藏王菩萨，有念阿弥陀佛，等等不同，听人发心。五里，东岩，地藏菩萨结茅处。二里，观音峰，百岁宫。五里，老虎洞。仍回塔前街宿。三里，回香阁。经闵园，陡上小天台，过德云庵。五里，长生洞。与昌师同行。师言，我昔所造诸恶业，皆由无始贪瞋痴，从身语意之所生，一切我今皆忏悔。一里许，朝阳洞。二里，吊桥。一里许，观音峰。一里，拜经台，红须子罗汉重兴。昌师留住。师开示十者回向，各种发愿文。有猿猴至厨窗要饭吃，争食相打，虽可笑，亦可悯也。次朝，师送三里，至小天台顶，捧日亭，余室被焚。下看三十六峰，师指云，正南半天之中，即是黄山。此处东去罗汉墩，再上日照茅篷。天台后山，有庙四处。下坡五里，黄幽溪，五里亭。陡下。三十里，羊肠鸟道、沿途山岗坡底，亦能开垦农场，种植森林，自然民丰国富。途中无人，崎岖难行。毛草中野兽颇多，幸昌师与我毛竹筒，闻响即逃。坡底，陵阳镇。四十里，铜官寺。琉璃岭，宿。七里，石埭县。时有张公同路，谈孔子三图计，一身之计在于勤，一年之计在于春，一日之计在于寅。二十里，观音桥。十五里，望岩岭，甘棠镇。二十五里，黄山脚庵，住。十五里，上山，经芙蓉岭，松谷庵。主人开示，但得心头无我相，于中幻迹亦消磨，休于格外求奇特，求得玄机也是魔。山中幽秀非常，无心观看。十五里，狮子峰，有林，住二老僧有道，开示裴相国送子出家故事。有诗云，江南江北鹧鸪啼，送子忙忙出虎溪，行到水穷山尽处，自然得个转身时。又诗云，含悲送子入空门，朝夕应当种善根，身眼莫随财色染，道心须向岁寒存，看经念佛依师教，苦志明心报四恩，他日忽然成大器，人间天上独称尊。留住数日。三十里，经天海，莲花峰，阎王壁，至文殊院。圆老上人开示云，念身不求无病，身无病则贪欲易生。处世不求无难，事无难则骄奢必起。亦住数天。下山，经天都峰，此处产云雾茶，万年松。过天门坎、莲花洞、小心坡、仙度桥、一线天、石崖，回途胜迹颇多。三十里，宋砂庵，即慈光寺。主人出外，净师代理。所示，面上无瞋是供养，口里无出瞋妙香，心上无瞋无价宝，不断不灭是真常。三里许，温泉，朱砂水一浴，仍回慈光住。次早，再浴，出山，七里，汤口。七十里，屯7溪，塔船，沿途滩河，龙飞凤舞入钱塘，石峰如削，石子如星，行舟危险非常。同舟汪君，朝白岳来，言，伤人之语，痛如刀刺，刀疮易好，恶语难消，口是伤人斧，言是割舌刀，闭口深藏舌，安身处处牢。经过云头潭，慈滩。舟中许善士谈古语云，鸟穷则啄，兽穷则攫，人穷则诈，马穷则跌，着意栽花花不发，无心插柳柳成阴。经淳安县、遂安港、过瓦窑、倒插潭，抵严州府建德县。许君又谈，清贫常乐，浊富多忧，作恶祸生，烦恼病生，良田万顷，不如薄艺随身。经横港，钓台，桐庐县，新城港，过富阳县，鱼浦口，六和塔，抵杭州钱塘江。自徽至杭，两岸江滨，有许多地方，可以筑堤蓄水种田，增加莫大生产，乡村自然丰富，人民就可安乐也。上岸，大码头。经梵天寺、万松岭，净慈寺济祖应化之地。经石屋洞、济祖塔、虎跑泉、理安寺，走烟霞洞、龙井、法相寺，至天竺山。所有三山圣境古迹，岩洞胜景，庵官寺院，详载后篇复游中，兹不多述。

第二篇 泰山北京西山五台山

清光绪十七年辛卯。由淮安府山阳县陆行。二十五里，板闸。斗五里，清江浦。时有田少云道者，往沂州同路，沿途谈，济人之急，救人之危，乐人之善，悯人之凶。十里，过黄河、王家营。黄河上中下游，大都淤塞，当道如能注意，报告国家，彻底设法，实行浚河，利益不可思议也。三十里，渔沟，宿。六十里，众兴集。五十里，仰花铺，住。五十里，顺河集。五十里，司务，宿。五十里，红花铺。六十里，剡城县，住。田公谈，大富贵人，多从修福德来。如般若正智不忘，则来生高位，五欲具足，而心时在道。六十里，李家庄。五十里，沂州府，兰山县，宿。田公谈：经目之事，犹恐未真，背后之言，岂足深信。人不知己过，牛不知力大。五十里，半城。六十里，青驼寺，住。三十里，翁众城。六十里，鳌阳，住。八十里，杨柳店，宿。与田公分路，日日清谈，得益良多。又有范王二君，朝岳同行，说知恩报恩，风光和雅，有恩不报，非为人也，存诚之道，不妄语也。五十里，崔家庄。王君谈，日食三餐，每念农人之苦。身被缕，常思织女之劳。一星之火，能烧万顷之薪。半句非言，误损平生之福。五十里，泰安府泰安县，住。城内岱昏庙伟大，有温凉玉主等宝，羽士屠。出北门，五里，红门宫，孔夫子登泰山处，今僧家居。上山二十五里，由金石玉，回马岭，五大夫松十五里，瀑布，南天门，天街，俗岳圣母殿，铜碑。五里，观音洞、舍身岩、观目峰、泰山极顶，住东岳庙。范公曰：人生智未生，智生人亦老，心智一切生，不觉无常到。时有叔侄争产，对神明心。王老劝云：一派青山景色幽，前人田土后人收，后人收得莫欢喜，还有收人在后头。次早，五六人观海日出。五里，后石坞，相传圣母修道处，有墓在焉。怪石奇松，最幽之池，内住五六人，说论儒释道三教所谈之理。往丈人峰，大观岱岳诸胜，概在眼底。留住三日，下山。范公谈，欲识其人，先观其友。臣不信国不安，父子不信家不睦，兄弟不信情不亲，朋友不信交易疏。陈君，溪壑易盈，人心难满。经万丈碑书院，古柏异香。五十里，日照寺。五十里，往后山（途中见人以小刀取大树，范公说：孔子云工欲善其事，必先利其器）。净妙之境，幽秀非常，别有洞天。傍有孔氏之后，青云先生，往京，顺游岱岳，曰，言不中理，不如不言。一言不中，千言无用。刀疮易好，恶语难消。次朝，下山，范王诸君，朝毕回家，余兴孔君同往京师。途间孔谈康节先生言，有人来问卜，如何是祸福，我亏人是祸，人亏我是福。四十里，店台。五十里，张厦，宿。孔君谈，苏东坡曰，无故而得千金，不有大福，必有大祸。又云，福来会收，祸来会救。五十里，杜家庙。五十里，宴城，宿。孔君云，爱人者人爱之，敬人者人敬之，公心若比私心，何事不辨。五十里，禹城县。五十里，平原，住。五十里，黄河涯。孔谈，尺璧非宝，寸阴是金三十里，德州，住。四十里，桑园。三十五里，莲镇。二十里，东光县，宿。四十里，保头。七十里，沧州，住。十里，新集。孔老云，久住令人贱，频来亲也疏，但看三五日，相见不如初。六十里，唐官电，宿。六十里，静海县。八十里，天谁府县，住。大悲院主人，询余沿途人民纯厚否。答，最好。并谈，金千两未为责，得人一语胜千金。天时不如地利，地利不如人和。水难教近火，远亲不如近邻。入山摘虎易，开国菲人难。孔说，千金易得，好语难求。求人不如求己，能受不如能推，知事少时烦恼少，识人多处是非多。五十，老米店。七十里河西驿。七十里，和合驿。七十里，张家湾。十五里，北通州。余自苏至京，陆行二千余里，经过山林旷野，都市村庄，人民大多不肯垦荒浚河。若遇久旱，则无水救济，久雨又苦水无放泄之处。地方当道，如能设法使水有出路，旱有救济，人民自然丰富安乐矣。四十里，北京城，皇城、景山、后宰门、西方境、西苑、万善殿、紫光阁等胜。大城内，龙凤寺。南城内，天坛、琉璃厂。紫禁城内，皇宫。顺天府，大兴宛平二县。进东门，过贤良寺，至栢林寺。孔君来，皆寓此。有大藏经版。昆峰当家之师老和尚开示，娑婆世界，不能藏身久，光阴有限，莫待死临头。名闻利养总是空，世俗恩爱终分手，冤缘相会不到头。次朝，与孔昆二公同往雍和宫，喇嘛丛林数百人。时逢光绪皇帝进香，肃静异常。又与文、刘、孔、昆诸君，搭轿车，同往大旃檀寺，礼旃檀佛像。昆老谈：人贫志短，福至心灵。嫩草怕霜霜怕日，恶人自有恶人磨。许公说：闲中检点平生事，静里思量日所为。万寿寺看造成四大名山之胜。午后，文老谈：宽性宽怀过几年，人死人生在眼前，随高随下随缘过，或长或短莫埋怨，自有自无休叹息，家贫家富总由天，平生衣禄随缘度，一日清闲一日仙。到大钟寺，看大钟，上有《华严经》一部，《金刚经》锁边。余问五台山路，僧云，路上难行，不甚太平。次早，许公说：妙药难医冤业病，横财不富命穷人，药医不死病，佛化有缘人。昆老与文许诸公游圆明，绮春园，余与刘孔二公朝西山各寺。山坡之下，见有女尸被盗赤身，数狗争食尸身，乡人赶来打死一狗。孔云，此系有钱惹祸也。二十里，碧云寺。刘先生问往五台途程。长者曰：山路崎岖少人行，不易之事也。寺有西藏石塔数座。刘公与主谈：古云居勿说无妨，才说无妨便有妨，爽口物多终作病，快心之事多为殃，与其病后方求药，不若从前能自防，饶人不是痴，过后得便宜。七里，玉泉山，山下有湖。十里，香积寺。刘公询五台道路，僧答：可问卧佛当家便知。二十里，卧佛寺。刘公代余访问往五台山路程。方丈说：吾僧家朝五台的人希少，可问旃檀寺当家也。二十里，龙潭。当家言：礼佛者敬佛之德，念佛者感佛之恩，看经者明佛之理，坐禅者登佛之境，得悟者证佛之道。三十里，李家庄，旃檀寺，礼楞严坛。陈老谈：汉书曰势交者近，势尽而亡。财交者密，财尽则疏。色交者亲，色衰义绝。刘公谈：自知者不怨人，知命者不怨天，喜怒在心，言出于口，不可不慎也。次早，诸公请求老当家开明往五台道里记，不下千里。当家师劝余出家，方可行脚访道，磨炼身心，千里不带柴和米，万里不要零用钱，有寺好挂单，逢庙便赶斋，随地应经忏，处处好化缘。如做居土，朝山参学，有寺不好宿，有庙不能饭，有钱不能带，无钱不能行，难哉苦矣。余答，自愧无道，不敢出家。谚云，不耕而食，不织而衣，若无真正道德，不能消受，罪过大矣。学人之志，愿食野菜草根充饥，不沾世人丝毫。顶礼告辞，诸居士回京，余仍孤行。丛山峻岭，过万里长城，往五台，终南，朝峨嵋，礼鸡足，云水飘飘而去。彼时入山不看山中景，渡水不观取鱼人，所有一切名胜古迹，无心考察，未能记载，详见以后诸篇。

第十四篇 牛首山献花岩栖霞山紫金山

光绪二十九年癸卯。正月十二日，天气清和，游南京雨花台，相传二祖神光说法处，其时天雨成花，故名雨花台。登台远眺，水色山光，菩提妙境。花香鸟语，般若禅机。全城风景，一目了然。山中有小石，五光十色，为雨花石。前有高隐诸庵，后有三藏等殿，山麓有泉，为天下第二泉。此地梁代佛法最盛，有四百八十寺，今则多半败残于烟雨之中矣。仍回经房。十三日，晴和，出南城，道路宽畅，春光明媚，遥望牛首山祖堂，相对咫尺，峥嵘并峙。三十里，牛首山，林木清幽。至普觉寺，礼辟支佛塔。历舍身岩，观音洞，文殊洞，三茅殿等胜迹。峰顶远眺，长江如练，砥柱中流者有采石矶。忆昔乘民舟游太白楼彭公等祠，经东西梁山，往池州朝九华，弹指六载，流光如驶，可怖也。十六日，至献花岩，即懒融禅师栖隐之地，时有天女献花，蛇虎护卫，故有老虎洞，神蟒塔，寺名花崖。有联云：僧归夜月，龙晓堂。假宿于此。并访祖师足迹。十七日，有客同行曲径，约三里许茂林修竹，即祖堂幽栖寺，侧为祖师洞，（即虎洞）相传融祖伏虎处。回城。二十一日，出太平门，岗峦起伏，村落俨然。三十里，栖假山，古称摄山。进谷，荆棘碍道，稍加芟拨，顷刻间，风起云开，诸峰罗列，溪声山色，又一佳境，寺在烟树之中，当家外出，山门萧索。昔南齐僧绍曾居此。左侧数百武，名千佛岭，下有无量殿，岩壁上，刻有石佛像二百余尊，隋文帝建有舍利塔，右去西涧，名桃花，古迹已多湮没。上坡三里，峰上有庙数楹，供三官大帝，登临一望，气象万千。时有客僧言，世法须从身试，大道不在口谈，虽善清言，无当实际，云云。偕同下山，仍返城中经房。二十二日游紫金山，三里，明故宫，一片荒郊，有方孝儒先生祠，及血迹碑，其石已被游人磨烂，而血迹依然，忠魂毅魄不泯如此。南城上，有景阳钟，于此起更。里许，朝阳门。出城三里，孝陵卫禁门。石人石象石狮，均伟大。进头门，甬道宽长，适花春雨。前殿仁皇帝御书治隆唐宋碑，纯皇帝诗碑。正殿龙亭，供奉明太祖及皇后神位。殿后过桥，即寝陵。更上一层，松竹幽深，天然佳境，四顺群山，本来面目。陵在城东北钟山之麓，一名蒋山，又名紫金山，高百数十丈，周回数十里。正瞻眺间，骤雨狂风，刹那四散，但风飞瀑横断千涧路，乱云卷尽万山空。下坡，九里，回寓。二十三日，因欲行脚，向杨仁山先生告假。先生云：出外参访，务须着眼，学必参而得悟，津以知而不迷，知之非难，行之维艰。余礼别出城，搭轮，经草峡，燕子矶，八卦州，黄天荡，大河口，四源沟，十二圩，瓜州，江中遥望金山，浮图巍耸，殿阁嵯峨，七峰峥嵘，与焦山对峙，到岸至金山。京口有山数处，以金、焦最胜，屹立扬子江边，相传唐裴头陀于此开山得金，故名。古名浮玉山，去镇江城七里。山上有寺。名江天，又名龙游。昔日山在江心，寺廊周山之趾，而江水环寺槛之外，随波荡漾，浴日凌霞，每登妙高峰，远望焦山海门，历历可见。而本山之楼台殿阁，森列足下，令人心旷神怡，真天下名区，江山胜处也。今淤沙成洲，与江南接连，不舟可登矣。山有塔，日浮玉塔，今名慈寿，秋崖长老重建。左有观音阁，右有法海洞，上有御碑亭，石刻四字曰：江天一览。下有藏经阁，内有清藏全部。余前憩此数载，昼则阅藏，夜则习禅。如不调饮食，则病患必生。不阅三藏，则智眼必昧。知佛心者，则言言了义。不知佛意者，则字字疮疣。余常学禅，愧不能诸缘放下，难得真实受用，虚度光阴，抱惭极矣。当时六安上人，重修念佛堂前后串楼，代余修一房间。余独居前楼，清净异常，后因人事变迁，故不欲久居。本山历代高僧名人诗诵古迹甚多，详寺志。一日与诸老游中冷泉，经郭璞墓，里许，泉水方池，王仁堪先生重修，并书天下第一泉。据杨仁老云：同治间，予办工程局时，修中冷泉，见泉底有气眼数处，气起鼓动，如泉水泛涨，周年不息，实是气泉，并非水泉，名曰鳌鱼吐气，泉水泡茶，味厚而甘。大定老人谈行脚之事云：朝山原为求道而修苦行，须要精进猛勇，期了生死大事，如救头然。大霖师云：要具忍辱之心，发菩提之愿。不择饮食，不辞淡泊，纵遇险难，亦所不辞。慈本西堂曰：华严经入法界品，文殊告善财言，求善知识，勿生疲厌，见善知识，勿生厌起，于善知识所有教诲，皆应随顺，于善知识善巧方便，勿见过失。善财据此金训，南询百城，见五十三善知识，一生了办大事，乃行脚之榜样也。

　　三月初八日，同月朗、寂山诸老，乘轮至上海，寓海潮寺，即留云兰若，乃观月老人之师结茅处，经观老修建丛林，开单接众，清规严肃，宗风大振，并有微军戒本二老，实力相助，后应乾和尚接任，福德具足，更加兴盛。十九日，与冶开诸老，游哈同花园，主人好道，就园中布置放生池，万生园，水鸟树林，楼阁栏楯，桥洞假山，景物富丽，极人间乐事，惜不能免老病死诸苦耳。游毕仍回海潮。观老云：朝山为参访知识，开明心地，足出户庭，即不免忧喜惊悲憎爱顺逆等境。如昔善财南询，则无厌足王，胜热婆罗门等，尚起疑惑。况今末法，岂能扫除。尚遇斯境，须当视如梦幻，不可随境而转。以上种种开示，皆行脚人之指南也。

第三十五篇 京津勘灾放赈

　　民国六年丁巳。十月初二日，由终南踏雪下山，住福昌寺。初三日，入长安，仍寓卧龙寺。了然上人云：目前大雪封山，来城不易，有何要事？余言：京津水灾奇重，各教皆往救济，惟我佛教尚无人参加，因此诸公来函，邀我发心办此。次日，俞、徐、晁诸居士，与兴善寺主，及了然上人等，邀余会谈。初五日，告辞出省，仍由临潼、渭南、华州、华阴，沿途风雪交加，三百余里，抵潼关。初八日，出东门，沿山上半里许，金陡关，又曰第一关。由此沿黄河南岸，重山叠嶂，多有匪警，惟救济在急，亦不怖畏。二十里，文底镇。二十里，盘头镇。午后风雪严寒，颇觉难受。二十里，阌乡县，陕豫交界。初九日，二十里，达子营。二十里，筹桑。路人皆云：谷中不靖，须候多人同行。二十里，函谷关。关头城楼，供有老子像，匾曰函关。联曰：未许田文轻策马，愿逢老子再骑牛。昔日李老子骑青牛过函谷关，造《道德经》五千余言，遗迹尚存。五里，过涧河二道，宿灵宝县南关。初十日，二十五里，大营。十里，温汤。十里，桥头沟。十五里，陕州。沿途皆闻匪警。住南关，西北土门，近黄河。十一日，二十里，唐家顶。十里，磁钟。二十五里，张毛镇。是日朔风怒号，雪大如掌，余一切不顾。十五里，莲花庙沟。五里，峡石。二五里，宿观音堂，始通火车。十二日，乘潼洛火车，经池县、铁门、新安县、河南府（即洛阳城，东有自马寺。）、偃师县、黑石关、巩县（此地多山洞），过洛河、水县、浆阳线、铁炉、郑州，下车。十三日，搭京汉车北上，经广武，过黄河，往卫辉、彰德、顺德、正定至保定。十四日，往东南二乡，探访灾情，仍有许多地方水尚未退，乡人谈及饥寒交逼，苦无生路，人不忍见闻。十五日，往天津，沿途水灾奇重。十六日，往乡察看，房屋冲坍，无家可归者极多。十七日，搭京浦车南下，由德州、济南、徐州、蚌埠、浦口，渡江转沪宁车。十九日，至上海。狄、王诸先生谈北方水灾之苦，发心办赈救济，推余请冶开上人，及谛、印二老，并有力长者相助。二十一日，乘轮往普陀山，抵法雨寺。方丈了清，库房监院首座，皆旧相识，见面欢喜。印老云：北方来函，京津水灾奇重，各善团中外人士及各，皆往救济。惟我佛教无人，为人轻视，将来如何立足？近来天灾人祸，纷至沓来，虽是众生业力所造，但佛教慈悲，不可不援手也。余言沪上狄、王诸大居士，商办救济会，嘱余与冶老北上施放，特请老法师赞成。次日，往普济寺，锡麟堂，长生庵，佛顶等处，与各住持商议，皆发心相助。数日告别离山。二十八日，至宁波观宗寺，谒谛闲法师，谈北方灾情，及沪上诸公发起放济会事，请法师提倡。师云：末法众生，业重福轻，天灾人祸，重重而来，目下以救命为第一要义，诸大居士发心，我当然帮忙。复往天童、育王，谒方丈监院等，皆发心赞助。冬月初三日，乘轮返申，报告诸公，言由终南出山，沿途视察水灾来源，皆由各处水道不利，素日不注重浚河，因此水无出路。次日，假佛寺开会，诸老会商，定各目佛教慈悲会，会址暂假玉佛寺，公指导会务，予往各处接洽，并请治开、济南二上人帮忙，以及西园灵隐各寺，协力劝募。直至民七年正月，集有成数，多赖、王、应，程，庄清大居士之雄力也。

民国七年戊午。三月一日，乘海轮抵津，探得新安县最苦，当急施放。旋到北京，略一接洽，复星夜乘车返沪，与诸老商决，肯商冯梦毕，魏梅荪二老，转请曹乐均先生担任查放，往返数次，乃偕赈友十余人，一同到京，与冶老商定后，熊督办派汪委护送，由保定乘船，曹先生谈及放赈事最难办，要分别受灾轻重之等差，酌量发给票款之多寡，其手续以查灾民户口为第一关键。宣户真切，则事事有济，查户含混，则项项虚。以救命不救贫为主旨，达到救人须救澈之目的。人既有少壮残疾之各异，赈自有极贫次贫缓急之不同。盖赈款有限，恩难遍施，或相蓓蓰，或相什伯。只要破除情面，不以公济私，不以缓害急，本诸良心，随机应变，则不均而自均，斯得查放之旨矣。诚哉斯言。九十里，抵新安县，即旧安州，住关帝庙。次日，手续办妥。开查时，各县皆来求赈，余复往勘他县。回时，即偕诸友分班施放。诸友皆忍苦耐劳，事必躬亲，而心力交瘁，均染时邪，齐集天津医治，余勘得坝县灾情亦重，商请义赈协会方主任，代查坝县最苦村庄。冶老及诸友皆病，先行南归。熊秉老邀余与曹君会商，将赈余拨助湖南，余即电商诸老允准。余专候坝县查放完毕，仍拟入山休养。结束时，有诸居士邀往故宫古物陈列所游，由天安门西首入，古柏夹道，南殿前有社稷坛。经端门，上天安门楼，太庙矗立，高出云表。进东华门，经文华殿，进东便门，弯向正南午门，入太和门，石栏似玉，有古铜炉鼎，上有铜龟铜鹤。左体仁阁，正中太和殿，今改大礼堂，后中和殿，再后保和殿，此殿后则乾清宫。仍出太和门，过御桥，出西便门，入武英殿，古物字画珍宝，种种罗列，令人目迷五色。《华严经》云是人临命终时，一切威势，悉皆退失。宫城内外，象马车乘，珍宝伏藏，如是一切，无复相随。今不待命终，而已全属他人，福兮祸所伏，循环之理也。次日，往西四牌楼，广济寺，访退居悟然长老，及现明方丈，张克成诸大居士，畅谈半夜。次晨，往通明寺，住持学义，红螺山普泉和尚。相见共话沧桑，忽忽间十余载矣。赈务事了，回南结束。自出山时，昼夜奔走，已七八月，由此脑气两伤，仍返山中休养，不料关中大乱，渭河北岸驻南军，河之南是北军，互战不休。行经华州渭南临潼间，路上少行人，只见逃难人民，抱儿携女，络绎于途，哭声遍野，惨不忍闻。各村镇空无人居，门窗破碎，物件杂乱，不堪入目，间有一二老弱看门者。至新丰镇，一日夜，被南北军捉去七次，所幸余住终南日久，随处知名，虽被捉去，终仍优待释放，并欲派兵护送，余告以山林野人，身无长物，不劳护送。独行至省，颇难进成，展转报明上官，始肯放入。先到卧龙寺，寺内尸棺，不计其数，皆是阵亡官兵，暂寄于此，臭气冲天。了然方丈云，我曾任州县数十载，未见此次之乱也。随访张延龄诸友。次朝即返终南。经过村庄，大抵不靖，风雨飘摇，遍满山中，不便休养，遂前存江村各处修造之粮，及新购山场等，统交圆湛大师，移作大茅蓬挂单接众之用。西林大觉茅蓬，由此高搁，如庐山之竹隐也。下山，由省东行不通，复转西山陈仓古道，至紫柏深处，洞中小隐。闲寻野菜和云煮，聊拾枯松带雪烧，荒山高卧，万虑皆空，不复问人世事矣。

天平山①游记

郭介梅

五月十二日，天气清朗，友人卜采轩、张觉正约余作天平之游。欣然允诺。于是自灵岩后面下山，前抵泰伯墓。即孔子称其至德之人焉。墓旁建有公墓，惜无人为其竖碑立坊，以彰表之。徐徐向西北行，经过无隐庵，庵已倾圮不堪，现经新主持者加以修理，魏然可观。庵后有小楼一座，四周修竹，高出楼顶。微风吹动，其声铮铮。旁有梧桐数株，夏间避暑最佳。经是向西，不三四里，即抵山麓。见一高亭，上颜其额曰接驾亭。相传乾隆游此，故以接驾名之。亭内高竖石碑，字系乾隆御笔。词意多为阐扬范文正公之德。由此上山，行至山腰，曲径深处，设有茶桌。出卖食品，为招待游人休憩之所。过此山腰，忽闻水声潺潺，迎面石上刻有吴中第一水五字。再向上走，两山环抱，其路狭小，只可一人旁身而上，转弯向东，过双桃石，乃有长石数十块，横贯出山，每块约长二丈，势甚雄伟，如架枪炮然。山顶之上，有卓笔峰。形似笔尖，因以名焉。登峰一览，狮子虎邱，如列左右间也。复自原路下山，过白云庵。此庵为范文正公所建，每月斋僧一次。至今范氏子孙，奉行不辍。祖风犹存，其贤乎哉。北有古枫八株，粗如车轮，恐系六百年前之物也。转谒范公祠，正殿塑文正像，二面为公子忠宜公等配祀。余礼拜已，复至高义园，门前石碑甚多，皆为政府保护范公古迹，禁人在此开采。园之后进，建有小阁。粉墙挂有画石横幅，乃蜀僧大休故笔。石

①天平山风景名胜区位于苏州古城西南，太湖之滨，是太湖国家风景名胜区的核心景区，有"吴中第一山""江南胜境"之美誉，是中国四大赏枫胜地之一。

头高耸崎岖，固如真山在纸。题词亦甚佳妙。词云："要好也难好，要怪也难怪。好亦有人憎，怪亦有人爱。由爱则生恩，由恩则生害。惟我画石头，二边俱不在。莫笑太愚顽，千人长不败。"写作俱佳，非凡笔也。范文正公胸中有十万甲兵，热心爱国，外侮畏之。而又笃信佛法，舍宅为寺。购义田、恤宗族、建学宫、乐赈施、开沟河、修道路，以至有利必兴，无微不至。园以高义名，可谓当而无愧。出园西北，松柏参天。森林之内，有宋相范文正公之墓在焉。此处本为七煞大凶之地，阴阳家谓此不能葬坟，葬则当死多人。文正闻而购之。临终嘱其子曰：死后葬吾于七煞凶地，有祸归我一家，以免害及他人。讵料，公枢卜葬之后，一夜大风雨，山势忽变为万笏朝天之象。斯可证明阴宅由阳德支配。德大之人，即葬凶地，亦变为吉壤矣。生前若不修德，卜之虽吉地，无福承当亦无吉兆之显证。所谓人心不平，天道至平也。但愿游此山者，宜学范文正公之行谊，庶不负来此一游云耳。

游乾明寺①记

浩乘

兴化古县于楚，人民濒水而居，沟洫纵横，不利戎马。高宗南渡而后，少闻有兵乱之事。谚传自古昭阳好避兵，语非尽诬。余家东台草偃，至与兴化接壤，相隔不过数十里，朝发可以夕至，雅有比邻之谊，只惜悭于因缘，而未一涉其地。然其地之人，已于润州竹林遇之，竹林聚四方学侣于一堂，共研释典。同学中多兴籍，课余时道及邑境佛教堂故，以余为最乐闻。有乾明寺者，东北乡之古刹也，齐名与罗汉、木塔、崇福并传，号称四大业林。培安同学之祖恒善老人，退隐寺中已多年。丁丑军兴，沿京沪线皆受糜烂。培安与余先后避乱返乡里，鱼沉雁寂者数月。戊寅岁首，忽以书见报，云乾明风鹤不惊，最宜于吾辈修学，特为之先容，虚室以待，请惠然肯来。余感共情而欣其境，稍事整理，随买棹而往。行抵村之前湖，远见林木低垂，楼台隐隐。舟子告余曰："汝所欲到之寺，已在望矣。"余喜极立于船首，举

①乾明禅寺始建于隋唐，坐落于江苏省兴化市西北部，又名长安寺，后祀真武神，又称真武庙，市佛教通志记载，宋乾道中僧牧庵重建，元末兵毁，明洪武中僧正俊修藏经楼，有藏经全部。清乾隆皇帝亲笔御赐"敕建乾明禅寺"之匾及"传临济正宗乾明堂上九世同居塔"等文物一应俱是，是中国扬州历史上著名的古刹丛林，历经风雨同仓桑，几度兴衰。毁于民国二十一年十月初五。

所见者，与舟子互为问答。已而行愈近而见愈显，钟声飞渡林际，闻尘为之清净，盖已晚课时矣。既抵西浒，乃摄衣而登，入山门，登大殿礼佛。左右长廊回护如鸟双翼，室中陈设简雅，饶有古意。忽见旧相识海珊法师自内而出，即为致礼，畅叙片时，告以培安介绍之事。法师导入丈室晋谒敬斋和尚，道来意，和尚欣然应诺。招呼茶水，为谈佛教式微，非各个僧伽自身精进道学，不克有所攸济等语。予甚以和尚之见解为不可多得，继而领余游藏经楼，喟然叹曰："斯楼近所新造，缘民国廿一年冬，来匪徒数十人，未能逞其所欲，悍然纵火而去，明本大藏及重要法物，皆付一炬。厥后法祖恒老人撙衣节食，力图恢复，更勉静斋苦行经营，经五载，工始告成，装修犹未善也。"余既叹和尚之心志，而后悲匪徒之业力，疑益疑，愚益愚，不谓相判至如斯。考寺建于宋乾道中，开祖敬庵禅师，五灯会元所载名法忠者，与此年代实不相若，不敢强为牵涉，是殆别有其人。县志既未列传，寺内又无专谱，只能得知其名而已。其余诸祖皆因文献既失，一无足征。壁嵌碑记一，详载田公而止，且亦不古，不无缺憾云。

第四节 年 谱

高鹤年居士年谱
南通叶胥原（仲膴）编

清同治十一年壬申 一岁 一八七二

是年九月十四日，公生于江苏省兴化县刘庄市太平桥西街巷内祖遗住宅，即壬戌（1922）所建贞节净土院外之东首房屋。先世原籍为安徽贵池，迁兴始祖讳谷，字世用，明永乐十三年进士。世居兴化县城，迨清康熙年间，迁东乡刘庄高家港。高祖讳文华，于道光年间买宅刘庄，遂家焉。曾祖讳学周，祖讳登贵，祖母王，父讳正刚，前母韩，后母王，公为王太夫人所生。正刚公为戚家讼案被累，田产房屋赔折净尽，遗菜园一方，后由公舍入贞节净土院。公名恒松，字鹤年，又号隐尘野人、终南侍者、云水道人、云溪道人。有二姊，一嫁朱兰亭，一嫁邱君，皆为兴化籍而侨居浙江湖州织里者。

同治十二年癸酉 二岁 一八七三

同治十三年甲戌 三岁 一八七四

光绪元年乙亥 四岁 一八七五

光绪二年丙子 五岁 一八七六

光绪三年丁丑 六岁 一八七七

光绪三年丁丑 六岁 一八七七

光绪四年戊寅 七岁 一八七八

公入蒙馆，从安老师受业。

光绪五年己卯 八岁 一八七九

公体质不强，且患鼻衄。

光绪六年庚辰 九岁 一八八〇

公颖悟甚早，因同塾陈姓子殇，乃悲感良伴骤离，若有所失。遂遁入刘庄紫云山寺，日间买饼果腹，夜宿寺之寿器中，三日，囊空，归家，为正刚公斥责，颇思出家。会邻人某以负贩赴苏州，乃潜随之远行，辗转至苏之穹窿山，入道观为徒。有孙道士者，持斋虔修，以公年幼，颇示爱重。一日，公在山门打坐，朱兰亭之戚、贵池刘香林扫墓至山，询公家世，因携回苏寓，教以经书佛乘。由是，公开始茹素，尚杂五辛。

光绪七年辛巳 十岁 一八八一

公在刘寓，课诵不辍。

光绪八年壬午 十一岁 一八八二

公在刘寓。

光绪九年癸未 十二岁 一八八三

刘香林营香铺，分设盐城、建阳、淮安三处，公思归省，刘嘱就近盐城香铺中服务。

光绪十年甲申 十三岁 一八八四

公奉调至建阳香铺服务。

光绪十一年乙酉 十四岁 一八八五

公又调至淮安香铺，与刘之族叔颇称知遇。

光绪十二年丙戌 十五岁 一八八六

是年始，公持净素，鼻衄宿疾遂愈。有行脚意，首至江苏海州云台山朝礼。

光绪十三年丁亥 十六岁 一八八七

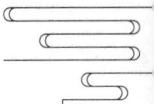

刘香林出资重修安徽九华山化城寺，公游九华，在山多日，并为刘督工葳事。

光绪十四年戊子 十七岁 一八八八

公游云台山，在后鼎宿城村上法起寺旁，建一观日茅篷，常往静坐。

光绪十五年己丑 十八岁 一八八九

正刚公为公完娶，智夫人来归，与公相得，奉事翁姑，良能尽职。

光绪十六年庚寅 十九岁 一八九〇

二月，公由南京往安徽，游九华山，黄山。至浙江，游杭州诸山。刘香林赴天津任海关道，公随往任所。游山西五台山，返淮安。

光绪十七年辛卯 二十岁 一八九一

春，公游云台山，寓后鼎悟正庵数月，时上峰巅，静坐观日。由江苏淮安往山东，游泰山。游北京诸山。至山西，游五台山。秋，由四川成都往游峨眉山，经雅州、越巂、西昌、会理至云南，游火焰山。渡金沙江，经大姚、宾川，游鸡足山及昆明西山。由昆明过胜境关，往贵州贵阳，游黔灵山。经广西，游桂林诸山。过湖南永州，游衡山。

光绪十八年壬辰 二十一岁 一八九二

正月，公由江苏淮安至镇江，游金山、焦山、宝华山，大霖法师授《律学戒法》及《性论教义》。三月，游句容大茅山、磐山、张公洞。至浙江长兴，游四洲山、观音山。游杭州诸山。由杭经山阴兰亭，游天台赤城山、雁荡山。经永嘉，识谛闲法师，游华盖山。至丽水，游南明山。过仙霞岭，游福建武夷山。夏，游云台山。往浙江，游普陀山。

光绪十九年癸巳 二十二岁 一八九三

二月，公至江西九江，游庐山。三月，游南昌西山、东山、云居山。北行至湖北蕲春，游四祖山。至黄梅，游五祖山。四月，返庐山。

光绪二十年甲午 二十三岁 一八九四

三月，公至浙江湖州，游道场山，观音山。至安徽青阳，游九华山。四月，经黟县，游齐云山、黄山。十一月，游东西天目山。

光绪二十一年乙未 二十四岁 一八九五

三月，公由杭州渡江，经山阴，游雁荡山、天台山。四月，至黄梅，游五祖山。

光绪二十二年丙申 二十五岁 一八九六

山西旱灾，公默祷上苍，发愿救生。公行脚过山西，乃参加赈济工作。

光绪二十三年丁酉 二十六岁 一八九七

春，公游云台山，在清风顶望海楼观日。杨仁山居士筑室南京城北延龄巷，为保存经版及流通经典之所，公往肄业，杨居土视为敦行拔众者。游梁山、九华山。

光绪二十四年戊戌 二十七岁 一八九八

正月，公由杭渡江，往宁波定海，游招宝山、普陀山。二月，访印光大师于法雨寺，谈静坐门径。返宁波，游山，游阿育王寺。三月，游天童寺、天台山、天目山、黄山，在黄歇夏。过金山，谒大定法师。

光绪二十五年己亥 二十八岁 一八九九

七月，公在陕西，经长安，游终南山。往郿县，游太白山、大小雁塔寺。八月，过剑门，入四川，游昭觉寺。九月，经成都、眉州、乐山，游峨嵋山。

光绪二十六年庚子 二十九岁 一九〇〇

三月，公游宝华山，参叩大霖法师。师谓公宿有善因，施以甘露，即导至镇江金山寺受戒，谒见秋崖长老，亲近大定老人，与融通上人同住藏经楼，在山度岁。

光绪二十七年辛丑 三十岁 一九〇一

正月，公往南京杨居士经房肄业。三月，印光大师函公，问禅学如何？公游普陀访之，留谈五昼夜，师告以方便多门，归原无二。四月，住扬州万寿寺阅经听讲四月，听通智法师讲演《楞严经》。公出资在九华山结茅二处，曰文殊，曰地藏，供奉方外静修。

光绪二十八年壬寅 三十一岁 一九〇二

公在南京杨居士经房肄业，至金山过冬。

光绪二十九年癸卯 三十二岁 一九〇三

正月，公至南京，游牛首山、献花岩、紫金山。别杨居士出游，居士告以参悟有得，知行不违。游镇江诸山。三月，游普陀，访印光大师，谈秦中佛化。四月，由上海至北京，游西山。五月，经保定出龙泉关，游五台山。七月，经太原、永济，过河，至韩城，游龙门山。返同州，经蒲城，游药王山。经耀州，游东西乳山、大香山。八月，至西安，游终南山，结茅二处，曰维摩，曰文殊，在山度岁。与虚云法师相识。

光绪三十年甲辰 三十三岁 一九〇四

二月，公游太乙峰。三月，由终南至西安，游华山。四月，经蓝关渡江，至湖北均州，游武当山。至汉阳，游归元寺。正刚公谢世，公在外，无法通知，由智夫人代治丧礼。

光绪三十一年乙巳 三十四岁 一九〇五

光绪三十二年丙午 三十五岁 一九〇六

八月，公在金山，大定老人预知时至，嘱公暂弗他行，乃送师逝世。十月，勘徐海水灾，游云台山。印光大师约往晤谈，乃游普陀，在山小住。冬，参加徐海赈济工作。

光绪三十三年丁未 三十六岁 一九〇七

正月，公在金山，与济南法师游圌山。至常州天宁寺，访冶开法师。经无锡，游惠泉山、鼋头渚。至苏州，游虎丘、天平、灵岩、穹窿、邓尉、洞庭诸地。三月，游云台山，重修三元大帝行宫，视察徐淮海春赈。往河南许昌，游光武山、嵩山。经洛阳，游熊耳山。秋，至南京杨居士处请益。冬，回金山。

光绪三十四年戊申 三十七岁 一九〇八

春，王太夫人去世，公以各方赙仪五百千文，助作重修刘庄紫云山寺开办费用。夏，往九华结茅。

宣统元年己酉 三十八岁 一九〇九

春，公返刘庄，督修紫云山寺。冬，回金山。

宣统二年庚戌 三十九岁 一九一〇

公修建紫云山寺藏经阁，设图书馆、念佛堂。

宣统三年辛亥 四十岁 一九一一

春，紫云山寺工程竣事，缺百余千文，公倾囊助之。八月，游普陀山，访印光大师。杨居士逝世。十二月，紫云山寺开庆成会，公经理工程四年，至是，将收支账目及房屋物件，交与寺之住持接收执管。

民国元年壬子 四十一岁 一九一二

春，公避乱至申。五月，在频伽精舍识陈撄宁，同参佛乘，公摄影题诗，请陈书之。游庐山度夏。七月，游东林寺。至武汉，游汉阳诸山。八月，往河北定州，经曲阳，过龙泉关，游五台山。由定州南下，至汉口，过洞庭湖，经长沙，抵湘潭，游衡山。九月，游玉泉山、岳麓山、洞庭君山。十月，返沪，襄助狄楚青办佛经流通处及《佛学丛报》。与频伽精舍同人护持维摩楞伽道场，与月霞法师、沈子培等设讲经会，始将《名山游访记》载入《佛学丛报》。编印《重修紫云山寺征信录》。介绍印光大师文字载入

《佛学丛报》，与印光大师谈因果。与寄禅法师、李正刚、欧阳渐等办佛教会。与谛闲法师、陈介石等设立世界宗教会。识李梅庵樊云门、陈彦通、濮一乘、刘濮生、魏梅荪、蒯若木等。

民国二年癸丑 四十二岁 一九一三

公在兴化，访李审言。游宁波，访圆瑛法师。游雁荡山，访蒋叔南。八月，游普陀山，访印光大师。过沪，遇虚云法师。

民国三年甲寅 四十三岁 一九一四三月，公由北京至房山，游上方山。转涿州，游西城山、小西天、白带山。四月，访月霞法师，游万寿山。出居庸关，过八达岭，抵察哈尔省张家口，游赐儿山。至山西大同，游云冈山。渡桑干河，经浑源，游恒山。五月，经应县入雁门关，游五台山，与恒修法师等设立广济茅篷下院。六月，访章嘉国师及掌印堪布大喇嘛默尔根诺们。八月，经忻州、太原、雷州、解州，过风陵渡，至陕西，游华山。经渭南，过灞桥、西安，至终九月，在终南山，函谛闲法师，讨论心性动静之理。妙树法师返扬川，公送别时，曾言及大事因缘。与终南诸师倡建十方普同塔院，又设维社，举行祈祷追荐法会。

民国四年乙卯 四十四岁 一九一五

民国五年丙辰 四十五岁 一九一六

公在终南山，于太峪吕祖祠上施家湾，建女普同塔念佛堂，名报恩庵。修理天桥下观音洞房屋。

民国六年丁巳 四十六岁 一九一七

春，公在终南山，以各方善友所赠之金，价购天桥山场华岩茅篷及施姓山场一段，建西林大觉茅篷，拟招印光大师回秦同住。游苏州灵岩山，遇程雪楼。十月，京津水灾奇重，公以佛教立场发心救济，由终南下山，过潼关入河南，过函谷关，经陕州，抵观音堂，至郑州，转车北上，至保定、天津等处勘灾。往上海，访狄楚青、应季中、程雪楼、王一亭、叶柏皋、朱葆三、虞洽卿、印光谛闲二师，共商募集捐款，公任总务及查放事宜。游普陀，访印光大师，为众善信求皈依。至宁波募捐。十一月，返申，与狄楚青组织佛教慈悲会。程雪楼出家。

民国七年戊午 四十七岁 一九一八

正月，公请印光大师撰《终南山南五台山大觉岩西林茅篷专修净业缘起记》，程雪楼书之。三月，由海道至北京，与曹乐均查放灾赈。游故宫。秋，返上海，结束赈务。回终南山，转凤县，游紫柏山。至甘肃平凉，游崆

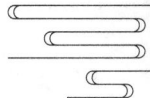

峒山。由兰州过陕西，至湖北均州，游武当山。经南阳，游高。与程雪楼设念佛堂于上海玉佛寺。游普陀山，与印光大师返沪。与印师至扬州万寿寺，助理刻经告竣，送师还普陀。游终南，隐居陈仓古道山中。十月，由淮安游云台山、宿城山、鹰游山、盖华山。十二月，往山东青岛，游崂山。往济南，游千佛山、大明湖。至泰安，游泰山，在山度岁。

民国八年己未 四十八岁 一九一九

正月，公至曲阜，游孔林。二月，由上海抵汉口，转湖南醴陵，与方颂如办理赈灾。游衡山。李柏农邀公返沪，计划简氏以南园施舍为道场事。六月，由南京往九华山，以善信云集，设临时医院便利之。七月，熊希龄请赴湖南赈灾。八月，印光大师招游普陀，与师赴沪，介绍简照南、简玉阶皈依。九月，过广州，游粤秀山、鼎湖山。

民国九年庚申 四十九岁 一九二〇

正月，公游广州。二月，至曹溪，礼六祖及憨山大师。往香港，访黎乙真。由海道往云南昆明，访虚云法师、欧阳竟无。游太华山、三华山。往武定，游狮子山、太极山、点苍山、雪山。往大理，游鸡足山，在九重岩结茅半年。九月，由香港抵九子潭，游罗浮山。返港，游杯渡山，在山掩关百日。

民国十年辛酉 五十岁 一九二一

正月，公游大峪山、观音山、大屿山。返刘庄，设孝惠茅篷，与智夫人传灯，将家用什物散与戚族。李柏农到刘庄，议设十方贞节净土院。四月，介绍陈春亭出家，皈依谛闲法师。调解普陀山法雨寺与羼提庵修路争讼事，访印光大师。五月，游四明山，访钱三照。十月，游罗浮山，在飞云顶坐茅二月。在杯渡山过年。

民国十一年壬戌 五十一岁 一九二二

春，公在刘庄，启建贞节净土院大殿及厢楼。五月，由浙江海门经临海，游天台山。七月，游雁荡山，访蒋叔南。由石埭往游黄山。访陈少峰，返金山。

民国十二年癸亥 五十二岁 一九二三

五月，公游九华山。六月，应魏梅荪之邀，与印光大师赴南京，参与慈幼院法云寺放生池开幕典礼。与印师过宁波至扬州，访张瑞曾。返刘庄。

民国十三年甲子 五十三岁 一九二四

五月，公由九江往建昌，游云居山。游庐山。十一月，作《贞节院记》。十二月，由上海至汕头，游韩山。往香港，游杯渡山。

民国十四年乙丑 五十四岁 一九二五

贞节净土院告成，公手订章规。

民国十五年丙寅 五十五岁 一九二六

公游九华山，歇夏。八月，返刘庄。冬，办粥赈。

民国十六年丁卯 五十六岁 一九二七

春，粤军北伐，刘庄难民麇集，公设妇孺收容所，并助办红十字会及商会赈粮。冬，植树数千株。

民国十七年戊辰 五十七岁 一九二八

春，兴化荒欠，公募款交江苏义赈会查放。开坝车水，以济一村之饮料。公在上海，与虚云法师晤谈。

民国十八年己巳 五十八岁 一九二九

秋，兴化失收，公与石金声、王虚白赴沪，募款赈济。节省院费，补充兴化各粥厂之赈粮。

民国十九年庚午 五十九岁 一九三〇

正月，兴化春荒严重，公主张先成立刘庄、白驹、安丰、戴窑粥厂，设救命团，赴沪募款。又成立永丰圩等粥厂十四处，公全力支持之。夏，范堤改筑省道，迁坟三百余所，公建万灵塔十一座，埋藏遗骨。秋，刘庄有乱，公在贞节院收容妇孺。冬，办粥厂赈济。往苏州，为印光大师设掩关地址。造斗龙港渡船一艘，便利刘庄到垦区之交通。

民国二十年辛未 六十岁 一九三一

春，公募贞节院基金。夏，作《教命团徵信录》。沪友邀至莫干山养病。秋，大水，与赵一褒等续设救命团，并与周楚白等办收容所六处。在刘庄、白驹组设耕牛寄养所。与石金声等放赈。调解大丰垦区放水纠纷，作《辛未水灾临时救命团日记》。

民国二十一年壬申 六十一岁 一九三二

春，公与石金声办理赈灾，并助修各圩堤口桥梁。冬，节省贞节院费，修建刘庄北大桥。

民国二十二年癸酉 六十二岁 一九三三

刘庄惠旱，公在贞节院开沟车水，接济饮料。夏，编《教命团徵信录》。江西许止净为公整理《名山游访记》成书。

民国二十三年甲戌 六十三岁 一九三四

公担任上海义赈会理事，赴句容、金坛溧阳、宜兴、长兴、湖州、杭州系兴，视察旱灾，向苏北劝募赈款，交义赈会分发。贞节院设手工业厂，又办农林试验场。嘉兴余了翁为公校阅《名山游访记》。

民国二十四年乙亥 六十四岁 一九三五

二月，公著《名山游访记》出版。秋，江河泛滥，公为义赈会视察苏北灾况。又往河南堰师视察灾况。冬，为《贞节院预定办法》，请院董王震、沈辉、关絅之、黄庆澜、屈映光、赵云韶、朱庆澜、聂云台、释印光、许止净、李柏农、简玉阶等，签名勒石。丰慧洪至贞节院任事。

民国二十五年丙子 六十五岁 一九三六

川、陕、豫、甘等省旱灾奇重，公为上海慈善联合救灾会奔走劝募。智夫人逝世。冬，公撰遗嘱勒石。

民国二十六年丁丑 六十六岁 一九三七

春，公募款赈川、豫省灾。四月，贞节院更名净土妇女安老院，修改章程。五月，补充遗嘱勒石。秋，国难发动，江南难民过江，集于兴化者颇多，公拨赈款救济，贞节院节约口粮，以稻子二十石捐助难民。

民国二十七年戊寅 六十七岁 一九三八

春，刘庄发生战事，公救济未离市区之难民。敌机轰炸，毁百余家，公与石金声、朱寰伯、沈静亭等扶助之。秋，兴化遭水灾，公赴江南募款救济。又以十三灶等灾情特重，与金崇如、石金声等筹设粥厂二十余处。公在上海玉佛寺，由震华法师介绍，识马云程。

民国二十八年己卯 六十八岁 一九三九

正月，公与沈静亭等筹运赈粮。三月，交通断绝，公与诸善友挪款，先救重灾之户。四月，成翊青来兴化，设苏北国际救济分会，委公与石金声主办其事，乃急办粥赈，并以工赈浚通南澄河。五月，美国华灾会助放粥赈，公与顾鹿苹等以工赈开新沟河，并建筑刘庄至垦区之路。灾区时疫流行，公拨贞节院款购药施医；拨贞节院余粮玉米九十七石，救济贫户。八月，公继续以各捐款工赈浚河筑堤，嘱王仙舟等主办之。十月，粥厂结束，续有捐款，乃开办刘庄贫民借贷所。冬，《赈灾征信录》出版。

民国二十九年庚辰 六十九岁 一九四〇

兴化春荒，公受单厚卿之托，与沈民程办赈。夏，久旱，公办车水灌田，并购粮施放。十一月，印光大师逝世，公编《印光大师六十年苦行记》出版。公经泰州，识王心海。

民国三十年辛巳 七十岁 一九四一

兴化春荒，公与顾鹿平等募捐救济。与王心海倡导贞节院纺织种植等工作，并建立贫民小工厂，作《山中归来记》出版。

民国三十一年壬午 七十一岁 一九四二

公筹办贫女纺织所，附设图书馆。春夏之交，刘庄青黄不接，公筹赈救济。

民国三十二年癸未 七十二岁 一九四三

四月，东台大中集大中莲社举行西方三圣开光典礼，请公主持，识谢廷华、黄志道、陶叔镰、李伯贤、叶仲膴等。

民国三十三年甲申 七十三岁 一九四四

春夏间，刘庄过往人士常至贞节院参观，公以精神欠佳，接待为劳，乃请大中莲社派友协助，黄志道、叶仲阬先后至刘庄住院知客。仲膴以日长无事，为公编纂年谱。

民国三十四年乙酉 七十四岁 一九四五

公在刘庄主持院务。

民国三十五年丙戌 七十五岁 一九四六

公至上海，转苏州山中小住，贞节院遣散一部分人，以节开支。丰慧洪随公至苏，陪伴住山。

民国三十六年丁亥 七十六岁 一九四七

春，公经白雀寺、弁山、莫干山，至杭州花坞。游苏州穹窿山、香山。秋，在灵岩山。《名山游访记》一部分未刊之稿，由皖南寄还，卢象三、陶叔镰（脱尘）、叶仲膴等为公整理出版。九月，在灵岩山参与观音大士圣诞。冬，往扬州高旻寺度岁。

民国三十七年戊子 七十七岁 一九四八

二月，公与妙真法师往金山寺慰问火灾。往苏州，游尧峰山。在穹窿山楞岩台度夏。游上方山、天池山、小华山。九月，马云程等于穹窿山为公建大觉茅篷。公为文记述命名之由，盖犹赓续终南建茅之意。黄志道随公住苏研习佛理，并司工程账目，建筑用费，计值大米七十石，由马云程、卢象三、陶权镰、陈子修、盛君寿、奚祝升、王心海、沈松岩等筹助成事。

民国三十八年己丑 七十八岁 一九四九

二月，公在苏州。三月，王松林至香山谒公。七月，陈撄宁为公整理《名山游访记》，吴济时撰序，盛君寿助校，开始编纂。马云程出资，为公

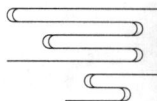

完成茅篷工程。

一九五〇年庚寅 七十九岁

二月，整编《名山游访记》竣事，印刷出版。十一月，印光大师逝世十周年，在苏州报国寺举行纪念仪式，公前往参加。大觉茅篷落成后，汲水困难，公在蓬后得泉苗。

一九五一年辛卯 八十岁

二月，山中奇寒，公两膀冻伤，双目为炊烟熏损，时多病患。

一九五二年壬辰 八十一岁

十月，因王心海资助，将泉苗凿成五穴，吴济时题名"鹤来泉"，汤靖为文记之，公题"水是世间宝，不可一日无"，均勒石以垂久远。十一月，陈三洲、叶竹青、康涵人、谢忠礼等至穹窿山，预算修理茅篷费用。十二月，公在上海，与虚云法师晤谈。

一九五三年癸巳 八十二岁

五月，中国佛教协会在北京开成立会议，公应邀出席，当选为理事。过淮，参观治淮工程，撰文一篇，题为《深感毛主席英明领导之无限正确》。在京参观故宫博物院、北海公园、万寿山、碧云寺。十一月，高旻寺来果禅师在沪圆寂，公由苏至沪，参加入龛仪式。

一九五四年甲午 八十三岁

一月，来果禅师举行茶毗，公赴扬州参加典礼。三月，《名山游访记》重版，由蔡惠明校阅，陈铎绘制名山游访图，又增印诸山面貌图多幅，系公回忆而属画家着笔者。四月，公在苏州突然中风，初住药草庵，匝月以后，至火弄六号息影室，由叶识严侍奉调护。七月，上海诸居士延名医黄钟至苏，为公诊治痊愈。

一九五五年乙未 八十四岁

四月，《名山游访记》续印出版，虚云法师制序。九月，公赴南京，出席江苏省人民代表大会。

一九五六年丙申 八十五岁

八月，公赴南京出席江苏省人民代表大会。九月，苏州重修玄妙观开光，公为剪彩。十月，公在苏州疗养康复，拟回茅篷，江海涛、王松林同行。十一月，江海涛返沪，留王松林住山，照顾公之生活。

一九五七年丁酉 八十六岁

三月，公赴北京，出席中国佛教协会会议。四月，公返苏州，至东西洞庭两山视察。五月，茅篷漏雨，由马云程等出资，换用窑瓦。丰慧洪出家，在宁邦寺为僧。

一九五八年戊戌 八十七岁

三月，王松林下山返沪。公在苏州息影室，室内行动，忽然倾跌，尚未有碍。

一九五九年己亥 八十八岁

公在苏州息影室。八月，病，住医院疗治，王心海、陆韵秋赴苏慰问，两星期出院，仍住息影室，有移居泰州休养意。

一九六〇年庚子 八十九岁

一月二十九日（阴历正月初二日）王心海至苏，迎公至泰州住其家，继续休养。二月，公返大丰刘庄（原属兴化）净土安老院。四月，重赴穹窿山，道经泰州市，偶遭颠踬，不便行走，即由王心海力任供养，调护周至，秦州市政治协商会予以慰问，并派伤科专家医治。九月，公能在室内扶杖举步，苏州市佛教协会代表吴树人到泰州慰问。公病以后，由党和人民政府接济生活开支及医疗费用，公力求节约，减少公费支出。

一九六一年辛丑 九十岁

公在泰州市王心海宅，泰州市人民委员会不断予以医药存问之照顾。十二月，冬至节后，公下肢转动较难，不能起床。

一九六二年壬寅 九十一岁

一月公患感冒，胃纳渐减，经中西医师诊察，金谓六脉调和，本无病患，惟以年高，体气衰颓，无方挽救。至阴历辛丑十二月二十七日，公已饮食不进，神智分明，预示遗嘱："令刘庄净土安老院院众，应继续不断努力生产，并由王心海助理一切事宜。至于本人身后，切戒浪费，骨灰送葬穹窿。"阴历正月初二日上午六时，公作吉祥卧逝世。丧事，由泰州市人民委员会派员与苏州市佛教协会代表吴树人治理。首七之日，南京市佛协代表，苏州市佛协代表，泰州市政协委员会派代表等，举行追悼会，依照佛教仪式，行荼毗礼，获得坚固花骨灰。三月底，诸居士等恭送灵骨至苏州西园寺佛教协会，再次追悼，由明开法师主持，妙真法师拈香，上海居士马云程、盛君寿、王松林，镇江居士陆韵秋，苏州居士吴树人及各方代表等，共同参加，仪式隆重。三日以后，居士马云程、陆韵秋、姚道明、王心海、叶识严、袁净达、龚兰芳等，恭送灵骨至穹窿山寺西南方，随即举行入塔法会，明开法师主持，清禅和尚监工，如法和尚代工，雪相法师说法，马云程作赞："行脚七十年，游访回穹窿，乐于结善缘，愿供一切众。"塔后有茅篷所，为公生前所住，从此改为高老居士纪念堂。

《应慈法师年谱》

（沈云疾著，华东师范大学出版社，1990年。内容从略）

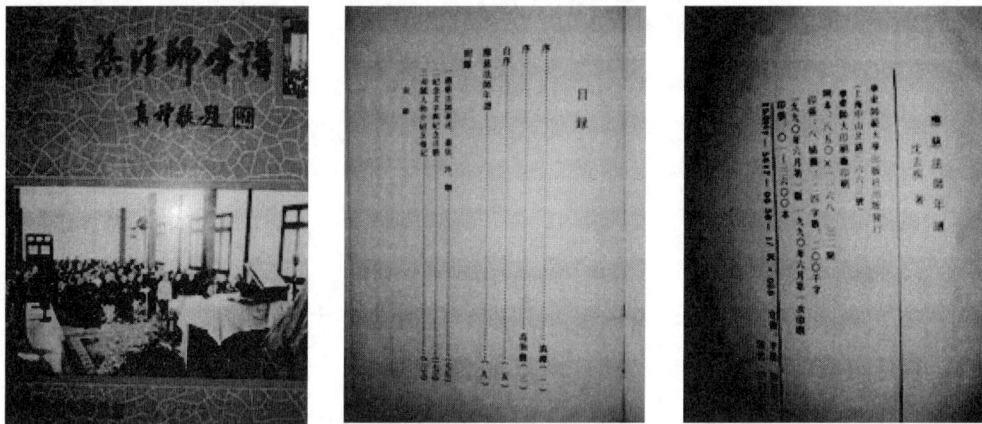

图3-5 《应慈法师年谱》封面、目录及版权页

第五章 纪念文章

　　本章所收多为纪念盐城籍法师或居士文章，另收盐城籍居士郭介梅纪念乃师印光法师文章一篇。

第一节 纪念雪松法师文章

雪松大师评述

智舟

　　雪松大师者，江苏江都人也，乃当代中国佛教之传奇人物和大德高僧，是颇有建树的佛学教育家、理论家和社会活动家。师青年时因缘得遇近代中国佛教领袖人间佛教思想之倡始者太虚大师，并亲承其教诲，因此奋而出家，做志求无上道，继成天人师之壮行。

　　师出家后深入经藏，遍参诸大善知识，得有所成，于所学尤为精通唯识、因明、阿含等经论，并出版若干专著，深得太虚大师青睐。后师应太虚大师之命于世界佛学苑汉藏教理院任教，从此即常随太虚大师左右成为股肱，为改进僧制、实现人间佛教而奋斗，从而开创了现代佛教之良好先河。

　　师于汉藏教理院教学时期尽心尽力、尽职尽责、呕心沥血、培育僧才，并在其日后人生年轮中也同样如此做第二天人师，因此其遍布海内外之弟子中不乏高僧。如落实宗教政策后出任中国佛教协会常务副会长兼中国佛学院副院长的乐果法师，在新加坡率先实行人间佛教、因《金刚经》而开悟的唯佛宗宗长圣开法师，及现为中国佛教协会常务理事兼中国佛教协会咨议委员会副主席和重庆佛教协会会长的惟贤法师等。其中，我们也可通过圣开法师数十年寻恩师之事，及惟贤法师所作纪念正果法师圆寂十周年文章中都可看出，此些弟子皆对师是赞叹有加，十分敬仰，思念无限。

抗战时期，师住锡盐城，本着"出家不出国"爱国之心和民族大义之志，师舍身捍卫民族大业，以此上报四重恩下济三途苦之行为，体现出了菩萨"庄严国土，利乐有情"之思想，故而深得刘少奇、陈毅等无产阶级革命家盛赞，并结成良友。抗战结束，师又奉太虚大师命与章嘉活佛、圆瑛、喜饶嘉措、赵朴初等高僧和居士大德共同组建中国佛教会，并任常务理事和秘书长诸职。太虚大师圆寂后，时局更为动荡不安，人心更加惶惶，无奈之下，师只得一人独力支撑和主持佛教会日常工作，望以己绵薄之力，换法运之长久。然终因时局黑暗，只手难以回天，解放前夕，为阻止佛教会南迁和赴台，师毅然决定解散佛教会，解散佛教会后师又辞去所有职务。

之后师脱下僧装，回归故里，以自己精深之佛学和精湛之医学治疗众生身心之苦，以此来体现人间佛教思想。在家乡行医期间，师恪守僧制，始终素食独身。日常生活中总以俭朴自律，慈悲待人，弘法布施，凡有所余皆济贫穷和"弱势"，故深得民众喜爱，然却无人得知此慈祥老者过去之辉煌，因师淡泊名利，从不谈及和炫耀此些。

落实宗教政策后，应四众之盛情邀请，师又以年迈之体，老骥之心，重新主持扬州盐城佛教事业，使此二地佛教得以蓬勃发展。但其间却多次婉言谢拒中国佛教协会副会长茗山老法师要其主持佛教全面工作之请求，也许师对中国佛教目前之发展已感欣慰，故只尽己余力护持扬州、盐城和江苏佛教吧。另师之新加坡高徒圣开法师及徒孙也屡请师移驾海外弘法，也被师以身已老朽，应让年轻人弘法为由而推辞。

有大德言："名僧不代表是高僧，但高僧一定是名僧"，此言甚是中肯。众所皆知，雪松大师乃一代高僧大德，高僧者乃菩萨之化现。而菩萨乃上求佛道，下化众生者，为如来真净佛子，辅如来教化之良臣，故非贪求世间名利恭敬之人。而所谓菩萨者，《金刚经》云："菩萨若有我相人相众生相寿者相，即非菩萨"，因"一切有为法，如梦幻泡影，如露亦如电"，故"凡所有相，皆是虚妄"。而菩萨岂能取此虚妄相乎？所以经中实言告知："若菩萨通达无我法者，如来说名真是菩萨"，因"若见诸相非相，则见如来"，"离一切相即名诸佛"故。由此而知，菩萨必然通达缘起性空，性空缘起之理，知空有皆是无我，因此不住空有。不住空故，故能恒起如幻大悲而现度如幻众生。不住有故，故能恒起如幻大智而现离如幻生死。

因此经云："以无我无人无众生无寿者，修一切善法，即视阿耨多罗三藐三菩提"。另菩萨也当知"取相分别，情执深重求出轮回，终不能得。若以无相智慧，植众德本，身心清净，远离分别，求生净刹，趣佛菩提，当生佛刹，永得解脱"。也自必然与佛教法相应，行无缘大慈，同体大悲之道，而与世间名利恭敬无有污染矣。我观雪松大师一生所行，无不与佛法相吻合，由此知之，大师确是菩萨再来，不愧为一代大德高僧。

明年农历正月二十四是雪松大师百年圣诞之日，扬州史明先生以学者睿智、人文情怀、社会责任之心和历史使命感，携手诸贤达特编纂《雪松大师菁华录》一书以资纪念。同时，也期以此书，收成教化世人断恶向善、转染成净之功。承史君抬举错爱，多次致电索稿，望我能站在佛教角度对雪老作一评述，然不才自忖才气短缺，唯恐文陋有蔽雪老之日月德光，但又不敢拂史君之托请，实是为难，故此文迟至今日方作。说实话，菩萨不思议境界又岂是笔墨所能明，故今此文实乃不得已而为之，唯愿识者见谅。

在此也愿阅《雪松大师菁华录》者皆能以雪老为楷模，发菩萨愿，行菩萨行，以智慧眼引导群迷，以慈悲怀普利众生，使此浊土早成净土，方不负编者之美意，也契合雪老之心矣！

二〇〇七年十二月十二日于湖北黄州

革命和尚雪松法师

廖立地

1940年1月，新四军进驻江苏盐城后，陈毅同志为了扩大抗日统一战线，不仅团结了地方上的一些开明士绅，知名人士，还团结了一些有影响的佛教界的朋友，雪松法师就是其中的一位。

雪松法师，俗名陈明伦，当时担任盐城永宁寺方丈、盐城县佛教会代理会长，盐城县的参议员。雪松法师当上参议员后，积极参加参议会的各项活动。他听过陈毅同志的《帝国主义战争与中国问题》和刘少奇同志的《我们在敌后干什么》的报告，进一步了解到当时的国际国内形势和党的抗日统一战线政策，增强了对团结抗战、抗战必胜的信念。雪松法师在讨论时谈到宗教问题，陈毅同志说："人民有信仰宗教的自由，人民信仰宗教，我们共产党人绝不干预。"在新四军所发的文件中，有尊重少数民族风俗习惯和宗教信仰的内容。

雪松法师为革命做了不少有益的工作，其中特别重要的是他利用自己的特殊身份，冒着生命危险掩护过党的地下工作者胡扬、苏海、还寄萍、李寄农等同志。为此，刘少奇、陈毅同志对他给予高度评价，称他为"革命和尚"。

1941年的春天，有一天，盐阜区鲁迅艺术学院华中分院教务主任丘东平对雪松法师说："我们政委、军长都知道你有学问，也知道你对我们的工作同志有过帮助，很想来看看你，你有时间吗？"雪松法师说："他们大驾来看我，不敢当，不敢当。我这几天，白天在参议会开会，晚上是有时间的。"丘说："就明天晚上，我陪政委、军长来怎么样？"雪松法师说："那我就办几样简单的素菜，聊表我的敬意。"后经丘东平往返联系，刘少奇、陈毅同志愉快地同意在拜访雪松法师时在永宁寺吃晚饭。

第二天下午，参议会散会后，雪松法师在回家的路上，一个邻居神色惊慌地告诉他："不好了！你出事了，现在你不能回去，有几十个持枪的新四军进永宁寺了，门口的岗哨也站起来了，最好避一下为好。"雪松法师很诧异，心想："如是汉奸、鬼子或顽固派可能会来找我麻烦，因为我有过爱国言论和爱国行为，可是新四军现在城里，我是衷心拥护新四军的，新四军是决不会来找我麻烦的。这到底是怎么回事呢？"躲避也不是办法，他问心无愧，硬着头皮回去想看个明白。他刚走到永宁寺门口，一个站岗的新四军战士对他说："我们政委、军长看你来了。"他这才放心地进庙，知道这些军人是客人带来的警卫员，那位邻居因不知情况把事情说错了，从而引起一场虚惊。

见面后，陈毅同志说："雪松先生过去对我们工作帮助很大，希望今后能给我们更多的帮助。"又说："在参议会上听到你的高论，我们很佩服。"刘少奇同志很关心雪松法师的写作生活，很亲切地问他："写过哪些作品？"雪松法师说："过去写的都是以佛学为主，近来写的都是以抗日战争为题材的新体诗和散文，由于文学基础太差，写的很不成熟，今后还请政委、军长多多指教。"雪松法师知道刘少奇是湖南人，陈毅是四川人，便说："湖南、四川我都去过。"陈毅随即问他去四川到过哪些地方住在哪里，雪松法师都作了回答。此外，刘少奇、陈毅和雪松还谈到佛门中的一些事情以及国民党消极抗日、积极反共的一些情况。这次新四军的主要领导同志亲自到寺庙访问、交谈，给雪松法师留下了深刻的印象：新四军领导人与国民党军政大员大不相同，没有一点官架子，态度和蔼可亲，平易近人。

几天后新四军部举行宴会。宴请盐阜区开明士绅和国际友人，雪松法师也收到一份请柬。雪松法师感到很为难：自己是吃素的，如去赴宴势必增加军部的麻烦，需另外为自己准备素菜；如不去，又怕失礼。雪松法师考虑再三，决定提前去军部。陈毅同志在得到传达员的报告后，亲自到天井里迎接，并和雪松法师热情握手，到了办公室，敬烟、沏茶，畅谈起来。不一会儿，刘少奇同志也来了，一面和雪松法师握手，一面说："华北来了几个同志谈工作，失迎了，失迎了。"等他们坐定后，雪松法师说："今天我来军部，一是回访，二是对宴请，我心领了。"刘少奇同志说："我们知道你吃素，特地准备了素菜，买了罐头，你一定要来!"新四军政委、军长对一个普通佛教徒如此关怀、体贴，使雪松法师感动不已。当晚，雪松法师十分高兴地参加了新四军军部的宴会。晚宴后，军部又举行了有干部、群众二千多人参加的"欢迎盐阜开明士绅文艺晚会"。晚会开始，在新四军领导致辞后，第一个就点名"请雪松法师讲话"。接着就鼓起掌来。由于事先没有准备，雪松法师感到很窘迫。他走到主席台的中央，讲了一些希望国民党和共产党团结抗日的话。雪松法师在这次晚会上的讲话，以及在参议会上的发言，当时在华中局主办的大型报纸《江淮日报》上都有报道。他写给新四军伤病员的信，《江淮日报》也曾全文发表过。地方党报《老百姓报》的记者还专门为他写过一篇特写，题为《访雪松法师》，充分肯定了雪松法师的爱国言论和拥护革命、支持革命的事迹。

在以后的日子里，雪松法师在盐阜抗日民主根据地积极参加动员群众缴爱国公粮、动员青年参军的工作。因他青年时代学过中医，因此他还积极参加救治新四军伤兵员的工作，创办了盐城佛教抗日教护队，并担任救护队的主任教官。他还积极参加抗日文化活动，担任龙冈夜校教员，兼任几所中小学的校董，主编《惠群月刊》，教唱革命歌曲等。

1941年7月，日伪军对盐阜区进行了大规模扫荡，新四军主力作战略转移。盐城沦陷后，雪松法师不得不下了农村，他积极参加乡下民主政府的有关活动。7月间，他写信给陈毅同志，8月底，陈教同志写了复信。陈毅同志的复信是由体真老和尚代收的，体真很谨慎，他没有把原信转给雪松法师，而是照抄一遍，不写上下款，派专人送给雪松法师，以为这样就安全了。殊不知信的内容是革命家的口气，雪松法师在收到信的当天晚上就被日伪军逮捕了，后来分析送信人可能在路上被搜查后又放行，敌人跟踪发现了雪松法师的住址，晚上就逮捕了雪松法师。那封信成了"犯罪"的"铁证"。敌人要他交代打埋伏的共产党，他拒绝招供。软的不行，就来硬的，敌人把他悬

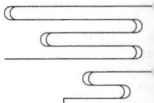

空吊在屋梁上毒打，后来多亏友人的帮助才逃出虎口。

雪松法师1946年任中国佛教会整理委员会秘书，1947年任中国佛教会常务理事兼秘书长，1948年，中国佛教会从扬州迁址到南京后，他还兼任南京市佛教会会长。1949年5月，雪松法师脱下僧装，回到他的家乡江苏省江都县，一直在乡下行医。尽管他不再从事佛教活动，但他始终没有放弃佛教信仰，早晚烧香拜佛诵经修持，终生不娶，吃素行善积德。他晚年多次到盐城永宁寺，在佛教活动时他以自己在抗日战争时的亲身经历教育佛教徒，要跟着共产党，坚持社会主义制度，做一个爱国爱教的好佛教徒。雪松法师先后担任江都市政协常委，扬州市、盐城市佛教协会名誉会长。江都市政府还免费为他安排了住房，所在单位每月发给退休金，党和政府对他政治上关心、生活上照顾，令老人感动。

雪松法师不幸因病医治无效，于2000年1月24日下午3时在盐城永宁寺安然圆寂，享年91岁。江苏省宗教事务局副局长袁普泉、盐城市和江都市的党政领导和中国台湾、新加坡等海内外诸山长老、大德居士近千人参加了追悼会。盐城市政府副市长谷容先在追悼会讲话中对雪松法师的一生作了高度评价，他说：雪松法师的一生是爱国爱教的一生。抗日战争期间他利用自己的特殊身份，掩护党的地下工作者，组织佛教抗日救护队，积极救治抗日军民，开展抗日文化活动，动员群众缴纳爱国公粮，动员群众参军，在抗日民主政权内积极参政议政，被刘少奇、陈毅同志称为"革命和尚"。解放后，他虽然一度脱下僧装，但仍坚持虔诚的佛教信仰，严守戒律，茹素独身，平时乐善好施，扶贫济困，行医助人，救苦救难。他的弟子遍布海内外，他积极为祖国统一、民族团结做工作。他尽管在历史上曾受到过极"左"路线的冲击，但他仍坚信共产党不动摇，坚信邓小平理论不动摇。希望佛教界人士和广大信众继承和发扬雪松法师爱国爱教、为革命不怕牺牲的精神，为我国社会主义现代化作出应有的贡献。

（廖立地：盐城市民族宗教局原局长）

第二节 纪念茗山法师文章

道标千古 德行天下
——深切缅怀茗山法师
觉醒

山林含悲，江河鸣咽，敬爱的茗老永远离开了我们。大德西归，四众扼腕。

曾几何时，老人家还四处奔走于古刹名山，遍施法雨，频散天华；转眼间却已撒手西去，归位九品。怎能忘，老人家重病之躯升座说法的情景，当弟子们劝其爱惜法体时，老人家一句"再不弘法，就没有时间了"，让在场者为之心痛语塞；谁不忆，大德长舌广出、音发微妙，深刻的佛法哲理寓蕴于朴素真诚的话语之中，浅显易懂的生活性语言托载着艰深的佛经奥旨，处处深入浅出，推表及里，其化解融通之功绝非一日养成。平凡的一生积聚了多少不平凡的经历。从武昌佛学院的崭露头角到竹林佛学院的教学相长；从十年"文革"中的矢志不移到改革开放后的勇挑重担；从诗词到论著；从讲经到出访，一生弘宗演教、为法忘躯，竭力化导四方、诲人不倦。一世德行，诚缁素表率，道范楷模。

茗老病重期间，上海市佛教协会、玉佛寺有幸尽地主之谊，配合江苏省及镇江市有关部门在护理、治疗等方面做了一些工作，我本人也坚持每日往返医院探视，并亲聆教诲。病榻上的老人仍然时刻关心着国家大事，无论是中美撞机事件，还是上海五国元首会晤，他都萦怀牵挂。一代高僧时刻关注的是世界的和平稳定、国家的繁荣昌盛、人民的美满幸福，慈爱无私的广阔胸襟千古垂范。茗老一生爱国爱教，尤其关心着年轻一代的健康成长，老人家常说的一句话就是："你们年轻人是祖国的未来、佛教的希望，要好好珍惜啊！"疼爱关切、语重心长。我虽与茗老接触较晚，但老人家的亲切、热忱、坦率、真诚却给我留下了极深的印象，往事历历，难以挥却……

1995年12月1日，恩师真禅上人溘然长逝，全寺上下一片悲痛，所幸恩师一向注重民主管理，寺务工作才未因此陷入瘫痪，一切仍是那么井井有条，但是玉佛寺是国际著名的寺院，也是上海市重点旅游接待单位，住持的长期空缺不利于日常工作的开展。经过酝酿和协商，最后一致推举我继任第十一任住持。就在报告送交有关部门待批的时候，茗老从焦山打来电话，希望能为我送座。在请示同意后，1999年11月25日，我们举行了简朴而庄严的升座仪式，茗老将我送上法座，我正式就任方丈。这是我人生征途上的一个新起点，统领大众、教化同修的重任从此落在了我稚嫩的肩膀上。

作为年老资深的大德，茗老对我寄予了厚望，也倾注了关怀，我深切地体会到茗老送座的真实含义。

送座就是扶持，送座就是教诲，送座就是鞭策。老人家的主动关爱，对我无疑是一次莫大的鼓舞。在日常工作和学习中，只要一想起真老、茗老等老一辈大德慈爱的目光、关切的话语，我就信心倍增。我坚信，前进道路上的一切艰难险阻都无法改变我庄严刹土、报效祖国、弘法利生、回报四众的坚强决心。

就在升座不久的一天中午，我正在准备一篇下午开会的发言稿，突然电话铃声响起，我拿起电话，是盐城永宁寺的监院乘愿法师打来的，他通知我第二天上午到盐城去一趟，接受茗山法师的传法。起初，我以为他是在开玩笑，因为此前从未有人提起过，等到他一本正经地重复了一遍，我才确信这是真的。他说，传法之事，茗老已考虑很久了，认为我很合适。尽管毫无思想准备，但是茗老德高望重，肯传法予我，显然是我莫大的荣幸。于是我爽快地答应了。放下电话，我匆匆地做了些准备，下午会议一结束，我就赶往盐城。车行至永宁寺，茗老早已等候在门口，望着我风尘仆仆的样子，老人家开心地笑了。第二天上午，我和普仁法师、能修法师一起接受了茗老的传法，从此我成了临济宗第47代法脉传人。法音流播、永世传芳，是老人家赋予我的光荣使命，我永远不会辜负老人家的殷切期望。

玉佛寺的僧职员工大都注意到，最近几年，茗老到玉佛寺来的次数明显增多，大型讲经法会、真禅法师圆寂纪念会，茗老几乎每次必到。讲经法会上，茗老登法王座，作狮子吼，台下四众云集，偌大的法堂被挤得水泄不通，法会完毕后，人们仍久久留连，不肯离去。在真禅法师圆寂纪念会上，茗老风趣幽默，追思无限，显示出一个有德长者的淡泊和洒脱。记得他不止一次地回忆起与真禅法师在竹林佛学院同学共事时的情景。他说："我比真禅法师年长，但真禅法师的资历比我高，我做学生时，他已做了监学；而今真禅法师舍报西归，我却苟活人间，应该让我先去才是……"言辞恳切，字字率真，老一辈人深厚的情谊令人动容、催人落泪。光阴苦短，人命无常。而今，茗老也离别我们匆匆西去，我们祈愿他老人家早登莲台、乘愿再来。作为佛教事业的传承人，我们要化悲痛为力量，继承老人家的遗志，沿着老人家的光辉足迹奋勇向前，为建立人间净土贡献自己毕生的精力。

斯人去矣，东风难唤，缅昔追远，谨以为志。

痛哭戒师茗公老人示寂

心澄

2001年6月1日，当代爱国高僧茗公老人于上海圆寂，噩耗传来，犹如晴天霹雳，令我惊讶异常，老人真的离开我们独赴安养了吗？一连串的问号出现在脑际，使我不敢置信。

次日，我接到老法师灵柩已归至焦山的消息，一早就趁车来到老人灵前，心中只有怅惘，只有悲痛，茗老的音容笑貌浮现在眼前。

栖霞受戒 获益终身

记得20年前，国家落实宗教政策时，我还是一个不懂事的年轻人，过着简朴的农村生活。那时候虽然年轻，但早就听说镇江金山、焦山慈公大和尚和茗公大和尚德高望重、才艺双全，我从闻名而生敬仰，从敬仰而有了出家的动机。1983年，我19岁，便离开了故乡，到金山礼上慈下舟老和尚出家，逢年过节便到焦山礼敬茗公老人。1984年10月，在慈公大和尚推荐下，我报考中国佛学院南京栖霞山分院，成为首届学僧。入学后，我惊喜地发现栖霞寺住持、佛学院第一副院长正是茗公老人，倍感亲切，老人见我来自金山，格外高兴，鼓励我认真学习，用功修行。

在开学典礼上，老人谆谆教诫我们："光阴一刻值千金，莫让堂中错用心。珍惜此行真不易，前程万里始于今。""一寸光阴一寸金，寸金难买寸光阴。""勤修勤学勤思考，二六时中善用心。"并为每位同学书写："和合求团结，勤劳终有益。清净故坚持，庄严性自寂。"

老人在学院教授戒律课程，在讲解戒相、戒体时，以其亲身经历，叙其开遮、止作，并以自己的亲身实践为同学们做榜样。老人不管冬天怎样冷、夏天怎样热，上殿过堂天天如是。除了殿堂事务外，还要接待多方慕名来访的缁素，有时更应来者请求，赐以墨宝。到了天黑，他带领我们进念佛堂去坐香、念佛，待同学们都休息了，他老人家还结跏趺坐备课、用功、写日记，日日如是，年年如是，没有一天不如是。他对我们这些青年学僧，既怕我们虚度光阴，又怕我们过于辛劳，悲心似海的慈爱，真是使人说不出来的温暖。就在就读佛学院期间，我受戒于他老人家的座下，成为老人家的戒弟子，老人的一言一行，不断激励着我，无论身处顺境还是逆境，我都时时牢记老人的教诲，老人的身教言传，使我获益至今。

在老人的慈光照耀下，我被佛学院评为"三好学生"，老人非常高兴地与我们三好生合影留念，我每次看到与老人的合影，都被老人巨大的力量所感动。1986年，我考入北京中国佛学院本科班、研究班。其间，老人去北京开会，我每每拜见，总是获益匪浅，直到1992年从北京回金山，才又有机会亲近老人，沐浴在他的慈光之中。

谦虚笃实 人天榜样

茗公老人，内证功深，非我所能知，但其平时待人接物，谦虚笃实，堪为后世楷模。如有学僧前往参拜，老人必回礼相答，或亲手携扶，善言相慰，令人如投慈怀，有身心轻安之感。每年春节，给茗老拜年的信徒很多，对年轻的法师及信徒的孩子，老人或给红包，或赐送礼品结缘，给人以如沐春风、如获至宝之感。老人年事虽已高，但仍到世界各地讲经弘法，举办书法展。从"文革"后落实宗教政策以来，老人先后率团赴日本，新加坡，中国香港、台湾等地弘法；并应国内外诸山之请，或传戒、或讲经、或开光，特别是任中国佛教协会副会长后，弘法工作更为繁忙，每到一处，老人的亲切、慈祥、辩才、书法，都给人们留下深刻的印象。1998 年，我有幸随老人在汕头弘法，其间，老人每到之处，前呼后拥，政界要员、广大信徒，无不法喜充满，每每有人称赞老人说："茗老，您老德高望重，为了佛教，您老要多保重。"老人都亲切地说："那是人家尊重我，我还做得不够，大家都要保重。"有一次在敦煌，老人刚为信徒写好书法，我见老人秀丽挺拔的书法，便对茗老说："茗老，大家都称赞您老书法写得好。"老人答道："是哎！人家都说我写得好，那是人家对我的赞扬，其实我还写得不够好，你还年轻，你也要好好学，将来一定能超过我！"老人如此谦虚，令人感动，老人的言行，堪为后世榜样。

怀念茗老 想起佛教

从佛教的兴衰来说，茗公老人弘法利生所取得的巨大成就，全仗自身的修养与内证功夫，应作为佛教楷模。老人是太虚大师的法孙，八宗兼弘，犹重戒律与净土，他的持戒精严，止作如仪，他的清苦淡泊，几十年如一日，信徒供养老人的钱物悉归常住。为了修建万佛塔，老人不顾年事已高，南北奔走，而竟能无恙，足见平日修持功夫已超上乘，否则无以表现其金刚百炼之身，及三轮体空之甚深证德，以此艰苦卓绝的造诣，来庄严他的功行，更足以增加四众的信仰，老人家终于实现了修建万佛塔的宏愿。我们从老人身上看到了修行者的风范，尤其是随缘修复、随缘付托，丝毫没有居功归己之意。老人弘法生动，凡举譬喻都在经堂台上，在阐述"佛教业果，业力重者先沉沦苦海"这段经文时，老人则以茶叶为例，每次看到茶叶经水浸泡后重者先沉，故以叶重先沉，警示大家，其譬喻生动有力而易懂。老人把佛教融入生活之中，以生活体会佛教义理。记得在栖霞山佛学院最后一次亲近老人，是到南京参加江苏省宗教局举办的"声讨梵蒂冈封圣座谈会"。散会后，我与隆相法师搀扶老人回房间，老人坐定后对我说："我老了，佛教的希望寄托在你们年轻人身上，你们要好好学!"接着，老人跟我们讲到了《裴休丞相送子出家警策箴》，且一句不漏地背诵全文："汝及出家须立志，求师学道非容易；烧香换水要殷勤，佛殿僧堂勤扫拭；莫闲游，莫嬉戏，出入分明说处去；三朝五日不归家，妙法何曾闻一句；敬师兄，训师弟，莫在空门净闲气；上恭下敬要谦和，莫轻他人自逞势；衣食艰，非容易，何必千般求细腻；清斋薄粥但寻常，粗布麻衣随分际；荣华止在紫罗袍，有道何须黄金贵；解三空，明四智，要超初果至十地；礼观音，持势至，别人睡时你休睡；三更宿尽五更初，好向释迦金殿内；剔明灯，换净水，礼拜如来求智慧；报答爹娘养育恩，天龙八部生欢喜。偈曰：含悲送子入空门，朝夕应当种善根。身眼莫随财色染，道心须向岁寒存。看经念佛依师教，苦志明心报四恩。他日忽然成大器，人间天上独称尊。"听到老人有韵有节的背诵，老人如此好的记忆，令我汗颜。更难得的是，老人逐字逐句给我们开示，更使我受益无穷，特别是老人讲到身眼莫随财色染，出家人最要紧、最难做到的就是要看破财色，放下执著，获得自在。如此真情诚意，使我更为感动，这样爱护后辈，又怎能使我忘记这位大德呢？

就在动笔写这篇文章的夜间，我在梦中依稀看到了老人家走进我的书房，指导我习书，向我说起焦山十三房之事，指导我如何修行、如何做人。当我醒来时，眼泪已湿透了枕边，老人对我的一片慈怀，我是无法用文字来表其万一的，不过是在念深恩难报万分的忏悔之余，略陈衷曲罢了。

一代宗师 茗垂千古
——沉痛悼念茗山法师
袁普泉

"一代宗师，茗垂千古"，这是我在茗山法师圆寂以后送给他的一副挽联。2002年6月1日，茗山法师已西去整整一周年，但他的音容笑貌和大德风范，他的宏伟业绩和谆谆教诲，时时在我脑海中萦回；我在江苏省宗教局工作11年，较长时间分管宗教工作，茗山法师作为中国佛教协会副会长、江苏省佛教协会会长，我与他交往甚多，感情至深。挥泪祭宗师，顿首忆往事，心潮实难平。

爱国爱教

茗山法师在佛教界召开的各种会议上，在讲经说法的过程中，经常发自肺腑地说："作为一个中国公民，爱国是最根本的，是第一位的。""没有社会主义祖国，没有党的宗教政策，就没有今天的中国佛教；宗教的兴盛是完全建立在国家兴盛和政治修明的基础上。"茗山法师的爱国主义思想，是在青年时代就逐步确立的。他家境贫寒，父亲以教私塾为生，母亲是一位虔诚的居士。他19岁时皈依佛门，在太虚大师爱国主义思想的熏陶下，树立了庄严国土、利乐有情的思想。在抗日战争中，他秉承太虚大师之志，四处奔走呼吁抗日，在湖南衡阳一带，筹集粮食、衣被支援抗战。衡阳沦陷后，在日寇侵略者的屠刀下，他大义凛然，组织救护队为国效力，为民渡难，表现出铮铮铁骨的民族气节。茗山法师在庄严国土方面尽心尽力，事事想到报国土恩。"文革"后，他亲自参加了镇江焦山定慧寺、句容宝华山隆昌寺和无锡祥符寺等重点寺庙的修复和新建，1998年又在焦山山顶重建已毁六百余年的定慧寺万佛塔。他在对栖霞山佛学院的学僧讲话和授课中，经常谆谆教导学子："愿诸戒子爱国爱教，永记勿忘，若非国家政策之保护，岂有宗教信仰之自由！"1995年8月22日，茗山法师在全省宗教界人士纪念抗日战争胜利50周年座谈会的发言中，列举大量事实，说明佛教僧侣在抗战期间，在掩护、支援、参战、救护等方面，做了许多抗日救亡工作。最后，他赋诗一首，表达他热爱祖国、反对侵略的意志："抗战烽烟计八年，日兵罪恶诉难全。杀人放火真堪恨，屈膝投降谁为怜？中国军民共奋起，出家僧侣众支前。而今订约为朋友，惟愿和平代代传！"1984年，江苏省政协举行报效祖国先进委员表彰大会，茗山法师是受表彰的惟一僧人。1998年，江苏省政协换届研究人选时，茗山法师虽已85岁高龄，但大家认为这位德高望重、爱国爱教的老法师一定要安排。于是，他成为江苏省第八届政协委员，在常委中也是最年长的一位。近二十年来，茗山法师多次出国和到中国香港、台湾等地区访问。他说："是爱国主义思想指引我，在接待、出访与外宾谈话以至书信来往中，我总是把国家荣誉和政治影响放在第一位。"他以对祖国的深厚感情，对佛教教义、教理的精通，对事物睿智、深入的剖析和对人慈悲圆通的言行，受到众多佛门弟子的尊敬和爱戴。他接引入佛门的弟子众多，总是不失时机、深入浅出地"开示"他们要爱国，要做一个好公民，要懂得佛教所倡导的建立"人间净土"，就是要通过弘扬佛法、净化人心、摒除妄念，尽其力服务社会。他说："佛法不离世间法，也就是要我们立足现实，在各自的岗位上踏踏实实，为国家出力，为社会作贡献。"由于他将爱国之心融于佛法，以无私奉献的精神报效祖国、利益众生，多次受到党和政府的表彰，多次受赵朴初会长的委托，代表中国佛教协会在国际交往和佛教界的重大活动中担当重任。1998年12月，茗山法师再次被评选为江苏省宗教界为"四化"服务先进个人。他毕生执着追求的爱国爱教的人生真谛，化作令人敬佩和学习的爱国行动。

学识渊博

茗山法师1934年到镇江焦山定慧寺受具足戒，后留在焦山佛学院读书，成为首届高材生。当时智光老和尚任焦山定慧寺方丈兼佛学院院长。1936年，智光老和尚的同窗好友太虚大师推荐茗山法师到武昌佛学院研究院深造。接着，茗山法师追随太虚大师潜心钻研佛学，聆听大师教诲，长达十年之久。

太虚大师对茗山法师的人品、佛学和求知精神非常赏识，委派他于湖南衡阳、耒阳、长沙等地寺庙任职和筹办佛学院。抗日战争期间，太虚大师出国争取国际友人对中国抗战的同情和支持，将衡阳花药山寺的事务交给茗山主持，当时茗山法师才二十多岁，但他不负其望，工作做得很好。从1951年起，茗山法师一直任焦山定慧寺方丈。他秉太虚大师对大乘各宗教平等融会贯通之说，定慧双修、刻苦修行，认真研究佛理，通晓经、律，所作论文及诸经讲义甚丰。"文革"中，他编写了《法华经》《地藏经》《仁王般若经》《心经》《阿弥陀经》等经提要，供自己和他人"受持读诵，如说修

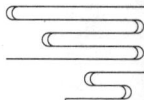

行"之用。由于他佛教学识渊博，造诣深厚，新加坡、中国香港、台湾等地佛教界朋友经常请他去讲经说法，内容博大精深，涉及《华严》《楞严》《法华》《净土五经》以及戒律等。1981年4月，他应香港大屿山宝莲寺和宝林寺方丈圣一法师邀请，前去讲经并参加宝莲寺佛像开光活动，成为"文革"后江苏省第一位去香港讲经的长老，在港110天，他先后到六处佛教团体讲经说法，所到之处，信众夹道欢迎，跪拜礼请。他以渊博的佛学知识和慈悲法相，赢得了海外四众弟子的好评，同时也消除了部分人对中国大陆宗教政策的疑虑和误解。1998年9月，台湾悟明长老、了中长老等，率台湾佛教四众弟子198人，到南京迎请灵谷寺珍藏的唐代高僧玄奘大师顶骨舍利一份，到了中法师创办的玄奘大学供奉。在欢迎会上，茗山法师致词，倡导海峡两岸佛教界学习玄奘大师热爱祖国、追求真理的精神，为实现祖国和平统一大业作出贡献。他是护送玄奘大师顶骨舍利到台湾玄奘大学安奉的代表团团长。其间，在玄奘大学举办的一次佛学研讨会上，他对佛学理论的阐述，三言两语就切入正题，言简意赅，讲明很深的道理，听者无不肃然起敬。我作为在场听众，也深为他渊博的佛学知识和造诣所折服、赞叹，深感台湾佛教的根在祖国大陆，高僧在祖国大陆。

茗山法师每天学佛、写作十分刻苦，常到深夜。他写过许多佛教论文，引起学术界瞩目，1992年出版了《茗山文集》，赵朴初会长为文集题签，南京大学原校长、教育家匡亚明为文集写了序。序中说："像茗山法师这样德才兼备的高僧，在我国现在是不多见的。"

弘法利生

茗山法师常说："弘法是家务，利生是事业。"为了弘扬佛法，他全身心投入。特别是近十几年来，他不顾年老体弱，不辞长途跋涉之苦，应邀前往海内外讲经传戒，参加佛教学术文化交流活动。他时时想到维护三宝道场、弘扬三藏圣教。他的足迹遍及全国许多省、市，大小寺庙的重要活动，凡是请他去，他都尽力安排，从不说一声累。他说："众生平等，小庙道场更要维护。"放戒是一项很辛苦的弘法事业，每到一处，茗山法师自始至终都尽到得戒师之责。句容宝华山隆昌寺，历史上每年春秋各放戒一次，1957年后停止了放戒。茗山法师兼任方丈后，于1992年秋开三坛大戒，近千名戒弟子得戒。在放戒过程中，我每次去看望他，都发现他十分疲倦、劳累。但他都十分认真地去做每一件事。他认为佛教界培养接班人是最紧迫、最重要的事。因此，1982年他就在赵朴老的领导、关心下，在南京栖霞寺开办僧伽培训班，招收来自全国18个省、市的184名学僧学习。他对重点寺庙接班人的培养和选拔十分重视。鉴于江苏重点寺庙多，大德长老多，我多次与他商讨并做了大量的工作，终于解决了一批年轻僧人担任重点寺庙住持的问题。特别值得一提的是，无锡祥符寺内的灵山大佛，高88米的释迦牟尼青铜佛像（连同莲花底座为108米），堪称世界佛像之最。在建造过程中，赵朴初会长和茗山法师都倾注了许多心血。1998年是佛教传入中国二千年，茗山法师在祥符寺主持了中国佛教协会举办的一系列纪念活动。1998年底，赵朴老亲自嘱咐我，茗山法师年事已高，拜托我照顾好他，让他减少一些社会活动，多考虑全国佛教的大事。德高望重的赵朴老多次到江苏，我大多参加接待和陪同，特别是在建造灵山大佛过程中，我与赵朴老的因缘也十分殊胜。现在，他交给我这个任务，我觉得担子很重，思考再三，我郑重地和茗老谈了一次心，并以四句话相赠："深居简出，大事出场，整理文稿，传之后代。"在这一段时间里，茗山法师忙于灵山大佛的事务比较多，我就特意嘱请灵山公司吴国平总经理照顾好茗山法师。1999年3月4日，茗山法师专门写给我一封信。信中说："前承面谕四句偈，茗感到正合自心，并即付诸实践：明日即离镇赴锡（住马山绿波湾纺工疗养院，此住地请保密，不向外人说），一面疗养，一面整理《焦山志》文稿，特此奉闻！前承关心茗山病体，电告请南京中医院院长为茗治疗，深为感谢，正因有赴锡疗养之约，故不能再到南京就医，请谅解！"但茗山法师休息的时间不长，便又投入佛教界的活动之中。有几次他专门从外地打电话给我，要我代他回掉一些活动。我以赵朴老的交待为由，代为回绝了一些，但他自强不息，壮心不已，仍然为佛教的事日夜操劳！

茗山法师具有乐善好施、济世度人的品德和胸襟。他认为佛教是大慈大悲、救世救人的宗教。几十年来，他一直奉行佛教的慈悲主义，为社会做功德，为大众做善事，例如，当他得知镇江市筹建慈善基金会时，主动捐赠6万元。他从报纸上看到江苏省希望工程经费短缺，即汇款2万元。他了解到镇江东大门丁长路工程缺资金，又寄去3万元。1998年夏季，全国发生特大洪涝灾害，茗山法师日夜写字，参加赵朴初会长为赈灾发起的字画义卖活动，他个人还捐款2万元。

茗山法师生前曾对我说过："凡有人向我求字，我都尽力满足，以字与众生结缘，从不收钱。"通过我向茗山法师求字者亦不在少数，有寺庙，有同

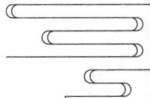

事，也有朋友，他总是有求必应。我则尽量控制，不轻易索取。2000年夏，茗山大师听说我要搬家，他即写"宁静致远，淡泊明志"八个大字的横幅送我，祝贺乔迁之喜。我把它挂在家中堂上，视若珍宝。他呕心沥血，写字常常到深夜，侍者劝其休息，他总要把想写的字写成才肯休息。

茗山法师除写得一手好字外，还能出口成诗。他一生写诗数百首，被称之为当代诗僧。他记忆力极强，思维十分敏捷，可谓笔不离手、诗不离口，走到哪里写到哪里。他有每天记日记的习惯，许多诗作就记载在他的日记中。他的诗格调高雅，蕴意含蓄，不落俗套，生活气息十分浓郁。

茗山法师一生节俭，平时连一件旧衣服、一张纸都舍不得丢弃。我和他一起吃饭时，常常看到一粒饭掉在桌上，一颗花生米掉在地上，他都捡起来吃掉！他外出讲经、传戒，居士给他个人的供养都交给寺庙常住，自己从不乱花一分钱。他对自己要求十分严格，常以"惭愧僧"自谦。他每到一处从不给别人添麻烦，总是以慈悲宽厚之心善待他人。茗山法师虽已远去了，但他高僧大德的典范形象却将留在世人心间。

茗山法师 我的良师益友

张秉铎

1983年10月，我到江苏省民族宗教事务局任副局长，正值中国佛协栖霞山僧伽培训班临近结业，各种活动很多。我经常到栖霞寺参与接待国家宗教事务局领导以及来自全国的宗教干部和高僧大德。从那时起，我就与茗山法师结下了不解之缘。

后来，茗山法师任栖霞山佛学分院副院长（院长由赵朴初会长兼任）和栖霞寺方丈，老法师身兼数职，除了要完成学院的教学任务，还要管理好寺庙。他当时已年近七十岁，但他治学严谨，热心培养接班人，不辞辛苦的工作精神令人敬佩。我们也常劝老法师多多注意身体、适当休息，而他却说赵朴老比我们还年长、事情更多，我们按赵朴老的教导，培养合格僧才，加强人才建设是关系到中国佛教命运的头等大事，是我国佛教事业建设与发展最紧迫、最重要的任务。他还说现在佛教人才奇缺，不只是我们江苏的问题，也是全国的事。因此他说他要发心、要发大心。老法师身体力行，献身佛教。他修持严谨，知识渊博，精通经、律、论三藏，擅长诗词、书法。

我和他同是政协江苏省委员会的第五、六、七届委员、常委，同在民族宗教组参加活动，十多年来，他积极参政议政，每次讨论重大问题，他都能积极正确地发表自己的意见、见解。如对1989年的政治风波，对待邪教组织"法轮功"，他立场坚定、旗帜鲜明地进行批判，而且他还从宗教的角度指出"法轮功"不是宗教，不受国家法律保护，是祸国殃民的非法组织。

我和老法师共事多年，相处十分融洽，他不仅是一位长者，还是一位德高望重的宗教界上层人士，为了江苏宗教工作，我们之间有过争论，但更多的是默契。尤其在经过十年动乱之后，宗教工作亟待拨乱反正，理论上、实践上都需要正本清源。就在落实宗教房产政策的初期，由于当时宗教工作还不能被人们理解和接受，工作的难度非常大，我们共同经历了各种艰难，建立了深厚的友谊，我从老法师身上学到不少的东西。其中有一件事，我一直记忆犹新。大家都知道老法师的书法很有名气，都想求得他的墨宝。1983年底，我们省宗教局几位领导每人向他求一幅字，内容由老法师自定，几幅字的内容各不相同，却很有针对性，都是鼓励之类的话，我那一幅字写得刚劲有力，运笔自如，气势很大，内容为："烈火锻成金玉品，薄冰履步战兢心。"

事过20年的今天，我仔细回过来想想老法师的题词，的确含义深刻，用心良苦。我将这幅字一直挂在我的卧室里，经常反省自己。也常常想到老法师送这两句话目的是鞭策自己、激励自己。记得我初到省宗教局任副局长时也才40岁出头，年轻气盛，血气方刚，遇事常常欠冷静，遇到顺利的事不免有些得意；遇到曲折、困难，就有畏难情绪，恰又在落实政策的初期，常常会遇到误解，受到各种委用，甚至受到党内同志的误解。同样，宗教界的朋友也有怨气，认为你工作不力，他们的合法权益得不到保护；有时也受到信教和不信教群众的指责。不信教群众说天下本无事，烧香引鬼；信教群众说你贯彻党的宗教信仰自由政策不力。在逆境中，我常常会失眠。但我猛抬头，看到老法师的题词"烈火锻成金玉品"，就如梦初醒。这些困难算什么，难道不应该在复杂的环境中来锻炼自己吗？我以坚韧不拔的精神去工作，为宗教界做了一点事，受到宗教界的好评。这难道是老法师一见面就知道我要在困境中工作，才送我这句话吗？这应该是老法师先见之明！也在20年的工作中，我遇到各种酸甜苦辣，就想到老法师的教导，使我深深懂得这是老法师对自己的期望。

宗教工作是十分敏感的工作，它涉及面广，群众性和政策性都很强，必须慎之又慎，切不可疏忽大意。如在落实政策的时期，的确如履薄冰，既要贯彻落实党的宗教信仰自由政策，又要加强对宗教事务的管理，要把问题解决在萌芽状态。1992年秋天，全国知名的律宗道场宝华山隆昌寺举行新中国成立后规模最大的一次传戒活动。由于客观条件所限，全国各地来的僧尼非常多，还有东南亚国家和地区的僧尼、居士。由于物质条件准备不足，给传戒活动带来很多不便。在个别坏人的煽动下，发生了一起前所未有的僧尼闹事事件，发展到极个别的坏人打了宗教干部，造成了极坏的影响。为了平息事态，有人主张应立即严惩坏人、抓出凶手。茗山法师作为这次传戒法会的得戒师，又是隆昌寺方丈，在他的慈悲心、宽容心和劝导下，我们没有立即动手抓人，避免了过激情绪，妥善解决了这起打人事件，得到了各方面的好评，尤其是宗教界的赞誉。

回忆这段往事，老法师与我初次见面，就给我这一副对联，使我一直想到自己要更好地为人民服务，进一步做好宗教工作！

1993年，我从省宗教局调到省民政厅任厅长。省民政厅的职责是代表政府履行管理社会行政的一部分职责；还有救灾救济、优抚安置等诸方面的工作。由于工作的职责不同，责任也不同。如何更好地做到上为政府分忧，下为民众解愁，除了自己要有满腔热情、掌握运用好党的方针政策之外，我时常想到自己是人民的公仆，处理各种复杂问题时，总会记忆起茗山法师写的"薄冰履步"来，深感职权越大，责任越大。

2001年5月15日，得到老法师病重的消息，我正在南通执法检查，心急如焚。5月16日，我即告假从南通到上海瑞金医院探望。到医院后，方知老法师病势很重，已无法进行言语交流了，由曙光法师和镇江市宗教局吴登昌副局长接待了我。我感到很愧疚，默默地念道"老法师，我来晚了"，随即我用纸写了一段话，内容大意是要他多多保重，放心治病，江苏佛教界需要你，中国佛教界需要你。事后，听吴登昌说起老法师看到我的字条后，竖起了大拇指，嘴边发出微微的声音："好局长，好领导。"

6月1日，惊悉茗山法师圆寂的噩耗，我十分悲痛，我们党失去了一位净友，佛教界失去了一位高僧。追悼告别会的前一天下午，我赶到镇江焦山定慧寺，寺内寺外站满了来吊唁的信徒和老法师生前好友，灵堂内外摆满了鲜花、花圈、花篮，挂满了挽联、挽幛。我在省佛教协会副秘书长弘法大和尚的陪同下，在老法师遗体前注目一周，恭恭敬敬三鞠躬，心中默默地说着："我的良师益友——茗山法师乘愿再来。"

（张秉铎：江苏省民族宗教事务局原局长）

大德去矣风范犹存
——纪念茗山法师逝世一周年
周加才

2001年6月1日，中国佛教协会副会长、江苏省佛教协会会长、定慧寺方丈茗山法师圆寂，中国佛教协会和江苏省佛教协会失去了一位重要的领导人，我们党失去了一位风雨同舟几十年的净友，我们也失去了一位可敬的长者、一位可亲的朋友。

认识茗老，是我1988年从南京大学调江苏省委统战部工作后的事。起初我虽不分管宗教工作，但因茗老是宗教界代表人物，又是我的同乡，自然多了一些亲近，也有了一些接触。1993年，我兼任省宗教局局长以后，联系就更多了，关系到全省佛教界的一些重大事情，常向茗老请教，并与其商讨。省佛教协会的有关会议，省佛教界方面的重大活动，以及其他一些座谈会、讨论会，我们也总在一起参加。无论是我去镇江，还是他到南京，我总要拜访他。茗老已去，但他的一言一行都给我留下了深刻的印象，他的音容笑貌时常浮现在我的脑海中，谨以此文略表我的哀思和怀念。

（一）

茗山法师是爱国爱教的典范。他坦然面对"文革"中受到的不公正的待遇，衷心拥护党的十一届三中全会的路线，积极落实和认真贯彻宗教信仰自由政策。他在一篇文章中说："佛教在中华大地的生存发展史，实际上就是一部不断适应我国政治、经济、文化和社会制度的中国化、民族化的佛教发展史。""佛教基本教义的理论，从始至终，是随时随地和当时的政治、经济、文化和社会制度相适应的，不然，佛教不能生存，更谈不到发展。"茗老不仅从理论上，而且在实践中（国际交往、参政议政、讲经说法、慈善事业、寺庙建设等）积极探索宗教如何与社会主义社会相适应。

1981年4月，茗山法师第一次应邀到香港讲经，在参加佛事活动时，有人怀疑不会有内地的真和尚到香港来，对他的身份产生了怀疑，但当人们见法师双膝跪下，抓地翻掌，做得那么纯熟和得体，讲经时，头头是道，流畅自然，那些人的怀疑才渐渐消除。茗老每当和我说起这些事来，总是引以自豪，但他又非常严肃地说："说老实话，我还是下了一番功夫备课的，不仅

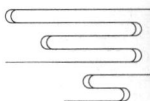

要使海外的朋友相信我是真和尚，还要使他们相信我们是有智慧的和尚，其实这才是对党的宗教信仰自由政策的最好宣传。"

茗山法师不论是接待海外宗教人士，还是出国或到中国香港特别行政区、台湾地区讲经说法及访问，都积极宣传宗教信仰自由政策，介绍人民生活安定、寺庙香火旺盛的景象增强海外华人华侨及港澳台同胞对祖国的认同感和对祖庭的向往。茗老在台湾弘法期间与别人合影留念时，时时注意避开青天白日旗的背景，维护一个中国的原则。茗老对达赖集团分裂祖国的言行总是及时给以有力的批驳，始终坚持维护民族团结，维护祖国统一。茗山法师也是较早批判邪教组织"法轮功"的宗教代表性人物之一。他以佛教的教义深刻批判"法轮功"反社会、反人类的反动本质，茗老坚持正信，反对邪教的立场十分鲜明。

（二）

茗山法师是我国当代著名高僧，毕生禅净双修，佛教知识渊博。他1934年春在焦山定慧寺受具足戒，并入焦山佛学院学习，后结识太虚法师，由其推荐入自己担任院长的武昌世界佛学院高级研究班学习和研究佛学，1946年回焦山协助太虚大师创办"中国佛教会会务人员训练班"，同年秋，任焦山定慧寺监院、焦山佛学院教务主任、《中流月刊》主编。1951年，任定慧寺方丈直至圆寂，整整半个世纪，这在中国佛教史上恐怕也是罕见的。

茗山法师毕生潜心于佛学研究与修持，静读经书，锲而不舍，孜孜以求，遍览律宗、净土宗、法相宗、密宗等诸佛经典。他通晓经、律、论三宗，尤精提婆、无著、龙树、世亲之学。法师讲经说法内容博大精深，涉及《华严》《楞严》《法华》《净土五经》以及戒律等，对善恶因果论、缘起性空论等佛学理论均有深厚的造诣和独到的见解。他的持戒、念佛、慈悲、放生、布施等修持十分严谨。所著《茗山文集》《华严经普贤行愿品讲义》《弥勒上升经讲义》《佛遗教经讲录》《楞严经四种清明诲讲记》等在学术界和四众中备受推崇，这也是赵朴初会长经常指派他组织重大法务活动、委派他组团出国访问，以及国内许多寺庙请他讲经的重要原因。

（三）

茗山法师道风纯正，为人师表。茗老极力推崇赵朴老的"人间佛教"思想，加强自身建设的五项内容（信仰建设是核心、道风建设是根本、人才建设是关键、教制建设是基础、组织建设是保证）和"独身、素食、僧装"的要求，不仅自己身体力行，在他担任方丈的寺庙内严格执行，而且他在省佛教协会上多次强调，在社会主义市场经济的大环境中，佛教更要重视信仰和道风建设，就连在南通参加狼山广教寺月朗法师升座方丈时，也不忘要求遵照执行朴老提出的加强自身建设的要求。

茗老身为大德高僧，心系佛教事业，心系人民群众。无锡灵山大佛和祥符寺的建造虽然得到赵朴老鼎力支持，但毕竟朴老在北京，且长年住院，实际上，建造过程中，许多重大事项和法务活动都由茗老操劳。为复建焦山定慧寺万佛塔，茗山法师多次外出募化，并两次举办个人书法展，万佛塔的建成开光，凝聚了老法师的心血。他去中国台湾讲经把信众送给他的供养金七万多美元以及到新加坡、中国香港讲学和做佛事活动的所有收入都归寺庙。茗老乐于做慈善事业，近年来，张家口地震、全国特大洪涝灾害、江苏希望工程等方面都有茗山法师的捐款，当他在上海住院弥留之际，仍将信众给他买补品的近两万元钱，托人带回镇江慈善基金会，救济病弱孤残和困难家庭。茗老以慈悲心肠，急人之急，想人所想，助人为乐，这种崇高的思想境界和高尚品质令人感动和颂扬。

茗山法师一生布衣素食。我和茗老多次在一起用餐，他从不让自己碗里剩一粒米、一点菜，而且还要用白开水把碗边的油冲一冲喝下去。我常劝他：已八十多岁高龄，应尽量减少到外地参加法务活动，以保重身体，他总是笑笑对我说："谢谢你的关心，人家请我，一是看得起我，二是需要我，我不去，会扫人家的兴。"正因为如此，茗老生前每年会有一段时间在外地寺庙参加各种活动，江苏省各寺庙常请他不说，他还被邀到上海、浙江、广东、福建、安徽、贵州、甘肃、海南等省去讲经说法，十分辛劳。赵朴老听说后，对茗山法师很关心。有一次我去北京医院看望他时，朴老对我说：邓大姐（指邓颖超同志）送我两句话，"劳逸结合，以逸为主"，我要将这两句话托你转送给茗山法师。当我去转告茗老时，他说："真谢谢他老人家的关心，他也托别人转告过我。"

茗山法师的感人事迹很多，难以一一表达。茗山法师辞世了，但风范犹存。他的精神，他的品格，将永远激励后人去完成他的未竟事业。

（周加才：江苏省民族宗教事务局原局长）

我心中的茗山法师——缅怀茗老圆寂一周年

翁振进

殊胜因缘，我调江苏省宗教事务局工作不长时间，就结识了茗山法师。相识一载，千载难逢；离去一年，历历在目。

未见其人，先见其文。那是2000年5月，我接到调令尚未到岗的时候，省委统战部和省宗教局联合举办宗教界上层人士参加的"宗教与社会主义社会相适应"研讨会。我在搜集资料熟悉宗教工作情况的时候，拿到了茗山法师撰写的在研讨会上的发言稿，一气读下来的印象是：文字清秀，语言流畅；情真意切，爱国爱教。我很快在南京见到了法师，一番谈吐后，结论自然是"文如其人"。令我感叹不已的是，2001年5月，住在上海瑞金医院接受抢救、生命垂危的茗老，一息尚存，仍念念不忘世界和平，用颤抖的手写下了批判"法轮功"的话语，唱出了他一生"庄严国土，利乐有情"的最强音，体现了他大彻大悟的大智慧。

茗山法师曾兼任南京栖霞寺、句容宝华山隆昌寺、无锡祥符寺、盐城永宁寺等寺住持。2000年9月的一天，接到他寄给我的亲笔信，打开一看，是要求辞去祥符寺住持。大意是，年高体弱，力不从心，辞去祥符寺住持后好在有生之年做一些诸如整理经文的事，并推荐无相法师接任祥符寺住持。我曾揣度是否还有其他方面的原因，特意去见茗老，证得是发自内心的。曾为闻名遐迩的祥符寺和灵山大佛的建设费操劳的茗老，功德圆满而辞名，难能可贵呀！高兴的是茗山法师慧眼，无相法师慈悲，祥符寺能做到的应该都做到了！

2001年4月28日，风和日丽。中共中央统战部部长王兆国同志在江苏省委副书记李源潮的陪同下，来到寺看望茗山法师。当时住在华东疗养院的茗山法师满怀喜悦地在祥符寺等到了王部长，互致问候后在方丈室亲切交谈。分别时，茗老手捧裱好的墨宝，一幅是送给部长的："水天一色胸怀宽，风雨同舟友谊深。"另一幅是带给江总书记的："风调雨顺民安乐，山高水长国富强。"字里行间，洋溢着他对英明伟大的中国共产党的拥护，对日新月异的祖国山河的赞美！这是茗山法师的绝笔，也是茗山法师的福报！就是这次会见，我发现茗老精力不济。在完成陪同任务由苏州返回南京的路上，我绕道镇江找到镇江市民族宗教事务局局长徐耀海同志，关照他们一定在"五一"假期去华东疗养院看望茗老。5月7日，吴登昌副局长去无锡探望，发现法师情况不好，力劝其住进上海瑞金医院。他去对了，但去迟了。直至6月1日下午5时58分与世长辞，二十多个日日夜夜，时好时坏，其间我到场探望过三次，看到的是他的坚强，看到的是他的慈祥，看到的是他的魅力。

"秋水鱼踪，长空鸟迹；若问何往，往生净域；觉而不迷，生必有灭；乘愿再来，何须悲泣？"真是睿智豁达，坦荡磊落。茗山法师走了，"往生净域"；茗山法师活着，"何须悲泣"！

（翁振进：江苏省民族宗教事务局原局长）

第三节 纪念应慈法师文章

爱国爱教的模范——应慈法师
——纪念应公示寂三十周年
林克智

华严座主应慈法师于1965年农历八月初五日示寂，不觉已三十周年，我虽与应慈法师无一面之缘，然他老人家的行状令我钦佩不已。爱国爱教是一个教徒根本，否则就不成为佛弟子。今国运昌隆，法轮再转，我们为佛弟子是否真正这样做了呢？这就值得我们认真思考了。

今时值末法，我们为佛弟子要抓住党和国家认真贯彻宗教信仰自由的大好时机，发大乘心，转末法为正法。这不是嘴巴讲讲就可以的，而必须要全体佛子心体力行，孜孜以求的，否则就不算爱国爱教。应老法师的崇高德行，是我们转末法为正法的楷模。学其要者，约有如下几点。

一、慈航普度众生苦。应老一生禀"国家兴亡，匹夫有责"之大义。常熟在抗战开始之时，有僧道救护队，救济前线伤员和难民，他老曾说："当国家清平之时，自愿隐逸清修，一旦有事，当作狮子吼奋迅以赴。"在上海沦陷的敌伪时期，汪伪曾几度延请他出山主持"法会"，但皆婉辞而避，保全了晚节。1949年初应老当选为上海市历届人民代表，上海市佛协名誉会长。先后又被选为中国佛教协会副会长及名誉会长，中国佛学院副院长。是为民族的利益，为人民的幸福，贡献了毕生的精力。在国庆十周年献词中，他说的"慈航

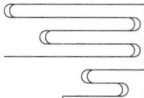

普度众生苦，幽暗乡中智慧灯"之句，这是他悲心救苦的体现。

但以此来对照现前的佛教徒甚至某些地方佛协的领导或寺院的负责法师，能否像应老一样真正爱国了呢？当然，我们有许许多多的大德法师、居士在领导佛教徒于修行自净的同时，为维修寺院、庄严道场做出了巨大的贡献，有在文物保护方面作出成绩，有在发展和服务于旅游事业做出了不懈的努力，更有为发展教育和社会公益事业捐赠净资，受到人民的称赞。所以这些，都是值得我们佛教信徒学习和发扬的。

但与此同时，也有一些不依教奉行、破戒犯规而损害佛子庄严形象的。

国家在大力开展反腐败、反贪污受贿的斗争，而我们有些人都大慷信徒供奉功德金之慨，名为搞好关系、方便工作，实际上是为了个人名利，这可算是爱国吗？我认为这是教内不正之风，应该引起足够重视，坚决加以改正。身为佛弟子，连一般公民都应该遵守的政策、法规都不能遵守，自度尚难，怎谈得上度人呢？

应老和尚一向热爱祖国、热爱人民，直至临近舍报，还在遗嘱中谆谆教导弟子们："我去世后，望我后辈弟子及学人等在共产党领导下，努力学习，拥护政策法令，积极为社会主义建设贡献自己力量，至要！至要！"应老的爱国爱教精神，永远值得我们学习。

二、悲愿无尽，为众生故。师出身富室，出家之后，一改旧习。初修苦行，执爨负舂者三载，坏衣粗食，挑粪荷锄，严以律己。一生艰苦朴素，悲愿重重。1953年师已八十三岁高龄，一次他至常熟兴福寺，寺主请吃素面，因用新鲜豆子煮汤烧面，他尝一口后，味极鲜美，疑是香菇汤，认为太奢费了，就拒绝进食。师俭朴的伙食，于兹可见。师素敬慕大智文殊师利菩萨道场，不顾气候严寒和须经长途跋涉之苦，五度朝礼五台以痛自磨砺。应老常劝业林住众发扬百丈大智禅师"一日不作一日不食"的优良传统，痛斥不上求下化、不认真修持的"享受派"。他老在圆明讲堂宣讲《普贤行愿品》时，曾谆谆开示："大众，看我于唱赞身中，披祖衣、升法座、莫非庄严否？非也。此衣共二十五条，表三界二十五有众生，凡受菩萨戒者，既披其衣，当思起其意。从此生生世世，尘尘刹刹，依菩提心，行菩提道。上供一切诸佛，下供一切众生，世界无尽，悲愿重重亦无有尽。为一切众生故，愿受一切极重苦果，而无疲倦，如此，方有少分荷担如来家业的气概，衣作红色者，表众生血肉也，众生身命，我肩负持，敢不有临渊履冰之忧，念念以自勉者！"老人家的教诲，语切声悲，四众佛子，当永远铭记。

三、说法利生，供养尘刹。"诸供养中，法供养最"。应老毕生尽瘁于弘化事业，自随师兄月霞上人先后至南京江苏僧师范学堂、安庆迎江寺、武昌宝通寺、汉阳归元寺等处参学后，对于华严教理有了较高的造诣。一九一四年协助月霞上人在沪哈同花园开办华严大学，学僧学修并重，造就了不少人才。他毕生力弘《华严》，对近代华严宗的复兴影响很大。慈舟、戒尘、持松、常惺等法师，当时均受学于应老。1917年，月霞住持常熟兴福寺，遂邀应老协助创办华严讲堂。是年冬，月公示寂于杭州玉泉寺，临终前嘱言："应弟！善弘《华严》，莫作方丈。"他拳拳服膺，1922年赴杭州西湖菩提寺掩关，礼拜《华严经》，专研贤首典籍。1925年应静波和尚之请，赴常州清凉寺创办清凉学院，拟定预科、正科各修学三年，于次年开学，后来学院先后迁往上海清凉寺下院、常州永庆寺、无锡龙华庵等地续办，期间障碍重重，应老以其弘法毅力，竟卒其功。后又于上海小浜湾得无锡薛德培居士之助，创办华严学院，自1940年3月始至1942年3月圆满，开讲六十《华严》，每天坐香，与会者百余，深得法益。1943年应上海慈云寺（沉香阁）住持峰乘之请，安居士之印月禅室，息影潜修，从事著述；同时开讲华严初祖杜工的《法界观门》，从而慈云寺就成为应老在上海弘扬华严宗的道场。1957年，他以八十六岁的高龄，在上海玉佛寺再讲《华严经》全部，这是应老最后一次弘扬《华严经》。

应老一生弘法心切，讲经说法遍及苏、浙、皖、鄂、冀、晋等省。师对于流通法实亦极为重视，他协助天宁寺冶开老和尚创办的毗陵刻经处所刻印的经书卷帙几与金陵刻经处相等。师在上海与叶恭卓、蒋维乔等组织《华严经疏钞》编印会，汇古今中日《华严经疏钞》诸版本而校订之，恢复了清凉原本之面貌，对佛教、对我国的古籍研究、整理作了大功德。

四、素行皎洁，以古自律。"戒为无上菩提本"，是修持之准则，成佛之基础，应老严以律己，对来学四众，但令以教理自悟，以戒行自持，授徒传戒之事，尤不轻予。师常说："宁愿终生入忧苦，不将佛法作人情"，故其一生只于安徽芜湖、福州鼓山、浙江天童、江苏无锡四处参与开坛放戒。于此，可显师注重戒律之苦心。于今戒律衰微，纪念应公，当重振戒纲，严持律仪，以保善根不坏！

应老教演《华严》，道维南宗，禅净兼融，人似春风，一生爱国爱教，是为四众典范。

（林克智：浙江省临海市佛教文化研究中心主任）

嘉言懿行 永为楷模
——纪念应慈法师圆寂三十周年
惟贤

一、从真禅法师的救济儿童谈起

一九五五年春初,我在北京参加中国佛教协会常务理事扩大会议,遇真禅法师,他告诉我,上海佛教协会要为纪念应慈法师圆寂三十周年举行法会,并出版《纪念文集》,向我约稿。我面对这位和蔼慈祥、年近八旬而身体健康的大德,十年来在上海关心孤儿、救苦救难的事迹,异常感动。他真诚的履行了佛在《华严经》中讲的"不为自己求安乐,但愿众生得离苦"的遗教,也是由于亲近华严座主应慈法师二十余年,得力于师教,信受奉行,始终不渝的成果。

这次中国佛协常务理事扩大会议,议题的中心是如何加强佛教的自身建设,如何与具有中国特色的社会主义社会相适应,这是与佛教的兴衰存亡有着密切的关系。我阅读了应慈法师的遗著和生平历史,深觉应公的嘉言懿行,对当前佛教存在的问题有针砭作用,是值得全国佛教徒学习的楷模。

二、从富家子弟到勤修梵行

应公的父亲系经营盐场,家庭富裕,丰衣足食。应公自启蒙时学儒,天资聪颖,卓有成绩。十六岁,因盐务繁忙,奉母命弃儒经商。二十六岁,遭家庭事故,痛感人生无常,在南京三圣庵依止明性禅师出家。在禅师的策励下,尽除富家子弟的旧行,坏衣粗食,担粪荷锄,不辞劳苦。艰苦朴素,勤俭节约。对自己,对僧众,都要求发扬百丈禅师励行的"一日不作,一日不食"的优良传统。

佛的遗教,作为僧众应"离欲寂静",断除贪欲,生活上甘于淡泊,少欲知足。不断食欲,不能超尘出俗,更不能解脱生死,应公以身作则,保持了这种作风,也是我们佛教寺院一千多年来的好传统。但是,在今天,由于市场商品经济的影响,社会上存在着拜金主义,享乐腐化,佛教界也受到了污染,有相当一部分人信仰淡化,戒律松弛,道风败坏,奢侈享乐,形成腐败邪恶的风气,使佛教形象受到损害。"狮子身中虫,自食狮子肉"。若不挽回,则佛教前途不堪设想。应公甘于淡泊的言行,应值得我们沉思和实践。

三、以智慧为先导

应公出家以后，勤学经商，弘法二十余年，足迹遍于大江南北，除宣讲晋译、唐译《华严经》外，还多次开讲《般若》《楞伽》《楞严》《圆觉》《法华》《梵网》《维摩》诸大乘经。自己勤学苦研，教弟子谆谆不倦。他提倡力修闻思修三慧，以般若为先导。他开示："若显法身得解脱者，其功全由般若也。""若般若不明，万形虚设。"（见《般若心灯》）又说："认清第六度般若，就是学佛的无上独尊，稀有之门户也。"（《与朱寿人医生开示》）又说："如认得世间一切法，如梦如幻，了了分明，便可在尘劳中做佛事，居火宅为道场。"（见《与慧明居士书》）

佛教经、律、论三藏，浩如烟海，启人以真理，示人以正道，是暗暗长夜的指路明灯。勤学般若，能建立正见、正信，具无我之智，起慈悲之心、做到无我兼修，能做到菩萨大行，庄严国土，利乐有情。但今日多数寺院，因循守旧，忙于商品化的佛事，赖旅游事业或募捐收入以维持生活，不学经论，不讲习佛法，徒具形式，实际世俗化，岂不可伤！故赵朴老提出的五个建设，以信仰、道风为首，而树立信仰、道风，则以学修一体化，提高僧俗教徒的素质为主。

四、教在华严、行在禅宗的宏伟愿行

华严一宗，正式建立于唐代法藏大师（643-712），本于《大方广佛华严经》，阐明法界缘起，认为一切法互通互融，相资相持，圆融无碍。论理事无碍法界，互摄互入，一中有多，多中有一。论事事无碍法界，大小相即，大中摄小，即小如大。《楞严经》讲："于一毛端，现实王刹；坐微尘里，转大法轮。"又说："须弥纳芥子，芥子入须弥。"即是此义。具法界观，能超越时空，不受限制，使人心宏伟，气魄雄壮，以广度众生、志求无上菩提为目的。

能穷法界之理，观事物之细，必须具有禅定的功夫。在三学中，定学为主。无定不能坚持戒律，无定不能发生智慧。古德谓禅定的功用："破执着之利斧，断情见之钢刀，趣菩提之阶梯，除烦恼之妙药。"应公依明性、月朗、冶开诸禅师，在常州天宁寺习禅，即深有所悟。次从月霞大师学华严，以禅悟为基础，能深达华严妙义，入毗卢性海，登法藏玄门，一生专弘华严，本此利他，广化群机常说："定功到家，即入般若之门。"又说："不论何时、何地、何人，若离开禅定讲佛法，绝非真正佛道，乃自欺欺人之魔道也。"（见《与妙庄书》）见地十分深刻，因此而养成自悟悟人、自利利

他的崇高品德。

应公讲禅，还崇尚净土。曾说："禅境一源，岂有二耶？"但他特别提倡自性净土，认为念佛到一心不乱时，即是开悟，得见自性弥陀。自性净土，不一定到临命终时才生净土、见弥陀。这见地最精辟，是禅净合一的最高境界，契合佛心，深达妙义。

中国佛教协于一九九一年在上海召开汉语系佛教教育座谈会，提出今日佛学院应实行"学修一体化，生活丛林化"，是深合应公早年提出的以参禅入般若之门、以华严法界观的精神济世救苦的主张。目前正在结合实施，否则，培养僧才，不会有实际效果。

五、办学以培养僧才，续佛慧命

应公于二十八岁时（一九〇〇年）在宁波天童寺依止寄禅和尚（号八指头陀）受具足戒，德识超人，戒行清净，深受寄禅和尚的器重。明初以后，在北洋军阀统治时期，当权者提出庙产兴学，各省遂有侵夺庙产、毁灭佛像、驱逐僧人的事件发生。寄禅和尚适任中华佛教总会会长，代表佛教四众，到北京请愿，与当时内务部礼俗司司长杜某抗争，意愿不遂，因忧愤而逝世于北京。这一事件引起当时全国佛教徒的公愤，对于应公的刺激和教育很大。

应公认为住持佛教，弘法利生，必须要有僧才。应公一生，办学和弘法，虽历经艰难，没有间断。一九〇八年，在安徽成立僧教育会。一九一一年，随月霞法师至南京，创立僧师范学堂。一九一二年，在上海爱丽园筹备华严大学预科。一九一四年，正式成立华严大学正科，有学生六十余人，近代著名的高僧如戒尘、慈舟、持松、常惺、霭亭等法师，都曾于华严大学读书。一九二六年，在江苏常州创办清凉佛学院，规定正科三年、预科三年，学生们在应公亲自教育下，德才兼备，成绩优异。一九四九年，在南京协办华严师范学院。除办学外，还先后到各地讲经弘法，至八十五岁，仍宣讲华严不辍。

我二十四岁在四川开县大觉佛学院任教时，认识开县的慧西法师，时年纪已老，他就曾在应公办的华严大学学习。学成后，抗战时期曾于重庆佛学社讲《华严经》，并在重庆南岸区大佛寺创办华严学校。现还在世的遍空法师（已九十岁，住重庆能仁寺）和竹霞法师（已八十五岁，住重庆罗汉寺），都是华严学校的毕业生，慧西法师曾给我介绍应公的修持弘法生活，使我欣慕敬仰，惜无缘见面。

应公的办学，以解行并重、提高品德素质、树立佛教的正信正见为主。

佛学院的学僧，每天要参禅、入冬要打禅七。主张"学院与禅堂不能离开即可上轨道"。这样，造就的僧才，本身于佛法修养有实际受用，对佛教事业也能做出实际贡献。现在办佛学院，培养人才，应作为借鉴。

六、热爱祖国，救世救民

应公一生不但爱教弘法，而且爱国爱民，受道教内外的普遍崇敬。

抗战前夕，即一九三六年春，在杭州定香寺讲《仁王讲国般若经》，祈祷世界和平、国泰民安，对日本的侵华预谋和行动有所警惕，为国担忧。

江浙沦陷期间，拒绝敌伪的利用，不担任何职务，不举行法事活动，隐居潜修。

从抗战开始到胜利止，对乐观法师先后在上海、武汉、重庆组织的僧侣救护队，救死扶伤；及乐观法师组织领导的佛教国家宣传抗战，引起国际友人同情和支持，都备极赞扬。说："抗战军兴，凡我中华志士，莫不奋臂挥戈，捍卫祖国。斯时也，我佛教明眼知识，首有僧侣救护队之组织，当国家清平之时，自应隐逸清修，一旦有事，仍当作狮子吼奋迅以赴。"（见《奋迅集》）爱国救世之心，溢于言表。

新中国成立后，应公拥护共产党领导，坚定走社会主义道路，积极参加各项爱国运动。曾任上海抗美援朝分会佛教支会委员，被选为上海市历届人民代表，上海市佛协名誉会长，中国佛协副会长、名誉会长等职务。一九六五年八月三十一日圆寂于上海沉香阁，享年九十三岁。在遗嘱中还谆谆叮嘱："我去世后，望我后辈弟子及学人等在共产党领导下，努力学习，拥护政策法令，积极为建设社会主义贡献自己的力量，至要！至要！"

我又想到应公对弟子的一段开示："吾闻之矣，未闻舍诸众生，能成佛道也。菩萨发慈悲心已，禅那为本，十度为行，生生死死，尘尘刹刹，是愿同众生苦，令众生觉，身口意业，而无疲倦，成佛不成佛，非所问也。"

真实宏伟的心胸，超人的悲愿，非有发真实菩萨心而实践菩萨大行者，非真实爱国爱教，济世救人者，不能发出此言。

当前佛教有很好的机遇，但内外存在的问题也不少。如何搞好自身建设，以适应社会主义建设？应公的开示，应作为我们的座右铭，作为我们前进的动力。

一九九五年三月二十日于慈云寺

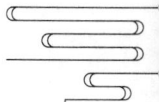

永恒的怀念 无尽的哀思
真禅

应公老法师是我的亲教师，也是我从佛门的一个小沙弥逐步成长起来的引路人，我之所以在爱国爱教的道路上，能为佛教事业贡献出一点微薄之力，可以说都是由于应公的恩赐，此恩此德，实难报答于万一。为此，我先是于一九八五年应公圆寂二十周年之际，发心重印了应公的《正法眼藏》，同时在上海市佛教协会举行的纪念法会上，介绍了应公一生弘法利生的事迹。我在讲话中着重指出，要学习应公老法师精研佛学、求法不懈、为法忘身的精神；要学习应公老法师开办僧学、刊印经书、续佛慧命的精神；要学习应公老法师爱国爱民、大智大勇的精神。在1990年应公圆寂二十五周年之际，我撰写了《缅怀华严座主应慈老法师》一文，收入我纂著的《玉佛丈室集》第三集，我在文中将他老人家的生平及弘化事迹，分为"出家修学""办学讲经""沉香阁潜修""建国后弘法""刻印经书""佛学思想""爱国爱教"等七部分，分别作了论述，所有这些，都是我对恩师应公一片缅怀之情的抒发。

今年又是恩师应公圆寂三十周年，上海市佛教协会决定举行隆重的纪念法会，并与中国佛教协会研究所，上海市宗教事务局研究室等有关单位联合召开"应慈老法师佛学思想研讨会"，这又牵动了我对恩师应公的难忘之情，我常常讲，没有恩师应公的教育和提携，就没有我真禅的今天。我之所以能在一切逆境中，信仰之心不动摇；所以能坚持不懈地在海内外弘法讲经，宣扬华严和禅宗教义；所以能够生活简朴，淡泊以明志，而把自己的积蓄和弟子们给我的香仪，捐献给上海市儿童福利院的残疾孤儿和其他社会福利事业，这都是我多年来追随恩师应公，受到他身教言教长期的熏陶所致。因此，恩师应公对我来说，确实是恩重难报。

恩师应公生前常用《华严经》中两句话教育我。要我"不为自己求安乐，但愿众生求得离苦"。今年，正逢我虚度八十，我深深地感到，应公老人是我的法身父母，实在是恩重难报。为此，我准备在上海玉佛禅寺、静安古寺、沉香阁（慈云寺）、开封大相国寺、新加坡佛教居士林等地宣讲《佛说父母恩重难报经》，以报师恩。在这里，谨将我从儿童时代起，一生中跟随在应公周围的一些往事，再加回忆、追思，整理成文，以作永久的缅怀和纪念。

一、儿童时代与恩师结下的深缘

恩师应公，原籍安徽歙县，但生于江苏东台，与我是同乡同里。他的家离我的家很近，我父亲与他家早有往还。他家业盐商，颇有资财。那时候，我们东台盛产食盐，有许多盐场。在我们安丰镇的南北两头，就有两个很大的盐仓场，那时候都是露天的食盐仓库，一包包的食盐，堆得像一座座的小山。为了怕淋雨，盐包上盖着芦席和草包，因为当时还没有塑料布。靠近露天仓库的小河里，则停靠着数不清的大船，都是装运食盐的，有的从产地运来仓库，有的则从仓库运往江南各地销售。恩师应公一家就是经营盐业的，其父亲是一位大盐商。

恩师应公早年曾考取秀才，但在十六岁时，因家中乏人经理盐业，其母即命其弃儒经商，克绍家业。恩师应公，聪颖过人，青年时代即写得一手好字，他的蝇头小楷，获得许多人的称赏。他经营盐业时，练得一手好算盘，能够双手同时打，计数分毫不差。二十六岁时，续弦又去世。他两遭折翼之痛，深感人生无常，遂离俗出家。先是朝礼普陀山，随明性禅师披剃，后又奉师命至宁波天童寺随寄禅和尚受具足戒，此后即到处参学，听闻经教。曾与明镜、惟宽、月霞同得法于天宁寺冶开老和尚，为禅宗临济法派第四十二世，其后又长随月霞法师左右，学习《华严》前后一十二年，并敬之如师，最后成为"华严座主"。

恩师应公出家后，经常回家探亲。由于他家道富有，所住房屋广大、宏伟，镇人都以"余公馆"称之。那时候我还很小，刚刚有点懂事，经常和邻里的小孩一起到"余公馆"的广场上去玩。有时恩师应公从江南回来探亲，我们看到他头戴合掌黑色帽，身着淡墨色（缁衣）圆顶方袍，法相庄严，有长者风度。

恩师应公每次回家，看到我们在他家门口的广场上嬉戏，总是会走过来和我们一起玩。我们一些小孩，见到他后，也总是手舞足蹈，喊他为老和尚，他听到后，就拉着我们的手说，你们长大后和我一样出家当和尚好不好？有时还叫我们念南无阿弥陀佛、南无观世音菩萨等。

常和我们一起玩的小孩中间，有一位是恩师应公的侄女，名叫余育孚，非常聪明。她受到应公的熏染，也是从小就信佛，后来在杭州梅东高桥随妙文师出家为尼，其后常住杭州国庆庵修持弘法。此外，还有我的二哥鹤才，在余育孚出家后不久，也于家乡出家，法名心岩。当时应公先后在上海辛家花园清凉寺、无锡龙华庵办华严大学，在上海小浜湾办华严速成师范学院，心岩法师均追随应公左右，学习《华严》达六年之久，甚得恩师应公的器重。

应公赴各地讲演《华严经》，他都随侍在侧。还经常在应公开大座讲《华严》时，他讲小座。以后我二哥心岩法师到富安大胜律寺任方丈，创办佛学研究社，培养青年学僧。因心岩法师平昔为人耿直敢言，为法不阿，竟于一九五八年招致迫害，被罗织莫须有罪名，下放劳动。一九七一年盛暑炎夏，他在吴县灵岩山下当午耕田，因营养不良，又疲劳过度，竟遽尔迁化于烈日之下，时年才六十四岁。这是后话。

总的来说，童年时代的我，就与恩师应公结有不解之缘，接受他老人家的熏陶。我六岁出家为小沙弥的因缘，一方面是家乡遭受洪水灾害，田禾颗粒无收，以致家计维艰；另一方面则是受了恩师应公的熏陶，在我幼小的心灵里种下了佛根。

二、在成长道路上蒙受恩师指点

在恩师应公的熏陶下，加上一场洪水，使年仅六岁的我，在安丰镇的净土庵里当上了小和尚。师父净修老和尚请塾师教我识字、读书，他自己则教我背诵《禅门日诵》《佛教三字经》等佛教书文。平时我也帮师父做些庵内杂活。年岁稍长，我又随师父下田做些农活，偶尔也随师父到信徒家去念念"倒头经"等等。如此一晃十年，十六岁的我，于一九三一年春天，在二哥心岩法师的安排下，到南京宝华山隆昌律寺受具足戒。是年冬天，离开宝华山，回到东台，入三昧寺启慧佛学院学习。二年后开始了我多年的艰辛参学生涯。

一九三三年，我得知恩师应公在扬州弘法，即单丁行脚，负籍南下扬州，投至福缘寺，拜谒了恩师应公。应公热情地接待了我，对我童年出家感到十分高兴。加上我二哥心岩法师要我留下听他讲《楞严经》，这是我第一次听应公讲经，他那高超的佛学造诣，流利的讲演口才，又是家乡的口音，深深地吸引着我，使我对应公从内心里感到钦佩。从此开始，我便对应公有一种难舍难分的仰慕之情。同时，应公对我也开始另眼看待。后来应公来扬州北来寺传戒，特地邀我参加，并被聘为引礼师。

此后一段时间，我先后入镇江焦山定慧寺佛学院、镇江竹林寺佛学院、泰州光孝寺佛学院、上海佛学院等处继续学习，但对恩师应公的仰慕之情，始终难以忘怀。

一九三九年起，恩师应公到上海小浜湾办理华严学院，我有事到上海，总要前往拜谒，听他讲经，接受他的教诲。一九四二年，我应震华法师之召，到上海玉佛寺，协助办理海佛学院。一九四三年，恩师应公由小浜湾移往沉香阁（慈云禅寺），将沉香阁作为弘扬华严的道场，我与应公见面的机会更多，所受的教益也更深。

应公这段时间对我的教诲，至今我仍记忆犹新。他经常教导我说："我牢记月霞师兄对我的教示，一不做小字头（'当家'的'当'字是小字头，意即不做寺院的当家），二不做七笔头（'方丈'两字共有七笔，意即不做寺院的方丈），三不做经忏佛事。"这三条应公是说到做到，因而受到广大信徒的爱戴。特别是不做经忏佛事，是他一生抱定的宗旨，多少年来一直是身体力行，持之以恒的。他常常讲"宁做蒲团饥饿死，不做人间应付僧"，又说"不做一天到晚铛铛痞，不做经忏鬼子，要做一个弘宗演教的出家人。"他还教导我说：僧人出家，一要出生死家，二要出烦恼家，三要出三界家，只有这样，才能称得上是一个真正的出家人。

应公对我的这些教诲，在当时我还领会不深，经过了几十年的风风雨雨，我的体会愈来愈深刻，认识到这些教导，集中到一点，就是我们佛教的宗风传承。

一九四九年夏天，上海静安古寺启建孔雀明王法会，应公在会上开讲《孔雀明王经》。当时我已在镇江担任竹林寺住持兼竹林佛学院院长，恩师应公特地函召我前往侍座听讲。这时候，应公对我已十分器重和垂爱，凡是他开座讲经，一定要通知我前往听讲。我自己也深深感到，已经愈来愈离不开应公了。

一九四九年秋天，应公到南京主持华严法会，办理华严速成师范学院，我为了追随应公，再次亲聆教诲，深究华严玄旨，立即辞去镇江竹林寺住持和竹林寺佛学院院长之职，星夜赶赴南京，入华严速成师范学院，做应公的侍者，左右侍奉，同时听讲八十卷《华严经》。当所以放弃方丈和院长之职，甘心当应公的侍者，主要是要亲聆恩师应公的教诲，深究《华严》一经的玄旨，进一步继承和发扬应公一生"善弘华严"的优良传统，有些佛门同道感到很奇怪，好端端的竹林寺方丈和竹林佛学院院长不当，欲去当应公的侍者，真是不可思议。其实当时我心里十分明白。

现在我还清楚地记得，南京的华严法会和华严速成师范学院的所在地南

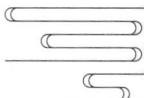

京的铁作坊，那里有一个华严佛堂。当时应公和我们学僧，每天都要坐香三小时，从不间断。而应公讲经一般都是下午，讲的是八十卷《华严经》。当时由我当维那，唱华严字母。第二天上午，由我讲小座（辅座）。每天晚上，应公和我一起，还要为白天的讲演做准备。

在这段时间里，是我最紧张的时期，也是我受应公教诲最多，最深的时期。四十《华严》，六十《华严》，八十《华严》的分科等等，几乎每晚都要坚持到深更半夜。当时应公经常对我讲，像你这样跟我十年八年，将来一生取之不尽，用之不尽。他还时刻勉励我说："三更灯火五更鸡，正是男儿立志时。"又说，现在我希望你多用功一点，目的是希望你将来能成为一代的佛门龙象。这些谆谆的教诲，确实是我终生受用不尽的。

我们两人可说是形影不离。他到各地讲经弘法，一定要召我去随侍听讲。可以这样说，这时候的我，既是他的入室弟子，也是他讲经弘法时的得力助手。

根据初步回忆，我随侍恩师应公左右，前后共达十六年之久。应公先后至上海静安寺、寿圣庵、崇德会、沉香阁（慈云寺）、慈修庵、圆明讲堂、杭州天宁寺、国庆庵、花坞宝莲堂等地讲经、传戒，我都随侍左右，在戒期中，我还常常担任正讯阿阇梨、教授阿阇梨等职。在十六年中，我除了听恩师应公讲演三译《华严》外，先后还听过应公所讲的《法华经》《地藏经》《孔雀明王经》《圆觉经》《维摩经》《大品般若经》《小品般若经》《楞严经》《大方广佛华严经普贤行愿品》《观世音菩萨普门品》《华严经疏钞》等，其中以下几次，对我教育最大，印象也特别深刻。

一九五一年春，恩师应公到杭州国庆庵开讲《小品般若经》，我随同前往，奉侍左右，亲聆教益。旋在杭州宝莲堂传戒，我为正训阿阇梨兼教授阿阇梨。戒期圆满后，应公应请至寿圣庵等处开讲《圆觉经》《地藏菩萨本愿功德经》等，我也随侍左右听讲，聆受教益。

一九五二年，应公在上海崇德会开讲《心地观经》，我随侍左右。当时应公命人大书于左右楹云："破除迷信，坦白光明"。同年十月，应公在圆明讲堂开讲《大方广佛华严经普贤行愿品》，我随侍听讲。当时应公升座对听讲的四众弟子说："大众，看我于唱赞声中，披祖衣，升法座，莫非庄严否？非也。此衣共二十五条，表三界二十五有众生，凡受菩萨戒者，既披其衣，当思其意。从此生生世世，尘尘刹刹，依菩提心，行菩提道，上共一切诸佛，下共一切众生。世界无尽，悲愿重重亦然无有尽头，为一切众生故，愿受一切极重苦果，而无疲倦，如此方有少分荷担如来家业的气概。"衣作红色者，表众生血肉也。众生身命，我肩负持，敢有不临渊履冰之忧，念念以自勉者！"应公语切声悲，闻者无不赞叹，有人甚至悚然慨泣，可见言教感于人心之深切。我闻听之下，也十分感动。

一九五二年仲冬，应公又在玉佛寺讲《华严经·贤首品》说华严十波罗密义。在此期间，听讲的四众弟子中，有人虑其精力不济，劝请他多加休息。应公却回答说："八十老翁，日薄崦嵫，余光垂危，不以说法利生供养尘刹，复何图耶？"时我随侍左右，听后感动不已。这一年冬天，我在玉佛寺启建的为期四十九天的祝愿世界和平法会上负责法务工作，法会结束后就任玉佛寺信众部主任，也是由于恩师应公的推荐。

一九五三年春，我代表玉佛寺信众部，请恩师应公莅寺宣讲《华严经》。在讲经期间，一切事宜均由我具体安排。对于《华严经》，我已听应公讲过多次，但在这次讲经期间，我仍认真听讲，从不少懈。

同年六月，中国佛教协会在北京成立，我随恩师应公赴京参加，随时听受教诲。在中国佛教协会成立大会上，应公被选为理事。

一九五五年东，我在玉佛寺任寺务处副主任兼知客，为使全寺僧众及信徒共沾法益，特恭请应公到寺宣讲《华严经普贤行愿品》，我仍随侍在侧，认真恭听。

一九五六年春，我当时已是玉佛寺寺务处主任，乃恭请应公到寺主持浴佛法会，并随侍在侧，充当侍者。农历四月初八是释迦牟尼佛诞辰，是佛教中一个重大节日，这天举行的浴佛法会，仪式十分庄严隆重。应公虽然已是八十四岁高龄，但仍然精神饱满地主持了这次法会，参加的四众弟子莫不皆大欢喜。

一九五七年春，应公应邀至苏州西林寺主持传戒法会，特地召我陪同前往。法会期间，我随侍左右，并被请为引礼师。这次法会，应应公之名前来参加的戒弟子甚多。法会如律如仪，盛况空前。

同年五月，玉佛寺庆祝启建佛诞法会十五天，我又一次礼请应公到寺主法。应公同时在寺开讲《般若波罗蜜多心经》，我随侍在侧，专心听讲。

此后，我仍经常随侍应公左右，未尝或离。

一九六五年，应公养病于上海沉香阁，我随侍在其身旁，悉心照料。其后应公病势转危，我和其他弟子一起，在病榻旁守护，不分昼夜，并跪请开示，蒙受最后训诫。是年八月三十一日（农历八月初五）凌晨一时许，应公安详而逝。时值"十年动乱"前夕，宗教信仰自由政策受到"四人帮"的践踏和破坏，故一切从简。只有我和其他弟子熟人，亲自护送应公灵柩至常熟虞山之路入塔。

从上可以看出，在我的成长道路上，每走一步，可以说无不受到恩师应公的指点，特别是在应公的晚年，我俩简直是形影不离，他老人家每一次的弘法讲经，几乎没有一次我不随侍左右的。因此，完全可以说，我之所以有今天，完全是恩师应公的赐予。没有应公，就不会有今天的真禅。

为了报答恩师应公对我教导的深恩，在应公圆寂后，我即继承其遗志，立志以弘扬《华严经》为己任，三十年来，未干或志。近年来，我每年都要在上海玉佛寺、静安寺及其他一些寺院开讲《华严经普贤行愿品》《华严经十地品》《华严经三昧品》等数次，其中以《华严经普贤行愿品》讲的次数最多，并撰有《大方广佛华严经普贤行愿品浅释》一书。从今以后，我作为应公的传人，仍将一如既往，继续大力弘扬《华严经》。我将牢记当年月霞法师对应公"善弘华严"的教示并将它发扬光大，一代一代传下去。

三、恩师爱国爱教思想对我的教育

恩师应公一生爱国爱教的言行，一直为后世所崇敬。早在抗日战争时期，敌伪想利用他在佛教中的崇高地位，多次派人企图拉他出山主持法会，都被他严加拒绝，保持了民族气节。特别是他为记述佛教界支持抗战事迹的《奋起集》撰写了再版序言，对佛教界组织的僧侣救护队赞颂备至，认为是"旨在扶死救伤，实弘救世救人之大愿。沪战三月，勇猛精勤，救护负伤员兵无数"。他号召大家："当国家清贫之时，在当隐逸清修，一旦有事，仍当作狮子吼奋迅以赴。"其救国爱民之心，于此可见一斑。

这里，在举出我亲身经历的几件事，可以进一步窥见应公爱国爱教的思想风貌。

一九四八年冬和一九四九年初，应公在上海、南京等地弘法，我随侍左右，寸步不离。时值上海解放前期，许多人不明真相，都想离开大陆，到海外去寄迹。这时候，我看到有不少好心的道侣和朋友，一批批分别前来劝说应公离开大陆，到海外去弘法。我也看到这些好心的道侣和朋友的善意劝告，都一一被应公婉言拒绝了。由于我是应公的亲传弟子，尝侍在侧，所以也来劝我，与应公一起到海外去。记得有一次，应公正在海外主持华严法会，开讲八十卷《华严经》，我也随侍在他身旁。这时有一位马来西亚怡保东莲小镇的腾进法师，专程前来请他去马来西亚讲《华严经》，说是已经在那里安排好了一切，条件优裕，连去马来西亚的船票都给买好了。但仍然遭到应公的婉言谢绝。他说：我在这儿的弘法利生大业尚未完成，怎能贪图享受到海外去呢？后来，应公在南京华严法会圆满时临行赋诗留别，其中有四句是："有缚终须解，无缘路亦赊，寒冬花坞里，相伴卧烟霞。"再一次表明了他不愿去海外而要在国内继续弘法利生的心迹。

我在身旁读了他这四句诗，内心非常激动，也更加坚定了我在大陆弘法的决心。后来我也作有一偈以寄怀心志，并答谢一些善意劝我离开大陆去海外的同道。偈曰："色身空空本自由，三衣一钵何所求？不忘玄奘求法苦，誓留中华做比丘。"

我和恩师应公，就是这样相互勉励，坚留祖国大陆不去海外的。也可以这样说，主要是恩师应公高尚的爱国思想感染了我，教育了我，才使我更加坚定地留在国内继续弘法的。

一九五六年，应公在沉香阁养病，我寸步不离的随侍在他身旁，亲加照料，在他病情转重之时，他自知不起，乃召唤我和其他诸弟子到他卧榻前，由他口述遗嘱（最后由他亲自批阅并签名），其中讲到："解放后，党和政府的正确的宗教政策，令我非常感佩，由衷拥护。我个人生活及政治地位等，蒙政府无微不至的关怀和照顾，实在感激，非常自愧，年老力衰，对社会主义建设及保卫世界和平事业毫无贡献。我去之后，望我后辈弟子及学人等在共产党正确领导下，努力学习，加强改造，拥护政府政策法令，积极为社会主义建设事业贡献出自己力量，至要！至要！"

正是恩师应公的临终嘱咐和谆谆教导，才使我能以一个佛教徒的身份，为社会主义的两个文明建设做出了一些努力，近年来，我积极关心资生福利事业，经常到海外弘法，在寺院内提倡文明敬香，并努力从事佛学研究，发扬佛教文化，这可以说都是恩师应公在临终嘱咐中所说的"积极为社会主义建设事业贡献出自己的力量"。

四、恩师的严肃道风和俭朴生活对我的影响

恩师应公一生保持了良好的道风。他"教演华严，行在禅那"。他以弘扬华严为己任，一生讲经说法无数次，尤以讲演三译《华严》为最多。但他又经常告诫学人，要做到"一年无日不参禅"，每年至少要打一个"禅七"。对此，他经常身体力行，多次主持天宁、天童、兴福州鼓山涌泉寺等名刹的"禅七"，而且无一日不坐香。他当时在南京华严法会，每天开讲八十卷《华严经》二小时，一年三百六十天没一天间断，其劳累可想而知。但他仍然坚持每日三时坐香，从不间断。于此可见其坚持优良道风的一斑。恩师应公的优良道风，对我的影响既大又深。近年来，我也非常注意道风建设。我们玉佛寺的全体僧众，每天上殿做早晚功课，从不停辍，每逢农历初一、十五，全体僧众在禅堂举行禅七，为期七天，其间停止寺内一切活动（日常事务安排值班人员），杜门谢客，一心办道，自身修持。农历四月初一至初八，举行华严佛七法会，由我讲演《华严经普贤行愿品》等，为期七天。清明、冬至也分别举行七天的佛七法会。逢佛、菩萨诞辰则举行祝诞普佛法会。所有这些，都已成为经常化、制度化。这也可以说是继承了应公的优良道风。

恩师应公平时的生活也十分俭朴。他从来不穿丝绸衣服，一件淡墨色的粗布方袍，要穿上好几年，这从他留下的许多法相中可以看到。他生平不喜欢有人请他吃斋，也从来不吃冬菇之类的食物。据说有人用刚从园地上拔来的新鲜青菜烧给他吃，他尝了一口感到味道特别鲜，就硬说是用冬菇烧的，坚决不肯再吃，虽经解释也无用，最后还是饿着肚子回来。他也不喜欢人们对他捧场地迎奉。有一次南京栖霞山请他去讲经，事先就安排了一些人到车站去迎接他，等了好几班火车也没欢迎到，哪知应公一个人青衣小帽不声不响地从栖霞山车站下车后，步行到了栖霞山，他这种艰苦朴素的禅和子作风，受到四众弟子的尊崇。

应公对一切日常用品都十分节约。他常常教导我们说："一切竹头木屑，皆为有用之物"。有人写信给他，如果有半张信纸空白，他会裁下来当作便条纸用。他给弟子写信，一张信纸总是密密麻麻地写满，不留一点空隙。如果信纸上面有空白，他则另将小字写在上面。有时他和弟子们一起吃素斋，如果有人不小心将饭粒掉在桌子上了，他见后一定要这个人捡起来吃掉，说是"一粥一饭当思来之不易"。还说："应当惜福，不能浪费一粒粮食。"如果见到有人吃完饭把几粒饭屑留在碗底，他会大发雷霆，毫不留情地把这个人大骂一顿。总之，应公的俭朴生活作风，也是我们后世的楷模。

恩师应公的俭朴生活也给我以很大的影响。我平常也是早上一杯豆奶，一小碟芹菜，几片嫩姜，滴上几滴香醋，如此而已。中午则常常是一碗煮豆腐干丝，有时是一碗煮南瓜或者煮山药片（因有糖尿病，忌食米饭和面条）。晚餐更为简单。我还本着勤俭办一切事业的原则，节约和爱惜一切物品。特别是继承了恩师爱惜一切废纸的习惯，弟子们来信的信纸，也是有半张空白即裁下来作便条纸用。一切用过的废纸，只要有空白都裁下，有的则利用其反面，或作便条纸用，或做撰写文稿的草稿纸用，不敢稍有浪费。纵使有人说我故作小气，我也不去计较，我行我素。我想这都是恩师应公留给我的良好影响。

总的来说，恩师应公和我的情谊之深，非笔墨所能形容。而诸如童年时代的亲近，出家后成长过程中给我的指点，爱国爱教思想对我的教育，优良道风和俭朴生活对我的影响等等，至今回忆起来，仍然历历在目，使人难以忘怀。

今天，当恩师应公圆寂三十周年的日子里，我不厌其烦地写下这些，一方面当然是作为永久的纪念和无尽的哀思，另一方面也是为了通过重温恩师的教导，用以激励自己，鞭策自己。作为应公老人的传人，我一定永远以恩师为榜样，以弘扬华严为己任，在爱国爱教的道路上继续前进，为社会主义两个文明建设贡献出自己的力量，从而进一步促使佛教和社会主义社会相适应。

第四节 纪念苇宗法师文章

凄光灯里哀故人

大本

八月三号，去超岸寺道贺传法授徒的喜事。席间东初法师告诉我："光孝寺苇宗和尚死了！"言虽简单，语极伤感！翌午乘车回山，又接到光孝的讣告，注明了时日，撒手西归，这真是做梦想不到的事啊！谁相信：那位敦厚朴实，和蔼可爱的苇宗和尚，竟这么迅速悄悄地离开人间了！

在以前，我就晓得他的为人。因伊之舅父徐家鼎先生，系我底小庙的庵邻常常讲其资历。例如：宝华山习律啦！支那内学院求法啦！以及柏林寺与三时学会读书啦！我和他最初见面，记得还是我底戒和尚吉堂上人介绍，因为那个时候，我已经在焦山当参学了。

他精研法相唯识，有独到的见解，故分析事理，甚为明白，听过他底课的学僧，都交口称誉。据说：在竹林闽南两院教书，他自己治学的时间，比任何学僧，都来得珍惜。夜间自鸣钟，往往敲过十二点，还没有养息，第二天很早的时间，到又起身了。始终抱着孜孜矻矻的精神干，因此，他底笔录札记，随便怎样，不给人看的，理由是："别人煞费苦心研究，摘录内典精髓，你们照样抄袭，以后再不肯用功了！"这话的确，好多绝顶天资，皆不愿意埋头苦干，下一番功夫，掘发自己的智慧，一味恃赖先觉的遗产——疏钞。说来真是惭惶万分！

民国廿年秋天罢？常惺法师在光孝寺□办泰县佛学研究社，招他去讲学，未久，并授记莂，请为监院。俗语说得好："一家不知一家事。"外人总以为光孝富饶得了不得，谁知当他接管常住行政，内容亦复空虚，经济拮据非常，寺务百孔千疮，尤其因田务纠纷，日甚一日，所谓东平西起。幸而有南亭法师坐镇寺内，否则，尚有后顾之忧。十余年的努力，有志竟成，常住各种事项，总算已逐渐的走上轨道。苇宗和尚于光孝寺，可算已尽他应尽的责任了。这并非我之私誉，确有事实来为铁证。

去年春天，挚友瑞祥和尚由平飞京，目的是返里省亲，我陪渠回东一行，凑巧，他也因事返梓。三昧广老，为我们设斋洗尘。同时，开了一个座谈会。时论苏北佛教应如何振兴？参与该会的有广老、瑞祥、本融、达明、絮禅、心斋诸法师。当时他发表了很多的高见，听者动容，全场的情绪，都经他热烈的言论沸腾起来了；萎靡已久的东台佛教，空气为之一振。

我和他可以说是有缘，四月间中国佛教会，成立于首都毗卢寺，我和他都被推选了常务理事，所以我们的友情因此滋长，而且更加亲密了。同年，二月间在中华门外大报恩寺西隅，发现了唐玄奘法师顶骨，及附葬古物。文物保管委员会委员长褚民谊氏，奉移至该会保存。并拟在京重建三藏塔，俾垂永久，弘扬佛法。爰组织重建三藏塔筹备委员会。我和他，均被褚氏选为委员。所以，当我听到他底噩耗，内心的悲痛，与凄怆的态度，仿佛去年此际，得到我的师翁若老示寂香港一样！若老在廿年前，张空拳，入摄山，披荆斩棘，举身奋门，以栖霞为前提，虽然未能实现整个理想，但矗立云际重楼杰阁的伟绩，已赫赫地勋留中兴史上。苇宗和尚贡献光孝，虽则情形不同，但经常住兴隆，却是异曲同工啊！可惜天不假年，他的抱负，未曾全部舒展，吾人一致引以为憾！

印渠苇智二师，系他底贤昆季，亦是我的好友。现在死者已逝，我们后死的人，应该怎样踏着他底事业途径，完成他底未尽宏愿。聊志我们的哀思吧？！

民国卅三年八月廿二日深夜

哀苇宗法师

度寰

顷自友人处获悉老学长苇宗法师业已圆寂，噩耗传来令人悲痛不已！

法师年富力强，正当有为之时，佛法前途，正利赖之巨。料大功未圆，宏愿未满，竟于此教衰颓高德寥落之秋而溘然示寂。噫！法门之不幸，何其如斯耶！

回忆余在民一六冬间，初识法师于南京毗卢寺，睹其英姿，令人起敬，聆其高论顿开茅塞，待人接物，亦极和蔼可亲，平素所仰慕之人，一旦相晤，中心甚为愉快也。

民一七春，余因休养病体，又与法师同住于南京西方寺，约有数月之久，朝夕相聚，为我良多，当时法师正偕其兄苇乘上人从欧阳竟无居士游，不畏艰苦，专研法相，兼习藏文，以冀将来对于佛学上有一番贡献，其志愿之超特，精神之伟大，令人自愧弗如，且其慧力超群，深入论藏，研求学问，严肃认真，故法师对于法相宗确有极深切之研究，文学修养，亦极深为。

民一九年间，常惺老人主教于柏林佛学院，法师闻而欢喜，又负笈前往，以求深造，研习年余，学术大有增进，不久，法师犹有未足，又抱百尺竿头再进一尺之精神，转入三时学会，从韩德清居士再研法相，以冀学有专门，不数年，果饱学而归。

法师学成回苏后，常老视为今日法门中之龙象，遂被召返光孝寺受记，后又游闽讲学，深受欢迎，不久，其法兄南法师因觉寺务与教务纷繁，虽能兼顾，遂宣告退休，以余力专办教务，让法师上位，主持寺务，但法师上位后，仍着重于办学宏法事业，因是光孝寺得法师及南法师同心协力，除振兴道场外，即致力教育僧才，对于僧教育之贡献，可谓极大，目下各方优秀学僧，多有出其门下者，年来并闻光孝设施诊所，救济贫病，贫苦之人，犹贫颇多，由此观之，法师对于佛子分内职责，可谓已尽其最大之努力矣。

敬吊苇宗法师

圆湛

在未尽烦恼而昧于无漏理的有情分上，对于生死，谁都是这样的观念：因缘和合来此世间受"生"了便觉得欢喜！一期佳缘已了舍此总报而"死"了，便觉得烦恼！刻贯而论：众生位上的"生"与"死"，都是业力因缘必然而有的幻相，"生"何足喜？"死"何足悲？不过，话又说回来，这"审乎无假而不与物迁，死生亦大而不得与之变"的超然物外的思想，我尚惭愧，未能进乎这种境地！所以，我终因苇宗法师底死，打动了我底心弦，引起了我底悲哀！情不自禁地以泪和墨来为这篇书文！法师有知，当能晓得我内心中所感受的痛苦！

回忆民国十八年冬天，法师由常熟虞山来至镇江竹林佛学院讲学，那时我是该院年纪最小的一个学僧，终日皮顽嬉戏，不知道用功！对于院内所授的一切学科，也都莫名其妙不知道怎样去温习。记得那时法师为我们所授的是唯识二十论，因为我们不懂的原故，在课余之暇，会讲颂句论文翻译成白话，并绘有多种图表以资说明，这使我们初研究佛学的人，的确讨了不少的便宜！破斥外道小乘建立唯识教义，原是玄妙湛深不易了解的学理，法师以种种方便诲人不倦的精神来从事教授，我们对于唯识道理，都有了基本的认识，这点，法师教学的精神，给我们底印象很深，在我们底心目中一辈子也不会忘记的！这一册文译白的唯识二十论，十数年来，从未离开我的身边，现在把卷流读，过去一幕幕的幻影，活生生地现在眼前。我将永远地保持它，比保持我底生命还要要紧！因为，这是法师底精神产物，是法师精神不死的表征，更是我们青年僧伽将来教学的榜样。

法师在竹林教学半载，虚怀若谷的不以得少为足；于翌年春，遂抛却粉笔生涯去北平随长惺法师学，后复入三时学会专攻法相唯识，颇有心得，现代一般任教法师，对于唯识学有如师之见地的还着实不多呢！

二十年秋天，我随南亭法师，转学于泰县光孝佛学研究社，二十二年春毕业，那年光孝寺弘传戒法，在戒期中，苇师便受了光孝寺的记莂，做了长惺法师的法子，海内同胞听到了这个消息，都欢欣鼓舞，认为光孝寺得人，将来泰县佛教有望了！戒期圆满后，改组研究社为佛教小学，我遂留光孝教读。我讲的是沧山大元祐禅师警策文，有不明了的地方，常常先请法师为我释疑，然后再去讲授，这样，我底学业进步很快。教学相长，固然有益，同时，也是法师督促有方，善为诱导所致呵！法师除负责料理寺务外，每日在佛学院内还要授一课佛学，一天，不知怎么地偶然吐了一口血，法师在讲台阴沉沉皱眉苦脸的以低微的声音说明要停课养病的道理，未曾说到两句话眼泪就像断线珠子似的一粒粒地落下来了！同学们看到这种情形，也都感到有说不出的难过！他自己固然害怕为病魔侵损了他底健康而担心着，同学们又何尝不以他底咯血为可虑呢！吉人自有天相，静养数日，病势霍然脱体。他自己欢喜，同学们更为他欢喜！那里晓得今年这一次竟一病不起，于七八日内溘然长逝。我却哭不出泪来！我欲问天，天却苍苍冥冥的不理我！

师在光孝将近一年，特应常法师之召，赴福建主讲闽南佛学院，我因学力不足，教学犹恐误人，于二十三年秋辞退了教职，单身独马横渡大海到了闽院，拜见之下，法师很赞许我底勇气！也没有考试，便进院受课，这不消说，当然是法师从中照顾关系。彼时法师所讲的是小乘俱舍，阐理精微，丝毫不苟地为我们讲授，甲乙丙班四五十个同学，没有一个不爱戴法师的！法师态度和蔼，教学认真，同学们见爱尘畏，举凡大小事情，一经法师审理过了，没有一个不心悦诚服而乐意接受的。每值星期日，我总要到他房间里去坐坐，他老是从桌边蒲包中拿出两只橘子来给我，他知道我是爱吃水果的。我一面吃着橘子，一面恭听他底开示，说来说去，无非是要我怎样的勤学，怎样的做人，怎样的宏宣法化，怎样的为佛陀弟子！瞑目思之，过去的情景，如在目前！唉！今而后再要求法师对我作一番剀切的开示，除在梦中是万万不能的了！

闽院向来多学潮，因为区区院役的事情，后来一般同学竟然误会到法师身上去了！那时我任级长，同学们不满意法师底话语，都要我代表公开地发表出来，这真难坏我了，说了，恐怕要引起法师的误会，不说，又害怕全体同学的攻击，进退两难，诚使我不易处境！当时，我曾想出了一个方便，就是暗暗地先去法师处打招呼，然后再回到学院里公开地将同学们所要说的话一一地发表出来，就这样作人作鬼做好做歹地把这件事糊过去了。现在想来，苟非法师爱人入微，怎会原谅我？

经过了这次风波，法师因受了点刺激，于是复返光孝常住负监院职。人人都以为他是个文弱书生，对于忙田务理寺政一定是做不来的，那里晓得他是个谨慎细微而又善于用心的人，在一二年内，协同南老法师，将千头万绪的光孝常住整理得井井有条，头头是道。如此功勋，实在是不可磨灭的！处世之家，处处精明，待人接物，面面俱到，这样有品有学能文能武的干材，在同胞中却是不可多得的！近十年来，他对于光孝寺的劳绩，异常显著，也

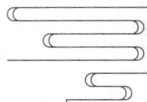

毋庸我来赘叙。最值得我们敬佩的，是他主持以来，将光孝佛学院复活起来，南退居和尚和他本人还在佛学院内讲课，这种为法为人的精神，怎不令人拜倒？苏北是佛教的策源地，僧侣虽多，大都醉生梦死以应赴为业，苟不造就僧材促其猛省，则亡教灭僧的日子就在旦暮了！所以光孝佛学院的复活，与整个苏北佛教有关的。现在该院读书的僧青年们，若能体念到当局者兴学的苦心，真不知要怎样的发奋用功，方能酬法师底厚望于万一呵！

法师持身谨严，举止言动足以为后学法。生活起居，衣履房舍，简单朴素，整齐清洁，颇合新生活的原理；浮华奢侈，过分享受，是他生平所厌恶的！法师虽生成一副红白娇嫩类似骄泰的面容，实际上他却没有一点骄泰的气习。处处能吃得苦，耐得劳，这实在是我们青年人应当所要效法的！

法师在任监院职责的时候，一年四季，大都在乡间为田务而冗忙，无论是暴日炎炎的夏天，或朔风凛凛的冬天，都在田野间奔走。日晒，风吹，雨打，坐卧不安，积劳废食，不知受了多少的幸苦！但，从不会听到他说一句怨言。他并不是个傻子，为什么甘愿吃这种种的苦头？这也无非是要收点租米，维持全寺僧众的慧命。古德说得好："法轮未转，食轮在先"啊！

比年江左一带，因受战争影响，人民生活，苦不堪言！尤其是僧徒们所遭遇的意外打击，更是目不忍睹！耳不忍闻！光孝寺是泰县佛教的首刹，在这种年头内务外交，当然格外的比较繁重！法师振奋精神，不辞劳苦地终日为光孝常往忙；为泰县佛教忙！为苏北同胞忙！现在竟然忙得一命呜呼了！这是光孝常住的损失！泰县佛教的不幸！苏北同胞的末运！完了！一切都完了！唯有希望常寂光中的法师，时时刻刻的冥加讲持，让我们安安稳稳地渡过这昏无天日的时代！

在二十八年冬天，法师送我竹布海青一件，羊毛围巾一条；海青我曾着过，围巾我曾围过，法师在世，这两件东西给我用起来是漫不留意的。今天打开箱子，猛然看到这两件东西，却给我看的怔住了！做梦也想不到这海青与围巾，已做了我与法师一生一死的纪念物，我将不知道要怎样地来珍藏它。我看到它也就无异看到法师生前底面影！

人生百年，终有一死，我不以法师世寿三十九岁入灭而示哀悼！我实以法师志愿弘深，今生的事业仅仅做了一半丧志而死，这是值得我们伤心的！佛门不幸，一何至于斯？惟愿法师，不运本誓，再来人间，成就佛事，是所至祷！

我与苇宗法师

雪烦

余今年暑期真不幸，既染重病，复遇母丧，更接着又是我唯一所敬爱的挚友苇宗法师溘然去世，呜呼！人生之大哀，未有甚于此者！

记得我在农历六月十三十四两日，接连收到由光孝寺沛霖法师打来两个电报：一谓苇师于十二日丑时圆寂，一谓家母于十一日酉时去世。我是久卧床第精神衰弱的一个病人，居然闻到这样与自身最关痛彻的两个惊人噩耗，该使我是如何的悲痛，如何的伤心啊！尤其因为家母与苇师去世的时间，仅距离一日，两件丧事的发生是这样的毗近，令我一想起母丧，即想起友丧，一想起友丧，即想起母丧，这两件同是人生的大厄或伦常的浩劫。更使我引为遗憾的，就是在家母与苇师死后的七七追悼期中，我竟因病体缠绵，致都未能亲身一往灵前拜奠，一委之涤弟，一委之于东初监院，迄今我的心，还是不独对家母与苇师十二万分的耿耿！对于那时在治理母丧的哥嫂弟妹和治理友丧的南公亲教上人也同样地十二万分的抱愧！

苇师在端阳节前后，还与我通了两次信：一为报告我与涤弟的祖庭均在拆毁，一为报告光孝今年田租无法采纳，恐对光孝佛学社三十余名学僧不易担负，始终为着苏北佛教厄难无法解救的问题，日夜焦虑。谁知为时未几两月，噩耗惊传，身肩苏北佛教重任的苇师，遽离人世了。而他为寄我的两封信，也竟成为最后赐给我的遗书，今日偶然展阅，不禁枨触百端，伤感万分！听说现在苇师的遗柩已经入葬，一定是青草迎着新坟，长眠地下了罢。而苏北佛教厄难的一方面，虽日贫严重，男一班醉生梦死的同胞们，却晏然依旧。苇师！苇师！悲心浃髓的苇师！恐怕你的侠骨在那里仍要为之酸痛吧！

苇师，是东台县人，自幼在本城福慧寺出家，容貌清秀，态度和蔼，使人一见便知其具有学者的风味。在民国十八年冬天，与我相识于竹林佛学院，当时我因院中无人主讲佛学，正打着主意，拟转学安徽九华佛学院亲近惠庭法师，而忽应聘来自虞山，担任佛学院教授，于是我动的妄想，又告息灭。那时院长霭亭和尚，诚恐我们前头几个同学调皮，看不起这位新任的教授的年轻法师，预先叮嘱我们不要拿法师开心，谁知年青英俊而具有辩才的苇师，每登讲台授课，不独口词流利，发挥义理亦甚精透，态度既庄严而又活泼，同学们都喜出望外，对他不但不敢轻视，反而从内心中发出一种敬而爱之的畏爱兼抱之美感。可惜我只听他讲了一本《八识规矩颂》即放寒假了。

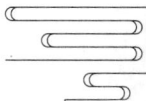

　　至一九年春天，我终被妄想所转动，与苇师分别，乃和他在焦山听经的师弟苇舫同学，一起结伴到北平亲近常惺法师去了。到了暑期，苇师也应常老人之召，辞去了竹林教职，来学北平。那时我在佛学研究社，他在锡兰留学团，虽是同院而不同班，所以每日仍只是见了面互相合掌客气，却无机会多谈，而且因为他曾做了我几天教师，我对于他也不敢随便谈话。

　　二十年春，苇师因对学习英文不敢兴趣，乃向常老人商量，复转学三时学会，随韩清净居士专门深造唯识法相。我在这年暑假期中，因胡子笏老居士和苇师的介绍，也接着转学三时学会同亲近韩居士得闻三时了义圣教。三时学会韩居士，那时在中国研究佛学的声誉与南京支那内学院欧阳渐居士相等齐名，两处同是中国法相最高学府，故有南欧北韩之称。而苇师的法缘真好，这两位义学大师都被他前后亲近到了。记得苇师初次带我见过韩居士以后便向我说："这位韩居士讲授经论的方法，要比南京欧阳居士好得多，使初学的人容易入门，欧阳居士只谈一经或一论之大意，内容详细的道理，教你自己去研究；而韩居士乃依经论中所诠的名句文法一字一句先教你彻底了解，然后始谈大意，不过他们两位居士对于佛法都是很深邃的用过几十年的苦功。我们既遇这韩居士这样的善知识，以后该如何努力用功，勿使空过。"上面这是苇师告诉我关于韩欧两位居士诱人方便绝对不同的所在。私心亦自度法缘不浅，同时又使我深深感到学佛法不是短时间所能急就的，真是任重道远。自此我和苇师一室听课，我们便同住同食，不上几天，我们却变成很知己相契的同伴法侣了。

　　苇师对唯识法相经论早有研究，因他在南京先跟欧阳居士学过两年，他对于唯识法相研究的程度，当然要比初入佛法的我深得多，所以我每日受课以后，都是要问难决疑于他，我虽每日这样使他麻烦，他却从未对我生厌，他真是一位敏而好学诲人不倦的良师益友。尤其他与人对于真理的辩论发挥，丝毫不容模糊。所以初次和他见面的同学，往往觉得他太不客气，其实待相处久了，才知道他是一个最真挚的人。

　　我和苇师不同的地方，即是：对于事情，他最精细不苟，我最随便。对于义理，他最好刨根问底地凿放眼，我却是听过拉倒，不求深思。我们两个相处久了，却真也得到不少互相调剂的益处。

　　苇师自来生活恬淡，不慕荣利。他曾劝我和他在三时学会长期居住，共同勤修佛法，记得二十年冬天，竹林寺霭亭和后宽两位上人，一再要请他回到竹林寺受记，经过几番的函电催促，他都一一的婉转谢绝，心志终未为之动摇。后来我患盲肠炎，闹剖腹，累得苇师连夜奔走把我送往协和医院，我经医师施行过手术以后，身体虚弱，精神痛苦，苇师对我更非常关切，每天在受课以后，都来医院看视我，嘱咐我怎样保养，希望我早日病愈出院听课。孰意业障深重的我，一病再病，经过三次剖腹的手术，医院出而复住，住而复出，前后拖延了半年之久，因此我的气血大亏，调养不易，致创口始终难得痊愈，不能起来，如眠食偶一不慎，就会病发寒熟交作起来，影响创痕，奇痛剜心，莫知所措！记得在二十一年除夕的那一天，我还仰卧在医院病床上，苇师因为过年，特买了些橘子和糖送来安慰我，不意与我见了面谈话未上几句，我不禁百感丛生，泪珠夺眶而出。苇师见我这样痛苦难受的情形，也不知不觉地在旁为之掩面暗泣。苇师恐怕我神经受刺太深，要谋自杀，还将绕在我头边铁床上的一根电灯线，暗中偷偷地把它移挂很远，使我手摸不到。一面又揩干眼泪，强作开口，为我讲说了因果债报的道理。我听了他一番开示以后却真减轻了我精神上不少痛苦。苇师这样慈悲恳挚地对我，虽骨肉之亲，亦无逾于此。尤其当时这幕惨痛的情景，是他留给我最深刻的一个印象，我是永远对他忘记不了的啊！在二十二年二月初旬，我腹部的创口还未痊愈，那时我因为人家助我花去的医药费太多，且医治无效，决心出院，并请苇师接洽商住西直门弥勒院一心念佛以求速死。至此苇师也觉得医师没有把握收口，不便再劝我住院，于是一切只好听从我自己的意思，雇了汽车把我送到弥勒院去住了。我请苇师把我的衣服什物，先行与弥勒院的大众师传结缘分散，同时自己仰在床上用钢笔写了两封遗书。一至杭州家师煜华上人，一至曲塘涤弟，我是决定准备埋骨旧都了。哪知我的家师和涤弟接到遗书之后，哭泣不已，日夜不能睡觉，乃向苇师函电交驰，并汇款二百元，无论如何，要请他设法把我送回江苏，不愿我葬身北国。苇师在这友朋的严重请托之下，无可如何，遂向韩居士请假，在二月下旬，与我同乘二等队车一齐南下了。车中两夜颠簸，南京浦口上下为难，苇师更为我费了九牛二虎之力，好容易把我送到镇江，苇师这次为我总算辛苦极了。那时早先来镇江等候的涤弟，与苇师一见了面，简直不绝称谢，对他感激涕零。正在这个时候，主持泰县光孝未久的常惺老人，闻讯坚召苇师前往受记，以便长期襄理光孝佛学社教务，苇师固辞不获，乃勉遵常老人慈命，任光孝常住之监院，兼代佛学社教授。因此苇师和我都再无返平学法的机会了。这在表面看来，好像我们两人学法的因缘都不足，其实是由于我个人的业障深重，而连累到苇师，使他对学佛法的志愿，不能圆满成就，这是我自恨对他始终无法补报的地方！这几年来，我们虽然受了环境的支配，同做了丛林主持，各办僧教育，各理各的寺务，但有时相见偶然谈起过去学法的差别因缘，仍都不免互相生悔，太息唏嘘！

苇师去年秋天，因他的剃度恩师密澄上人去世，曾疑出刊为之悼念，以表孝思，并函嘱我写文，后不知因何事停顿。那知未及一年，我们今日又为他自己写起悼文来了，这真是我做梦也想不到的一题，来镇邀我一齐通往华山，我见他为自己恩师念普佛，请灵骨，看塔地，奔走华山上下，终日不少息，这种对师充分表现其千钧恳挚的孝心，实在令人钦佩。

华山密公的骨塔事毕以后道镇，苇师还与我同住金山一宿，因他次晨急要回泰，我们同在当家寮和太沧上人为苏北教难的问题，又畅谈了一晚。他准备第二日天不明就动身赶轮船，他教我不必起身送他，他终于是大早轻轻悄悄地离开了金山。这是三月十七的一日。为时不过数月，忽传来惊人的消息，报告敬师爱友的苇师，已离开人世了。哎！那知我们金山一夕之谈，竟成永远话别，早知如此，我再也不肯睡床不起啊！苇师！苇师！我所敬爱的苇师！我们永远不能再相见于人间了！

农历七月初二日，是苇师死后二七，我为他供众结缘，我带着病同全寺大众为他念普佛，一到他设的灵位回向，看见他那僧青年遗像和桌上供灯放出了惨淡的光辉，这是怎样悲凄的景况啊！我不禁悲从中来，眼泪忍不住地向下滚流！当时与他相识的同学师友们，也都觉着万分悲痛！

自从听到苇师的死耗以后，我们很关心他死时的现象。据沛霖法师和他的令徒大根师来信："……师病起于农历六月初三日，先经中医医治，无大见效，至初九日复延西医诊断病状，是属于肺炎，经过打针仍然无效，师已自知无救，弥留床际，掩面无言，默诵观音圣号，延至十一和十二日夜间二时，乃安详离世"。那知我还是和他同日得病，这真奇怪？据说他在病中听他令徒大云师回去报告，早知道我也有病，并一再问大云师探询我的病状，焦山情形如何？苇师始终对我太关心了。苇师生前患病，我既不知，死后的遗柩，我又未能送葬，这委实使我太对他不起啊！这事已成为我对他终身不可磨灭的一个遗憾！今日正是为苇师要出刊纪念的时候，想到他的音容，我忆起他和我的经过，及对我和蔼的面孔，诚挚的胸怀，啊！苇师已示现了无常苦相，我应该幡然觉醒，速起精进了！

三十三年农历八月初九日写于海云丈室

碧云深处忆苇师

震华

闰月十三日下午南市打来电话，接听之下，乃宏量师报告乃光孝寺苇宗和尚于十二日圆寂，余闻之心为之颤，神为之耸！间期病状，则曰事前未有所闻电报字数简单，非至泰调查之后不能知也。余叹息数句搁去电话，随派人送去奠仪代表敬意，同时心理失去主宰；仿佛乘海南车下镇江站搭口岸轮走刁家铺，越南门高桥而至碧云丈室，见苇师犹未收殓，呼之欲有所语，而苇师闭目竟不一言，若不知不闻者，又若毫不相识者。呜呼！何其凄凉惨淡至于此极也！

余与苇师发生渊源，在民国十八年之冬月。其时余在镇江夹山竹林学院求学，佛学教授南亭法师《维摩经》讲毕，受应慈法师之召，而往无锡佐理华严讲期，院中顿感缺人，院长霭亭和尚有欲拔余之意，余以年事方轻，学养又差，弗敢应命。于是走函虞山敦聘苇师，苇师年事与余相差不远，持志与余同；亦谦虚不遑；后得南亭法师从旁勉促，始毅然而来，以所得于宜黄欧居士之学与诸同学共事研究。用语体解释二十唯识，编有讲义，明白晓畅，甫至一半而放寒假。十九年春，霭公必欲余出堂助教，不得已授五教开蒙，而苇师虚怀若谷，不以一日之长自居，每课必持本临席，余于师课亦续听不辍；于是切磋琢磨，交相受益，感情极为融洽，诚人生之至乐也！无如盛筵易散，好景不常；苇师为欲深其所造，竟于暑假期间赴北平柏林佛学院亲近常醒法师作旁听生矣！余以环境关系未能还从。

师后转学于三时学会，日臻堂奥；已乃南下助常公于泰县办光孝佛学院，复受法而兼任监院。及常公主席南普陀闽南佛学院，师又至彼授课，二十三年秋，始回苏。经过镇江，余仍株守竹院，相见甚欢！乃与雪烦梅庵二师陪游扬州瘦西湖等处数日而返。师乃回泰服务光孝，由监院而为主持，前后十年未曾他去，以至今年圆寂年方三十有九也！

据日前宏量师由泰来言：苇师之病，不过四五日，为时甚短，此固是前定寿数；而年来时事多艰惜者，师方在盛年，具有干才，先后与乃兄南亭法师主持教会办理学院，加惠缁林，诚非浅鲜！同时泰县为南北要衡，光孝为泰县首刹，云水往还，多以该寺为寄褡之地；今也忽失所主，岂惟声动邻山，而行脚禅和曾闻云堂板响者。亦必同声痛悼矣！

三十三年七月十九日于上海玉佛寺

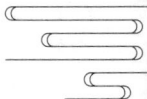

第五节 纪念印光法师文章

追思印光大师慈惠记
郭介梅

不慧年十五，丧父。读书升学，赖母教育成人。后供职于行政司法两界，以心浮气粗，任事往往欠当。旋与魏梅荪居士同师冯梦华丈。梅荪尝谓余言："普陀印光法师，道德文章，世所罕有"，心窃慕之。民十四年，不慧由陕回苏，适师法驾抵京，梅荪介余拜见，当荷师开示云："汝既发心信佛，宜劝汝母修净土，期得了生脱死，方谓真实报恩。"法师一见面，即教我劝母念佛，不言我父，可见师具慧眼，已知吾父不在矣。自此知师定是菩萨应化，非常人也。

不慧见师后，对于佛法，大生信心。然以浮沉仕途，无暇看经，每日但念佛号五百声，间阅《初机净业指南》及师之文钞，合家皆持不杀戒。吾母与内子慧懿均持长斋，日诵《心经》。

民十七年，由甘赴闽，萨镇冰、邓雨苍两公，劝余学密宗。是年到沪，师住太平寺，余即往求皈依，深荷慈许。同时有庞性存、高鹤年二居士在座，师开示云："学佛人当专心净土，不宜又学密宗。他宗皆仗自力，断证不易。净土仗佛慈力，能带业往生，可称三根普被九界同归之法门"。余因萨公劝修密法，正欲请问，而师竟对症下药，岂非有他心通乎？

朱子桥、王一亭、王幼农诸先生拉余办赈，每次下乡查户，皆劝灾民念佛，以一人所劝有限，特编白话一本，王一亭题曰《务本丛谭》，呈师看过作序，排印广为流通，其后续印，得师提倡之人为多。

余于从赈之暇，到处留心圣迹，披阅释氏经书。因编《杯渡斋文集》四卷，寄师鉴订，得复示云："大著颇契时机，排以流通，诚有巨益。每晚引电灯细看两遍，不敢以一遍了之，其中有不妥者，标明书头，原书寄还。祈详为整理割贴，若不于底稿抄写妥善，待排出时再整理，则费事大矣。印此书时，光出一百元，不日明道师往申，令其带交国光印书局可也"，凡同门供养师之净赀，概作赈灾印书用途，从不私自享用也。

沂水刘惠民来函与余商，欲印《师门同学录》，余向师讨求皈依簿子，师斥之云："光从不记皈依人之姓名，往年某弟子，欲集同门会，被我所阻。我死以后，焚化成灰，不留幻相。还要作传做什么？你莫找此闲事做"。师不好名，即古人所谓"至言有味，大德不名"之意。

余著《省馀存稿》，以诗弘化。又编《鸿嗷辑》，专救灾黎。师云："广东有一弟子，说书中夹雄黄纸一页，可以不生蛀虫。盍试之"，发扬文化，留心如此。

民二十四年，余往皖办赈，当涂士绅庾树泉、张觉正、尚慧广乞予介绍皈依座下。师开示云："修行人只可在家念佛，不必向外乱跑。又不可听信邪说，误信鬼通神通的话，心不自正，打失净土正念。"盖以杂业用心多，功夫不专纯，净业难以成就也。

二十六年春，余自豫归，筑茅屋三间，题曰："杯渡斋"，供佛读书，摆脱一切。自作一联云："偶卧林泉忘世俗，闲看花草识人情"。后诣苏报国寺见师，说明筑室隐居。师撰一联书赠，联云："杯量容三千世界；渡生尽十二含灵"。师自注：《楞严经》十二类生也。爱我励我，惭感无似。

南通有一居士，注《金刚经》，乞余求师作序，师曰："时事变乱，当来不了，劝念六字洪名，尚恐来不及，何必注释深经？"次年局变，盖师预知劫运到来，所以，令人火急念佛，莫作通家耳。

余先后叩关十余次，通函请教，得师复书四十余封。诲我之恩，何其厚哉！

师圆寂时，余在逃难中。虽得获读《觉有情》月刊，然因乱离奔走，不能握管。今略记其因缘，如婴儿之慕慈母，其依恋感仰之诚，不觉自然流露也。余挽师一联云："六十年兰若潜修，具定慧性，发慈悲心，金布祇园，南海风清观自在；一霎时蒲团坐化，参上乘禅，生极乐国，钟鸣法界，太湖潮落望归来。"文辞芜陋，聊志仰戴之忱云尔。

第六节 纪念西莲法师文章

纪念西莲法师

苇舫

经云："诸行无常，是生灭法。"世间上的事件，没有一件不是如此的，这是种铁律，谁也否认不了的。像古来的罗马大帝国，与我国唐代的贞观盛世，何等宣赫，日月几何，还不是如电光石火的过去了，所剩残余的历史，仅留后人悯吊罢了！至于说到人生，更渺小可怜了！古诗云："人生不满百，常怀千载忧。"虽相传彭祖也曾活到八百岁，然光阴易逝，而今又安在呢？

并且时间是假立的，所谓"处梦谓经年，悟乃须臾顷"。故我人看到朝生暮死之昆虫，以为其时间极短，但在彼则亦自谓寿至百岁的！经云四天王众天寿五百岁，以人间五十年为一日夜。忉利天寿千岁，以人间百岁为一日夜。其上诸天，则更倍之。故我人从使寿至百岁，其与朝生暮死之昆虫，相异者几希了！所以"积聚皆消散，崇高必堕落，合会终别离，有命咸□归死。"至于较长比短。也不过蜗牛角上，争论虽雄罢了！可怜亦复可笑！

但有生皆有死，而死亦要死得其道；假如有人，一生昏昏噩噩，破戒犯行，不作一善，而寿至百岁；另有一人，孜孜终日，必勤必谨，持戒修善，为己为人。而寿至三十或五十。两者相较，吾宁谓前百岁为夭，而后三十或五十岁者为寿。

盖以吾人之人生，不知仗几许福因修来。昔佛问阿难陀云："爪上土多，大地土多"？阿难云："大地土多"！佛言：得人生如爪上土，失人生如大地土"？所以人生不是轻易得到的，至于得闻佛法，则更难了。

西莲法师，童真出家，深入经藏，余民国十二年，初于华山，一见倾契，相与莫逆！其学得尤为现代者年僧伽所仅见，因其师友对其期望颇切，今不幸以不寿闻，当此佛法凌夷，魔强法弱，狮虫遍地；固有生必有死，然为佛法作想，哲人其萎，难易忘情亦何可得？今德潜法师等。为出纪念刊，特就感慨所及，略书数语，以志哀悼！

民二十四年七月六日写于汉院教室

悼西莲同学

灯霞

在民国十八年的冬天，我来到厦门闽南佛学院求法，适西莲同学为我们甲班的班长，因为他的谈吐风雅，对于佛学造诣颇深，我们虽然是萍水相逢，在晤谈之下，彼此即认为知交；功课之余，因得时相切磨，我们的感情是与日俱长了。虽然，我们因为环境的关系，而别离三四年没有见面，但"西莲"二字，在我的脑海中留下了深刻的印象无一刻会忘记的。而今呢，善与人交的西莲，品行兼优的西莲，溘然长逝了！一朝永诀，疾首何言！

本来一个人死了，不值得什么奇怪，更不值得什么追悼：在广大的社会中，死了一个人这不是很平常的吗？而且，在佛门广大的佛教中，死了一个和尚，这还有什么不得了的事？而且，在这恒河沙数的众生之中，长江后浪推前浪，死了一个，再来一个，死了就死了，一死就了，你死我不死，我死你不死。而且，在这个年头兄（原文为"兄"，疑为"中"——编者注），你死也好，不死也好，你死你就死，谁管得谁呢？你假使认为死了一个人，奇怪伤感，那么人家不说你是疯子，就会说你是魔士（王），也许准指你是十三世纪的人物；至少也是你在自寻烦恼。

"西莲死了，死在安徽泗州释迦寺；端齐和尚有信来，听说是吐血死的。真的，多么可怜呀！"

这是去年我在南京中国佛学会的时候，大镇和尚对我这样说：西莲同学究竟为什么年纪轻轻地会吐血的死？为什么我在这里还要为他写追悼文字纪念？

在上面我曾说过，西莲是我的同学，而且是我唯一的好友：在同学之中，他的功课很优越，品行极端正，所以诸位法师和同学们，都对他很敬爱，每学期考试的成绩，他总是名列前茅。

光阴过去得真快，西莲和尚在民国廿廿暑假里就毕业了。他自己虽然有好的学问而能考入研究部深造，但为了要想今后的专门探求，他和大讷德潜二同学，一齐离开了厦门而又回到南京支那内学院去了。

在内学院大概住了一年吧？为了病缘，又脱离了内院到普利寺养病；后来帮助普利寺端齐和尚去安徽泗州释迦寺住持，如是，他以为弘扬佛化报答佛恩的机会到了；如是，费尽心力，被土豪劣绅占去的寺庙打官司硬打回来；如是，一年到头和他恶环境奋斗，四面楚歌，但总是挣扎不能，如是，

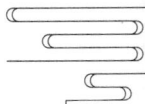

就这样他把他廿多岁，正是有为的佛教青年的性命牺牲了！固然，人总是有死的，有生必有死；而且黄泉路上无老少。但是，西莲同学的死，我敢大胆地说，是环境太恶劣生活不安定的缘故，对于他的死，我有种不期然而然的同情和悲哀！现在有许多佛教青年朋友，终日愁容满面，嚷着烦闷！一天一天的烦闷，遂日久而成病了。你若问他："为什么这样的烦恼呢？"无疑地，他一定这样回答你："唉！生活一点儿也不安定啊！"

诚然，在佛法衰败的今日，魔鬼当道，恶劣的包围住你，进而不能与恶劣势力斗争，退而不能安心求学，白白的将可贵的光阴，可宝的青春，消磨在烦闷里，青年的佛教徒，以不能忍受恶势力紧紧围住的痛苦，结果，我们佛教青年终于与虚无同归于毁灭了！这不特是他们自身的损失，而且是佛教的大损失，这是何等的痛心啊！

写到这里，我为追悼西莲同学，同时并对于佛教的有志青年进一言：因为人这个动物，他生来就有无穷的希望，根本就不会安定的。但，今天不知明天事，得过且过，世间事不是我一个人做得了的，世间饭不是我一个人吃得了的，又何用这么烦恼？朋友！赶快看破一点！然而在另一方面呢，英雄造时势，从不安定生活状态中，还须得去努力求生存！朋友！不嫌我的话矛盾吧！西莲同学为南京法相大学，支那内学院，厦门闽南佛学院毕业生。性情忠厚，笃于友谊，他去安徽泗州释迦寺服务，是在民国廿一年。因为办事大（太）劳苦而吐血，因吐血而殒命了。他的死，诚可谓"为法丧躯"！

灯霞 二十四年六月十五常州

泪忆生前哭死后

正幢

西莲法师是我们江苏的一个同乡，我在玉山佛学院读书的时候，曾经会晤过他一面；他为人是那么和蔼真诚，没有什么虚伪勾曲，假使一个青年僧伽遇见了他，他就会用了很和蔼的态度和婉转带激昂的声调来鼓励你，"努力学呀！挽救颓危的佛教呀！"所以被他唤醒的青年，都是勇猛向上；当我在会见他的时候，记得他曾向我说有下面的这样一句话。

"幢你这样的青年聪明，身体又强壮。不知到你能有图救今后佛教危运的志向吗？喂！我希望你在你现在读书的时候，就要先抱着一个超人之志，认为我自己就是振兴将来佛教的主人翁，就是挽救佛危运的大功臣。这并不是骄慢高傲，漠视一切，因为不这样，则不能引起追求妙理的热烈，俗语说得好，'有高尚的学问和冰洁的人格才为大众所崇拜。'尤其我们这一班负着如来使命的佛教徒对于这两种原来必要具足的呀！你看佛教现在这样衰颓，痛心不痛心呢！所以我很想团结一班有志的青年，到泗州县去组职新进的佛教会，推宏我佛的教义到各方面去。把这将要危灭的佛教光复起来，这就是唯一的志愿！你以为如何？"

当他说这段话时，我们原是对坐着的，所以他那种诚恳的神气，和婉转的声调，我都见闻很清楚，引起了我内心的不少同情之感。每逢他说一句话时，我都用点头来报答他的诚意。一直至他说到最后的两句闲话，我们直感激得满口应允。至今想起来，事情虽隔数年，尤给了我一个永久不忘的一个纪念。

一九三四年的冬月二十，是一个阴沉而凄惨的世界，一片辽阔的场上，看不出一点太阳的斑痕，一个广大无际的天空，看不见一只活泼的小鸟和那美丽的可爱的彩云，只有一阵阵的阴风在空中乱吼，把那屋脊破坏的纸窗吹击得呼呼的悲鸣，丹墀中的几林老桐一会儿沙沙的落下几片黄叶，屋角烟筒中的炊烟和那扬起的尘沙，弥漫了无际的天空，此时大地的一切，好像都变了颜色，而那枯黄的草木，和冻缩的鸟鹊，垂头丧气的又好像都在落泪了。

一个高大的汉子，身著了一件淡墨色的长衫，脸儿方方的，堆满了泣容，眼睛有点儿红肿，一脚岔进我的房里，就这样对我说道：

唉！幢！我昨天接到安徽泗州端齐和尚的来信，说西莲法师已经死了！死在怀远县的一个外国医院里，唉！真是可怜！他的死就是送在他的肺病痨的手里。像他这样的为佛教牺牲，不顾惜生命来干着佛教的事业，反而如此的凄惨夭折，你想想人怎么不痛心呢！

是的，西莲法师所以为我永久不忘的地方，也就是因为他抱着满腔热血为佛教牺牲的一种伟学。他虽然不如现代的佛教首领太虚大师和过去已往的古德们的有伟大成绩，可是他是大师的崇拜者，和古德的仿效者。他那种为佛教牺牲的精神，和唤起青年们为法忘躯的狮子吼，无论怎样，这是末法时代中极难得的一位法将。他不但对于戒律能□□□□□的受持，并且对于唯识天台等宗有着很深切的研究，他曾有许多著作发表过，读过他的文章的人，想是知道的。

他因为要弘法利生，挽救佛教的厄运，所以到泗洲去组织佛教会。然而死神不延长他的寿命，终于将他大功将欲告成的时候，就一口把他啜食了，唉！西师！人非木石，怎样禁得住不伤心落泪呢！

廿四，七，十八，写于汉藏教理院

第七节 纪念高鹤年居士文章

高鹤年居士的一生
申宝林

现代著名佛教居士、慈善家、旅游家、净土安老院创始人高鹤年居士的遗著《名山游访记》最近再版发行。这部游记是数十年前的作品，游记内所载古迹胜境、道场寺宇、交通路线等，虽与现今情况大有变化，但所叙述的高僧名士事迹、古训名言、对今之学佛者仍不乏针砭之意，余披览全书，深感居士的一生，始终是上求下化、教济众生、福利社会、为国为民、鞠躬尽瘁、诚为我辈在家居士的榜样，故不揣冒昧，将高鹤年居士的行略笔之于篇，以飨读者。

高公鹤年，江苏省兴化县刘庄（今大丰县）人，生于清同治十一年（1872），先世原籍安徽贵池，父正刚、母王氏，公7岁时入蒙馆，从安塾师受业，天资颖悟，智慧异常。越二年，因同塾学友天殇，良伴忽然离别，深感人生无常，欲求解脱之道，遂遁入刘庄紫云山寺，日间买饼充饥；夜宿寺中，如此三日，钱囊已空，只好仍旧归家，被父亲严厉斥责，但内心蕴藏出世之念，有增无减。一次邻人到外地经商，公未向家长言明，即随邻人远行苏州，又辗转到穹窿山，进入一道观，要求出家为徒。该观道士孙道人，持斋虔修，道行颇高，见公年纪虽小，举止不凡，道士顿生慈愍之心，暂且留下。有一天，公在山门打坐，适贵池刘香林居士扫墓至山，询问公的家事，深表同情，允其带回苏州家中，经常教以佛理，公晨夕课诵不辍，方便为刘香铺服务。15岁，发心持长斋净口，开始行脚生涯，最初朝礼江苏海州云台山。翌年，刘出资重修安徽九华山寺庙，委公前去督工，对九华胜境，心甚恋慕。年18，父亲为公完娶，智夫人与公志同道合，相互促进学佛之道。

19岁开始，公游历安徽、山西、山东、河北、四川浙江、云南、贵州、广西、湖南等名山胜迹，曾亲近南京宝华山（今句容县境内）大霖法师，师授予《律学戒法》《性伦教义》等佛典，在永嘉（温州）参访谛闲法师，亲聆教益，受教良深。1896年，公25岁，时值山西旱灾，目睹哀哀黎民，路有饿殍，悲愍之心，油然而生，默祷上苍，发愿救济灾民，积极参加赈济工作。明年，在南京杨仁山居士门下，一面钻研佛学，一面为保存经版和流通经预献力量，得到杨居士的器重。27岁，初次拜访印光大师于普陀山法雨寺，又到镇江金山参谒禅宗尊宿大定禅师。从此于净土禅宗之理更有所悟。宝华山大霖法师认为公宿有善因，堪为弘法人才，引导公到金山寺受五戒，并与融通上人同住藏经楼阅藏。30岁，公往南京杨仁山居士所办经房继续肄业，杨居士告以"参悟有得，知行不违"。同年，与印光法师通函讨论禅学，感书信不能畅通，即亲赴普陀，和印师谈论五昼夜。印师示以方便多门，归元无二真理。

1904年，33岁，公父正刚大人谢世，公在外无法通知，由智夫人治理丧事。1906年参加徐海赈济工作。1908年母王氏夫人去世，公以各方赙仪全部助作重修刘庄紫云山寺之用。1909年，参礼常州天宁寺冶开禅师，叩请开示己躬大事。1910年在紫云山寺修建藏经楼，设佛学图书馆念佛堂。1912年，在上海频伽精舍遇陈撄宁，同参佛乘。同年，狄楚青办佛经流通处，发行《佛学丛报》，公与同仁护持维摩、楞伽道场，协助月霞法师、沈子培居士等办讲经法会。始将《名山游访记》载入《佛学丛报》，同时刊载印光大师开示语录于该报，从此印光大师名声大震。随后，又和寄禅法师李正刚、欧阳渐（竟无）、谛闲法师、陈介石分别创立佛教会和世界宗教会。与樊云门、陈彦通、濮一乘、刘濮生、魏梅荪、蒯若木等为社会福利事业、为振兴佛教作出很多贡献。1913年到宁波亲近圆瑛法师。1914年，与恒松法师在五台山建立广济茅篷下院。1916年，在陕西终南山结茅，息心参研，在山遇虚云法师，指示用功之道。

1917年，京津水灾严重，公与沪上佛教界人士组织佛教慈悲会，募集捐款救灾。1919年，劝简照南简玉阶昆仲将南园施舍为道场（即今之觉园）。同年，与熊希龄赴湘西赈灾。1921年，返回家乡刘庄，筹建十方贞节净土院，将住宅扩建，至1925年竣工。从1927年至1942年15年中，走南闯北，组织生产救灾，如"妇孺收容所""红学会""救命团""义赈会""贞节院手工业厂""农林试验场"等。在1936年智夫人逝世后，贞节院更名为"净土安老院"，勒石纪事，永为十方清净道场。有"真为生死发菩提心、三业清净、一心忆念、以身率物、用弘佛化"等语。

1944年至1946年，公以精神欠佳，接待为劳，转苏州山中养病静修，在穹窿山建大觉茅篷，并为文记述命名之由，乃赓续终南山建茅之意。1950

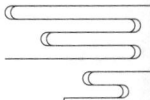

年，公住山汲水困难，在蓬后偶得泉苗，抑或龙天感应，即将泉苗凿成五穴，泉水潺潺，书法家吴济时为题"鹤来泉"，公亲书"水是世间宝，不可一日无"。由于公已八十高龄，山中奇寒，两肩冻伤，双目为炊烟熏损，时多病患。1954年在苏州患小中风，移往药草庵息影潜修。1960年，返家乡刘庄净土安老院。1962年农历十二月下旬，公患感冒，胃纳渐减，中西医诊治，咸谓六脉调和，本无病患惟以年高，体气衰颓，虽饮食不进，而神志清明。遗嘱给净土安老院众"修持生产不容稍懈，本人身后，切戒浪费，勿效俗人报丧开吊，唯七七日于常课外，兼为念佛回向，以期未往生则往生，已往生则精进。骨灰埋葬穹窿。"农历正月初二日上午六时，公作吉祥卧逝世，享年91岁。院众依照佛教仪式，行荼毗礼，获得坚固舍利若干。三月将骨灰送往苏州穹窿入塔，由明开妙真、雪相法师主持仪式。法语："行脚七十年，游访回穹窿，乐于结善缘，愿供一切众。"塔后茅篷，为公生前所住，故改为高老居士纪念堂。

公学名恒松，自号"隐尘""野人""终南侍者""云山道人""云溪道人"。高鹤年居士遗著除《名山游访记》外，尚有《赈灾征信录》《印光大师六十年苦行记》《山中归来记》等行世。

综观居士一生，诚如刘庄净土院学人在《名山游访记》再版后记中谓："行一善易，行终善难；吾师高公，堪称终善。芒鞋竹杖，遍历名山；参禅悟道，时有几人？泽国救灾，数十万众；大德大仁，永不磨泯！"

第八节 纪念乘愿法师文章

怀念乘愿广智恩师

仁 风

吾师乘愿长老，祖籍浙江奉化，客籍江苏省滨海县，出生于上海市。曾担任江苏省佛教协会常务理事、盐城市政协常委、盐城市佛教协会会长、盐城市慈善总会副会长、盐城市永宁寺方丈、盐城市射阳县息心寺住持、盐城市阜宁县盘龙寺住持等职。少年与佛结缘，青年时依茗山出家，就读于中国佛学院栖霞山佛学院，曾亲近圣一、明旸、真禅、淦泉、明开、本焕、妙善、云峰等高僧。

乘愿禅师主持永宁寺后，呕心沥血发心复建水宁寺，并积极从事寺庙管理及弘法利生工作。乘愿禅师1983年出家于南京栖霞寺；1986年介绍盐城文化局何亚雾局长与茗山认识，使茗山与盐城结缘，政府初步同意恢复永宁寺；1988－1992年常住广东省汕头市青龙寺；1992年参加宝华山传戒为堂师，同年受茗山委托赴盐城十多次，跑寺庙手续、找安居、选庙址，被城市政协增补为委员，年底确定庙址；1993年茗山长老宣布永宁寺修复由乘愿长老主持，任永宁寺监院，同年茗山礼请乘愿长老为射阳息心寺西堂代监院；1997年雪松上人与茗山传永宁寺临济正宗四十七世与乘愿长老；2004年乘愿长老升座为水宁寺方丈；2005年乘愿长老圆寂于永宁寺。长老积极协助盐城党和政府贯彻落实宗教信仰自由政策，为迅速恢复和发展盐城佛教，推进佛教界人间佛教的积极进取思想，为盐城建设和振兴作出了卓越的贡献。

纵观乘愿长老的一生，"爱国爱教"是他矢志不渝的思想基础，人间佛教是他日夜以求的实践目标，其一生行持，无不贯穿着这条红线。围绕"爱国爱教"的主题，乘愿长老在弘法利生、培养僧才、慈济社会、复建永宁等方面做了积极贡献，为盐城"人间佛教"的当代实践提供了宝贵经验。

乘愿长老以弘法为家业，以利生为事业。乘愿长老平生潜心佛典，对佛学颇有造诣。他十分重视对佛教学术的研究，常常在修持、弘法之余，伏案写作。乘愿长老深深感到，盐城的佛教文化遗产，亟待整理，当代出现的一些新的佛学理论也值得深入研究。乘愿长老到任盐城修复永宁寺时，盐城儿乎没有"真正"的佛教，更没有居士的护持，长老通过民间经忏佛事信仰，弘法利生建道场，亲自讲经收弟子。长老担任盐城佛教协会会长后，农村小寺庙参学长老，长老不遗余力谆谆教诲，农村小庙有请必到加持说法。长老注重收集关于盐城及永宁寺的佛教寺庙历史，拜访盐城籍老法师及当地的长者，亲自到相关档案部门查找佛教档案，为盐城佛教历史文化留下了宝贵的财富，特别是长老查阅大量典籍后，确认永宁寺为禅宗临济道场，为水宁寺今后的宗派弘法修持奠定了方向。长老邀请退居方丈雪松以及时任方丈茗山驻锡永宁寺讲经传法，在乘愿长老的牵线下，共十四位"广"字辈法师在永宁寺接法，为永宁寺的法脉弘传奠定了殊胜因，现"润"字辈已近百人。长老在百忙中为晚辈留下了《钟声》一书，内容丰富，涉及面广，真知富蕴，灼见启智，影响深远。

乘愿长老热心慈善公益，弘扬大乘菩萨精神。盐城佛教在与社会主义社会相适应的过程中，一个非常突出的表现，就是积极参与社会慈善公益业。自1993年起，乘愿长老就以个人名义或代表永宁寺向有关福利机构团体捐赠财物。长老将数次生日及平常居土供养的红包共计50余万元，交给永宁寺慈善功德会，关心弱势群体。长老自拿单银关心东台安丰镇两个学生读书，支持东台泰山寺慧德法师就读佛学院。长老在永宁寺需要资金建设的情况下，每年支持盐城慈善总会10万元。无缘大慈，同体大悲。乘愿长老不仅以实际行动表示他对慈善公益事业的热心，还在不同的场合号召大家都来关心慈善公益事业。

乘愿长老重视培养青年僧才，绍隆佛种，续佛慧命。注重佛教人才的培养与他早年参学高僧大德以及常住栖霞寺就读栖霞山佛学院获得的佛学造诣有关。绍隆佛种，培养佛教传承人，一直是乘愿长老孜孜以求的弘法夙愿。在他的推动下，培养了一批热爱祖国，拥护社会主义制度，具有相当佛教学识，并能密切联系群众的青年僧才。10多年来长老先后培养了数十位佛教人才，送往上海佛学院、灵岩山佛学院、南京佛学院、闽南佛学院、中国佛学院以及各类培训班就读，为盐城佛教的恢复和发展做出了积极的贡献。乘愿长老经常教导弟子们"爱国爱教"，要求弟子们懂得佛教教理、懂得法务活动、懂得寺庙管理。长老口头禅"名为师徒，情同父子"，对徒弟生活等倍加关心，只要是情况允许的一定为弟子满足。东台泰山寺慧德法师请求长老介绍他去栖霞山佛学院读书，长老欢喜赞叹并出钱出力支持就读。乘愿长老培养的僧才现已成为各大寺庙的方丈及主要职事、佛教院校的导师等，弟子们已经成为符合时代要求、真正能对佛教发展有用的专业僧才。

乘愿长老为复建永宁寺，呕心沥血。长老受若山指派，于1992年到达盐城恢复永宁寺。长老变卖沪上房产，购买盐城当地民屋暂造锅灶，简设殿堂，新塑佛像，选收弟子，完善斋供，弘法结缘，适百姓佛事需求，使永宁寺新址信众日聚，香火渐旺，为永宁寺的恢复重建奠定了坚实的社会群众基础。长老历经10年省吃俭用恢复建设了毗卢宝殿、厢房等建筑，再现了昔日永宁寺的佛门景象，每日晨钟暮鼓，梵音嘹亮。长老先后接待过中国香港、中国台湾地区和新加坡等国家的佛教界人士以及数以万计的国内香客。

2004年，乘愿长老晋升为永宁寺八十七代方丈。2005年7月，乘愿长老多年旧病缠身日重，自知时日无多。而其时寺庙复建任重，内部管理亟待加强。为续佛慧命，重振宗风，他遍寻同辈法嗣。乘愿长老惟祈大明寺法弟能修大和尚助持法力，便抱病数次往返于盐城扬州，终得能修大和尚应允，命弟子仁风代为晋住办道。乘愿长老传授临济正宗法脉与仁风，长老不畏艰难为永宁寺的复兴付出了一生。

第六章 杂①

第一节 遗 嘱

一、恒松亲撰遗嘱（高鹤年）

余幼承庭训，即知敬佛，及长而信心益笃，凡江浙著名各丛林、各善识，皆往瞻礼而亲近焉。内人智氏，宿有净因，绝无夫妻常聚之痴心。及椿萱去世，余遂云游国内各名山道场，或一二年、三五年而一归。智氏亦潜修净业，薄产所收，堪供衣食，余无内顾之忧，益逞旷观之志。明紫柏大师日行三百余里，凡天下名山圣道场地，无不瞻礼。余愧无紫柏之神足力，而蹩蹩跋涉，凡紫柏所到处，大都亦到，故有《名山游访记》之志述。民国十年，自滇粤归，念智氏老矣，无有子息，先祖父坟墓，后谁祭扫。遂拟以住宅改为女众修净道场，名曰"贞节净土院"，使贞女节妇有所依托。而余祖父之香火亦得永久无兼替，以弘扬佛法，俾吾乡之人间沐佛恩。蒙王一亭、李柏农、简照南、简玉阶、沈惺叔、关炯之、黄涵之、聂云台、狄楚青、程雪楼、魏梅荪诸居士，各相赞助，玉阶居士出资最多。于是鸠工庀材，从事建筑，不二年工成，所费在三万以上。余又与印光法师商订章程，订妥，持请居士看，咸皆赞许。而女众闻风来者已住四十余人，又有来者，以经济不给，不能满愿，然远方女众由兹吃素念佛者颇多。去年，余与智氏同病，恐即西逝，遂立遗嘱。此院乃十方信士捐资助成，与吾族概无干涉。院成后，即以所订章程刻印，送赞助各居士，祈其护持监督、俾无替废。院事，选年高有德者主之，而年轻明敏者辅之。异姓同居，志同道合，生为法兄弟，设为安养友朋。其所立各章悉呈县备案，但依法修，自无忧虑。余乡连年水旱交臻，奔走呼吁，设法救济，身心劳悴，迨将去世。念此道场女众所依，故立遗嘱，以期遵守。余死，勿效俗人报丧开吊

---

①本章"杂"收录与前数章体例不同之文章。

等，唯七七日于常课外，兼为念佛回向，以期未往生则往生，已往生则升进。身用火化，于院外立一坟，竖一小碑，题曰改宅为净土院鹤年居士高恒松公之墓。院外田园中祖墓，院生每年春秋，领众同为祭扫。立嘱之后，幸获痊愈。今秋智氏终，承大众助念之力，颇有往生瑞相，今于丙子冬刻石，并附之。所领院众，真为生死发菩提心，三业清净，一心忆念，以心率物，用弘佛化，则见闻无不信仰，佛天恒垂眷祐矣。

民国二十五年丙子孟冬

终南山人鹤年高恒松撰

证明律师单毓华 印

苏州杨鉴庭刻

二、应慈法师遗嘱（苇舫代书）

老僧去后或三七日或终七日，不要到海会火葬场，直接送回兴福山中八塔，不报诸山，不惊外客。我生平不喜张狂，只知兴隆三宝知恩报德所遗一切。佛像法宝经书望好好保存。我发愿再来弘法利生，佛种不断，此乃千佛万佛之遗教，我一生耿耿在心，不敢稍息。解放后，党和政府的正确宗教政策令我非常感佩，由衷拥护。我个人生活及政治地位等蒙政府无微不至的关怀和照顾，实在感激非常，自愧年老力衰，对社会主义建设及保卫世界和平事业毫无贡献。我去之后，望我后辈弟子及学人等在共产党正确领导下努力学习，加强改造，拥护政府政策、法令，积极为社会主义建设事业贡献出自己力量。至要至要！我的后人有持松、惠宗、妙贤、妙文诸子等，后事由持松、惠宗、妙贤、妙文负责，法徒弟密谛、妙文、密因、妙贤。自忆战逃难来沪，密因先回杭州，密谛常随老衲服务打七、讲经、传戒、开学堂一切佛事，然服务并无银钱管理或有来源都归刻印经书，专为弘法利生供养大众，为弘宗演教绍隆佛种。他二人杭州两家常住，前已贡献国家，现住沉香阁，内□前大殿，后法堂佛像及一切装修系老衲重修，要求政府照顾允许该徒等照旧安居行道，与我生前一样，俾法轮常转。我的衣单及此家常住一切用物交我后人作为纪念，我所存八九百元作为身份□。三译分科华严及疏钞等交妙贤、妙文二子永远保存，待老衲换了躯壳，再来弘宗演教，切勿遗失一字。以上请求政府及宗教事务局□□事务科，佛协领导，诸位道友照顾支持□老衲意思处理为祷。

应慈

奉师命笔代书，仍由师批阅亲笔签名

第二节 郭介梅著文及报道

一、郭局长介梅濬河亲给灾民工价力除他人敛费宣言——郭介梅

办工赈的大多是浚河，开河，修圩，筑路，这几层事。因为年岁荒歉，就非要做这几层事情不可，什么缘故哩，一来借此维护灾民的生活，二来免得逃亡他乡，沟河如不浚河，水利哪能源流，农田若无水利，就是废弃石田了。至于路堤道路，若不加工修好，但不能防御水患，而且行人大有不便，所以要把浚河抢粮道路修通了完美，那工商文化实业的事情，总能发展呢。灾民在此荒年，正愁谋生无法，哪有力量来做这些事情，就有官府等来督促灾民完工，或由慈善家募缘来补助以工代赈，最是积善救人，能使灾民长久受福，不过此事不容易办好，要在身亲其劳，处处存心察查，方有良好结果，我们办义赈的，根本与官赈不同，凡是不委托人，都要亲自去做，先要估计堤河长短，测量深浅预算，派员分途调查，非贫民壮丁不得参与做工，因为做功项下，本有给赈的关系，何能不认真查询呢。灾民于本局的账票，每日亲自领钱，给予同富农价，查出冒名顶替，原票随时废除，钱即逐日交把你们灾民手里，不会再有混账东西，克扣你们的工钱，籍端赚钱的流弊，我是同你们日日见面，有话就要报告，如有不公不平当然随时更正，做工个人务要努力向前，方土挑得多，除了正价以外，还有赏呢，你们得了工赈，切莫吃纸烟，喝烧酒，都要买米回家，孝顺父母，教养儿女，总是正务，挑河修路，原是你们个人自己受福，况又有慈善家出钱救济你们，若再不肯上紧做，就是真无良心了。

二、盐城千佛院募塑千佛启——郭介梅

盖闻优填造像，而福利寰宇。彦之建刹，而感报天宫，故知布施作福，皆为自心所造。浅见者，每谓造像建刹，了无所益，不知能令人警恶归善，唯在于佛像庄严，人即观相生善，自然诸恶不作。将见司法刑轻，社会安宁，以补国家法律之不足，未必无功与民也。吾盐千佛律院，著名古刹，弘宗演教，代有其人。正殿有千佛，年久失修，残缺几尽。仁安大师，戒律精妙，住持斯院，五载于兹。而于修复殿宇，整理田房，苦心维持，不遗余力。今又发愿修造千佛，恢复旧观。特雇宁波雕匠，雕佛，千尊。每尊需洋二元，维以自理有限，恳祈十方大德长者，慨予捐助，庄严佛宝，同种善因。昔时有人造一佛，

竟获多生福报，见于《三包感通录》《天灵人灵感记》诸书也。据此，则知大师所愿圆成，而捐造千佛之诸大善士，其为福德更有不可思议者焉。

盐城郭介梅代作

——民国佛教期刊文献集成补编 宏善汇报1936年第2卷第15期杂文缀拾

监城千佛院募塑千佛启

三、金坛两县公颂义赈查放局郭介梅局长

介梅局长先生，莅溧放赈，设局于万寿寺，来坛主放，寄住于慈云寺，下乡查户多日，不受地方接待，遇雪无关，冒雨奔驰。俭德过人，一尘不染，清风亮节，不愧有道风，事过情迁，犹深纪念，右列俚词二首，未能道及万一，寺西迁，暂寄身，悠然绝俗不沾尘，扬风窃喜来轮粟，遇雨翻教累折山，地癖无缘渐地主，天荒有幸晤天民，景阳门外沿河去，佛法长流香火因，天地原来最好主，如何乐士变愁城，千金幸拜仁人赐，一木能支大厦倾，种树化工追祖德，栽花闲令叙乡情，羡君胞与施宏愿，普度嗷鸿不复鸣。

四、赈委郭介梅为白河水灾乞赈

白河昆连川鄂，四维山岭，历遭匪旱之灾，已无生存余地，昊天不弟，七月初旬，阴雨连绵，五书夜不息，山洪暴发，河水陡涨二十余丈，诚为百年罕闻，县属城乡，尽成泽国，田禾芦舍，多被冲刷，人口牲畜漂没无数，下哀鸿遍野，饿殍载途，凄惨之状，笔难罄述。绘郑侠流民之，祇馀酸恻入脾，行汲黯发粟之政，复乏仓储可开，楚材等虽抱饥溺之怀，若无施济之术，夙夜思维，只有效庚癸之呼，只求将伯之助，俾边远无告之灾黎，得有一线生机，皆是诸大善士再造之恩，尚祈广为劝募，仁□义粟，多多益善，集腋成裘，少亦无妨，所谓救人一命，胜造于浮屠七级，恭祝仁风远播，慷慨捐款，凉飚天末，哀此浮独，临书悲悯，不胜追盼祈之至。

五、郭介梅先生往各处勘灾筹赈不受地方接待

中国放生会、救灾会各慈善团，于本年六月二十九日，公聘久办义赈之郭介梅先生为勘灾委员，自闽中三山、双溪等处，经过后，转抵安徽蚌埠，又往当庐、巢凤等邑察看水灾。如其灾重，随时报会发放急赈。行程三日，辛苦万状，到处不受接待，均系自己解义囊。不日欲赴陕南。各会函告本报，志此以扬仁风。

六、郭介梅往灌云施赈

去岁黄河水灾，害及数省。灌云地近苏北，受灾亦重；当此青枯不及，灾民谋生之术，殊堪怜悯！发起中国崇俭赈灾会，鉴及此，乃筹赈款五千元，延聘久办义医之郭介梅先生担任查放局长，并函请该县长为会办，闻郭氏本救死不救贫之旨，不日当携带阅记赈票，牵同查放员等，前往灌云查赈云。

第三节 偈 语

因闻三味自觉首座回首因缘示偈

孤云行鉴

法门正好大家撑，那得功夫又转身。

汝既打翻筋斗去，传持衣拂付何人？

偈语

方志

一、菩提无相，云何为发；菩提无念，云何是心。牵牛渡河，霹雳晴空，曼珠宝钗，横空彻电，山海若平，佛魔不现。

二、妄从真起本无因，何须向外觅疏亲。

三、马投龙泉化鳞甲，四海无涯任往游。

四、七十八年幻梦中，奔驰南北走西东。还归天竺灵山国，统照元来色即空。

第四节 发刊词

《人海灯》[①]发刊辞

大醒

民国二十年二月，闽南佛学院师僧合组厦门佛学研究会，意在启导厦门

---

① 《人海灯》是民国初期由广东汕头佛教学会、潮州开元寺主办的一份佛教刊物，编者和发行者是潮州岭东佛学院，潮州兴昌印刷公司印制，是近代佛教的著名期刊。

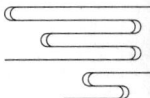

社会人民，□皈佛化，自成一清净乐土。爰先出一周刊，定名"人海灯"副刊在厦门全国新日报上。

人海茫茫，尘劳滚滚，忧悲喜乐，无时或息地生活数十年，以有限的光阴，企望着无穷尽的事业，经过多少的艰难、驰驱，能有多少人得达到"利其利乐其乐"的峰巅。社会是这样的复杂，"做人"实在不是一件容易的事啊。

因为世路的崎岖，人心的险窄，多少人受环境的压迫，由是堕落，由是流入了歧途□□，社会愈见不得安事，人心也就愈趋愈下，就形成了种种的□□现象。试看整个的社会之中，多少人站在安乐的园地，多少人陷于苦忧的境域。

我们出这"人海灯"，我们只想借着世界最高尚的佛教的一点点光明，照耀着我们应走向的"大道"。能大家"安居乐业""安分守己"，不要你欺我诈，不要彼争此夺，不要以强凌弱，不要自利损人，不要为利□名□，不要为酒困色迷，不要为茫茫的苦海沉没，不要为滚滚的尘劳包围。我们要坚具高尚的意志，要养成伟大的人格，要忠厚待人接物，要慈悲救贫济弱，要去除一切虚伪行为，要显现真实本来面目，要免入苦海的沉没，要解脱尘劳的包围，这是我们出这"人海灯"的希望。

我们希望先知先觉的同胞们予以助力，来做"人海"中大众人格修养的先导。

"关心岂限眼前事，启后宜先天下忧"
——中国佛协南京栖霞寺僧伽培训班纪念专刊发刊词
茗山

一九八三年十一月二十日

赵朴初居士曾于一九七八年冬访问镇江焦山，他和我在华严阁上促膝谈心，谈到准备修复焦山定慧寺，特别谈到培养僧才继承佛教事业的问题，我虽深感同情和高兴，但看当时因缘，和尚尚未成熟，对培养僧才一事怀抱着种种的忧心！那时，他留赠一首七律，题为"焦山壮观亭得句"：生子当如孙仲谋，不缘年少万兜鍪。关心岂限眼前事？启后宜先天下忧。浮玉中流迎北固，真堂隔岸望扬州，壮观二字因无负，第一江山第一楼。他对我解说："眼前事"，指修复定慧寺；"天下忧"，是指培养佛教后继人。我深表同感，随后和他一首：华严阁下共筹谋，盛宴从来出镈鍪。空殿兴修宜塑像，慧灯待续实堪忧。六朝胜迹称浮玉，千古江山数润州。指日重兴仗鼎力，再来更上一层楼。其中第四句"慧灯待续实堪忧"忧的是当时定慧寺是一座空庙，无佛无经亦无僧，又无经费、师资等等，赵老虽希望我恢复焦山佛学院，我一木焉能支大厦呢？此虽一席空谈，但为今日做了思想准备，彼时认为"培养佛教后继人"，是今后佛教界最紧迫最重要的一件大事。

八零年初，在赵老倡议、领导和支持下，恢复了北京的中国佛学院，并创办了苏州的灵岩山分院，只容学生数十人，全国庙多僧少，不够分配，因而在八二年五月于北京召开中国佛教协会第四届常务扩大会议，在议程中着重议决在南京栖霞山创办僧伽培训班。赵朴老就把这件事委托我和关松老，圆湛法师从北京到南京来筹办，在江苏省和南京市宗教部门领导下，又承省市佛协和各有关方面支援和协助，于八二年十一月十五日开学，今年十月三十一日结业。来自国内十八个省市一百六十四名僧青年领到结业证书，满载而归各地寺庙，或继续修学，或管理寺务，或担负事业，或弘扬佛法，或庄严国土，或利乐有情，总成为佛教有用人才。这件事，在中国佛教历史上，确是空前的兴废继绝的大事；在国际佛教界，也引起教友们的亲切关怀和鼓掌称赞。因此，这件事的本身，是值得同仁们纪念的。

领导和朋友们又向我们建议：僧伽培训班应出一本纪念刊，说是因为目前全国各地寺庙兴办佛学院，如雨后春笋，正在出土发芽，很需要介绍僧伽培训班的情况及其经验教训作为参考。

本班同学也有要求出一刊物作为同学录，以留纪念的。

因此种种，在班务会议上，公推圆湛法师主编，介如和融通老师助编，其他教师也自愿帮忙，从而在结业后，匆匆地搜集本班自开学至结业的资料加以删繁取简，去粗取精，经过抄写、编排、校对、付印，以供同好。这本纪念刊，编印时间匆促，难免有遗漏和错误之处，请阅者批评指正！

第四卷

法务

FA WU

佛教始创之时，并无宗派之分。佛陀涅槃后，众弟子将佛陀所说之"法"加以结集整理，注入诸多解释，形成经、律、论三藏十二经。后世祖师各自特别尊重某一法门，崇敬某一义理，推弘某些经论，故此渐成宗门派系。印度原始佛教从形成"上座部"与"大众部"的初步分歧开始，直到分为二十个部派。主要分别为以成佛为目的的"大乘"和以成阿罗汉为目的的"小乘"两大派。在印度，最初五百年偏重"小乘"，其后五百年则偏重"大乘"。在"大乘"中，又先后分别为"显教"和"密教"，亦即中观、瑜伽的空有二宗。

第一章 佛教主要宗派及其在盐城的分布

中国佛教，至今约二千年的历史，以其流传与发展，共分为六个时期：第一，魏晋南北朝为经典翻译时期；第二，隋唐盛世为八宗并弘时期；第三，五代赵宋为禅净争主时期；第四，元明清朝为宫廷密教时期；第五，清末民初为净土经忏时期；第六，21世纪为人间佛教发扬时期。至隋唐时，由于师徒传承仪式等制度逐渐固定下来，才形成了具有组织意义的宗派，主要有八宗：一是三论宗又名法性宗，二是法相宗又名瑜伽宗、慈恩宗、唯识宗，三是天台宗又名法华宗，四是华严宗又名贤首宗，五是禅宗，六是净土宗，七是律宗，八是密宗又名真言宗。这就是通常所说的性、相、台、贤、禅、净、律、密八大宗派。八大宗派的特点可以用一偈浅而概之：密富禅贫方便净，唯识耐烦嘉祥空。传统华严修身律，义理组织天台宗。

一、三论宗

主要依据鸠摩罗什译的《中观论》《百论》《十二门论》研究传习而形成的宗派，因为是依据中观派三《论》立的宗，所以叫做三论宗。它的教义以真俗二谛为总纲，以彻悟中道实相为究竟。二谛的"谛"字是真实的意思，从法性理体边说的叫真谛，从缘起现象边说的叫世俗谛。从俗谛说事物是有，就真谛说诸法是空，所以真俗二谛也叫空有二谛。色即是空，空即是色，色空不二，真俗不二就是中道，也叫诸法实相，这就是此宗的中心思想。此宗着重从真空理体方面揭破一切世出世间染净诸法缘起无自性，五阴十二处等虚妄不实，彻底破除迷惑，从而建立起无所得的中道观，以求实现其无碍解脱的宗旨。这一宗，实际就是印度龙树、提婆中观学说的直接继承者。

二、法相宗

是由印度弥勒、无著、世亲（又翻译做"天亲"）创立的宗派。此宗主要依据有《解深密经》《瑜伽师地论》《成唯识论》等，因为是依弥勒说、无著记录整理的《瑜伽师地论》为根本教典而立的宗，所以叫瑜伽宗。我国玄奘法师译传此宗并糅译十师之说为《成唯识论》，故此宗又称法相唯识宗，亦称慈恩宗。它的教义以五法三自性，八识二无我为总纲，以转识成智转依为宗旨。五法是：一名、二相、三分别、四正智、五如如；三自性是：遍计所执性，依他起性，圆成实性；八识是：眼识、耳识、鼻识、舌识、身识、意识、第七末那识、第八阿赖耶识；二无我是人无我和法无我，"五法"是对世出世间一切法的概括。"名"和"相"指世间有为法皆有名有相，称为名相之法；"分别"指人们的主观能对事物分别认识；"正智"指圣人清净无漏实智；"如如"指如实智所对真如理境。"五法"不出染净和主客观，是以总括诸法。三自性：一是二取执着，无而谓有，起惑造业，名遍计所执；二是三界心法，依他缘生，名依他起；三是依他起上除遣二取所显二空真如为圆成实。事物的性质不出此三种，所以叫三自性。八识："识"是了别认识的意思，又叫心或意，每个有情都有这种心意识的认识作用，共有八种，就是前面列举的八种识。二无我：每个有情或众生都没有永恒不变的实体即一般所说的自我或灵魂叫人无我；客观事物也没有恒常不变的实体即自性或绝对的真实叫法无我。二无我也叫作我、法二空。此宗教义深入分析诸法性相，阐明心识因缘体用，修习唯识观行，以期转识成智，成就解脱、菩提二果。此宗由玄奘法师译传而成立，是印度无著、世亲学说的直接继承者。

三、天台宗

是以鸠摩罗什译的《法华经》《大智度论》《中论》等为依据，吸收了印度传来的和中国发展的各派思想，重新加以系统地组织而形成的思想体系，因为创始人智顗，住在浙江天台山，所以叫天台宗。它的宗义以五时八教为总纲，以一心三观、三谛圆融为中心思想。此宗把释迦如来所说的经教，划分为五个不同的时期，称为五时教，就是华严时、阿含时、方等时、般若时、法华涅槃时。五时的名称都是佛经的名称，主张佛陀所说的经教不出这五个时期的范畴，所以叫五时。八教分为化仪四教和化法四教，化仪四教为顿、渐、密、不定；化法四教为藏、通、别、圆。三观是修行的观法，即空观、假观、中道观。此三观可以于一心中获得，名为一心三观。三谛圆融：真谛、俗谛、中道谛叫做三谛；此三谛举一即三，虽三而常一，说三说一是圆融无碍的，所以叫圆融三谛。一心三观，三谛圆融是圆教的教义，说明诸法无碍，事理圆融。天台宗以自宗为圆教，别的宗属前三教。此宗总结了以前各派的思想，将佛教教义加以精密的调整，发展了大乘圆教理论，展示了中国独创的大乘思想。

四、华严宗

是以鸠摩罗什译的《华严经》为根据，对《华严经》有深入的研究和精辟的阐发，是在前人三论、天台、慈恩、地论师、摄论师等学说发展的基础上形成的一个思想体系。创始人是七世纪末的贤首国师法藏，所以叫贤首宗，又名华严宗。此宗以五教来判摄整个佛教，以六相、十玄、三观为它的中心思想。五教一是小教，即声闻小乘教；二是始教，即大乘开始初级阶段的教义；三是终教，即大乘终极阶段的教义；四是顿教，即大乘中顿超顿悟的法门；五是圆教，即圆满无缺、圆融无碍的理论。此宗把佛教分作浅深不同的五种教义，比前天台宗多加一种顿教，所以称为五教。六相是：总相、别相、同相、异相、成相、坏相。这六相既同时表现在一切事物中，也同时表现在一个事物中。无论在一切事物中或在一个事物中，都是相反相成、同时具足、互融互涉、彼此无碍的，从此可以揭示出法界缘起的道理。十玄门是：一、同时具足相应门，二、因陀罗网境界门，三、秘密隐显俱成门，四、微细相容安立门，五、十世隔法异成门，六、诸藏纯杂具德门，七、一多相容不同门，八、诸法相即自在门，九、唯心回转善成门，十、托事显法生解门。这十玄门总的意义是显示华严教关于一切事物纯杂染净无碍、一多无碍、三世无碍、同时具足、互涉互入、重重无尽的道理。三观一是真空绝相观，二是事理无碍观，三是周遍含融观。六相、十玄、三观的建立，阐发了《华严经》的法界缘起、理事无碍、事事无碍、无尽圆融的教义。六相、十玄就所观的法界之境说的，圆融三观是约能观之智说的。这种重重无尽、法界圆融的思想，虽说导源于《华严经》，而实际为中国所独创，它的法界缘起、一切无碍的学说大大发展了印度传来的大乘思想。

五、禅宗

主要是以鸠摩罗什译《金刚经》为依据，禅宗的禅是禅那的简称，汉译为静虑，是静中思虑的意思，取自《大学》"知止而后有定，定而后能静，静而后能安，安而后能虑，虑而后能得"，一般叫做禅定。此法是将心专注在一法境上一心参究，何为本来面目，于念念之间用功，以期证悟本自心性，这叫参禅，所以名为禅宗。禅的种类很多，有声闻禅、有菩萨禅、有次第禅、有顿超禅。禅学方面，在中国有一支异军特起，那就是所谓"教外别传"的禅宗。此宗所传习的，不是古来传习的次第禅，而是直指心性的顿修顿悟的祖师禅。此宗的禅法是在六世纪初由印度的菩提达摩传来的。过去说：禅宗单传心印，不立文字，称为"教外别传"。但初祖达摩以四卷《楞伽经》传于二祖慧可作为印心的准绳，弘忍、惠能又教人诵持《金刚般若波罗密经》，这样，《楞伽》《般若》便是此宗的经典依据。以后更有《六祖坛经》和许多"语录"的出现，不能说禅宗没有经典依据。禅宗在中国是很兴盛的。在八世纪间，此派曾分为南北两宗，北宗神秀（约606-706）一派主张渐修，盛极一时，但不久便衰歇；南宗惠能（638-713）主张顿悟，后世尊为六祖，弘传甚盛。从唐到宋，南宗的禅师辈出，在此三、四百年中又分为五宗七派，可想见其兴旺的景象。此宗和净土宗一样，一直是中国流传最广的宗派。南宗六祖惠能弟子中，有南岳怀让（667-744）和青原行思（？-740）两大支系，由这两大支系又分成五宗七派。从南岳先分出一派沩仰宗，次又分临济宗。青原行思一系分出三派：曹洞宗、云门宗、法眼宗。由两系分为五宗，以后又从临济宗分出黄龙、杨岐两派，合前五宗名为七派，都曾兴盛一时，经过一段时期有的就衰绝不传了。后来的禅宗只有临济、曹洞两派流传不绝，临济宗更是兴旺。近代所有的禅宗子孙，都是临济、曹洞两宗之后。

六、净土宗

以鸠摩罗什译《阿弥陀经》等提倡观佛、念佛以求生西方阿弥陀佛极乐净土为宗旨而形成的宗派，所以名为净土宗，尊东晋慧远法师为初祖，善导大师为二祖。龙树菩萨分佛陀说的法门为二道，即难行道和易行道。并说别的宗依戒定慧修六度万行，需经三大阿僧祇劫为难行道；说修净土法门一生至诚念佛，都摄六根，净念相继，临命终时，仗承阿弥陀佛摄取不舍的愿力往生安养净土，并永不退转，直至成就佛果，故称为易行道。因此，此宗主张劝人念佛求生西方净土极乐世界。此宗的特点，简单易行，三根普被，能摄受广大群众，有念佛法门、十六观法门等，依生前发心、修持不同，往生又有九品往生的分别。修学此宗不一定要通达佛经，广研教乘，也不一定要静坐专修，行住坐卧皆可称念"南无阿弥陀佛"，只要信愿具足，制心一处，一心念佛，始终不怠，临命终时，就可往生净土，即便犯五逆恶罪，若命终时能至心称念阿弥陀佛名号十声，命终亦能下品下生至西方极乐净土。当然平时也要持戒诵经，广行众善以作助行。由于法门简便，所以最易普及。别宗的学者，也多兼修此法，以净土为归，因而使净土法门在中国得到特殊广泛的流行。

七、律宗

主要是以鸠摩罗什译《十诵律》等为基本经典，主要是学习和研究戒律的。由于此一宗的盛行，中国僧人们在修学大乘的戒定慧三学中，仍然重视出家声闻乘的戒律。戒律有声闻戒、有菩萨戒，这里所讲的律宗，是依声闻律部中的《四分律》，由终南山道宣律师一系所立的律宗。就戒条戒相说，有五戒、十戒、具足戒之分。五戒是出家、在家佛弟子共持的戒；十戒、具足戒是出家弟子的戒。各部律藏不只是戒相和制戒因缘，更大的部分是僧团法规、各种羯磨法会办事、出家法、授戒法、安居法、布萨法、衣食法，以及日常生活小事，都有详细规定。因为时代的关系，环境的不同，许多戒律的规定，早已废弛不行了。菩萨戒有在家菩萨戒、出家菩萨戒。出家菩萨戒如《梵网经》有十重四十八轻戒，在家菩萨戒如《优婆塞戒经》有六重二十八轻戒。又总摄菩萨戒为三聚，三聚是三类的意思，称为三聚净戒。一是摄律仪戒，是戒相，是"诸恶莫作"；二是摄善法戒，是"众善奉行"；三是饶益有情戒，是"利益一切众生"。四分律虽属小乘戒，但其文义通于大乘，自古就有"分通大乘"的说法。中国盛行大乘，以大乘教义解释律藏，摄小入大，就是大乘戒的组成部分，出家菩萨三聚净戒中的摄律仪戒就是以声闻戒为基础的。如杀、盗、淫、妄四根本戒，是大小乘共同遵守的。对于律学的研究，最重要的是善于分辨开、遮、持、犯，就是在出家戒条中，本来是不得触犯的，但在某种情况下可以开许，这叫开；在通常情况下又不得违犯的，就叫遮。在某种情况下，本人也不知是持戒还是犯戒，这就需要研究律学，律师根据律藏分辨清楚确定开、遮、持、犯的界限。在声闻戒中除四根本戒杀、盗、淫、妄，或者还加十三僧残尼戒是八根本十七僧残必须严格遵守，不得违犯外，其他绝大部分的戒条，在特殊情况和必要情况下是可以开许的。例如"非时食"这一条戒，即通常过午就不许吃东西，而在劳作以后就允许吃东西。但如何开许，要依戒律来判定。可见佛教戒律不是死板的，除根本性戒外，都是具有灵活性的。

八、密宗

主要是中国唐代不空译的《金刚顶瑜伽真实大教王经》，在八世纪时由善无畏、金刚智、不空等传入中国，从此修习传授形成密宗。此宗依《大日经》《金刚顶经》建立三密瑜伽，事理观行，修本尊法。此宗以密法奥秘，不经灌顶，不经传授不得任意传习及显示别人，因此称为密宗。本尊毗卢遮那佛是学者选择自己最敬爱最尊崇的一尊佛、一位菩萨或者一位明王，作为学习成就的对象或榜样，就叫本尊。要成就本尊的所有功德智慧，就要修习三密瑜伽法。三密就是身、口、意三业，瑜伽译为相应。三密瑜伽，就是三业相应。与谁相应？就是修行者自己的身口意与本尊的身口意三业相应。修法时，修行者要身作本尊的姿态，手结印契，口诵本尊真言，意作本尊观想或种子字，务使自己的三业与本尊的三密相应，名为瑜伽修法。此法如果修成，可以即身成就本尊之身。密教的修法很多，这只是举一个例证。此宗最高理论还是以性空无相的法性理体为基础，所谓阿字本不生，不生就是空义。

历史上盐城境内佛教宗派主要有律宗、禅宗（又分临济、曹洞两宗）和净土宗几派，其中禅宗的临济宗由于孤云行鉴及其弟子的影响长期居于主要地位。律宗讲大乘，立戒坛，强调以戒律扬教，主要分布在盐城、东台境内较大的寺庙。盐城永宁寺、千佛院、兜率寺、伍佑广利院、大冈香佛寺、大云山、千佛院等起初均为律宗。临济宗散布盐城各地寺庙，尤以农村寺庙为多。民国《续修盐城县志》载："城乡寺刹四百余所，十之九皆临济宗""县境旧有寺观……论其名义应属道教范围，乃晚近多为僧徒所居，或改崇佛像。"东台大多寺庙包括现在开放的泰山寺亦属临济宗。曹洞宗散布在盐城、东台的部分寺庙；盐城净居寺、正觉庵（便仓）等10余座寺庙修此宗。净土宗主要分布在原阜宁县境内的寺庙，尤以尼姑庵居多。

第二章 近代以来盐城的佛学教育

盐城建县两千多年，佛教文化源远流长。佛教自汉晋时期传入盐城后，经过隋唐时期的发展，至明清时期达到顶峰。但湖广总督张之洞1898年提出了"庙产兴学"的主张，即改佛教寺院为校舍，取寺院财产为办学基金。佛教因此受到了较大冲击，盐城境内也出现了毁庙兴学之风，寺产被瓜分，僧众被驱逐，住持法师被抓，佛教的发展面临前所未有的危机，但就是在这样的背景下，盐城在民国时期仍然出现了一大批杰出的高僧大德。

第一节 民国时期三所佛学院见证盐城佛学教育的兴盛

庙产兴学期间，近代著名居士佛学家杨仁山对中国佛教发展倍感担忧，立志培养佛教人才，改变佛教当时的不利处境。他主张通过开办释氏学堂培养佛学人才来振兴佛教，开办学堂的经费由各寺院供给。这种利用寺院财产办学的方式，是顺应庙产兴学风潮以保存寺院、培养佛学人才的有效方法，同时也为后来祇洹精舍的开办奠定了基础。

1907年，杨仁山在南京开办祇洹精舍，这是中国最早的新式佛学学堂。课程除佛学外，还设国文、英文、梵语等课程。祇洹精舍虽然只办了短短两年，但却培养了许多佛学人才，如太虚法师、仁山法师、章太炎、谭嗣同等等，开创了中国佛学教育和居士佛学的新风。

后来受杨仁山创办学堂的影响，各地兴起了用寺院财产办佛学院的潮

---

① 林巘均修：（民国）《续修盐城县志稿》卷三《民俗》，《中国地方志集成·江苏府县志辑（59）》，南京：江苏古籍出版社1991年版，第394-397页。

流。盐城先后创办了沙沟僧学院、启慧学院、贤首宗学院三所佛学院，培养了众多优秀的僧侣人才，对盐城佛学的发展产生了深远影响。

一、盐城沙沟僧学院

民国时期盐城有寺庙四百多处，僧徒几千人，他们大多以经忏为生，而不专注修行，他们当中"诵经不析经义者""乞戒不守戒律者"较多，这种修习方式一定程度影响了盐城佛教的发展。盐城县沙沟镇（今泰州市兴化市沙沟镇）的云莲法师，虔心修习佛教内典，深得教义要领，心怀众生，1923年，在沙沟镇创办佛教小学，发展佛学教育，培养僧才，以图改变当地僧徒修习方式，挽救盐城佛教的危机。沙沟佛教小学即为后来沙沟僧学院的前身，是盐城历史上创办最早的佛学学校，成为盐城其他寺院创办佛学院的先声。

（一）沙沟僧学院的创建与发展

云莲法师1923年创办的沙沟市佛教小学，学制为三年，学生学满三年后，通过学校考试合格者，准予毕业。学校首批招录的学生共三十名，分为正副两班，实行小班教学，这是民国时期佛学院培养僧才的主要教学模式。

1926年上学期，佛教小学所有正班学生全部通过考核，依照学校学制顺利毕业，成为该校第一批毕业生。这些毕业生有的被升送到金陵法相大学继续就读，有的不远千里到厦门佛学院求学，还有一些学生或是前往各名山佛寺参访大德，云游修学，或是到各个地方听受教言。非正班未通过毕业考核的学生，仍然留在学校补习直至毕业。

同年下学期，学校继续招收新生十二名，并将佛教小学更名"僧学院"[1]，即沙沟僧学院。更名对该校意义重大，不仅是单纯从"佛教小学"升格到了"僧学院"，还意味着该校今后将会继续扩大办学规模，优化佛学教育质量，强化佛学师资队伍等等，造就佛学人才，续佛慧命。

1928年，学院又送走一批毕业生，并招聘学院董事会，规划学院发展，规范佛学教育。每逢开学，院内呈现出一派"莘莘学子，井井有条，佛法重光，弗难立睹"的景象。

（二）沙沟僧学院的影响

---

①黄夏年主编《民国佛教期刊文献集成》第16卷，北京：全国图书馆文献缩微复制中心，2006年，第54页。

图4-1 沙沟僧学院合影

云莲法师率先勤勉办学，推动了盐城民国时期佛学教育的发展。

云莲法师精通佛教经典，心系盐城佛学教育事业的发展，深知盐城佛教衰败之缘由，以一己之力创办佛教小学，该校自开创以来，学校的宿舍建设、学生膳食、教学用具等一切费用，都由云莲法师一人承担。此外，云莲法师为佛教小学升格佛学院，扩大招生规模等方面做出了巨大努力。在云莲法师和沙沟僧学院的引领之下，盐城有不少法师纷纷效仿，创建佛学院，造就僧才，使得盐城佛教界人才辈出。

其中，贤首宗学院在创建之初沿袭了沙沟僧学院设置的三年学制；起初也是参照了沙沟僧学院的分班方式，只是后来在不断发展和完善中又改设为预科班和本科班，这是在沙沟僧学院基础上的健全和发展；而毕业考核方式，即学僧只有通过学院考核才能准予毕业，一直为两所佛学院所沿用，既扎实了学僧的佛学基础知识，也保证了毕业学僧的质量。

二、东台三昧寺启慧学院

1925年，东台县三昧寺的广岫法师创办了启慧学院，招收僧徒五十多人，培养了不少优秀的僧侣人才，为振兴东台佛教做出了贡献。

（一）启慧学院的创办与发展

民国时期东台佛教的发展面临"内寡大德高僧，外乏正信智士"的危机，东台三昧寺广岫、志坚、定庵、密海等法师，决定创办佛学院，振兴东台佛教。

1925年5月7日，"由东台市僧人志坚、定庵、密海、广岫、圣慈、树成、蔼晴、密基、印根等十人联名具请，经江苏省教育厅立案"[1]，蒋维乔厅长第18号批令同意创办启慧学院，地址设在东台三昧寺外的听香庵，由三昧寺住持广岫法师具体负责办学。

启慧学院在筹备之初，就设立了学院组织机构，以管理学院事务和维持

①盐城市政协学习文史委编：《永宁寺志》，北京：中国文史出版社，2020年，第301页

学院秩序，保证教学工作的顺利开展。当时学院由三昧寺住持、东台佛教会副会长广岫法师任院长，后由三昧寺继任住持听泉法师担任院长。两位法师在学院创建、事务管理上贡献实多。学院创建初期还聘请了达明法师及地方名宿杨公甫、杨式金等人为教师。

启慧学院"学僧主要来自于江苏各地，其中以东台、大丰、海安为最，另有兴化、如皋、姜堰等地学僧"①，瑞祥、大本、真禅、无相、欣一等现当代高僧早年曾在此求学。

启慧学院效仿新式学堂的课程设置，在文学方面设置四书五经的课程，注重中华民族优秀传统文化的传承，培养学僧的文化素养。在佛学方面设置经、律、论的课程，这是学僧学习佛学的基础课程，是学僧的必修课。这些课程的设置是为了夯实学僧的佛学专业素养，为学僧今后的佛学研究、讲经、著述等奠定基础。在社会学科方面设置英语等课程，这是寺院佛学的创新课程，是对新式学堂最大的借鉴。一方面保证了学僧的与时俱进，另一方面则是希望学僧在精通佛学经典的同时，也将佛学经典的精神传递到世界各国，以弘扬佛法，福利众生。

启慧学院在课程设置上既囊括了文学、佛学、外语等课程，体现了中西方文化的交融，给传统佛学注入了新的活力，使佛学教育更具先进性，同时也关注了佛学经典的传播，即向世界各国传递佛教精神。

启慧学院的命运与三昧寺极为相似，同样历经磨难，因天灾战乱或歇或续。1933年，台城突发水灾，启慧学院停办。水灾结束，学院恢复上课。1938年4月25日，台城沦陷，学院被迫停办，8月初恢复上课。1944年，台城再次沦陷，部分学僧转至焦山佛学院、柏林佛学院继续学习，学院只留下十多个学僧。次年正月十五，留寺学僧到句容宝华山受具足戒，至下半年学院正式宣布停办。启慧学院前后办学20年，培养了一大批优秀僧才，也为其他佛学院提供了借鉴。

（二）启慧学院的办学成果

启慧学院在民国时期虽然曾因天灾或战乱时断时续，但由于其合理的课程设置，优秀的师资，严格的管理和考核，造就了一大批精通佛学经典、德行高尚的僧才，其中佼佼者有松月、瑞祥、大本、真禅、无相、欣一等，在推进盐城佛教乃至中国佛教的振兴中发挥了重要作用。如瑞祥法师，历任浙

①盐城市政协学习文史委编：《永宁寺志》，北京：中国文史出版社，2020年，第301页

江白雀法华寺白雀佛学院、北京法源寺佛学院等佛学院教师，北京广惠寺、扬州大明寺住持。瑞祥法师创办粥厂、孤儿院等，救济贫苦大众；出访日本唐招提寺，促进中日佛学文化的友好交往。大本法师，曾与志开、觉民等法师创办栖霞寺律学院，并历任浙江白雀法华寺白雀佛学院教师、南京栖霞佛学院教务主任、栖霞寺监院、香林寺住持、中国佛教协会常务理事等职，著有《密严经述要》等，为宣传佛学经典，促进佛学教育发展做出了重大贡献。真禅法师，历任镇江竹林寺住持兼竹林佛学院院长、上海玉佛寺住持兼上海市佛学院院长、开封大相国寺住持、永宁寺名誉方丈等，担任中国佛教协会副会长、全国政协委员、上海市佛教协会会长。无相法师，先后担任锡山龙光寺、祥符寺住持、江苏省佛教协会副会长、中国佛教协会常务理事等职。无相法师遵循"人间佛教"思想，以济世利民、慈悲喜舍为宗旨，弘扬中华民族积德行善、扶贫济困的传统美德，在捐资助学、济困扶贫、助医、救灾等方面做了很大贡献。启慧学院培养出来的众多优秀僧侣人才，从事佛学研究和教育，为发展中国佛教，弘扬佛教文化，贡献着自己的智慧和力量。

图4-2　1930年"江苏东台县慈济三昧寺庚午年三期传戒恭请仁山法师讲经摄影"（《金山法海波澜》第六期）

三、盐城兜率寺贤首宗学院

1926年，时任盐城兜率寺住持的祥瑞本着"兴教立学"①目的，以"寺田一千八百余亩，稻麦千八百担"②充作办学资金，拆借四千余元建学校宿

---

①窥谛：《江苏盐城佛教之状况》，江南九华佛学院院刊.第41卷，黄夏年主编《民国佛教期刊文献集成》，北京：全国图书馆文献缩微复制中心，2006年第462页。
②祥瑞：《十年办学之前因后果》，《正信》第三卷第二十四期.第61卷，黄夏年主编《民国佛教期刊文献集成》，北京：全国图书馆文献缩微复制中心，2006年第208页。

舍，购买教学用具，创办了贤首宗学院。学院以"弘扬佛法，造就人才，增进社会道德，自觉觉他"为办学宗旨，得到了盐城佛教界及士绅的支持。学院选定兜率寺为院址，祥瑞任首任院长。

在祥瑞的精心打造下，贤首宗学院建立了比较完备的教学管理制度，在招生、管理、师资、课程设置等方面皆有显著创树。

1.招生

重视招生宣传。祥瑞在《世界佛教居士林年刊》上发布《贤首宗学院章程特例》，在《佛教居士林林刊》上刊发《贤首宗学院章程》，在影响较大的佛教期刊《海潮音》上刊登《江苏盐城贤首宗学院通告》，公告贤首宗学院招收"预科每班五十名，本科每班四十名"，采用小班教学的模式，这些章程和通告不仅有利于招僧宣传，而且将学院章程公之于众也起到了告知和接受监督的作用。

严控入学条件。一、所招学僧须"年龄在十五岁以上、三十五岁以下者；身体健全，品行端正，无诸嗜好者；善信居士或中学毕业者、出家沙弥或受比丘大戒者"。二、学僧须接受以作文试验或口头问答作为形式的入学考试，以检验其佛学基础知识、文化素养、表达能力，以保证生源质量。三、学僧录取"必须由各佛寺长老及本院熟识的善信居士或其他佛教团体为介绍及作保证，且入学时须连保证人填写志愿书及保证书，但保证人以本院认为适当者为限"①。这些入学条件，既体现了贤首宗学院于传统寺院佛学教育中寻求创新，以及学院对培养高质量、高素质佛学人才的期许，同时也便利了教学工作。

2.管理与师资队伍建设

学院"设院长一人，总理院中一切事务；设教务长一人，分理院内教务；设学监一人，分理院内事务"，并"特聘董事十三人"②，使学院管理不仅职责分明，而且有效防范了寺内人员把持学院事务的弊端。且注意一般管理人员精简，"文牍兼招待，会计兼庶务"，从而减少支出，提高效率。

在师资队伍建设上，聘请"教授"若干人，负责文学、历史、佛学等课程的教学工作，其余课程则由寺内法师主讲，使得外聘教授及寺内法师术业有专攻，更好地开展教学工作，保证教学质量。

---

①贤首宗学院章程：黄夏年主编《民国佛教期刊文献集成》，《佛教居士林林刊》第十七期.第142卷，北京：全国图书馆文献缩微复制中心，2006年第404页。
②贤首宗学院章程：《佛教居士林林刊》第十七期.第142卷，黄夏年主编《民国佛教期刊文献集成》，北京：全国图书馆文献缩微复制中心，2006年第404页。

3.学制与课程设置

贤首宗学院在学制上办学参考了当时的大学学制，设大学预科及大学本科，预科两年，本科三年。学院以两个学期为一个学年，以三个学年为一个修业期。预科是本科的过渡阶段，学院规定学僧预科毕业后，通过考试可以升读本科。预科升本科的设定，既满足了学僧进一步修习佛学经典的学习需求，也体现了学院对提升学僧佛学素养的重视。

在课程设置上，强调佛学基础知识的掌握与社会学科知识的普及。预科设置"戒律""观行""经""论""著述"五门佛学基础课程，主要学习《梵网经菩萨戒本》《华严经著述集要》等佛学内容。预科在社会学科方面设置"历史""文学""世典"三门课程，主要学习《中国佛教史》、《印度佛教史》《孔孟学大义》等内容。本科将预科的"经"和"论"这两门课程拆分为"本经""本论""余经""余论"①四门课程，大大扩充了佛教经、论方面的内容，以增强学僧对佛学教义的参悟。本科在社会学科方面也设置了世典、文学两门课程，学习的内容与预科类似。并且，学院保留了一门传统的佛学课程——"行持"，即"每日随众上殿过堂，晚间礼佛就寝"，以督促学僧勤加修行，持守佛法戒律。

4.学习与毕业管理

为培养"既具有佛教古德的行持品格，同时又具有现代人文化学识的中国现代佛教人材"②，学院注重对学僧日常学习与毕业去向管理。一、参考丛林制度，严格对学僧的休假、退学管理。休假规定非常明确，"除每月初一、初八、十五、二十三日例假，及佛诞日、佛成道日、国庆日、本院纪念日均休假一日，寒暑假概不出院，如有特别事故不在此例。"③退学规定非常具体，"甲、不守院章即常住规则者，即令其退学；乙、无故旷课至一月以上者即令其退学；丙、疾病缠绵难望造就者，即令其退学；丁、如遇不获已事故必中途退学者，须连同保证人具理由书，经院长之许可方得退学。"④

---

①贤首宗学院章程：黄夏年主编《民国佛教期刊文献集成》《佛教居士林林刊》第十七期.第142卷，北京：全国图书馆文献缩微复制中心，2006年第404页。

②吕有祥：《太虚法师与武昌佛学院》，《法音》1990（01）年第34页。

③贤首宗学院章程特例：《世界佛教居士林年刊》第14期.第九卷，黄夏年主编《民国佛教期刊文献集成》。

④贤首宗学院章程：黄夏年主编《民国佛教期刊文献集成》《佛教居士林林刊》第十七期.第142卷，北京：全国图书馆文献缩微复制中心，2006年第404页。

二、加强对学僧的学习考核。考核形式主要有平时测试、期末考试和毕业考试。平时测试又称周测，"各课每一周由教授随堂口头考试，分数多寡与学期考试平均计算"，每周进行平时测验是为了及时巩固学僧所学知识，督促学僧及时查缺补漏。期末考试在"每寒暑假前举行考试一次"，检测学僧一学期的学习成果，同时筛掉各班中一部分不及格者，也给学僧营造一种竞争环境，以督促学僧认真修习。毕业考试在学僧"修业期满时举行考试，分数及格者由本院发给毕业证书"，"不及格者留院补习"[①]。

三、妥善谋划学僧毕业去向。贤首宗学院对学僧的毕业去向作出了规划，成绩优秀者，由学院资助前往印度、日本、中国西藏等地游学；或留在院内管理事务，担任教师；或前往各地弘佛，使学僧能各展所抱，实现人生价值。

贤首宗学院主要以净土宗、禅宗等宗派的佛教宗旨和佛学内容为教学和研究的重点，丰富了盐城佛学界对净土宗、禅宗等佛教宗派的研究与推广。学院除开设佛学课程以外，还吸收了古今中外各种思想学说，引进当时的各种新学，开阔了学僧的佛学视野。学院通过先进的办学理念与办学模式培养了一批僧才，对盐城佛教的法脉延续作出了重要贡献。

祥瑞住持兜率寺期间潜心办学，试图中兴兜率寺，培养僧才，弘扬佛教，但适逢"庙产兴学"大潮，且处乱世，不久便因遭贪官勒索，恶僧构陷，被迫离寺，其一手创设的贤首宗学院也最终昙花一现，未能避免被停废的结局。

云莲、广岫、祥瑞等法师利用寺产创办了沙沟僧学院、启慧学院、贤首宗学院三所佛学院，改革了传统的丛林制度，以一种新型学校教育的方式重开培养佛学人才之风，规范佛学教育，丰富佛学研究，从而推动了民国时期盐城佛教的发展。

---

①贤首宗学院章程特例：《世界佛教居士林年刊》第14期.第九卷，黄夏年主编《民国佛教期刊文献集成》，北京：全国图书馆文献缩微复制中心，2006年第307页。

第二节 江苏佛学院启慧学院重振当代盐城佛学教育

仁风法师任盐城市佛教协会会长以来，积极思考如何恢复盐城佛教往日盛况和盐城佛教的当下发展，恢复和筹建启慧学院成为他和盐城市佛教协会重振当代盐城佛学教育的重要抓手之一。

一、江苏佛学院启慧学院获批及首届开学典礼

2017年11月2日上午，江苏佛学院启慧学院在江苏盐城永兴寺举办了首届开学典礼。

出席开学典礼的大德法师有：中国佛教协会副会长、江苏省佛教协会会长、江苏佛学院理事长兼院长心澄法师；江苏省佛教协会副会长、教育委员会主任、鉴真佛教学院常务副院长能修法师。

出席开学典礼的领导嘉宾有：江苏盐城市人大常委会副主任邹毅实先生；盐城市委统战部常务副部长、市民族宗教事务局局长季放先生；盐城市人大常委会民宗侨外委主任顾云峰先生；盐城师范学院公共管理学院院长王祖奇教授；盐城师范学院原社会学院院长王骅书教授；盐城市民族宗教事务局副局长马登军先生；东台市委统战部副部长、市民族宗教事务局局长孟正平先生；盐城师范学院公共管理学院佛教研究所所长史义银先生及盐城市佛教协会各位副会长、副秘书长，各县（市、区）佛教协会负责人。

上午10时，启慧学院开学典礼正式开始，由盐城市佛教协会副会长兼秘书长法海法师主持。全体奏唱国歌后，由江苏省佛教协会副秘书长、盐城市佛教协会会长，盐城永宁寺、永兴寺住持仁风法师率先致欢迎辞：他向所有关心和支持学院建设的各位领导表示了衷心的感谢，此后他将带领学院立足苏北佛教实际，培养具有一定佛学基础、实践能力和管理能力的佛教应用型僧才。

江苏省佛教协会副会长、教育委员会主任、鉴真佛教学院常务副院长能修法师宣读国家宗教局关于同意筹建江苏佛学院的批复和启慧学院领导名单，季放局长为启慧学院院长、常务副院长、副院长颁发聘书。随后心澄法师，邹毅实副主任共同为启慧学院揭牌。

启慧学院学僧代表发言表示：将在启慧学院内安顿身心，潜心学修，为

学院增光添彩。

启慧学院教师代表提出了未来教学的三点安排：以正确的方向引导学僧，以优良的道风、学风指导学僧，以规范的管理训导学僧。

中国佛教协会副会长、江苏省佛教协会会长、江苏佛学院理事长兼院长心澄法师在讲话中对学院办学提出五点要求：一、坚持佛教中国化办学方向；二、能够办出地方特色；三、继承和弘扬优秀传统文化；四、积极完善各项规章制度；五、学僧能以祖师大德为楷模，潜心学修，荷担如来家业。

图4-3 无相长老亲题启慧佛学院匾额

最后，盐城市人大常委会副主任邹毅实作重要讲话。他表示，启慧学院在盐城恢复办学，不仅是盐城佛教发展史上的重要里程碑，也是盐城佛教承前启后、再创辉煌的新起点，对盐城佛教事业必将产生重大而深远的影响。

在庄严的三宝歌声中，启慧学院开学典礼圆满结束。

江苏佛学院启慧学院地处盐城东台龙王古寺内，是经国家宗教事务局批准的汉语系佛教高等院校，由江苏省佛教协会主办，盐城市佛教协会协办，旨在培养具有坚定正确的政治方向，爱国爱教、信仰虔诚、以戒为师、遵纪守法、具有扎实佛学基础的应用型僧才。

二、江苏佛学院启慧学院办学章程（总则）

第一章 总 则

第一条 江苏佛学院启慧学院（筹）是以培养佛教人才为目标的全国性宗教专科院校。依据国家法律和《宗教事务条例》《宗教院校设立办法》《江苏省宗教事务管理条例》等有关法规精神，根据学院培养方向和发展规划制定本章程。

第二条 学院设教学本部于盐城市开放大道3号盐城永兴寺，教学分部于东台龙王古寺，具备教学、图书馆、行政、生活、运动、殿堂等配套设施和良好的办学条件。

第三条 学院由盐城市佛教协会协办，盐城永兴寺、东台龙王古寺承办。学院的上级主管部门为江苏省宗教事务局，盐城市民族宗教事务局负责属地管理。

第四条 学院办学宗旨：认真贯彻国家宗教政策，高举"爱国爱教"旗帜，为国家培养"政治上靠得住、学识上有造诣、品德上能服众、关键时起作用"并具有较高佛教文化素养、熟悉寺院管理的高素质弘法僧才。学院坚持以质量求生存，以特色求发展，努力把学院办成环境优雅、设施先进、道风清纯、质量优良、在海内外有较高知名度和美誉度的佛教院校。

江苏佛学院启慧学院

2019年09月01日

三、江苏佛学院启慧学院培养方案

江苏佛学院启慧学院是以培养佛教专业人才和管理人才为目标的全国性佛教专科院校，以"学修并重、八宗共弘"为特色，突出"人间佛教"的理念；在各级政府支持下，为中国佛教事业，为绍隆佛种、续佛慧命，培养造就一批拥护中国共产党领导、热爱社会主义祖国、有志奉献于佛教事业的德才兼备的僧才，把启慧学院建设成道风纯正、特色鲜明、专业优势突出、全国一流的佛教高等院校，使培养的学僧成为德（包括宗教情操）、智、体、美、劳全面发展和适应国家和佛教需要的佛教学术研究人才、佛教专业教学人才、海外联谊和国际佛学交流人才以及寺院高级管理人才。

（一）培养目标

认真贯彻党的宗教政策和教育方针，高举爱国爱教的旗帜，为国家培养"政治上靠得住、学识上有造诣、品德上能服众、关键时起作用"，并具有较高宗教文化素养和一定专业技能的佛教应用型人才。

1.爱国爱教，遵纪守法，信仰坚定，发心献身佛教事业，传承和弘扬佛教精神；

2.具有扎实的佛学知识基础，掌握一定的佛教宗派理论；

3.具有一定的文学素养和写作能力，有较好的人文社会知识；

4.面向寺院人才需求，培养有管理能力和专业技能的僧才。

（二）招生对象和学制

1.面向全国招生，招生对象为全国各地的出家男众。学僧须具有中等宗教院校或普通高中文化程度，或具有同等学力，年龄在十八岁至三十岁之间，经过统一考试，择优录取。

2.为保证生源质量，根据实际情况，开设1~2年制预科班。

3.学院以大学专科为主体，学制三年。

4.确保学僧思想品德合格，并修完规定课程、完成规定学业，达到高等宗教院校规定的学业标准，经考试考核合格后，由学院颁发毕业证书，准予毕业。

（三）培养方式

1.坚持将传统丛林生活制度与现代教育体制相融合，将佛教优良传统与现代教育理念相融合，实施"生活丛林化，设施现代化，学修一体化"的培养方式。

2.针对学僧群体和个体的特点，开展小班制、个性化、分层次教学，做到精英教育和大众化教育并举。

3.遵循高等教育规律，尊重佛学教育特点，突破应试教育的束缚，在培养模式、教学计划、授课方式以及考核评价标准等方面作出大胆的改革尝试，努力走出一条宗教院校特色办学、专科办学的新路子。

4.充分利用和挖掘江苏丰厚的人文资源和佛教教育资源，开展开门办学、合作办学。依托名山大寺和普通高校的人才优势，加强专业建设和师资队伍建设，尤其在宗教专业课上要选聘和培养好一支以道风修持好、业务能力强、相对稳定的法师为主体的专职教师队伍。

（四）思想道德教育

1.传承佛教精神

通过编写启慧系列校本教材，开展"传承和弘扬佛教精神"讲座和征文比赛等教学活动，坚持"学修并重"，培养学僧的道心僧格、佛教学识。继承佛教的优良传统，坚守以信为本、以戒为师、学修一体。

2.坚持丛林生活制度

保持"僧装、素食、独身"的佛教传统，坚持早晚殿堂制度和早、中餐过堂制度。对于年满二十周岁，进入学院达两年，在思想道德和个人修养上都表现较好的学僧，由学院组织送出受戒。坚持每周一次的出坡活动，作为学僧必修的功课，一起参加劳动，体验生活。

坚持每周一早晨的升旗仪式和晨会制度。升国旗，唱国歌；升教旗，唱三宝歌，增强学僧的爱国爱教的思想。晨会上由院领导给学僧作开示或讲话。

3.开辟校外爱国主义教育和佛教教育基地。

启慧学院爱国主义及佛教教育基地一览表

爱国主义教育基地	佛教教育基地	友好学校交流
盐城烈士陵园	扬州大明寺	焦山佛学院
盐城陆公祠	扬州佛教博物馆	寒山佛学院
南京雨花台	扬州高旻寺	大林佛学院
盐城新四军纪念馆	镇江金山寺	苏州灵岩山佛学院
南京大屠杀纪念馆	常州天宁寺	扬州鉴真学院
东台三仓烈士陵园	南京栖霞寺	南京栖霞山佛学院
盐城泰山庙	无锡祥符寺（灵山景区）	
	苏州寒山寺	

4.加强学僧管理，严格遵守《学僧守则》和有关规章制度，培养学僧严格的组织纪律性，培养良好的生活习惯和学习习惯，营造团结和谐，奋发向上的良好氛围。

5.开展学僧思想政治工作，开设心理访谈室。培养学僧"知恩报恩、弘法利生"的佛家情怀，建立以"戒""定""慧"为核心的坚定信念，健全慧智具足、自信自强的人格、僧格。

（五）教学质量保障体系

1.实行教学督导制度，对教育教学进行督查评议和指导。以教研室为单位，由教务处牵头，定期开展教学观摩、教学研讨、教学评比活动。以提高教育教学质量、培养学僧的综合素质和能力为中心，切实推行教学改革。

2.实行小班制、个性化教学。针对学僧群体和个体的特点，推行分层教学。在课堂教学中尊重差异性，激发自主性，强化实践性，鼓励创新性，采用启发式教学、合作教学、实践教学等方式，充分调动全体学僧的学习兴趣，最大限度地开发每一个学僧的潜智、潜质、潜能。

3.积极创造条件，增强人才培养、学术研究、社会服务的高校功能。与盐城师范学院等高校合作积极创办佛学研究所、启慧研究所、创办《启慧》院刊，为全体师生提供学术研究、文学创作、合作交流的平台，

（六）规范化、制度化建设

在建立健全各项管理制度的基础上，认真贯彻执行。根据我院发展计划和人才培养的要求，学习参照兄弟宗教学校的先进经验，必要时作出进一步

的完善和修订。

四、江苏佛学院启慧学院工作体系和领导体系

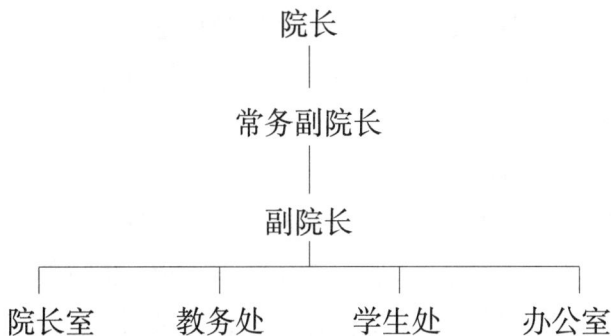

```
                院长
                 │
             常务副院长
                 │
              副院长
        ┌────┬────┼────┬────┐
      院长室  教务处  学生处  办公室
```

五、2019年江苏佛学院启慧学院（筹）试办学情况总结

江苏佛学院启慧学院（筹）自2017年批准筹建以来，省、市民族宗教事务局对启慧学院的筹建和发展给予了大量的关注和具体的指导，盐城市和东台市市委、市政府对此也非常重视，学院同时还得到了全国佛教界以及海内外人士的大力支持。启慧学院积极进行试办学的各项准备工作，成立招生工作领导小组，进入试办学阶段。

（一）扎实推进筹建前期各项工作

1.建立、健全学院组织管理机构，加强师资队伍建设。

根据国宗函[2017]69号（《关于同意筹备设立江苏佛学院（筹）的批复》）文件精神，明确我院的管理体制，由江苏省佛教协会主办，盐城市佛教协会协办，东台龙王古寺为筹建主体，行政主管部门为江苏省宗教事务局。省宗教事务局委托盐城市民族宗教事务局属地管理。盐城市佛教协会成立由江苏省佛教协会副会长仁风法师任院长、龙王古寺主持法海法师任常务副院长的领导班子，经盐城市民族宗教事务局推荐并经市委、市政府认可，聘请原盐城师范学院公共管理学院院长王骅书教授任副院长，主管教育教学和内务工作。学院本着精干高效的原则，成立了教务处、学生处和办公室等职能机构，明确管理职能，健全管理制度。

在借用盐城师范学院、江苏沿海职业技术学院等普通高校教师资源的同时，着力建设一支素质较好、相对稳定的教师队伍。现有专业课程教师5名，社会公共课程教师8名。

2.优化教学环境，强化教学设施配套建设。

学院规划面积58亩，目前占地30亩。一期工程2017年已全部竣工，建筑面积2000平米，包括教学设施在内的总投入1000万元；建成了教学楼、行政楼、宿舍楼等功能建筑，改建了斋堂、殿堂、浴室、篮球场、乒乓球室等生活、运动场所，添置了必要的教学器材和办公设施，具备了办学的校舍和设施条件；与江苏沿海职业技术学院进行图书馆资源共享共建，其图书馆10万多册馆藏图书全部对师生开放。

3.加强招生宣传，顺利举行开学典礼。

经国宗局批准，我院为三年制大专班。我院通过多种途径进行招生宣传，有近50名学僧进行报名，学院于2017年9月20日进行招生考试，本着公平公正的原则，结合笔试、面试的具体情况，共录取学僧30名（由于各种原因，现实有学僧20名）。

我院新僧入学以来，先后参加了2017年9月25日在江苏佛学院总部（镇江焦山佛学院）举行的江苏佛学院开学典礼、2017年11月2日在盐城水街永兴寺举行的启慧学院（筹）开学典礼，学僧们纷纷表示，一定努力学习，不辜负领导和学院的希望，更好地为佛教服务，为众生服务，回报母校和社会。

4.想方设法解决办学经费困难问题。

学院办学经费主要依赖于盐城市佛教协会、盐城永宁寺和东台龙王古寺，省佛协2018年划拨办学经费25万，目前办学经费紧张，缺口较大。一些社会团体和企业都表达了捐资助学的意向，正在积极洽谈。在确保稳定的办学经费来源的情况下，争取今年暑期学院建立独立财政。

（二）明确办学目标，弘扬爱国爱教优良传统

2018年8月，盐城市佛教协会下发了《关于做好江苏佛学院启慧学院（筹）筹建期间招生等工作的意见》，对学院抓好教学和管理的基础性工作、抓好专职教师队伍建设等提出了明确的要求，并敦促我院珍惜机遇，尽快履行筹备审核验收程序。为此，我院在总结学院试办学期间所取得成绩的同时，也不断反思在办学理念、办学思路、办学作风等方面存在的不足和问题，围绕全面推进教学和管理的质量工程，切实加强基础性工作。

1.坚持培养以律宗研究、丛林事务管理为特色的办学目标。

根据国宗函[2017]69号文件（《关于同意筹备设立江苏佛学院（筹）的批复》）的要求，制定了"办学章程"和"培养方案"。尊重佛教教育特

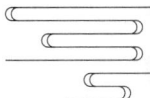

点，遵循高等教育规律，实施"生活丛林化、设施现代化、学修一体化"的培养方式；坚持精英教育与大众化教育并举，开展小班制、分层次、个性化教学；充分利用和挖掘江苏丰富的人文资源和佛教教育资源，加强专业建设和师资队伍建设。

2.加强爱国主义教育，弘扬爱国爱教优良传统。

本着"夯实基础，强化专业，因材施教，学修一体"的办学理念，除了进行佛学专业的教学外，还注重对学生进行爱国主义教育。按照中央统战部和国宗局要求，我院已开设公共课有《宗教政策与法规》《爱国主义教程》《思想道德修养和法律基础》等课程；同时加强中国传统历史文化教育，开设了《大学语文》《中国古代简史》《大学生国学经典读本》等课程。举办"学习习近平新时代中国特色社会主义思想"系列讲座，组织师生收看改革开放40周年系列节目，关注学习党的十九大和"两会"等重要会议精神。积极响应全国性宗教团体联合发出的《关于在宗教活动场所升挂国旗的倡议》，举办《国旗法》知识讲座，每周一举行庄严的升国旗、教旗，唱国歌、三宝歌，将弘扬爱国主义传统与坚持佛教中国化方向紧密结合，不断加强自身建设，既做好教徒，又做好公民，切实维护宗教领域和谐稳定，让学生健康正确的宗教情怀得到彰显，增强学生的文化自信和民族自豪感，把佛教自身发展与国家的前途命运紧密结合在一起，增强"四个意识"，坚定"四个自信"，做到"两个维护"，让优良的道风、学风、院风在学院得到弘扬，切实增强学院的向心力和凝聚力。

3.开展丰富多彩的主题教育活动。

我院积极拓展市内外爱国主义教育基地，开展丰富多彩的主题教育活动。组织师生参访盐城永宁寺、扬州大明寺、鉴真佛教学院、栖霞山佛学院等祖师道场，学习兄弟学院、寺院的先进经验；参观盐城新四军纪念馆，清明祭扫市内烈士陵园；举行抗日战争和世界反法西斯战争胜利纪念法会，以佛教特有的方式缅怀抗日英烈，祈祷国泰民安、世界和平，激励师生为民族复兴不懈奋斗。以"佛诞节""盂兰盆节""腊八节"等佛教节日为契机弘扬慈悲济世精神和报恩孝亲文化，传承中华优秀传统文化，增强学生的文化自信和民族自豪感。通过系列主题教育活动，进一步增强师生的国家意识、公民意识和中华民族共同体意识。

4.建立健全学院管理制度。

为切实推进学院规范化管理，学院现已制定了一系列规章制度，狠抓落实，取得较好效果。

我院坚持以《启慧学院（筹）规章制度》进行日常事务的管理，各部门分工协作。每周一上午召开全体教职工会议，通报本周要办事项；每月院长召集院级领导召开院长办公会，进行教育教学、考核考绩、人事分配等学院重大事项，传达学习有关文件精神或上级指示（要求），通报学院工作，了解教内、佛教学术界动态，布置、检查相关工作。每月教务长召集相关人员召开一次教学工作会议，总结、交流教学经验，通报、了解教学情况，掌握学僧的学习状态，调整安排教学工作。

我院坚持以《启慧学院（筹）管理办法》作为学生管理的要求，制定了一系列相关管理办法，对学生进行有效管理，并充分发挥学生的主观能动性，让学僧当家做主，"学院是我家，一切靠大家"，培养学僧的主人翁意识。

（三）推动去"筹"工作，打造高水平的启慧学院

启慧学院经过试办学的实践，已经取得一定成绩，今后我们工作的重点是推动去"筹"工作，打造高水平的启慧学院。

1.稳步推进办学规模。

在充分调研的基础上，确定学院今后办学规模：近期（2017-2021年），在校学僧30人；中期（2021-2030年），在校学僧100人（办成苏北第一座本科佛学院）；远期（2031年以后），在校学僧200人以上。按照学院中长期发展规划，目前正积极规划筹建学院二期工程。

2.进一步提升教学质量。

教学质量是启慧学院的"生命线"，为此，我们将进一步严把招生质量关，进一步完善师资队伍建设，进一步加强教学质量环节标准建设，严格执行课程考核和毕业要求，将理论教学和实践教学相结合，积极探索"互联网+"背景下佛学教育的新路径。

3.强化社会服务意识，加强佛教界交流合作。

根据社会需求和自身办学条件，为佛门四众弟子开展非全日制短期培训（如开设佛学班、武术班、书画班、古筝班等），以增强社会服务和自我造血功能。同时，加强与海内外名山大寺和兄弟佛教学院的合作和文化交流。

［根据仁风法师2019年4月25日代表盐城市佛教协会有关江苏佛学院启慧学院（筹）试办学情况汇报整理］

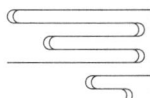

六、江苏佛学院启慧学院2020届毕业典礼暨2020年开学典礼在东台龙王古寺隆重举行

2020年11月17日上午，江苏佛学院启慧学院2020届毕业典礼暨2020年开学典礼在东台龙王古寺隆重举行。盐城市民宗局副局长马登军，东台市民宗局局长张洪涛，盐城市佛教协会会长、启慧学院院长仁风大和尚，盐城市佛教协会副秘书长以上人员，以及江苏佛学院启慧学院全体师生等出席并参加活动。

典礼在庄严的国歌声中拉开序幕。仁风院长汇报了三年来的办学经历，对启慧学院在办学方面所取得的成绩给予了充分的肯定。典礼现场，为2020届毕业学僧颁发毕业证书，学院法师代表、毕业学僧代表、新生代表先后进行了发言，表达了对启慧学院的深厚感情，并表示在今后的工作和学习中，一定做到不忘初心使命，传承启慧精神，为国家的繁荣、佛法的昌盛、学院的发展、僧才的培养不懈奋斗。

盐城市民宗局副局长马登军对江苏佛学院启慧学院2020届毕业典礼暨2020年开学典礼的举行表示热烈的祝贺，并对启慧学院全体师生提出了要求。一是要发扬爱国爱教的优良传统，坚持佛教中国化方向；二是要严于律己，不断完善自我建设；三是凝心聚力，努力为学院发展贡献力量；四是科学管理，继续做好疫情防控工作。

图4-4 江苏佛学院启慧学院2020届毕业典礼暨2020年开学典礼（图片来源：盐城市民族宗教事务局官网）

第三章 盐城佛教法务活动

盐城佛教道场虽有宗派之分，但都能依佛教教义开展法务，佛事活动不辍，其中最能体现寺院法务庄严的就是法会，除了日常佛事活动外，也会因自然灾害或重大事件发起赈灾祈福法会等专题法会。

第一节 常规法务活动

一、日常佛事活动

法会，又作法事、佛事、斋会、法要。乃为讲说佛法及供佛施僧等所举行之集会。即聚集净食，庄严法物，供养诸佛菩萨，或设斋、施食、说法、赞叹佛德。印度古来即盛行此类集会，其种类名目甚多。

一般较常举行之法会为光明灯会、报恩会、金刚禅坐会、妇女法座会、念佛会、消灾会、福寿会等。此类法会大多于农历初一、十五举行；其进行程序，先由僧众讽诵经典，信徒随众礼拜，再由有德师僧开示佛法，其后并于寺院中用斋。又有传授三坛大戒之法会，每年由各寺院轮流承办。此法会之目的在使有志于深入经藏，或从事弘法利生之佛子，经三师七证为授沙弥戒、比丘戒、菩萨戒等三大戒，俾使成为正式之出家人，戒期由一个月至五十天。

从农历元月至十二月，正式之佛教法会如下：元月一日弥勒佛圣诞法会、元月九日供佛斋天法会、二月十九日观音菩萨圣诞法会、四月八日佛陀圣诞法会、六月十九日观音菩萨成道纪念法会、七月十五日盂兰盆会、供僧会、七月二十九日地藏菩萨圣诞法会、九月十九日观音菩萨出家纪念法会、九月二十九日药师佛圣诞法会、十一月十七日阿弥陀佛圣诞法会(举办弥陀佛七)、十二月八日佛陀成道纪念法会等。

以盐城永宁寺为例，寺院僧众每天必须维持佛法，基本形式是早课、晚课。早晚课由维那、僧值带领全体僧人在大殿诵读经文，早课诵读《楞严咒》《大悲咒》《小悲咒》《心经》《回向》，晚课逢单日诵读《弥陀经》，逢双日诵读《忏悔文》。每天上午、中午都要有过堂、上供仪式。

每逢初一、十五，僧众都要在佛前上斋供。每逢佛诞日和菩萨诞生日，寺院都要举行盛大的法会活动，全体僧人诵读《楞严咒》《大悲咒》《小悲咒》《拜愿》等经文。法会主要有：释迦佛成道祝圣法会、释迦佛成道腊八施粥法会、弥勒佛圣诞祝圣法会、迎财神祈福法会、释迦佛出家祝圣法会、释迦佛涅槃祝圣法会、观音菩萨圣诞祝圣法会、观音菩萨出家祝圣法会、观音菩萨成道祝圣法会、地藏王菩萨圣诞祝圣法会、文殊菩萨圣诞祝圣法会等。有的法会，如释迦佛成道腊八施粥法会、迎财神祈福法会等，社会善男信女有近千人或千余人参加。

除了秉承佛教传统的日常佛事活动，永宁寺及盐城诸多寺院还与时俱进，考虑到民众的愿望和社会的需求，增加了一些寄托祝福的时节性法会，如为信众及游客举行除夕夜祈福法会、为中高考学生和家长举行"金榜题名"开智慧法会等。

二、佛事活动形式

1.佛事登记牌

普佛分祝圣普佛和随课普佛。祝圣普佛又称大普佛，在观音香会或佛菩萨圣诞日举行。随课普佛又称小普佛，插入早晚课诵中进行。普佛根据施主意愿，又分为阳生者消灾延寿的延生普佛(随早课)与超度亡灵的往生普佛（随晚课）两种。两者程序相同，只是内容有所不同。在打普佛时先设立牌位，延生普佛则用红纸写上"佛光注照本命元辰XX之禄位"；往生普佛则用黄纸写上"佛光接引XX之莲位"，然后在左下角写上"阳上XX荐"。由于随课普佛时间短，简单方便，可以每天都举行，同时也很受佛教徒的欢迎，所以是寺院里最经常的佛事活动。

2.普佛过程

首先，唱"戒定真香"赞，斋主随方丈拈香。接着，念晚课的内容，《阿弥陀经》、"八十八佛"、放蒙山、往生咒三遍、心经。唱"弥陀赞"，在唱"弥陀赞"时，知客师带领斋主行"十方礼"。然后，唱"赞佛偈"，然后，大众念"南无阿弥陀佛"绕佛至往生莲位，斋主至莲位前上香。维那起腔唱"南无清凉地菩萨摩诃萨"三遍，斋主顶礼三拜。接着，大众同音念"南无般若会上佛菩萨"三称，《心经》一卷，《往生咒》《变食真言》《甘露水真言》《普供养真言》各三遍；然后唱赞，最后，唱回向偈："愿生西方净土中，九品莲花为父母，花开见佛悟无生，不退菩萨为伴侣。"往生莲位回向后，大众仍然念"南无阿弥陀佛"绕佛。归位，开始拜愿。三皈依后，维那起腔唱"南无大乘常住三宝"三遍，然后出位念文疏。最后，唱《伽蓝赞》礼佛三拜，斋主礼谢大众师父三拜，法事结束，大众排班退出大殿。在打往生普佛时，职事位于大殿右边，牌位也设于大殿右上方，一般清众位于左边，严格按照序职高低顺序排位，序职高则离佛像近，低则远。随课居士位于左边后排，受戒时间越短或未着海青者离佛像越远，各位斋主位于右边后排，并有师父专门负责指导或带领各斋主行礼。

3.放焰口

焰口是根据《救拔焰口饿鬼陀罗尼经》而举行的一种佛事仪式。放焰口是寺院中经常举行的佛事，它的全称叫"瑜伽焰口施食仪"。一般在黄昏时举行，以饿鬼道众生为主要施食对象：通过举行施放焰口仪式，使得饿鬼道众生皆得超度，是对死者追荐超度的重要佛事活动之一，又叫作"放焰口"。焰口佛事是盐城城乡寺院举办最多的仪式，因为时间比较短，基本4个小时就可以，所需僧人也较少，放焰口的时候可以写消灾或者往生牌位。

4.开光

佛像新塑安位、油漆、贴金，或古旧佛像重新修理上漆之后，都要举行"开光"仪式，是寺院较为庄严隆重的佛事活动。其主要仪式有：一、洒净；二、说法；三、献供；四、回向。据《造像度量经》记载，佛像新装完竣之后，有"陡灵"仪式，恭请所造佛或菩萨之灵，降临坛场以作四众佛子依怙。我们一般所说的开光是指有一定修行成就的人通过持印诵咒，加上给予特别的灵力来消除物品不好的磁场，赋予物品特殊的灵力，使工艺品一样的东西成为可以调整风水的物品或护佑自己的幸运物。

5.水陆法会

水陆法会是法会中最隆重的一种大型佛事，全称为"法界圣凡水陆普度大斋胜会道场"。法界是指诸佛与众生本性平等，通称为法界，其间有圣凡两种界别，水陆则是指众生受报之处——水陆空三界。其中水陆两处尤为苦重，故称水陆大会。普度是对六道众生悉皆度化，使之解脱。法会时间一般

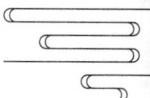

七天，多则四十九天。先向天上、空中、陆地、地狱诸圣凡发出符牒言明法事，然后奉请三宝十位贤圣上堂。彻夜奉请下堂圣凡十位神灵、招请法界六道一切众生之后，修奉浴施食之法，继续则行三归、忏悔、发愿、得戒敬礼三宝，依《焰口经》行施饿鬼法，施甘露真言，宣诵四如来名号，四空四禅六欲诸天以及下堂十位名号，城隍列庙、寺观、官衙清士主，施主家先祖代代姓名及供养受荐人神位，最后是一切水陆会的施食供养，在施食供养之后，为六道众生亡灵进行念佛回向，愿生净土。逐日礼拜供养、诵经、念佛、施食、放生、受戒，最后送圣结束。水陆法会，第一是对先亡者(祖先等)幽灵所作的追善菩提；第二是将此功德回施到施主自身，希望自己及家属得以增福延寿；第三是救济六道众生普超三界。因水陆法会规制浩大，非一般人所能承担，故有"独姓水陆"和"众姓水陆"之分。

6.拜忏

拜忏为忏除所犯罪过，悔不再犯，以便来日积极修行的一种仪式。通过念佛、诵经、持咒、发露等以忏悔罪业。有《梁皇忏》《药师忏》《净土忏》《拜水忏》《大悲忏》《地藏忏》等各种拜忏法会随俗以应，满足众生愿望。梁皇忏为延僧修忏，以求灭罪消灾，济度亡灵。凡祈求消灾延寿之法事，多礼药师忏。净土忏是根据《无量寿经》及称赞净土诸大乘经而立的忏法，以七日为期，礼拜诸佛菩萨，念诵《佛说阿弥陀经》及持佛圣号，以忏悔业际、清净三业。生则吉祥如意，终后往生净土，并以此功德追荐亡人往生西方。以拜水忏来超荐祖先，或祈消解宿冤。修大悲忏法门除忏悔、发愿、礼敬经中所举之佛菩萨外，余则以持诵《大悲咒》为要行。凡报亲恩祈求父母冥福等法事，多礼地藏忏。

7.盂兰盆会

是超度历代宗亲的佛事仪式。盂兰盆会源于目连救母的佛教故事，融合了传统文化中的孝道理念。仪式于每年阴历七月十五日全天举行，包括净坛绕经、上盂兰盆供、众僧受食等。以斋鬼为主，以报祖德、祖恩。

三、法务安排

寺庙僧人一天的生活是在暮鼓晨钟中开始和结束的，周而复始；寺庙的工作也是按正常的规律运行的。寺院日常工作包括基本建设和僧俗事务，一般都设有寺务管理委员会，属于僧众管寺，各项工作井井有条。寺务管理委员会每年初都制定工作计划，对一年的工作作安排部署，对一些重要法务安排都要写进工作计划之中。一年过去，还要召开总结会议，对一年的法务和其他事务作工作总结，编写年度大事记。日常，对于朝山礼拜者都要接待；还要与政府和社会各界协调有关工作。做到各司其责，分工明确。凡事有始有终，循序渐进。对于法务活动的安排也有条不紊。

第二节 重要法务活动

一、江苏省佛教协会纪念"6·23"风灾一周年祈福法会

2016年6月23日下午，阜宁县遭遇强冰雹和龙卷风双重灾害，造成重大人员伤亡和财产损失。身穿僧装的法师给送来急需生活用品尤为引人注目。

2017年6月22日，受江苏省佛教协会会长心澄法师委托，能修法师赴阜宁兴国寺主持江苏省佛教协会纪念"6·23"风灾一周年祈福法会。

参加主法此次法会的大德法师有：江苏省佛教协会副会长能修法师，盐城市佛教协会会长仁风法师，盐城市佛教协会副会长兼秘书长法海法师，盐城市佛教协会副会长衍力法师等，盐城市佛协副秘书长以上人员、各县（区）佛教协会主要负责人以及善男信女近200人随喜参加。

二、响水"3·21"爆炸事件冥阳两利大法会

2019年3月22日下午，盐城永宁寺为响水"3·21"爆炸事件举行冥阳两利大法会。本寺全体僧众、居士、善男信女庄严肃穆立于毗卢宝殿两侧，为响水化工厂"3·21"爆炸事件举行冥阳两利大法会，法会由该寺方丈仁风大和尚主持，法会现场阵阵哀思、香云缭绕、梵音声声。愿此冥阳两利大法会功德回向，护佑众生，脱离苦海，平安吉祥。

三、第二届江苏佛教论坛

2019年10月22-23日，由江苏省佛教协会主办、盐城市佛教协会承办的第二届江苏佛教论坛暨第三届江苏佛教素食文化博览会在盐城隆重举行。中国佛教协会秘书长刘威、中国社会科学院荣誉学部委员杨曾文、江苏省人大常委会民宗侨委委员陈双贤、江苏省民宗委副主任周伟文、江苏省佛教协会会长心澄、盐城市副市长葛启发、盐城市佛教协会会长仁风等出席开幕式。省佛教协会、各市佛教协会负责人和部分佛教院校师生共300余人参加了论坛。

图4-5 第二届江苏佛教论坛

论坛期间还举行了"国家兴·法运盛"——江苏省佛教协会庆祝新中国成立70周年书画艺术展、首届长三角地区佛教坚持中国化方向研讨会、参观新四军重建军部旧址、祈福法会和斋僧法会等活动。

四、第三届江苏佛教素食文化博览会

2019年10月22日至23日，为期两天的第三届江苏佛教素食文化博览会在盐城成功举办。全省各地素菜馆、素食企业有23家单位参加素食产品展，有22家单位参加了厨艺比赛。本届素博会邀请了江苏省和盐城市烹饪协会的专家担任厨艺比赛评委，参加厨艺比赛的22支队伍分成四组，进行了紧张而激烈的角逐，最终评选出一等奖1名，二等奖2名，三等奖3名，盐城护国永宁禅寺素食坊夺得桂冠。23家参展单位展出了各自的特色禅食。本届素食展增设微信投票环节，广泛传播了"弘扬素食文化，倡导健康生活，培养素雅品味，实现五福人生"的理念。

中国佛教协会秘书长刘威、省民宗委副主任周伟文、省人大民宗侨委委员陈双贤等100余人参观了素博会。

第三节 盐城佛教梵呗

一、梵呗的起源、流传及其特点

什么是梵呗？

2019年6月12日，中国佛教协会副会长演觉法师在中国佛教梵呗培训班开班仪式上对"梵呗"的起源、传入、流传、特点、作用等作了系统介绍。

梵呗源于古印度，又叫赞呗，是以短偈形式赞颂佛菩萨的颂歌。"梵"意清净，"呗"指赞颂或歌咏。公元前后，古印度佛教音乐随佛教传入中国内地，时称"梵呗"。

根据南朝梁慧皎法师《高僧传》记载：从古印度传入我国内地的佛教音乐，凡是歌咏佛经的，无论是长行散文，还是偈颂的经文，都称之为"梵呗"。传入我国后，歌咏佛经中长行散文内容的逐渐被称为"转读"，而歌咏偈颂韵文的则专门称为"梵呗"或"赞呗"。

自佛教开始传入至三国时，在我国传播佛教梵呗的主要代表人物有：竺法兰、迦叶摩腾、支娄迦谶、支谦、康僧会、帛尸梨蜜多罗、支昙龠、鸠摩罗什等。

根据有关史料记载，康僧会有"菩萨连句梵呗"，并传"泥洹呗声"；支谦传"连句梵呗"；帛尸梨蜜多罗有"胡呗三契"和"高声梵呗"；支昙龠传"六言梵呗"；鸠摩罗什作十首偈颂，赠沙门法和。《隋书·音乐志》载：吕光等攻灭龟兹国，将龟兹乐《于阗佛曲》等传入我国内地，对我国佛教梵呗发展产生了重要影响。

梵呗初入我国时，由于汉语、梵语语法结构、发音特点各不相同，无论是用中国曲调演唱梵语，还是用印度曲调演唱汉语，都很难配合协调，流通传唱十分有限。为了便于弘扬佛法，使梵呗更为广大信徒所接受，先贤大德尝试用中国曲调来配唱汉译经文，于是就有了中国化梵呗的诞生。

相传最早的中国化梵呗起源于三国时代。据《高僧传》《法苑珠林》等佛教文献记载，魏国陈思王曹植精通音律，喜欢研究佛经诵读，他游览鱼山时（今山东东阿县境内）听到清净微妙的"梵响"，深受启发和感动，于是就模仿它的音节，创作梵呗，"传声则三千有余，在契则四十有二"，成为佛教梵呗创作的典范，被后世作为中国化梵呗的起始。

梵呗在两晋后至明清，不断得到丰富和发展，流传到今天，演变成现在汉传佛教普遍传唱的梵呗形式。

按照佛教传统，梵呗主要用于讲经仪式、六时行道(也就是后来的朝暮课诵)、道场忏法。可以说，梵呗是各种佛教仪式必不可少的环节，更贯穿寺院朝暮课诵的全过程，具有止息喧闹、庄严道场、清净内心、启发信心、赞颂功德、感通诸佛的重要作用。演唱和听闻梵呗，可以获得身体不疲、不忘所忆、心不懈怠、音声不坏、诸天欢喜等种种功德利益。

中国化的梵呗是我国三大语系佛教僧众修行的重要方式，是弘扬佛法的重要载体，是中印文化交流的宝贵结晶，是我国历代高僧大德的智慧精华，是佛教中国化的重要成果，是具有中国特色的佛教文化和中华优秀传统文化独具魅力的艺术瑰宝。

二、盐城是苏北及江浙沪地区佛教梵呗的重镇

苏北地区，是佛教梵呗文化的策源地之一，在中国佛教梵呗传播史上有着极其重要的地位。苏北地区是江苏境内最早有佛教活动的区域，随着佛教的传入，梵呗也在此落地生根、发扬光大，并形成了具有鲜明地域特色的苏北佛教梵呗艺术。在众多的佛教文化中，佛教梵呗和苏北地区老百姓的日常生活结合最为紧密，并给予了人们对于佛教的最初印象。

以楚王刘英为代表的信仰者们，推动了苏北地区佛教的繁荣，也让梵呗文化于佛教传入的初期阶段，在苏北地区迅速进入萌芽状态，为日后"苏北佛教梵呗"的辉煌成就，奠定了坚实的基石。

苏北地区，高僧辈出，与"音声佛事"有着深厚的历史渊源，苏北佛教梵呗经过历代祖师大德们不遗余力地绍隆弘扬，从众多的佛教梵呗流派中脱颖而出，成为汉传佛教梵呗最具代表性的文化瑰宝之一，在江浙沪地区影响甚广。

盐城是苏北佛教梵呗的重镇，千百年来绵延至今的梵呗传唱脉络，依然在广袤的民间有根可寻、有据可考。盐城佛教梵呗，既有佛教经典的讽诵，又有大德著述的演绎；既有钟磬铙钹的敲打，又有鱼鼓铛铃的叩击；既有公案典故的展示，又有因果报应的劝化。以最质朴的乡音，最清越的唱腔，施行最直捷、最庄严、最清净、最圆满的教化。

盐城佛教梵呗的唱诵形式多样、富于变化。既有丛林中规范的唱腔唱调，又有与古曲古调相融合的民俗唱诵。既符合丛林的制度，又擅长借鉴民族音乐通俗流畅的特点，从而形成了庄严、清越、畅达、圆融的唱诵风格。

四大祝延、八大赞，虽然是佛教通用的赞偈，但在苏北佛教梵呗的演绎中，却显现出一种磅礴庄严、朴实厚重的气势。在书腔、梵腔、道腔的自由转换中，苏北佛教梵呗，给予听众清净、自在的听觉享受和音声教化。

"坛外佛事"，是苏北佛教梵呗的又一大特色，也是苏北佛教梵呗能够深入民间，影响大众的重要原因。坛外佛事系指佛教在正规讲经说法传教所设教坛以外举行的与宣传佛教教义相关联的各种活动。苏北里下河地区的坛外佛事，多为应斋主约请纪念先人亡故而举行。

坛外佛事，包括安坛、申文、破狱、约孤、绕灵、关灯、渡桥、送

圣、化榜化箱杠等系列活动。坛外佛事以其生动的形式和灵活的调性，寓教于乐、独树一帜，是梵呗唱诵在实践佛教中国化方面的千古绝响。念经、拜忏、放焰口等系列佛事活动，既富有宗教的仪式感，又具备宗教的教化意义。通过对佛教经文、赞偈的唱诵，一方面宣扬教理教义，一方面对先亡久远进行超度。对于亡灵的超度，不仅体现了佛教的慈悲普度，还十分契合中国人慎终追远的孝亲报恩思想。

伎乐供养、游戏三昧，佛教梵呗以人间清音敷演佛国胜境，看似虚幻游戏，实则音声三昧。

三、盐城佛教梵呗的佛事、写法和文言①

盐城佛教界长期重视佛教梵呗的搜集、整理、研究和传播，在仁风法师的推动下，2018年7月9日，盐城市佛教梵呗研究会在盐城市永兴寺成立，推选昌贵法师任会长。其后，编辑出版了研究盐城佛教梵呗的《游戏三昧》，分别从佛事、写法和文言三个方面对盐城佛教梵呗进行了较为系统的梳理，谨将该书目录收于此处，从中可以对盐城佛教梵呗有个大致的了解。

---

① 参见仁风主编《游戏三昧》（内部出版物）。

第四章 盐城市佛教协会

第一节 盐城历史上的佛教管理及佛教会

历史上掌佛教事务的官署是僧录司。唐文宗开成中，始立左右街僧录。宋鸿胪寺所属有左、右街僧录司，掌寺院僧尼帐籍及僧官补授。明太祖洪武元年，设立善世院；洪武四年，即删除设置；洪武五年，改为僧度牒；洪武十五年(1382)，始置僧录司，属礼部。清沿明制未改，置阐教等官职，清朝灭亡后，该机构废除。僧录司主官称正印、副印，下设左右善世、阐教、讲经、觉义等，在各省则府设僧纲司，州设僧正司，县设僧会司。明代各县僧会司掌钤束一县之僧人，长官为僧会。据明正德《淮安府志》记载，盐城县僧会司在永宁寺内，掌盐城佛教徒及其相关事务。

民国元年（1912），佛教界成立了中国佛教会，很快夭折。随后成立中华佛教总会，1915年为袁世凯下令取缔。1917年成立的中华佛教会次年又被取缔。全国佛教几乎处于无组织状态。1924年，太虚发起召开世界佛教联合会。1929年，中国佛教会成立。盐城县佛教会大约创立于此后，有据可考的是1929年盐城县佛教会的执行委员有：演亮、融庆、普同、源涛、勤学、慧定、融高；监察委员：宏渡、道根、云溪[1]。另据窥谛的《江苏盐城佛教之状况》，1931盐城建佛教会于永宁寺："吾邑偏处海滨。为苏省之边境故文化殊为落后文化如此。佛教自不能例外。本县寺庙之数量。寺产之多寡。予不得而知。至于僧徒约二千余众。多以经忏为生。其受教育者百无一二。而能弘法利生者则更千无其一矣。近来广受外界摧残。毁寺逐僧之声

---

[1]《中国佛教会月刊》第五六期合刊载《盐城县佛教会执委普同等为永宁寺住持香谷因病辞职公推源涛为本寺住持呈报备案文》

常有所闻。故僧伽亦多觉悟。惟兴教立学。弘扬佛化者。虽间有之。或受外界打击。或因经费难筹。卒未能实现。前有兜率寺曾创设佛学院。而亦不过昙花一现耳。仅沙沟镇设立小学一所。尚历久未衰。近已建佛（教）会于永宁寺。稽查全寺庙以为整顿之计矣。"[1]

令人称奇的是，东台县佛教会[2]早在1927年和启慧佛学院同时成立，均设在时东台县之三昧寺。

有关阜宁县在民国时期佛教会的相关资料目前尚未发现。

第二节 盐城市佛教协会沿革

一、盐城市佛教协会

盐城市佛教协会成立于1990年10月，选举达禅法师为会长，会址设在东台泰山寺，并召开了盐城市佛教第一次代表会议。1997年，盐城市佛协迁至盐城永宁寺并召开第二次佛教代表会议，礼请茗山法师、达禅法师为名誉会长，乘愿法师为会长。2001年3月，召开第三次代表会议，礼请茗山法师、达禅法师为名誉会长，乘愿法师连任会长。2004年8月，盐城佛协召开第四次代表会议，礼请弘法法师、莲华法师、乘愿法师为名誉会长，了尘法师为会长。2010年8月，盐城佛协组织召开第五次代表会议，了尘法师连任会长。2015年12月，召开盐城市佛教协会第六次代表会议，选举产生了新一届领导班子，仁风法师为会长。

二、盐城市佛教协会发文撮要

2004年

盐佛发【2004】9号 关于乘愿法师升任盐城护国永宁禅寺方丈的请示

---

[1]《江南九华佛学院院年刊》，1931年第32期，黄夏年：《民国佛教期刊文献集成补编》（41卷），北京：中国书店出版社，2008年，第455页

[2]《江南九华佛学院院年刊》，1931年第32期，黄夏年：《民国佛教期刊文献集成补编》（41卷），北京：中国书店出版社，2008年，41卷455页

2005年

盐佛发【2005】1号 关于为印尼苏门答腊岛地震海啸灾难受害者举行消灾法会并予积极援助的紧急通知（2005.1.6）

盐佛发【2005】5号 关于转发省佛协关于印发《江苏佛教寺院概览资料搜集整理方案》的通知（2005.4.1）

盐佛发【2005】6号 关于编写《江苏佛教寺院概览》的紧急通知（2005.4.12）

盐佛发【2005】13号 关于乘愿法师退居的请示（2005.7.31）

盐佛发【2005】14号 关于建议批准仁风法师任盐城护国永宁禅寺住持的请示（2005.7.31）

盐佛发【2005】15号 转发省佛协《关于召开"住持论坛"的第二次会议的预备通知》的通知（2005.8.3）

盐佛发【2005】19号 转发省佛协《关于组织观看电影（栖霞寺1937）》的通知（2005.9.23）

盐佛发【2005】25号 转发省佛协《关于召开省佛协四届三次常务理事（扩大）会议的预备通知》的通知（2005.12.6）

2006年

盐佛发【2006】1号 转发关于《江苏佛教文史资料》编辑工作的通知（2006.3.29）

盐佛发【2006】2号 转发《关于认真开展社会主义荣辱观学习教育活动的通知》（2006.5.4）

盐佛发【2006】3号 关于转发省佛协《关于做好受戒报名工作的通知》的通知（2006.5.30）

盐佛发【2006】4号 关于转发省佛协《关于严防有人假冒中国佛教协会进行诈骗情况的通知》（2006.5.30）

盐佛发【2006】8号 关于逐月上报"工作简报"的通知（2006.7.13）

盐佛发【2006】9号 转发省佛协《关于向洪涝灾害地区捐助的通知》的通知（2006.8.15）

盐佛发【2006】10号 转发《关于缘源书画院首届培训班招生报名的通知》（2006.9.7）

盐佛发【2006】14号 转发省佛协《关于印发〈江苏省大型佛教活动申报〉的通知》的通知（2006.10.13）

2007年

盐佛发【2007】2号 转发《关于终止〈关于加强佛教学术研讨活动规范化管理〉的通知》（2007.1.29）

盐佛发【2007】3号 转发省佛协《关于转发〈关于汉传佛教寺院不再礼请法主和尚的决定〉的通知》（2007.1.29）

盐佛发【2007】4号 关于申报市重点寺院的通知（2007.3.30）

盐佛发【2007】5号 转发《关于做好受戒报名登记工作的通知》（2007.6.18）

盐佛发【2007】6号 关于召开市佛协四届三次会长办公会（扩大）会议的通知（2007.10.26）

2008年

盐佛发【2008】1号 转发《关于开展"温暖千家系列慈善活动"的通知》（2008.1.11）

盐佛发【2008】2号 转发省佛协《关于举办"江苏汉传佛教讲经交流会"的通知》（2008.2.13)

盐佛发【2008】3号 关于召开盐城市佛协四届三次理事会的通知（2008.3.12）

盐佛发【2008】4号 盐城市佛协关于增补理事、秘书长、副会长的决定（2008.4.8）

盐佛发【2008】5号 关于请求同意恭请台湾海涛法师来盐城息心寺弘法暨息心寺举办千僧大斋活动的报告（2008.6.10）

盐佛发【2008】7号 关于申请恢复大丰太平禅寺的报告（2008.7.23）

盐佛发【2008】8号 关于召开四届五次常务理事会议的通知（2008.12.18）

2010年

盐佛发【2010】4号 关于召开盐城市佛教协会第五次代表会议的通知（2010.7.24）

盐佛发【2010】5号　关于转发省佛协受戒报名登记工作的通知（2010.7.20）

盐佛发【2010】9号　关于推选市佛协仁风副会长为盐城泰山禅寺筹建委员会主任的报告（2010.9.16）

2011年

盐佛发【2011】1号　关于成立盐城泰山寺筹备委员会的请示（2011.1.25）

盐佛发【2011】6号　关于台湾佛光山开山宗长、国际佛光会总会会长星云大师来盐的请示（2011.9.9）

2012年

盐佛发【13】号　盐城市佛教协会第五届理事会部门设置及常务理事以上人员分工（2012.8.12）

盐佛发【14】号　关于召开盐城市佛协开展"佛教慈善周"活动动员工作会议的通知（2012.8.27）

盐佛发【15】号　关于开展全市"佛教慈善周"活动的通知（2012.8.27）

盐佛发【16】号　关于成立市佛协"佛教慈善周"活动领导小组的通知（2012.8.27）

盐佛发【17】号　盐城市佛教协会关于举行"佛教慈善周"现场募捐仪式的通知（2012.9.18）

2013年

盐佛发【2013】1号　关于同意衍力法师任阜宁盘龙古寺住持并举行升座仪式的批复（2013.3.5）

盐佛发【2013】2号　关于邀请台湾生命电视台海涛法师讲经的请示（2013.3.23）

盐佛发【2013】3号　关于加强全市佛事活动管理的实施意见（2013.3.26）

盐佛发【2013】4号　关于设立大丰白驹观音禅庵的请示（2013.3.28）

盐佛发【2013】5号　关于召开市佛协五届五次会长办公（扩大）会议的通知（2013.5.11）

盐佛发【2013】6号　关于成立市佛协"教风年"和谐寺院创建活动领导小组的通知（2013.5.18）

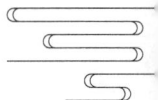

盐佛发【2013】7号　大丰市白驹观音庵筹备委员会组建方案（2013.7.10）

盐佛发【2013】8号　关于召开全市"道风建设年"主题创建活动推进会的通知（2013.8.3）

盐佛发【2013】10号　关于转发省佛协开展"宗教慈善周"活动的通知（2013.9.9）

盐佛发【2013】13号　关于召开2013年度总结述职会议的预备通知（2013.12.18）

盐佛发【2013】14号　关于召开2013年度总结述职会议的通知（2013.12.23）

2014年

盐佛发【2014】1号　关于同意衍力法师任盘龙古寺住持并举行升座仪式及大雄宝殿全堂佛像开光庆典活动的批复（2014.2.13）

盐佛发【2014】2号　关于召开盐城市佛教教职人员培训班暨市佛协五届六次常务理事会的通知（2014.4.2）

盐佛发【2014】6号　关于转发省佛协【2014】60号文在"青奥"期间加强寺院场所安全管理的通知（2014.8.6）

盐佛发【2014】7号　关于扩建毗卢禅寺的请示（2014.11.18）

盐佛发【2014】8号　关于做好2014年度总结暨2015年度工作计划的通知（2014.11.4）

盐佛发【2014】9号　盐城市城南新区三元寺筹备委员会组建方案（2014.11.7）

盐佛发【2014】10号　关于筹备设立城南新区三元寺的请示（2014.11.7）

2015年

盐佛发【2015】2号　关于开展2015省佛协巡回讲经活动的通知（2015.6.18）

盐佛发【2015】3号　盐城市佛教教职人员证书颁发情况报告（2015.6.26）

盐佛发【2015】4号　关于召开盐城市佛教协会第五届第七次会议的通知（2015.8.14）

盐佛发【2015】5号　关于筹备设立盐城永兴寺的请示（2015.9.15）

盐佛发【2015】7号　关于同意了尘辞去市佛协会长职务的批复

（2015.12.21）

盐佛发【2015】8号 关于市佛教协会换届工作的请示（2015.12.21）

2016年

盐佛发【2016】2号 关于召开市佛协六届二次会长办公会的通知（2016.3.17）

盐佛发【2016】3号 关于召开市佛协六届二次理事会的通知（2016.3.22）

盐佛发【2016】4号 盐城市佛教协会道风建设领导小组（2016.3.29）

盐佛发【2016】6号 关于开展2016年盐城市白内障僧人复明义诊活动的通知（2016.4.15）

盐佛发【2016】9号关于召开加强道风建设工作推进会的通知（2016.5.9）

盐佛发【2016】10号 关于做好我市佛教教职人员备案工作的通知（2016.5.9）

盐佛发【2016】11号 关于转发省佛协《关于做好受戒报名登记工作的通知》（2016.5.9）

盐佛发【2016】12号 关于做好我市佛教场所基本情况统计的通知（2016.5.31）

盐佛发【2016】13号 关于聘请慧海法师为北宝禅寺筹建工作负责人的函（2016.6.28）

盐佛发【2016】16号 关于聘请性一法师为大丰区刘庄镇紫云禅寺筹建工作负责人的函（2016.7.29）

盐佛发【2016】17号 关于申请恢复重建紫云禅寺的请示（2016.7.29）

盐佛发【2016】19号 关于转发省佛协《关于我省佛教寺院住持任职、退职办法的补充要求》的通知（2016.8.22）

盐佛发【2016】20号 关于同意法培法师赴香港慈山寺弘法的报告（2016.9.20）

盐佛发【2016】21号 关于做好2016年度工作总结暨2017年度工作计划的通知（2016.11.8）

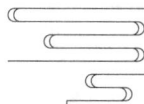

2017年

　　盐佛发【2017】1号　关于召开2016年度工作总结述职报告暨六届三次会长办公会议的通知（2017.1.13）

　　盐佛发【2017】2号　关于增补妙庆法师为市佛协常务理事的通知（2017.1.18）

　　盐佛发【2017】3号　关于倡议支持贵州三都水族自治县扶贫工作的通知（2017.3.17）

　　盐佛发【2017】4号　关于提供"妥善解决佛教场所商业化问题"相关材料的通知（2017.6.14）

　　盐佛发【2017】11号　关于开展2017江苏省佛教协会讲经交流会巡讲活动（盐城站）的通知（2017.8.17）

2019年

　　盐佛发【2019】1号　关于举办2019年盐城各县（市、区）佛教活动场所负责人培训学习的通知（4月18日）

　　盐佛发【2019】2号　关于做好佛教教职人员认定备案工作的通知（8月31日）

　　盐佛发【2019】3号　关于规范升挂国旗的通知（9月30日）

　　盐佛发【2019】4号　关于国庆节组织四众升挂国旗、收看阅兵的通知（9月30日）

　　盐佛发【2019】5号　盐城市佛教协会会议通知（11月11日）

　　盐佛发【2019】6号　关于做好2019年度总结暨2020年度工作计划的通知（12月1日）

2020年

　　盐佛发【2020】1号　关于完成"江苏省佛教活动场所安全工作联系表"的通知（1月1日）

　　盐佛发【2020】2号　关于市佛协六届六次常务理事会会议时间变更的通知（1月8日）

　　盐佛发【2020】3号　关于做好春节期间寺院场所安全稳定工作的通知（1月20日）

　　盐佛发【2020】4号　关于做好春节期间安全稳定和卫生防疫工作的紧

急通知（1月23日）

盐佛发【2020】5号 为抗击新型冠状病毒肺炎助力的倡议书（1月28日）

盐佛发【2020】6号 关于印发《盐城市佛教协会应对新型冠状病毒感染的肺炎疫情工作方案》的通知（1月28日）

盐佛发【2020】7号 致全市佛教徒的倡议书（1月29日）

盐佛发【2020】8号 致外乡归来四众弟子的倡议书（1月29日）

盐佛发【2020】9号 关于疫情防控捐赠情况报备的通知（2月20日）

盐佛发【2020】10号 关于新冠肺炎疫情防控工作的重要的通知（2月28日）

盐佛发【2020】11号 关于征集新冠肺炎疫情防控工作图文信息的通知（3月1日）

盐佛发【2020】12号 关于召开盐城市佛教协会六届六次常务理事会、2019年工作总结会议暨2020年场所安全工作推进会的通知（3月27日）

盐佛发【2020】13号 关于开展2020年全市汉传佛教教职人员证延期审核工作的通知（4月28日）

盐佛发【2020】14号 关于协助提供社会信用体系建设相关数据的通知（6月9日）

盐佛发【2020】15号 关于参加江苏佛教苏南苏北对口帮扶暨苏北地区僧才培训班的通知（8月13日）

盐佛发【2020】16号 关于国庆节升旗仪式图片资料信息上报的通知（9月29日）

盐佛发【2020】17号 关于完成寺院场所僧众资料信息上报的通知（10月23日）

盐佛发【2020】18号 关于举行江苏佛学院启慧学院2017届开学典礼、2020届开学典礼暨盐城市佛教协会六届十三次会长办公会议的通知（11月12日）

盐佛发【2020】19号 关于完善全市寺院场所负责人基本情况的通知（11月25日）

盐佛发【2020】20号 关于进一步推动《江苏佛教通史》盐城卷编撰工作的通知（11月25日）

盐佛发【2020】21号 关于做好2020年度工作总结暨2021年度计划工作的通知（12月7日）

第三节 盐城市佛教协会及盐城市下辖
各市、县、区佛教协会

1、第七届盐城市佛教协会

姓名	职务	工作所在地
仁风	会长	盐城佛教协会
法海	副会长兼秘书长	东台龙王古寺
本源	副会长	东台泰山寺
衍力	副会长	阜宁盘龙古寺
卜绍春	副会长	盐城佛教协会
文继	副会长	射阳天福寺
慧华	副会长	盐城永宁寺
脱清	副会长	盐都雁渔古寺
仁川	常务副秘书长	盐城永兴寺
明慧	副秘书长	亭湖接引庵
中道	副秘书长	滨海大佛禅寺
黄步平	副秘书长	响水禹王寺
灵山	副秘书长	大丰太平禅寺
光学	副秘书长	射阳息心寺
普正	副秘书长	建湖泰山寺
明胜	副秘书长	东台复兴庵
慧德	副秘书长	东台九莲寺
悟果	副秘书长	大丰义阡禅寺
永勤	副秘书长	东台龙王古寺
曙东	副秘书长	亭湖极乐禅寺
果丰	副秘书长	开发区毗卢禅寺
广贤	副秘书长	盐都净土寺
永杰	副秘书长	阜宁西来佛寺
仁开	副秘书长	盐都大云山寺
慧山	副秘书长	盐城永宁寺

2、盐城市下辖各市、县、区佛教协会

亭湖区佛教协会

姓 名	佛协职务	场所职务
慧 华	会长	永宁寺监院
明 慧	副会长兼秘书长	接引庵住持
曙 东	副会长	极乐禅寺住持
果 康	副会长	潮音禅寺监院
慧 山	副会长	永宁寺监院

东台市佛教协会

姓 名	佛协职务	场所职务
本 源	会长	东台市泰山护国禅寺住持
法 海	副会长	东台市龙王古寺住持
慧 德	秘书长	东台市新街九莲寺住持
圣 意	副秘书长	东台市泰山护国禅寺监院
永 勤	副秘书长	东台市龙王古寺监院

大丰区佛教协会

姓 名	佛协职务	场所职务
慧 勤	会长	义阡禅寺住持
灵 山	副会长	太平禅寺住持
惟 因	秘书长	妙吉祥佛堂住持

盐都佛教协会

姓 名	佛协职务	场所职务
脱 清	会长	雁渔古寺住持
仁 开	副会长	大云山寺住持
慧 忍	副会长	塔院寺住持
常 安	副会长	待旌庵住持
妙 缘	副会长	净居寺住持
广 贤	秘书长	净土寺住持
宏 法	副秘书长	淳化寺住持

盐都佛教协会

姓　名	佛协职务	场所职务
中　道	会长	盐城市滨海县大佛禅寺住持
界　谛	副会长	盐城市滨海县大佛禅寺监院
王成香	秘书长	盐城市滨海县大佛禅寺会计
陈为明	副会长	盐城市滨海县大佛禅寺居士
隆　禅	副秘书长	盐城市滨海县大佛禅寺维那
梁玥梅	副秘书长	盐城市滨海县大佛禅寺居士
周建文	副秘书长	盐城市滨海县大佛禅寺居士

阜宁县佛教协会

姓　名	佛协职务	场所职务
衍　力	会长	盘龙古寺方丈
永　杰	副会长	西来佛寺住持
妙　庆	副会长	宝林寺住持
孔伟家	秘书长	驻会
金宁华	副秘书长	盘龙古寺办公室主任

响水县佛教协会

姓　名	佛协职务	场所职务
黄步平	会长	响水县禹王寺负责人
夏红雷	副会长	响水县大桥公园念佛堂负责人
张　林	秘书长	响水县禹王寺工作人员
程　君	副秘书长	响水县禹王寺工作人员

建湖县佛教协会

姓　名	佛协职务	场所职务
妙　慈	会长	罗汉院住持
觉　贤	副会长	延寿寺住持
普　正	副会长	泰山寺住持
妙　庆	副会长	九华开山寺住持

射阳县佛教协会

姓　名	佛协职务	场所职务
文　继	会长	天福寺住持
一　无	副会长	报国禅寺住持
曙　东	副会长	三元禅寺住持
果　星	副会长	海王禅寺住持
印　圆	副会长	海慧禅寺住持
光　学	副会长	息心寺监院
宏　宇	副会长	息心寺监院
周　梅	秘书长	天福寺寺务处副主任
常　旺	副秘书长	三里寺代监院

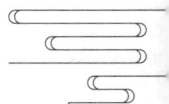

时论

SI LUN

　　盐城历代高僧大德讲经弘法之余，潜心著述，所著非仅限于佛学自身，旁涉甚广，倾注了他们对国家和民族命运的关注，对佛教发展与改革的关心，对青年僧才培养的关切，以及提高自身佛学修养的态度和路径等。因篇幅有限，对部分较长文章作节选处理，对部分辨识不清影印文字以□代替，本卷收录历代高僧大德时论文章或演讲有如下几个特征或表现：

　　首先，文章作者为在盐或盐城籍在外高僧或居士，其中尤以盐城籍在外高僧为主，如茗山、应慈等，这也是近代以来盐城佛教走出盐城的重要体现之一。在盐高僧主要选取了近代佛教界影响较大的永宁寺雪嵩（松）等。这些高僧有些是近代佛学报刊的编撰者，或者是佛学院的创办者、管理者、教员，由于编辑佛学报刊的需要，他们本身就有撰稿组稿的义务；在创办佛学院的实践中，对近代中国佛教的认识和思考相对较为全面，对近代中国佛教改革的方向和路径也倍感紧迫。

　　其次，收录文章发表时间多为民国时期，也收录了几篇建国以后的文章。这一时期盐城高僧发表文章数量较多，其原因固然与这一时期国家和民族危亡相关，也与自清末民初以来"庙产助学"风潮带来的佛教危机和佛教自身改革有关，同时更和民国初期大量佛学报刊的发行密切相关，文章多发表在民国时期影响较大的《海潮音》《佛学月刊》《弘化月刊》《佛化周刊》《人海灯》《现代僧伽》《正信》等佛教报刊，也有部分是高僧的演讲为现场记录整理发表。

　　第三，收录文章的主题多集中在对国家和民族命运的思考，体现了"人间佛教"思想的主旨，特别是在抗日战争期间，许多高僧爱国爱教，"上马杀贼，下马学佛"，不仅投身抗战实践，而且从理论上阐述佛教界支持和参与抗战的重要性和必要性。此外，文章较为集中的则是对佛教发展和改革的关注，包括弘法讲经、寺庙建设、僧才培养等。基于文章主题的广泛性和作者的影响力，本卷收录茗山、大醒、苇舫、浩乘等人文章相对较多，另有部分高僧大德文章因相关文集已经收录，且"人物卷"和"艺文卷"中间有介绍，本卷不逐一收录。

一、雪嵩（雪松）

建国声中读法治

（一）法治是什么

"法治"是什么呢？就是说：人民共同信守的成文，管理众人的事。"法"是一种准则，一种界限，一种目标，是国家纲纪体制之所由实施。在"法"的本身，不过是白字黑字，并不是什么威灵显现的神道，但他的权力，却能使万物之灵的人类，在这白纸黑字的一纸成文之前，俯首服从。"法治"的"法"，怎么有这样大的权力，只因"法治"的"法"是人民自己行使民权——创制权创制出来的，可说是人人为我我为人人的共存共荣的契约。所以"法"人人都应该要绝对服从。但是，要法治精神的树立，那首先要人人能够尊重"法治"，养成守"法"的优良习惯，才能获得"法治"的美满结果。

……

"法"要人民共同的信守，如人民不能守"法"，那么，国家的程序就紊乱了，称兵作乱啊，作奸犯科啊，……人民乃陷于纷崩离乱的境界之中。

"法治"是什么？就是说：人民共同信守的成文，管理众人的事。

（二）怎样走向法治的坦途

我国是法治国家，我们就要走向法治的坦途，可是，多年来一部分贪官，污吏，土豪，劣绅，漠视法治，贪污不法，变成政治上一大污点，法治不能推行，国家纲纪废弛，实为一件最可心痛的事。关于败坏法纪的事件之多，仅就中国佛教会整委会两个月来收到各地佛教徒为地方政府公教人员强占庙产逐毁像而呼吁的文件，即可得一证明，不必再讲其他。这类文件，假使要一一发表的话，决不是几十页的一册海潮音月刊所能容纳，现在，且据录几件案由，以见一班。

1.安徽广德县佛教会寅虔代电：

"为土劣带同武装士兵勒逼各寺僧侣交出寺产契据实行逐僧占产强取豪夺暗无天日……"

2. 江西省玉山上饶横峰广峰等县僧众呈:

"为屏风关白云寺佛像被毁寺产被占请求转呈中枢令饬修复返还由"

3. 河南安阳县高阁寺住持代电:

"为魏鸿动呈准安阳县政府非法处分高阁古寺……"

4. 浙江东阳县佛教会呈:

"为东阳县非法强占唐代古寺新安寺……"

5. 湖南洪江县嵩云山寺呈:

"为农林督导区主任强占房屋田地砍伐树木……"

逐僧,夺产,捣毁佛像,都是知识阶级的公教人员和士绅者流演出的拿手杰作,他们这些行动,究竟违法不违法?再来摘录一部分法令对照一下。

……

第十一条 人民有信仰宗教之自由。

第十六条 人民之财产,非依法律不得查封或没收。

按"宪法草案",关于人民权利,也有如上项的规定。

又,刑法:

第二四六条 妨害礼拜说教者,处六个月以下有期徒刑或拘役。

又,监督寺庙条例:

第六条 寺庙财产,为寺庙所有,由住持管理之。

第八条 寺庙财产,非经所属教会之决议,及该管官署之许可,不得处分或变更。

……

我们的国家,是法治国,法治国的人民,有遵从国家法律的义务。在尊重宗教信仰,保护寺庙财产的煌煌法令之下,而各地逐僧,夺产,捣毁佛像的事,依然风起云涌,不断的发生,试问"法治"的尊严何在?

一个国家的人民,漠视"法治",国家纲纪废弛,还行建设富强康乐的国家,那真是梦想。现在我们要建国,要建设成富强康乐的新中国,就不得不走向法治的坦途,要走向法治的坦途,就要对犯法者予以严厉的制裁!犯法者受到严厉的制裁,守法的人们才有所激励,建设富强康乐的国家,才可以奠定不可动摇的基石。

现在犯法的汉奸,已纷纷落纲,逮捕的逮捕,审判的审判。至于目无法纪,摧残宗教,强取豪夺的犯法者,依然逍遥法外,任意横行,这又岂是法治国家应有的现象?我们虔诚的祈求我们中枢当局,执法如山,凡是干犯法纪的暴徒，总要毅然决然地如惩治汉奸一样，绳之以法。这样才能把已堕的纲纪，重振起来，走向法治的坦途。

三、树立法治精神完成建国大业

法治精神的树立，要纳人民一切的行动于法律范围之中，非法的行动，无论何人，必受制裁，不能幸免。使人人知法。使人人知法必实行，而不敢以身试法。

……

建设事业，经纬万端，但树立法治精神，实为建国工程中重要之一环，吾人果能一变以往的作风，尊重"法治"，整肃纲纪，以造成蓬蓬勃勃的朝气，则建设富强康乐自由民主的新中国，这一伟大的任务，才能完成。

……

我们在建国的过程中，我们要建设富强康乐的现代化国家，对于政治，军事，经济，教育文化，……各部门的建设，固然要求其平均发展，但是树立法治精神，应该认为是建国工程中的首要任务。

我们必要树立法治精神，方能完成建国大业！

三十五年四月九日，写于南京。

——《海潮音》，1946年，第27卷第5期。

我们要向复兴之途迈进
——雪嵩法师在镇江金山江天寺讲
（印周记）

今天是中国佛教会江苏省分会胜利后第一届会员代表大会，本人代表总会出席活动，因这个机会，能够与地方长官地方父老，以及全省佛教英俊——诸位代表，欢聚一堂，感觉荣幸。并且，因这个机会，能够听到诸位先生的名言高论，个人在精神方面，尤其感觉非常的愉快和兴奋。诸位代表，在这寒冷的天气，能如此踊跃的参加今天的大会，这种卫教的热忱，实干，苦干的精神，值得吾人钦佩！

佛教传到中国来，诚如社会处黄先生所说，曾经放过万丈的光芒，在中国文化上实占有光荣的一页，这是有不可磨灭的史实在。可是现在的情形又怎么样呢？不客气地讲，是衰颓了！为什么衰颓？这就是由于我们全体佛教徒的努力不够。……

　　佛教会从民国元年诞生到现在，已经有三十五年的历史，在这三十五年的过程中，所表现出来的成绩固然是有，但是没有能够合乎吾人的理想。比方：会章规定的会务，如：整顿教规教产啊，发扬教义啊，推行福利社会事业啊……做的太少了！又如各级佛教会每次的会议所有讨论的提案，莫不尽善尽美，请问付诸实行的又有多少？这是由于各级佛教会历届理监事的无能呢？还是不够努力。我们知道，所有当选的理监事，大都是热心会务，众望所归的优秀份子。这乃是由于全体会员没有能够集中意志力量，所以佛教会不能够有好的成绩表现出来。我们佛教仝仁，多数对佛教会漠不关心，似乎佛教会与他毫无关系一样，甚且厌恶佛教会，因为佛教会组织起来就要负担会费，这是不知道组织团体的重要。最大的错误，是误认佛教会的几个职员就是佛教会。

　　这一次日寇侵略我们中国，他们的外交家，在国际联盟会经侮辱过我们中国也说：中国是没有组织的国家，要他们大日本帝国政府来领导，来扶助。这虽是侮辱我们的国家，可是回过头来看看我们的国民，大部分确实犯了这种毛病，没有组织！没有训练！我们中国佛教徒，是整个中华民族国民中之一环，尤其没有组织，没有训练，日本给我们这一个严重的打击，大大的教训，我们在伤痛巨深的今日，应该接受他的教训，痛改过去的作风，振作起来！

　　每一个国民，对于国家社会，都要有所供献，若毫无供献，就不佩做现代的国民，我们要做现代的国民，我们要服务社会，首先要组织一个健全的团体来领导我们，来督促我们，做我们应该做的事业。这就站在国民的立场说，应该组织健全的团体。

　　再就国内的各大宗教的现状来做一个比较，尤其觉得组织团体的重要。国内的宗教，有：佛教、耶教、回教、道教四大宗教。儒教，不具备宗教的条件，不能称为宗教；理教，是一个社会团体，也不能称为宗教，至于其他旁门左道，更不够资格称为宗教。先讲耶教，耶教是明末清初才传到中国来，由于教徒的努力，虽传入的时间很短，可是现在的情形，已经是蓬蓬勃勃，盛极一时，教堂禁止驻兵，任何机关部队不敢侵犯他。有人说："这是美国人的关系，中国人没有出息，畏惧强权，欺负弱小"。我说："这是不对的，这是他们教徒努力的布教和兴办福利社会事业争取华众的信仰和拥护所得来的效果啊！"

　　我们号称慈悲的佛教徒，传教有人家努力吗？福利事业有人家做得多吗？

　　再讲回教：回教传来中国，较耶教为早，较佛教为迟，回教在事业上的表现，并不多见，但是他们的团结力来得特别强。……我们佛教，被人侮辱，被人侵害的事太多了，僧侣很少团结起来，据理力争，只好"人为刀俎，我为鱼肉"！

再讲道教：佛教、耶教、回教、都是外来的宗教，惟有道教是中国地道的国产，是中国人自己创造的宗教，可惜现在的道教，已经一天一天的没落下去，甚至到教会都不能组织成立，近来各省各县的道教徒，都纷纷请求加入佛教会，各地佛教会请示总会如何办理，总会指示应令先行皈依三宝，以信众的资格入会。山东崂山，为道教的圣地，那儿也派代表到我们的总会，请求入会，这是多么的凄凉呀！

道教会为什么不能成立？推究原因有两点：一、缺乏领袖人才，二、教徒不知宣扬教义福利社会和团结一致。

再讲佛教：佛教传进中国最早，信徒也最多，在宗教中，可以说是老资格。现在的情形不幸得很，已一落千丈，拆庙毁像，夺产，逐僧，成为司空见惯没啥稀奇的事，真是百孔千疮不堪回首！比耶教回教已相形见绌，比道教还聊胜一筹，因为我们还有个佛教会，我们还有个领袖太虚大师在领导我们。我们果能在太虚大师领导下，振作起来，学习耶教的布教和服务的精神，学习回教的团结精神，我想一定能够走上复兴之路。否则的话，只有随道教向没落的路上走去。复兴呢？没落呢？究竟走哪一条路？这就在乎吾人自己来拣择一下了。

诸位代表不要以为开过大会，代表的任务就完成了，须知道今日的大会，是我们工作的开始，未来的成就，正需我们群策群力展开工作，推行会务，复兴圣教。

诸位代表！太落伍了，要受时代的淘汰啊？我们要立足社会！我们要发扬教义！我们要恢复过去固有的光荣！我们要革新、要建设，要向复兴之途迈进！

——《海潮音》，1947年，第28卷第2期。

佛徒服务社会的需要
——在上海静安佛教学院讲
却烦记

诸位同学：雪嵩这次为了中国佛教会社会服务团的事情到上海来，看到贵院教师阵容的坚强，和同学质量的优秀，心中十分愉快。从静安佛教学院的历史看，可以说是全国佛学院的小弟弟；但从成绩方面看，却是全国佛学院的老大哥了。诸位能在这样美满的环境下读书，是多么值得庆幸，更何况在内乱未息、烽烟遍地的今日，诸位能安心向学，真是无上的幸福！

我今天想借此机缘，来和诸位谈谈社会服务团的任务。本团是由中国佛教会依据中央总动员法令而组织，是适应时代需要而产生的。我们要了解社会服务团的意义，可以分做三点来说：

（一）什么是社会？社会有广义与狭义的分别。广义的讲，由各种人类结合成为团体，便谓之社会。现在的世界，就是一个广义的社会。狭义的社会，列如上海是上海的社会，南京是南京的社会，乃至工业团体，谓之工业社会，农业团体，谓之农业社会，以及宗教、学校等，都有其狭义的社会，我现在讲的是广义的社会。

人是不能离开社会的，社会也就是帮助人类生存的机关。人离开了社会，就不能生存，有许多佛教徒不了解社会的意义，都以为自己是离开社会，殊不知道我们的衣、食、住、行皆需仰求于社会，完全是靠群众互助的力量来生存的，否则我们决不能这样的舒服！即使我们住在深山里，也不能离开社会，以为我们自己不会织布，不会造房屋，还需要他人的力量来帮忙才成功。所以人无论如何也是离不了社会的。反之没有人也不会有社会的存在，因为社会是由人组织成功的，没有人哪里会有社会呢？

（二）什么是服务？服务的意思就是"人人为我，我为人人"。一个人能够在这样的世界上生存，需要很多方面的帮助。例如我们所穿的衣服，它的原料是农夫种的棉，工人织成的布，再经过缝工的制作，才成为我们身上穿的衣服，这就是"人人为我"的意义。我们受了人类的培植，就应该为人类服务，为社会谋福利，为人类制造幸福，这就是"我为人人"的意义。

（三）什么是团结？许多人集中力量，同一目标，谓之团结。有了团结，才有力量，所谓聚散沙可以御敌，……我们佛教徒是一向不团结的，所以被人欺辱，只好忍气吞声，逆来顺受。我们要不受人家的欺辱，就要团结起来，发挥我们的力量。

……

诸位是未来复兴佛教的中坚分子，佛教学院是佛教培植革新人材的大本营。我想大家都负有复兴佛教和服务社会的两重责任，所以我希望大家赶快预备三件事，以备未来复兴佛教，服务社会。第一要先有学问上的预备，有了学问，才能做一切事业，第二要有良好操行的预备，假使品行不好，人格扫地，即使你要服务，人家也不愿意。第三要有强健体格的预备，如果是一个病夫，怎么能担当复兴佛教，服务社会的重任呢？我希望诸位赶快预备这三件事，以期达到"人人为我，我为人人"的目的。

——《学僧天地》，1948年，第1期。

二、茗山

佛法救世与僧伽护国

现在提倡"僧伽护国"，要先略知"佛法救世"，果能实行佛法救世主义，就是我们僧伽护国的标准。何以故？观今世灾患的由来，竞争的缘起，说多不同，要之以"贪瞋痴"三毒为根本，因有三毒心的增上炽盛，所以人祸天灾相继显露，如那恣纵人类保持自己生存和繁殖自己种族的元种欲望（贪）；引起工与工战，商与商战，党与党战，国与国战，种族与种族战，阶级与阶级战，乃至家庭与社会互相倾轧（瞋）；一切智识事业，皆用为竞争的工具，以图达其富强的目的（痴）。由此，我国的内杠外患，前翻后起的怪现象，皆非吾人意料所想到；在这时候，谁都要来提出护国的吧？因为"国家兴亡，匹夫有责"！我们僧伽又何尝例外呢？

或说道："僧伽是消极，将何以护国？"此不然，僧伽护国的方法，非凡俗世智所可及；乃是以至圆无的佛法，而从根本上救济；所谓以"戒定慧"三字，对治"贪瞋痴"三毒；他如五戒，十善，及出世三乘法，随机应化，此不具论，要知："僧伽之所以积极护国，是要实行大乘佛法的救世主义。"同时要挽回世道人心，要治国平天下，亦非"佛法"不为功。太虚大师曾说："处今世之乱，欲有以致今后之治，必全世界之各色人等，皆联合而为佛法之研习，庶社会群众，可以得一条到达太平之新路耳！"

佛法何以能救世呢？智论说："佛法在世间，不离世间觉。"这就是表明佛法是要即世而救世的。试看佛说的三藏十二分教，哪一部不是改革人心，止恶修善，造成极乐的清净国土呢？就如太虚大师所提倡的："实行大乘佛法，建设人间净土。"也是这个意思——佛法救世。今谈佛法救世，可用三种主义为根据：

1. 净化主义（即是救世主义）：佛说："净佛国土，当于众生行中求，众生心净，则国土净。"所以第一要求心的净化：立志研究大乘教理，修行菩萨诸法，成就戒定慧德；第二要求器的净化：先就人世物质为起点，再经三界诸天为过程，以达圣居地界悉化为净；第三要求众生的净化：从人类互助为清信众等，从五趣有情为贤圣众等，从十法界为圆融众等；果能实行这三种净化，任何器世间和有情世间，都成清净；又何止一界一国呢？（此义详在太虚大师所著佛法救世主义中，兹不烦引）

2. 报恩主义（或曰慈悲主义）。经云："世间之恩，有其四种恩，可以推众生恩做代表，因为父母国王也是众生一份子，三宝的宗旨在普度众生；所以报一众生恩，就可以报其他三种恩。但是，怎样才可以报众生恩呢？在佛经上说的报恩行当然也是很多，要之以慈悲主义为根本，慈能与众生一切乐，悲能拔众生一切苦；照这种主义来报恩，所谓发四无量心，修方波罗密，不但国泰民安，世界也就容易和平了。（此详心地观经）

3. 利他主义（亦名菩萨主义）：《地藏菩萨本愿经》言："众生度尽，方证菩提；地狱未空，誓不成佛。"此种利他的大无畏精神，真所谓菩萨发心，自未得度先度人。就是菩萨积极救世的表现。而且任连种种随顺有情的方便引道，如医药明则转病为喜，工巧明则转苦为安，乃至佛法藏明，欢喜安乐更何待言；所以普度众生而无厌的菩萨，与佛之大慈悲心心相印。如说："我今尽未来际，不可计劫，为是罪苦六道众生，广设方便，尽今解脱，而我自身，方成佛道。"这就是大乘菩萨的利他主义。（见《地藏菩萨本愿经》）

4. 此上所据三种主义，足以证明佛法是救世了：佛法与众生最相关涉者：就是教人自他互利，广行报恩，心器净化，即为救济世间众生的善巧方法。但是"佛法僧"宝，缺一不可；佛法之救世也明矣，若无"僧伽"成

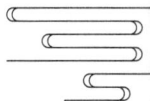

办，有情何以宏济？国界何以安宁？所以僧伽为佛法救世的实行者，同时也就是教徒护国的领导师；凡是学佛的人（指四众佛教徒），都应以佛垂教之法去救世；尤其是我们僧伽，更当抱定大乘佛教的救世主义，先去实行护国的工作才是。

谈到"僧伽护国"，这当然是无容议疑了；因为佛教的教法是救世主义，救世不离护国；佛子僧伽依教奉行，那末护国救世就是我们的分内事。况值此国家多难的当儿，我们数十万僧伽谁忍坐视呢？我想：僧伽既是国民一份子，莫不有爱国的热忱；一遇相当机会，都愿意抱着大乘佛法的救世主义，去为国效劳做那些有益人类底事情的。不谈理想，且凭事实，丢掉过去，握住现在举出几个事实来证明僧伽是护国吧：

A.僧伽军事训练：最近数月间关于僧伽军事训练事，各方面踊跃参加的许多，如无锡，嘉兴，武进，镇江……均一致实行，这可见僧伽护国的一斑了。僧伽之所以要实行军训，并非是要破戒杀人，是要借此机会，发扬佛教的净化主义，去救护国家民族及全世界人类罢了。

B.僧伽参加国选：国民大会代表选举法公布后，我们的领袖——太虚大师曾主张僧尼去参加；因为我们僧尼也是国民，不能放弃国民应尽之义务，即依选举法之规定，本无宗教区别及其他限制；所以我们参加国选，亦非是要做大官享权利的，是要逞此报国家恩报众生恩的。

C.僧伽援绥运动：由绥东战事发生以来，我们僧伽捐款劳军的，如闽南养正院嘉兴僧训班上海佛教会汉口正信会……，不胜枚举；就如我们佛学院的人，也曾贡献一日的所得，挥些同情的热泪；这也非是随喜助战，是为爱国的热忱所冲动，来实行菩萨的利他主义啊！

据此三件事实，足可证明僧伽都是热烈的护国份子；由是类推，其他也无须多说了。要知：我们的军事训练，参加国选，援绥运动的所以然，是一面表示僧伽努力的护国工作，另一方面就是实行大乘佛法的救世主义；舍此二端，更无其他的理想来证明我们的心迹了。

最后，笔者还有两个忠告献给各位读者们：

（甲）对错解佛法和误认僧伽的人们说：请你们再不要站在门外说着"佛教是厌世派，僧伽是弃国者"的一类瞎话吧！因为此类邪知邪见是要不得的，试看前面三种主义和后面三件事实，就可以觉到自己错误了；这裏我来纠正你们的错误："佛教是救世派，僧伽是护国者。"请信斯言！

（乙）对正信佛法的四众教徒们说："佛法真救世了，僧伽真护国了；”凡是为佛弟子的，该怎样去随顺救世护国呢？“勤修戒定慧，息灭贪嗔痴。”是我们救护的根本方法；其他还要发四无量心，修方波罗密，五戒十善及三乘诸法，弭兵止杀，随着僧伽们实行大乘佛法的救世主义去护国吧！

民国二十六，一，十三。于武院

——《佛海灯》，1937年，第2卷第4期

做人与学菩萨

这个主义，是我们太虚导师所提倡的，他的意趣：愿以凡夫之身学菩萨发心修行，现在发挥此意，要饶益有情故，教我们做人与学菩萨，使人人都成为菩萨，菩萨就在人间，要知学菩萨须从做人起，因为人类有贪嗔恐怖和愚痴的心理，造作杀盗淫妄和不正当的行为，以及种种浪漫的生活，和虚伪的社交，这总是人生生活观上的错误，必须要以菩萨行来救正，如善生经理许多伦常道德的理想，在在要改善人类的心理行为生活，和真诚恭挚的社交，这总是真正做人的道理，假使这个人尚未做好，那里还谈到学菩萨呢？所以学菩萨应从做人起！但是做人尤当以菩萨为楷模，了当言之，就是要学菩萨。何以故？因菩萨的功行，菩萨的知见，菩萨的立场。处处皆可以做我们的标榜，不谈其他，专就菩萨的十善业道，和四摄六度法来着，那一件不是自利利人的作业呢？我们苟要教化有情，断尽烦恼，修习法门，成就佛道，最圆满的莫如学菩萨！今人往往稍具信行，便高唱学佛，岂不知发菩提心修菩萨行方为学佛，又一般人好高婺源，不学做人，也不知人乘教法均通五乘教法，所以我们应本导师的意趣，一贯的主张，从做人与学菩萨，以达究竟圆满的佛果！同时佛法也可由此建立！

——《正信周刊》，1937年，第9卷第28期。

宗教徒救国的途径

最近国难日深，全国动员群起救国，我们和平的使者宗教徒在这非常期中应如何去竭力贡献国家，帮助民众，使早些解决战争的惨祸，实现太平安乐的境界呢？

现在凶焰已怖满了人寰，凡事有壮气有热心之徒，也都很显明地表现出爱国的好现象来：如耶教的祈祷胜利，回教的捐轮运动；尤其佛教徒或在前

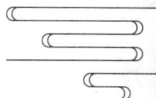

方积极救护，或在后方忙着慰劳，这些，都是十足的的爱国心激发出来的。

由此可知宗教徒是已有了救国的表示了，他们时常在报纸上看出这些好休息，心灵上也就感觉着兴奋百倍！因而有助于衷就不能不想出更好的途径来，这途径是从感动出来的。我想：宗教徒职志是在（为人类谋幸福，为世界求和平），因此我们不但是一点小援助，更要在（长期抗战）中到（短期结战）的途径，以促进世界人类和平的开朗，使战云峰烟早日毁灭。这个意思简单地说：就是（在战争中求和平）。反过来说：就是（为和平而参加抗战），在这里特别提出两点供诸谈论：

第一，在可能的范围内从事全国民总动员的工作，如近日国府指导组织的特务队，宣传队（昨闻镇江超岸寺等已实行了）……等，只要是军事上所需要的，我们就应本（人尽其材，材尽其用）的原创下，加以组织训练而实施！

第二，积极组成强有力的预备军，以辅正规军之不足（闻南岳僧团已自动组织大刀队）。足以当生力军神圣军之用！只要良心中存着为人道正义而自卫，本着仁爱的念头而抗敌战争！为全世界人类消除障碍。

上面两点，我们为人类安乐国家太平而切盼着各宗教的团体，予以指导，提倡，而后见诸事实，召集，组织，训练而实施，动机既正，也可得良好美满的效果。

或说："宗教徒是'慈爱'为本，第一点尚可以勉强进行，第二点近于'残忍'动作，毋乃不能乎！"这要知道：慈爱，本为博爱普慈的，决不可为少数而伤害多数的慈爱，今日之事，并非是偏独瞋恨某一种人，而实在是出于酷爱人类永久和平而维持人道永久存在，且爱及彼此间的子子孙孙的结好而战，是战彼者爱彼也，利彼也，无损于义。宗教徒对于此事是不为也，非不能也。假或不能——年老多病者——或不愿意，则当于日常祈祷国家安乐，人类和平，生者没有恐怖，死者得到安乐，只须在精神上一致为挽救和平，亦无不可。

时候到了！宗教徒们——尤其是具有热忱为和平而奋门的同志者！现在是我们在实际爱人类爱公道的大无畏精神上充分发扬的机会来临了，起来吧！集合吧！积极训练准备往前线去，同我们革命将士健儿们携手进行！打倒和平的魔障。真实地救度众生！

——《正信周刊》，1937年，第10卷第13期。

三、应慈

一定要把佛教内部纯洁起来

继中国佛教于八月十六日在北京召开的理事（扩大）会议以后，上海市佛教协会又于九月十二日召开了第二次理事（扩大）会议。这两次会议最重要的收获，是我们轰轰烈烈的打了两个肃反的胜仗。揭发了上海市佛教青年会内部反革命集团首恶分子郑颂英、李行孝、陈海量和金刚道场大特务清定等反革命分子，他们一系列的反革命的罪恶勾当，引起了全国佛教徒的无比愤怒。为了保障我们祖国伟大的社会主义建设，巩固人民民主专政，保护正当的宗教信仰自由，揭发出暗藏在上海佛教内部的反革命集团，这是我国人民和爱国的佛教徒在伟大的肃反斗争中一个重大的胜利。

郑颂英、李行孝、陈海量他们都是上海佛教青年会的重要负责人。清定是蒋匪帮的特务少将郑全山的化名冒称为金刚上师，他做了近二十年的特务工作，以后又混入佛教界干起不可告人的勾当，他的行为是多么卑鄙无耻啊！

我是亲身参加了这两次肃反斗争，他们被出席的代表们剥下了"佛教外衣"最紧张的时候，他们这是沉着应战，顽强抵抗，不肯坦白，会前会后又布置如何对付，这种极其不老实的狡猾手段，实在令人不能容忍，同时从金刚道场放生池中挖出武器事件看来，更是我大吃一惊！觉得我们佛教界这次的肃反运动完全是适时地必要的。

佛青年反革命集团和清定大特务的头子，狼狈为奸，形成了上海佛教界两个反动的恶势力，他们一贯地造谣污蔑，破坏党和人民政府的威信，诋毁马列主义，破坏各项爱国运动，歪曲佛教教义，毒害青年的思想和健康，打击□道，打击爱国守教徒等等无所不用其机的反革命罪行，所以有以上这些事实，都说明这些反革命分子是坚决出卖祖国的叛徒。他们是披着"佛教外衣"从解放到现在，从言论到行动，有组织有计划地进行反革命罪恶活动的黑帮。他们口口声声伪装"虔诚"、"弘法"、"爱教"的那副嘴脸完全赤裸裸地被揭穿了，他们一贯假借佛教名义，骗取钱财，作为反革命的罪恶活动的资本。清定说"中国佛教在华东，华东佛教在上海，上海佛教在金刚道场"。用这种种烟幕来掩盖他们的罪恶活动，使善良的佛教徒，不易识破他们凶恶的反革命阴谋。的确，我们政治嗅觉不灵，没有擦亮眼睛，过去其他宗教揭发许多反革命分子案件后，总以为佛教内部是纯洁的，到现在才知道事实恰恰相反。爱祖国，这是我国每一个佛教徒的神圣职责和光荣义务，但是郑颂英、李行孝、陈海量和清定等反革命分子背叛祖国，为六万万人民的死敌，这一群披着羊皮的豺狼，已经被政府先后依法逮捕，这是为祖国除害，为佛教除魔，同时也是坚决贯彻宗教信仰自由政策的正义措施。

通过这两次会议，不但使我政治觉悟空前提高，更使我在"分清敌我"、"明辨邪正"这许多具体问题上得到深刻的认识。最后，我更衷心感谢共产党，感谢人民政府，感谢爱国的佛教徒，把暗藏在佛教内部的反革命分子揭发出来，不仅为人民除害，也为我们佛教清除败类！只有这样，才能维护佛教内部纯洁，巩固人民民主政权，使伟大的社会主义建设事业得到保障。

——《弘化月刊》，1955年，第175期。

四、大醒

怎样是我们新僧运动应持之态度
——给新僧会同志们的一封公开信

新僧同志们，衣服破坏了是要重新做的，饭菜糜烂了是要重新煮的，房屋倒败了也是要重新建筑的。这是在事物变迁史上应有的一种"新"的表现，一个人如果穿一件新的衣服或住两间新的房屋，实在算不得是翻新花样。所以"新僧运动"在现在是值得应时而起的，而为维持佛教寺产僧伽命运巩固安宁计。尤其少不得这种新的国体设法救济之。这就是今日新僧运动的新使命。"新僧"也者，是欲将原有的有名无实的和合僧众重新和合起来共同工作佛教事业也。惟兹任务，即对于佛教暗淡无光的黑色丛林中，施以刷新的、光明的、稳固的方策。新僧运动，既有如此重大的任务，所以在工作之初就不可不先取一应持的态度了。我们应持怎样的态度呢？戒律要受持，教理要弄清，团体要坚固，同志要和合，时间要长久，工作要稳当。今为便利一般同志明了起见，再加以说明于后。

戒律是我们僧伽学佛的第一条件。非严格受持不足以表显出家之所以出家的精神。而今傅戒。仅以一个月的时期（还有十八天的）演那排班。闻讯，长跪，合掌的木头人儿戏。临了每人头上烧几个香疤，就算受过戒了。至于律部裏向一百多部的大小乘律，一卷都没有谈到过戒法、戒体、戒行、戒相……当然莫能明其妙了。所以一般僧众，无怪乎多数要犯戒。因为从根本傅戒上就铸成了大错。现在我们新僧同志，应当对于戒条 （根本大戒）严格受持。因为与此万恶的社会接近。外界物力上易于为透惑之魔所沉迷，故须格外注意，免得一不经心就与腐同化，惹人笑话。

我们受持了戒律，第二步就要把教理弄清——就是将佛教的真理了解一个清楚，并且要处处根据书本上的理解来作新僧运动。关于此点，我会写了两句，"求法不忘宏法，宏法不忘求法"。自勉的话，我以为只知求法不顾宏法的独善其身者，固然是菩萨行所为当，但是只知宏法而忘却了求法，于实际又有何益。况且现代世人谈学问者，多倾向所谓科学方法之一途。我们新僧一定要多读书，多向佛法中开掘新矿，以应付众生求知之欲望也。苟欲希望一种事业得大成功，非多集合同志以坚而且固的团结力合作运动不可，绝对不是一个人唱独角戏所能奏效的。今日新僧会开始运动，当然以征集同志为第一要务，可是必求志同道合，行解相应，趋向一致的同志才好。要任其同志发菩萨心，认为有必须合作新僧运动，自愿而来，万不可以拉夫式的手段号召同志，至要怎样才可以保持同志的团体坚固，就不得不再进一步取下而和合的态度了。

和合本来是我僧家独有的特彩。所谓"戒和同修、见和同解、身和同住、利和同均、利和同悦、口和无争"。这是多么光辉的团体呀。当知向来的僧伽，不是没有团体，为不能实行此种和合主义尔。所以一寺一院的权利，亦惟任其主持者的一手操纵。正犹如皇帝时代有权位的赃官一样，谁也管他不得。现在我们新僧认为在这一种不平等的待遇之下，是谈不到做得什末道场的，所以才重组团体，为此新僧运动。但我们同志就要晓得希望团体坚固并不为难，亦难在大家不能实行合和主义尔。我们同志如要跳出这层难关，大家的主意、见解、性情、语言……就要互相容纳，互相谅解，互相将就，互相商量。那么，方可称为同志，方可集成团体，方可达到完全新僧化的目的。不然，与一般僧众同一鼻孔出气，新僧云乎哉。由许多同志集为团体，此时可以大踏步努力运动了，但是这种运动是无限量的，是不能预计成功的日程的，所以时间要长久，也是我们新僧同志态度上应先决的问题。试看年来新发现的种种运动，那一件待到成功而后停工的。新僧前途的事业广大无边，当然不是靠五分钟热度就要放弃责任的，当知此种工作，原不是猛进的，遇激的态度所能胜任，正不妨一步一步向前跑，只要团体坚固，同志努力，热心运动，终究有成功的一日。何况不久还有时势的机会来帮助我们呢。

以上五者，质言之，就是要持取（一）清净的态度（二）真诚的态度（三）诚恳的态度（四）公开的态度（五）静耐的态度。

至于工作应怎样进行，非本篇所能谈及。惟工作上应取的态度，我也可以在此先拈出"稳当"二字来。究竟怎样是我们新僧运动应持之态度，则还俟同志们参酌探持。谨此，祝新僧同志们努力。

大醒于金陵（元日）
——《心灯》，1927年，第28期。

青年学僧与未来佛教
在焦山佛学院讲

青年是中国未来的主人翁，我要用这句话做一句套话，青年学僧是中国未来佛教的住持者！青年学僧的志愿要放大，心胸要放宽，眼光要放远，要克劳刻苦，要矢动矢勇，要一意向学，不可随了环境的改变而改变了自己的道路！

在抗战的八年中，有些学院都停顿了，不幸之幸者还有几处继续办学，如焦山就是抗战中成绩最好的一处，环睹沦陷区近年以四方之学僧的概况，有失学者，有在学者，有自修者，有改变途经者，都共同的受着苦恼，真是沉痛莫伸，我们对之却寄以无线的同情！

一失学者，因抗战期中正式在青年学僧初等至中等的学龄时代，就感受到失学的苦痛，其年龄已将近二十岁虽欲发心往外求学者，又苦于缺少求学之所，而所有学院又因学额有限不能广为收容，或者已经求学数年而苦于无升学之所者，则益加困苦！

二在学者，青年学僧侥幸能得在一学院中求学，实属难能。凡学费膳宿费都由学院供给，但是一切书籍文具日用品等费，素仰赖于披稚常住成就者，均因家庵沦陷，家庵财产多数为敌伪匪共所破坏劫持，庵中生活已难以维持，使其在学的学僧用无所有，而且物价狂涨，一纸一笔辄尽若干，在此时期，在学之青年学生虽云有书可读，亦确感受苦难！

三自修者，有一班青年学僧已受过普通学院教育二三年以上者，一时因无升学处所，只得安居业林发心自修，此等学僧最堪钦佩！自古大龟高僧凡过兵乱辄隐居深山，从事自修，等待平靖，再为出山行化，乃属常见，而且出家有高深学识者，靡有不从自修而得，所以青年学僧凡文字通顺佛学略窥门径者，觅一静寺用功自修，最为适当，于学养方面，将来必有大成就也！

四改变途径者，抗战以来，有许多青年学僧受到敌伪的侮辱，……或是受了时潮的激动，或是受了种种环境的关系，也有因为听明过度认为佛教前途无办法者于自身无出路者，改变其途径，于是从军者有之，为政者有之，习学伎俩者有之，经商务农者有之，改入社会学校者 有志为教深造者例外亦有之，各随因缘，分道扬镳，我们对于这班改弦易辙的青年学僧，我们除去惋惜以外，并不愿加以批评，有些动机也却给予同情，不过对有自身无出路之思想者，实认为是一时的错误，其不知出家学佛原来就是人们的一条出路，自己出了家还寻什么出路呢？

青年学僧的近况略如上述有四种，虽说走的路向各有不同，而共受之苦恼则一，讲题中我写出的"未来佛教"所讲未来者，我的意思是指的最近的未来——五年至十年之间耳，在此五年至十年之间，虽然佛教参与的前途还有种种阻碍，不能完全如我们的理想来建设新中国的新佛教，而仅仅少数人的力量最低限度或可做到以下之成绩，亦可预卜？

第一，胜利后之中国佛教会，必较过去之中佛会有组织有办法，各省各特别市分会以及各县支会，必能于不久的未来，不必要五年，相继组成，因种种外境所逼，和佛教本身之需要，也许各级佛教会于事业方面能随时进展？佛教会只要能有一日组织健全，再发动各种应办之事业——佛教文化会慈寿事业等，各地需要的服务人员很多，自在意想中？

第二，未来佛教的僧徒，如其不在本身佛教的事业方面——尤其是僧教育，不自行举办，则必然要收到社会教育界的人们窥视教产，两三年前在大后方的各省县，已会发动过提取寺产补助教育费的风波，此时迄今稍息，近来尚闻江西各省与浙江慈豁等地有此种案件云？我以为在五年至十年之间，各县佛教会为应自办小学，大寺与有力量者必能设办中学，而将来所创设之中小学校既广且多，其需要聘用的教职员则非常之多。

第三，佛教寺院向无系统，僧徒任佛寺住持者固步自封，全不以选拔人材为主，所以荆棘林中每多是羊，将来佛教会经过整理之后，各地佛寺最为苦恼者唯一就是人材的缺乏，而且抗战胜利后之中国社会一天一天前进，在一县为一寺住持的僧徒们若无相当的学识，如何能够应付一个社会的环境，

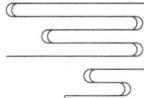

这一点普通为住持者全想不到，全不自生惭愧，不知未来的僧徒必然的要受时代的淘汰，由此以观，现前的在学或自修的青年学僧们，无疑的是不久将来佛教中新陈代谢的住持者！

第四，未来的佛教要想建立于新中国，一切的文化事业与社会事业，佛徒是要自动的或被动的去负一部分责任的，所谓适者生存，也是必然的趋势，时代时时刻刻的向前进，实在不容许僧徒们往后倒退了，这一点青年学僧应该看清楚的，因此之故，在目前，一班青年学僧应该如何自警自励？在储材时代需应该要如何的用功，精进不息，广求新知，以适未来的时代需要？

因为青年学僧未能□未来佛教的种种趋势，所以养成了两种通病，一者是未得皮毛即好高骛远，不求实学，不想深造，书到用时方恨少，一旦自己做起事来，方才感受半生不熟，知其一而不知其二，力能却有所不足，二者是得少便足而不安于位，求了几年学，学程告一段落，有毅力者安居自修，尚知为法且重，无定力者见异思迁，每欲改弦易辙，这两种习病，我们希望青年学僧要从今以后立刻纠正。在僧教育没有普及以及未普拟定僧教育系统以前，希望在学的和自修的青年学僧们能发足长远心安心向学，光阴如黄金一样，要加倍的爱惜，我们青年学僧所贡献，并不是为着别的！

青年学僧对于未来佛教所负的使命与责任非常重大，我们相信未来佛教的革新与建设，就是说经过破坏后的建设，一切的工作人员，皆需乎全国青年学僧的总动员，青年学僧们目前唯一的路向就是要求高深的学问——发无上心深入经藏，以作负担未来佛教的责任——统大众的准备！

——《海潮音》，1946年，第27卷第2期。

五、苇舫

佛教徒的反侵略

本月十二日国际反侵略运动大会，在伦敦举行全世界抵制日货，援华特别会议。我国分会与国民外交协会，为响应起见，发起国际反侵略宣传周，其第一日—六日为宗教日。武汉三镇的佛教徒，计一百五十八个团体，二万六千四百余会众，是日分别举行反侵略为国祈祷宣传大会，并由武昌世界佛学苑长太虚大师，汉口佛教正信会会长李子宽居士等，通电全世界的佛教徒，一致的响应。这具体表示我国全民族底齐一的抗战动员。但我们并不仇视日本军阀，反为觉着可愍，如电文云："日本侵略中国，残杀人类，全出于不明人我性空，自他体问，善恶业报，因果缘生之痴迷，及掠夺不已之贪，□式不止之□，凌厉骄傲之慢等根本烦恼，以造成今日世界和平之破坏，其愚痴实堪怜悯，务邪见，建议各国政府，以方便力降伏其凶暴魔焰，速令日本少数军阀的疯狂消灭，拯救日本多数无辜人民，以及中华国土，人民早获安全，世界得保和平，以符合我佛普度众生之旨"。

我们佛教徒，向来是爱好正义与和平的，修罗的日本军阀，这次祸孽，不但是侵略我国的广大土地，屠杀奸掳无辜的同胞；连英美的大使，兵舰商轮，亦成其为轰炸的目标。且继续着美大使馆的职员被掌颊，英美的国族在南京被践踏。这样的疯狂，简直失去了人性，按之佛教业果的道理，似非日本国民之福。日前报载："关于敌军残酷的兽行，近来日多一日的传到后方来，真是叫人而不忍听，怒不可遏。敌军的杀人，已完成超越战争的限度，而成为单纯的逞快。敌军以杀人多寡为竞争，听说南京城有这样一段故事：两个散兵相遇，互以杀人数目相询，甲说杀人五十，乙说杀人一百；转天再见再询，乙说杀人一百五十，甲说杀人一百七十，则相与狂笑而散。请想，这是什么景象！收复后的宣城，传出许多惨极人寰的消息：城郊三十公里内悉遭蹂躏洗劫，聚男女老幼村民于一星，喷洒汽油，纵火焚烧，哭骂之声，闻于数里。裸体女尸，漂流沟渠。请想，这是什么景象！"（二月四日大公报社评）

我们想不到二十世纪的今日，竟会有这样鬼畜以下的恶魔出现。这种罪恶，不但污辱了中国，而且污辱了全世界！

日本军阀，为什么要这样的凶焰万丈呢？要知道日本军阀的国策，是想独霸全世界；然要达到这种目的，须先击破苏联，打败美国，吓退英国，这样日本军阀就可一跃而为东亚的真正主人翁了？所以日本军阀侵略我国，继是他们的国策开始，故我们这次抗战，不仅是为我们的生存而战，同时也是为维持世界正义和平而战的了！

全世界的五万万佛教信徒，总动员起来，每个人本着菩萨救世的精神，如《维摩诘经》云："若有大战阵，立之以等力，菩萨现威仪，降伏使和安。"把日本军阀的迷梦粉碎，使他们清醒过来，这样方可达到世界的真正和平？！

二十七年二月七日写于似苑

——《海潮音》，1938年，十九卷第二号

爱国爱教爱和平
——纪念中国佛教协会故会长圆瑛老法师寂三周年

时光过得真快，圆瑛老法师寂已三周年了。这三年来，祖国改变了旧中国贫穷落后的面貌，到处出现一派新兴的气象。就以佛教而言，也有了很大发展，佛教名胜寺院，修理得庄严雄伟，佛教徒们的宗教生活越过越愉快。全国佛教徒最关心的培养下一代人才的教育机构——中国佛学院——也将在最近开学，这一切都是圆老法师生前所想望，而在今天一一都实现了。回忆一九五二年圆瑛老法师出席亚洲及太平洋区域和平会议时，他在会议为了要击破美国和蒋介石集团在国际上污蔑新中国没有宗教信仰自由的造谣，他曾经把解放前和解放后的佛教情况做了对比，向会议代表们介绍。他说："解放以前，中国佛教的发展是受到种种限制和遇到很多困难的。如寺院经济依赖封建的土地制度，寺院常遭受到国名党反动政府军队的破坏，而一部分著名佛教文物遭受严重的破坏，如云岗、龙门等地佛像的头部大都被敲断了盗运到纽约、伦敦的博物馆里去。敦煌的古写经卷，也大都被偷去，不与归还。这使我们中国佛教徒非常痛心。解放后情况完全变了，佛教徒得到了真正的信仰自由。《中国人民政治协商会议共同纲领》第五条规定中国人民有宗教信仰自由，政府完全保障这种信仰自由，回忆制定这个纲领的时候，就有各宗教界的代表参加，佛教就有巨赞法师和赵朴初居士作代表。佛教徒不仅得到了宗教信仰自由，而且佛教徒也得到了参加政权的机会，提高了政治地位和社会地位。"

这段话，是用事实来回击敌人。这对敌人来说，无异受到一次沉重的打击。从这里我们可以看出他虽是七十以上的老人，却是一位英勇的和平战士。

在会议期间，他和缅甸、锡兰、日本、寮国、马来亚、泰国、越南等八个国家的佛教徒，联合发表声明。号召各国佛教团结起来，实现和平会议的决议。

联合声明中说："今天许多国土上的人民所遭受的苦难，是空前深重的，经济的掠夺。政治的压迫，军事的侵略，违反人道的迫害与残杀，邪恶与仇恨的宣传正在疯狂地进行，而大规模的具有毁灭性的战争准备更在严重威胁着全世界的人类。制止侵略，保卫和平，是当前每一个人的迫切任务，也是我们佛教徒的迫切任务。这任务是必须完成，而且能够完成的。数以亿万计的崇奉佛陀和平教义的佛教徒在今天的和平运动中有着巨大的责任。因此，我们号召各国佛教徒团结起来。为实现亚洲及太平洋区域和平会议的决议而作一切努力。由共同慈悲和智慧所产生的这些决议，是实现人类和平的必要的道路，也是我们在和平工作中鉴别是非真假的标准。我们必须警惕任何企图利用宗教的名义以进行侵略破坏和平的阴谋活动。保卫真正的和平，也就是保卫宗教的纯洁。"这些话都是理直气壮，给予敌人以无情的呵斥。在那个时候，美国正在朝鲜进行可耻的侵略战争，并企图用宗教的名义，来愚弄人民，进行侵略。他针对敌人的阴谋诡计，予以揭破，使不得逞。他曾经这样说："只要全世界的佛教徒团结一致，就能发生力量，和平就得到保障。尤其在亚洲的国家中，佛教徒是占有很大的比重的。"

他在上海市佛教界传达和平会议的报告时说："会议始终在充满团结友爱、和平民主的气氛下进行，最后一致通过了十一项决议，其中没有一张反对票，没有一个人弃权。"又说："在这次和平会议中，各国佛教徒的代表获得了晤面的机会，从而取得亲切的联系。大家都感到为和平事业而努力，是释迦牟尼佛的弟子应尽的责任，也是每个佛教徒的光荣的任务。"

当然这些成绩，是和中国共产党和人民政府的领导分不开的，而圆瑛老法师为和平而艰苦奋斗的精神，是值得效法的。

圆瑛老法师一生的弘法事业，在中国近代佛教史上占有光辉的一页。他的弘法利生，不仅在国内各大城市受到欢迎，他还远道南洋新加坡、槟榔屿等处弘法，受到国外佛教徒的崇敬。

一九五二年他参加发起成立中国佛教协会。一九五三年他光荣地当选为中国佛教协会会长。

圆瑛老法师是全国佛教徒所爱戴的一位大德，他因病得生彼国。这都说明求生净土的人应当在求福求慧的现实生活中来积蓄净土资粮。

关于大师弘法利生方面，总的来说，他一生遍游过北京、天津、武汉、上海、江苏、浙江、湖南、广东、台湾及香港、菲律宾、南洋群岛、槟榔屿、新加坡、吉隆坡等地，到处讲经说法，法缘都是盛极一时。他不但舌粲莲花，宜扬妙法，并且以文字般若，广播圆音。一生著作丰富，有《一吼堂诗文集》，住持禅宗语录及包括各种经论讲义之《圆瑛法汇》共二十余种。《圆觉经讲义》是他最后一部著述，在他生西前的几个月才出版，可见他一生致力弘法事业的热诚。

最后讲到大师兴修道场的功德是很大的。辛亥革命后。他协助寄禅和尚组织中国佛教总会，这是他从事佛教组织工作的开始。他一生住持过不少大丛林大寺院，如宁波的接待寺、七塔寺、天童寺，福建的大雪峰寺，鼓山涌泉寺，泉州大开元寺，槟榔屿的极乐寺，其中许多都是由他从破坏中兴修起来。至于古代有名的建筑如泉州大开元寺的万柱殿，闻名世界的东西石塔，也都由他募修一新。这说明大师伟大的胸襟魅力，无论从兴修道场或保护文物古迹来说，都是具有不可磨灭的功绩。

以上是大师一生中由积极精神所建树的许多好榜样，我们纪念大师不是空谈，我们要学习大师积极精神，学习大师的好榜样，在今天爱国爱教爱和平的事业中贡献一份力量。

——《弘化月刊》，1956年，第183期。

六、窥谛

我对于佛教将来的希望

现在世界的潮流是怎样？一言以蔽之，就是个新旧交欢的伟大时代呵！例如，世界的改造，中国的变革，皆在这个时代里酝酿和蜕化着：而新的世界，新的中国，也都在这个时代里产生下来；所以旧社会的一切，都要在这个大时代里作一次总清算，甚而至于旧社会里许多的东西，都要被这个大时代的漩涡淹没了！

然而，转过头来，看看我们现在的佛教的情形，又是怎样呢？糟糕！它是旧社会里存在之一，所以它也免不了这次的总清算，说不定，这次大时的漩涡，鼓荡着正汹涌的时候，就是它的寿终正寝的时辰呵！

当然，佛法碰到这个危机，不消说，一班先知先觉的人们，是要从死地里努力，打出一条生路出来，就是稍具有知识和时务的人们，看到这个时机，也替佛教的前途担险，而大声疾呼的佛法前进呵！佛教改造呢！

但是：我们青年的僧伽，负有担荷未来佛法的重担，对于这将来的希望，和改造的计划，应当是如何的实践，而方可以完善尽美呢？

我想：我们现在虽然是处在学僧的地位，知识，见解，学力，固然是不十分充足，但是，我们既是未来的主人翁，对于这偌大的问题，不妨就我个人的意见，借这学僧园地宝贵的篇幅，把它贡献在长老大德先知先觉们的面前，千祈万祷的请他们评断一下，看我这个意思对与不对，下面就是我的管见了：

一、教育组织

我们现代佛教的教育，谈到普及，固然是没有资格，但是，若就短偏残缺而言，和二十年前的佛教情形相比起来；这也可以令我们得到个苦笑的安慰。不过，我们再进一步的想，现在社会的潮流是怎样？推想到未来的社会潮流又是怎样？而我们处在这大时代的当中，偏逢这新旧交换狂风暴雨胜着之时，应当是如何的演进，而方能适合现代和未来的社会的趋势？因此，我们觉到未来佛法的需要，就是希望要产生一种大规模的教育运动。僧伽方面要有严格的淘汰，教育方面要有精密的组织；学理方面亦要有切实的探究，然后，佛教方可适合社会之要求，佛教的教徒，方可与社会之趋势并进和并立，否则，若是如此的因循下去，而希望立足于未来之社会上面，这是靠不住的事实了。

因此，我们觉到未来的佛教，不提倡振兴则已，苟提倡振兴，非提倡教育不可。为什么呢？现代佛教还没有教育可言，虽有类似教育机构，犯了千篇一律的毛病，而与未来佛教生命存亡的关系，亦无有连接性之可言。

例如：就我个人说，幼年固然是失学，但自从成年以后，方才受佛教初等的教育，说也奇怪，像这样浪打浮萍似的学了三四年之后；世出世间的学问，似乎都被我学完了。其实，学字的意义，还没有领得，何况再谈到其他的学问吗？不过，像甲校讲的是深密楞伽等，而乙校讲的楞伽深密等，像这种一律的课程，倒反是满嗜风味了！

然而，未来的佛教的教育，究竟是怎么办？这，依我个人的愚见，关于教育改革和发展的问题，最底的限度，总要有和现时国家所有的教育制度，成为正比例，甚而至于百尺竿头，再进一步，发挥佛教的教育，光大佛教的教理，普及全世界的人们的心中，到了此时，我们佛教里的一切，方才有僧教育和其他的价值之可言呵！

换句话说，判断未来佛教存亡之关系，就是，看佛教徒，是否能实行太虚大师理想中所规定的僧教育之制度而后定；否则，若是片面的希望未来佛教之生命，而实行那不揣其本而齐其末的政策，这终是属于纸上空谈，而于事实方面，是无关痛痒的呵！这是我对于将来之佛教，第一种之希望。

二、行解并重

我们观察我们的本身，其立场所以异于一切的人们，就是因为我们除了求解以外，随着这所解的法门，而去希求实证；但是，观察现时佛中的情形，正是中了这行解不能合一的遗毒了；因此，我们对于未来第二之希望，就是要实践知行并重的道路。因为假使只求教育畸形的发展，而不作重于实行方面，甚而至于淹没实行的工夫，则佛教的教育，虽然发达到和世界教育并行盛旺，这也不过是在社会中占一有知识之地位罢了，因为对于佛教根本之基础已失去，这何有佛教之可言。至于释迦世尊菩提树下所证诸法实相之道理，究是如何的面目？这更无暇追究这些问题了。

其次再就我们佛教内部情形的观察，一般人所认为"新僧"和"旧僧"对立的处所，也是受这知行不合一的作祟。例如：就现代我们一般青年的僧伽而言，因为领受了新思想和新潮流的灌输，于是就知道现在时代性的趋势，而推察到未来佛教的危机，所以就大声高呼的，恨不立刻即与社会合而为一。但是"矫枉过正"，因受热心倾动的关系，于是对于佛教根本上实行的方法，则置于脑后，所以像我们现在□班革兴的青年的僧伽，几乎也跑到危亡的途径上去了。然而，再就一班所谓老年的僧伽而论，则他们脑筋中受了旧时代的薰习，于是对于这些新潮流不但不能接受，甚而至于完全站在一个立敌的地位，因之，他们虽处在这新时代下，而他们脑筋中唯一的思想，仍然是一句"皇□巩固""念佛是谁""照顾话头"的老门调，这就是他们的畸形的状态呵！所以我们对于将来的希望，就是希望这两张畸形发展的怪态退化而成为一，造出一个崭新的而适合时代性的新佛教出来，——这是我第二种的希望。

三、教理融和

事实上是这样的趋势，一时代有一时代的变化，而人心的要求，也是一时代有一时代的不同。例如：佛教自从汉明帝正式传入中国以来，迄至李唐之际，这中间所有各宗派的演进，和各学说发展的状况，其中最重要的原因，一方面固然是受各宗派的当代传教的大师极力提倡和鼓吹力所致，但另一方面，的确也是适合社会人心之要求，所以才造成功这各宗学说特殊的发展，这是无可讳言的事实。

但是，我们现在再来观察现代社会人心之要求，其所需要的优惠何宗何派的学说，而方可适合现时之人心？佛教的教理，在这大时代之中，也必须从这各宗的特质上面，而融化归纳成为一种适合将来人心需要之宗教。为甚么呢？因为将来社会的人心，既受了科、哲、理、化的熏陶，脑海中再不能容纳那些笼侗真如的玄想话了，所以我们对于未来佛教的设想，第三种就是建立适机的教理了。

但教理如何的适机？各宗学说又是如何的融和？这些大问题，固然不是我们学僧的学力所能计划得出来的，不过，在我个人的见解，观察各宗学说的内延性，以及现时稍能与社会之接近者，和能感化知识阶级的人们，这大都仍属于唯识法相学的法力。但唯就唯识法相学的本宗而排除各宗，则仍有所偏。所以这唯识法相学，也必须参和他宗的学说，而后方能适合现时社会之人心。这对与不对，尚请先觉者指示！——这是我第三种的希望。

四、传教方法

我们佛教徒所站的立场和担负释迦世尊的使命，应当干些什么事呢？简单的说一句："利生为事业，弘法是家务。"但是，这生怎样去利？而这法又是怎样去弘？所以除了以上三种条件之外，关于将来佛教的发展，最所需要就是宣传布教的方法了。欲想把这佛教普及社会，深入人心，唯一的就是依赖饶有趣味的宣传伎俩了。例如：同时一种言语而表明同样的事物，甲所讲的因具有巧辩的妙习，所以令人心悦神怡，而在乙方面，则不能令人别饶兴趣。所以佛法若没有良好的宣传方法，则佛法虽然高不可攀，但仍然是明珠藏在污泥之中，不能使人们信仰和接受；而且使人厌弃。所以这宣传的方法，乃是传播佛法到社会人们心中的第一的利器了。——这是我第四种的希望。

五、精神团结

这次小日本看我们柔软可欺，既占三省，又攻热河；这固然是他们军政器具胜过我们，但是其中最重要的原因，就是日本窥透了我们的国民性，没有团结力的精神，没有御外的武器和胆量，所以他们才旁若无人似的，直进我们的内地，而又用他们小小的力量，来侵犯我们偌大的国家。否则，英，美，德，法，日本为何又不敢去惹他们呢？我们现在老大的祖国，正是和我们存亡不分的佛教徒的团体同病。

专就我们的学院一部分而言吧；甲地学院，决没有和乙地学院有连贯性，甚至于造成两两不相入的色调，即就一学院里面的师生而言，或是同学的方面，人数虽然不多，但是分党立帜的花头，倒反有五光十色。甚至闹成小自个人，大至团体，以及整个的佛教，亦造成僵局的形势。因此，所以我们欲想改造佛教，而希求未来的佛教成为以坚固的团体，则首先必须团结全国的教徒，一致努力，奋发向前，抱定教亡我亡、教存我存的决心，而后，则大事易辩，万法皆成，至此，则佛教的前途，不光明而自光明，而佛教的危险性呢？亦自然的冰消瓦解了。——这"精神团结"就是我们未来佛教的第五种希望了。

以上五点，固然是一般人所说的通常话；但是，在我个人的管见看起来，现代潮流虽是澎涨得如此之迅速，但我们做佛教的教徒，若能达到这五种希望的目的，我想，那时佛教的声色，站在未来的社会的舞台上面，必占得一重要角色的地位吧！

二十二，四，三，写于厦门闽南佛学院

——《海潮音》，1933年，第14卷第6号

七、浩乘

佛教深入农村去

佛教的基础，完全建筑在教徒能依信解行证的步趋遵循实践，进而化导他人的皈顺崇信，普及到此界他方，所谓："佛法在世间，不离世间觉"，这样才能宗风大阐，教法宏宣，巩固灿烂到不可计劫。唉！庄严伟大的祖业，被现代一班懒惰懵庸的子孙，置之高阁，尘土淹没，演成颓唐衰微的僵状！不，现在不是有许多大德，漱风嚼月地讲经说法吗？可是这种在都会中的局部宏法，是为少数贵族阶级的独享，供优游逸豫的研揣，不但违背普度的佛旨，且未能普及到僻壤的乡镇，成为佛教大众化。因为，以农立国的中华，农民占了全国人口百分之八十，乡村更是占了全国土地百分之九十，同时，这些农民大都纯净真诚正确的意志，不但易于化导，实在也需要佛法启发他的天真思想，拯济他出迷津，所以我们佛教徒，尤其是稍具知行的青年学僧，应奋励精神，本着个人的学力体力远到乡村去，随人、随地、随事、随时底权巧方便教化，打破他们误解佛教是神秘灵异度鬼祭亡的，和尚是奔丧吊孝乃至巫医□卜之类的错误迷信观念，而使他们确□地明晰佛法是开发人生正智的泉源，纠正造人道理的南针。使之学，使之行，运用到衣，食，住，行底里面，是足以归真舍妄，合觉背尘的，青年们！我们应该荷起如来的志愿家业，一致到乡村里去，实行佛教大众化！

　　年来朝野，深知坚强国体，安宁社会，不从农民着手治理，那是舍本求末。因此，有农村教育，农村建设，农民军训的提倡，可算无一不研究到农村里去；独有真正的佛教，没有涉足到乡村的土壤上，这，大概是国家和佛教徒还没有注意到吧？须知僧伽本身所负的唯一使命，就是化导社会，拯济人类，促进世界和平，所以我们僧伽要想振兴佛教，非将教法普及到乡村，引起农民的正信不可，因为，佛教的基础既建筑在大众的信念上，同时多数也定能同化少数，所以我敢武断的说句：佛教只在都会中供少数人享受与研揣，是舍本求末，不到乡村里去，那里能成人间佛教化？我的提议是：（1）青年僧伽多发心深入乡村，实践农学并行的生活。（2）创办简易乡村佛化学校。（3）在乡村多作浅显佛教的通俗演讲。（4）僧伽力行和倡导乡村公共利益事业。这是凭我个人简单谫陋的思想，对这题当然不能有深奥的发挥和缜密的筹划，愿海内仁人，有与我志同道合者，加以严酷的评判和发挥，提出尽善尽美的方案，以期从文字的力道，达到事实的成功！

——《海潮音》，1937年，第18卷第8号。

抗建期中僧青年之工作

　　我最热烈挚爱底僧青年同志们—看—听—想—现代我们国家是怎样的国家，——"抗战建国"的国家，当前我们全民族只有两条路——"抗战"、"建国"。

　　我们与敌人根据历史的认识、国际的观察、人口的比较、地势的度量、民心的剖解……，绝对证明我们"抗战必胜"，"建国必成"，中外的舆评已汗牛充栋，无需喋喋。

　　我现在要讨论的，在这抗建期中，我们肩荷国民份子和佛教信徒双重担子的僧伽，应该负些什么职责——简言之，就是做什么？怎样做？我的浅见：

　　对外——国、民

　　1、军事工作——我们的立场、信条、意志、俗例，虽不可执戈杀敌，但奉行利人济物底"慈悲主义"，是分内吧？那末怎忍坐视前后方同胞的困苦—哀痛，所以我们须自办或参加救护、看护、慰劳、掩护、招待……工作——下走曾在镇江干救护（当地）看护工作，在兴化干慰劳工作，都是一帆风顺，并不是自我宣传，乃是事实证明了总理的格言——"知难行易"。

2、政治工作——我的同学圆觉君参加江左新四军的政治部，宏慈君被苏省独立营杨营长，聘为参议，外方不免非议，那知□□不是败类的名利熏心，（未改装破戒）乃是"匹夫有责""有力出力"的现兑，何况是契合"四恩""四□"的原则呢？那末，只要不叛佛律而"利教利国"，（漏）杰出的后□大显身手。

3、教育工作——中国僧伽在教育界占位子的是凤毛麟角，谈何工作？但我提倡参加普及识字班、农村小学、民间宣传、标语海报、私塾教师……这些都是合符以化世导俗舍妄归真为目的的佛陀"圣言量"的，也是我们应走的□□啊，尤其是推动法轮深入民间的机会啊。

4、文化工作——战地记者、新闻记录、投稿报章……含有卫国济民移风转俗性底论文、小说、戏剧、歌、曲、诗、词……的撰作，这些工作的理由、意义、功效、目标与前面"教育工作"是类同的。

对内——教、法

1、宏化工作——弘扬佛化，乃佛教主人翁——僧青年义不容辞的天责、家务，毋用饶舌，但是"方法"和"手段"就千差万别而有讨论的价值了，目下我认为算：创办杂志、佛化副刊（附于社会报章）、讲经法会（不限大座式）、临时学社（如社会补习班）、随缘宣化（舟车小庙等处）私塾教师（以我所知泰县印泉兴化淦泉东台松月都干私塾教师工作也是弘化要途罢？）。同志们！要挽回"佛教"和"世道"的颓风衰势，不可不从道处下手啊！

2、修持工作——在这烽火连天底局面下，依众焚修循序行持的业林是寥若晨星，何况遍地荆棘处处行不得也呢！但是我们绝不能忘却"莫待老来方念佛""孤坟尽是少年人"的啊！那末，就要在八万四千法门里选择——念佛、持咒、作观……——性相近者专注修持；提起"如少水鱼""如救头然"的"无常念头"，将"生死出在眉梢"上呀！

3、求学工作——抗战以来，各佛学院停顿，学者都有彷徨歧途困着知识欲底战荒罢！但是"寸金难买"的光阴能虚度吗？当连匹马单枪踏上"自修""自治"与"何必读书然后为学"（事物的观察——即物穷理）的阵地，假使环境如许我们有问津之处，不论是"愚夫""外道"或"后生"当殷恳启请——仲尼尚"以能问于不能"呢？

4、劳动工作——一日不作一日不食，是我们僧青年生在劳工时代的今日的圭臬，所以我们要实践、耕耘、种植、栽树、运动、工役……的劳作生活，……我希望僧青年同志从洒扫洗涤的最微小处做起。

5、慈悲工作——慈善事业，是如来本怀，僧伽基础，弘扬前提，本来前面数条都含有慈善性的，这里只约事业而说，如大规模的难民所、施医院、赈粥汤、济寒衣……小规模的修桥、砌路、施茶、路灯……个人的参加慈善团体义务工作、随力相应慈善劝募、单独劳动行善（如持方便□）、印送劝善等传单……

我最敬爱的热血僧青年同志，我们把握着现实有一分"才力""体力""物力""□力""干一分工作"，决不"尸位素餐"……抗战建国是我国"自力更生"的划时代的时期，将来"抗战胜利，出□成功"是我国复兴强盛自由解放的时期，同时也是佛教复兴强盛自由解放的时期，可是需要"人材"和"代价"的——三实骨干底僧青年"对教内外当前的工作"。

这不是高调、词藻、升华，是促进每个僧青年决干实干苦干硬干底呐喊、警钟、信号，我们要用全面（不择人、地）游学（不择时、力）底战术为国为教工作呀！从今天起！

九一八于江苏兴化市堡乾明佛学院

——《人间佛教》，1940年，第10期。

八、志开

唤起僧青年共同救国

在这个国难方殷的时候，凡有热血的国民，谁不在喊着救国救亡的口号？尤其是青年学生们的爱国运动，来得最热烈而最精诚！我们僧青年同是国民一份子，同是站在青年的界线上，国家存亡，当我们当有切体的关系。现在是国家可算到了最后存亡的关头，我们岂能袖手旁观！随着国家兴亡而生存呢？这样不但放弃了我们做国民的责任和救人救世的使命，同时也要做一个亡国奴。其实国家真的亡国，也不会让我们安安逸逸的去做个亡国奴。恐怕不是刀下鬼，也就是和那无意识的动物一样的受人家的鞭挞凌辱！到了那时候我们僧伽，还能安然作救世度人的工作吗？所以我们有热血的僧青年，是不应该这样随着国家兴亡而生存，做这个无意识的亡国奴的。我们应该来做一点救国的工作，以尽我们做国民做佛徒的责任。

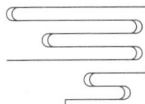

　　话说到这里：我相信一定会有许多爱我的师友们，要这样的说道：佛教本来是一个平等先觉者宗教，是打破人我界限的，更没有国际相争观念的，娑婆世界是一家，大地众生共一室的！我们是一尘染不的清净僧伽，是离去世间烦恼的，国事更是属于份外的事，是用不着我们僧伽去顾问的。再进一步说：我们这些被时代轮齿压着头生不出气来的苦恼和尚！自己家里都没有开口的余地，都得不到平等民族的地位，可怜到这样，还是能够和外国人和匪寇去讲个理，或是和戒律！脱去袈裟，被着战袍，拿起枪杆子来；发一个雄威，去打抱不平，还不是徒然牺牲了自己！佛教还不是被人虎视的佛教；和尚的压迫，还不是一天重一天的压迫着！这样，我们何必干着急呢？

　　亲爱的青年同胞们！这番话我很表同情的！国家，社会，人民……佛教，的的确确是这样的现象；但是佛教被虎视，和尚受压迫，究竟怪谁呢？亲爱的青年同胞们；这些，我们应该扪心自问，社会为何要虎视摧残佛教？为何要压迫凌辱和尚？恐怕就是我们不肯为人群牺牲自己所招感的吧？

　　我们是佛教徒，我们要知道佛教是救世的，是解决人生究竟痛苦的，是改革社会人心向善的，是巩固国家基础的，是促进世界文化，促进世界大同的！佛是为着救人群而讲平等的，为人群谋安乐而打破所谓人我界线的。我们救国即是救人群，救人群即是救世界。换句话说，我们为世界谋大同而救人群的！为人群争平等谋幸福而救国的，为昌大佛教光明佛教而救国的！也就是实现释迦牟尼佛的"无缘大慈，同体大悲"的主义。

　　现在世界，国家，社会，人民，都沉没在这个狰狰斗争的漩涡中；要想脱出这个漩涡，我敢大胆的说一句：除了佛陀的"无缘大慈，同体大悲"的生力军，来挽救他们出这个漩涡而外，还有谁？能来担任这样大事呢！？

　　但是这个"无缘大慈，同体大悲"救世救人的责任，究竟负在谁的身上呢？亲爱的同胞们；这个责任还不是负在我们青年的僧伽身上吗？我们做僧伽是不是接受了这个责任而来做僧伽的吗？我们既是接受了这个责任，我们又何不"尽其责"来把这个五浊不净的世界转成清净的世界，把这个枪林弹雨悲惨的世界化做和平和乐的世界；把这个虎狼野心民族的世界变为亲善大同的世界。

　　亲爱的同胞们，你看！这个责任多么的大！多么的光荣！我们快快的起来去做我们应做的救世度人的工作吧！我们假若仍图喊几声空口号，或者抱着一种消极观念的话；那末不但要做冷血份子的亡国奴，恐怕我们真的要做亡教呢！同胞们！醒来吧！我们挑起"我不入地狱，谁入地狱"的担子来，去做"地狱未空誓不成佛"的工作。我们不要辜负了释迦牟尼觉世救人的使命，我们要做释迦牟尼佛觉世救人的工作，我们就要抱着"无缘大慈，同体大悲"的目标去救国！我们要尽国民的责任，也只有吹起"亲爱精诚"的喇叭走向救国的阵线；我们要复兴佛教，也只有披起"无畏精神"的精进铠甲冲入救国的战团；我们今后幸福唯一的寄托所，也仅有趋进救国的道途，去故我们护国的工作！

写于焦岩自修室

——《佛海灯》，1937年，第2卷第6期。

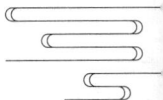

参 考 文 献

一、佛教典籍

《大正新修大藏经》"史传部"。

《大正新纂大藏经》"史传部"。

（梁）慧皎：《高僧传》。

（唐）道宣：《高僧传》。

（宋）赞宁：《高僧传》。

（明）如惺：《高僧传》。

（宋）普济：《五灯会元》

（明）静柱：《五灯会元续略》。

（明）通容：《五灯严统》。

（明）通容：《五灯严统解惑篇》。

（清）超永：《五灯全书》。

（明）文秀：《增集续传灯录》。

（民国）严修：《新续高僧传》四集。

（清）达珍：《正源略集》。

（清）纪荫：《宗统编年》。

（清）彭际清：《居士传》。

二、佛教辞典

任继愈：《宗教词典》，上海辞书出版社，1981年。

明复：《中国佛学人名辞典》，中华书局，1988年。

丁福保：《佛教大辞典》，上海书店出版社，1995年。

震华：《中国佛教人名大辞典》，上海辞书出版社，1999年。

星云：《佛光大辞典》，北京图书馆出版社，2000年。

赖永海：《中国佛教百科全书》（1—8卷），上海古籍出版社，2001年。

三、史志文献

《旧唐书》卷四十四"志第二十","地理三"。

盐城市地方志编纂委员会：《盐城市志》，江苏科学技术出版社，1998年。

（明）杨瑞云修，夏英星纂：（万历）《盐城县志》卷之二《建置志·庙宇》，台北：成文出版社，1983年。

（清）黄垣修，沈俨纂：（乾隆）《盐城县志》卷十《寺观》，中国国家图书馆数字方志库电子本。

（清）刘崇照修，陈玉树纂：（光绪）《盐城县志》卷十七《杂类·寺观》，《中国地方志集成·江苏府县志辑（59）》，南京：江苏古籍出版社，1991年。

（民国）林懿均修：《续修盐城县志》卷三《宗教·佛教》，《中国地方志集成·江苏府县志辑（59）》，南京：江苏古籍出版社，1991年。

（清）冯观民等修：（乾隆）《阜宁县志》卷之二《建置志》，南京图书馆稀见方志全文影像数据库。

（清）阮本焱修，江启珍纂：（光绪）《阜宁县志》卷二《建置志·坛庙》、卷二十四《丛志·寺观》，中国国家图书馆数字方志库电子本。

（民国）吴宝瑜修，庞友兰纂：《阜宁县新志》卷十六《宗教志》，《中国方志丛书·华中地方》第一六六号，台北：成文出版社，1975年。

（清）周右修，蔡复午等纂：（嘉庆）《东台县志》卷之三十五《寺观·仙释》，《中国方志丛书·华中地方》第二七号，台北：成文出版社，1970年。

（清）王璋：《光绪东台县志稿》，见王素云主编：《东台旧志九种》（4），凤凰出版社，2020年。

（民国）东台县修志局分纂袁承业等未完成之《东台县志稿》残稿《建置志·祠庙》。

（明）佚名：《西溪镇志》，见王素云主编：《东台旧志九种》（4），凤凰出版社，2020年。

（清）佚名：《西溪泰山寺志》，见王素云主编：《东台旧志九种》（4），凤凰出版社，2020年。

（民国）袁承业：《东台县茅山志》，见王素云主编：《东台旧志九种》（4），凤凰出版社，2020年。

（清）陈一舜：《庙湾镇志》。

（民国）李恭简修：《兴化县续志》卷一《舆地志·祠庙》，兴化市图书馆本。

（清）尹会、程梦星纂修：（雍正）《扬州府志》卷二十五《寺观·泰州》。

（清）阿克当阿等修，姚文田等纂：（嘉庆）《扬州府志》卷二十九《寺观》。

泰州市地方志编纂委员会：《泰州志》，江苏古籍出版社，1998年。

（明）正德、万历、天启，（清）康熙、乾隆、光绪等版《淮安府志》。

盐城市政协学习文史委编：《永宁寺志》，中国文史出版社，2020年年。

建湖县佛教协会编：《建湖佛教》（未刊，内部资料），2015年。

盐城市地方志编纂委员会编：《盐城市志》（下）第五十七卷"少数民族宗教"第二章"宗教"，江苏科技出版社，1998年。

盐城市民族宗教志编纂委员会编：《盐城市民族宗教志》（内部资料）第二章"宗教"第一——五节，2010年。

四、相关论著

释东初：《中国佛教近代史》，台北：东初出版社，1974年。

巨赞、周叔迦、石鸣珂等：《中国佛教史话》，中国佛教协会编印，1982年。

〔日〕镰田茂雄著，郑彭年译：《简明中国佛教史》，上海译文出版社，1984年。

任继愈：《中国佛教史》，中国社会科学出版社，1985年。

黄忏华：《中国佛教史》，上海文艺出版社，1990年。

印顺：《中国禅宗史》，江苏人民出版社，1999年。

蒋维乔：《中国佛教史》，上海世纪出版集团，2007年。

江灿腾：《明清民国佛教思想史论》，中国社会科学出版社，1996年。

潘桂明：《中国居士佛教史》，中国社会科学出版社，2000年。

潘桂明：《中国佛教思想史》，江苏人民出版社，2009年。

赖永海：《中国佛教通史》（第十五卷），江苏人民出版社，2010年。

真禅：《玉佛丈室集》，上海社会科学院出版社，1992年。

杜庄城：《正史佛教资料类编》，甘肃文化出版社，2006年。

徐自强：《中国历代禅师传记资料汇编》（上中下），全国图书馆文献缩微复制中心，1994年。

何建明：《中国地方志佛道教文献汇纂》（人物卷、诗文碑刻卷、寺观卷），国家图书馆出版社，2013年。

廖养正：《中国历代名僧诗选》（全二册），中国书籍出版社，2004年。

高鹤年：《名山游访记》，宗教文化出版社，2000年。

黄常伦编：《方外来鸿：近现代高僧致高鹤年居士信函手迹》，宗教文化出版社，2002年。

黄夏年：《民国佛教期刊文献集成》，全国图书馆文献缩微复制中心，2006年。

黄夏年：《民国佛教期刊文献集成补编》，中国书店出版社，2008年。

李书有编：《茗山文集》，江苏古籍出版社，1992年。

茗山著，许钧整理：《茗山日记》，上海古籍出版社，2002年。

茗山著，许钧整理：《茗山日记续集》，上海古籍出版社，2003年。

茗山法师生平事迹整理工作委员会：《纪念茗山法师丛书》，上海古籍出版社，2002年。

沈去疾：《应慈法师年谱》，华东师范大学出版社，1990年。

周建生：《东台佛缘》，河海大学出版社，2012年。

中国人民政治协商会议江苏省委员会文史资料委员会编：《近代江苏宗教》（《江苏文史资料选辑》第38辑），江苏文史资料编辑部，1990年。

雪松：《回忆我在盐阜抗日民主根据地的参政活动》，中央江苏省委党史资料征集研究委员会、江苏省档案局编：《江苏革命史料选辑》第10辑（内部资料），1984年。

中国第二历史档案馆：《抗战初期佛教徒参加抗日救亡活动史料选》（上下），《民国档案》，1996（3）、（4）。

徐跃：《清末庙产兴学政策的缘起和演变》，《社会科学研究》，2007（4）。

于光、黄夏年：《中国佛教界与抗战运动研究》，《法音》，2015（7）。

附　录

附录一：盐城市现有备案寺庵统计表

序号	市县区	寺庵名称	地址	负责人
1	东台市	东台市泰山护国禅寺	江苏省盐城市东台市西溪旅游文化景区民主街1号	范成竞（本源）
2	东台市	安丰北极殿弥陀寺	江苏省盐城市东台市安丰镇下灶村	张　艳（宽定）
3	东台市	安丰净土庵	江苏省盐城市东台市安丰镇海河边	张义富（定慧）
4	东台市	东台市观音禅寺	江苏省盐城市东台市富安镇王桑村	薛平明（体圣）
5	东台市	东台市接引禅院	江苏省盐城市东台市东台镇卞团村1组	徐家喜（隆禧）
6	东台市	东台市龙王古寺	江苏省盐城市东台市弶港镇通海路	陈勇（释法海）
7	东台市	东台市菩提观音寺	江苏省盐城市东台市经济开发区垛团村9组	慧德
8	东台市	东台佛教居士林	江苏省盐城市东台市东亭南路明清街26-48号	唐琦
9	东台市	东台市安丰佛教活动点	江苏省盐城市东台市安丰镇前进村	方定珍
10	东台市	东台市草庵堂	江苏省盐城市东台市东台镇西溪旅游文化景区犁木街	李忙玲（佛根）
11	东台市	东台市复兴庵	江苏省盐城市东台市台城吕家场27号	王梅（明胜）
12	东台市	东台市富安佛教活动点	江苏省盐城市东台市富安镇中街小温泉巷27号	何昌华
13	东台市	东台市广山佛教活动点	江苏省盐城市东台市五烈镇仙河村3组	顾文忠
14	东台市	东台市海丰佛教活动点	江苏省盐城市东台市东台镇双坝村6组	邹定坤
15	东台市	东台市廉贻张垛佛教活动点	江苏省盐城市东台市五烈镇张垛村4组109号	陈庆明（法悟）
16	东台市	东台市廉贻镇中佛教活动点	江苏省盐城市东台市五烈镇镇中村1组	陈春红
17	东台市	东台市梁垛佛事活动点	江苏省盐城市东台市梁垛镇梁北村3组348号	慧德
18	东台市	东台市梁垛镇董永庙	江苏省盐城市东台市梁垛镇董贤村8组	季培益（明宝）
19	东台市	东台市梁洼佛教活动点	江苏省盐城市东台市东台镇梁洼村8组	梁兆银
20	东台市	东台市启慈佛堂	江苏省盐城市东台市城东新区蔡六居委会12组	马圣奇

21	东台市	东台市钱南观音庵	江苏省盐城市东台市城东新区钱陈居9组	夏俊仲
22	东台市	东台市溱东地藏禅院	江苏省盐城市东台市溱东镇西鲍村	丁亚雨（常醒）
23	东台市	东台市溱东镇佛教活动点	江苏省盐城市东台市溱东镇青二村	明善
24	东台市	东台市三仓镇海净寺	江苏省盐城市东台市三仓镇新五村	朱兆兰
25	东台市	东台市缫丝井庵	江苏省盐城市东台市西溪旅游文化景区民主街	慧德
26	东台市	东台市时堰大悲庵	江苏省盐城市东台市时堰镇女庙巷	明成
27	东台市	东台市时堰佛教活动点	江苏省盐城市东台市时堰镇时南村	笪祖勋
28	东台市	东台市时堰万莲禅寺	江苏省盐城市东台市时堰镇九州公园内	明悦
29	东台市	东台市四灶佛教活动点	江苏省盐城市东台市东台镇西楼村6组	缪万林
30	东台市	东台市唐洋太平古寺	江苏省盐城市东台市唐洋镇红花村2组	徐法成（恒缘）
31	东台市	东台市头灶灵山寺	江苏省盐城市东台市头灶镇河东路6号	陈银祥（惟慧）
32	东台市	东台市新街九莲寺	江苏省盐城市东台市新街镇九莲路1号	慧德
33	建湖县	建湖县罗汉院	江苏省盐城市建湖县近湖镇镇南村中左组	宋建兵（妙慈）
34	建湖县	建湖县泰山寺	江苏省盐城市建湖县建阳镇新阳村	丁吉根（普正）
35	建湖县	建湖县大云禅寺	江苏省盐城市建湖县恒济镇沿南村7组	陆玉良（道玉）
36	建湖县	建湖县复兴庵	江苏省盐城市建湖县塘河街道经五路	隆祥
37	建湖县	建湖县恒济观音庵	江苏省盐城市建湖县恒济镇祥为村	王建春（戒修）
38	建湖县	建湖县近湖清洁庵	江苏省盐城市建湖县近湖街道东冯村二组	季阿巧（立定）
39	建湖县	建湖县净慧寺	江苏省盐城市建湖县宝塔镇宝塔村	李世荣（妙鑫）
40	建湖县	建湖县净土庵	江苏省盐城市建湖县沿河镇天美村	沈吉坤（净坤）
41	建湖县	建湖县龙王庙	江苏省盐城市建湖县恒济镇建河村	戴炯炯（果根）
42	建湖县	建湖县南海观音禅寺	江苏省盐城市建湖县恒济镇山河村	宋修翠（慈航）

43	建湖县	建湖县南林寺	江苏省盐城市建湖县建阳镇建阳居委会	祁宏宽（宏宽）
44	建湖县	建湖县庆丰清洁庵	江苏省盐城市建湖县庆丰镇东平村	马秀君（圣正）
45	建湖县	建湖县如来庵	江苏省盐城市建湖县沿河镇长兴村	树士彩（仁静）
46	建湖县	建湖县太平庵	江苏省盐城市建湖县庆丰镇中陈村	姜海芳（常顺）
47	建湖县	建湖县文庙	江苏省盐城市建湖县上冈镇粮库东路	文飚（持心）
48	建湖县	建湖县西方庵	江苏省盐城市建湖县沿河镇天美村	祁和香（常和）
49	建湖县	建湖县沿河观音庵	江苏省盐城市建湖县沿河镇天美村	嵇金巧（润普）
50	建湖县	建湖县九华开山寺	江苏省盐城市建湖县恒济镇花垛村	薛国庆（妙庆）
51	建湖县	建湖县九龙禅寺	江苏省盐城市建湖县九龙口镇沙庄村	丁吉根（普正）
52	建湖县	建湖县延寿寺	江苏省盐城市建湖县颜单镇单庄居委会颜庄一组	刘玉珍（觉贤）
53	射阳县	射阳县息心寺	江苏省盐城市射阳县海通镇射阳河闸南首	张开华（了尘）
54	射阳县	射阳县海慧寺	江苏省盐城市射阳县特庸镇	付焕存（印圆）
55	射阳县	射阳县海王禅寺	江苏省盐城市射阳县黄沙港镇中心渔港	吉学华（果星）
56	射阳县	射阳县天福寺	射阳县千秋大桥北首	文继（灵智）
57	射阳县	射阳县报国禅寺	江苏省盐城市射阳县海河镇条海村	张修荣（一无）
58	射阳县	射阳县三里寺	江苏省盐城市射阳县海河镇海关居委会旁	朗友（常旺）
59	阜宁县	阜宁县盘龙古寺	江苏省盐城市阜宁县吴滩街道合利大街北首	衍力
60	阜宁县	阜宁县兴国寺	江苏省盐城市阜宁县阜城街道射河北路19号	郭凡荣（圣荣）
61	阜宁县	阜宁县淮东古寺	江苏省盐城市阜宁县益林镇马家荡居委会	林森木（达空）
62	阜宁县	阜宁县马躲寺	江苏省盐城市阜宁县硕集社区马躲村三组	潘高丰（妙智）
63	阜宁县	阜宁县太平庵	江苏省盐城市阜宁县东沟镇西城居委会一组	丁勇（释果悦）
64	阜宁县	阜宁县兴隆寺	江苏省盐城市阜宁县公兴社区桥东村八组	邵文红（常慈）
65	阜宁县	江苏省阜宁县宝林寺	江苏省盐城市阜宁县益林镇大东居委会	薛国庆（妙庆）

66	阜宁县	阜宁县西来佛寺	江苏省盐城市阜宁县金沙湖喻口老街西头	杨红兵（永杰）
67	滨海县	盐城市滨海县大佛禅寺	江苏省盐城市滨海县城人民北路615号	张带子（释中道）
68	滨海县	盐城市滨海县大王庙	江苏省盐城市滨海县八滩镇幸福东路	刘正清
69	滨海县	盐城市滨海县观音古寺	江苏省盐城市滨海县204国道果林景区74号	李洋（释慧灵）
70	滨海县	盐城市滨海县天台古寺	江苏省盐城市滨海县正红镇红纲村	陈惠
71	响水县	响水县禹王寺	江苏省盐城市响水县黄圩镇云梯关村	黄步平（园平）
72	响水县	响水县大桥公园念佛堂	江苏省盐城市响水县大桥公园北	夏红雷（妙宁）
73	响水县	响水县镇海寺	江苏省盐城市响水县响水镇灌河居委会	程加兵
74	盐都区	盐都区雁渔古寺	江苏省盐城市盐都区农村经济开发区董伙村	明庆胜（释脱清）
75	盐都区	盐都区待旌庵	江苏省盐城市盐都区秦南镇旌阳巷10号	常安（释常安）
76	盐都区	盐都区极乐庵	江苏省盐城市盐都区学富镇同港村	陈洪英（释圣祥）
77	盐都区	盐都区祇园庵	江苏省盐城市盐都区楼王镇潭田村	明庆胜（释脱清）
78	盐都区	盐都区瑞观寺	江苏省盐城市盐都区尚庄镇伍瑞居委会	刘永春（释演春）
79	盐都区	盐都区泰山庙	江苏省盐城市盐都区大冈镇团结居委会	李志干（释演顺）
80	盐都区	盐都区正德庵	江苏省盐城市盐都区北龙港街道南龙居委会	罗玉章（释果正）
81	盐都区	盐城大云山寺	江苏省盐城市盐都区大冈镇胜利居委会	吴卫军（释仁开）
82	盐都区	盐城净土寺	江苏省盐城市盐都区葛武街道郝荣村二组5号	广贤（释广贤）
83	盐都区	盐城市盐都区东岳禅寺	江苏省盐城市盐都区北龙港街道顺北村	沈寿乔（释妙琦）
84	盐都区	盐城市盐都区龙兴寺	江苏省盐城市盐都区大纵湖旅游度假区内	仁风
85	盐都区	盐城市盐都区弥陀律寺	江苏省盐城市盐都区果树良种场	吕金椿（释传光）
86	盐都区	盐都区塔院寺	江苏省盐城市盐都区楼王镇庆丰村	万来进（释慧忍）

87	盐都区	盐城市盐都区淳化寺	江苏省盐城市盐都区大纵湖镇兴盛村	刘红军（释红法）
88	盐都区	盐城市盐都区福星禅寺	江苏省盐城市盐都区北龙港街道北龙居委会	王明清（释海明）
89	盐都区	盐城市盐都区净居寺	江苏省盐城市盐都区大纵湖镇迎阳居委会	施刘群（释妙缘）
90	盐都区	盐城市盐都区学富镇十方长生庵	江苏省盐城市盐都区学富镇学中居委会	徐益文（释常舒）
91	亭湖区	盐城护国永宁禅寺	江苏省盐城市亭湖区永宁路 11 号	仁风
92	亭湖区	盐城市亭湖区佛教潮音禅寺活动点	江苏省盐城市亭湖区南洋镇龙庙十组	李振伟（果康）
93	亭湖区	盐城市亭湖区佛教极乐禅寺活动点	江苏省盐城市亭湖区便仓镇牡丹园	袁玉平（曙东）
94	亭湖区	盐城市亭湖区佛教接引庵活动点	江苏省盐城市亭湖区文峰街道长坝六组	李明慧（明慧）
95	亭湖区	盐城市亭湖区佛教青龙庵活动点	江苏省盐城市亭湖区毓龙路建新巷 47 号	何玉凤（释圣慧）
96	亭湖区	盐城市亭湖区佛教天后宫活动点	江苏省盐城市亭湖区新洋经济区盐湾村三组	朱铭（常明）
97	大丰区	草堰义阡禅寺	江苏省盐城市大丰区草堰镇草小路	梅冬勤 （慧勤）
98	大丰区	大丰太平禅寺	江苏省盐城市大丰区丰华街道朝荣村	灵山
99	大丰区	刘庄净土院	江苏省盐城市大丰区刘庄镇南大街	程春风（莲华）
100	大丰区	三龙龙王庙	江苏省盐城市大丰区三龙镇斗龙港村	吴青松
101	大丰区	小海镇海禅寺	江苏省盐城市大丰区小海镇无泊村 7 组	刘锋（昌道）
102	大丰区	白驹汤舍观音禅寺	江苏省盐城市大丰区汤舍村 3 组	袁格存（慧山）
103	大丰区	妙吉祥佛教活动点	江苏省盐城市大丰区大中街道	万晓同（惟因）
104	开发区	盐城经济技术开发区毗卢禅寺	江苏省盐城经济技术开发区中舍村	李正富（圣海）
105	城南新区	盐城市永兴寺	江苏省盐城市城南新区开放大道 3 号	仁风

附 录

附录二：盐城市主要寺院场所现负责人简介①

亭湖区

仁风

仁风（1981-）江苏东台人，俗名申爱平。1997年于扬州大明寺依能修法师出家。1999年，于香港宝莲寺受戒。1997-2005年，先后就读于扬州大明寺佛学院（鉴真佛学院）、扬州大学、南京大学，其间先后担任大明寺侍者、知客、维那、副寺、监院、佛学院副院长等职。2005年经乘愿长老推荐，江苏省佛教协会批准，永宁寺晋院担任住持。2011-2012年，赴日本研修，回国后入中国人民大学哲学院学习。现任盐城永宁寺住持、盐城永兴寺住持，扬州大明寺都监，盐城市佛教协会会长，盐城市政协常委，江苏佛学院启慧学院院长，江苏省佛教协会副会长等职。

果宏

果宏（1972-），安徽阜阳人，俗名韩尚飞，1993年，于安徽九华山百岁宫依慧庆法师出家。1993年，入九华山佛学院学习。1994年，于安徽九华山祇园寺受具足戒。曾任盐城永宁寺监院、亭湖区佛教协会会长、盐城市政协委员。

曙东

曙东（1965-），江苏亭湖人，俗名袁玉平，盐城市亭湖区极乐寺负责人，亭湖区佛教协会副会长，射阳县佛教协会副会长。1995年，于上海玉佛寺依海航法师出家。1995年，于上海龙华寺受具足戒。曾先后任江阴市白马寺、天坛寺、射阳县三元寺住持。

---

① "生不入传"乃传统修史原则，然盐城籍当代僧尼众多，且孜孜弘佛，虽不能入传，但可借附录存其人其事，使后之修志者有迹可循，此亦变通之法。附录二收录盐城市主要寺院场所现负责人（包括部分居士）简介，附录三收录盐城籍在外弘佛僧尼简介，附录四收录盐城市当代部分僧尼简介，所录僧尼资料据盐城市佛协及下辖各区市县佛协提供材料整理，不一一注其出处。

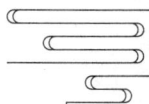

明慧

明慧（1984-），比丘尼，江苏亭湖人，俗名李明慧，盐城市亭湖区接引庵负责人，亭湖区佛教协会副会长，盐城市佛教协会副秘书长。2001年，于盐城接引庵依常修法师出家，同年，入浙江慈云寺佛学院。2003年，于句容宝华山隆昌寺受具足戒。

果康

果康（1981-），安徽阜阳人，俗名李振伟，盐城市亭湖区潮音寺负责人，亭湖区佛教协会副会长。1998年，于安徽九华山百岁宫依慧庆法师出家，2004年于南京栖霞寺受具足戒。

常明

常明（1947-），比丘尼，江苏亭湖人，俗名朱铭，盐城市亭湖区天后宫负责人。1995年，于镇江定慧寺依茗山法师出家，1996年，镇江定慧寺受具足戒。

圣慧

圣慧（1951-），比丘尼，江苏亭湖人，俗名何玉凤，盐城市亭湖区青龙庵负责人。1995年，于盐城青龙庵依仁祥法师出家。2007年，于隆昌寺受具足戒。

东台市

本源

本源（1981-），江苏东台人，俗家姓名范成竞，江苏盐城市东台市泰山护国禅寺方丈，盐城市佛教协会副会长、东台市佛教协会会长、东台市政协常委。1998年，于无锡斗山寺依常辉法师剃度出家。1999年，入中国佛学院灵岩山分院学习。2001年于宝华山受具足戒。

法海

法海（1977-），江苏东台人，俗名陈勇，东台市龙王古寺负责人，盐城市佛教协会副会长兼秘书长、东台市佛教协会副会长、江苏佛学院启慧学院常务副院长，盐城市政协委员。1993年，于浙江长兴显圣寺依密一法师剃度出家。1993–1995年，于安徽九华山佛学院读书、受戒。1995–1998年，任宜兴丁山显圣寺监院、无锡斗山禅寺住持。

慧德

慧德（1974– ），江苏东台人，俗名吴进江，东台市九莲寺负责人，东台市佛教协会秘书长，东台市政协委员。1992年，于东台泰山寺依达禅法师出家。1994年，于苏州西园戒幢律寺受具足戒。1995年，入南京栖霞山佛学院学习。曾任东台泰山寺、梁垛佛教活动点负责人。

传莲

传莲（1987– ），江苏东台人，俗家名施平，盐城市东台市启慈佛堂负责人，兼任梁垛镇牌沟临时佛教活动点负责人。2011年，于江苏宜兴九峰禅寺依惟祥法师出家。2017年，于句容市宝华山隆昌律寺受具足戒。曾于东台市泰山护国禅寺常住。

宽定

宽定（1974– ），比丘尼，上海浦东人，俗名张艳，东台市安丰镇弥陀寺负责人。2014年，于东台弥陀寺依本源法师出家。2015年，于无锡市祥符禅寺受具足戒。

明悦

明悦（1975– ），江苏东台人，俗名吴怀，东台市时堰镇万莲寺负责人，东台市佛教协会副秘书长，盐城市、东台市政协委员。1999年，于泰山寺依慧如法师出家。2001年，于句容宝华山隆昌寺受具足戒，2016年，入扬州鉴真佛学院学习。

恒缘

恒缘（1978– ），江苏海安人，俗名徐法成，东台市太平古寺负责人。1998年，于上海龙华古寺依智根法师出家。2006年，于江西宝峰禅寺受具足戒。2016年，入扬州鉴真佛学院学习。

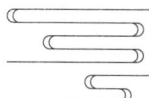

法进

法进（1975–），江苏东台人，俗名吴小春，东台市三仓镇海净寺负责人。1993年，于常州横山大林寺依静海法师出家。1995年，于上海龙华古寺受具足戒。曾先后任浙江省湖州市织里利济寺、布金寺监院。

夏俊仲

夏俊仲（1955–），居士，江苏东台人，东台市钱南观音庵负责人。1998年，率众复兴观音庵（原名南新团观音庵）。

寂仁

寂仁（1988–），江苏东台人，俗名丁敬周，东台市廉贻镇中活动点负责人。2005年，于宜兴南岳寺依宏仁法师出家。2006年，入泰州光孝寺佛学研究社学习。2009年，香港西方寺受具足戒。2018年，就读扬州市鉴真佛学院。

法悟

法悟（1969–），江苏东台人，俗名陈庆明，东台市廉贻张垛佛教活动点任负责人。2016年，于南通通州南山寺依耀来法师出家。2008年，在宜兴南岳寺常住。2012年，于镇江市句容宝华山隆昌寺受具足戒，后任浙江象山青龙寺监院。2017年，任浙江省象山回龙寺负责人。

体圣

体圣（1958–），江苏东台市人，俗名薛平明，盐城市东台市观音禅寺负责人。1988年，于扬州大明寺出家。1990年，于常州天宁寺受具足戒。曾任东台市富安王桑庙负责人。

唐琦

唐琦（1952–），居士，江苏东台人，东台佛教居士林负责人。1993年，率众申请成立居士林。1995年，恢复为东台佛教居士林。

惟慧

惟慧（1960–），江苏东台人，俗名陈银祥，盐城市东台市头灶镇灵山寺负责人。2008年，于镇江焦山定慧寺依心澄法师出家。2010年，于镇江焦山定慧寺受具足戒。

明光

明光（1968-），江苏东台人，俗名臧存明，东台市溱东护国万寿寺负责人。1993年，南京市栖霞寺出家。1995年，上海市龙华寺受具足戒。曾任浙江省建德观音寺住持。

隆禧

隆禧（1982-），江苏六合人，俗名徐家喜，东台市接引禅院负责人。1998年，于南京金粟庵依全乘法师出家。2002年，于青岛湛山寺受具足戒。2005年，入扬州大明寺佛学院学习。现为东台市接引禅院住持，南京市金粟庵住持，兼任南京市秦淮区佛教协会副会长和南京市佛教协会副秘书长。

演浩

演浩（1983-），江苏邳州人，俗名张洋，东台市孝贤寺（董永庙）负责人。2014年，于东台市九莲寺依慧德法师出家。2017年，于宝华山隆昌寺受具足戒。2017年，入江苏佛学院启慧学院学习。

明胜

明胜（1968-），比丘尼，河南人，俗名王梅，东台市复兴庵负责人，盐城市佛教协会副秘书长，东台市政协委员。

1989年，于辽阳市永安寺依灵觉法师出家。1990年，于常州天宁寺受具足戒。1998-2000年，入广东陆丰尼众佛学院学习。曾于常州市永兴庵任职，2005年，任东台市复兴庵监院。

常醒

常醒（1966-），江苏东台人，俗名丁亚雨，东台市溱东镇地藏禅院负责人。1995年，依印航法师带发修行。2000年，在海安市护国古寺依果定法师剃度出家。2003年，回东台复建地藏禅院。2006年，在泰州市光孝律寺受具足戒。

顾文忠

顾文忠（1978-），居士，江苏东台人，东台市广山佛教活动点负责人。2005年，率众创建广山佛教活动点。

何昌华

何昌华（1952-），居士，江苏东台人，东台市富安佛教活动点负责人。2000年，皈依泰山寺达禅法师。2002年，任东台市富安佛教活动点负责人。

定慧

定慧（1966-），江苏东台人，俗家姓名张义富，东台市净土庵负责人，东台市政协委员。1993年，于东台市安丰文昌宫依戒传法师出家。1995年，于上海市龙华寺受具足戒。2004年，入成都空林佛学院学习。曾任宜兴市九峰禅寺僧值，1997年，任东台市净土庵住持。

梁兆银

梁兆银（1954-），居士，江苏东台人，2006年，任东台市梁洼佛教活动点负责人。

邹定坤

邹定坤（1962-），居士，江苏东台人，1998年，任东台市海丰佛教活动点负责人。

缪万林

缪万林（1954-），居士，江苏东台人，1998年，任东台市四灶佛教活动点负责人。

方定珍

方定珍（1946-），居士，江苏东台人，2005年，任东台市安丰佛教活动点负责人。

笪祖勋

笪祖勋（1940-），居士，江苏东台人，2005年，任东台市时堰佛教活动点负责人。

响水县

黄步平

黄步平（1951－），居士，江苏响水人，响水县禹王寺负责人，响水县佛教协会会长，响水县政协委员。2003年，皈依佛门。

妙宁

妙宁（1990－），江苏响水人，俗名夏红雷，响水县灌河禅寺住持，响水县佛教协会副会长。2008年，于湖北省荆州市天王禅寺依恒峰法师出家。2013年，于江西省云居山真如禅寺受具足戒。2017年，入江苏佛学院启慧学院学习。曾任荆州市天王禅寺任维那。

射阳县

了尘

了尘（1972－），江苏射阳人，俗名张开华，射阳县息心寺住持，盐城市佛教协会名誉会长。早年依射阳县菩提莲社通舟法师出家。1994年，在安徽省九华山祇园禅寺受具足戒。1996年，入上海佛学院学习。1996-2003年，任射阳县息心寺监院。2003年，任射阳县息心寺住持。2004-2015年任盐城市佛教协会会长。

文继

文继（1973－），江苏射阳人，俗名张红全，射阳县天福寺住持，盐城市佛教协会副会长，射阳县佛教协会会长，射阳县政协常委。早年于上海市崇明县寿安寺依正守法师出家。1993-1998年，入上海佛学院学习。1998年，于常州市天宁寺受具足戒。2002-2009年，任上海崇明岛寿安寺知客。2004年，任射阳县天福寺住持。

果星

果星（1963-），江苏射阳人，俗名吉学举，射阳县海王禅寺负责人，射阳县佛教协会副会长，射阳县政协委员。1995年，于射阳县息心寺依圣海法师出家。2004年，于南京市栖霞寺受具足戒。2017年，入扬州鉴真学院学习。曾任息心寺监院、三里寺负责人。

一无

一无（1964-），俗名张修荣，射阳县报国禅寺负责人，射阳县佛教协会副会长。1982年于河南省洛阳白马寺依智慧法师出家；1985年于上海玉佛禅寺受具足戒。2005年，任射阳县报国禅寺负责人。

印圆

印圆（1970-），江苏兴化人，俗名付焕存，射阳县海慧禅寺负责人，射阳县佛教协会副会长，射阳县政协委员。2003年，于射阳县息心寺依了尘法师出家。2007年，于句容宝华山隆昌寺受具足戒。2009年，任射阳县海慧禅寺住持。2010年7月，赴新加坡弘法讲经。2018年，入扬州市鉴真佛学院学习。曾任息心寺监院。

常旺

常旺（1981-），江苏射阳人，俗名郎友，射阳县三里寺负责人。2000年，于盐城市亭湖区南洋镇毗卢寺依果星法师出家。2011年，常州天宁寺受具足戒。

阜宁县

衍力

衍力（1960-），江苏阜宁人，俗名杨斌，字果勤，阜宁县盘龙古寺负责人，盐城市佛教协会副会长、阜宁县佛教协会会长、盐城市政协委员。1982年，于安徽九华山依香港宝林禅寺圣一法师剃度出家，又依九华山慧心法师修行。1986年，受具足戒。1992年，增受律宗名刹宝华山戒体。2014年，于阜宁县盘龙古寺升座中兴开山方丈。

妙庆

妙庆（1979-），江苏如东人，俗名薛国庆，阜宁县宝林寺负责人，盐城市佛教协会常务理事，阜宁县佛教协会副会长。兼任建湖县恒济镇九华开山寺方丈，建湖县佛教协会副会长，建湖县政协委员。1998年，于太仓市南广教寺依觉超法师披剃。2000年，于黑龙江省哈尔滨市极乐寺受具足戒。2002年，协助真实法师开创九华开山寺下院——阜宁县益林镇宝林寺。2007年，入中国佛学院栖霞山分院学习。2008年，接法真实升任开山寺住持。

常慈

常慈（1978-），江苏宝应人，俗名邵文红，阜宁县兴隆寺负责人，盐城市佛教协会常务理事，阜宁县佛教协会常务理事。1997年，于阜宁县盘龙古寺依衍力法师出家。1998年后，常慈将原阜宁县公兴社区桥东村关帝庙改建为兴隆寺。2014年，于泰州市光孝律寺受具足戒。

果悦

果悦（1989-），江苏如皋人，俗名丁勇，阜宁县太平庵负责人，阜宁县佛教协会常务理事。2011年，于河北省秦皇岛市法云寺依圣德法师出家，2012年于河北秦皇岛法门寺受具足戒。2018年，入扬州市鉴真佛学院学习。

圣荣

圣荣（1983-），江苏如皋人，俗名郭凡荣，阜宁县兴国寺负责人，阜宁县佛教协会常务理事。2012年，于河北省秦皇岛市法云寺依戒全法师出家，2013年于法云寺受具足戒，曾任法云寺西堂堂主。

清智

清智（1991-），江苏泰州人，俗名树德才，阜宁县能仁寺负责人，阜宁县佛教协会常务理事。2010年，浙江杭州临安浪山寺依法扬法师出家。2012年，于雪窦山资圣禅寺受具足戒。2017年，入焦山佛学院学习。曾任兴化市景德禅寺知客。

妙慧

妙慧（1984-），江苏人，俗名袁晓军，阜宁县尚贞禅寺负责人，阜宁县佛教协会理事。2013年，于浙江省临安市石柱寺依永杰法师出家。2015年，于西安大兴善寺受具足戒，曾任浙江省东阳万寿寺监院。

妙智

妙智（1980-），江苏阜宁人，俗名潘高丰，阜宁县马躲寺负责人，盐城市佛教协会常务理事，阜宁县佛教协会常务理事。2002年，于建湖罗汉院依曙亮法师出家。2008年，于青岛市湛山寺受具足戒，曾任建湖县净慧寺知客，2015年，任阜宁县马躲寺负责人。

永杰

永杰（1983-），江苏姜堰人，俗名杨红兵，阜宁县西来佛寺负责人，盐城市佛教协会副秘书长，阜宁县政协委员，阜宁县佛教协会常务副会长。1999年，于上海奉贤二严寺依妙松法师出家。2010年，于青岛市湛山寺受具足戒，曾任浙江省临安市石柱禅寺监院。

滨海县

中道

中道（1972-），陕西乾县人，滨海县大佛禅寺负责人，盐城佛教协会副秘书长，滨海县佛教协会会长，1994年陕西乾县铁佛寺依寿孝法师出家，1996年于西安卧龙禅寺受具足戒。

明诚

明诚（1987-），江苏连云港人，俗名李保达，滨海县蔡桥镇普度寺负责人，滨海县佛教协会副会长。2001年，于苏州市皇罗禅寺依净慧法师出家。2003年，入苏州寒山寺佛学院学习。2004年，于南京市栖霞寺受具足戒。曾先后任苏州市寒山寺寺务办主任、皇罗禅寺维那兼主法师。

刘正清

刘正清（1963-），江苏滨海人，滨海县八滩大王寺负责人。

盐都区

脱清

脱清（1971–），江苏盐城人，俗名明庆胜，盐都区雁渔古寺负责人，盐都区佛教协会会长，盐都区政协常委、盐城市佛教协会副会长。2001年，于上海玉佛寺依解铎长老剃度出家。2009年，黑龙江省大菩提寺受具足戒。

慧忍

慧忍（1978–），江苏泰州人，俗名万来进，盐都区塔院寺负责人，盐都区佛教协会副会长。1996年，于天宝寺依光泉法师出家。1997年，入栖霞山佛学院学习。1999年，于隆昌寺受具足戒。

圣法

圣法（1933年–），江苏省盐城人，俗名罗玉章，盐城市盐都区正德庵负责人。1983年依盐城青龙庵仁祥法师出家，1986年在宝华隆昌寺受三坛大戒，现任盐城市盐都区正德庵负责人。

传光

传光（1963–），上海人，俗名吕金椿，盐都区龙冈镇弥陀律寺负责人。1985年，依清定法师剃度出家，礼普陀山普济禅寺悟道法师。1990年，常州天宁寺受具足戒，曾入武进佛学院学习。

妙缘

妙缘（1983–），江苏如东人，俗名施刘群，盐都区净居寺负责人。1998年，依盐城永宁寺乘愿法师出家。2003年，于宝华隆昌寺受三坛大戒。

广贤

广贤（1981–），上海人，俗名顾礼新，盐城净土寺负责人，盐城市佛教协会副秘书长，盐都区佛教协会秘书长，盐都区政协委员。1997年，依扬州大明寺能修法师出家。1999年，于句容宝华山隆昌寺受具足戒。2001、2004

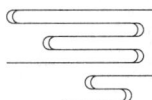

年，先后入扬州大明寺佛学院、上海佛学院学习，毕业后常住上海玉佛寺，担任弘法部梵乐团秘书。2013年，受盐都宗教局之邀，恢复重建净土寺，担任盐城净土寺住持。

兴香

兴香（1966-），江苏泰州人，俗名陈金兰，盐都区楼王镇祇园庵负责人。2015年，于泰州市姜堰区古西禅寺依惟定法师剃度出家。2016年，于常州市小九华禅寺受具足戒，后入扬州市鉴真佛学院学习。

仁开

仁开（1972-），江苏东台人，俗名吴卫军，盐都区大云山寺负责人。1995年，依扬州市大明寺能修法师出家。1996年，于句容宝华山隆昌律寺受具足戒。1998年，入上海佛学院学习，曾任大明寺佛学院教务长。

演春

演春（1971-），俗名刘永春，江苏盐城人，盐都区瑞观禅寺负责人。2004年，于瑞观禅寺依常行法师出家。2007年，于隆昌律寺受三坛大戒。

海明

海明（1964-），江苏盐城人，俗名王明清，盐都区福星禅寺负责人。2005年，于建湖县泰山寺依智积法师出家。2015年，于无锡市祥符寺受三坛大戒。

演顺

演顺（1976-），比丘尼，江苏盐都人，俗名李志干，盐都区泰山庙负责人。1995年，于盐都泰山庙依长林法师出家。2016年，于常州市九华禅寺受具足戒。

常舒

常舒（1982-），比丘尼，江苏盐城人，俗名徐益文，盐都区十方长生庵负责人。1994年，于盐都十方长生庵依能静法师出家。1999年，于宝华山隆昌寺受具足戒。

圣祥

圣祥（1954-），比丘尼，江苏盐城人，俗名陈洪英，盐都区极乐庵负责人。1960年，依盐都极乐庵隆安法师出家。1984年，于上海玉佛寺受具足戒。

法慧

法慧（2000-），江苏南通人，俗名朱泽铭，盐都区东岳禅寺负责人。2017年，于普陀山普济寺依德清法师出家。

常安

常安（1951-），江苏盐都人，盐都区待旌庵负责人，盐都区佛教协会副会长。1986年，依茗山法师出家，同年于南京栖霞山受具足戒。

建湖县

妙慈

妙慈（1986-），比丘，江苏阜宁人，俗名宋建兵，建湖县罗汉院住持。2005年，于安徽凤阳龙兴寺依绍云法师剃度出家，2010年，于安徽凤阳龙兴寺受具足戒。2017年，于辽宁锦州北普陀寺增受具足戒，2018年，接绍云法师沩仰正宗法脉第十代传人。2019年，于内蒙古五原县四大股普济禅寺接灵意法师法眼正宗法脉第十一代传人。现任盐城市佛教协会常务理事，建湖县佛教协会会长，建湖县罗汉院住持，建湖县政协委员。

刘玉珍

刘玉珍（1955-），女，居士，江苏建湖人，建湖县延单镇延寿寺负责人，盐城市佛教协会顾问，建湖县佛教协会副会长。

普正

普正（1970-），江苏东台人，俗名丁吉根，建湖县泰山寺负责人，建湖县佛教协会副会长，建湖县第十三届、十四届政协委员。1990年，于扬州旌忠律寺依明心法师剃度出家，继而师从宜兴南岳寺宏仁法师。1992年，于句容宝华山隆昌律寺受具足戒。先后任宜兴南岳禅寺、化城禅寺、临津禅寺知客、监院。2006年，任建湖县泰山寺住持。2022年，任建湖县九龙禅寺住持。

立定

立定（1950-），比丘尼，依真实法师剃度出家，2004年受具足戒，建湖县近湖街道东冯村清洁庵住持。

戒修

戒修（1961-），比丘尼，江苏建湖人，建湖县恒济观音庵住持，于2004年安徽巢湖故山寺依持禅法师出家，2014年于大金山寺受具足戒。

果龙

果龙（1964-）比丘，江苏建湖人，建湖县芦沟禅寺住持，1989年于建湖永圣庵依圣高法师出家，1994年于安徽祇园寺受具足戒。

臧霞琴

臧霞琴（1966-），居士，江苏建湖人，建湖县近湖街道灵安禅寺负责人，2006年皈依九华开山寺真实法师。

道圆

道圆（1967-），比丘，江苏射阳人，建湖县沿河镇麋王寺监院，于2000年射阳息心寺依了尘法师出家，2011年常州天宁寺受具足戒。

润普

润普（1968-），比丘尼，江苏建湖人，建湖县沿河观音庵住持，1985年于建湖县沿河观音庵依妙莲法师出家，1985年于上海玉佛寺受具足戒。

常顺

常顺（1973-），比丘尼，江苏建湖人，俗名姜海芳，建湖县庆丰镇太平庵负责人。2012年，于山西省太原市慈航净苑皈依印广法师。2013年，于盐城市亭湖区潮音禅寺依果宏法师剃度出家。2017年，于句容宝华山隆昌寺受具足戒。2018年，任建湖县太平庵住持。

圣正

圣正（1973-），比丘尼，河北冯润人，建湖县庆丰清洁庵住持，于1998年浙江绍兴永福庵依仁修法师出家，2015年11月于无锡阳山朝阳禅寺受具足戒。

虔学

圣正（1976-），比丘，河南平顶山人，建湖县沿河镇桑台寺住持，2004年于河南信阳灵山寺依学悟大师出家，2005年于山东青岛湛山寺受具足戒，2019年毕业于湛山佛学院。

道玉

道玉（1976-），江苏建湖人，俗名陆玉良，建湖县恒济镇大云寺负责人。1994年，于建湖大云寺了善大和尚出家。1996年，在宝华山隆昌寺受戒，并进其律学院深造，后任隆昌寺维那执事。1999年，重返大云寺，现为大云寺住持。

妙鑫

妙鑫（1979-），江苏如皋人，俗名李世荣，建湖县宝塔净慧寺负责人。1996年，于浙江省温州市瑞安市天护寺依修成法师出家。1999年，于句容宝华山隆昌寺受具足戒。2015年，任建湖县宝塔净慧寺住持。

持心

持心（1976-），江苏建湖人，俗名文飚，建湖县上冈镇文庙负责人。2001年，于湖北鄂州古灵泉寺依出家。2004年，于湖北黄石弘化禅寺受具足戒。2004-2006年，入九华山甘露寺佛学院学习。2009年，返回建湖县上冈镇修持，筹建文庙并任住持。

宏宽

宏宽（1979-），江苏建湖人，俗名祁宏宽，建湖县建阳南林寺负责人。1990年，于建湖县福田庵依怀济法师出家。1996年，于句容宝华山隆昌寺受具足戒。先后任盐都区楼王塔院寺、大冈大云山寺执事。2008年，住持建湖县南林寺。2008年，任建湖县南林寺住持。

隆祥

隆祥（1989-），比丘尼，江苏建湖人，俗名隆祥，建湖县复兴庵负责人。2004年，于建湖县复兴庵依昌根法师出家。2007-2009年，于上海佛学院读书。2009-2013年，于上海沉香阁、慈修庵常住。2012年9月，于句容宝华山隆昌寺受具足戒。先后入华东师范大学、中国佛学院普陀山学院、东北师范大学学习。现任盐城市佛教协会理事、政协建湖县第十五届委员。

大丰区

慧勤

慧勤（1980-），江苏东台人，俗名梅冬勤，大丰区义阡禅寺负责人，盐城市佛教协会副秘书长，大丰区政协常委。1998年，于镇江金山寺依慈舟法师出家。2001年，于句容宝华山隆昌律寺受具足戒。2013年，入鉴真佛学院学习。曾任南京市方山定林寺监院，2009年，受浩霖法师委托任大丰区义阡禅寺住持。

慧山

慧山（1954-），江苏大丰人，俗名袁格存，大丰区观音禅寺负责人。1983年。于大丰广福寺依大荣法师出家。1994年，于安徽九华山受具足戒。2003年，任大丰区观音禅寺住持。

灵山

灵山（1960-），江苏常州人，祖籍盐城东台，俗名杜江南，字常德，大丰太平禅寺负责人，盐城市佛教协会副秘书长，大丰区政协委员。1986年，于东台泰山护国禅寺依达禅法师出家，同年于南京栖霞寺受具足戒。1990年，于常州天宁禅寺发心增戒。2003年，任扬州大悲禅寺住持。2013年，任大丰区太平禅寺住持。

附 录

惟因

惟因（1973-），比丘尼，江苏大丰人，俗名万晓同，大丰区吉祥佛堂负责人。1992年，于扬州市祇陀林依演宁法师出家。1993年，于五台山普寿寺学习。1997年，于五台山普寿寺受具足戒。2008年回大丰，2017年创办妙吉祥佛堂。

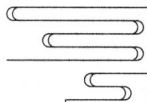

附录三：外地当代盐城籍法师

觉醒

觉醒（1970-），汉族，辽宁锦西人，祖籍江苏东台。1985年依上海玉佛禅寺监院欣一法师出家，同年在玉佛禅寺受三坛大戒并入上海佛学院学习。1989年上海佛学院研究班毕业后即在上海玉佛禅寺常住，历任上海玉佛禅寺副寺、监院、寺务处副主任、主任等职，1999年11月升任玉佛禅寺第十一任住持。曾任上海市佛教协会副秘书长、常务副会长、会长等职。自2002年9月起任中国佛教协会副会长。在复旦大学、上海交通大学和华东师范大学接受国民教育系列教育和培训，获复旦大学中国哲学博士学位和上海交大EMBA学位，并拥有泰国摩诃朱拉隆功佛教大学教育行政学名誉博士学位。法师勤于著述，出版有专著《佛典精讲》（8种）、《佛法在世间》《仁者治心：佛教管理观》《清净国土：佛教净土观》等；主编《觉群博士文库》（16册）、《觉群佛学译丛》（22册）、《觉群小丛书》（60册）、《觉群学术论文集》（5辑）、《觉群佛学》（8册）、《书香画禅法自然》（12卷）、《玉佛春秋》《佛教伦理与和谐社会》《真禅法师与当代佛教》《聆听太虚，觉群利生》《游诸四衢，饶益众生：都市佛教的弘化模式》等。现为中国佛教协会副会长、上海市第十五届人大常委、上海玉佛禅寺方丈。同时兼任上海市慈善基金会副理事长、上海觉群文教基金会理事长、上海市公共关系协会副会长、上海市生态文化协会副会长、上海公共外交协会副会长等社会职务。

心澄

心澄（1963-），字应观，法号镜观。俗名梅根才，江苏东台人。生于1963年。心澄法师幼年受家庭熏陶，笃信佛教。于1983年7月于金山江天禅寺依慈公上人披薙。师见其勤奋好学，送南京栖霞佛学院就读、后继续深造于中国佛学院直至研究生毕业。在校期间，心澄法师学修并重、品学兼优、攻专三论、精通书法。1995年金山寺成立佛学院，培养后昆，心澄法师出任副院长兼教务长。1996年4月3日，慈舟上人在本寺妙高台，根据佛教仪轨，举行盛大授记仪荔，立心澄为法子，赐号镜观。1999年慈公自感年事已高，视弟子各方条件已成熟，遂三次请求禅位，推举心澄法子接席。

2021年，焦山定慧寺茗山法师圆寂，焦山传承空缺，继承茗老衣钵提上了议事日程，经二序大众推荐，市佛协同意，申报镇江市宗教局、江苏省宗教局、江苏省佛教协会、中国佛教协会同意后，于2002年农历九月初九举行心澄方丈升座仪式，慈舟禅师代茗山法师传法与心澄，为焦山曹洞宗第四十九世，接席焦山定慧寺第九十九代方丈。2003年2月10日，恩师慈舟禅师圆寂，弥留之际，嘱托振兴镇江佛教，后经上级领导决定，要求心澄法师既要做好焦山寺事务，也要兼顾金山寺全面工作，他尽心尽职，处理历史遗留问题，平衡关系，带领僧众继承慈老遗愿，加强焦山寺院建设，新建茗山法师纪念堂、念佛堂、五观堂等，做好金山寺院僧侣安定团结，金焦两山宗教活动、日常事务，如法如仪。心澄法师学识渊博，曾在海峡两岸发表多篇佛学论文，如"百论初探"、"缅怀先哲，展望未来"等。近年来，国内诸大弘法杂志、尚有新作发表。积极领导和参与"新编金山志"、"宝华山志"，合著"慈舟禅师传略"等书。主编"慈舟禅师纪念文集"六卷，正式出版。他在三十多年的僧侣生活中，曾赴美国、加拿大、法国、德国、日本等国弘法，多次率金山法务团赴新加坡、中国台湾香港举办水陆法会，弘传佛法。

现任全国政协委员，中国佛教协会副会长，江苏省佛教协会会长，江苏佛学院院长，镇江市佛教协会会长，镇江焦山定慧寺、金山江天禅寺方丈。

莲华

莲华（1956–），俗名陈春凤，大丰人。1981年于南京鸡鸣寺依宗诚法师出家，1985年9月于江西云居山真如禅寺圆具。1983年3月–1989年2月鸡鸣寺清众；1989年2月–1996年6月鸡鸣寺监院；1996年6–2002年1月鸡鸣寺代住持，南京市佛教协会副会长（期间：1999年9月–2001年7月江苏中华会计函授学校财会专业在职中专学习）；2002年1月–2003年3月，鸡鸣寺住持，南京市佛教协会副会长；2003年3月–2006年6月，省佛教协会副会长、市佛教协会副会长；2006年6月–2016年2月，省佛教协会副会长、市佛教协会副会长兼秘书长；2016年2月–2017年12月，省佛教协会副会长、市佛教协会副会长兼秘书长、江苏尼众佛学院院长；2017年12月–2018年9月，省佛教协会常务副会长、市佛教协会副会长兼秘书长、江苏尼众佛学院院长；2018年9月起，省佛教协会常务副会长、市佛教协会副会长、江苏尼众佛学院院长。江苏省十、十一、十二届、十三届人大代表，省人大常委会民族宗教侨务委员会委员。首届全国创建和谐寺观教堂先进个人。江苏省非物质文化遗产"鸡鸣寺素食制作技艺"省级代表性传承人。

现任南京鸡鸣寺、溧水东庐观音寺住持，江苏尼众佛学院院长，江苏省佛教协会常务副会长，南京市佛教协会副会长。

能修

能修（1966-），字愿成，俗名薛平生，1982年腊月宿世因缘成熟，在南京灵谷寺维那慧果法师的引荐下入灵谷寺方丈真慈法师座下，后经真慈大和尚举荐依止灵谷寺监院兼首座的瑞祥老法师门下皈依。翌年4月正式剃度出家，号能修。出家后法师勤勤恳恳三年学戒，在恩师瑞祥老法师以及方丈真慈法师的许可下，于1986年春在南京栖霞寺受三坛具足大戒。1987年随师北上入主扬州大明寺，在日后大明寺的管理及发展过程中，成为恩师的得力助手。恩师圆寂后，更是不辜负恩师的临终重托，以26岁柔弱之肩膀挑起全国重点寺院大明寺僧众两序之管理以及大明寺的各项建设。先后恢复重建了栖灵塔、钟鼓楼、卧佛殿等。政府部门的认可，信众的期待，法师于1999年12月举行晋院仪式，登上狮王法座。法师精勤于祖庭之恢复，近年来更是组织人力物力对大明寺整体进行维修打造，于数年间完成了"千年一修"，使祖庭恢复往日风采，屹立江淮间。

法师在日常工作实践中从不忘个人学习和修持，先后师从真慈大和尚和圆霖法师（江浦兜率寺）学习书法，圆湛法师（栖霞寺）学习佛教基本知识，明开法师和安上法师（西园寺）学习大乘各宗了义，茗山和慈舟二位长老研习禅学，以及依止佛教前辈松纯老法师（常州天宁寺）学习梵呗。近年来更是践行"终生学习"典范，师从一行禅师学习"正念禅"，亲近星云长老体证"人间佛教"理念。

法师驻锡大明寺，先后接待到访的领导人有江泽民、胡锦涛（于日本唐招提寺）、李岚清、曾庆红、朱镕基等党和国家领导人。作为鉴真祖庭，国际交往当仁不让，先后出访日本、韩国、缅甸、泰国、印度、美国以及访问中国港澳台等地，所到之处随缘随类度化众生无数。2008年至2009年在日本研修期间，更是深入日本社会以及日本中小学，宣扬世界和平友好以及鉴真"无私""无我"之精神。2018年赴日本高野山莲花定院完成四度加行入坛灌顶，获阿奢黎位。

近年来为了鉴真祖庭之恢复和鉴真精神之弘扬，先后创办大明寺佛学院、鉴真佛教学院培养僧才，戒坛院恢复唐代律制，密严院恢复唐密文化，可谓任重而道远。

现任中国佛教协会常务理事、江苏省佛教协会副会长、扬州佛教协会会长、大明寺方丈、鉴真佛教学院院长等职。

能开

能开（1968-），江苏东台人，俗名吴龙毕。1984年于无锡市开原寺依隆贤法师出家。1985-1989年，就读于上海佛学院。1989-1992年，任无锡开原寺监院。1990年于上海龙华寺受具足戒。

1999-2003年，任无锡南禅寺监院。2001-2005年，就读于南京大学宗教哲学研究生班。2003年，任无锡南禅寺住持。2010年，当选中国佛教协会八届理事会理事。2012年，当选江苏省佛教协会副会长。

2012年，当选无锡市佛教协会会长（第八届）。2017年，连选无锡市佛教协会会长（第九届）。历任无锡市佛教协会六届、七届副会长，无锡市政协第十一届委员，无锡市人大第十四届代表，无锡市政协第十三、十四届常委。曾荣获首届全国创建和谐寺观教堂先进个人、无锡市民族宗教界慈善之星、道风建设模范个人、无锡市民宗团体优秀工作者等荣誉称号。现任无锡市政协第十五届常委、中国佛教协会理事、江苏省佛教协会副会长、无锡市佛教协会会长、无锡市南禅寺住持、无锡市政协书画社社员、无锡市慈恩佛学院副院长。

廓尘

廓尘（1970-），俗名刘志军，江苏东台人。1985年出家，1990年受具足戒。佛教教育学历中国佛学院南京栖霞山分院毕业。1985年6月在常州天宁寺依松纯大和尚出家。

1988年至1990年在中国佛学院南京栖霞山分院读书，1990年9月在常州天宁禅寺受具足戒，1991年起任常州天宁寺副寺、知客、监院，2003年12月至2005年8月南京大学哲学系宗教研究生班进修，2004年4月参加全国成人高考，2005年2月至2007年元月常州市职工大学成人高等教育毕业，2008年当选为常州市和天宁区十四届人大代表，2009年11月参加国家宗教局全国汉传佛教重点寺院负责人培训班，2010年1月当选为常州天宁寺寺管会主任，2010年2月当选为中国佛教协会第八届理事会理事，2010年12月当选为常州市佛教协会副会长兼秘书长，2011年3月松纯法师晋院清凉寺住持后随师参与清凉禅寺修复及管理，2011年11月当选为江苏省佛教协会第五次代表大会副会长，2012年当选为常州市第十五届人大代表，2014年5月当选为常州市佛教文化研究会副会长，2015年2月当选为中国佛教协会九届理事会理事，2015年9月当选常州天宁禅寺慈善基金会监事长，2015年9月至12月参加中央统战部在中国人民大学举办的第十期爱国宗教界人士研修班，2016年7月任常州清凉禅寺监院，2016年10月任清凉寺住持，2017年4月当选为常州市第十六届人大代表，2017年12月当选为江苏省佛教协会第六次代表大会副会长，2017年12月当选为常州市佛教协会第六届理事会会长，2017年12月任天宁禅寺住持，2017年12月当选为市政协常委，2018年2月当选为天宁宝塔文化发展有限公司董事长，2018年3月当选为常州市政席社会法制与民族宗教委员会副主任。

现任中国佛教协会理事，江苏省佛教协会副会长，常州市政协常委，常州市佛教协会会长，常州天宁禅寺住持，常州清凉禅寺住持。

慧闻

慧闻（1973-），俗名许其友，男，江苏东台人，1995年5月于常州武进市大林寺依静海长老出家，1995年12月至今任常州武进市宝林寺负责人，1996年10月于镇江市句容宝华山隆昌寺依慈舟律师座下受戒，2000年5月至今任常州市武进区政协委员，2005年12月至今任常州市武进区佛教协会会长，2008年11月任常州市武进宝林寺住持，2010年12月任常州市佛教协会副会长，2012年5月至今任常州市武进区政协常委，2017年12月至今任江苏省佛教协会副会长，2018年1月任常州市佛教协会副会长兼秘书长，2022年1月任常州市人大代表，2022年5月任常州市佛教协会常务副会长。

法空

法空（1980-），江苏建湖人。1998年于上海宝山寺出家，2000年受具于哈尔滨极乐寺，2000年至2002年至杭州佛学院学习。2003年至今，历任泰州光孝律寺监院、泰州市佛教协会副会长兼秘书长。现任江苏省佛教协会副会长，泰州市佛教协会会长，泰州光孝律寺方丈。

法空法师作为泰州佛教界新生代僧才的代表，能够高举爱国爱教旗帜，认真领会党和国家重要会议精神，全面贯彻国家宗教方针政策，能够每月坚持学习法律法规、时事政治，始终用先进的思想武装自己，紧跟时代的步伐，带领泰州佛教界不断与社会主义社会相适应。法空法师具有一定的佛学造诣，不仅研习佛法经典，精通法会仪规，而且能够讲经说法，带领信众共同学习。在道风建设上，能够坚持"独身、僧装、素食"，在起到表率作用的同时，带领全寺两序大众维护佛教整体形象，展现出家人的清净庄严。法空法师具有较强的组织协调能力，在举办大型活动庆典法会时，不仅能够制定详尽周密的活动方案和流程，而且能够确保活动的安全保障，2014年光孝寺传戒法会的圆满举行就是最好的印证。法空法师在注重个人修持的同时，坚持维护泰州佛教界的权益，在担任市佛教协会会长以来，与各区县佛协成功阻止了外籍人员的非法传教，并致力于反对邪教、反对迷信，倡导广大信众正信正行。在寺院管理方面，法空法师能够将佛教清规戒律与现代化管理方式有效结合，制定完善了一套符合现代寺院管理理念的运行机制，光孝律寺在其带领下，健康有序发展，不仅相继建成戒台殿、百祥园等重点建筑，而且获评首届全国创建和谐寺观教堂先进集体、国家AAA级旅游景点、江苏省五星级宗教活动场所以及平安宗教场所、模范宗教场所等众多荣誉。

普俊

普俊（1978-），俗名王瑞斌，江苏东台人，现为无锡市祥符禅寺住持。自少年出家二十多年来，亲近当代高僧大德茗山长老、无相长老，随师随学，学习丛林事务，在学修实践中不断提高；参学佛教院校、国内高等学府，学习吸收佛教理论及应用管理相关知识；同时，在从事参与各类社会型服务工作中积累经验，将佛法的理论知识应用于社会实践，服务他人。此外，不断提高个人理论水理与业务能力。每日坚持学习，不定期为居士及学院学生讲解佛学讲座：《丛林清规》《佛说阿弥陀经》《心经》《坛经》等。有多篇专业文章发表在《中国宗教》院刊《觅菩提》等，积极参与学术研讨活动，参与第一至第五届江苏佛教论坛撰文并作报告发言。参加第二、第三、第四、第五届世界佛教论坛，参与第二、第四届佛教论坛承办相关任务等。2022年6月，受邀为无锡国专研究会理事。

精研慈恩，广参五明，学以致用，知行合一，是延续佛法，传承宗风，与时代化相结合，也是践行佛法师教的重要依据。

1996年6月在江西九江能仁寺礼辉悟法师出家；1997年10月授具足戒；1999年6月参学于祥符禅寺，亲近无相法师讨单常住至今，历任监院，2016

年升座为住持。其间：2000年6月参加江苏省佛教协会中青年骨干学习班；2003年7月至2005年6月经无相法师推荐赴闽南佛学院深造；2006年1月至2008年7月参加南京大学哲学系研究生进修课程班学习；2008年7月参加国家宗教局举办的全国汉传佛教中青年骨干读书班学习；2009年3月至2017年9月参加江南大学教育学院（宗教方向）学习，本科毕业。

2017-2022年当选为无锡市第十六、十七届人大代表。（其间：2012年-2016年当选为无锡市政协委员，滨湖区政协委员、常委）。2018年10月当选为无锡市慈善会副会长；2018年12月在无锡市红十字会第十次会员代表大会上当选为副会长。2012年被评为无锡市滨湖区优秀政协委员；2016年被中央统战部、国家宗教局表彰为"第三届全国创建和谐寺观教堂先进个人"；2016年至2019年被为无锡市民族宗教团体优秀工作者。

现任江苏省佛教协会副会长，江苏省青年联合会委员，江苏佛学院慈恩学院院长，无锡市青年联合会副主席，无锡市佛教协会副会长，滨湖区佛教协会副会长兼秘书长，无锡市祥符禅寺住持。

法亮

法亮（1965-），大丰人，俗名张亮。1983年于香港依超尘、达道老和尚剃度。1985年受具于江西云居山。现居香港，任"世界僧伽会"执行委员，香港佛教智能文化有限公司董事长，香港佛教净莲精舍住持，佛教海云园住持。

徹梵

徹梵（1977-），东台人，俗名孔俊华。1995年于常州天宁禅寺依师祖松纯长老出家。1996年于四川僧伽培训班学习。1998年于常州天宁禅寺具足三坛大戒。2008年于南京大学宗教哲学系学习。现任：连云港市政协常委，连云港市佛教协会会长，连云港法起寺住持；常州市佛教协会监事会副主席，常州三圣寺住持。

慧禅

慧禅（1970-），东台人，俗名刘伟。1985年于上海玉佛禅寺依妙灵法师出家。1989年毕业于上海佛学院。1991年至1994年任上海真如寺修复委员会办公室主任。现任：上海嘉定区人大常委，嘉定区佛教协会会长，上海万佛寺住持，上海云翔住持，上海玉佛寺寺务处常务副主任。

能度

能度（1974-），东台人，俗名钱香宏，研究生学历。1992年3月于扬州大明寺依瑞祥法师出家；1994年于安徽九华山祇园寺授具足戒。1992年3月至1999年12月，先后担任大明寺照客、僧值、副寺；1999年12月至2009年5月，任扬州大明寺监院；2001年9月至2004年7月，参加南京农业大学会计审计专业学习并毕业；2001年10月至2003年9月，参加南大宗教专业研究生班学习并毕业；2001年12月至2013年12月，任扬州市青年联合会第一、二、三、四届常务委员；2002年8月至今，任扬州文峰寺住持；2002年12月至今，任扬州市广陵区政协第六、七届委员，第八、九届常委；2003年9月至2007年1月，任扬州大明寺佛学院副院长兼教务长；2003年12月至2013年12月，任江苏省青年联合会第九、十届委员；2004年12月，任江苏省佛教协会理事；2006年，任扬州市佛教协会副秘书长；2009年5月，任扬州大明寺都监；2012年7月至12月，赴日本奈良县教育厅参加研修；2013年12月至今，任扬州文峰慈善基金会常务副理事长；2013年6月，任扬州市心理学会副理事长；2014年12月，任扬州市青年联会副主席；2014年12月至今，任扬州市心理学会宗教心里专业委员会主任；2015年11月至今，当选扬州广陵区佛协会长；2017年2月，当选扬州市人大代表；2017年11月至今，任江苏省青年联合会副秘书长；2017年12月，任江苏省佛协常务副秘书长；2018年3月，任扬州市佛教协会常务副会长；2018年9月10日至12月21日，参加中国人民大学第13期爱国宗教界人士研修班学习并结业；2018年12月，任鉴真佛学院常务理事。现任扬州文峰寺住持。高旻寺堂主、香港宝莲禅寺后堂、大明寺西堂、山东枣庄甘泉寺首座、秦皇岛市法云寺首座。扬州市广陵区第九届政协常委委员、扬州市第九届人大代表。

隆吉

隆吉（1977-），大丰人，俗名沈卫兵。1993年于东台市静缘庵依昌道法师剃度。1994年于安徽九华山祇园寺受具足戒。现任：贵州省铜仁市、仁怀市、思南县政协委员，贵州省佛教协会副秘书长，贵州省铜仁市佛教协会副会长兼秘书长，贵州思南华严寺住持。

和融

和融（1969-），东台人，俗名何荣。1985年于常州天宁禅寺依松纯大和尚出家。1988年至1990年就读于中国佛学院栖霞山分院。1990年于常州天宁禅寺受具足戒。1990年至2010年于常州天宁禅寺任知客、监院。1995年至1996年于中央社会主义学院学习。

2006年至2008年于南京大学哲学系学习。2006年至2008年任常州市人大代表。2008年参加常州市成人自学高考。现任：江苏省佛教协会副秘书长，无锡市佛教协会副会长，江阴市政协委员，江阴市佛教协会常务副会长，江阴市君山寺住持。

达胜

达胜（1972年-）东台人，俗名卢基和。1990年于常州市武进横山桥大林禅寺依静海大和尚出家，毕业于重庆开放大学。1992年于句容宝华山隆昌律寺受具足戒。1995年起任大林禅寺监院。2008年毕业于武进佛学院。现任：常州政协委员、武进区政协委员、常州市佛教协会副会长、经济开发区佛教协会会长、大林寺方丈、江苏佛学院大林学院院长。

慧证

慧证（1970-），东台人，俗名王政。1985年于上海玉佛禅寺依妙灵法师出家。1985年-1989年入上海佛学院学习。1990年-1993年入复旦大学学习。1990年于上海龙华古寺受戒。1993年-2003年担任上海佛学院教师、副教务长。现任上海嘉定区政协常委，嘉定区佛教协会常务副会长，上海菩提禅寺住持。

心融

心融（1964-），东台人，俗名杨增林。1982年依镇江金山寺慈舟和尚出家。1983至1989年上海佛学院研究生毕业，1986年上海玉佛寺受戒。现任南京市佛教协会副会长，南京市江宁区佛教协会副会长兼秘书长，镇江金山寺都监，南京方山定林寺住持，南京小丹阳观音寺住持。

心和

心和（1971-），东台人，俗名梁晓宏，1989年于镇江金山江天禅寺依慈舟大和尚出家。1992年于句容宝华山隆昌律寺受具足戒。1997年任太平寺任监院。现任江苏省佛协六届理事会常务理事，镇江市佛教协会副会长，扬中市第十八届人大代表，扬中市佛教协会会长，扬中市太平寺住持。

昌贵

昌贵（1977-），大丰人，俗名姚进军。1993年于江阴市崇圣寺依灵山法师、觉智法师出家。1995年入南京栖霞佛学院学习。1998年赴常州天宁寺于茗山法师座下受具。现任盐城市梵呗研究会会长，张家港市佛教协会副会长，张家港市政协委员，张家港市东渡寺方丈、韩山寺住持。

圣辉

圣辉（1970-），亭湖人，俗名刘号山。1997年于芜湖广济寺依仁煜法师剃度。1999年于安徽凤阳龙兴寺求戒。现任芜湖市政协委员，芜湖市湾沚区人大代表，安徽省佛协常务理事，芜湖市佛协副会长，湾沚区佛协会长，蟠龙寺住持。

法净

法净（1986-），东台人，俗名任春健。2005年于宁波慈溪海月寺依心清法师出家。2007年于句容宝华山隆昌律寺受具足戒。2007年至2021年常住宁波七塔禅寺，先后任副寺、副监院、监院。2017年至2019年任宁波栖心图书馆馆长。2018年于深圳本焕学院本科毕业。现任宁波佛教协会副会长，海曙区佛教协会副会长，接待讲寺住持。

妙莲

妙莲（1982-），东台人，俗名陈远荣。1999年于东台市泰山寺依慧德法师出家。2001年于句容宝华山隆昌寺求受三坛大戒。现任山东省临沂市河东区政协常委，临沂市佛教协会副会长，河东区佛教协会会长，河东区释佛寺住持。

悟禅

悟禅（1981-），东台人，俗名王继承。1999年于云居山真如寺依正智长老出家。2008年于江西宝峰禅寺受具足戒。现任湖南省郴州市宜章县政协委员，郴州市佛协副会长，宜章县佛协会长，宜章开山寺住持。

昌澄

昌澄（1966-），大丰人，俗名韩海平。2002年于黑龙江省克东县楞严寺依觉海法师剃度。2005年于黑龙江省五大连池市钟灵寺受具足戒。2018年于扬州鉴真佛教学院学习。现任黑龙江省黑河市佛教协会副会长，北安市佛教协会副会长，北安市法乘寺住持。

界相

界相（1980-），东台人，俗名袁建国。1998年于常州市大林寺依静海长老出家。2000年于黑龙江省哈尔滨市极乐寺受戒。毕业于扬州鉴真佛教学院、南京大学哲学系。现任安徽省马鞍山市花山区政协委员，马鞍山市佛教协会副会长，马鞍山市临溪寺住持。

雨平

雨平（1976-），东台人，俗名常雨平。1993年于常熟兴福寺依妙生长老出家。1994年于苏州西园戒幢律寺受戒。1995年毕业于中国佛学院栖霞山分院。1998年于上海玉佛寺常住。现任上海市嘉定区佛教协会秘书长，上海护国寺重建工作委员会办公室主任。

明藏

明藏（1982-），大丰人，俗名陈华。2001年于东台市泰山寺贯澈法师剃度。2004年于湖北东方山弘化寺受具足戒。现任山东省临沂市青联委员，临沂市兰山区政协委员，兰山区佛教协会会长，兰山区甘露寺住持。

优诚

优诚（1981-），东台人，俗名吕春林。1998年于句容宝华山隆昌寺依心平法师出家。1999年于江西宝峰寺受戒。现任浙江海宁市佛教协会会长，海宁市史山寺住持。

智贤

智贤（1985-），东台人，俗名沈荣飞。2001年于浙江桐乡乌镇石佛寺依心智法师出家。2007年于句容宝华山隆昌寺受戒。2019年于福建厦门闽南佛学院本科班学习。现任浙江省玉环市佛教协会副会长，玉环市灵真寺住持，玉环市大鹿岛大福寺住持，玉环市反邪教警示教育宣讲师，贵州省六枝特区佛教协会秘书长，江苏佛学院焦山学院讲师。

果华

果华（1979-），东台人，俗名崔风华。1999年于常州市天宁寺依普云法师出家。2009年于辽宁丹东灵峰禅寺受戒。现任沈阳新民市政协常委，沈阳市佛教协会理事，辽宁乡村振兴协会理事，沈阳新民三圣寺住持。

能慧

能慧（1965-），盐都人，俗名孟永富。1986年于盐城市盐都区白云寺依隆灿法师剃度。1992年于句容宝华山隆昌律寺受具足戒。现任常州市佛教协会副秘书长、武进区佛教协会副会长，武进区南夏墅吴黄禅寺住持。

计华

计华（1967-），建湖人，俗名沈怀悦。1995年于上海宝山寺礼从达法师剃度。1999年于安徽凤阳龙兴寺授具足戒。2003年负责筹建太仓市崇恩寺并主持全面工作。曾任政协太仓第十一、十二、十三届市政协委员，现任太仓市佛协副会长、太仓市崇恩禅寺住持。

慧明

慧明（1980-），东台人，俗名王永明。1997年于东台市泰山禅寺依达禅法师出家。2002年于山东青岛市湛山寺受戒。2012年于扬州鉴真佛学院学习。现任辽宁省辽阳市政协委员，辽阳市佛教协会副会长，辽阳市清风寺住持。

妙昊

妙昊（1982-），东台人，俗名赵小健。1999年于建湖县罗汉院依曙亮法师出家。2001年于江西云居山真如寺受戒。现任：山东省临沂市河东区政协委员，临沂市河东区佛教协会副会长，河东区普明禅寺住持。

海量

海量（1970-），东台人，俗名冯金桂。1995年于东台泰山寺依达禅法师　剃度。1999年赴安徽凤阳龙兴寺于仁德大和尚座下受具足戒。2006年礼香港僧伽学院院长觉真法师为师。2016年于扬州鉴真佛教学院毕业。现任宜兴市佛教协会副秘书长，宜兴市徐舍镇政协委员，宜兴市崇善寺住持、宜兴市雪蓑寺住持。

彻峰

彻峰（1978-），大丰人，俗名姚瑞明。1998年于南京栖霞古寺依净全法师出家。2014年赴泰州光孝律寺于无相法师座下受具。2018年于扬州市鉴真佛教学院毕业。现任山东省淄博市佛教协会理事，临淄区牛山禅寺住持。

悟戒（文慧）

悟戒（文慧）（1984-），东台人，俗名陈延春。1999年于辽宁省沈阳市辽中永吉古寺依觉海法师出家。2004年于南京栖霞寺受戒。现任沈阳市佛教协会监事，辽宁省新民市佛蕴禅寺住持。

宝迎

宝迎（1982-），东台人，俗名孟迎春。2011年于句容宝华山隆昌寺依定真法师剃度。2017年于句容宝华山隆昌寺受戒。2019年于扬州市鉴真佛教学院学习。现任安徽省当涂县佛教协会副会长，安徽省当涂县百灵寺住持。

慧禅

慧禅（1982-），东台人，俗名卢崇进。1998年于常州市大林寺依静海长老出家。1999年于句容宝华山受具足戒。2020毕业于扬州鉴真佛教学院。现任福建省永安市佛教协会副会长，永安市小陶镇龙安寺住持，福建省龙海市港尾镇普照禅寺监院。

法亮

法亮（1971-），东台人，俗名陈凡荣。1998年依上海佛学院慧证法师剃度。2011年于常州天宁寺依松纯法师受具足戒。2019年入扬州鉴真佛教学院修学。现任安徽省马鞍山市含山县佛教协会副会长，含山县普渡禅寺住持，马鞍山市当涂县白云寺住持。

计华

计华（1980-），东台人，俗名王晓春。2000年于宜兴市显圣寺依福海法师剃度。2003年于句容宝华山隆昌寺受具足戒。2005年于扬州鉴真佛教学院学习。现任无锡市横山慈善基金会理事长，无锡市滨湖区政协常委，无锡市横山寺、显云寺住持。

常达

常达（1972-），东台人，俗名周岳林。1990年于常州大林寺依静海法师出家。1991年至1993年于天宁寺佛学培训班读书。1994年于安徽九华山祈园寺受三坛大戒。1994年至2000年于江阴五灵寺任监院。现任无锡市佛教协会副秘书长，无锡市惠山区佛教协会会长，惠山区政协委员，无锡市钱桥慈云寺住持。

通修

通修（1982-），东台人，俗名吴志来。1998年于苏州市包山寺依贯澈法师剃度。2000年于湖北黄梅县四祖寺受戒。现任苏州市佛教协会副秘书长，苏州市吴江区政协委员，吴江区盛泽圆明禅寺住持。

海明

海明（1979-），东台人，俗名徐小宾。1995年于溧阳市京林禅寺依普超法师剃度。2001年于山西省五台山碧山寺受具足戒。2005年于扬州鉴真佛教学院学习。现任溧阳市政协委员，溧阳市佛教协会副会长，溧阳市京林公益协会会长，溧阳市京林禅寺住持。

仁真

仁真（1974-），东台人，俗名穆志祥。2000年于泰兴市庆云禅寺依能慧法师出家。2002年于江西省宝峰禅寺受戒。现任泰兴市政协常委，泰兴市佛教协会副会长，泰兴市东方禅寺住持。

果成

果成（1969-），建湖人，俗名陈汝文。1993年于建湖县罗汉院依行禅法师剃度。2001年于黑龙江五大连池钟灵禅寺求授三坛大戒，2005年于句容宝华山隆昌寺增戒。2014年毕业于扬州鉴真佛教学院。现任扬州佛协会理事，宝应县佛教协会副会长，龙竿寺住持。

心然

心然（1978-），东台人，俗名梅海祥，专科学历。1994年于东台泰山寺依达禅法师出家。1994-1996年，就读于浙江普陀山佛学院。1996年，句容宝华山隆昌律寺受戒。1996-2003年，上海宝山寺僧值。现任扬州市佛教协会副秘书长，高邮市政协常委，高邮市佛教协会副会长兼秘书长，高邮市镇国寺方丈。

脱轮

脱轮（1966-），盐都区人，俗名程其。1985于盐城市盐都雁渔古寺依解铎法师剃度出家。2000年于黑龙江省五大莲池市药泉山钟灵禅寺受具足戒。2013年毕业于四川遂宁广德佛学院。现任安徽省广德市政协委员，广德市佛教协会副会长，广德市云门寺住持；安徽省宣城市佛教协会常务理事；江阴市普济寺住持。

照祥

照祥（1976-），东台人，俗名吉远明。1993年于东台泰山寺依依师公达禅法师出家。1993年就读于福建广化寺佛学院。1998年于辽宁营口楞严寺受具足戒。2016年毕业于扬州鉴真佛教学院。现任宁夏回族自治区佛教协会常务理事，银川市佛教协会常务理事，银川市普灵寺住持。

能慈

能慈（1976-），东台人，俗名谢兆兵。2000年于浙江湖州报恩禅寺依隆寅法师出家。2005年于香港大屿山宝莲禅寺受戒。2021年入江苏佛学院焦山学院学习。现任镇江市佛教协会副秘书长、镇江新区佛教协会副会长、镇江市万佛禅寺住持。

隆寅

隆寅（1974-），东台人，俗名许小东。1996年于常州东岳古寺依闻诠法师出家。1998于年常州天宁寺受具足戒。现任浙江省湖州市南浔区佛教协会副会长，南浔区报恩寺住持。

仁雨

仁雨（1981-），东台人，俗名沈永荣。1997年于扬州大明寺依能修法师剃度。1999年于句容宝华山隆昌寺受具足戒。2017年于江苏佛学院焦山学院学习。现任江阴市佛教协会副秘书长，江阴飞锡寺住持。

常隆

常隆（1988-），射阳人，俗名朱隆龙。2007年于苏州寒山寺依果机法师剃度。2012年于安徽省含山县太湖禅寺受具足戒。2019年毕业于扬州鉴真佛教学院。现任湖北省黄冈市佛教协会理事，罗田县佛教协会副会长，罗田县中台寺住持。

慧明

慧明（1980-），东台人，俗名张粉霞。1997年于镇江金山江天禅寺依心澄法师出家。1999年于句容宝华山隆昌律寺受具足戒。2021年于江苏佛学院焦山学院毕业。现任扬州市江都区佛教协会副秘书长，江都区戚墅寺住持。

心禅

心禅（1965-），东台人，俗名梅学高。1983年于镇江金山寺皈依慈舟法师。1984年依慈舟法师、演宗法师剃度。1988毕业于中国佛学院栖霞山分院。1998-2013年先后任浙江省丽水市青田县政协委员，松阳县迎庆寺住持，青田县大云寺住持、环翠寺监院，浙江省佛协理事，丽水市佛协常务理事，青田县佛协筹备组长。现任青田县佛协常务理事，净觉寺住持。

慧旺

慧旺（1960-），东台人，俗名许保旺。1990年于东台泰山护国禅寺礼达禅法师剃度。1994年于安徽九华山祇园寺受具足戒。2000年于无锡斗山寺常住。现任无锡市佛教协会副秘书长，锡山区佛教协会副会长，无锡七云禅寺任住持。

妙林

妙林（1989–），东台人，俗名崔庆峰。2005年于建湖罗汉院礼曙亮法师出家。2016年于山东青州广福寺受具足戒。2017年9月至2020年11月于江苏佛学院启慧学院学习。现任宁夏吴忠市红寺堡区政协委员，吴忠市佛教协会副会长，吴忠市红寺堡区兴缘寺住持。

慧文

慧文（1978–），东台人，俗名陈亚峰。1995年于镇江金山寺依慈舟法师出家。1999年于句容宝华山隆昌寺受戒。现任扬州市江都区佛协理事，极乐寺住持。

昌松

昌松（1982–），东台人，俗名邓小忠。1999年于泰州市东隐禅寺依觉悟法师为净人修学三年。2007年毕业于中国佛学院栖霞山分院。2010年于安徽省凤阳县龙兴禅寺受具足戒。现任山西省临汾市佛教协会理事，临汾市洪洞县任清凉禅寺住持。

果慧

果慧（1980–），东台人，俗名丁志强。1998年于山西省五台山显通寺依守道法师剃度。2001年于山西五台山碧山寺受具足戒。2019年于扬州鉴真佛教学院大专班学习。现任安徽省马鞍山市含山县佛教协会副会长兼秘书长，含山县政协委员，含山县降福寺住持。

常清

常清（1977–），东台人，俗名杨国民。1995年于宜兴市大潮山福源禅寺依果兴法师剃度。1999年于句容宝华山隆昌律寺求受三坛大戒。1999年至2014年于大潮山福源禅寺任监院。中国佛学院栖霞山分院。现任宜兴市佛教协会副秘书长、大潮山福源禅寺住持。

隆祥

隆祥（1974-），东台人，俗名陈祥锦。1996年于常州市横林东岳古寺依闻诠法师出家。1999年于句容宝华山隆昌律寺受具足戒。现任常州市佛教协会副秘书长、常州经开区佛教协会副会长、东岳古寺住持。

传灯

传灯（1981-），东台人，俗名何永青。1998年依上海市龙华古寺世炫法师剃度出家。1998年于句容宝华山隆昌寺律学院学习。1999年于安徽凤阳龙兴寺受具足戒。2000年于上海洪福寺担任知客。2005年毕业于扬州大明寺佛学院。现任：浙江省海宁市佛教协会常务理事，海宁市仲济禅寺住持。

印戒

印戒（1976-），东台人，俗名冯往所。2000年于南京栖霞寺礼能一法师为净人。2002年于河南省焦作市沁阳市云阳寺依海春老和尚剃度。2008年于山东青岛湛山寺受具足戒。2009年于北大哲学系学习。现任河南省佛协理事，焦作市及沁阳市政协委员，焦作市佛教协会副会长，沁阳市佛教协会会长，沁阳云阳寺住持。

宗祥

宗祥（1977-），东台人，俗名吴忠祥。1999年于上海宝华寺依永觉法师出家。2003年于上海菩提禅寺常住。2008年于五台山圆照寺受戒。2009年于上海吴兴禅寺常住。现任上海市嘉定区佛教协会副秘书长，上海吴兴禅寺住持。

觉荣

觉荣（1975-），东台人，隆寅俗名孙一均。1997年于南京栖霞寺依隆相法师剃度。2011年于常州天宁寺求受三坛大戒。2016年就读于扬州鉴真佛教学院。现任无锡市佛教协会常务理事，无锡市惠山区政协委员，惠山区佛教协会副会长，无锡市凤阜寺住持。

昌定

昌定（1971-），东台人，俗名方义华。1999年于山东省日照市五莲山护国万寿光明寺依觉照法师出家。2001年于重庆梁平双桂堂受戒。2002年岭东佛学院学习。2010年入人民大学研究生院学习。现任日照市岚山区政协常委，阿掖山卧佛寺住持，磴山红云寺住持。

昌普

昌普（1982-），东台人，俗名张永华。2001年于山东省日照市五莲山护国万寿光明寺依觉照大和尚出家。2002年于青岛市湛山寺受戒。2005年入中国佛学院栖霞山分院学习，2007年入中国佛学院学习。现任日照市政协委员，五莲山护国万寿光明寺住持。

慧全

慧全（1974-），东台人，俗名杨小飞。1991年于东台泰山护国禅寺依达禅法师剃度。1992年于句容宝华山隆昌寺受具足戒。1992年常住常州天宁禅寺。2004年于广东岭东佛学院学习。2019年于扬州鉴真佛教学院学习。现任常州市佛教协会理事，常州市经开区觉华禅寺住持。

计然

计然（1979-），东台人，俗名杨宝青。1996年于宜兴市显圣禅寺依福海法师剃度。2000年于杭州市上天竺法喜讲寺受具足戒。2010年毕业于广东省曹溪佛学院本科班。2011年任浙江省湖州市吴兴区金山寺住持兼吴兴区佛教协会办公室主任。现任苏州市吴中区木渎镇明月古寺住持，苏州市云泉诗社副社长，吴中区诗词协会副会长，沧浪诗社苏州市诗词协会会员，吴中区佛教协会副会长。

德高

德高（1975-），东台人，俗名王小亮。1997年依江阴佛光寺心成法师出家，2001年于重庆梁平双桂堂受具足戒。2016年就读于扬州鉴真佛教学院。现任宜兴市佛教协会副会长兼秘书长，宜兴市慧林禅寺、大芦古寺住持。

惟觉

惟觉（1989-），东台人，俗名刘春玲。2011年于湖北荆州章华寺依心继法师剃度。2012年于湖北荆州章华寺受戒。现任辽宁省朝阳市喀左县政协委员，南方商会委员，慧净寺住持，福兴寺住持。

隆峰

隆峰（1981-），大丰人，俗名朱正峰。2007年于张家港东渡寺依昌贵法师出家。2010年于镇江焦山定慧寺受具足戒。2015年于扬州鉴真佛教学院毕业。现任扬州市江都区佛协理事，江都区大悲寺住持。

法藏

法藏（1983-），东台人，俗名许冬冬。2015年于辽宁抚顺承光讲寺依道就法师剃度。2016年于辽宁营口归茗寺受戒。2020年于江苏佛学院启慧学院毕业。现任云南省昆明市虚宁寺住持，云南省大理鹤庆县延寿寺住持。

宽界

宽界（1980-），东台人，俗名丁荣江。1998年于无锡市同福寺依常辉法师剃度。2000年于甘肃省大象山永明寺传授具足戒。现任泰州市兴化市政协委员，兴化市观音山寺住持。

智慧

智慧（1973-），东台人，俗名邵亚军。2005年于张家港市香山寺礼法禅法师剃度。2009于浙江省雪窦山资圣禅寺受具足戒。现任张家港市永昌寺住持。

果悟

果悟（1981-），东台人，俗名张艳峰。1999年于张家港市韩山寺礼昌贵法师剃度。2001年赴句容宝华山隆昌律寺于慈舟大和尚座下受具。现任泰州市姜堰净业古寺住持。

觉慧

觉慧（1967-），大丰人，俗名孙保同。1993年于东台广山辞郎庙依培芝法师出家。1994年于安徽九华山祇圆寺具足戒。现任河北省廊坊市地藏寺、观音阁住持。

心诚

心诚（1969-），东台人，俗名杨斌。1995年于东台市泰山寺依达禅法师、宽来法师出家。2005年于句容宝华山隆昌律寺依明学长老受具足戒。2017年入扬州鉴真佛教学院学习。现任浙江省丽水市松阳县万寿护国禅寺住持。

昌勇

昌勇（1982-），东台人，俗名姜海勇。1999年于泰州市东隐禅寺礼觉悟法师为净人。2003年于浙江青田环翠寺依曙晏法师剃度。2012年于浙江奉化雪窦寺受具足戒。2018年于扬州鉴真佛教学院毕业。现任兴化市旌忠古寺住持。

慧琳

慧琳（1974-），东台人，俗名吉远东。1994年于宜兴市显圣寺依福海法师剃度。2009年于句容宝华山隆昌寺受戒。现任宁波市北仑寺住持，大连龙潭寺住持。

常悟

常悟（1975-），东台人，俗名周明。1993年于安徽九华山祇园寺依峰岚法师剃度。1996年于句容宝华山隆昌律寺受具足戒。2018年入扬州鉴真佛教学院学习。现任无锡市新吴区朝阳寺住持，苏州市吴中区天平寺住持。

心智

心智（1973-），东台人，俗名何永汉。1990年于镇江金山寺依慈舟法师出家。1992年于句容宝华山受具足戒。2017年于扬州鉴真佛教学院学习。现任苏州罗汉寺住持。

宏愿

宏愿（1975-），东台人，俗名马跃龙。1995年于南通市天宁寺礼慧海法师剃度。1999年毕业于南京栖霞佛学院。2000年于河北柏林禅寺受具足戒。2007年毕业于厦门闽南佛学院。现任福建省宁德市霞浦县盐田莲花寺住持。

常慧

常慧（1967-），东台人，俗名朱永其。1989年于东台市莲华寺依静山法师出家。1992年于江西省庐山东林寺受具足戒。现任山西省孝义市菩提园住持。

心诚

心诚（1985-），东台人，俗名杨勇军。1999年于常州南山寺依慧琳法师出家。2005年于句容宝华山隆昌律寺依明学长老受具足戒。2017年入扬州鉴真佛教学院学习。现任宁夏回族自治区银川灵武市灵州大佛寺住持。

法正（道正）

法正（道正）（1985-），东台人，俗名王玉建。2003年于宜兴市雪蓑禅寺礼海量法师剃度。2007毕业于苏州市寒山书院。2006年于泰州光孝寺受戒。2011年毕业于福建厦门闽南佛学院本科。2011～2013年于宜兴雪蓑禅寺任监院。2016年于山西五台山大圆照寺增受具足戒。现任福建省南平市顺昌城东普庆寺任主持。

妙禅

妙禅（1970-），大丰人，俗名李祥。2006年于河北廊坊地藏寺依觉慧法师剃度。2012年于句容宝华山隆昌律寺受戒。现任山西晋中市太谷区宝峯寺任住持。

昌海

昌海（1985-），东台人，俗名陈国付。2005年于扬州市江都区大悲禅寺依灵山法师出家。2006年于镇江市焦山定慧寺依心澄法师受具足戒。现任镇江市丹徒区清净禅寺住持。

慧昊

慧昊（1985-），东台人，俗名王廷勇。2002年于镇江观音山礼宏理法师出家。2009年于句容宝华山隆昌律寺受戒。现任山西省孝义市观音寺住持。

继东

继东（1978-），大丰人，俗名宗斌。1995年于苏州包山禅寺依贯澈法师出家。2007年于句容宝华山隆昌律寺受具足戒。2018年于扬州鉴真佛教学

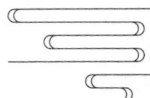

院学习。现任山西省太原市安宁寺住持。

明传

明传（1983-），东台人，俗名焦小军。1998年于东台泰山护国禅寺依慧如法师出家。2019年于浙江宁波雪窦寺受戒。2014年于扬州鉴真佛教学院学习。现任安徽省天长市龙华寺住持。

妙忏

妙忏（1982-），东台人，俗名陆恒卫。1998年于南通普贤寺依广教寺德培法师剃度。2001年于甘肃省大象山永明寺受具足戒。现任南通市通州区福兴寺住持。

果义

果义（1977-），东台人，俗名杨剑祥。2003年于常州市兴教禅寺依守道法师出家。2007年于句容宝华山隆昌律寺受具足戒。2016年于常州市天宁寺增戒。2017年于扬州鉴真佛教学院学习。现任辽宁省阜新市龙海禅寺住持。

宗诚

宗诚（1985-），东台人，俗名吴义海。2001年于东台市泰山寺依慧德法师出家。2003毕业于扬州大明寺佛学院。2003年于河北柏林寺求受三坛大戒。现任兴化市万缘寺住持。

心灯

心灯（1981-），东台人，俗名丁正荣。1997年于张家港市永庆寺依秋林法师出家。2004年于南京栖霞寺受具三坛大戒。2016年于扬州鉴真佛教学院学习。现任安徽省安庆市潜山市吉祥古寺住持。

源永

源永（1984-），大丰人，俗名张吉锋。2004年于扬州市江都区大悲禅寺依灵山法师出家。2007年于句容宝华山受具足戒。2017年至2020年于扬州鉴真佛教学院学习。现任福建省龙岩市长汀县地藏寺住持。

学贤

学贤（1982-），东台人，俗名王贤辉。1998年于常州大林禅寺依静海法师剃度。2004年于宁波阿育王寺受具足戒。现任浙江省平湖市普照山大乘寺（普照寺）住持，普照山文化艺术院院长。

常缘

常缘（1985-），东台人，俗名顾礼进。2012年于安徽省马鞍山市小九华寺依果朗法师出家。2014年于安徽凤阳龙兴寺受具足戒。现任福建省南平建瓯市佛协副会长，建瓯市白马寺住持。

明森（道晟）

明森（1987-），东台人，俗名张慧。2003年于东台市泰山护国禅寺依慧德法师剃度。2004年于南京栖霞寺受具足戒。2005年至2007年于苏州寒山寺寒山书院学习。2009年于浙江温州文成静安寺任住持。2016年于山西五台山大圆照寺增受具足戒。现任福建省南平市顺昌城东村西来寺住持。

果慈

果慈（1981-），大丰人，俗名姚永鸣。2005年于大丰镇海禅寺依圣道法师出家。2009年于句容宝华山隆昌寺受具足戒。2016年毕业于扬州鉴真佛教学院大专班。现任江西省新余市分宜金粟禅寺住持。

悟度

悟度（1970-），东台人，俗名万绿平。1995于东台市泰山寺依达禅法师修学。2005年又礼辽中永吉古寺觉海法师出家。2009于辽宁丹东灵峰禅寺受戒。2015年入扬州鉴真佛教学院学习。现任陕西省渭南市大荔县明心寺住持。

达勤

达勤（1975-），东台人，俗名王晓强。1990年于常州大林禅寺依静海法师出家。1994年于九华山祇园寺受戒。现任常州市吉祥禅寺住持。

觉亮

觉亮（1982-），东台人，俗名丁立健。2019年于甘肃雷音寺依果慧法师剃度，同年于甘肃雷音寺受戒。现任安徽芜湖市鸠江区三圣寺住持。

星光

星光（1975-），东台人，俗名单俊山。1993依东台青龙庵依宗正法师出家。1994年于安徽九华山祇园寺受具足戒。现任扬州高邮市张墩寺住持。

心智

心智（1976-），东台人，俗名崔晓俊。1992年于常州大林寺依静海长老出家。1994年于安徽九华山祇园寺受具足戒。2017年于深圳本焕学院本科毕业。现任广东汕尾法莲寺住持。

隆声

隆声（1979-），东台人，俗名景爱存。1995年于兴化市宝严古寺依昌明法师出家。1999年于中国佛学院栖霞山分院毕业。2000年于杭州法喜讲寺受戒。现任浙江省宁波市海曙区蛟龙禅寺住持。

宝祥

宝祥（1981-），东台人，俗名薛勇。1998年于常州大林寺依达勤法师出家。2004年于南京栖霞古寺受戒。现任马鞍山市和县青云禅寺住持。

觉慧

觉慧（1968-），东台人，俗名邱凤平。1990年于东台市泰山寺依达禅长老出家。1998年就读于福建莆田广化寺佛学院。2002年于重庆梁平双桂堂受具三坛大戒。2020年于苏州灵岩山佛学院学习。现任江阴市长泾青龙寺住持。

禅衍

禅衍（1982-），东台人，俗名朱志强。1997年于常州大林寺依静海法师出家。2001年于山西五台山碧山寺受具足戒。2021年于扬州鉴真学院大专班学习。现任安徽省安庆市望江县忠洁王寺任住持。

性凝

性凝（1974-），东台人，俗名施龙。1995年于上海龙华寺僧伽培训班依秉奇长老出家。1998年于常州天宁禅寺受戒。1995年就读于上海佛学院。2013年就读于上海华东理工大学。现任无锡市开利寺住持。

永慧

永慧（1980-），东台人，俗名杨勇军。1999年于常州南山寺依慧琳法师出家。2005年于句容宝华山隆昌律寺受具足戒。2017年入扬州鉴真佛教学院学习。现任宁夏回族自治区银川灵武市灵州大佛寺住持。

万慧

万慧（1985-），大丰人，俗名丁长杰。2013年于山西五台山佛母洞依悲月法师出家。2015年于山西盂县永清寺受具三坛大戒。2018年于扬州鉴真佛教学院学习。现任安徽省安庆市望江县梁国寺住持。

智东

智东（1980-），东台人，俗名陈亚东。2004年于浙江省宁波市国宁寺礼果江法师为净人。2016年于河南省林州市黄华北寺依昌明法师剃度。2019年于河南省嵩山少林寺受具足戒。2021年于扬州鉴真佛教学院学习。现任浙江省宁波市海曙区国宁寺住持。

慧因

慧因（1977-），东台人，俗名许芝富。1994年于常州大林寺依静海长老剃度。1996年于句容宝华山隆昌律寺受具足戒。现任无锡市龙海寺住持。

果照

果照（1981-），东台人，俗名贾冬前。1999年于苏州皇罗禅寺依净慧法师剃度。2003年句容宝华山隆昌律寺受具足戒。现任苏州迎湖禅寺住持。

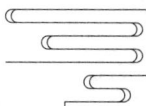

弘义

弘义（1991-），大丰人，俗名吴冬青。2019年于扬中市太平禅寺为净人修行。2020年于扬中市太平禅寺依心和法师出家。2021年于安徽凤阳龙兴寺受具足戒。现任兴化大觉禅寺住持。

果亮

果亮（1987-），东台人，俗名丁加荣。2002年于安徽芜湖蟠龙寺依圣辉法师出家。2004年于苏州寒山寺就读佛学院，期间在南京栖霞寺受具足戒。现任浙江省金华市横店镇龙华寺住持。

云卿

云卿（1975-），东台人，俗名赵剑卿。1998年于常州天宁寺礼普云大师剃度出家。2001年于黑龙江省五大连池钟灵寺受具足戒。2020年入苏州灵岩山寺佛学院学习。现任张家港市长安寺住持。

昌付

昌付（1976-），东台人，俗名陈勇。1995年依江阴崇圣寺觉智法师出家。1998年辽宁营口市楞严寺具足戒。现任兴化市北极禅寺住持。

演法

演法（1988-），东台人，俗名周书新。2007年于无锡慈云禅寺依常达法师剃度。2012年于句容宝华山隆昌律寺受具足戒。现任山西省介休市菩提禅寺住持。

觉悟

觉悟（1968-），东台人，俗名陈其兵。1988年于东台辞郎庙依培芝法师出家。1990年于常州天宁寺受具足戒。现任兴化市东隐寺住持。

慧忠

慧忠（1968-），东台人，俗名崔鑫。1995年依上海真如寺妙灵长老、常州大林寺静海长老出家。1999年求学于上海佛学院。2001年受戒于凤阳龙兴寺。现任常州国宁禅寺住持。

隆海

隆海（1978–），东台人，俗名杨勇。2003年于无锡市石村古寺依灵岚法师出家。2011年于常州天宁寺受具足戒。2017年就读于扬州鉴真佛学院。2020年就读中国佛学院灵岩山分院研究生班。现任宁夏中宁县安庆寺住持。

仁缘

仁缘（1965–），盐都区人，俗名袁长美 。2005年于江阴市礼敬寺依能智法师出家。2007于重庆梁平县双桂堂受具足戒。2019年毕业于监真学院。现任江阴市礼敬寺住持。

昌福

昌福（1978–），东台人，俗名周礼进。1994年于东台泰山寺依果来法师出家。2000年于无锡市锡山区斗山禅寺常住。2001年于黑龙省五大莲池市钟灵寺受戒。2020年毕业于江苏佛学院启慧学院。现任浙江省宁波市海曙区普济寺住持。

明波

明波（1981–），东台人，俗名王浩。2017年于安徽省巢湖相隐寺依界山法师出家。2019年于相隐寺受戒。现任芜湖市铜山寺住持。

界行

界行（1978–），东台人，俗名郑晓军。1995年于江阴五灵寺依宗才法师出家。2005于扬州大明寺佛学院毕业。2011于南京大学宗教哲学系学习。2016于常州天宁寺受具足戒。现任江阴佛光寺住持。

海如

海如（1974–），东台人，俗名何值。1987年于安徽九华山祇园寺依仁德法师出家。1994年于安徽九华山祇园寺受具足戒。2015年毕业于扬州鉴真佛教学院。2016年至2021任山西省太原市伏龙寺住持。现任山西省晋中市秦柏禅院、浙江省绍兴市白鹤寺住持。

净田

净田（1966-），东台人，俗名朱斌。 2007年于福建省厦门石室禅院依忠明大和尚出家。2010年于安徽省凤阳龙兴禅寺受具足戒。2010-2012年，任福建省厦门石室禅院监院。现任福建省龙岩市佛教协会秘书长，福建省龙岩市上杭县古中峰寺住持，福建省武平县腾云寺住持。

恒演

恒演（1977-），江苏东台人，俗名卢成明。1994年于上海市崇明岛广福寺依上仁下寿法师出家。1996年于广东云门山大觉寺依佛源受具足戒。2019年任山西省晋城市千佛寺住持。

永如

永如（1978年-），东台人，俗名仲兆宏。2008年于无锡市洛社镇圆通寺依照祥法师出家。2015年于无锡市祥符寺受具足戒。现任宁夏回族自治区中宁县菩萨寺住持。

愿法

愿法（1986-），东台人，俗名周剑彪，2002年于常州圩塘万佛禅寺依随学法师出家，2006年于句容宝华山隆昌律寺受具足戒。现任新加坡净土佛学会住持。

宗明

宗明（1983年-）东台人，俗名何学军。2006年于常州焦溪东平禅寺依仁祥法师出家。2009年于句容宝华山隆昌寺受具足戒。2009年毕业于上海佛学院。现任:福建省福州市齐安观音寺、南平市顺昌再昇寺主持。

顿真

顿真（1990年-）东台人，俗名陈守华。2009年于湖北报恩寺依印顺大和尚出家。2013年于尼泊尔中华寺受具足戒。2011年于深圳本焕学院本科学习。现任:江西省萍乡市芦溪县建勋寺任住持。

附录四：盐城当代僧尼名录 [①]

立定

立定（1950–），当代比丘尼，建湖县近湖镇东冯村清洁庵住持。[②]

慈航

慈航（1962–），祖籍山东，俗姓宋，建湖县恒济镇南海观音庵住持。2000年，于无锡市宜兴南岳寺出家，后受戒宝华山。2010年，任建湖县恒济镇南海观音庵住持。

润普

润普（1968–），当代比丘尼，建湖县沿河镇观音庵住持。[③]

常和

常和（1969–），俗名祁和香。1980年，礼乘愿法师为师学佛。1999年，于江苏省镇江市定慧寺皈依茗山法师受三皈依。2000年，于盐城市潮音寺礼果宏法师剃度出家。2004年，于重庆市华岩寺受具足戒，后筹建建湖县西方庵。

觉伟

觉伟（1972–），江苏建湖人。于盐城永宁寺依茗山法师出家，任盐城永宁寺首座、上海市世伟精舍住持。

净坤

净坤（1974–），建湖县沿河镇净土庵现住持。

---

①盐城现有寺庙负责人简介见附录二，盐城当代僧尼名录中不再重复收入，所录以生年为序。
②广育、净坤、洪道、立定条见建湖县佛教协会编《建湖佛教》（未刊内部资料，2015年）第98页。
③果安、润普条见建湖县佛教协会编《建湖佛教》（未刊内部资料，2015年）第97页。

仁悦

仁悦（1979-），江苏东台人，盐城市永宁寺监院。出家于扬州大明寺，受戒于句容宝华山隆昌寺，就读于扬州大明寺佛学院，曾担任大明寺知客。2005年，任盐城市永宁寺监院。

慧山

慧山（1980-），江苏东台人，盐城永宁寺监院。

出家于句容宝华山隆昌寺，受戒于安徽凤阳龙兴寺，就读于扬州大明寺佛学院，后担任大明寺知客及副寺，为能修法师嗣法弟子。2005年，任永宁寺监院。

慧华

慧华（1981-），江苏东台人，盐城市永宁寺监院，盐城市佛教协会副会长、盐城市亭湖区佛教协会会长、盐城市政协委员。1997年依无锡成性寺能开法师出家，1999年于香港宝莲寺受戒，就读于扬州大明寺佛学院，为能修法师嗣法弟子，先后于无锡南禅寺、扬州大明寺、盐都大云山寺参学修持。2005年，任盐城市永宁寺监院，兼盐城市佛教协会副秘书长。2021年，任盐城市佛教协会副会长、盐城市亭湖区佛教协会会长。

仁川

仁川（1984-），江苏东台人，现任盐城市佛教协会常务副秘书长，盐城市青年联合会委员，盐城市永兴寺监院。2000年，于扬州大明寺依能修出家。2001-2003年，就读于扬州大明寺佛学院，期间担任大明寺维那。2003年，于河北石家庄柏林禅寺受具足戒。2003-2005年担任大明寺知客。2005-2015年，常住盐城永宁寺任监院。2015年9月至今，常住盐城永兴寺任监院。

附录五：盐城市寺院登记备案教职人员情况统计表

地　址	寺院名称	出家僧人数	已登记备案教职人员数
亭湖区	永宁寺	18	15
亭湖区	潮音寺	7	6
亭湖区	极乐寺	8	7
亭湖区	接引庵	4	4
亭湖区	青龙庵	2	2
亭湖区	天后宫	1	1
盐都区	雁渔古寺	6	4
盐都区	净土寺	1	1
盐都区	塔院寺	4	1
盐都区	淳化寺	3	0
盐都区	龙兴寺	3	3
盐都区	弥陀律寺	3	1
盐都区	正德庵	5	3
盐都区	极乐庵	1	1
盐都区	待旌庵	3	3
盐都区	净居寺	1	1
盐都区	东岳禅寺	1	1
盐都区	大云山寺	1	1
盐都区	长生庵	1	1
盐都区	福星禅寺	1	0
盐都区	泰山庵	3	1
盐都区	瑞观禅寺	1	0
盐都区	祇园庵	1	0
开发区	毗卢禅寺	8	1
大丰区	义阡禅寺	6	5

大丰区	太平禅寺	3	1
大丰区	镇海寺	6	2
大丰区	观音禅寺	4	3
大丰区	净土院		
大丰区	龙王庙		
大丰区	妙吉祥佛堂	2	1
城南新区	永兴寺	3	3
东台市	泰山寺	7	2
东台市	居士林		
东台市	复兴庵	4	4
东台市	广福讲寺	3	1
东台市	启慈念佛堂		
东台市	钱南对观音庵		
东台市	梁洼活动点		
东台市	接引禅院	3	1
东台市	海丰活动点		
东台市	四灶活动点		
东台市	地藏禅院	1	1
东台市	溱东活动点	1	1
东台市	时埝活动点		
东台市	万莲禅寺	4	1
东台市	大悲庵	1	1
东台市	广山活动点		
东台市	廉贻张垛点	1	1
东台市	廉贻镇中点	1	
东台市	垛活动点		
东台市	弥陀寺	10	8
东台市	净圭庵	8	4
东台市	安丰活动点	2	1
东台市	富安活动点		

东台市	观音禅寺	3	1
东台市	太平古寺	3	1
东台市	龙王古寺	11	2
东台市	镇海净寺		
东台市	九莲寺	3	1
东台市	灵山寺	1	1
东台市	董永庙	2	1
东台市	缫丝井庵	11	3
东台市	菩提观音庵		
东台市	草庵堂	1	
东台市	唐洋唐胜点		
东台市	梁垛牌沟点	1	1
建湖县	泰山寺	3	2
建湖县	罗汉院	8	7
建湖县	新九华开山寺	12	10
建湖县	延寿寺	9	1
建湖县	沿河观音庵	2	1
建湖县	东冯清洁庵	5	3
建湖县	肖庄观音庵	4	1
建湖县	龙王庙	2	1
建湖县	山河观音庵	5	1
建湖县	南林寺	6	1
建湖县	大云禅寺	1	1
建湖县	庆丰太平庵	3	1
建湖县	净慧寺	2	1
建湖县	上冈文庙	2	1
建湖县	九龙寺	1	1
建湖县	庆丰清洁庵	3	1
建湖县	沿河净土庵	8	1
建湖县	沿河如来庵	7	1

建湖县	高新区复兴庵	1	1
建湖县	沿河西方庵	2	1
滨海县	大佛禅寺	7	7
滨海县	天台寺	4	0
滨海县	普渡寺	2	0
阜宁县	盘龙古寺	8	1
阜宁县	兴国寺	7	0
阜宁县	马躲寺	2	2
阜宁县	太平庵	3	1
阜宁县	兴隆寺	1	1
阜宁县	宝林寺	3	1
阜宁县	淮东古寺	2	0
阜宁县	能仁寺	1	0
阜宁县	西来佛寺	5	1
响水县	禹王寺	2	2
响水县	灌河禅寺	1	1
响水县	延寿禅寺	1	1
射阳县	息心寺	13	4
射阳县	天福寺	1	1
射阳县	报国禅寺	8	1
射阳县	海慧禅寺	3	1
射阳县	三里寺	2	0
射阳县	海王禅寺	5	1

附录六：盐城佛教研究相关成果

萧寺有路 行者不绝
——登瀛地频出佛门人原因探析
仁 风

　　盐城佛教历史悠久，自汉光武帝（25–57）时佛教传入盐城地界以来，已有近两千余年的历史。近两千余年来，盐城地区萧寺林立，香火不断，僧众辈出，代有其人。纵观中国佛教发展的历史，许多杰出的佛门僧人都是从盐城地区走出去的。登瀛地之所以频出佛门人是有其多方面原因的，归纳起来大致有如下几点：

　　一、信仰原因

　　盐城地区频出僧人是与此地民众的佛教信仰分不开的。佛教自汉光武帝统治时期进入盐城，在东台建造了盐城历史上第一座佛教寺院东广福寺以来，佛教的种子便在此处落地生根，在民众的血脉里结出信仰的果实，代代相传，延续至今。如果说东广福寺的兴建是佛教在登瀛之地兴起的开端，那么，其后数百年间，这里的寺院已呈遍地开花之势，"到了唐代，（盐城）境内有些地方已经寺院林立，香火旺盛，僧众不下三千，烧香拜佛已成为普遍民风，盐城的永宁寺已属唐代三十六大寺之一。"[1] "该寺'殿宇高耸金碧，涌现于百里之外，昔人泛海者以此为指南车'"[2]，足见永宁寺规模之盛大宏伟，亦可见佛教在此地深得人心。根据史料的记载，仅在唐高祖李渊武德三年至武德七年（620–624）的短短五年间，盐城城内先后开建的寺院就有五所之多，永宁寺与永福院始建于武德三年，慈氏院、南弥勒院与湛沟院分别兴建于武德五年、武德六年与武德七年[3]。唐朝初年，盐城城内萧寺的纷纷涌现在表明信众的信仰需求在不断激增的同时，也反映出佛教信仰的

---

[1] 张允贵、符正鼎、李金扬主编：《盐城市民族宗教志》，盐城：盐城市民族宗教事务局，1993年，第22页。

[2] 转引自张允贵 符正鼎 李金扬主编：《盐城市民族宗教志》，盐城：盐城市民族宗教事务局，1993年，第25页。

[3] 见张允贵、符正鼎、李金扬主编：《盐城市民族宗教志》，盐城：盐城市民族宗教事务局，1993年，第25页、第30页。

愈益深入人心。并且这种信仰上的深入人心在历史的推进中形成传统，自中古社会一以贯之到近代社会乃至当下。

比如，到清末民初的时候，"盐城地区共有大小寺、庙、庵、院1400多座，僧尼已达五六千之多，在原东台县即有寺、院801座，十四大丛林，台城有'九庙十三寺七十二庵'，仅安丰镇即有寺庙72所，全县僧尼3864人（其中僧3441人，尼423人）。在原盐城县有寺庙400余座、十大丛林，其中的永宁寺推为淮安府诸寺之首。全县有僧尼1000余人，在原阜宁县（包括阜宁、滨海、响水、射阳四县）亦有寺庙201座，有和尚627人。"[①]自佛教传入盐城以来，信仰的种子就在这片土地扎下根来，深深根植在佛门四众的灵魂中，也深深影响了普通民众。即便是在佛教陷入低谷、受到限制的境遇下，这里的信仰传统也没有因此而中断，其最显著的表现便是"文革"结束后，随着宗教信仰自由政策的恢复与推行，为满足佛教徒宗教生活的需要，仅在建湖一县，县政府在1987年批准设立的宗教（特指佛教）活动点就有十处之多[②]。"这些活动点有平房三五间不等，正堂供有佛像，附近出家僧人相聚其间生活。"[③]除此而外，城区郊区散居的僧尼"在原有寺庙的废址上修屋居住供佛，形成小型家庙，常有乡民前往敬香。这类家庙，城区有：观音庵（小西门桥）、接引庵（双元北路西首）、青龙庵（毓龙路南侧）；郊区有泰山庙（大冈镇）、观音庵（大冈镇）、祇园庵（北龙港乡）、龙王庙（北龙港乡）、极乐庵（学富乡）、后待旌庵（泰南镇）、前待旌庵（泰南镇）、复兴庵（泰南镇）"[④]。由1987年盐城地区建湖县佛教场所的批准设立情况可以看出该地区的佛教信仰之盛，佛教信众之多，几乎铺展遍及整个建湖县全境，这足以表明盐城地区佛教信仰根深蒂固，佛教传统源远流长。也正是具备源远流长的佛教传统与根深蒂固的佛教信仰，盐城

---

① 张允贵 符正鼎 李金扬主编：《盐城市民族宗教志》，盐城：盐城市民族宗教事务局，1993年，第22页。

② 十处佛教活动点分别是建湖镇太平居委会太平活动点；沿河乡长胜村长胜活动点、富强村富强活动点、桂东村桂东活动点；恒济乡肖庄村肖庄活动点、花垛村花垛活动点、山河村山河活动点；近湖乡东冯村东冯活动点；颜单乡红丰村八字桥活动点。见张允贵 符正鼎 李金扬主编：《盐城市民族宗教志》，盐城：盐城市民族宗教事务局，1993年，第29页。

③ 张允贵 符正鼎 李金扬主编：《盐城市民族宗教志》，盐城：盐城市民族宗教事务局，1993年，第28-29页。

④ 张允贵 符正鼎 李金扬主编：《盐城市民族宗教志》，盐城：盐城市民族宗教事务局，1993年，第28-29页。

地区的老百姓才有可能因皈依佛教而舍身佛门，而信佛的风气一经形成，出红尘而修佛法便是水到渠成的事，时间久了也就沉淀为固有的习惯与既定的传统。

需要指出的是盐城地区民众的佛教信仰是多元包容的，他们不仅信奉佛、菩萨，还信仰诸如龙王、海神娘娘等一切与海有关的神祇，并且这些神祇与佛、菩萨等佛教塑像一起供奉在庙堂之中。盐城地处黄海之滨，靠山吃山、靠水吃水的百姓对变幻莫测的大海有种天然的敬畏之情，这种敬畏之情和佛教信仰糅合在一起，其表现有二，一是佛教信仰的丰富多元，二是佛教寺院的地域特色。比如，东台龙王古寺、镇海净寺，阜宁盘龙古寺，射阳海王禅寺、海慧禅寺，建湖龙王庙，大丰龙王庙、镇海寺等等寺庙都颇具沿海特色。寺院中佛教圣贤与民间神祇的一并供奉在拓展信仰对象的同时，也拓宽了佛教的信众群体。

二、历史原因

盐城地区频出僧人与扬州盐商经济文化圈的熏染、洪武赶散事件的影响以及替僧现象的流行有关。盐城地区"环城皆盐场"的地理结构造就了这里得天独厚的海盐资源，随着海盐资源的全面开采，经济文化逐渐繁荣兴盛起来。而因海盐买卖获得财富的盐商或因信仰佛法或因热心公益等缘故，其对佛门的施舍供养也在一定程度上影响并促动了盐城地区出家潮的呈现。

作为以盐命名的城池，盐城自古以来就与盐业生产结下了不解之缘。早在黄帝时登瀛之地便有"以海水煮乳成盐"的记载，秦汉时期，盐城的盐业生产已初具规模，成为淮东地区的盐业中心。汉武帝元狩四年（公元前119年），盐城因盐置县，名盐渎县，并于此地实行"募民煮盐，官与牢盆"的政策，从事盐业生产。唐朝宝应元年（公元前762年），食盐产区共置四场十监，"盐城境内就设置了海陵、盐城二监。海陵监署设在东台场，盐城监署设在伍佑场，年产盐一百万石左右。……至宋朝，盐城沿海盐业生产达到了鼎盛时期，产盐量为淮南第一"①。明清两朝，盐城地区有三个盐场，分别是富安盐场、安丰盐场与东台盐场，由泰州分司统辖管理。同时，东台还是泰州分司的行政驻地。不过，由于两淮（淮南与淮北）巡盐御史②的衙署设置在扬

---

① 张建功：《盐城市沿海滩涂开发战略研究》，南京林业大学林业专业硕士论文，2006年。
② 两淮巡盐御史的名称前后有变更，始称两淮巡盐御史，后更名为两淮盐政司和两淮都转盐运史司。

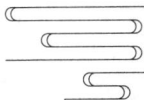

州，与盐业有关的各级官员又常驻扬州，因此盐商们的活动，诸如请引、缴税等事宜都在扬州进行，扬州就此成为盐商的活动中心。

　　"天下盐利淮为大"，在古代社会，两淮流域是我国历史上产量最高、规模最大，也是最负盛名的海盐产区，尤其是在明清两朝，两淮盐运使司"实居天下诸司之半"①，其所缴纳给中央政府的盐税约占全部盐税的45％②。两淮盐业的繁荣不仅缔造了扬州、淮安、盐城、仪征、泰州、汉口等城镇商业文明的空前繁华，而且也带来了文化的交融与发展，归属在两淮经济文化圈中的盐城佛教亦受惠于此。两淮地区从事淮盐运销的盐商是"我国经济实力最强、活动范围最广的盐商，对我国区域间的物质流通和文化交流的影响也就甚为深广"③。比如，"在盐业促进扬州经济发展和社会进步的过程中，盐商内涌现出了一批文士、学者、画家、藏书家、慈善家等，这些人士乐善好施，辄将大量资财用于发展扬州文化事业，乃至身体力行，投资兴办教育，举行文化活动……并热心致力于其他公共福利事业。而在其影响之下，实际参与者又远不限于盐商中的人士。"④不论是出自盐商个体对佛教信仰的需求抑或是出自盐商群体热心公益事业的本怀，拥有财富的盐商对佛教的护持不论是在佛法的弘扬、资金的施舍与人才的输送上都做出了贡献。尤其是对于那些地位低下、经济困窘而又出头无望的移民家庭，为给吃不上一碗饱饭、看不到一线出路的孩子寻求一个稳妥而光明的未来，别无他途的父母们愿意将自己的孩子送入到寺院中去。因为有盐商的供养，孩子的生计不成问题；因为有师父的训导，孩子识文认字，出人头地有望。而盐城地区地位低下、经济困窘而又出头无望的移民家庭不在少数。

　　据史料所载，朱元璋建国初期，为削弱对手张士诚在苏州的影响，遂将同情、怀念张士诚的苏州百姓从物产丰饶、经济富庶的江南迁移到滩涂广阔、地广人稀的盐城地区，令他们垦荒煮盐。"洪武年间有两次大规模的移民，其中一次迁4000户到盐城，一次迁1万户到盐城；洪武初年盐城只有2.1万人口，6年后就剧增到6万人，到明嘉靖年间已达14万人。"⑤这些背井离乡之人在异地他乡过着异常艰辛的苦难岁月，"明初有4万多江南百姓被迁

①嘉靖《两淮盐法志》许序。
②李洪甫 刘怀玉：《淮北食盐集散中心淮安》，北京：中国书籍出版社，2008年。
③奚敏：《淮盐文化路线的判别与梳理》，载《淮阴工学院学报》，2014年第4期。
④王伟康：《两淮盐商与扬州文化》，载《扬州大学学报》（人文社会科学版），2001年第2期。
⑤朱义刚：《移民之城》，载《江苏地方志》。

徙到两淮盐区从事盐业生产，这些盐民们处于社会最底层，官府用特殊的户籍制度管理盐民，这种特殊的户籍制度不能改变，盐民们只能世世代代积薪、晒灰、淋卤、煎盐，以致蓬头垢面，胼手砥足。"①这些移民原本就生活在佛教氛围浓郁的江南地区，不少人本身就带有或深或浅的佛教信仰，受洪武赶散事件的影响，他们首先丧失掉的是在故土的宗祠或家里祭祀祖先的权利与可能，自上古社会沿袭下来并逐步得到加深的祖先崇拜传统在第一代移民这里遭受到几乎致命的冲击。传统虽然横遭破坏，好在祖先崇拜的理念不灭。这不灭的理念与根植于心的佛教信仰一经结合，或是转化为出家的动机，即在机缘巧合之下了却尘缘而置身佛门，毕竟一子出家九祖升天，如此之大孝远甚于侍亲祭祖之小孝之行；或是衍生出一种新型的祖先祭拜模式，即将祖先的牌位寄放在萧寺或宗族集资修建家庙来供奉先祖。但无论采取哪种形式，都会在一定程度上推进移民群体出家潮的呈现。当然，这其中自然少不了经济富足的盐商的参与，这些盐商与移民一样背井离乡，在异域他乡从事盐业生产与盐业经营。在那个安土重迁的年代，盐商们为生计四处奔波也可谓是一种自我放逐式的移民，类似的人生经历使得盐商们与移民们有一种天然的心理亲近感，容易产生心理共鸣。在心理共鸣、佛教信仰与热心公益等诸多因素的共同作用下，不愁银钱的盐商对盐城地区移民群体中出家潮的呈现理当助力甚多，贡献不小。

此外，明清时期"已是完全融入到了中国大多数民众的日常生活中"②的替僧习俗也在一定程度上推动了盐城地区贫困家庭子女的出家。根据史料的记载："富贵人家多信佛，故僧道之地位甚高。子弟往往拜僧为师，求其保护，甚有以子息艰难，恐难长养而购一贫家儿令其为僧者，谓之替身。他日被替之子长成，此替身僧人若其弟兄然，举家敬礼之。"③对于那些买不起他人做自家孩子替僧的家庭而言完全可以用纸人来代替活人出家。富贵人家与普通家庭对替僧现象的跟风与崇尚对那些贫困家庭的子女在走投无路的境遇下选择出家起到了推波助澜的作用。盐城地区那些家资不菲的盐商或为求得自身的福报或为保佑子嗣的安宁，购买他人出家来替代自己或子嗣修行祈祷，既顺潮流而动，又在情理之中。

---

① 朱义刚：《移民之城》，载《江苏地方志》。
② 孔令彬：《佛教中"替僧"现象考略》，载《宗教学研究》，2011年第2期。
③ 夏仁虎：《枝巢四述旧京琐记》，沈阳：辽宁教育出版社，1998年，第84页。

三、传承原因

登瀛地之所以频现出家人还与这里独特的师徒传承理念有关。作为海盐产区，随着盐场的开发与盐商的进入，生活在盐城境内百姓的贫富差距也日益拉大。那些挣扎在贫困线上的穷人以及毫无出路的江南移民们，为求得子嗣的活路与未来，甘心将后代送入佛门。这些因迫不得已进入萧寺同时又肩承父母希望的佛子们在他们经由佛门的路径实现其人生理想后，又会回身帮助接引那些与他们有着同样经历、怀抱同样希望的子弟后辈们走进萧寺，再由盐城地界的萧寺走向更加广阔的世界。这些学有所成的子弟后辈们又像他们的祖师先贤们一样接续传统，代代传承，如此一来，盐城地区的佛门中人也就如缕不绝了。也正是秉持这样的传承理念，民国时期盐城地区的寺院才能开风气之先，创办佛学院以培养僧才。比如东台三昧寺创办了启慧佛学院，盐城兜率寺创办了贤首宗佛学院、沙沟僧学院。曾为上海玉佛寺方丈的真禅老和尚[①]就是由启慧佛学院走出去的东台安丰籍僧人。弘法于美国的浩霖法师[②]、驻锡在江南的茗山法师[③]与真禅老和尚一样祖籍都在登瀛之地，他们在走出盐城后，都曾回归故里，寻根探源，并先后前往东台泰山寺"瞻佛讲经"[④]，弘法济众。

萧寺有路而行者不绝，登瀛地频出佛门人是与该地流传久远的佛教信仰、盐商的资助供养、洪武赶散事件的影响、替僧现象的流行以及此地独特的师徒传承理念密切相关。而深根固植在民众心理的佛教信仰恰是盐城地区老百姓甘心剃染、归心佛门的根本动因。

---

① 真禅法师（1916-1995），东台安丰人，早年出家于东台净土庵，求学于东台三昧寺启慧佛学院，再至镇江竹林寺佛学院等地深造，历任镇江竹林寺住持、上海玉佛寺住持、上海静安寺住持、开封大相国寺住持、中国佛教协会副会长、上海佛教协会会长、上海佛学院院长等职务。

② 浩霖法师（1927-2015），东台人，1941年在大丰草堰义阡寺出家，拜在厚宽法师门下，取法名浩霖。建国前去往香港，后迁台湾，上世纪60年代转往美国，于纽约创建东禅寺。历任美国佛教联合会会长、世界佛教僧伽会副会长。

③ 茗山法师（1914-2001），原籍盐城西乡（今属江苏建湖），幼年出家于建湖县收成罗汉院，1932年正式削发为僧，后辗转数地求学深造。1951年起历任镇江焦山定慧寺住持、南京栖霞寺住持、句容宝华山隆昌寺住持、无锡祥符寺住持、盐城永宁寺住持，1984年筹办中国佛学院栖霞分院。茗山法师佛学造诣精深，弟子遍及海内外，是从登瀛之地走出去的佛门大德。

④ 张允贵 符正鼎 李金扬主编：《盐城市民族宗教志》，盐城：盐城市民族宗教事务局，1993年，第28-26页。

降魔救世难　勠力转沧桑
——盐城佛教界与盐城籍僧人抗日活动述论
仁　风

　　1937年7日7日，卢沟桥事变拉开日本帝国主义全面侵华战争的帷幕，也成为中华民族进行全面抗战的起点。随着抗日战争的全面爆发，盐城佛教界全体僧众与弘法在大江南北的盐城籍僧人不约而同投身到杀贼降魔、救世济民的时代洪流中，用鲜血与生命、用信仰与情怀为波澜壮阔的抗日战争书写下可歌可泣的历史诗篇，为佛门增添了可圈可点的光辉文章。

　　一、盐城佛教界与盐城籍僧人抗日救国的思想来源

　　抗日战争时期，随着抗日民族统一战线的深入推展，随着佛教界抗日救亡运动的不断推进，盐城佛教界以及分散在大江南北的盐城籍僧人络绎不绝地加入到"降魔救世难，勠力转沧桑"的抗日救亡运动中来，在思想上与行动上始终与国家民族的命运紧密相连，不离不弃。

　　1.响应党的号召，跻身抗日民族统一战线

　　"九·一八"事变后，日本帝国主议加紧了侵华步伐，东三省相继沦陷。1935年12月25日，党中央在陕北瓦窑堡召开中央政治局会议，通过一系列决议，吹响了中华民族抗击日本侵略者的号角。毛泽东在报告中指出目前党的基本任务就是要建立广泛的民族革命统一战线，"组织千千万万的民众，调动浩浩荡荡的革命军，是今天的革命向反革命进攻的需要"。中国共产党提出的抗日民族统一战线，随着抗日战争的全面爆发逐步走向深入，这其中就不乏佛教界僧众降魔除暴的身影。

　　为团结佛教界爱国人士，毛泽东明确表示："共产党员可以和某些唯心论者甚至宗教徒建立在政治行动上的反帝反封建的统一战线，但是绝不能赞同他们的唯心论或宗教教义。"①正是基于这样的认识，当时中国共产党领

---

①"盐城佛教界与盐城籍僧人"指的是盐城佛教界全体僧众以及弘化在盐城地界以外的盐城籍僧人，为行文方便，故以"盐城佛教界与盐城籍僧人"称之。

②毛泽东：《毛泽东选集》（第二卷），北京：人民出版社，1991年，第707页。

导下的各类抗日团体都充分吸收宗教界人士参加，比如晋察冀边区《人民武装抗日自卫队组织章程》就明确规定："边区抗日人民，凡年在十六岁以上五十五岁以下者，不分阶级、不分性别、不分种族、不分宗教信仰等，均得登记参加组织，为本队队员。"①这就从制度上将宗教信徒纳入到人民武装抗日自卫队中，"成为一种统一战线性质的人民武装组织"②。

与此同时，党也积极主动地做好宗教界上层人士的抗日工作。"1939年4月，周恩来和叶剑英在南岳会见了祝圣寺法师暮笳、演文、巨赞等人，和他们一起讨论抗日救亡工作。周恩来在暮笳的纪念册上亲笔题词'上马杀贼，下马学佛'，强烈震动了南岳宗教界。后来，巨赞法师同暮笳法师率南岳僧侣200多人发起组织了南岳佛教救国协会。"③南岳地区抗日民族统一战线中佛教界的抗日情形如是，盐阜地区佛教界在刘少奇、陈毅等人的领导下同样成为抗日民族统一战线中重要的一环。"从盐城第二届参议会开会的情形看，……盐城第二届参议会……几乎包括了全部的盐城各界的领袖，包括了各阶层各党派的代表。从最大的地主、有钱人到最穷苦的工人农民代表，从佛教会的和尚至共产主义者，从七八十岁的老前辈至二十岁以下的青年代表，从国民党员、刚从韩德勤部下回家的高级职员、由重庆到苏北的职员到其他有党无党的人士，以及各个不同地区、不同职业的男女代表，无所不有。"④盐阜地区抗日民族统一战线诚可谓"无所不有"，无所不包，这其中便有盐城佛教界领袖人物雪松法师⑤等人的身影与声音。

此外，对于宗教界的抗日救亡运动，党还就舆论上给予支持，正是在《新华日报》的引导与推动下，佛教、基督教、天主教以及伊斯兰教先后成立了抗日救国的统一组织，而中国宗教徒联谊会——宗教界的全国性统一组织的成立也是《新华日报》大力推动的结果。也正是在中国共产党的领导

---

① 河北省社会科学院历史研究所编：《晋察冀抗日根据地史料选编》（下册），石家庄：河北人民出版社，1983年，第43-44页。

② 陈金龙：《试论抗日战争时期党的宗教政策的成熟》，《人文杂志》，2000年，第6期，第126页。

③ 陈金龙：《试论抗日战争时期党的宗教政策的成熟》，《人文杂志》，2000年，第6期，第127页。

④ 刘少奇：《我们在敌后干些什么》，《江淮日报》，1941年6月17日。

⑤ 雪松法师，又名雪嵩、了性，1944—1946年在镇江竹林寺佛学院任教期间曾化名印怡，抗战时期曾在盐城担任永宁寺、兜率寺以及放生庵住持。

下，中国佛教界广大僧众，包括盐城佛教界与盐城籍僧人，不约而同地跻身抗日民族统一战线，为国家民族的生死存亡殊死一搏，为佛陀家业的流传存续奋力一战。

2.响应教内动员，投身抗日救亡运动浪潮

盐城佛教界与盐城籍僧人陆续投身抗日救亡运动的浪潮中来，与当时佛教界领袖人物的振臂高呼、思想动员以及身先士卒的护国举措是分不开的。抗日战争爆发后，太虚法师电告全国僧人："兹值我国或东亚或全地球大难临头，我等均应本佛慈悲：一、恳切修持佛法，以祈祷侵略国止息凶暴，克保人类平和。二、于政府统一指挥之下，准备奋勇护国。三、练习后防工作，如救护伤兵，收容难民，掩埋死亡，维持秩序，灌输民众防空防毒等战时常识诸项，各各随宜尽力为要！"①圆瑛法师则"以中国佛教会会长的身份，号召教界青年僧人组织僧侣救护队，救护伤兵，收容难民，积极投身抗日救亡行列。僧侣救护队在战地前线抢救伤兵，用卡车运送到各地伤病医院疗伤，为此付出了一名僧人阵亡、数人受伤的代价。同时，成立了多处难民收容所，后来圆明讲堂亦用于收容难民"②。

在太虚法师、圆瑛法师等人的大声疾呼与积极运作下，僧伽救护队纷纷涌现，遍及全国各地，其中，影响较大的有上海僧伽救护队、陪都慈云寺僧侣救护队、湖南佛教战地掩埋队、镇江佛学院僧众宣传队、重庆国际佛教徒访问团、湖南佛教抗敌后援团以及成都佛教会僧侣救护队，等等③。僧伽救护队尽己之所能，以自己的方式，抵抗日军的暴行，救国难于危急，护佛门于困厄。比如"中国佛教会组织的抗战救护与慈善活动，为佛教界带来积极有利的影响，上海报纸将他们誉为'英勇僧侣'，外文报纸称他们为'战神之敌'。他们的英勇事迹深受社会上的赞美，博得中外舆论的好评"④。"在抗战期间，佛教徒对护国卫教工作，无论在精神上，或在物质上，或在前方，或在后方，或在国内，或在国外，在'有钱出钱，有力出力'的号召下，佛教徒所表现积极护国救人的精神，可谓'救国不让人'，足堪称之为

---

① 《太虚大师为国难电告全国佛徒》，《海潮音》（第18卷），1937年，第8期，第87页。
② 贾汝臻、黄夏年副主编：《七塔寺人物志》，北京：宗教文化出版社，2008年，第457页。
③ 东初：《中国佛教近代史》，台北：中华佛教文化馆印行，1974年，第938页。
④ 黄夏年：《民国佛教两题》，《中华文化》，第41期，第250页。

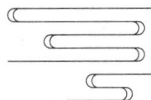

无愧焉。"①

二、盐城佛教界与盐城籍僧人抗日救国的切实举措

正是在中国共产党的领导以及佛教界有识之士的号召下，盐城佛教界以及盐城籍僧人以切实的行动参与到抗日救亡运动的浪潮中来，践行回报四重恩情的弘誓大愿："我们不但要图报要挽救苦恼已迫在眉睫、挣扎在死亡线上的我国家我民族的恩者，同时将濒于水火之中、或间接直接与我们有恩者的他国家他民族，我们也要图报挽救之，那末我们亦不得不自起而抗敌，抵抗我们的敌人，抵抗侵害我恩者的敌人！"②

（一）军民携手，勠力杀敌

盐城佛教界的抗日救亡之举首先表现在与新四军的携手并进，一致抗敌。1939年8月，盐城县第一中学生补习团在上冈成立，补习团藉由国民党"读书救国"的名义，以为中学生补习文化课的形式教育青年学生抗日救国，在上冈地区产生了巨大影响。后因日军飞机经常袭扰上冈，补习团逼迫迁移至上冈西舍利寺，再至孔庄福慧庵。补习团后来在地下党员树海的引导下转变为共产党骨干成员培训班③。

1940年10月10日，"北上的新四军陈毅部队与南下的八路军黄克诚部队在盐城以南的白驹胜利会师，完成了党中央提出的'向北发展'、建立苏北抗日根据地的战略任务。"④同年11月24日，陈毅、刘少奇自海安抵达盐城，中共华中局总指挥部迁至盐城，驻文庙。也是在这一年，陈、刘二人同在永宁寺正北楼⑤居住、工作过一段时间，并在此召开过华中总指挥部会议。1941年年初，永宁寺正北楼成为抗日军政大学第五分校校部。在近两年的时间里，抗大第五分校培养了3000多名军政干部，这其中便有永宁寺的支持与付出。1941年3月，中共中原局（后为中共华中局）、新四军军部机关迁驻泰山庙，刘少奇、陈毅分别居住在藏经楼东西厢房。刘、陈二人在此接见前来助军抗日的国际友人和民主人士。

---

①东初：《中国佛教近代史》，台北：中华佛教文化馆印行，1974年，第954页。

②雨岩：《佛徒报恩与抗敌》，《华南觉音》1938年，第2期，第3页。

③中共建湖县委党史工作办公室：《建湖红色记忆》，2011年，第12页。

④傅义桂：《陈毅在盐阜根据地活动纪略》，《盐城师专学报》（社会科学版），1986年，第3期。

⑤正北楼建于1931年，历史上为永宁寺所有，现属盐城中学。

1941年1月，新四军军部在盐城弥陀律寺，又名南寺，建立起迫击炮厂和修械厂，而紧邻弥陀寺的放生庵则成为新四军兵工厂的后勤供给基地；与此同时，新四军还在盐城西部张庄大觉庵开办"盐城小学教员研究班"。同年2月，鲁艺华中分院在贫儿院开设，而鲁艺师生生活区则设置在贫儿院后侧的兜率寺。3月，新四军后方医院开设于伍佑紫竹禅林。5月，华中党校在万寿宫创办，党校与新四军军部所在地泰山庙隔河相望。同年6月，万寿宫毁于日军炮火。

1941年7月1日，中共盐城县委书记方秉文在湖垛西伴孤庵召开万人反扫荡誓师动员大会，他作大会演讲，要求全区人民行动起来彻底粉碎日伪军的扫荡阴谋。21天后的夜里，方秉文在盐城县十二区（今建湖县县城一带）区公所临时驻地毗卢庵遭遇土匪的袭击，不幸腹部中弹牺牲[1]。

同年7月7日，盐城县中学生夏令营建营仪式和纪念抗日战争爆发5周年纪念大会在芦沟镇芦沟寺举行。夏令营原计划活动三周，7月20日，因日伪军发动夏季大扫荡，夏令营被迫停止，学生疏散回家，只留三四十名骨干组成夏令营服务团，一边游击转移，一边宣传反扫荡。这次夏令营活动时间虽短，但对参营学生影响极大，他们在以后的斗争中有的直接参加了主力部队，有的成为建设和保卫根据地的骨干，绝大部分学生走上了革命道路[2]。而芦沟镇芦沟寺则当之无愧成为这些走上革命道路的青年学生的人生转折点。

1941年9月18日，建阳县委县政府成立，政府机关设置在长北滩，位于今建湖县高作镇西北的长北村境内。建阳县委县政府平日以长北滩王氏宗祠为办公地点。紧邻宗祠南侧的是长北庵，庵内住有和尚。县委县政府尊重宗教信仰，没有占用长北庵，大小会议与集体活动都在王氏宗祠内举行，长北庵则扮演陪衬掩护的角色。建阳县委县政府在此间工作长达3年之久，成为抗战时期全县大政方针的发源地，领导抗日的指挥中心[3]，长北庵也在其中发挥了不可或缺的作用。

1942年2月，新四军卫生干部培训班在伍佑广利院（今伍佑小学处）开办；也是在这一年，著名七君子之一的邹韬奋先生自上海秘密转赴盐阜地

---

[1]中共建湖县委党史工作办公室：《建湖红色记忆》，2011年，第119-120页。
[2]中共建湖县委党史工作办公室：《建湖红色记忆》，2011年，第67页。
[3]中共建湖县委党史工作办公室：《建湖红色记忆》，2011年，第28页。

区，途径大丰小海镇时，在镇海禅寺举行抗日演说。1943年8月，盐阜区抗日阵亡将士纪念塔始建。为纪念1940年10月至1943年9月在盐阜区抗日根据地所辖淮安、涟东、阜宁、滨海、阜东、射阳、建阳、盐城、盐东9县抗日阵亡将士，昭彰先烈，激励后人，盐阜区行政公署决定建造纪念塔。经实地勘察，决定以芦蒲寿安寺旧址为塔址①。而在修建过程中，因砖块烧制不能、购买不便等因素，建塔所需材料一时短缺。邻近寿安寺的天王寺与三元庙两座庵堂自愿捐寺建塔，将庵堂拆毁，用拆卸下来的砖块为烈士纪念塔的建造添砖加瓦②。

　　而在一年后的1944年8月20日晚上8点多钟，美军B-29重型轰炸机在轰炸日本本土的归途中，突然坠落在建阳县夹晏乡（今建湖县建阳镇）金桥村晏荡沟畔。建阳军民与日伪军短兵相接，不但营救了5名机组人员，还护卫了坠落的飞机。而被营救的美军士兵则被安置隐藏在双庙庵，二战结束后5名机组人员安全返回美国③。在艰苦卓绝的抗战相持阶段，盐城佛教界尽己之所能，尽己之所有，为进驻盐城的新四军提供场地，全力支持新四军用于机关驻地或办学培训，使这些场所成为没有硝烟的战场，为盐阜地区的抗战事业做出了特殊的贡献。

　　抗战期间，盐阜地区支持并参与抗日的寺院及其所发挥的功能，用表格显示如下：

---

① 《盐阜区抗日阵亡将士纪念塔》，载抗日战争纪念网，2015年6月27日。
② 《抗日将士感动盐阜大地9县百姓自发捐砖建塔》，载人民网，2014年5月24日。
③ 中共建湖县委党史工作办公室：《建湖红色记忆》，2011年，第86页。

盐阜地区参与抗战寺院一览表

数目	年代	寺院名称	扮演角色	功用
1	1939 年	舍利寺	盐城县第一中学学生补习团所在地	办学
2	1939 年	福慧庵	盐城县第一中学学生补习团所在地	办学
3	1940 年	毗卢庵	盐城县十二区区公所所在地	办公
4	1940 年	文　庙	中共华中局总指挥部驻地	驻军
5	1941 年	泰山庙	中共中原局、新四军军部驻地	驻军
6	1941 年	弥陀寺	新四军迫击炮厂、修械厂所在地	生产军需品
7	1941 年	放生庵	新四军兵工厂后勤部门所在地	保障后勤
8	1941 年	贫儿院	鲁艺华中分院所在地	办学
9	1941 年	兜率寺	鲁艺华中分院师生生活区所在地	办学
10	1941 年	紫竹禅林	新四军后方医院所在地	救治伤病员
11	1941 年	万寿宫	华中党校所在地	办学
12	1941 年	伴孤庵	反扫荡誓师动员大会所在地	抗日宣讲
13	1941 年	芦沟寺	盐城县中学生夏令营所在地	办学
14	1941 年	长北庵	紧邻建阳县委县政府所在地	掩护县政府
15	1941 年	永宁寺	抗日军政大学第五分校校部所在地	办学
16	1942 年	广利院	新四军卫生干部培训班所在地	办学
17	1942 年	镇海寺	邹韬奋演讲所在地	抗日宣讲
18	1943 年	寿安寺	盐阜区抗日阵亡将士纪念塔所在地	助建纪念塔
19	1943 年	天王寺	抗日阵亡将士阵亡纪念塔助建方	助建纪念塔
20	1943 年	三元庙	抗日阵亡将士阵亡纪念塔助建方	助建纪念塔
21	1944 年	双庙庵	获救美军安置地	避难

就目前掌握的文献资料来看，盐阜地区参与抗战的寺院有 21 所，其中，有 8 所寺院为办学场所，分别是舍利院、福慧庵、贫儿院、兜率寺、万寿宫、芦沟寺以及广利院、永宁寺，其中开办于永宁寺正北楼的抗日军政大学第五分校校部在近两年内培养了 3000 多名军政干部，永宁寺诚可谓盐阜地区

抗日中坚力量的摇篮。文庙与泰山庙先后成为驻军所在地，长北庵虽不是名正言顺的政府部门所在地，因紧邻县委县政府，实际上扮演着县委县政府的护卫角色，其作用与地位不容小觑。弥陀寺与紫竹禅林一为兵工厂，一为医院，是战争中非常重要的所在。"民以食为天"，作为新四军兵工厂后勤部门所在地的放生庵则为厂里的工作人员提供了物质上的保障。而伴孤庵与镇海寺作为抗日宣讲所可谓是思想阵地，其在潜移默化中激发出来的民众的抗日力量是不可估量的。寿安寺、天王寺与三元庙不论是作为盐阜区抗日阵亡将士纪念塔的所在地抑或是助建方，均为抗战出力不小，毕竟慎终追远才能继往开来。至于双庙庵则将佛教慈悲为怀的精神落在实处。

而盐城佛教界与新四军携手抗敌最具代表性的当属雪松法师与共产党、新四军之间勠力抗日的一段佳话。早在1938年，盐城地下工作者李寄农、胡杨、树海、还寄萍等人就常在雪老住处举行秘密活动。为策应众人之安全，雪老亲为站岗放哨。1940年5月，他为阵亡将士撰写挽联，曰："英勇抗战，壮烈牺牲，是真民族楷模，永光史册；浩气长存，精神不死，伫看倭寇消灭，还我河山。"1940年年底，新四军进驻盐城，建立民主政权，雪老荣任盐城参议会议员，"经常阅读《陕甘宁边区施政纲领》《抗日民族统一战线》及毛主席的著作，受到教育、启迪与鼓舞。"[1]

1941年6月，新四军代军长陈毅、三师师长黄克诚等人在盐城举行各界人士座谈会，身兼永宁寺、兜率寺、放生庵三处住持的了性法师（即雪老）[2]作为参议员参加座谈。座谈会上他秉公直言，对新四军鲁艺分院美术系主任莫朴砍伐永宁寺内银杏古树的做法提出批评，陈毅军长在会上当即向了性法师道歉。会后经了解，莫朴之所以磨刀霍霍砍向古树是因为系里学生没有画板画架，而学校也缺少桌椅板凳。陈毅对莫朴的行为给予了婉转含蓄的批评教育，莫朴表示一定对自己的行为负责，以正军纪。作为当时最早的参议员，了性法师认真负责地履行了其作为参议员的职能，所以他直言不讳地指陈新四军的错误并加以批评；作为新四军的最高统帅，陈毅军长及时承认错

[1] 江苏省盐城市政协文史资料委员会编：《盐城文史资料选辑》（第12辑），1996年，第260页。
[2] 关于1941年6月召开的盐城各界人士座谈会，根据目前所掌握的资料来看，参加此次座谈会时雪老所用法名当为了性："盐城禅师了性……等各部门的负责人及工农代表等计200多人出席了会议"，见中共盐城市党委史研究室编：《苏北有个盐城——盐城抗战史话》，中共党史出版社，2005年，第225页。此处之行文，我们根据当年召开座谈会时的实际情况，以了性法师称之，余处则为雪松法师，敬称雪老。

误并做出道歉，在增进军民情感的同时，维护了抗日民族统一战线的稳固发展，为盐阜地区抗日战争的胜利奠定了广泛而坚实的群众基础。自此以后，雪老与新四军刘少奇、陈毅、冯定、丘东平等人交往愈益频繁密切，连日的耳闻目见，雪老对新四军的抗日救民情怀有了深切的认识，坚定了他拥护共产党、支持新四军、紧随他们一并抗日的决心和信心。

雪老还充分发挥自己掌握的中医知识，"组织盐城佛教人士组成抗日救护队，自己担任教官，传授、讲解基础的救护知识，组织担架队，救护抗日前线的新四军伤病员。"①"他还积极参加抗日文化活动，担任龙冈夜校教员，兼任几所中小学的校董，主编《惠群月刊》，教唱革命歌曲。"②1943年，雪老通过军邮与陈毅通信，在收到陈毅复信的当晚，就被伪军以共产党名义逮捕、刑讯，后在胡杨亲戚姜慰祖先生的奔走营救下才逃出虎口。

"壮志莫酬，斯乃恨事；倭寇未灭，胡以为家。"③正是基于这样的爱国情怀，陈毅军长这样评价雪老："我们知道雪松法师是爱好和平、反对侵略的，过去做了很多对人民有益的工作，希望今后能给我们更多的帮助。"④盐城市政府在雪老追悼会上作出的评价是："雪松法师的一生是爱国爱教的一生。抗战期间，他利用自己的特殊身份，掩护党的地下工作者，组织佛教抗日救护队，积极救治抗日军民，开展抗日文化活动，动员群众缴纳爱国公粮，动员群众参军，在抗日民主政权内积极参政议政，被刘少奇、陈毅称为'革命和尚'。"⑤雪老是当之无愧的"革命和尚"，名副其实地爱国爱教。

要之，"1940年10月，盐阜抗日根据地开辟，打开了华中抗战的新局面。1941年1月，新四军在盐城重建了军部，接着华中局又在盐城建立。陈毅军长在盐阜区工作了两年多时间。在党中央和华中局的领导下，陈毅军长率领新四军奋战大江南北，坚持敌后抗战，为巩固华中根据地，夺取抗战胜利作出了重大的贡献。"⑥而陈毅领导下的新四军在盐阜地区取得的抗日成

---

① 史义银：《学佛与杀贼：抗战时期的盐城佛教界》，《盐城师范学院学报》（人文社会科学版），2018年，第1期，第102页。

② 廖立地：《"革命和尚"雪松法师》，《江苏民族宗教》，2003年，第1期。

③ 雪松：《我在抗日战争中的经历》，《扬州文史资料》第5辑，政协江苏省扬州市委员会文史资料研究委员会1985年8月编印，第39页。

④ 谷远怀：《"革命和尚"雪松法师》，《中国民族报》，2005年9月2日第3版。

⑤ 转引自廖立地：《"革命和尚"雪松法师》，《江苏民族宗教》，2003年，第1期。

⑥ 傅义桂：《陈毅在盐阜根据地活动纪略》，《盐城师专学报》（社会科学版），1986年，第3期，第103页。

就与以雪老为代表的盐城佛教界的努力与付出是分不开的。

（二）身体力行，各显所能

至于盐城佛教界以及盐城籍僧人的降魔除暴、救国安民之举措，简述如下：

1.盐城佛教界的抗日救国举措

抗战期间，作为盐城永宁寺、兜率寺、放生庵住持和尚的雪松法师可谓是盐城佛教界的引领。不论是从思想上而言还是就行动上而论，他的抗日救国之举是那个时代佛门僧人降魔救世、力挽狂澜的缩影。抗日战争爆发后，当太虚法师、圆瑛法师等人代表整个佛教界提出抗日主张后，身在地方的雪老积极响应，他"主持《惠群》杂志（月刊）的撰文工作，宣扬抗日"①；他登上演讲台，直抒胸怀："出家人虽无家但有国，国破何以为家？出家人的脊梁也是硬的，热血也是红的，倭寇不除，情难平，心难静"②；他秉笔直书，忧心国难："年来国事蜩螗甚，还我河山知几时？珍重长风从此乘，好将雄略挽垂危。"③

盐城佛教界的抗日壮举不仅有雪老一类大德高僧的踊跃参与，还有许多籍籍无名的僧人在为抗日奉献自己的热血乃至色身。1938年4月26日，日军从东台进犯盐城，纵火屠城，永宁寺在这场劫难中未能幸免，火灭后整个寺院仅剩断壁颓垣。据雪老回忆，日军纵火焚烧寺院时，寺中七位和尚挺身而出，舍身护寺，不幸身亡。

1943年6月9日的《盐阜报》刊载了一则题为《出家人抗日》的新闻，其内容大致如下：滨海双套乡禹王庙有个叫了遂的僧人，十分痛恨敌伪的残暴恶行，与师父协商后将寺产变卖，购得钢枪一把，报名参加了盐城当地的抗日游击小队，誓死保卫家乡。④

1945年深秋8月16日傍晚，中共东台县委书记兼东台县抗日独立团政委胡辛人率400多军民攻打九灶城（今富安九灶村）日军据点，富安草庙住持

---

① 史义银：《学佛与杀贼：抗战时期的盐城佛教界》，《盐城师范学院学报》（人文社会科学版），2018年，第1期，第100页。

② 史明：《雪松大师菁华录》，北京：中央文献出版社，2008年，第271页。

③ 雪松：《我在抗日战争中的经历》，《扬州文史资料》第5辑，政协江苏省扬州市委员会文史资料研究委员会1985年8月编印，第38-39页。

④ 史义银：《学佛与杀贼：抗战时期的盐城佛教界》，《盐城师范学院学报》（人文社会科学版），2018年，第1期，第101页。

降福老和尚带领三名出家人一起参加攻打九灶城西门，负隅顽抗的日军用机枪向西门外的游击队员疯狂扫射，草庙住持降福老和尚和其他三名出家人当场壮烈牺牲，老和尚时年73岁①。

岐山乡福慧庵心田和尚热心抗日，决意捐出庙产二十亩，征募四个爱国热血青年入伍参军，每人可得五亩田产，其征章启事如下："愿将稻麦田二十亩捐出，解决参军人家庭经济困难，征求四马（每人五亩）民族英雄县队或主力，从军抗日保乡保家光荣工作。有下列条件者，请到敝庵接谈：一、身体健康，无不良嗜好。二八年在廿至三十岁者；二、没做过坏事，过去参加过军队，成分纯良、家庭贫困者；三、志愿抗战到底者有可靠保人者。"②

盐城佛教界的降魔杀贼之举形式多样，或是与新四军携手并肩，一同抗日；或是单打独斗，以一腔热血，报效国家；或是仗义疏财，招募乡勇，除暴安良；或是发出狮子吼，呼吁民众同来救国。一言以蔽之，就是通过自己的方式来扭转沧桑，回报国恩。

2、盐城籍僧人的抗日救国举措

提到盐城籍抗日救国僧人，鼎鼎大名、冠于其首的便是栖霞寺寂然法师。寂然法师，东台人，俗姓严，曾为栖霞寺监院。1909年在镇江宝华山受具，1939年12月圆寂。据南京栖霞寺所藏《寂然上人碑》记载："民国二十六年（1937年）七月卢沟事起，烽火弥漫，旋及沪京（沪京指上海和南京），载道流亡，惨不忍睹。（寂然）上人用大本、志开两法师之建议与襄助，设佛教难民收容所于本寺。老弱妇孺获救者二万三千余人，日供两餐，时逾四月。道途宁静，始遣之归，真盛德也。事变之后……上人留守栖霞，苦极艰深，困行忍迈，铁肩负厄，处之怡然。"③

正是秉持着这种锲而不舍抗敌救国的大无畏精神，日军的威逼利诱在寂然法师等一众僧人面前屡屡受挫。为掩护暂避栖霞寺的国民党军参谋长廖耀湘将军等抗日官兵，为藏匿记录日军在南京犯下种种罪行的胶片，日军用尽各种手段，"寂然法师等不畏日军淫威，始终不屈。无计可施之际，穷凶极恶的日军在三九严冬中当众剥光寂然法师的衣袍，从头泼浇冷水。寂然法师

---

①东台富安草庙和尚抗日事迹由百岁老人卢宝山、崔昌和口述，慧骧法师整理。
②《和尚爱国不后人》，《盐阜报》，1943年6月9日。
③南京市文化广电新闻出版局（文物局）：《南京历代碑刻集成》，上海：上海书画出版社，2011年，第343页。

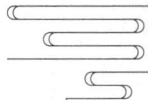

以坚忍的毅力，再次经受住了考验。"而当丧心病狂的日军以炮轰栖霞寺为要挟，逼迫寂然解散难民、交出抗日官兵和胶片时，寂然法师大义凛然地说："如果你要炮轰栖霞寺的话，我将在门口等着你的炮弹落下。"[①] 寂然法师不畏强暴、视死如生的情怀可见一斑。

作为太虚得意门生的大醒法师，是从盐城东台走出去的高僧。在抗日救亡运动中，大醒法师紧紧跟随在太虚法师的左右。中日战争爆发，他在苏北联络各寺院僧侣，设立苏北七县僧众救护培训班，由他领导主持，训练战地救护人才，卫国护教，颇为地方当局重视。

茗山法师，盐城人，1914年出生于盐城大寺巷。抗战爆发后，茗老秉持太虚法师救国伏魔之志，奔走四方，呼吁抗日，在湖南衡阳、耒阳、长沙数地创办了佛教会与佛学讲习所，在大力弘扬佛学的同时，积极开展抗日工作。他为死难者诵经，祈祷逝者安息，脱离苦难；他奋笔疾书，在《海潮音》《正信月刊》《佛学月刊》等期刊上发表忧国忧民、爱国爱教的佛学文章；他与巨赞法师一起向僧众讲解当前国家的局势，宣扬抗日救国的理念。东台安丰籍僧人真禅法师也与茗老一样，在《民铎报》撰文抒怀，呼吁佛门僧众一致抗日，保卫国家。

行脚在大江南北的盐城籍僧人为抗日战争出力不小，他们的降魔救国之举动与盐城佛教界的杀贼安邦之行为可谓如出一辙，毕竟以寂然法师、大醒法师、茗山法师等为代表的盐城籍僧人在走出盐阜地区之前便已受到盐城佛教界的熏染，因此，不论他们走得多远，站得多高，他们的所作所为总是与盐城佛教界一脉相承，他们的抗日救亡举措可以说是盐城佛教界参与抗战的又一面向。

总之，在中国共产党的抗日民族统一战线的感召下，在佛教界抗日救亡运动的推动下，盐城佛教界以及分散在大江南北的盐城籍僧人不约而同地投身到"降魔救世难，勠力转沧桑"的时代洪流中，为中华民族的生死存亡呼号呐喊、浴血奋战，为盐阜地区乃至全国抗日战争的全面胜利做出了贡献。盐城佛教界以及盐城籍僧人的抗日救国举措维护并确保了盐阜地区佛门有生力量的存在，并且通过降魔杀贼之壮举，对佛教戒杀护生之理念作出了新的

[①] 王小明：《日寇肆虐人天怨　寺僧无畏护群生——记影片<栖霞寺1937>首映》，载《法音》，2005年，第9期，第43页。

诠释。"中国为保国家民族而自卫，为世界正义和平，为遮止罪恶、抵抗战争而应战，与阿罗汉之求解脱安宁不得不杀贼，佛之建立三宝不得不降魔，其精神正是一贯的。"①这也正是盐城佛教界以及盐城籍僧人奋不顾身抗日救国的真谛之所在。

盐城佛教界与盐城籍僧人在抗战期间与中华民族同呼吸共命运，以雪松法师为代表的盐城佛教界、以寂然法师为典型的盐城籍僧人，他们为抗战，贡献方外之地，积极配合并参与抗日救亡运动；他们为救国，奋笔疾书，振臂高呼，宣扬爱国爱教的主张；他们为济世，亲上战场，浴血杀敌，死而无悔；他们为安民，开办收容所、救护队，救护伤残，赈济百姓；他们为报恩，捐钱献物，买枪买炮，不计较个人以及常住的利益得失。根据目前掌握的文献资料，抗战期间，盐城佛教界与盐城籍僧人的抗日壮举主要包括贡献场地、亲上战场、宣传思想、捐献钱物、救护难民等五种方式，其中有11名僧人牺牲在降魔济世、逆转沧桑的前进道路上。

"佛教是热爱和平的宗教。佛教历来主张无缘大慈、同体大悲，以悲智愿行的博大襟怀对待人生和世界。通过修行六度、破除我执的方法，消除人世间的一切贪欲、歧视和仇杀，实现庄严国土、利乐有情的伟大理想。这一超越民族和国界的以世界为本体、以和平为本位的和平理念，是人类文明社会中最为宝贵的精神财富，也是维护当今世界和平的重要法宝。佛教是没有国界的，但是佛教徒却有自己的祖国。"②诚然，"佛教是没有国界的"，"佛教徒却有自己的祖国"。抗战期间，盐城佛教界全体僧众以及弘化在大江南北的盐城籍僧人为中华民族的生死存亡做出了非凡业绩。他们"在国难当头时所表现出来的民族气节，给我们树立了光辉的榜样"③；他们的抗日壮举与救国情怀，激励着我们砥砺奋进。

---

① 太虚：《佛教国家同情抗战：太虚大师对南洋商报记者发表谈话》，《海潮音》第21卷第5-6期合刊，1940年6月1日出刊，第4页。
② 圣辉法师在《栖霞寺1937》首映式上的讲话，转引自王小明：《日寇肆虐人天怨 寺僧无畏护群生——记影片<栖霞寺1937>首映》，《法音》，2005年，第9期，第42页。
③ 圣辉法师在《栖霞寺1937》首映式上的讲话，转引自王小明：《日寇肆虐人天怨 寺僧无畏护群生——记影片<栖霞寺1937>首映》，《法音》，2005年，第9期，第42页。

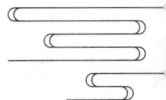

盐城佛教大事记

西汉

汉高帝六年（前201）

置盐渎县。

元狩四年（前119）

分古射阳县东部置盐渎县，属广陵郡。

东汉

东台西广福寺在西溪镇西，为市境佛教兴起之始，相传建于汉章帝元和中（85），据《晏溪志》，曹长者无子，舍宅为伽蓝，即董永所依之处，奉旨赐名奉孝寺。

东晋

建元二年（343）

僧康义（本为龙兴寺僧）受命在阜宁建龙兴寺下院十子院之一的马逻乡天王寺。

义熙七年（411）

废射阳、盐渎两县，置盐城、东城、左乡、山阳4县。盐城始有其名。

义熙九年（413）

改盐渎县名为盐城县。

南北朝

盐城市境内设两个郡治：东台设海陵郡治，盐城市区设射阳郡治（不久改盐城郡）。

隋

开皇年间（581-600）

盐城郡废，县属楚州。

大业九年（613）

两淮义军杜伏威部与隋将公孙上哲部战于盐城，倾覆隋军，韦彻占据盐城，韦彻于盐城置射州，分盐城为射阳、新安、安乐三县。

唐

武德二年（619）

高祖在京师聚集高僧，立十大德，管理一般僧尼。

武德三年（620）

僧寂庵在盐城创建永宁寺。

县治西南六十里朦胧地方，建宝塔净慧寺（朦胧院）。

县治西南四十里，大葛庄北，建永福院（吴葛寺）。

武德四年（621）

韦彻归降。

武德五年（622）

盐城县治西三十五里，华判庄北，建慈氏院（何界寺）。

武德六年（623）

盐城县治南六十里，湛沟河内，建南弥勒院（□儿荡寺）。

武德七年（624）

韦彻死。废射州，仍置盐城县，隶属楚州，改韦彻宫殿为永宁寺院。

盐城县治西南六十五里，湛沟河内，建湛沟寺。

武德九年（626）

五月，高祖下诏："诸僧尼道士女冠，有精勤练行守戒律者，并令就大寺观居止，供给衣食，不令乏短。其不能精进，无行业，弗堪供养者，并令罢道，各还桑梓。所司明为条式，务依教法。违制之坐悉宜停断。京城留寺三所、观二所。其余天下诸州各留一所。余悉毁之。"

武德年间，重行建造，奉孝寺（广福寺）更名"永安寺"。

贞观元年（627）

始建潮音寺（龙王庙），今位于盐城亭湖区青墩镇。

盐城县治西一百四十武，约七十步，建安方庙。

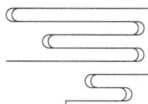

贞观三年（629）

冬十二月，太宗下诏："有隋失道，九服沸腾。朕亲总见戎，致兹明罚。其有桀犬婴此汤罗，衔须义愤终乎握节。各徇所奉，咸有可嘉。日往月来逝川斯远。窃恐九泉之下向沦鼎镬，八难之间永缠冰炭，愀然疚怀，无忘兴寝。所以树立福田，济其营魄。可于建义以来交兵之处，为义士凶徒殒身戎阵者各建寺刹招，延胜侣。望法鼓所振，变灾火于青莲；清梵所闻，易苦海于甘露。所司量定处所，并立寺名支配僧徒，及修院字。具于事条以闻，称朕矜哀之意。仍命虞世南、李伯乐、褚遂良、颜师古、岑文本、许敬宗、朱子奢等，为碑铭以纪功业。"

贞观八年（634）

阜宁县治沟墩三十五里观头地方，建尚贞院。

唐贞观时，建雁渔古寺。建能仁寺。在南羊寨，建观音寺。在东台场，建圣果院（三昧寺）。

麟德二年（665）

在盐城县常盈庄东，建法兴院。

圣神皇帝（武则天）

大云山寺，又名三官殿，坐落在盐都区大冈镇北，相传该寺始建于唐朝武则天时期。据《新唐书》记载，唐天授元年（690），法明和尚编撰《大云经》一部献武则天，称武则天为西天弥勒佛下凡，当取代李唐王朝为天下主，武则天即下令将《大云经》颁布天下，大冈大云山寺即建于此时。

长安二年（702）

日本国遣唐使粟田真人、小野石根以及阿倍仲麻吕(晁衡)等，因途中遇风，船达县境，驻锡永宁寺，受到热情款待，两天后去长安。

广德元年（763）

十一月十四日，大兴春寺三藏沙门不空状进。请置大兴善寺大德四十九员。其中有"永宁寺僧智顺"。

大历年间（766—779）

大祥法师云游至阜宁能仁寺，募捐扩建寺院。

建中四年（783）

盐城县收成庄东，建罗汉院，为盐阜地区"九寺十八院"之一，有"苏北净土丛林"之称。

元和十一年（816）

冬，新罗王子金土信来唐，途遇恶风，船漂县境。盐城县官员妥善安置于永宁寺，并报朝廷。

会昌二年（842）

三月，唐武宗开始禁佛。停内供奉大德，发遣保外无名僧，不许置童子、沙弥。十月，敕天下所有僧尼解烧炼、咒术、禁气，背军身上杖痕鸟文、杂工巧，曾犯淫、养妻、不修戒行者，一律还俗。僧尼个人财物，除衣钵外，收纳入官，听候处分。如爱惜财物、愿意还俗者，允许还俗，充两税户。僧许留奴一人，尼许留奴两人，其余奴婢一律由本家收管，无家者官卖。

会昌五年（845）

唐武宗发起灭佛运动，被废弃的寺院四千六百余座，小寺院(招提兰若)四万多所，还俗僧尼二十六万多人，寺田被没收数千万顷，奴婢十五万人。佛像皆被毁弃。佛典皆被烧掉。

会昌六年（846）

武宗逝世，宣宗继位。此前，宣宗为避武宗之忌，曾削发为僧。其即位诏书有言"佛尚不杀而仁，且来中国久，亦可助以为治"等语。

大中元年（847）

宣宗发布诏书谓佛教"虽云异方之教，无损为政之源"。并称"会昌禁佛厘革过当，事体未宏"。宣布凡会昌禁佛所废除的寺庙，"有宿旧名僧复能创修，一任住持，所司不得禁止"。此令一下，天下大动。

大中二年（848）

在上都、东都及荆、扬、汴、益等诸州建寺。

大中五年（851）

京畿及郡县士庶欲于旧址再建寺庙者令勿禁。兼许僧尼营造。

晚唐

僧宝素在郡东南添差乡建乌垛院（马躲寺），为龙兴寺下院十子院之一，原为崇福寿安院。原址应在现阜宁县硕集镇马躲村，1997年8月重建。

唐代①

建北极殿于东台县梁垛场北。

---

①无具体年代而只有笼统去某朝代者，一律置于该朝代之末，后同。

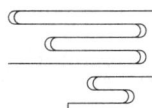

高丽僧人封大圣等曾经盐登陆，在永宁寺驻锡时日，然后转赴长安，开始他们的求学生涯。回国前亦在永宁寺停留后踏上归途。

五代十国

南唐时

置新兴场(盐场)，县境隶属泰州。

僧了檀与东台北门外募建大圣寺。

后周

显德二年（955）

后周世宗禁佛。

宋

建隆元年（960）

北宋王朝建立，宋太祖停止了寺院的废毁。

北宋初，阜宁县杨寨北，建岳齐庙。

开宝元年（968）

盐城县冈门镇，建弥陀西寺。

太平兴国三年（978）

县境复属楚州。

景德年间

阜宁县治上马头，建兴国寺（原名真武庙）

东台县茅山庄，建景德寺。

至和年间（1054-1056）

东台县草堰镇，建义阡寺。

治平四年（1064）

奉旨加赐广福寺为寿圣寺。

宣和六年（1124）

盐城县北任庄北，建静居寺。

建炎三年（1129）

正月，宋将韩世忠部溃于沭阳，退至盐城。梁红玉、韩世宗夫妇入驻永宁寺。

建炎四年（1130）

岳飞挥师进援楚州(淮安)，先后四次来永宁寺探访方丈云隐法师。

建炎中

东台县北朱庄，建旌忠寺。

绍兴元年（1131）

三月，宋将张荣击败金兵于缩头湖(大纵湖南)及九里泾。同年，县属涟水军。三年，复属楚州。

绍兴二年（1332）

寿圣寺更名"东广福寺"，沿用至今。

永安寺（西）更名为"西广福寺"。

绍兴三十一年（1161）

九月，金人完颜亮大举入侵盐城。

隆兴元年（1163）

金兵入侵，宋将陈敏与金兵战于射阳湖。

隆兴二年（1164）

永宁寺改为县治。后复为寺。

开禧二年（1206）

两淮大饥，盐城灶民卞整聚众起事，率部攻克盐城、泰州、天长等地。后失败，卞整以千人投降官府。

嘉定年间

东台县西溪镇通圣桥南，建泰山护国禅寺。

嘉定二年（1209）

楚州胡德、胡海兄弟率饥民起事，过射阳湖转冈门，入富家堡立栅寨，沿海数百里尽为所有。

绍定三年（1230）

十月，李全(前红袄军首领，后为宋招信军节度使，此时已叛宋，任山东淮南行省)发兵攻扬州，其部将入据盐城。

绍定四年（1231）

县属宝应州。又三年，县属淮安州。

宋代

东台县蚌沿河侧，建宝珠寺、青龙寺、地藏寺、罗汉寺、护国寺等；栟茶场，建佑圣观；县治东北，建明真观；宋石庄，建弥陀寺。

元

至元十三年（1276）

县改属淮安路。

至正二十六年（1366）

吴王朱元璋命徐达、常遇春攻取盐城。

元至正年间（1341–1368）

永宁寺被毁。

东台县丁溪场，建东义阡寺。

明

洪武元年（1368）

明王朝建立，于县城东北隅创建县署，县属淮安府。

洪武三年（1370）

盐城县伍佑场南陈家巷，建利济院。

洪武四年（1371）

重建弥陀西寺。

洪武十四年（1381）

朝廷对佛教僧官制度进一步规范化。礼部为钦依开设僧、道衙门以掌其事，务在恪守戒律，以明教法。在京设置僧录司，掌管天下僧，选精通经典、戒行端洁者铨之。在外布政[司]府、州、县，各设僧纲、僧正、僧会等司衙门，分掌其事。各县僧会司掌本县僧教事，僧会一员。盐城县设僧会司掌盐城县僧教事。僧会一员。

洪武十五年（1382）

令天下寺院为作禅、讲、教三类。其后，永宁寺别称为永宁教寺。

洪武十七年（1384）

僧会绍凯、海月重建永宁寺。盐城县僧会司设于永宁寺内。

邑人夏舜卿重建明真观。

洪武二十四年（1391）

重修静居寺。

洪武年间

东台县，在小海处，建东义阡寺；在安丰，建西义阡寺（西寺）、崇宁观。

景泰七年（1456）

在富安场，修大圣寺。

景泰年间（1450–1456）

永宁寺僧广全"庄严佛像"。

隆庆三年（1569）

重修永宁寺。

万历三年（1575）

东台县治西门外大街，建三官殿。

万历十年（1582）

重修永宁寺。

万历四十年（1612）

东台安丰场，建东义阡寺（东寺）。

万历年间（1573–1620）

知县杨瑞云一次购买田产四十二亩三分地，无偿赠送寺庙，作为永业。

盐城知县杨瑞云重修泰山庙。

西溪巡检诸某重建泰山寺。重修崇宁观。

崇祯间

建观音院（夏家桥）、水月庵（永宁寺北）、五柳院。

伍佑场西十五里新运河南，建甘露庵。

东台县西门外，邑人曹一方捐建西方庵。

东台县城东门内，邑人潘庠始建圆通庵。

东台县城内彩衣街，何垛蒋氏建延生庵。

崇祯十六年（1643）

阜宁县城北门外盐河东岸，邑人霍贤、陈周氏建庵，建太平庵，有碑记。

崇祯末

邑人曹一芳捐资，易以瓴甓重建祥兴庵。

明末

建息心庵，即今之息心寺前身。

清

顺治初年

僧印白（东台人，俗姓陈）捐银近万在台城西门太平坊内九龙港畔（三昧寺旧址向南近150米），重建三昧寺。

顺治二年（1645）

六月，江南总督沈文奎命降将刘泽清取盐城。是年，南明盐城屯政都司鄞报国和诸生司石磬、孙光烈起兵反清，收复盐城。不久兵败。

顺治三年（1646）

东台县北关帝庙后，建永盛庵。

顺治间

东台县城西门外便民桥北，建福慧禅院。

顺治四年（1647）

九月，冈广诸生厉豫假借已故南明弘光大学士史可法之名，起兵反清，建立营寨，攻克庙湾等地。

顺治八年（1651）

九月，孤云行鉴禅师入驻永宁寺为住持。顺治十年(1653)一月退院。其间，嗣法弟子玉山超博等和孤云行鉴同法兄弟隐元隆琦及徒即非如一等亦至盐城，卓锡永宁寺。

分司朱之瑞重修北门外大圣寺。

顺治十年（1653）

来云行崖主盐城永宁寺。

冬十月，孤云受海盐县官郭公等礼请住持金栗寺。

顺治十一年（1654）

四月十三日戌时，曾住持永宁寺的玉山超博于东台三昧寺圆寂。

九月二十一日申时，永宁寺首座自觉超元圆寂。永宁李首座乳峰超卓主编《孤云禅师语录》。

顺治十三年（1656）

温成大机任永宁寺首座。

顺治十八年（1661）

素崖行渊至永宁寺阐法5年。于康熙丁未（1667）迁吴江接待。后住龙池。

五月八日，孤云行鉴圆寂，为禅宗大鉴下第三十六世、临济下第三十二世。

康熙元年（1662）

伍佑场，建如来庵。

康熙四年（1665）

盐城县署西北，建盐城兜率寺。

康熙十九年（1680）

正月初七日（2月6日），青崖元日禅师出生。

康熙三十六年（1697）

原智法师青年时期于净慧寺学道参禅，后投海州佛陀寺元玺长老为师，先后被聘至淮扬、扬州、杭州名寺为住持，是年，御赐"净慧禅师"。

康熙年间

御赐加封永宁寺为"护国永宁禅寺"。

重修富安场大圣寺。

在李家堡、富家滩，分别建大圣寺。

康熙三十八年（1699）

青崖禅师到苏州虎丘参拜禅宗南岳下三十五世木陈道忞的法嗣节崖觉琇禅师。

康熙三十九年（1700）

河督张鹏翮奏请敕建禹王寺。

康熙四十一年（1702）

僧道圆重修甘露庵。

康熙四十四年（1705）

三昧寺僧超杰赴镇江金山寺，恭迎康熙帝南巡，奏请赐额，敕赐"慈济"，御书"孤云自往心同远，皓月当空性本园"，超杰将御书楹联挂在寺内大雄宝殿，"三昧寺"自此易名"慈济寺"。

夏，青崖禅师又到灵隐寺参拜谛晖慧辂禅师。

康熙中叶

式衡智权、天根传本相继住盐城永宁寺。

康熙四十八年（1709）

青崖在金陵宝华山受具足戒。

康熙五十年（1711）

倡石万清住永宁寺，三年后辞去。

康熙年间（1714-1720）

此宗本溟、中贤元旨先后主持盐城永宁寺法席。

康熙五十一年（1712）

冬，青崖禅师到松江云峰寺参学。

康熙五十四年（1715）

青崖禅师住持山阳的东林寺。

康熙五十八年（1719）

冬，青崖元日禅师到天长毗尼寺说法。

康熙五十九年（1720）

予怀超涵来盐主永宁寺。

雍正四年（1726）

永宁寺素崖行渊法嗣云德超宝开法润州报恩寺。

雍正十二年（1734）

青崖元日禅师奉旨进宫说法。雍正皇帝赐紫衣四袭及宝盂、玉如意等物，并将其留在皇宫。

东台县西门拱宸坊外，分司林华封、僧可达重建万缘庵。

雍正十三年（1735）

青崖受命出主天童寺法席。

乾隆元年（1736）

青崖二次奉旨进京，命为西山十方普觉寺住持。乾隆皇帝继位后，建报恩道场，对卧佛寺进行大规模重修，青崖禅师应召至京监理。

乾隆六年（1741）

秋，郑板桥在西山与青崖和尚相聚，写下《山中卧雪呈青崖老人》一诗。

乾隆八年（1743）

乾隆皇帝题诗《香山示青崖和尚》相赠。

乾隆十一年（1746）

闰三月二十七日（5月17日），青崖元日禅师卒于京都十方普觉寺(今北京香山卧佛寺)，享年67岁。七月，由太子太保、文渊阁大学士兼吏部尚书史贻直篆额，太保、保和殿大学士兼吏部尚书张廷玉撰文，翰林院内阁学士兼礼部侍郎张若霭书丹铭碑。

乾隆十七年（1753）

僧昆峰修福慧禅院。

乾隆二十九年（1764）

两江总督高晋增建禹王寺后殿，专祀禹王。

乾隆年间

再次加封永宁寺。

三昧寺遭火，僧可达至镇江金山寺，乾隆帝南巡赐额"三昧禅寺"，"慈济寺"复改"三昧寺"，为东台十方丛林之首。

汪瑶光重修北门外大圣寺后楼。

嘉庆二年（1797）

知先祖通主永宁寺。嘉庆二年前永宁寺住持为慧真佛缘。

嘉庆五年（1800）

邑人重建富安场大圣寺。

嘉庆十七年（1812）

僧了智重修福慧禅院。

道光九年（1829）

戒净主永宁寺。

道光十五年（1835）

东台富安大圣寺毁于火，僧志宏率其徒定然募金重修大圣寺。

同治初

捻军李成部前锋与境内团练交锋，净慧寺寺内部分殿堂被摧毁。

同治六年（1867）

长江水师提督黄翼升捐资重修宝塔净慧寺。

同治十一年（1872）

高鹤年出生于今盐城市大丰区刘庄镇（原属兴化县）人，名恒松，号隐法，字野人，另号终南侍者、云山道人。

同治十二年（1873）

应慈出生于东台安丰，俗姓余，名铎，号振卿，法名应慈，又名显亲，自号华严座主，晚年号拈花老人。

光绪十年（1884）

左宗棠视察淮河时，专程到云梯关参谒禹王庙。

光绪二十四年（1898）

应慈朝礼普陀山时，盟生出家念头，师从明性法师，随禅师到南京三圣庵，一边耕作，一边研习佛学经典等。

光绪二十六年（1900）

应慈奉明性禅师之命到宁波天童寺依敬安和尚受具足戒。

郭介梅出生于江苏盐城，名寿宁，以字行，法号慧震居士，别署杯渡斋主人。著名爱国学者、慈善家、佛学家、文学家。

光绪二十七年（1901）

春，应慈赴镇江金山寺从大定老和尚学禅。

光绪二十八年（1902）

应慈至扬州高旻寺随月朗老和尚参佛，获益颇丰。

光绪末（约1902）

云峰丽元主丈席于永宁寺30年。

光绪二十九年（1903）

应慈法师开始到常州天宁寺向冶开老和尚学习禅法，冶开老和尚见其才思敏捷，为可造之材，对他很是器重，引为入室弟子，

光绪三十年（1906）

应慈和明镜、惟宽、月霞等同受记莂，成为禅宗临济法派第四十二世。

光绪三十一年（1908）

应慈在安徽成立僧教育会，开始讲经弘法，培养僧才。

宣统元年（1909）

2月14日（农历正月二十四），雪松法师出生于江苏省江都县双沟乡高峰村陈五房（今桥南组）。

寂然于句容宝华山受具足戒，禅定于镇江金山江天禅寺。

清末，市境有大小寺庙庵院1400多座、僧尼5000多人。射阳息心寺被毁。

民国时期

1912年

初年，霭晴先后收苇乘和苇宗兄弟为徒，后与广岫等倡办三昧寺启慧学院。

志坚任东台泰山护国禅寺住持，为泰山寺第十代方丈。

广岫任东台三昧寺住持、东台佛教会副会长。

听泉任东台三昧寺住持。

宏台任建湖罗汉院住持。民国时期，宏台与融高、仁俊法师成立苏北净土社，专弘净土法门，精修净业，时人有"南印光、北宏台"之誉。

1913年

昌根师太率弟子隆裕、隆慈两位尼师，发心重建东台复兴庵佛殿及厢房二十六间。

1914年

农历二月二十日，茗山出生于盐城，俗名钱延龄，法名大鑫，号茗山。

1915年

隆泉在东台义阡寺依空月老人出家。

1916年

真禅出生于江苏东台，俗姓王，名鹤树，字真禅，别号昌悟。

1919年

春，本慈又受戒于南京古林寺辅仁老和尚座下，继而住持南京白衣庵，严持戒律，静修莲宗。

1920年

瑞祥于东台三昧寺出家，受具足戒，后至镇江超岸寺玉心佛学院、厦门南普陀闽南佛学院、武昌世界佛学研究院学习深造。

1921年

寂然法师至栖霞寺，侍应剃度师振禅和尚，振禅圆寂后，继侍宗仰和尚。

苇舫在东台福慧寺出家，法号乘愿。

1922年

大醒法师毕业于东台师范学校，后来因读到憨山大师的《梦游集》，对佛教发生信仰，产生出家的念头。

高鹤年回到刘庄，将家中房屋进行整修，准备建造专门接纳贫苦妇孺的贞节院。

大本于东台庆隆庵依松彩法师出家。

1923年

云莲在时盐城县沙沟市（今泰州市兴化市沙沟镇）创办佛教小学，招生徒共三十名，一切用项，皆系云莲法师一人担负。后该佛教小学为融高等改为沙沟僧学院。

1924年

盐城兜率寺逐僧印云与圆融争住持。

大醒依扬州天宁寺让之和尚剃度，法名机警，别署随缘。

1925年

广岫与东台寺僧志坚、定庵、密法、圣慈、树成、修航、霭晴、宏基、印根等十人联名具请创办中华佛教江苏东台启慧学院，是启慧学院的创始人，兼第一任院长。

通如、默如于句容宝华山隆昌寺受具足戒。

夏，大醒法师跟从太虚大师到庐山讲习。

妙生14岁于东台西鲍庄地藏庵出家，师从依俊德老和尚，研读佛经、学习经忏。

淦泉法师在兴化慈云庵出家。

1926年

苇舫18岁于南京宝华山受具足戒。

慈霭于东台如来庵依默如法师出家。

1927年

满池，亦作满慈，任兜率寺住持。

盐城广福庵住持僧性海募修广福庵。

1928年

嘉惠募资重修阜宁青沟宝云禅院。

3月，大醒奉太虚大师之命，和芝峰法师先后到厦门南普陀寺的闽南佛学院主持学务，大醒任南普陀寺监院。

夏，郭介梅自求皈依于印光法师之下，潜心研究佛学并终有所得，民国间，苏北地区水灾频发，郭介梅居士心怀天下，弃官从赈，积极从事慈善事业，先后担任国际救济会查放主任、江苏省难民救济联合会委员等职，提出以工代赈的先进思想，用实际行动救助大批灾民。

1929年

融高、融庆曾任时盐城佛教会执行委员，曾共同议定源涛接替香谷任永宁寺住持。

由江易园等人在县城兴北街兴建息心寺，建成大雄宝殿、三圣殿、韦驮殿，及寮房二十余间，印光法师与江易园等曾就息心寺多有书信交流，该寺后经战火被毁。

1930年

秋，广岫为其法师海霞长老六十寿庆传戒，礼请金山大观音阁仁山法师到三昧寺讲演戒律，兼戒期"说戒和尚"，为东台佛教前所未有之盛况，仁山法师撰有《东台慈济三昧寺传戒录序》。

1931年

体真中纯继云峰丽元任永宁寺住持。

慧悟、慧海分别任盐城县兜率寺住持、监院，逐僧印云勾结地方，侵吞寺产办学，慧悟会同慧海为盐城县教育局擅提寺产办学向中国佛教会报告，发起盐城县教育局处分寺产事件行政诉讼案，由圆瑛等向内政部呈请批驳不准。慧海时为该寺监院。

高鹤年居士在辛未年间参与并大力支持苏北水灾的救济活动。

妙生20岁至句容宝华山隆昌寺受具足戒，后赴镇江焦山定慧寺参学。

大本法师在镇江焦山定慧寺受戒，先后入东台启慧佛学院、广东岭东佛学院、厦门闽南佛学院学习。

冬，全乘法师于卞团庄接引庵出家，师从春霞、能安，学习大乘经典、教仪教规，深得法益。

真禅至句容宝华山隆昌律寺依德浩和尚受具足戒，为临济正宗第47世。

1932年

春，茗山随宏台到收成罗汉院出家，学习佛门功课及经书二年。

1933年

大醒到汕头小住，主办《现代佛教》周刊，继续宣传佛教改革的理念。

1934年

春，茗山到镇江焦山定慧寺受具足戒，下半年入焦山佛学院学习。

大醒法师出版《海潮音》的《人间佛教专辑》，发表太虚大师等所撰写的关于人间佛教的18篇论文，在全国佛教界引起强烈反响。

1935年

年初，永宁寺住持体真退居。香谷天赐、源涛天朗、德厚灵璧先后任永宁寺住持。

秋，茗山任焦山定慧寺知客，后由大超法师介绍，茗山拜见太虚，太虚欣赏其才华横溢，欣然写信推荐他到武昌世界佛学院进一步深造。

明鉴法师在射阳县千秋镇奠建菩提莲社（四十年代毁于战火）。

松纯法师投东台鲍舍庵依守恒法师出家。

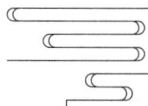

西北军吉鸿昌部新五师曾以大佛寺为营房。

1936年

大醒法师回到江苏，住持淮阴觉律寺，发行《觉律》月刊，继续宣传人间佛教思想。同时创办"觉律佛学院"，培育青年僧才。

1937年

雪松嗣法于德厚灵璧，继任永宁寺住持。

7月7日，抗战爆发。雪松投身抗战，宣传抗日，并自筹经费，创办盐城抗日救护队。雪松又考入江苏省第六行政督察区民校师资养成所。

慈霭于句容宝华山隆昌寺受具足戒。

冬，日军攻入南京主城区，开始了惨无人道的南京大屠杀，寂然法师大开寺门，救助百姓。

冬，茗山从武昌世界佛学院毕业并发表《评"中国文化所受印度佛教之影响"》。

1938年

日军飞机轰炸盐城县城，毁民房1600余间，西大街270多家商店变成一片瓦砾，初具规模的邮电交通设施基本被摧毁。所存工业企业为抗战前的十分之一、二。4月26日，日军侵占盐城，大火烧房7昼夜，全城房屋仅剩十分之二，永宁寺被烧毁大半。雪松护寺救灾，艰苦卓著。

1939年

10月12日，寂然法师因劳碌过度而圆寂。

1940年

罗汉院遭到侵华日军炮火袭击，宏台为保护寺院而献身。

1941年

1月25日，新四军于"皖南事变"后在盐城重建军部，2月27日，新四军军部迁驻泰山庙内。

雪松学唱、教唱抗日歌曲，慰问新四军伤病员，动员群众踊跃交纳爱国公粮，积极参军。

1942年

春天，新四军代军长陈毅、政委刘少奇在盐城鲁迅艺术学院教务处主任丘东平的陪同下，来永宁寺探访时任盐城佛教会代会长、抗日民主政权盐城参议会参议员的雪松。

雪松参加"欢迎盐阜开明绅士文艺晚会"并即兴讲话。雪松发起成立了盐城县佛教界抗日救护队，自任教官，传授救护常识，救护新四军伤病员。还掩护共产党地下工作者胡扬、苏海、还寄萍、李寄农等人，被陈段、刘少奇称为"革命和尚"。

7月，日军第四次侵占盐城，雪松撤到农村。

8月，雪松被日伪军逮捕，坚贞不屈。经共产党地下工作者和友人全力营救脱险后，依然为抗日不懈努力。

1943年

日寇将禹王寺庙宇亭台、树木全部夷为平地，仅"古云梯关"四字石碑得以幸存。

1944年

因叛徒告密，雪松身陷囹圄，陈毅闻讯，立即下令解救，张爱萍亲自负责安排营救。后雪松被迫离开盐城。

1945年

真禅至镇江竹林寺受记，为守之、震华、窥谛三法师的法徒、临济正宗第47世。

1946年

初夏，茗山返回焦山定慧寺。

1948年

3月，乘愿出生于上海，字觉行，俗名董仁政，祖籍浙江奉化，客籍江苏滨海。

中华人民共和国成立后

1949年

年初，大醒去台湾，以《海潮音》杂志发行人兼主编的身份，把《海潮音》迁到台湾出版，任台北善导寺导师。

1951年

茗山出任定慧寺第九十八代方丈，期间认真执行政府规定，积极率领寺僧走"农禅合一"之路，在政府留给寺庙的土地上耕作劳动，自给自足。

1952年

12月13日，大醒安详示寂，世寿53岁，戒腊27年。

1962年

高鹤年居士去世于刘庄。

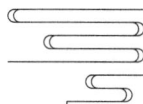

1964年

雪松于江都镇卫生院参加工作。

1965年

8月31日，应慈圆寂于上海慈云寺，世寿93岁。

1981

通如法师"文革"期间被下放东台劳动，1981年初应请回寒山寺任住持。

茗山应香港大屿山宝莲寺和宝林寺方丈圣一法师邀请去讲经和参加宝莲寺佛像开光，成为"文革"后江苏省第一个去香港讲经的长老。

1981–1991年，默如法师息影法云寺，礼佛读经，不预外务。

1981年起，雪松法师任江都县政协委员、常委，扬州市佛协名誉会长，江苏省佛协理事，江都县佛协筹备会主任。

1981年，浩霖任世界佛教僧伽会副会长。

1982年

茗山受中国佛教协会会长赵朴初居士的委派，到南京栖霞寺筹办"中国佛教协会栖霞山僧伽培训班"。

1982年，从达法师退休后，参与恢复上海静安宝山净寺的工作，并新建上海佛教安养院等。

1982年，乘愿拜明旸法师为师，皈依佛门。

1983年

茗山根据中国佛教协会指示，在培训班的基础上，开始筹办"中国佛学院栖霞山分院"，翌年正式招生，学制二年，由赵朴初居士兼任院长，茗山出任第一副院长，主持学院日常工作。

1983年底，董仁政赴南京栖霞寺找茗山法师，成为其正式弟子，取名乘愿，字觉行。

1984年

雪松在扬州大明寺主讲《般若经》的传承、内容和要义。

4月25日，通如法师于寒山寺圆寂，世寿81岁。

1985年

达禅法师任东台泰山寺住持。

真实法师携徒昌净在恒济花垛庵旧址上中兴道场，易名九华开山寺。

昌净法师于上海玉佛寺受具足戒。

1986年

茗山应邀回盐城参加准剧节，倡议复建永宁寺。

浩霖法师回国寻祖庭，商议恢复义阡寺。

1987年

瑞祥法师调任扬州大明寺，主持法务。

1988年

乘愿法师开始云游四方，参学名山大寺。

1989年

茗山参加"中国佛教协会赴美国弘法团"，到美国旧金山万佛城，参加了三坛大戒传戒法会，参观并访问了洛杉矶的西来永宁寺等寺院。

1990年

盐城市佛教协会成立，选举达禅法师为会长，妙映为秘书长，会址设在东台泰山寺。

1991年

我国特大洪涝灾害时，83岁高龄的雪松，向全市宗教界及各界呼吁救灾，并带头捐钱捐物，支援灾区。

1992年

5月，盐城市人民政府批准修复永宁寺。

7月，为了永宁寺恢复建设顺利进行，成立了盐城市永宁宁寺修复领导小组，由时任分管民族宗教事务工作的谷容先副市长任组长，王伯杏、洪家璧等任副组长。

9月20日，成立了盐城永宁寺修复委员会，由茗山、圣一、宽裕、真禅、慈舟、雪松、浩霖等组成。茗山委派弟子乘愿等到盐城准备筹建永宁寺。

1993年

4月3日上午，永宁寺恢复重建奠基典礼在市区海纯公园内举行。雪松与茗山结为法兄弟，禅让方丈于茗山。茗山礼请圣一、宽裕、真禅为永宁寺名誉方丈。

9月28-29日，盐城市佛协一届理事会在东台泰山寺召开。会议除交流了各地佛教活动情况、研究加强农村佛事管理外，还专题研究了永宁寺修复资金的筹措问题。

11月29日，下午，缅甸华人陈惠常居士捐赠给永宁寺的长5.2米、重8

吨、价值20万元的玉佛从镇江运抵盐城。30日上午，玉佛迎请仪式在盐城花木场举行。

12月13日，上午，永宁寺举行第一期工程上梁仪式。

射阳县政府同意复建息心寺，礼请茗山法师为方丈。

1994年

1月21日，下午，永宁举行佛像安座仪式。市政府、市政协、市委统战部、市民宗局、城区政府有关领导，常州天宁寺大为法师、隆仪法师以及捐赠佛像的常州高健民居士等参加了安座仪式。仪式前后，举行了安座法会。该日，茗山共收皈依弟子21名。

5月14日，永宁寺古石碑由盐城中学运回。下午，乘愿向盐城中学领导回赠了捐赠证书。

10月17日，永宁寺为茗山的师傅宏台法师举行圆寂五十周年法会。

1995年

4月29日–5月1日，盐城市佛教协会第二届代表会议在盐城召开。永宁寺都监乘愿当选为会长。全国佛协副会长、省佛协会长茗山和盐城县40年代代佛协会长、永宁寺退居方丈雪松在会上讲话。市佛协会址从东台泰山寺迁至盐城永宁寺。

6月15日–17日，根据全国佛协部署精神，永宁寺举办普度抗日英烈法会。

大佛禅寺获批重建，迁址滨海县城人民北路615号。

射阳息心寺建成三圣殿、大雄宝殿、大悲楼、天王殿、佛教文物展览馆、观自在园、山门、客堂、寮房等。万佛塔9层高68米，是息心寺标志性建筑，座高2.5米的玉佛是寺院的镇寺之宝。

1996年

3月15日，永宁寺召开天王殿筹建工作座谈会，茗山及驻城的佛教界人士参加会议。

9月1日，晚间，盐城市佛协在洪祥大酒店为茗山、乘愿出访举行饯行宴会。

1997年

盐城市佛协迁至盐城永宁寺，并召开第二次佛教代表会议，礼请茗山法师、达禅法师为名誉会长，乘愿法师为会长，仁禅为秘书长。

3月2日，永宁寺举办雪松老和尚九十华诞庆典活动。市有关领导、新加坡人乘精舍觉众等6名尼僧及国内诸山长老出席庆典。

8月，阜宁马躲寺重建，时任负责人妙智法师。

9月28日，下午，乘愿与市政协陆树臻副主席、市政府李学义副秘书长、民宗局领导一起接待应邀来盐的新加坡佛教总会主席，灵峰般若讲堂住持隆根。

10月20日上午，永宁寺举行卧佛安座仪式。

1998年

2月6日，下午，市政府召开会办会，专题研究盐城永宁寺建设用地及海龙路建设问题。

8月17日，上午，举行永宁寺大雄宝殿奠基典礼。开工典礼后，举行了传法大典。

12月14日，江苏省宗教界为社会主义两个文明建设服务经验交流会召开。乘愿法师在此次会议上作为先进个人受到表彰和奖励。

1999年

11月20日，茗山参加建湖罗汉院大雄宝殿落成庆典活动。

11月25日，雪松离开江都来到盐城永宁寺。

2000年

1月24日，雪松法师于永宁寺圆寂，住世91载。盐城、江都各界人士和诸山长老成立雪松老和尚治丧委员会，赵朴初为名誉主任，茗山为主任，慈舟、松纯等人为委员。

1月30日上午，举行雪松老和尚回向法会。江苏省和盐城市、江都市等有关方面负责人及中国台湾、新加坡等海内外诸山长老、大德居士等500多人参加。30日，盐城市委统战部、市宗教局举办"当代佛教尊宿雪松老和尚回向法会"。法会由乘愿法师主持，无锡祥符寺代理方丈无相法师致悼词，谷容先副市长讲话。火化后得舍利子数百颗，除部分舍利子由新加坡徒孙觉众带回供奉外，其余由永宁寺建塔供奉。

2001年

3月28-29日，市佛教协会第三届代表会议召开，茗山法师、达禅法师为名誉会长，乘愿法师连任会长，德正为秘书长。

是年，达禅圆寂于泰山寺，茗山在上海示寂。

12月25日，永宁寺举行佛陀无量寿吉祥法会和茗山法师纪念馆落成仪式。

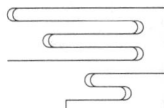

贯澈法师任东台泰山寺方丈、东台佛教协会名誉会长。

2002年

5月21日，永宁寺举办茗山圆寂一周年纪念报告会。

10月14日，乘恩法师赴镇江焦山定慧寺，参加心澄升座和山门落成庆典。

2003年

3月，真实法师升座方丈。

建湖净慧寺被列为江苏省文物保护单位。

2004年

8月6日，大丰籍本振法师圆寂。

8月11日–13日，盐城佛协召开第四次代表会议，弘法法师、莲华法师、乘愿法师为名誉会长，了尘法师为会长。

10月，永宁寺举行毗卢宝殿落成、乘愿大和尚升座典礼。

2005年

8月初，乘愿大和尚因身体原因请求辞去方丈，推荐扬州大明寺法弟能修大和尚的徒弟仁风担任永宁寺住持。12日，经省市宗教主管部门及佛教协会批准，仁风大和尚于永宁寺举行晋院升座仪式，乘愿与能修传临济正宗四十八世于仁风。

东台泰山护国禅寺被评为江苏省"模范宗教活动场所"。

2006年

1月21日，永宁寺退居方丈乘愿老和尚圆寂，驻锡盐城13载。

2007年

响水禹王寺正式开工重建。

2008年

宏宽法师任建湖南林寺住持。

12月25日，东台籍性仁法师圆寂。

2010年

4月3日，仁风法师在盐都区葛武镇郝荣村接待盐城籍在台知名人士郝柏村，并商议恢复净土寺。

8月8日，盐城佛协组织召开第五次代表会议，了尘法师连任会长。

建湖籍真实法师圆寂，按佛教"肉身"葬俗坐缸。

2011年

3月1日，江苏省民族宗教事务局副局长沈祖荣、无相长老、心澄大和尚、能修大和尚来永宁寺参观指导，三位大和尚为盐城居士开示。

3月2日，无相长老、心澄大和尚、能修大和尚、仁风大和尚，参加永宁寺下院盐都区净土寺奠基仪式。郝柏村并请星云大师题写寺名。

6月27日，日本北九州市福聚寺住持黑田文丰一行拜访永宁寺，永宁寺方丈仁风向日本友人介绍了永宁寺的各项情况，并对永宁寺历史上和日本的友好交往、渊源关系作了简要介绍。

6月29-30日，由江苏省佛教协会主办的江苏省佛协巡回讲经团在永宁寺及息心寺、弥陀寺开展了两天三场的讲经活动。开幕式结束后，心澄为大众讲解了《佛说阿弥陀经》。29日下午和30日上午，巡回讲经团分赴射阳息心寺、东台弥陀寺讲经。

9月23日，省宗教局、省佛协再次批准仁风法师荣任住持。

9月23日下午，台湾星云法师在永宁寺为善男信女举行讲经开示。

9月24日上午，星云法师应邀参加阜宁盘龙古寺三圣殿佛像开光庆典。并为信众开示。

10月21日，永宁寺住持仁风赴日本学习，并与奈良县知事、教育长会面。

本年仁风与市宗教局同志一起造访盐城市政协学习文史委徐于斌主任，邀请组织编撰《永宁寺志》。

东台籍广兴法师圆寂。

2012年

1月8日，江苏省佛教协会副会长兼秘书长、苏州寒山寺、重元寺方丈秋爽大和尚莅临永宁寺。

4月1日，永宁寺隆重举行茗山长老诞辰100周年纪念法会。

9月2日，永宁寺举行喜迎中共十八大佛教界书画笔会暨盐城永宁书画院成立庆典。

9月17日-23日，盐城佛协举办全市"佛教慈善周"活动。

9月22日下午，盐城市佛协在永宁寺开展"知恩报恩、敬老爱老"募捐活动。

2013年

7月1日，举行盐城永宁寺佛学院揭牌仪式，副市长马成志、心澄大和

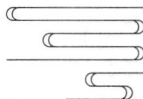

尚、能修大和尚等8人共同为盐城永宁寺佛学院揭牌。同时，盐城镇江两地书画交流笔会在盐城永宁寺举行。

8月17日，盐城市佛教协会"教风建设年"主题创建活动推进会在永宁寺召开。

12月17日，盐城护国永宁禅寺被评为第二届全国创建和谐寺观教堂先进集体。

东台广福讲寺被国务院公布为全国重点文物保护单位。

2014年

5月7日，盐城永宁书画院举行苏州盐城两地书画交流笔会活动。

5月25日上午，阜宁盘龙古寺隆重举行大雄宝殿全堂佛像开光暨衍力法师升座庆典。

8月20日，永宁寺收到中国佛教协会长传印长老为永宁寺的题字，有"法乳一脉""大雄宝殿""雪松长老纪念堂"等。

11月5日，阜宁县宝林寺真实长老和建湖县开山寺昌净法师肉身菩萨在永宁寺供奉，盐城市教局、阜宁县宗教局、建湖县宗教局等领导及法师居士500余人参加了揭牌仪式。

2015年

8月26日，盐城政协文史委在永宁寺召开《永宁寺志》编撰人员会议。

9月21日，盐城宗教事务局批准永兴寺活动场所成立，仁风担任开山住持。

11月18日，仁风和盐城城投集团领导在大洋湾为拟新建的永宁寺选址。

12月29日–30日，召开盐城市佛教协会第六次代表会议，选举产生了新一届领导班子，仁风法师为会长。

12月31日，永宁寺被评为盐城佛教首家江苏省五星级宗教场所。

东台籍（现大丰区）浩霖法师圆寂。

2016年

6月22日，能修法师主持阜宁6·23风灾一周年祈福法会。

全乘法师修复出家祖庭东台复兴庵（接引庵）。

建湖籍宽裕法师、盐都籍解铎法师圆寂。

2017年

6月22日上午，受江苏省佛教协会会长心澄法师委托，能修法师赴阜宁兴国寺主法江苏省佛教协会纪念"6·23"风灾一周年祈福法会。

2018年

1月22日，盐城佛协2017年度工作总结述职考评暨六届二次常务理事会议在永兴寺召开。

6月19日，东台籍高僧无相长老圆寂。

7月9日，盐城市佛教梵呗研究会成立大会暨第一次会员代表大会在永兴寺召开，昌贵法师任会长。

8月21日，"江苏佛教苏南苏北对口帮扶项目启动仪式"在盐城阜宁马躲寺举行。

8月21日，江苏省佛教协会第六届理事会第二次会议在盐城召开。

10月14日，盐城建湖九华开山寺隆重举行正觉宝塔开光暨妙庆法师升座庆典。

11月9日，江苏省民族宗教委员会主任陈正邦来盐城永宁寺调研宗教工作。

2019年

1月17日，盐城市佛教协会六届三次常务理事会暨2018年度工作总结述职考评会议召开。

2月16日，盐城东台泰山护国禅寺，隆重举行"中兴泰山达公长老诞辰一百周年追思报恩法会"。

2月28日，江苏省民宗委宗教一处张新进副处长一行来盐城调研"禅修小镇"建设情况。

3月21日，盐城市佛教界为响水化工园爆炸事故举行祈福法会。

4月25-26日，"盐城市佛教活动场所负责人培训班"在东台龙王古寺举行。

8月12日，"东台市佛教协会第四届会员会议"在东台召开。

10月22-23日，由江苏省佛教协会主办、盐城市佛教协会承办的第二届江苏佛教论坛暨第三届江苏佛教素食文化博览会在盐城隆重举行。

2020年

2月11日，市委常委、统战部部长王荣赴我市部分宗教场所调研。

2月12日，市佛协组织收看"全省新型冠状病毒疫情防控消毒操作技术网络直播培训"。

2月15日，市佛协相关人员前往疫情防控一线慰问工作人员。

3月12日，市佛协召开视频会议加强疫情防控。

3月18日，市佛协联合各县（市、区）佛协、寺院场所共同驰援疫区。

3月30日，盐城市佛教协会六届六次常务理事会、2019年工作总结暨2020年场所安全工作推进会在永兴寺召开。

6月8日，市委统战部常务副部长李东成到我市部分宗教活动场所调研疫情防控和有序恢复开放工作。

8月20日，中央统战部十一局二级巡视员左卫国一行来盐城调研江苏佛学院启慧学院筹备工作情况。

11月17日，江苏佛学院启慧学院2020届毕业典礼暨2020年开学典礼在东台龙王古寺隆重举行。

11月17日，盐城市佛教协会六届十三次会长办公会议在东台龙王古寺举行。

2021年

1月15日，盐城市佛教协会2020年度工作总结、述职会议隆重召开。

4月16日，盐城市亭湖区佛教协会召开第三次代表会议。

4月25日，盐城佛协召开六届十四次会长办公会议。

5月10日，盐城佛协召开专题座谈会，推进落实"教风建设三年行动方案"。

5月19日，盐城市亭湖区佛协组织开展"四史"主题教育活动。

5月27日，盐城阜宁佛协开展"学党史、知党恩、跟党走"主题教育活动。

5月29日，盐城射阳佛教协会开展党史学习活动。

6月26日，盐城佛教界庆祝中国共产党成立100周年主题书画展在永宁寺隆重开幕。

6月26日，盐城佛教界赴新四军纪念馆开展爱国主义主题教育活动。

后 记

2015年底，盐城市佛教协会与盐城师范学院历史与公共管理学院（原公共管理学院）就双方合作编撰《盐城佛教通志》进行了初步接触，仁风会长和公共管理学院时任院长王祖奇教授及编者就该志编写等问题多次互访商讨。

2016年9月1日，双方在盐城师范学院新长校区公共管理学院五楼会议室举行《盐城佛教通志》签约典礼暨盐城市佛教研究所挂牌仪式。盐城市人民政府副市长邹毅实，盐城师范学院副校长陈爱蓓，盐城市委统战部副部长、盐城市民族宗教事务局局长季放、副局长马登军，盐城市佛教协会会长仁风法师，盐城师范学院公共管理学院院长王祖奇、书记李明、副院长陆玉芹，佛教研究所所长史义银及盐城市佛协部分代表、公共管理学院部分师生出席仪式。仪式由王祖奇教授主持，邹毅实副市长、陈爱蓓副校长分别致辞。仁风会长、王祖奇院长代表双方签约；邹毅实副市长、陈爱蓓副校长共同为"盐城市佛教研究所"揭牌。

签约前后，我们组织了《盐城佛教通志》编撰班子，仁风会长和王祖奇教授担任顾问，史义银、蒋华等老师作为主要编撰人，史义银老师拟定《盐城佛教通志》编撰方案及大纲，组织历史系老师和历史学专业同学，在资料搜集、整理等方面做好编撰前的基础工作。

盐城佛教历史悠久，但由于时间久远，且历经战乱与灾荒，史料匮乏，现有寺院重建前的资料几近空白，编志工作存在很多实际困难。仁风法师提供了他收藏和搜集的许多资料，慨然相赠，并提出了许多宝贵和行之有效的建议，盐城许多寺庙的当家法师也提供了他们所掌握的有关本寺的资料和相关传说，这些都为本志的编写奠定了基础。我们组成资料搜集整理小组，从各类史籍、佛门著述、文件卷宗、回忆文章里搜集、爬梳，寻找史料线索，

整理相关资料，撰写文稿。同时，利用节假日走访盐城寺庙，参访寺外高僧及名人。其间，数次召开编务工作会议，讨论篇章架构，探讨史料线索，辨析史料真伪。

由于盐城佛教历史悠久，寺庙林立，高僧辈出，一方面存在缺乏盐城古代佛教史料的实际困难，另一方面也面临着清末民初以来盐城佛教史料巨量和庞杂的现实问题，原定三年的编撰任务，不得不延期至今。幸全体编写人员共同努力，终于完成了该书各卷的撰稿、编辑与校对工作。

《盐城佛教通志》编撰历时六年，个中虽无比艰辛，但耳闻目睹中却也收获满满，以能参与修志和丰富盐城地方历史文化为荣。《盐城佛教通志》由仁风法师题写书名并欣然作序，概述、寺庙卷及人物卷部分由史义银撰写，艺文卷和法务卷由蒋华整理，时论卷由成志强整理。在此，感谢仁风法师和盐城市佛教协会及盐城诸多法师为编撰工作提供的支持和配合；感谢盐城师范学院历史与公共管理学院（原公共管理学院）王祖奇、陆玉芹前后两任院长的关心和学院师生的帮助、支持；感谢盐城地域文化与社会治理研究院对本志的支持；感谢许多默默为我们提供史料与图片的地方文史研究者、爱好者的付出。

令我们特别感动并须感恩感谢的人和事有很多。2017年夏，我们赴无锡祥符禅寺拜访无相长老，听说家乡来人请教编修盐城佛教通志一事，无相长老不顾因病卧床多日，仍坚持为我们回忆了他当年在启慧佛学院求学的往事以及当时东台佛教的基本情况，成为本志重要的口述史料，令我们既感动又歉疚。

要特别感谢的是对盐城佛教素有研究的东台周建生和建湖李世安等老先生，编志之初，我们亲赴东台拜访周先生聆教，周建生先生为我们提供了许多编修建议，并开列若干参考书目，其所著《东台佛缘》及其博客文章，使我们获益良多。李世安先生虽未谋面，但其所撰《建湖佛教》，对建湖佛教历史的梳理尤为精详。本志编撰过程中参考了他们的许多先期成果，有些未能逐一标注，谨致谢忱。

我们还赴昆山张浦镇拜访了民国时期盐城籍著名居士郭介梅嫡孙郭鸿森先生，郭鸿森先生诗书兼长，继承祖传中医秘术，神针济世，在针灸繁忙之时，欣然接待，并将自己搜集、整理的郭介梅资料慨然相赠。东台市安丰镇袁承业故居纪念馆馆长徐健先生，为民国时期"文坛健将"袁承业之后，无私地将自己精心收藏保存的袁承业先生有关东台文史方面的手稿供我们阅读、拍照，并发动自己圈中诸多文史研究者、爱好者为我们提供帮助，其文友沈小洪先生精于考证，潜心枡茶、角斜地方文史研究，他们的建议使编者深受启发。

还要感谢并致歉的是盐城市政协文史委主任徐于斌女士，其主编的《永宁寺志》为我们提供了启示和借鉴，她对本志编撰、出版提出很多切中肯綮的建议，但由于未能如期完稿，使其出版该志的努力和愿望未能如期实现。

中国第二历史档案馆刘传吉、上海交通大学钱学森图书馆吕成冬、东台市方志办王素云主任，泰州市兴化市档案馆邢慧，感谢兴化市第一中学王永鉴老师整理撰写其老家沙沟的僧学院部分等，热情为我们查找、提供资料；华南师范大学历史系周孜正博士为本志编撰提出很多切实有效的建议，在此一并致谢。

最后，要特别感谢我们历史系专业13–17级参与《盐城佛教通志》资料搜集整理的若干同学，我们给予的微薄劳务报酬与他们的实际劳动是不能相提并论的，但他们还是非常努力和投入，尤其要感谢15级成志强、16级张敏、17级徐欢等同学，成志强同学和我们团队顶着酷暑连续三天走访盐城下辖市县区主要寺庙，在就读硕士后仍然利用假期继续参与史料整理和通志结构商讨；张敏同学协助组织、分工等工作；徐欢同学整理资料和初期校对方面付出很多，毕业后仍表示愿意继续提供帮助……

本志所用图片，多源于佛教经典、地方志和报刊等，部分源于寺庙及文友提供，部分由丁信枫所摄。

本志成稿历时六年，足见修志之不易。其间苦乐自知，虽有调研期间因感冒拔牙之痛，兼因阅读诸多影印文言史料导致视力下降之苦，蒋华老师在提交初稿前彻夜未眠进行校对；但也有史料爬梳中蓦然有得之乐，如我们在《盐阜报》中发现禹王庙僧人了逮变卖庙产买枪参加抗战，走访刘庄净土院时发现外墙所嵌兴化知县程毓嵒表彰高鹤年赈灾的碑文……发现这些以往未被使用的新史料令编者欣喜不已。当然也有对许多寺庙和法器遭毁或散失的遗憾，特别是抗战时期日伪对盐城佛教事业的破坏更令我们愤慨。原在阜宁关帝庙的纪念阜宁军民抗倭大捷的"平倭碑"在抗战时期掩埋，至今下落不明，也让我们对其重见天日充满期待。今盐城境内相传由唐尉迟恭所建海春轩塔和朦胧塔，一塔游人如织，一塔形单影只，令我们唏嘘不已，但也激发了我们进一步加强挖掘和利用盐城宗教文化的责任感和紧迫感。

由于部分史料缺乏和编者水平局限，疏漏讹误难免，敬请方家指正。

史义银

二〇二二年十一月一日